「中級」「上級」の
日本語を

日本語で 学ぶ 辞典

松田浩志　早川裕加里

KENKYUSHA

辞書を使う皆さんへ

1. こんな辞書です

　中級と上級で勉強する新しい言葉と言い方、また、その使い方を日本語でわかりやすく説明しています。

　辞書には、約 4400 の新しい言葉や言い方が出ていて、その説明や例文には、辞書に出ている新しい言葉や言い方は使われていません。漢字も小学校と中学校で習う漢字だけを使っています。

2. 例文に出てくる人たち

　例文は、六十歳前のどこにでもいる会社員の「男の人」とその家族、また、その人が働く会社、今住んでいる町に関係のある文になっています。こんな人たちが出てきます。

　「両親」―父親は、今住んでいる町へ来て、六十歳を過ぎるまで働きました。今は仕事をしないで、好きな事を楽しんでいます。母親は、家にいて物を大切にして静かに生きる人です。
　　　　　ふたりは、時々「ふるさと」に旅行をしますが、いつかは「ふるさと」へ帰って生活したいと願っています。

　「社長」―「男の人」が働いている会社を、若いときに作り大きくしました。色々大変な経験をした人で、社員に優しく、頑張る人を大切にします。
　　　　　お金よりも「社会に喜ばれる商品」を作りたいと言う、七十五才の元気な人です。

　「友人」―「男の人」と同じ頃に会社に入った仲の良い社員です。次から次へと新しい商品を考え、困ったときはいつも相談ができる人です。ふたりは本当に仲が良く、食事に行って、会社の事や家族の事を話します。

　「妻」　―大学時代に「男の人」と知り合いました。ふるさとが近くなので仲良くなり、「男の人」と結婚しました。ふたりの子供は、息子と娘でもう結婚して別に住んでいます。

3. 「男の人」が住んでいる町

　「男の人」や家族が住んでいる町は、古くて小さな、日本のどこにでもありそうな町です。会社は、町から電車でふたつ離れた駅の近くなので、「男の人」は、毎日電車で会社へ行きます。

　町には、古くから続く豆腐屋さんや魚屋さん、おすし屋さんなどがありますが、最近近くに大きなスーパーができて、お客が少なくなり、仕事をやめる店も増えています。

4. 町の生活

　今、町の大きな問題は、新しいゴミ置き場をどこに作るかという事と空き家が増えた事です。生活が便利になるとゴミも多くなりますが、誰も自分の家の近くにゴミ置き場を作って欲しいとは思いません。また、空き家が増えると誰が入って何をするかわからないので、町の安全問題にもなります。町にはこんな場所もあります。

　「寺と神社」—「男の人」は、とても疲れたときに、少し離れた所にある古い「寺」に行きます。自然が多く、心が静かになるように感じるからです。

　　　「神社」では、夏に大きな「祭り」があります。古くから続く事を大切にする「町」の人たちがみんなで続けています。「祭り」には、ほかの所からもたくさんの人が来ます。「町」全体が元気でにぎやかになるときです。

　「公園」—子供たちやお年寄りには大切な場所で、桜の季節になると家族がおおぜいやって来ます。公園の中には池があって、カメや魚がいます。町の人たちは、ここを使う子供たちが安全なように、色々な事に気をつけています。

公園

5. 「会社」と仕事

「男の人」が働く会社は、家で使う色々な商品を作っています。

入ったときはまだ小さかった会社は、だんだん大きくなり、今は海外でも商品を売るようになりました。

「会議」―一週間に一度、会社の中心になる人たちが集まって、色々な事を相談して仕事を進めます。大きな問題があるときは、社長がみんなを集めて詳しい話をして、意見を聞きます。

会社では、一か月に一度「食事会」をしています。会議も食事会も、みんながひとつになって楽しく働けるようにするために計画されています。

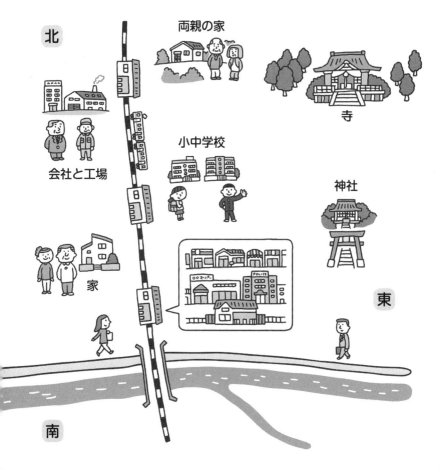

6. 辞書を便利に使う

・形が同じでも意味が違う言葉は、小さな数字で分けています。

　　かいほう¹【介抱スル】

　　かいほう²【解放スル】

　　かいほう³【開放スル】

・言葉の横に→が付いているときは、→の付いた言葉に説明と例文があります。

　　あこがれ【憧れ】→あこがれる

　　あこがれる【憧れる】

　　…

　　　★憧れている様子を 憧れ と言う。

　　　・仕事を辞めたら、昔からの憧れだった南の島へ旅行する。

・言葉の説明の中に★があるときは、その言葉と同じような意味の言い方、また、反対の意味など関係のある言葉が出ています。また、★→があるときは、そこに関係のある言葉があります。

　　がいけん【外見】

　　…

　　　★同じ様子は 見た目/見かけ とも言う。

　　　・商品は、見た目が悪いと売れ方も良くない。

　　　・妻は、見かけは悪くても安くておいしい野菜を買って来る。

　　かるがるしい【軽々しい】

　　…

　　　★反対に、よく考えられていて信じられる様子を 重々しい と言う。

　　　・社長は、会社のこれからの計画を重々しく話し続けた。

・言葉のすぐ後に★→があるときは、そこに同じように関係のある言葉が出ています。

　　あいかわらず【相変わらず】★→いぜんとして、いまだに

・【　　】の中には、その言葉の漢字、また、使い方が出ています。

　　さいわい【幸いナ・ニ・スル】

　　　（この言葉は、「幸い」のほかに、「幸いな」、「幸いに」、「幸いす

る」という形でよく使う）

しんみり【しんみり（と）ｽﾙ】

（「しんみり」のほかに、「しんみりと」「しんみり（と）する」という形でも使う）

・言葉の前後に「―」があるときは、ほかの言葉の前か後ろに付けて使う言葉です。

―かねない

（ほかの言葉の後に付けて、「つながりかねない」のように使う）

あ

あいかわらず【相変わらず】 ★→いぜんとして、いまだに
　時間がたっているが、変わらないでいつもと同じ様子だと伝える言い方。
　・両親が**相変わらず**元気でいてくれるので、とても安心だ。
　・大学時代の友人から、**相変わらず**だと連絡があった。

あいず【合図スル】
　言葉を使わないで、決めておいたやり方などで相手に知らせる方法。
　・友人が**合図する**ので、部屋を出て話を聞いた。
　・社長の**合図**を待って、いつものように会議が始まった。

あいそ【愛想】
　相手を嫌な気持ちにさせないように見せる笑顔や体の動き。
　・**愛想**が良くない店には、二度と行かないと決めている。
　・**愛想**だけで言葉が伝わらない相手とは、仕事をしない。
　★笑顔を見せたくないときや見せないとき 愛想が尽きる/愛想を尽かす と
　　言う。
　・友人は、**愛想が尽きた**という顔で相手に同じ説明をした。
　・約束を守らない人間は、周りから**愛想を尽かされる**。

あいそがつきる【愛想が尽きる】→あいそ
あいそをつかす【愛想を尽かす】→あいそ

あいだがら【間柄】
　人と人とのほかとは違う特別な関係。
　・社長は、知り合いの子供など特別な**間柄**の人は会社に入れないと決め
　　ている。
　・兄弟のようにしていた特別な**間柄**の人が亡くなって、両親はとても寂
　　しそうだ。

あいたくちがふさがらない【開いた口がふさがらない】 ★→あきれる
　いつもは考えられないような事や信じられない事を見て、何も話せなく
　なるほど驚く様子。
　・後片づけしない社員に、**開いた口がふさがらなかった**。
　・人の足を踏んでも 謝 らないとは、**開いた口がふさがらない**。

[1]

あいつぐ【相次ぐ】

同じような事が短い間に何回も繰り返される。

・台風、地震と良くない事が**相次いで**、町も会社も元気が無い。

・駅前の古い店が、**相次いで**閉店になった。

あいづちをうつ【相づちを打つ】

話を聞くとき、短く返事をして相手が話しやすくする。

・若い人と話すときは、**相づちを打って**話しやすくする。

・**相づちも打たないで**黙って聞く社長の顔は、怖く見える。

あいにく

思っていたような良い結果にならなくて、楽しみにしていたのにと強く伝える言い方。

・欲しい本を買いに行ったが、**あいにく**全部売れていた。

・両親の旅行の日は、**あいにく**の天気だった。

あいま【合間】

仕事や勉強などが無い、自由な時間。

・仕事の**合間**に集まって、旅行に行く相談をした。

・会議と会議の**合間**にも電話が続いて、ゆっくりできない。

あいまい【曖昧ナ・ニ】

言う事やろうとする事などがはっきりしない様子。

・失敗した社員が、**曖昧な**返事をするので強く叱った。

・今日の話し合いは、考えておくという返事で**曖昧に**された。

あいまって【相まって】

いくつかの良い事、また、悪い事が一緒になって、考えていなかった結果になったなどと伝える言い方。

・祭りと運動会が**相まって**、町は一週間とてもにぎやかだ。

・夏の寒さと大雨が**相まって**、今年は野菜がとても高い。

あえて

難しいが、また、相手を嫌な気持ちにさせるとわかっているが、必要なのですると伝える言い方。

・仕事では、**あえて**強く言わなければいけないときがある。

・相手が自分で考えるよう、**あえて**答えは言わないでおく。

あおぐ

暑いときや熱い物の温度を下げたいときなどに、物を使って風を送る。

・暑いとき、手で顔を**あおぐ**様子は昔も今も変わらない。

・妻はよく、熱いご飯を**あおいで**おにぎりを作っていた。

あおじろい【青白い】

①　少し青さの感じられる白い色に見える様子。
・夜遅く会社を出ると、空に**青白い**月が出ていた。
・月の明るい夜は、庭にある物が**青白く**見える。
②　病気の後や体の調子が悪いとき、顔の色がいつもと違う様子。
・一か月入院していた母の顔色は、まだ少し**青白い**。
・失敗に気づいた友人は、**青白い**顔で相談に来た。

あおる

①　風が強く吹いて、物を動かす。
・台風が近づくと、風に**あおられ**木の葉が忙しく動く。
・風に**あおられた**火の粉で、近所が大騒ぎになった。
②　人が思っている事を、もっと強く、大きくするような事を言う。
・不安を**あおる**ような友人の言葉に、心配になった。
・言い合いを**あおる**ような事を言う社員を強く注意した。

あかし【証し】

した事や言った事などが正しい、間違いないということを多くの人にわからせる事や物。
・生きた**証し**として、使い続けられる商品を作りたい。
・大事な仕事を頼まれるのは、周りに信じられている**証し**だ。

あからさま【あからさまナ・ニ】

隠さないで、相手や周りの人によくわかるように言い、見せる様子。
・ほかの社員への**あからさまな**文句には、返事をしない。
・注意すると、**あからさまに**嫌な顔をする社員はやりにくい。

―あがる【―上がる】

―(し)上がる の形で、ほかの言葉と一緒に使って、最後までできたと伝える。
・新しい商品は、でき**上がる**までほかの人には見せない。
・計画書が書き**上がる**まで、ほかの仕事ができなかった。
★最後までやってしまうときは ―上げる と言う。
・今回の商品は、作り**上げる**までに二年もかかった。

あきめく【秋めく】→はるめく

あきらか【明らかナ・ニ】

誰が考えてもそうだと、はっきりわかる様子。
・社員の**明らかな**間違いなので、すぐに相手に連絡した。
・問題を**明らかに**するため、みんなで原因を調べた。

あきらめがつく【諦めがつく】→あきらめる

あきらめる【諦める】★→おもいきる②

良い結果にならなくて、もうできないと思ってやめてしまう。

・一度諦める経験をすると、次も簡単に諦めるようになる。

・失敗した商品が諦められなくて、まだ考えている。

★色々考えて諦めるとき 諦めがつく と言う。

・諦めがつかない友人は、もう一度社長と話すと言った。

あきる【飽きる】

①　同じ物がたくさんあって、また、同じ事が続いて、もう要らないという気持ちになる。

・昼ご飯がいつも同じで、飽きてしまった。

・仕事に飽きて、友人と食事に行くことにした。

②　一(し)飽きた の形で、もうしたくない、要らないなどと伝える。

・同じようなテレビの番組は、もう見飽きた。

・妻の作る料理は、食べ飽きることが無い。

あきれかえる【あきれ返る】→あきれる

あきれる★→あいたくちがふさがらない

考えていなかった事やいつもととても違う様子に、どうしてだろうと驚き、変だ、許せないなどと思う。

・失敗しても謝らない新入社員に、あきれた。

・九月なのにあきれるほど暑い日が続いている。

★同じ様子を強く言うときは あきれ返る と言う。

・社長に「うん」と答えた社員がいて、あきれ返った。

あくじゅんかん【悪循環】→じゅんかん

あくせく【あくせく(と)スル】

時間が無いので、必要な事などを休まないで頑張ってしている様子。

・あくせくと働く毎日で、ゆっくり考える時間が無い。

・あくせくしている間に、一年が終わってしまった。

あくにん【悪人】→ぜんにん

あくまで

人や物の様子が、どこまでも、最後まで変わらないと強く伝える言い方。

・自分の事だからと、父はあくまで生活を変えようとしない。

・あくまでも青い秋の空を見ると、疲れを忘れるようだ。

あげく【あげく㆓】

長い時間をかけてできる事はやった、その結果は、と伝える使い方。

- 何度も会議をした**あげく**、新しい計画は無くなった。
- 色々考えた**あげく**に、今の会社に入ると決めた。

★最後に悪い結果になった、悪い事があったなどと強く言うとき あげく の果て(に) と言う。

- 台風に母の入院、**あげくの果て**にけがと、大変な年だった。

あげくのはて【あげくの果て(に)】→あげく

あけすけ【あけすけㇱ・㆓】

人には話さないような自分の経験や考えなどを、隠さないで話す様子。

- 友人は家族の問題を**あけすけ**に話し始めた。
- 社長は思った事を何でも言う**あけすけ**な人だ。

あけっぴろげ【開けっ広げㇱ・㆓】

何も隠さないで、思った事や考えている事などを全部話す様子。

- 妻とは、隠し事をしないで何でも**開けっ広げ**に話す約束だ。
- 仕事では、**開けっ広げ**にできない事がいくつもある。

―あげる【―上げる】→―あがる

あげる【挙げる】

① おおぜいの人を呼んで、大切な集まりなどをする。

- 町ができて二百年になるので、記念の式を**挙げる**。
- 娘が結婚式を**挙げた**とき、涙で周りがよく見えなかった。

② ～を挙げて という形で、関係のある人たち全員が心をひとつにして、大切な事をすると伝える言い方。

- 最近は、会社を**挙げて**旅行することは無くなった。
- 町を**挙げて**掃除する日が、半年に一度決まっている。

あこがれ【憧れ】→あこがれる

あこがれる【憧れる】

人の生活や仕事のやり方などを見て、自分も同じようになりたいと思う。

- 子供の頃、世界中へ行ける仕事に**憧れて**いた。
- 自然に囲まれた生活に**憧れて**、都会を出る人が増えてきた。

★憧れている様子を 憧れ と言う。

- 仕事を辞めたら、昔からの**憧れ**だった南の島へ旅行する。

あごでつかう【あごで使う】

偉そうに命令して、道具でも使うように、人を働かせる。

- 社員を**あごで**使う社長がいるような会社は、成功しない。

・店員をあごで使う様子の店では、買い物をしない。

あごをだす【あごを出す】

仕事や運動の練習などで、もう体が動かないと思うほど疲れる。
・若い人でもあごを出す力仕事を手伝って、立てなくなった。
・簡単な庭仕事であごを出すと、妻が横で笑っていた。

あざむく【欺く】→だます

あざやか【鮮やかナ・ニ】

①　色がはっきりしていて、美しく見える様子。
・商品の色は、鮮やかにした方がよく売れるようだ。
・秋になると、ふるさとの山は鮮やかな赤や黄色になる。
②　物の使い方や仕事のやり方などが、ほかの人より特別に速くて上手《じょうず》な様子。
・駅前のすし屋は、鮮やかに包丁《ほうちょう》を使う。
・経験の長い社員は、鮮やかな手の動きで機械を使う。

あさる

①　動物が食べる物が無いかと、ゴミ箱の中などを探す。
・妻の両親から、畑をあさるサルが増えたと連絡があった。
・ゴミ箱にふたを付けて、ゴミをあされないようにした。
②　ほかの言葉と一緒に使って、欲しい物を色々探して使う、買うなどすると伝える。
・学生時代は、図書館の本を読みあさった。
・安い商品を買いあさる人で、新しい店はいっぱいだ。

あしがかり【足掛かり】→てがかり

あしがとおのく【足が遠のく】

よく会っていた人や行っていた場所などと関係が無くなり、離れてしまう様子。
・両親は、足が遠のいていたふるさとへ最近よく行っている。
・忙しさが続いて、図書館からはすっかり足が遠のいた。

あしがむかない【足が向かない】→あしがむく

あしがむく【足が向く】

行こうと決めていないのに、気がつくとその場所に行ってしまう。
・散歩のときに足が向くのは、人の少ない静かな場所だ。
・忙しい毎日で、両親の家へ足が向くことは少ない。
★行く必要があるのに、行く気になれないとき 足が向かない と言う。また、行こうと思ってどこかへ行こうとするときは 足を向ける/足を運ぶ

と言う。
- 疲れたときには、会社へ**足が向かない**ことがある。
- 静かな所で考え事をしたいとき、古いお寺に**足を向ける**。
- 離れていても、**足を運び**たくなる店がいくつかある。

あじけない【味気ない】
面白い、楽しい、意味があるなどと感じられない様子。
- ひとりでする食事は、何を食べても**味気ない**。
- 物を作って売るだけの生き方は、**味気ない**と思うときがある。

あしこしがたつ【足腰が立つ】
体の調子が良くて、やりたい事などが助けてもらわなくてもできる様子。
- **足腰が立つ**間にと言って、両親はふるさとへ旅行した。
- 社長は、**足腰が立た**なくなるまで働くと言っている。

あしでまとい【足手まとい】
邪魔になる人がいて、ほかの人を自由に動けなくしてしまう様子。
- 若いときは、会社の**足手まとい**にならないよう仕事をした。
- 新しい社員は初めは**足手まとい**だが、会社のためを考えて育てる。

★ 足手まとい とも言う。

あしどり【足取り】
① 人や動物が歩くときの足の動きや様子。
- 食事会に向かう社員たちは、いつもより**足取り**が軽い。
- 話し合いの結果が悪かったときの友人は、**足取り**が重い。
② 警察が探している人間が逃げる途中で動いた場所。
- 探している男の**足取り**を調べるため、警察に話を聞かれた。
- **足取り**がわかって、泥棒を続けていた男が見つかった。

あしなみがそろう【足並みが揃う】→あしなみをそろえる

あしなみをそろえる【足並みを揃える】
人や動物が歩くとき、足の動きを同じようにする、また、考え方ややり方などを、相談して合わせる。
- 毎朝、駅を出た人は**足並みを揃える**ように仕事に向かう。
- **足並みを揃えて**仕事をしないといい結果は出ない。

★足並みをそろえて、同じ様にする様子を 足並みが揃う と言う。
- 全員の**足並みが揃う**まで、何度も話し合いを続けた。

あしもと【足元】
① 歩くときや立つときに、地面に着いている足の部分やその周り。
- 雨で**足元**が悪かったが、約束の集まりに行った。

・暗くて足元がよく見えなかったので転んだ。

② 歩くときの足の動き。

・友人は熱があって、足元が不安そうに見えた。

・足元を心配する家族に、父は大丈夫だと言って出かけた。

あしもとにもおよばない【足元にも及ばない】★→およぶ②

力や技術などが、ほかの人と比べて低く、大きく違う様子。

・頑張って仕事をしても、経験の長い人の足元にも及ばない。

・自分の考えは浅くて、社長の足元にも及ばない。

あしもとをみる【足元を見る】

相手の様子をよく調べて弱い点を探し、話し合いなどを自分の思うように進めようとする。

・社長は、相手の足元を見るような会社とは仕事をしない。

・商品が遅れて足元を見られ、安くさせられた。

あしらい →あしらう①

あしらう

① これから先の事を考えてじゅうぶんに相手をしない、反対に、親切に相手をする。

・友人は相談に来る人を、冷たくあしらうことは無い。

・近くの医者は、小さな子も上手にあしらう。

★①のようにあしらうやり方を あしらい と言う。

・駅前に昔からある店は、客あしらいが丁寧だ。

② 全体がよく見えるように、並べ、また、飾る。

・妻が花をあしらうと、料理全体がきれいに見えた。

・女の子が、公園で見つけた黄色い葉を髪にあしらっていた。

あじわう【味わう】

① 食べ物、音楽や本などを、心の底から楽しむ。

・毎日忙しくて、料理を味わって食べる時間も無い。

・最近の父は、本や音楽をゆっくり味わう生活をしている。

② うれしい事や悲しい事、また、思ったようにできなかった事などを経験する。

・若い人には、物を作る喜びを味わう仕事をしてほしい。

・苦しさを味わうと、周りの人に優しくなる。

あしをはこぶ【足を運ぶ】→あしがむく

あしをふみいれる【足を踏み入れる】

それまで関係が無かった仕事など、新しい事をやり始める。

・今の仕事に足を踏み入れたのは、物を作るのが好きだからだ。

・一度足を踏み入れたら、途中で簡単にやめたりしない。

あしをむける【足を向ける】→あしがむく

あずかる【預かる】→あずける

あずける【預ける】

大切な物などを、ほかの人に安全に守ってもらうように頼む。

・少しの間海外へ行くことになり、大切な計画書を友人に預けた。

・子供を預ける所が無くて、働けない人がおおぜいいる。

★頼まれて守る様子を 預かる と言う。

・医者や電車の運転は、人の命を預かる大切な仕事だ。

あせばむ【汗ばむ】

動き続けたときや暑いときなどに、体全体に汗が出る。

・会社に帰り、汗ばんだ体を冷たいタオルで拭いた。

・今年の夏は、少し外に出ただけで汗ばむ暑さだ。

あせみずたらす【汗水垂らす】→あせみずながす

あせみずながす【汗水流す】

時間のかかる大変な仕事などを、頑張って最後までする。

・米作りに汗水流すふるさとの人たちの事は、忘れない。

・妻が庭で汗水流して育てた花を飾ると、家が明るくなる。

★同じ様子を 汗水垂らす とも言う。

・竹の子を見ると、朝から山で汗水垂らして採る人たちを思い出す。

あせり【焦り】→あせる

あせる【焦る】

思いどおりにならない事や自分ではできない事などがあって、早くしよう、どうしようかなどと気持ちが急ぐ様子。

・仕事の約束があるのに電車が遅れて、焦った。

・考えていなかった質問に焦っていると、社長が助けてくれた。

★急ぐ気持ちを 焦り と言う。

・友人は仕事がうまくいかず、焦りを感じているようだ。

あぜん【あ然(と)スル】

考えていなかった事が急に起き、驚いて、また、許せないと感じて何をすればいいかわからず少しの間声も出ない様子。

・妻は、洗濯物が風で空高く飛んで行くのを見て、あ然とした。

・よく行く本屋が無くなっていて、あ然としてしまった。

あたえる【与える】

① 仕事などで上にいる人が下の人に、物をやる。
- 良い商品を作ったら、社長がプレゼントを**与える**決まりだ。
- 学生時代、**与えられた**お金だけでの生活は大変だった。

② 決めた事などを、ほかの人にするように言う。
- 若い社員には、様子を見てから仕事が**与えられる**。
- 会社に入ってすぐは、まず**与えられた**仕事をした。

③ 物や人に、悪い事や良い事を起こす。
- 地震や台風が**与える**苦しみは、長い間心に残る。
- 小さな一言が、人にやる気を**与える**ことがある。

あたかも →まるで①

あたまがあがらない【頭が上がらない】

相手に勝てない事などがあり、自由に思った事が話せないように感じる様子。
- いつも手伝ってくれる友人には、**頭が上がらない**。
- お金を借りると**頭が上がらなく**なるので、誰からも借りない。

あたまがかたい【頭が固い】

ひとつの考えだけが正しいと思い、人の考えを聞くことができない様子。
- **頭が固い**社員がいて、いつも会議が長くなる。
- 若い人の意見が聞けない自分は、**頭が固い**からだろう。

あたまがきれる【頭が切れる】

必要な事や難しい事などを短い時間でじゅうぶんに考えられる様子。
- 友人は**頭が切れる**ので、何を聞かれてもうまく答える。
- **頭が切れる**人の話には、ついて行けなくなることがある。

あたまがさがる【頭が下がる】

誰にでもできない事や大切な事などを続ける人を、自分にはできない、偉いと思う。
- 妻が子育てをする様子を見て、**頭が下がる**思いだった。
- 物を大切にして生きる両親には、いつも**頭が下がる**。

あたまから【頭から】

① 話や仕事などの一番最初からと伝える言い方。
- うまくいかないときは、少し休んで**頭から**やり直す。
- **頭から**怒った様子の電話の相手と話すのは大変だ。

② 人の話を聞く前に、また、よく調べる前に、決めると伝える言い方。

・相手は、こちらが悪いと**頭から**決めているようだった。
・社長は、話を聞かないで、**頭から**反対する人ではない。

あたまごなし【頭ごなし=】

人の話を聞かないで、決まりなどを守らせようと強く言い続ける様子。
・社長は、理由も聞かずに**頭ごなし**に反対する人ではない。
・**頭ごなし**の命令では、みんながひとつになって仕事ができない。

あたまにくる【頭に来る】

とても腹が立って、相手が許せない。
・約束した相手に一時間も待たされて、**頭に来た**。
・若い人に失礼な事を言われれば、**頭に来る**こともある。

あたまわり【頭割り】

物やお金などを関係のある人の数で、同じように分ける様子。
・みんなでする食事会は、お金を**頭割り**にする決まりだ。
・**頭割り**でお金を集め、社長の誕生日プレゼントを買った。

あたまをかかえる【頭を抱える】

問題や難しい事などがあって、すぐにはどうしていいかわからず、困る。
・何度やっても良い結果が出ず、友人は**頭を抱えている**。
・**頭を抱える**問題が続くと、自分の事は何もできない。

あたまをひねる【頭をひねる】

簡単にはできない問題や仕事などを、どうしようかと色々時間をかけて考える。
・**頭をひねった**が、みんなが喜ぶ答えが出なかった。
・面白い商品はできないかと、みんなで**頭をひねっている**。

あたり【辺り】

①　よく知られている場所や体の部分などの周り。
・駅の**辺り**に、新しいラーメン屋ができたそうだ。
・重い物を持ったので、朝から肩の**辺り**が痛い。
②　ほかの言葉と一緒に使って、はっきりしないが、だいたいと伝える言い方。
・来週**辺り**、相手からの連絡があるだろう。
・社長**辺り**から反対意見が出るかもしれない。

あたりさわりがない【当たり障りが無い】

人を喜ばせることはないが、嫌な気持にもさせない、困らせない、また、問題を起こさない様子。
・すぐ怒る人には、**当たり障りが無い**事を言う。

・よく知らない人とは、**当たり障りが無い**会話が一番だ。

あたりまえ【当たり前】

① 　みんなが正しいと思う考えや様子。

・休まなければ、病気をするのは**当たり前**だ。

・売れないと思う商品を作らないのは、**当たり前**の事だ。

★①と同じ様子を 当然 とも言う。

・相談しなかったのだから、妻が怒るのは**当然**だ。

② 　ほかと少しも変わった所が無い様子。

・どこにでもある**当たり前**の商品では、売れない。

・**当たり前**の事しか言わない人は、話しても面白くない。

あつかい【扱い】→あつかう

あつかう【扱う】

① 　機械などを、自分の手で動かして使う。

・新しく買った機械は、**扱える**人が少なくて大変だ。

・妻は、新しい洗濯機を**扱う**ため何度も説明を読んでいる。

② 　決められている仕事などを決められた場所でする。

・海外との仕事が増え、それだけを**扱う**人が決まった。

・交通事故は、警察の決められた所で**扱って**いる。

★①、②と同じ様子は 取り扱う/取り扱い とも言う。

　　① ・壊れやすい商品は、大切に**取り扱う**よう注意している。

　　　　・機械の**取り扱い**に経験の無い社員は、工場に入れない。

　　② ・会社でお金を**取り扱う**のは、決められた人たちだけだ。

　　　　・高い商品の**取り扱い**は、決まった人がすることにしている。

③ 　周りの問題や人との関係などを問題が無いように、また、決められ

たようにする。

・子供を持つまで、子供を**扱う**難しさを知らなかった。

・会社は、二回遅れると休みとして**扱う**ことにしている。

★①〜③で人や物を扱う様子を 扱い と言う。

　　① ・新しい機械の**扱い**ができる社員は、まだ数が少ない。

　　② ・商品の**扱い**は、経験のある人がやらないと時間がかかる。

　　③ ・会社への客は、相手が誰かで**扱い**が決まっている。

あつかましい【厚かましい】→ずうずうしい

あっけない

大変だろうと思っていた事などが、簡単に終わってしまってこれでいい

のかと感じる様子。

・社長の反対で、新しい計画は**あっけなく**無くなった。
・説明したのに、「どうも」と**あっけない**言葉しか聞けなかった。

あっけにとられる【あっけに取られる】

思ってもいなかった事などが起こって驚き、どうしていいかわからなくなり、何も言えない。
・大きな声で話し続ける相手に、みんな**あっけに取られた**。
・新しい社員の商品が飛ぶように売れて、**あっけに取られた**。

あっさり【あっさり(と)スル】

①　味や色が薄くて後に残らない様子、また、色々考えすぎない、問題をいつまでも考え続けない様子。
・味の濃い物を食べた後は、**あっさり**した物が食べたい。
・友人は、**あっさり**した人で仕事がしやすい。
②　難しい、大変だと思っていた事などが、思っていたより簡単に終わったと伝える言い方。
・仕事は**あっさり**決まったが、住む所が決まらなくて困った。
・友人が難しい問題に**あっさり**と答えたので驚いた。

あっというま【あっと言う間ニ】★→いっしゅん

長いと思っていた事などが、早く終わって驚いたと伝える言い方。
・友人に相談したら、難しい問題が**あっと言う間に**片づいた。
・一週間の休みも、忙しくて**あっと言う間**だった。

あっといわせる【あっと言わせる】

考えられないような事をして、みんなを驚かせる。
・コンピュータは、世界を**あっと言わせる**発明だった。
・ほかの会社を**あっと言わせる**ような商品を作りたい。

あっとう【圧倒スル】

大きさや力で、相手に負けた、怖いなどと感じさせる様子。
・友人と一緒にほかの会社を**圧倒する**ような商品を考えている。
・大声で周りを**圧倒する**人がいて、町の話し合いは進まない。
★相手が勝とうと思えないほど違いがはっきりしているとき 圧倒的 と言う。
・賛成が**圧倒的**に多くて、会議はすぐに終わった。

あっとうてき【圧倒的ナ・ニ】→あっとう

あつりょく【圧力】

①　空気や水などがほかの物を押す力。
・会社では、強い**圧力**にも壊れない商品を考えている。

・強い台風が来ると、風の**圧力**で窓が割れることがある。
②　自分の思ったように言う事やする事ができないと感じさせる強い力。
・反対でも、会議の**圧力**に負けて賛成だと言う人がいる。
・社長は、どんな**圧力**にも負けず会社のやり方を守る。

あて【当て】
①　心の中で決めている行きたい場所ややりたい事など。
・若いとき、あるだけお金を持って、**当て**も無い旅に出た。
・仕事を探し始めたとき、特別な**当て**は無かった。
②　難しい事や仕事をするときなどに、助けてもらおうと決めている人や物。
・会社を始めるとき、社長は銀行のお金を**当て**にしていた。
・約束を守らないと、**当て**にならない人間だと思われる。
★②で、思ったように助けてもらえないとき、当てが外れる/当て外れ　と言う。
・予定に入れていた社員が病気で、**当てが外れた**。
・売れると思っていた商品が売れなくて、**当て外れ**だった。

あてがはずれる【当てが外れる】→あて
あてはずれ【当て外れ】→あて

あてはまる【当てはまる】
やっている事や考えている事などが、ほかの事とうまく合う。
・問題を調べたが、前に**当てはまる**ような例は無かった。
・商品は、会社の考えに**当てはまる**ように作っている。
★当てはまるようにする様子を当てはめると言う。
・ゴミ問題は、町の将来計画に**当てはめて**考えられている。

あてはめる【当てはめる】→あてはまる

あでやか【あでやかナ・ニ】
美しい、ほかとは違ってとても感じが良いなどと思わせる様子。
・卒業式の季節になると、**あでやかな**着物の人が増える。
・春になると、たくさん花が咲いて庭を**あでやかに**飾る。

あとあじ【後味】
①　食事をした後、少しの間、口の中に残る味。
・ビールの苦い**後味**が好きだ。
・お茶を飲んで**後味**を楽しむ海外からの観光客に驚いた。
②　後味が悪い　という形で、ひとつの事が終わった後、嫌だった、悪い事をしたなどと思う気持ち。

・関係する人が全員死ぬという**後味が悪い**本を読んだ。
・今日の会議は、けんかをするような空気になり、**後味が悪かった**。

あとおし【後押しスル】

仕事や計画などを進めようとする人を、いつでも手伝うから頑張れとやる気にさせる様子。

・社長の**後押し**があって、これまでに無い商品を計画した。
・道のゴミを拾う子供たちの運動は、町が**後押し**している。

あとかたもない【跡形も無い】

建物があった場所や事故があった所などが、前に何があったのかわらないほど片づけられている様子。

・祭りの後のゴミは、**跡形も無く**片づけられた。
・昨日の雪は、朝には**跡形も無く**消えていた。

あとがない【後が無い】

もう時間が無い、これ以上失敗はできないなどと気になって、安心できない様子。

・売れない商品が続いて、もう**後が無く**なってしまった。
・失敗したら**後が無い**と思って、新しい計画を作った。

あどけない

周りに子供のようにかわいい、心がきれいだと思わせる様子。

・昔は、子供の**あどけない**寝顔を見て、疲れを忘れた。
・恥ずかしそうにするとき、母は**あどけなく**見える。

あとじさる【後じさる】→あとずさる

あとずさる【後ずさる】

① 怖いなどと感じて、人や動物が後ろの方へ離れる。

・駅で大声を出して走る男に、みんな**後ずさった**。
・社長の強い言い方に、相手は少し**後ずさる**様子を見せた。

② やろうとする気持ちになれないで、仕事などから逃げるような様子を見せる。

・注文の数が大きくて、社員は少し**後ずさる**様子だった。
・みんなが**後ずさる**事でも、友人は嫌な顔をしない。

★②は 後じさる とも言う。

あとにする【後にする】

長く住んでいた所や仕事をしていた所などから離れる。

・両親は新しい仕事を探して、ふるさとを**後にした**。
・長く働いた人が、笑顔でお礼を言って、会社を**後にした**。

あとにはひけない【後には引けない】→あとへはひけない

あとにもさきにも【後にも先にも】

今まで一度も経験が無く、この先も経験することが無いと思うほど珍しい、と強く伝える言い方。
・友人が涙を見せたのは、**後にも先にも**結婚式のときだけだ。
・大きな火事で、町は**後にも先にも**無い騒ぎになった。

あとのまつり【後の祭り】

やってはいけない事などをしてしまい、気づいたときには、もう前のようにはならない、遅かったと伝える言い方。
・失敗してから謝っても、もう**後の祭り**だ。
・失礼な事を言ってしまったと気づいたが、**後の祭り**だった。

あとへはひけない【後へは引けない】

自分も関係している事なので、どうしても途中でやめられないと伝える言い方。
・自分が出した考えなので、会議で**後へは引け**なかった。
・やると言って**後へは引け**なくなり、最後までやった。
★(後には引けない)とも言う。

あとをたたない【後を絶たない】

良くない事などが何回も続いて終わらない様子。
・駅前の広い道では、交通事故が**後を絶たない**。
・使い方が難しい機械なので、小さな失敗が**後を絶たない**。

あとをひく【後を引く】

終わったと思っていた事の良くない結果が、後になっても残っている。
・けんかが**後を引いて**、妻と一言も話さない日が続いた。
・良い商品を作るための友人との言い合いは、**後を引かない**。

あながち

(あながち～ない)という形で、最初は良くないと思ったが、よく考えてみるとそうでもない、悪くはないと伝える言い方。
・父は、年を取るのも**あながち**悪く**はない**と言う。
・失敗は、**あながち**悪い事だけではなく良い経験にもなる。

あなどる【侮る】

自分は相手よりも力があると思うから、相手の言う事やする事などを軽く見て、深く考えようとしない。
・小さな会社だと**侮って**、相手の話をよく聞かず失敗した。
・若い社員でも、驚くような意見を言うので、**侮れない**。

あのてこのて【あの手この手】

自分の思う事をやるためなどに、考えられるすべての方法を使う様子。

・あの手この手で物を売る人の様子を見て、大変だと思う。

・駅前の店は、あの手この手で客を集めている。

あばれる【暴れる】

人や動物が、強い力で周りの物を壊し、人を傷付けるなどして、止められない様子。

・駅前で暴れた男がいて、警察を呼ぶ騒ぎになった。

・公園でイヌが暴れ子供にけがをさせ、問題になっている。

あびせる【浴びせる】→あびる

あびる【浴びる】

① 水や光などが体全体に当たるようにする。

・強い日を浴びるのが嫌なのか、暑い日、外は人が少ない。

・夕日を浴びると、町はいつもと違う様子を見せる。

② ほめる言葉や嫌な気持ちにさせる事などを周りの人から言われる。

・良い商品を作り拍手を浴びた若い社員は、顔を赤くした。

・家族から強い反対を浴びて、引っ越しはやめた。

★②のようにする様子を 浴びせる と言う。

・失敗して周りから強い言葉を浴びせられた社員が泣き出した。

あぶらがのる【脂が乗る】

① 魚や鳥などの肉が、おいしい季節になる。

・魚には、脂が乗っていておいしい季節がある。

・寒くなると、鳥の肉にも脂が乗っておいしくなる。

② 仕事など、自分がやろうと思って決めた事が調子良くできるようになる。

・会社に入って五年くらいが、仕事に脂が乗るときだ。

・有名な画家の脂が乗った頃に描いた絵を持っている。

あふれかえる【あふれ返る】→あふれる

あふれる

① 水や涙などがいっぱいになって、外に流れて出る。

・風呂があふれて、台所にまで水が流れて来た。

・結婚式の息子の目には、涙があふれていた。

② 人や物が全部入らないで、外に出てしまうほど多い。

・電車が止まって、駅に人があふれ、今朝は大騒ぎだった。

・あふれるほど品物を並べたスーパーは、人もあふれている。

③　喜びやできる、頑張ろうなどという気持ちが、周りにもわかるほど外に出る。

・やる気に**あふれた**社員が入る四月は、うれしいときだ。

・新しい商品を作ろうと、友人はやる気に**あふれた**様子だ。

★①〜③で、とても多いと強く感じさせるときに⌊あふれ返る⌋と言う。

　①・祭りの日は、町が人で**あふれ返る**ほどにぎやかになる。

　②・品物が**あふれ返る**ほど並んでいると、選ぶのが難しい。

　③・運動場の高校生を見ると、**あふれ返る**若さを感じる。

あべこべ【あべこべ二】

場所や順番、関係などが、周りが正しいと思っているのとは反対の様子。

・有名な絵が上下**あべこべ**に飾られて、大問題になった。

・今朝は急いでいて、靴下が右左**あべこべ**だった。

あまえ【甘え】→あまえる

あまえる【甘える】

①　相手が許してくれる事がわかっていて、親切に優しくしてほしいと願う。

・親が忙しく、**甘えた**経験が無い若い人が多くいる。

・庭に来るようになったネコが、**甘える**ように鳴いている。

★①で自由に甘えさせる様子を⌊甘やかす⌋と言い、甘える様子を⌊甘え⌋と言う。

・親が**甘やかして**育てた子供が、会社に入る時代になった。

・困ったときには親が助けてくれるという**甘え**は許されない。

②　相手が許してくれるだろうと考えて、頼み事をする。

・友人に**甘えて**、困るとすぐに手伝ってもらう。

・周りの言葉に**甘え**、熱があるので早く帰った。

あまやかす【甘やかす】→あまえる

あまり【余り】

①　使う予定だったが、使わないで残ったお金や物など。

・食事会で集めたお金の**余り**は、次に使うと決めた。

・妻は、野菜の**余り**を使って特別なジュースを作っている。

★①のように残る様子を⌊余る⌋と言う。

・予定していた人が来なくて、料理がたくさん**余った**。

②　数字と一緒に使って、その数より少し多いと伝える言い方。

・祭りに五千人**余り**の人が来て、準備をした人たちは大喜びだった。

・会社に入って三十年**余り**だが、まだできない事がある。

③ 〔あまり〜ない〕という形で、じゅうぶんではない、思っていたほどではないなどと伝える言い方。

・妻は、**あまり大きくならない**花でも大切にしている。

・仕事を教えても**あまり喜ばない**社員には、腹が立つ。

④ 〔〜のあまり〕という形で、思いが強くて、思ってもいなかった結果になったと伝える言い方。

・うれし**さのあまり**、相手にお礼を言うのを忘れた。

・驚**きのあまり**、持っていた料理を落としてしまった。

⑤ 〔あまりの/に〕という形で、自分が考えていたのとは全然違う、どう考えても自分が知っている事とは違うなどと強く伝える言い方。

・東京へ行ったとき、**あまりの**人の多さに驚いた。

・妻は野菜が**あまりに**高いので、たくさん買えないと言った。

あまる【余る】→あまり①

あやしい【怪しい】

① よくわからないときや様子がいつもと違うときなどに、何か問題があるのではと感じる様子。

・友人が話さないので、何か隠していると**怪しく**思った。

・庭で**怪しい**音がしたが、隣_{となり}のネコだった。

② 言う事ややる事などが、信じられなくて安心できない様子。

・できると軽く言う社員の言葉は、**怪しい**。

・続くかどうか**怪しかった**が、英語の勉強はやめていない。

③ 悪い事が起こりそうだ、また、思っているようにならないだろうなどと感じる様子。

・簡単だと思ったが、今日中にできるか**怪しく**なってきた。

・雲の流れが**怪しく**雨が降りそうだったので、出かけるのをやめた。

★③のように怪しいと思うとき〔怪しむ〕と言う。

・長い間庭に立って外を見ていて、近所の人に**怪しまれた**。

あやしむ【怪しむ】→あやしい③

あやつる【操る】

① 言葉や道具などを思い通り自由に使う。

・機械を自由に**操る**人がいるから、良い商品ができる。

・三か国語を**操る**人が会社に入って、みんなを驚かせた。

② 言葉を使って、また、やり方を考えて、人を思い通りに動かす。

・友人は、若い人を**操る**ように使って仕事を進めている。

・自分で考えて、周りの意見に**操られ**ないようにしている。

あやふや【あやふやナ・ニ】

正しいかどうかはっきりしないので、信じられないなどと感じる様子、また、する事を決められない様子。

・妻は結婚しようと言ったとき、**あやふや**な返事をした。

・よく知らない事を説明しても、**あやふや**にしか聞こえない。

あやまち

注意が足りなくてする失敗、また、多くの人が許せないと思うような大変な失敗や間違い。

・商品は小さな**あやまち**も許されないので、何度もよく調べる。

・戦争という大きな**あやまち**を許さない社会になってほしい。

あやまる【誤る】

頭の中で考えていた事とは違う事をし、悪い結果になってしまう。

・言葉の使い方を**誤**って、人を傷付けてしまった。

・注文を**誤**って、同じ本が五冊も届いた。

あゆみ【歩み】→あゆむ

あゆみよる【歩み寄る】

① よく見たいと思って、気になる人や物などに歩いて近づく。

・妻が手を上げて**歩み寄**った人は、昔の知り合いだった。

・電車を降りると、笑って**歩み寄**って来る人がいて、驚いた。

② 難しい問題を話しているときなどに、わかり合って問題を無くそうと考えを近づける。

・相手の会社と**歩み寄れ**るように、社長に相談した。

・反対の人たちが**歩み寄**る様子がなく、会議は大変だった。

あゆむ【歩む】

苦しい事や悲しい事、楽しい事やうれしい事などを経験して前に進む。

・父は、自分が**歩ん**だ道を家族に伝えようとしている。

・最近、自分の**歩ん**だ道を本にして出す人が多い。

★これまで経験した事や前に進む様子を 歩み と言う。

・会社の**歩み**が、写真の入ったきれいな本になった。

あらあらしい【荒々しい】

する事や言う事、人の前での動きなどが、周りの人や後の事などを考えない様子、周りに動きが怖いと思わせるような様子。

・話し方は**荒々しい**が、ふるさとの人はみんな優しかった。

・昨夜は、**荒々しく**吹く風の音で、よく眠れなかった。

あらい【荒／粗い】

① 〔荒い〕と書いて、話し方や息の仕方などがいつも聞いているのとは違い大きな声を出すような様子。

・妻のふるさとの人は、言葉は少し**荒い**がみんな優しく親切だ。

・最近は運動しないので、階段を上ると息が**荒く**なってしまう。

★→いきがきれる①

② 〔粗い〕と書いて、細かな事に注意しないで仕事などをする様子。

・最初の仕事が**粗い**と、後で困るので注意している。

・計画がまだ**粗い**と思い、友人の意見を聞くことにした。

あらがう

大きな力やわからない意見などに負けないで、自分の考えるとおりにしようとする。

・朝から天気が悪く、みんな強い風に**あらがう**ように歩いている。

・若いときはよく、賛成できない会社のやり方に**あらがった**。

あらかじめ →まえもって

あらす【荒らす】

人や動物が、物を壊すなどして生活する場所を使えないようにする。

・妻と旅行している間に、家の中が**荒らされ**ていて驚いた。

・ふるさとは、鳥や動物が畑を**荒らす**ので、困っている。

あらそい【争い】→あらそう

あらそう【争う】

① どちらが上か、正しいか、強いかなどをはっきりさせようとする。

・どちらが会社のためになるかを**争って**、今日の会議は長くなった。

・会社は、商品の良さでほかと勝ち負けを**争っ**ている。

② 強い力で相手を倒し、相手の物を自分の物にしようとする。

・強さを**争う**人間は、いつまで戦争を続けるのだろうか。

・小さく切ったパンを**争って**食べる庭のスズメを見て、人間も同じだと思った。

★①、②のように争う様子を〔争い〕と言う。

①・会社全体の事を忘れてする小さな**争い**には、何の意味も無い。

②・**争い**をやめなければ、地球はいつか住めない場所になる。

あらた【新たナ・ニ】

新しい事を始める、また、続けてきた事などを今までとは違った気持ちで続ける様子。

・社長に相談して、**新たな**計画を始めることになった。

・新しい社員が入って、みんな気持ちを**新た**にしている。

あらたまる【改まる】→あらためる

あらためる【改める】

正しくない、考えが足りないなどと思ったとき、また、古くなったと思ったとき、新しく初めからやる。

・町の決まりが**改められ**て、公園でサッカーができなくなった。

・計画が失敗し、**改め**て考えてみることにした。

★改められた後の様子を 改まる と言う。

・年が**改まっ**て少し休んだが、また忙しい毎日が始まった。

あらゆる

人や物全部、できる事のすべてだと伝える言い方。

・**あらゆる**人に喜ばれる商品を作りたいと願っている。

・**あらゆる**方法でやってみたが、うまくできなかった。

★ほかにはもう無いと思うほどすべてと強く言うとき ありとあらゆる と言う。

・最近のスーパーには、**ありとあらゆる**商品が並んでいる。

あらわ【あらわニ】

本当は隠しておきたい、また、隠した方がいいと思う事や物などが、周りにはっきりと見えるようになる様子。

・肌(はだ)を**あらわ**にする若い人が増えて、驚いてしまう。

・反対の気持ちを**あらわ**にする人との仕事は、難しい。

あらわす¹【表す】

①　考えている事や感じている事が外から見てもわかるように体や顔の動きなどに出る。

・友人は、考えている事を言葉で**表す**ので話しやすい。

・心配事があっても、仕事をする社員の前では顔には**表さ**ない。

②　自分の気持ちや考えなどを絵や文字など特別な形にして伝える。

・自分の考えを正しく文字に**表す**のは簡単な事ではない。

・祖父の日記には、戦争の苦しさを**表す**言葉が並んでいる。

★①、②のように考えや気持ちを表した後の様子を 表れる と言う。

　①・何も言わないが、妻の顔には心配する気持ちが**表れ**ていた。

　②・描いた人の気持ちが**表れ**ている小さな絵を買った。

あらわす²【現す】

①　隠れていて見えなかった物や力などを見えるようにする。

・商品計画になるといつもとは違う力を**現す**社員がいて面白い。

・友人は、困ったときに力を**現す**頼れる人だ。

② それまでいなかった人や無かった物が周りに見えるようにする。

・入院していた社長が顔を**現し**、会社は明るくなった。

・子供たちが来ると、妻は見たことの無いような笑顔を**現す**。

★①、②で見えなかった人や物などが見えるようになったとき (現れる) と言う。

　①・雨が降らず、今は町の川も底の一部が**現れて**いる。

　②・祭りの準備のために、毎年おおぜいの人が笑顔で**現れる**。

あらわれる¹【表れる】→あらわす¹

あらわれる²【現れる】→あらわす²

ありありと

① ほかの人の気持ちや考えている事などが、言わなくてもはっきり感じられると伝える言い方。

・顔を見て、社長が新しい商品を喜ぶ様子が**ありあり**と伝わった。

・若い社員の背中から、やる気が**ありあり**と感じられた。

② 人や物の様子などが、目の前に見えるようだと伝える言い方。

・母の作った食事を見て、昔の事を**ありあり**と思い出した。

・買った人が喜ぶ様子が**ありあり**と感じられる商品ができた。

ありうる【有り得る】→ありえる

ありえる【有り得る】

① あっても変だと思わない、驚かないなどと考える。

・台風で電車が遅れることが**有り得る**ので、早く家を出た。

・商品ひとつで会社が有名になることも**有り得る**。

　★①は (有り得る) とも言う。

② (あり得ない) という形で、あるとは思えない、信じられないなどと考える。

・新しい商品は、**有り得ない**ぐらいよく売れている。

・**有り得ない**ような話でも、本当の事はある。

　★→〜しえない(→える)

ありがためいわく【ありがた迷惑】

親切でした事などが、相手を困らせ、もう要らないと思われる様子。

・仕事ができない人に手伝うと言われても、**ありがた迷惑**だ。

・必要無い物を送っても、相手には**ありがた迷惑**だ。

ありさま【有り様】

人や物などの、良いとは思えない今の様子。

- 少しの間掃除をしなかったら、部屋が大変な**有り様**になった。
- 食べ物も無い子供たちの**有り様**を見て、すぐには信じられなかった。

ありとあらゆる →あらゆる

ありのまま【ありのまま二】
何も隠さないで、起こった事や今の事などをすべて伝える様子。
- 海外からの客には、会社の**ありのまま**を見てもらう。
- 社長はすべてを**ありのまま**に話すので、安心して働ける。

ありふれる
どこにでもある、特別な所が無い様子。
- 友人にそんな商品は**ありふれている**と言われ、考え直した。
- どこにでもある**ありふれた**話でも、自分の事なら大問題だ。

あるいは
① 同じような物や事を並べて、どちらかひとつを選ぶようにと伝える言い方。
- 仕事を続けるか**あるいは**辞めるか、六十歳前には決める。
- 賛成か**あるいは**反対か、町はゴミ問題で騒ぎが続いている。

★①と同じ様子を もしくは と言う。
- 休む時は、メール**もしくは**電話で連絡すると決まっている。

② もしかしたら様子が変わるかもしれない、困った事になるかもしれないなどと伝える言い方。
- 社長は賛成したが、**あるいは**考えが変わるかもしれない。
- **あるいは**大雨になるかもしれないと言われ、傘を持って出た。

★→ひょっとすると

あれはてる【荒れ果てる】 →あれる③

あれる【荒れる】
① 天気が悪くなって、風や雨などが強くなる。
- 明日から天気が**荒れる**ので、海外へ行く友人が心配だ。
- 天気が**荒れる**前に、両親の家へ行って庭の片づけを手伝った。
② 色々な理由で、肌に柔らかさが感じられなくなる。
- 母は、手が**荒れる**と言っていつも何かを塗っている。
- 肌が**荒れる**と言われても、若くから化粧する人が多い。
③ 必要な事をしないので、場所や人の生活などがとても悪くなる。
- 忙しくて何もしないと、庭はすぐ**荒れて**しまう。
- 学生時代は、部屋の掃除もせず、**荒れた**生活だった。

★③のように何もできないと思うほど荒れる様子を 荒れ果てる と言う。

・町の人が集まって、**荒れ果て**ていた寺をきれいにした。

あわい【淡い】

①　強くはないが、色や味、光などが少し感じられる様子。

・庭に**淡い**花の香りが流れて来ると、もうすぐ春だと思う。

・朝の**淡い**光の中で、色々な鳥が鳴き始める時間が好きだ。

②　弱く、はっきりはしないが、思い出や願いを少しだけ感じる様子。

・母は、ふるさとへの**淡い**思いを失くすことはないだろう。

・友人は、自分の会社を持つという**淡い**夢があると言う。

あわただしい【慌ただしい】

大きな問題や急ぐ事が起こったときなどに、安心して静かにしていられない様子。

・一年の終わりには、なぜか人も車も動きが**慌ただしく**なる。

・母が入院してから、**慌ただしい**日が続いていて大変だ。

あわてる【慌てる】★→うろたえる

①　急に考えていなかった事などが起きて、どうしていいか、すぐに考えられなくて困る。

・社長から急に話があると言われて、**慌てた**。

・会議中に準備していなかった事を聞かれて、**慌ててて**しまった。

②　時間に遅れそうになって、必要な事を急いでする。

・時計が止まっていて、**慌てて**会社へ行った。

・会議で話せと言われて、**慌てて**準備した。

あわや

もう少しで大変な事になりそうだったが、そうならなかったと伝える言い方。

・あわや大けがかと心配したが、機械が止まって助かった。

・あわや前の車に当たるかと思ったとき、妻の声で夢だとわかった。

あわれ【哀れナ・ニ】

幸せではないだろう、かわいそうだなどと思わせる様子。

・食べ物も無く死ぬ**哀れな**子供たちに、少しでも何かしたい。

・ほかからは**哀れ**に見えても、幸せな人はおおぜいいる。

あんい【安易ナ・ニ】

①　多くの人が簡単にできそうな様子。

・**安易な**仕事より難しい仕事の方が良い経験になる。

・**安易**に見える仕事でも、自分でやってみると大変だとわかる。

②　大切な事や難しい事などを、よく考えないでする様子。

・仕事では、**安易**に人を信じないようにしている。

・問題に**安易な**考えでいると、後で困った事になる。

あんがい【案外】→いがい

あんじる【案じる】

問題が起こらないか、大丈夫かと、自分に関係のある人の事を心配する。

・子供の安全を**案じる**のは、大人の仕事のひとつだ。

・入院した母は大丈夫かと、仕事中も**案じられた**。

あんてい【安定スル】

① 簡単に変わりそうではなく、いつもと同じような様子。

・手術の後、母の様子は**安定している**ようで安心した。

・ここ数年、会社が売る商品の数はずっと**安定している**。

② 簡単に動かないで、倒れないと感じる様子。

・**安定**が悪かった台所のテーブルを、新しくした。

・会議用の机が変わり、とても**安定**が良く座りやすくなった。

あんもく【暗黙】

誰もはっきり言わないが、周りのみんながわかっている様子。

・仕事中に関係の無い話をしないのは、**暗黙**の決まりだ。

・子供やお年寄りを大切にするのは、みんなの**暗黙**の約束だ。

い

いあわせる【居合わせる】

特別な事があったときに、関係の無い人がそこにいる。

・交通事故に居合わせて、本当に怖いと思った。

・近所で火事があったとき、居合わせた人たちで消した。

いいがかり【言い掛かり】

本当かどうかは関係無く、相手を困らせるために言う言葉。

・言い掛かりをつけるために電話をかける人がいて、困る。

・商品でけがをしたと言われたが、調べると言い掛かりだった。

いいかげん【いい加減ナ・ニ】

① 守らなければならない事や必要な事などを正しく、決められたようにできない様子。

・時間に遅れるのは、いい加減な人間のする事だ。

・会議でいい加減な返事をして、注意された。

② 味や明るさ、温度などがちょうどいいと感じられる様子。

・母の料理は、いつもいい加減に味付けされている。

・温度がいい加減の風呂に入ると、仕事の疲れを忘れる。

③ もう許せない、これ以上は嫌だなどと伝える言い方。

・長く続く工事の音に、もういい加減にしてほしいと思う。

・何度も同じ事を言って、いい加減にしろと叱られた。

　★→うんざり

いいきかせる【言い聞かせる】

相手がじゅうぶんわかるまで、よく話をする。

・なぜできないか、若い社員に理由を説明して言い聞かせた。

・時間をかけて言い聞かせても、わからない人はいる。

いいきみ【いい気味】

嫌いな人や悪い人が、失敗したときや困っているときなどに、良かったと思う気持ち。

・人の失敗を見ていい気味だと思う自分は、嫌だ。

・同じような物を作った会社が失敗するのは、いい気味だ。

いいぐさ【言い草】

聞いている方がもう聞きたくないという気持ちになるような、自分の事だけを考えて言う言葉。

・わかってると言った社員を、その言い草は何だと叱った。

・「今の若い者は」とは、いつの時代も年寄りの言い草だ。

いいことに

あるとは思わなかった機会なので、それをうまく使って思った事をすると伝える言い方。

・社長が知らないのをいいことに、失敗を隠した。

・暇なのをいいことに、仕事中に旅行の話をした。

いいつけ【言いつけ】→いいつける①

いいつける【言いつける】

① 親や先生などが、相手の気持ちや予定などを考えずに、命令するように言う。

・小さいとき、親に言いつけられてよく買い物に行った。

・社長に言いつけられた仕事ができず、友人は困っていた。

★①のように命令する仕事などを 言いつけ と言う。

・昔は、言いつけを守り、先生に会うと挨拶をした。

② 人の失敗や良くない事を、会社のほかの人や先生などに伝える。

・人の失敗を言いつけるような社員は、信じていない。

・昔は悪い事をして、よく先生に言いつけられた。

いいつたえ【言い伝え】

昔から長く伝わってきた、大切な事などを教える言葉や話。

・公園の池には、大きなヘビがいるという言い伝えがある。

・長く伝わる言い伝えには、みんなが信じる理由がある。

いいなり【言いなり】

賛成でなくても、後で困るなどと考えて、言われたとおりにする様子。

・何でも会社の言いなりになるのは反対だという社員も多い。

・いつまでも親の言いなりにしていては、大人になれない。

いいふらす【言いふらす】

人の失敗や良くない事などを、本当かどうか調べないで面白い事のように周りの人に言う。

・近所に、他人の事を言いふらす人はいないから安心だ。

・人の失敗を言いふらすような社員は、仲間にはいない。

いいぶん【言い分】
　自分に言われた事や相手の考えなどに賛成できないときに言う反対する理由や意見。
　・社長は、問題があるときは関係者の言い分を全部聞く。
　・言い分を聞くまでは、相手の間違いを問題にしない。

いいわけ【言い訳スル】
　困ったとき、失敗したときなどにする、自分は悪くないと言う説明。
　・失敗が続いて、もう言い訳できなくなった。
　・言い訳をしない社員は、失敗も自分の経験にして育つ。

いうことなすこと【言う事なす事】→することなすこと

いうまでもない【言うまでもない】
　言わなくてもわかるだろうが、という気持ちで大切な事を伝える言い方。
　・町の安全が何よりも大切な事は、言うまでもない事だ。
　・娘の結婚は、両親は言うまでもなく周りにも喜びだった。

いえがら【家柄】→がら③

いえなみ【家並み】
　たくさんの家が並んでいる様子、また、並んでいる家々。
　★同じ様子を家並みとも言う。
　・妻のふるさとには、古い家並みが続いている場所がある。
　・駅前の昔の家並みは、もう見られなくなってしまった。

いがい【意外(と)ナ・ニ】★→おもいのほか
　思ってもいなかった、考えた事もなかったと驚いた気持ちや信じられないなどという思いを伝える言い方。
　・安い物だったが、使ってみると意外に便利だった。
　・新しく入った社員の考えた商品が売れたのは、意外な事だった。
　★「意外」ほど驚きの気持ちは強くないが、案外も自分の考えと違った様子を伝える。
　・今度の商品は、楽しみにしていたのに案外売れなかった。

いがいのなにものでもない【以外の何物でもない】
　誰が考えても、そうとしか思えないと自分の考えを強く伝える書き言葉。
　・経験者が偉いという考えは、間違い以外の何物でもない。
　・邪魔以外の何物でもない意見を言う人には、本当に困る。

いかく【威嚇スル】
　大きな声や音などを使って、相手を驚かせ、怖い思いをさせる様子。
　・会議で、反対すると威嚇するような目をする人がいて嫌だ。

・近所のイヌは知らない人を見ると大声を出して**威嚇**する。

いかす【生かす】

失敗した経験や今ある物などをよく見直して、上手(じょうず)に使う。

・失敗を**生かして**、別の商品を作った。

・自分の力が**生かせない**と考えて、仕事を変える人は多い。

いかにも

どこから見ても、誰が考えてもそうとしか思えないと伝える言い方。

・注意された社員は、**いかにも**嫌そうな顔で出て行った。

・**いかにも**大切な事のように、小さな声で話す人がいる。

いがみあい【いがみ合い】→いがみあう

いがみあう【いがみ合う】

家族や隣近所(となり)、近くの町などの人が、問題などがあって強く言い合う。

・会社の中で**いがみ合って**も、良い事は何も無い。

・ゴミ問題は、賛成と反対に分かれて**いがみ合って**いる。

★いがみ合う様子を いがみ合い と言う。

・相手との相談は、**いがみ合い**が続いて、簡単に終わらない。

いかり(をかう)【怒り(を買う)】→いかる

いかる【怒る】

嫌な気持ちになる事があったときや自分が軽く見られたように感じたときなどに、許せない気持ちになる。

・父は、店員の失礼な言葉に**怒って**(いか)何も買わずに帰って来た。

・昔、みんなでいじめた子の**怒った**(いか)目が、今も忘れられない。

★怒った様子を 怒り と言い、相手を怒らせてしまうとき 怒りを買う と言う。

・会議で、失敗だと言われた友人の強い**怒り**を感じた。

・仕事を最後までやらない社員が、社長の**怒り**を買った。

いかん

これから先どう変わってどんな結果になるかという様子の意味だが、多く次のように使う。

① 〜いかんで という形で、結果の良い、悪いで、次にする事が決まると伝える言い方。

・新しい商品の売れ方**いかんで**、次の計画を考える予定だ。

・社員の働き方**いかんで**、会社はまだ大きく伸びていく。

★結果の良い、悪いで思ってもいなかった事になると強く言うときには、〜いかんでは と言う。

・検査の結果いかんでは、母は入院する必要がある。

② 〔〜いかんによらず／かかわらず〕という形で、どう変わってどんな結果になっても、決めたようになると伝える言い方。

・賛成、反対のいかんによらず、町のゴミ置き場はできる。

・注文のいかんにかかわらず、できない仕事はできない。

★→―にかかわらず②

いきあたりばったり【行き当たりばったり】

これからしようとする事を、よく考えないで、また、細かく計画しないでする様子。

・もう昔のように、**行き当たりばったり**の旅行はできない。

・**行き当たりばったり**でする事が、商品になることはない。

★〔行きあたりばったり〕とも言う。

いきあたる【行き当たる】★→つきあたる

① 道が途中で終わっていて、先に行けなくなる。

・途中で工事に**行き当たって**、約束に遅れてしまった。

・地図を見て走っていたら、古い空き家に**行き当たった**。

② 仕事などで難しい問題などがあって、先に進めなくなる。

・問題に**行き当たった**ので、友人に手伝ってもらった。

・難しい事に**行き当たったら**、少しの間ほかの事をする。

★①、②は〔行き当たる〕とも言う。

いきいき【生き生き（と）スル】→かっぱつ

いきおい【勢い】★→いせい

人や動物、物が動くときの速い様子、また、外から見て強く動いているように感じられる様子。

・友人は、黙って聞くしかない**勢い**でしゃべり続けた。

・ふるさとの町は、住む人が減り、**勢い**が無くなっている。

★勢いが出る様子を〔勢いづく〕と言う。

・新しい商品が売れて、会社全体が**勢いづいた**。

いきおいづく【勢いづく】→いきおい

いきがあう【息が合う】

ほかの人とやる事や考えなどがよく合っていて、いい結果になりそうだと思う。

・祭りで町の人たちは、**息が合った**踊りを見せた。

・初めて会った人だったが、**息が合い**仕事もうまくできた。

いきがきれる【息が切れる】
　①　動きすぎて、いつものように息ができなくなる。
　・走りすぎて**息が切れて**しまい、少し休んだ。
　・最近、階段を上る途中で、**息が切れる**ようになった。
　★①のように息が切れたときの様子を 息を切らす と言う。
　・**息を切らせて**会社に来た社員は、少しの間話せなかった。
　★→あらい①
　②　する事が難しく、長い時間がかかるので、途中でやめる。
　・仕事が長くかかると、途中で**息が切れる**社員もいる。
　・**息が切れ**そうになったら、ゆっくり休む事が大切だ。
　★①、②で息が切れた様子、また、途中でやめる様子を 息切れ と言う。
　　①・駅まで友人と走って**息切れ**し、顔を見合って笑った。
　　②・若い人には、**息切れ**しないよう仕事をさせる。

いきがたえる【息が絶える】
　弱った人や動物の息がだんだん弱くなり、最後には死んでしまう。
　・両親は、どちらかの**息が絶える**ときは最後まで横にいると決めている。
　・父は**息が絶える**まで、自分の生活を変えないと言っている。
　★死んでしまう様子を 息を引き取る とも言う。
　・最近、誰もいない所でひとり**息を引き取る**人が増えている。

いきがつまる【息が詰まる】→いきぐるしい

いきがはずむ【息が弾む】→いきをはずませる

いきぎれ【息切れスル】→いきがきれる

いきぐるしい【息苦しい】★→おもくるしい
　①　とても狭い所や空気の流れが悪い所などで息がしにくくなる様子。
　・人が多いときの会議は、途中で**息苦しく**なってしまう。
　・台風の日、一日中外に出ないと**息苦しい**と感じる。
　②　やりたい事ができなくて、また、結果がどうなるか心配で、息をするのも大変だと感じる様子。
　・町の決まりを増やすと、住む人が**息苦しく**感じる。
　・父は、ふるさとの人間関係を**息苦しい**と感じて、外へ出たそうだ。
　★①、②で、同じ様子を 息が詰まる と言い、②では 息詰まる とも言う。
　　①・マスクを付けて急いで歩いたら、**息が詰まり**そうだった。
　　②・細かい仕事が続く日は、**息が詰まり**そうだ。
　　　・社長の反対があって、今日の会議は**息詰まる**ようだった。
　★→いきをつめる

いきさつ

問題や事故などが起きた原因、それからどうなったかという全体の様子。

・社長から全員に、今度の問題の**いきさつ**が説明された。

・家族の問題には、**いきさつ**がわかるまで何も言わない。

★ 経緯/成り行き とも言う。

・工場は、事故の**経緯**がわかるまで休むことになった。

・相手との問題が起こった**成り行き**をもう一度考えてみた。

いきざま【生き様】

人が毎日生活を続けている様子、また、ほかの人とは違う生き方。

・社長の**生き様**を見て、たくさんの事を勉強してきた。

・子供は親の**生き様**を見て、良い事、悪い事を教えられる。

いきちがい【行き違い】

①　決めた場所や時間を間違えるなどして、相手に会えない様子。

・相手と**行き違い**になって、その日は仕事の話ができなかった。

・忙しいときにする約束で、**行き違い**になることがよくある。

★①のように行き違いになるとき 行き違う と言う。

・どこかで**行き違った**のか、妻は約束の場所に来なかった。

②　相手との話や考えなどが思ったように合わない様子。

・妻とのけんかの原因は、考えの**行き違い**が多い。

・話の**行き違い**があって、今日の会議は長く続いた。

いきちがう【行き違う】→いきちがい①

いきつく【行き着く】

①　行きたい場所、知らない場所などに時間をかけて着く。

・時間がかかったが、探す相手の家に**行き着いた**。

・時間をかけて**行き着いた**のは、何も無い所だった。

②　これ以上先は無い、これで終わりだと思う所まで行く。

・会議は、最後はいつも同じ問題に**行き着く**。

・人の事を考えない社会の**行き着く**先が心配だ。

いきづく【息づく】

昔から続いている事などが無くならないで長く続く、また、生き物が土の中などで生き続ける。

・祭りという文化が昔から**息づいている**所がたくさんある。

・ふるさとは、春、雪の下で**息づいていた**草花が顔を出す。

いきづまる【息詰まる】→いきぐるしい②

いきどおり【憤り】→いきどおる

いきどおる【憤る】

正しくないと思う事や許せない事などに腹を立て、強く怒る。

・公園を無くす計画に**憤る**町の人が、話し合いをしている。
・相手のやり方に**憤った**社長は、商品を作らないと言った。
★憤っている様子を (憤り) と言う。
・会議で反対された友人の顔に、強い**憤り**が感じられた。

いきとどく【行き届く】

準備や注意などが細かい所まで気をつけてできている様子。

・社長の教えで、会社はいつも掃除が**行き届いている**。
・新しい社員に目を**行き届かせる**ように気をつけている。
★(行き届く) とも言う。

いきなり

急に考えていない事が起こる、様子が変わるなどと伝える言い方。

・**いきなり**の大雨で、前が見えなくなり運転できなかった。
・社員が**いきなり**倒れ、大騒ぎになって仕事が止まった。

いきぬき【息抜き】→いきをぬく

いきわたる【行き渡る】

連絡や物などが、必要な所全体に、また、必要な人全員に届く。

・連絡がひとり残らず**行き渡る**よう、新しい方法ができた。
・社員全員に注意が**行き渡る**よう、社長は気をつけている。
★(行き渡る) とも言う。

いきをきらす【息を切らす】→いきがきれる

いきをころす【息を殺す】→いきをひそめる

いきをつく【息をつく】★→ためいき

大変な事や難しい事が終わったときなどに、安心してふうっと音が聞こえるような息をする。

・問題が無くなり**息をついた**様子の社長を見て、安心した。
・一週間**息をつく**間も無く仕事が続いて、本当に疲れた。

いきをつめる【息を詰める】★→いきづまる(→いきぐるしい②)

危ないと感じたときや結果がどうなるかとても心配なときなどに少しの間息を止める。

・夜、庭で気持ちの悪い音が続き、**息を詰めて**様子を見た。
・大雨で家が流されるニュースを、**息を詰めて**見ていた。

いきをぬく【息を抜く】

頑張って続けている事や難しい仕事などを途中でやめて、気持ちや頭を

休ませる。

・忙しさが続くときは、少し**息を抜く**時間を作っている。

・忙しい日が続いたので、少し**息を抜こう**と友人と食事をした。

★息を抜く様子を (息抜き) と言う。

・妻にも**息抜き**が必要だろうと思い、時々一緒に食事に行く。

いきをのむ【息をのむ】

とても怖いと思って、また、とても驚いて、少しの間息が止まったようになる。

・台風の跡を見て、自然の恐ろしさに**息をのんだ**。

・初めて東京へ行った父は、人の動く速さに**息をのんだ**と言う。

★同じように感じ、声が出なくなる様子を (声をのむ) と言う。

・友人の話した新しい商品の考えに**声をのむ**思いだった。

いきをはずませる【息を弾ませる】

走ったとき、運動を続けたときなどに、何度も強く息をする様子。

・仕事が始まる前に、**息を弾ませて**走って来る社員がいる。

・走って階段を上った友人が、**息を弾ませて**立ち止まった。

★息を弾ませた様子を (息が弾む) と言う。

・最近運動しないので、少し走っただけで**息が弾む**。

いきをひきとる【息を引き取る】→いきがたえる

いきをひそめる【息を潜める】

ほかの人に自分がいる事がわからないように、音を出さないよう、静かにする。

・社長が怒っているときは、みんな**息を潜めて**いる。

・友人が大声を出すので、周りは**息を潜める**様子だった。

★同じ様子を (息を殺す) とも言う。

・変な音がしたので、**息を殺して**外の様子を知ろうとした。

いくじがない【意気地が無い】

大変な事や苦しい事などがあるとき、負けずに頑張ろうとする気持ちが感じられない様子。

・友人に助けてもらう自分を**意気地が無い**と思うことがある。

・失敗が怖いと**意気地の無い**事を言う人には、仕事を頼まない。

★意気地が無い様子、また、そんな人を (意気地無し) と言う。

・**意気地無し**と言われても、少しでも危ない商品は作らない。

いくじなし【意気地無し】→いくじがない

いくら ★→いくらなんでも

いくら〜でも という形で、これ以上続けても、良い結果にならない、また、できると思うかもしれないが、できない事もあると伝える言い方。
・いくら考えてもわからないときは、相談するといい。
・いくら安くても要らない物までは買うことはない。

いくらか

はっきりどれだけとは言えないが、少し変化があったように感じられるなどと伝える言い方。
・まだいくらか熱はあるが、妻の風邪はもう心配無いだろう。
・父が元気になって、いくらか安心した気持ちになれた。
★同じ様子は やや とも言う。
・台風が離れたのか、風の音がやや弱くなってきた。

いくらでも

終わりが見えないほど続く、また、たくさんあると伝える言い方。
・社長は、金はいくらでも出すから新商品を作れと言った。
・生きていれば、問題はいくらでも出てくる。

いくらなんでも【いくら何でも】★→いくら

ありそうな事だとは思うが、いつも考えられるような程度ではないなどと伝える言い方。
・いくら何でももう来るだろうと、遅い友人を待った。
・片づけないで帰った社員は、いくら何でも許せない。

いくらも

いくらも〜ない という形で、少しはあるがとても少ないと伝える言い方。
・会社に入っていくらもたたない社員が、辞めた。
・お金がいくらも残っていなくて、今月は苦しい。

いける

①　仕事などが問題無くできる、また、スポーツなどがうまくできる。
・これならいけると思う商品は、計画を作って話し合う。
・父は、若い頃スポーツなら何でもいけたと言っている。
②　食べ物や飲み物の味、物の様子などが思っていた以上に良いと感じられる。
・友人が料理がいける店を見つけて、案内してくれた。
・お酒で有名な駅前の店は、料理の味もいけるので客が多い。

いげん【威厳】

人や物に感じる、偉すぎて、大きすぎて簡単には近づけないと思わせる

様子。

・社長の**威厳**を持った話し方は、長い経験があるからだろう。

・**威厳**を感じさせる古い寺や神社が大好きだ。

いごこち【居心地】

多く 居心地がいい/悪い という形で、心配な事や不安な事、危ない事など が無くて、人やほかの生き物が安心できる、反対に、できない様子。

・何歳になっても、両親の家はとても**居心地がいい**と感じる。

・社長は、社員の**居心地が悪い**会社にはしないと言っている。

いざ

① やると決めて仕事や新しい事などを始めてみたら、と伝える言い方。

・**いざ**やろうと始めてみると、商品計画に問題がある事がわかった。

・**いざ**出かけようというときになって、妻が熱を出した。

② 大きな問題が起きて、逃げられない、誰かがやらなければならなく なったとき、と伝える言い方。

・**いざ**となったら会社を辞めると決め、新計画を始めた。

・**いざ**というときには、相談できる友人がいるので安心だ。

いざこざ

家族の間、隣近所、学校や会社などで意見が合わなくて起こる小さい問 題やそれを無くそうとする言い合い、けんかなど。

・何か**いざこざ**でもあったのか、家の近くに警察の車が止まっている。

・今住んでいる町は、本当に**いざこざ**が少ない住みやすい所だ。

いざしらず【いざ知らず】→―ならまだしも

いざなう ★→さそう

楽しい場所やよく知らない場所などへ案内する。

・昔の生活へ**いざなう**ような古い所を旅行するのが好きだ。

・本を読むのは、自分の知らない世界へ**いざなって**くれるからだ。

いさましい【勇ましい】

危険な事や難しい事などを怖いと思わないでやる様子。

・「やるぞ」と、社長の**勇ましい**声で新しい計画が始まった。

・小さいとき、朝仕事に行く父がとても**勇ましく**見えた。

いさみあし【勇み足】

やる気を出しすぎたときや急いでやりすぎたときなどに、それが原因で する失敗。

・相談無しに新しい商品を決め、社長に**勇み足**だと叱られた。

・**勇み足**が続いた友人が、仕事を辞めたいと言っている。

いじ¹【意地】

①　一度決めたら、間違っていても正しくても簡単に変えないで最後までやろうとする強い気持ち。

・家族で一番**意地**が強い父は、決めた事を変えない。

・会議でやると言ったから、今度の商品は**意地**でも成功させる。

★①のように決めた事を最後までやる様子を 意地を通す と言う。また、間違っていても、変えないで続ける様子は 意地を張る／意地になる と言い、そんな様子の人を 意地っ張り と言う。

・反対が多い中、**意地**を通そうとする友人を応援している。

・失敗しても続けると**意地**を張る社員がいて、困っている。

・**意地**になって反対する人がいると、会議は終わらない。

・社長は、自分は**意地っ張り**だから会社が続いたと話す。

②　人が嫌がる事や困る事などをする様子やそんな事をする人を 意地が悪い／意地悪 と言う。

・**意地**が悪い質問をする人には、若い人は育てられない。

・ふるさとで**意地悪**をし合った仲間たちとは、今は良い友達だ。

いじ²【維持スル】

今の様子が変わらないように注意して続ける様子。

・体の調子を**維持する**ために、エレベーターを使わずに歩くことにした。

・町は、残された自然の**維持**を色々考えている。

いじがわるい【意地が悪い】→いじ¹②

いしき【意識スル】

①　周りの物や起こっている事などが、何なのか、はっきりわかる力。

・けがをした社員は、**意識**があったので大丈夫だと思った。

・父が頭を打って**意識**を無くしたと聞いて、とても心配した。

②　自分の事や周りの様子が、どうしてそうなのか、自分が何をしているのかなどがよくわかっている様子。

・自分のする事は何か、ちゃんと**意識**を持って仕事をしている。

・会社では、いつも人に見られていると**意識**し、笑顔でいる。

★②のようによくわかっている様子を 意識的 と言う。

・力があると思う社員には、**意識的**に難しい仕事を頼む。

いしきてき【意識的】→いしき②

いじっぱり【意地っ張りナ】→いじ¹①

いじになる【意地になる】→いじ¹①

いしのうえにもさんねん【石の上にも三年】

石でも長い時間座っていれば暖かくなるように、大変でも続ける事が大
切で、最後にはいい結果になると教える言い方。

・石の上にも三年で、続けていれば色々わかると信じている。

・難しい仕事も、石の上にも三年と思って頑張ってきた。

いしばしをたたいてわたる【石橋をたたいて渡る】

石の橋でも安全かどうか調べるほど、じゅうぶんに注意しないと何があ
るかわからないと教える言い方。

・石橋をたたいて渡る人しかいなければ、新しい物はできない。

・石橋をたたいて渡る妻がいるので、家の事は何も心配しない。

いしょう【衣装】

着物などの着る物全部、また、考えて作った物や昔から決まっている特
別なときに着る物。

・人と違う衣装で歩く若い人は、何かを伝えたいのだろうか。

・結婚式の衣装を着た娘を見て、何も言う言葉が無かった。

いじょう¹【以上（は）】→うえは

いじょう²【異常ナ・ニ】

体や機械などの調子が、いつも通りではない様子。

・妻のふるさとは、異常に雨が少なく、米が育たなかったそうだ。

・今朝、急に異常な音がして、会社の電気が全部消えた。

★反対に、いつも通りの様子を 正常 と言う。

・事故で遅れた電車は、一時間経っても正常に戻らなかった。

いじらしい

小さい子供が、できそうもない事などを頑張ってやろうとしている、ま
た、苦しさを見せないようにして頑張っている様子。

・親を手伝って荷物を持つ子が、いじらしく思えた。

・泣かないで、ひとりで病院で待つ子の様子はいじらしい。

いじわる【意地悪ナ・ニ・スル】→いじ¹ ②

いじをとおす／はる【意地を通す／張る】→いじ¹ ①

いずれ

① いつとは言えないが、時間がたてば考えられる結果になると伝える
言い方。

・いずれは会社を辞める日が来ると思うと、寂しく感じる。

・難しい事でも、いずれできるようになると思って頑張った。

② いくつかある中のどれか、また、全部を見て、と伝える言い方。

・妻は、**いずれも**美しく咲いた花を見てうれしそうだ。

・社長の誕生日プレゼントを**いずれ**にするか、社員で相談した。

③　いずれにしても/せよ　という形で、どちらを選ぶか決める必要があるが、どちらを選んでもする事は同じだと伝える言い方。

・出す、出さない**いずれにしても**、計画書は今日中に書く。

・行く、行かない**いずれにせよ**、旅行を決めるのは両親だ。

いずれにしても／せよ →いずれ③

いすわる【居座る】

いなくなってほしいと思っているのに、同じ場所に長くいて動かない。

・同じ仕事に長く**居座って**いると、新しい考えが出ない。

・雨雲が**居座って**いるそうで、十日も太陽を見ていない。

いせい【威勢】★→いきおい

強い力で、誰にも負けないで、前に進むように見える様子。

・日本一の商品を作ると、友人はいつも**威勢**がいい。

・仕事を頼んだ社員は、はいと**威勢**の良い返事をした。

いぜんとして【依然として】★→あいかわらず

変わっていてもいいと思うほど時間がたつのに、まだ前と同じようだと伝える言い方。

・朝の地震で、**依然として**電車が止まっている。

・子供がいじめられる事件は、**依然として**減らない。

いそしむ

面白いと感じて、好きな事、必要な事などを続けてする。

・好きな事に**いそしむ**両親を見て、元気でいてほしいと願う。

・仕事を辞めてからは、好きなだけ読書に**いそしもう**と思う。

いだく【抱く】

①　両手で優しく持っているように見える。

・山に**抱かれた**ふるさとでの生活は、大切な思い出だ。

・妻は、森と湖に**抱かれた**北の国へ行きたいそうだ。

②　夢ややりたい事などを頭の中で大切に思っている。

・若い頃は、将来世界で働くという夢を**抱いて**いた。

・両親は、大きな願いを**抱いて**ふるさとを離れたそうだ。

いたくもかゆくもない【痛くもかゆくもない】

小さな事だから、また、自分とは関係無い事だから、少しも困らない、大丈夫だなどと考えて、気にならない様子。

・良い商品を作っていれば、何を言われても**痛くもかゆくもない**。

・困った人がいても関係無いから**痛くもかゆくもない**という考えは嫌だ。

いたずら【いたずらスル】

遊びの気持ちで人に嫌な思いをさせたり、困らせたりする事や様子。

・**いたずら**して親を困らせた息子が、結婚する年になった。

・近所の火事は、子供の**いたずら**が原因だった。

いたずらに

何をするかはっきり決めないで、また、良い結果が出ていないのに時間やお金だけを使うと伝える言い方。

・何も決まらない会議で、**いたずらに**時間だけが過ぎた。

・**いたずらに**時間とお金を使う計画は、社長が許さない。

いたたまれない【居たたまれない】

恥ずかしいと思う事や嫌な事があったときなどに、今いる所を離れたいと強く思う様子。

・会議で言い合いが続くとき、**居たたまれない**気持ちになる。

・失敗をした社員は、**居たたまれない**様子で黙っていた。

いたって【至って】

周りの人が思うよりもとても良い、また、特別ではないなどと強く伝える言い方。

・足の骨を折り、入院したが、足以外は**至って**健康だ。

・有名なレストランへ行ったが、**至って**よくある味だった。

いたましい【痛ましい】

かわいそうだ、悲しいなどと強く思わせる様子。

・冬の山で**痛ましい**事故が続いて、多くの人が亡くなった。

・戦争で親を亡くした子の生活の様子は、本当に**痛ましい**。

いたむ¹【悼む】

大切な人や知っている人が亡くなって、とても悲しいと感じる。

・事故で亡くなった社員を**悼んで**、「安全の日」ができた。

・消えた命を**悼む**ためには、戦争を無くすことが大切だ。

いたむ²【傷む】

①　物が古くなる、壊れるなどして、前と同じように使えなくなる。

・両親は**傷んで**使えなくなった物でも、簡単に捨てない。

・家に**傷んだ**所が色々あり、一度工事をする必要がある。

②　食べ物が古くなって、食べられなくなる。

・食べ物の少ない所では、少し**傷んだ**物でも食べている。

・**傷んでも**いないのに捨てられる食べ物は、驚くほど多い。

いたるところ【至る所】

考えられる所すべてどこでもと伝える言い方。

・町をきれいにする運動で、**至る所**にゴミ箱が置かれた。

・ふるさとでは**至る所**で見られる花が、駅前の花屋では高い。

いたわり →いたわる

いたわる

弱い人や困った人、疲れた人などの気持ちになって、温かく親切に話し、手伝いをする。

・お年寄りを**いたわる**若い人が増えて、とてもうれしい。

・みんなで弱い人たちを**いたわれる**社会になるといい。

★いたわるためにする事やその様子を いたわり と言う。

・忙しくても、仕事仲間への**いたわり**の言葉は忘れない。

いち【位置】

人がいる、また、物がある場所。

・昔、星を見て船の**位置**を知ったそうだが信じられない。

・会社では、一年に一回机の**位置**を変える決まりだ。

★人のする事などがほかの事とどんな関係かをはっきりさせるとき 位置付ける と言う。

・会社の中心にすると**位置付けられた**商品の計画を頼まれた。

いちおう【一応】

後で変わるかもしれないが、足りないかもしれないが、今できる事、わかる事などをすると伝える言い方。

・時間がかかったが、明日までの仕事は**一応**できた。

・**一応**ここまでにしようと言う言葉で、会社の大掃除が終わった。

★同じような言い方に ひとまず がある。

・妻は熱があるが、**ひとまず**様子を見たいと言った。

いちかばちか【一か八か】

とても悪い結果になるかもしれないが、やってみると決めて難しい事などをすると伝える言い方。

・友人と**一か八か**やってみようと、新しい計画を作った。

・社長は、**一か八か**の仕事を簡単に許さない。

いちじ【一時】

① 前に少しの間、同じ様子が続いたと伝える言い方。

・**一時**のゴミ騒ぎが終わって、今町は静かになった。

・**一時**、体に良いからと公園の周りを走る人がたくさんいた。

② 一度に同じ事が起こると伝える言い方。

・年末は注文が一時に集まるときで、大忙しの日が続く。

・工場の人が一時に数人辞めて、仕事が止まってしまった。

★①、②と同じ意味で いっとき とも言う。

　　① ・いっときの事だったが、会社の商品が日本で一番売れた。

　　② ・春は、花がいっときに咲き始め、庭の景色を変える。

③ 長くは続かない、短い間と伝える言い方。

・今日は一時雨だそうで、傘が要るようだ。

・事故が続き、工場の機械を一時止めることになった。

★③のように長く続かない様子を 一時的 と言う。

・商品が売れるのは一時的な事で、すぐに次の物を考える必要がある。

いちじてき【一時的ナ・ニ】→いちじ③

いちじるしい【著しい】

誰が見てもはっきりわかるように変化が大きい様子。

・二十年前と今とでは、町の様子が著しく違っている。

・昼と夜の気温の差が著しいので、朝何を着ようかと考える。

いちだいじ【一大事】

自分に関係する、いつもは無いような大変な事故や問題。

・社長の入院は、会社には一大事で大きな騒ぎになった。

・会社の商品を使ってけがをした客がいて、一大事になった。

いちだんと【一段と】

それまでよりもっと、みんなが知っているよりもっとと伝える言い方。

・ふるさとは十一月に入ると一段と寒くなり、雪も降り始める。

・父は仕事を辞めてから、一段と元気になったように見える。

いちづける【位置付ける】→いち

いちぶしじゅう【一部始終】

経験や事故などの始まりから最後まですべての詳しい様子。

・今朝駅前で事故を見た人が、一部始終を話してくれた。

・町の歴史の一部始終を書いた本を見つけた。

いちめん【一面】

① 人や物の外から見たときにわかるひとつの様子。

・長く仕事をしていると、社長の優しい一面がわかるようになる。

・便利さという一面だけで、コンピュータを考えるのは怖い。

② 遠くまで見える場所の全体。

・冬になると、ふるさとは一面の雪で白い世界になる。

・空一面に黒い雲が広がったので、帰りを急いだ。
　③　多くの人が知っている人や物の様子の後に、それとは反対の事もあるなどと伝える言い方。
・機械は便利な一面、人が自分で物を作る力を減らしている。
・優しい人は、その一面で自分の考えを変えない強さもある。

いちもくおく【一目置く】
相手が自分より力が上だ、力を持っていると思って、相手のする事や考えなどを軽く考えない様子。
・仕事がよくできる友人は、社長からも一目置かれている。
・頑張って仕事をして、周りが一目置くような人になりたい。

いちもくさんに【一目散に】
危ないと思ったときなどに、今いる所からすぐに離れようと急いで走って逃げると伝える言い方。
・ヘビを見ると、公園の子供たちは一目散に逃げた。
・急な雨に、駅前を歩く人たちは一目散に走り出した。
　★同じ様子は 一散に とも言い、動物や鳥にも使う。
・庭に来るスズメは、人が近づくと一散に飛んで行く。

いちよう【一様ナ・ニ】★→にたりよったり
すべての物や人の考えなどが、だいたい同じで大きな違いが無い様子。
・みんなが一様に賛成すると、長い会議が終わった。
・住む人は少ないが、町の人の意見は一様ではない。

いちりゅう【一流】
　①　ほかには無い、一番良いなどと伝える言い方。
・社長は一流の会社にしようと頑張り続けている。
・一流と言われていても、高いだけでおいしくない店もある。
　②　ほかの言葉の後に付けて、ほかにはできない特別なやり方。
・楽しく仕事をするのは、友人一流のやり方だ。
・社長一流のやり方で、会社は大きくなった。

いちれんの【一連の】
同じような事が続く様子。
・社長は一連の質問に答えると、それではと言って会議を終えた。
・一連の台風や大雨で、今年は米が育たないそうだ。

いちをきいてじゅうをしる【一を聞いて十を知る】
人の話を少し聞いただけで、全体がわかるほど頭が良い。
・一を聞いて十を知る友人は、長い説明が嫌いだ。

・一を聞いて十を知る社長だが、人の話は最後まで聞く。

いっかく【一角】

人の住む場所や建物の中などの小さな部分。

・町の一角に、昔の建物を残した公園ができることになった。

・コンピュータ時代の今、世界の一角には手作業を続ける人も多い。

いっかつ【一括スル】→まとめる②

いっきいちゆう【一喜一憂スル】

目の前で起こる事のひとつひとつを喜び、心配する様子。

・社長は、毎日の事に一喜一憂しないで先の事を考えている。

・妻は、小さな事に一喜一憂しないで家族を守っている。

いっきに【一気に】

やる必要がある事などを、休まないで短い時間に片づける様子。

・大きな仕事をみんなで頑張って一気にやってしまった。

・仕事を一気に片づけたくて、日曜日も会社へ行った。

いつくしむ【慈しむ】

心からかわいいと感じ、人や物を大切にし、育てる。

・妻が慈しみ毎日水をやった花が今年も美しく咲いた。

・子供たちを人も動物も植物も慈しむよう育てた。

いっけん【一見スル】

①　ちょっと見たときの人や物などの様子。

・社長は一見怖そうだが、本当はとても優しい。

・一見、どこにでもありそうな皿だが、父は有名な物だという。

②　一見して という形で、ちょっと見ただけで思った事だがと伝える言い方。

・有名人は、一見していつも見ている人とは違うと感じる。

・新しい仕事相手は、一見して信じられないと思った。

★②と同じ様子は 見るからに とも言う。

・駅前の新しい店は、見るからに高そうで入ろうと思わない。

いっけんのかち【一見の価値】

ほかには無い特別な事や物だから、一度は見た方が良いと伝える言い方。

・一見の価値があると言われ、古くからの技術を使う工場を見に行った。

・美しいと言われて妻と行ってみたが、一見の価値も無い場所だった。

いっこうに【一向に】

一向に～ない という形で、全然思ったようにならないと伝える言い方。

・毎日水をやっているのに、一向に咲きそうにない花がある。

・薬を飲んでいるのに、**一向**に熱が下が**らない**。

いっこくもはやく【一刻も早く】

できるだけ早くしたい、急いでしなければならないと伝える言い方。

・父は、**一刻も早く**入院が必要だと言われて驚いている。

・海外から帰った友人は、**一刻も早く**会いたいと連絡してきた。

いっさい【一切】

① 持っている物や続けている事など、すべての事や物。

・社長は、会社の**一切**がわかるよう、よく社員から話を聞く。

・疲れると、**一切**を捨てて、新しい生活を始めたいと思う。

② 　一切〜ない　という形で、無い事を強く伝える言い方。

・会社の外では**一切**話**さない**と決めて、新しい計画が始まった。

・友人に聞かされるまで、妹さんの結婚の話は**一切**知ら**なかった**。

いっさんに【一散に】→いちもくさんに

いつしか ★→いつのまにか

気がつかない間に、様子が変わったなどと伝える言い方。

・考え事をしていると、**いつしか**外が暗くなっていた。

・**いつしか**、娘や息子に心配される年になっていた。

いっしゅん【一瞬】★→あっというま

数秒、数分などとても短い時間。

・急に出て来た車に驚いて、**一瞬**動けなかった。

・強い雨が降り始め、道は**一瞬**で川のようになった。

いっしょうけんめい【一生懸命ナ・ニ】

ほかの事を考えないようにして、今必要な事などを頑張って続ける様子。

・妻の両親が、**一生懸命**育てたりんごを毎年送ってくれる。

・友人の話を**一生懸命**に聞いて、若い社員が大切な点を書いている。

いっせいに

たくさんの人や物が同じときに同じ事をする様子。

・暖かくなって、**いっせいに**桜の花が咲き始めた。

・朝の集まりが終わると、みんな**いっせいに**仕事を始める。

いっせきにちょう【一石二鳥】

ひとつの事をしてふたつ以上の良い結果が出ると伝える言い方。

・好きな事をして体にもいいし、妻の庭仕事は**一石二鳥**だ。

・商品は、会社も客も喜ぶ**一石二鳥**の良い物でなければならない。

いっそ

思ったようにならないので、やり方を考え直してこれまでの事をやめる、

また、もう一度初めからやり直すなどと伝える言い方。
・失敗が続いて、**いっそ**会社を辞めようかと何度も考えた。
・**いっそ**最初からやり直そうと思って、商品を作り直した。

いっそう【一層】★→さらに
これからもっと良くなる、悪くなる、大変になるなどと伝える言い方。
・雨が続いたが、この後、一層寒くなるらしい。
・同じような商品が増えて、会社も一層の頑張りが必要だ。

いったい
「何」「どこ」「誰」「なぜ」「どうやって」などの言葉と一緒に使って、強く疑問に思うと伝える言い方。
・夜遅くの電話に、**いったい**誰からだろうと思った。
・友人の話は、**いったい**何が言いたいのかと思うことがある。
・**いったい**どうやって作ったんだろうと考える商品がある。

いったん¹【一端】
仕事や起こった事故などのひとつの部分。
・失敗した原因の一端は、仕事を頼んだ人にもある。
・新聞が最初に、町で起きている問題の一端を伝えた。
★仕事や計画などの一部をするとき、一端を担うと言う。
・みんな、会社の一端を担う気持ちで仕事をしている。

いったん²
① 続いていた事が一度止まって、その後また始まると伝える言い方。
・長くなったので、**いったん**休んでから、会議を続けた。
・薬で**いったん**は熱が下がったが、また悪くなった。
② 一度決まった事や始まった事などが、途中で変わる、最後まで止まらないで続くなどと伝える言い方。
・**いったん**決めた事が何度も変わって、仕事が進まない。
・商品作りは、**いったん**始まると止めることは難しい。

いったんをになう【一端を担う】→いったん¹

いっち【一致スル】
形や数、考え方や仕事のやり方などが全く同じ様子。
・町の寺の建築は、古い歴史の本に書かれた形に一致しているそうだ。
・会社の会議で、全員の考えが簡単に一致するときは少ない。

いってい【一定】
一度決めてから、長い間大きく変わらない様子。
・工場の温度は、一年中一定にしておく必要がある。

・何十年も一定の味を守る店には、長く通う客がいる。

いっとき →いちじ①、②

いつのまにか【いつの間にか】★→いつしか

大きく様子が変わる事に全然気がつかなかったと伝える言い方。

・窓の外を見ると、**いつの間にか**暗くなっていた。

・毎日忙しく、**いつの間にか**桜の季節も終わっていた。

いっぱん【一般】

どこにでもあって、広く多くの場所で見られて特別ではない様子。

・どこの家庭でも**一般**に使われる商品を作りたい。

・町の寺は、中まで全部を**一般**の人が見られるようにしている。

★どこででも見られると思わせる様子を 一般的 と言う。

・**一般的**に風邪と呼ばれる病気は、気をつけないと怖いそうだ。

いっぱんてき【一般的ナ・ニ】→いっぱん

いっぺん【いっぺんニ】

① 一度だけでいいから、どうしてもしたいなどと伝える言い方。

・父には、元気な間に、**いっぺん**行きたい所がいくつかある。

・もう**いっぺん**会いたかった人から、連絡があって驚いた。

② 一度に、また、ほかの事と一緒にやると伝える言い方。

・会社の仕事は多いので、**いっぺん**に説明するのは難しい。

・今、社員全員に**いっぺん**に伝わる連絡方法を考えている。

いっぽう【一方】

① 同じ方向に人や物が動いて行くと伝える言い方。

・祭りの日は、人が**一方**に動くので反対に歩くのは大変だ。

・駅前には**一方**にしか行けない道が多く、運転が大変だ。

② 人のする事や物の様子などは、見方を変えると違って見えると伝える言い方。

・便利な生活は、**一方**で自然を壊す生活でもある。

・クジラを守る人たちがいる**一方**で、食べる文化もある。

③ 〜(する)一方 という形で、人の動きや物の変化が同じ方へだけ進み続け、悪い事や困った事などが増え続けると伝える言い方。

・朝からの雨は強くなる**一方**で、一日やみそうにない。

・仕事が無いので、地方の若い人は減る**一方**だ。

いっぽうてき【一方的ナ・ニ】

相手の事などを考えずに意見を言う、また、やりたい事をする様子。

・社長は、**一方的な**意見でも途中で止めたりはしない。

・会社は、小さな事でも一方的に決めないで話し合う。

いつわり【偽り】→いつわる

いつわる【偽る】★→うそ

自分のためになるので、正しくない事や本当でない事などを相手に信じさせる。

・病気だと**偽って**休んだ社員が、買い物をしていて見つかった。

・ひとつの事を**偽る**とほかの事も偽らなければならなくなる。

★偽ってする話を（偽り）と言う。

・友人とは**偽り**の無い関係だから、長く続いている。

いてもたってもいられない【居ても立ってもいられない】

心配な事や不安な事などがあって、何かしないともっと悪くなるのではないかという気持ちが続く様子。

・今週は、新しい商品が売れるかどうかが心配で、**居ても立ってもいられなかった。**

・妻の帰りが遅く、**居ても立ってもいられない**気持ちだった。

いと【意図スル】

新しい事をするときなどに、頭の中でこれからの計画ややり方などを考えている様子。

・社長に**意図**している事がわからないと言われ、考え直した。

・次の商品の**意図**がはっきり書けなくて、友人に相談した。

いとおしい

自分の子供のように、とてもかわいく、大切だと思う様子。

・自分が作った商品は、子供のようで本当に**いとおしい。**

・妻は、育てた花を**いとおしく**思い、庭で花に話しかけている。

いとぐち【糸口】

新しい事を始めるとき、また、難しい問題を考えるときなどに、始まりになる事。

・新しい商品を作る**糸口**は、社員との話し合いだった。

・駅前にいた人の話が、事故の原因を調べる**糸口**になった。

いぬもあるけばぼうにあたる【犬も歩けば棒に当たる】

① 必要のない事をすると、思ってもいないような悪い事や嫌な経験をすると教える言い方。

・**犬も歩けば棒に当たる**と言うので、人の仕事には要らぬ事は言わないようにしている。

・火事の跡を見に行ってけがをしたのは、本当に**犬も歩けば棒に当たる**

だった。

② 色々やってみれば、考えてもいなかった良い事があるかもしれないと教える言い方。

- **犬も歩けば棒に当たる**だと思い、時間があればスーパーを見て歩いている。
- 妻は、**犬も歩けば棒に当たる**だと言って、駅前で見つけた新しい店の話をした。

いねむり【居眠りスル】★→うとうと

疲れて、また、気持ちが良くて、眠ろうと思っていなかったが短い間眠る様子。

- 会議が三時間も続くと、**居眠りする**人も何人かいる。
- 夕食の前の短い**居眠り**が、父の元気な理由のようだ。

いのちあってのものだね【命あっての物種】

したい事や欲しい物などがあっても、命がそれより大切だから忘れないようにと教える言い方。

- **命あっての物種**だから、働きすぎには注意している。
- **命あっての物種**だと考え、休みのときはちゃんと休んでいる。

いのちがけ【命懸け】

命を無くすような危ない事などを、必要なら死んでもいいからやるという強い思い。

- 警察や消防の人は、**命懸け**で社会を守ってくれている。
- 雪の深い冬のふるさとでの生活は、今でも**命懸け**だ。

いのちしらず【命知らず】

どんな結果になるか考えないで、自分より力のある相手や危険な事などに向かう様子、また、そうする人。

- 雨で滑りやすい道でスピードを出すのは**命知らず**だ。
- **命知らず**がいなければ、詳しい地図はできなかったと思う。

いのちとり【命取り】

死ぬ危険もあるようなけがや病気、また、仕事などでの大きな失敗。

- 軽い風邪が**命取り**になるときもあるので、気をつけている。
- 不注意が**命取り**になって、古い社員が会社を辞めた。

いのなかのかわず【井の中の蛙】

「井の中の蛙大海を知らず」を短くした言い方で、狭い所で周りだけ見ていると、広い所で何が起こっているかわからないと教える言い方。

- **井の中の蛙**にならないように、色々な所へ話を聞きに行く。

・父は、仕事を辞めるまでは井の中の蛙だったと言っている。

いのり【祈り】 →いのる

いのる【祈る】

①　人間の力では何もできないと思い、信じている自然や神の力などにお願いする。

・町の祭りには、神に頼み事をして**祈る**踊りが残っている。

・年の初めに、寺や神社で**祈る**おおぜいの人がニュースになる。

②　良い結果になるようにと、心から願う。

・売れますようにと**祈って**、いつも商品を送り出す。

・無事を**祈って**いた社員が退院して、本当に安心した。

★①、②で祈る内容や様子を 祈り と言う。

①・雨が降るように願う特別な**祈り**が、日本中にある。

②・母が作る弁当には、今日も元気でという**祈り**も入っていた。

いばしょ【居場所】

①　人が生活して、いつも居る場所。

・辞めた社員を探したが、**居場所**を知る人は無かった。

・妻の友達が来ると、**居場所**が無く散歩に行く。

②　何も心配しないで、安心して楽しく生活できる場所。

・今、家に**居場所**が無い人が増えているそうだ。

・公園は、お年寄りが安心して集まれる**居場所**になっている。

いばる【威張る】

弱いと思われないために、「自分は誰よりも強く偉い」と言葉や動きで周りに見せる。

・妹には**威張って**いても、息子は友達の前では大人しかった。

・人には**威張って**見せる人でも、弱い人は多いと思う。

いびつ【いびつナ・ニ】★→ゆがむ

人の気持ちや物の形などが、いつも見るのと違って、少し曲がっている、正しくないと感じさせる様子。

・**いびつな**人間にならないように、子供には色々教えた。

・目を使いすぎて疲れると、物の形が**いびつ**に見える。

いぶかしい

人が言う事やする事が、理由ははっきりしないが変だ、信じられないなどと思う様子。

・簡単な事だという友人の話に、周りの社員は**いぶかし**そうだった。

・相手の話が**いぶかしく**思えるときは、信じないと決めている。

★同じ様子を けげん と言い、いぶかしいと思う様子を いぶかる と言う。

・急に大声を出したので、周りの人が**けげん**な顔をした。

・相手の話に、社長は**いぶかる**様子を見せた。

いぶかる →いぶかしい

いまいち →いまひとつ

いまさら【今更】

①　今になってからではもう遅く、何もできる事は無いが、と伝える言い方。

・**今更**と言われるかもしれないが外国語の勉強を始めた。

・計画を少し変えたいと言うと、友人に**今更**遅いと言われた。

②　多く 今更と(も)思うが という形で、よくわかっているだろうから、必要は無いと思うがと言って同じ事を繰り返す言い方。

・「**今更と思うが**」と、社長は同じ注意を繰り返した。

・**今更とも思うが**、子供たちに会うと人を大切にと言う。

いまじぶん【今時分】→じぶん

いまだに ★→あいかわらず

時間がたっているので、変わっていてもいいと思うが、まだ同じだ、続いているなどと伝える言い方。

・半年前のけがが、**いまだに**良くならない。

・半月前に頼んだ仕事を**いまだに**していない社員がいる。

いまにも【今にも】

すぐに今の様子が変わりそうだ、良くない事が起こりそうだなどと伝える言い方。

・叱られた社員は、**今にも**泣きそうな顔をした。

・近所に、**今にも**倒れそうな空き家があって問題だ。

★「そう(だ)」と一緒に使うことが多い。

いまのうち【今のうち】→うちに①

いまひとつ【今一つ】

終わった事やできた物などが、何か少し足りないと感じさせる様子。

・新しい計画は**今一つ**だと思い、友人に相談した。

・社長は、**今一つ**だと思うときにもそう言わず頑張れと言う。

★短く いまいち とも言う。

・新しい料理を作った妻は、**いまいち**だと言って作り直した。

いまや【今や】

①　昔はそうではなかったが、今は変わったと強く伝える言い方。

- **今や**コンピュータが無ければ、何もできない時代だ。
- 大学時代の仲間が**今や**有名人で、テレビでも顔を見る。
- ② もうすぐ起ころう、始まろうとしているそのとき、と強く伝える言い方。
- 会議が**今や**始まるというときに、工場で大きな音がして騒ぎになった。
- 町は、**今や**消えようとしている道具を守る運動を始めた。

いやおうなし【いや応無し二】

ひとりひとりの賛成、反対などとは関係無く決めた事などをする必要がある様子。
- 今は、**いや応無し**で社員旅行をするような時代ではない。
- 祭りのために**いや応無し**にお金を集めることはなくなった。
- ★同じ様子を いやが応でも/いやでも応でも とも言う。
- 妻に言われると、**いやが応でも**庭仕事を手伝うことになる。
- 医者は、**いやでも応でも**たばこをやめるよう強く言った。

いやがおうでも【いやが応でも】→いやおうなし

いやけがさす【嫌気がさす】

自分のする事や近くにいる人の様子などを、もう嫌だと強く思う。
- みんなの前で人を悪く言う人には、本当に**嫌気がさす**。
- **嫌気がさす**事はあったが、仲間がいて今の仕事が続いた。

いやし【癒し】→いやす

いやす【癒す】

体や心の痛み、苦しみなど、また、心配事や困っている気持ちなどを少なくする。
- 商品が売れた後の喜びは、一緒に働くみんなの心を**癒す**。
- 最近、朝の駅で気持ちを**癒す**ような音楽が流れている。
- ★癒す様子や癒してくれる事などを 癒し と言う。
- 仕事で疲れたときは、妻の笑顔が一番の**癒し**だ。

いやでもおうでも【いやでも応でも】→いやおうなし

いやというほど【嫌というほど】

もうしたくない、これ以上は必要無いなどと強く伝える言い方。
- 大切な計画書だから、**嫌というほど**何度も書き直して出した。
- 地震の後、自然の力を**嫌というほど**教えられた。

いやに

いつもと違っていて気になるなどと伝える言い方。
- 妻が**いやに**優しくするので、何か高い物を買いたいのだと思った。

・朝からいやに眠いので、コーヒーを何杯も飲んだ。

いやみ【嫌味ナ・ニ】

する事や言葉の使い方などで相手を嫌な気持ちにさせてしまう様子、また、そう思わせる事や言葉。

・人の失敗を笑うような**嫌味な**事をする社員は許せない。

・いつも嫌な事を言う人にほめられても、**嫌味**にしか聞こえない。

いよいよ

楽しみにしている事や気になる事などがもうすぐだと伝える言い方。

・**いよいよ**商品ができるという日は、朝から楽しみだ。

・卒業式の日、**いよいよ**社会へ出るのだと強く思った。

いよう【異様ナ・ニ】

いつもとは違う、おかしい、変だ、怖いなどと思わせる様子。

・台風の日は町から人がいなくなり、**異様**に見えた。

・駅で**異様な**臭いがして、警察の人がおおぜい来ている。

いよくてき【意欲的ナ・ニ】

自分で決めた事を頑張ってやろうという気持ちが強く感じられる様子。

・友人が出した**意欲的な**計画を見て、社長も驚いた。

・**意欲的に**仕事をする新しい人たちは、会社を元気にする。

いらいら【いらいらスル】

する事やしてほしい事があるときなどに、思うようにできなくて、気持ちだけが急ぐ様子。

・疲れているときは、外からの音にも**いらいら**が増す。

・朝、電車が遅れていて、**いらいら**させられた。

★いらいらしている様子を いらだつ/いらつく と言い、いらいらが続く様子を いらだたしい と言う。

・仕事をしない社員がいると、気持ちが**いらだつ**。

・**いらついて**仕事をしていたら、友人にゆっくりやろうと言われた。

・仕事が予定通りできなくて、**いらだたしい**思いをした。

いらだたしい →いらいら

いらだつ →いらいら

いらつく →いらいら

いられない

① 〜て(は)いられない という形で、しようとしても、理由があってできないなどと伝える言い方。

・仕事中、急に腰が痛くて立って**いられなく**なった。

・朝は電車の時間があるので、ゆっくりしては**いられない**。

②　〔〜ないで(は)/ずに(は)いられない〕という形で、そうするのは良くないとわかっていたが、どうしてもしてしまうと伝える言い方。

・失敗が続くと、社員を注意し**ないではいられない**。

・苦しそうな友人に、理由を聞か**ずにはいられなかった**。

いりくむ【入り組む】

①　道がどこへ続くか、どこに何があるかなどが、わかりにくい様子。

・道が**入り組んで**いる所を運転するのは嫌いだ。

・古い町や村は、道や家が**入り組んで**いてわかりにくい。

②　色々な事が入っていて、話や原因などが簡単にわからない様子。

・**入り組んだ**話があるときは、会議に出たくないと思う。

・失敗の原因が**入り組んで**いて、何人もの人が説明した。

いりょう【医療】

病気やけがを良くするために、病院などでしてくれる必要なすべての事。

・**医療**技術の遅れが原因で、亡くなる人が世界には多くいる。

・友人と**医療**を良くするための商品はできないか考えている。

いりょく【威力】

人に命の危険を感じさせるほどの、自然や物などの強い力。

・台風や地震のときは、自然の**威力**の恐ろしさを感じる。

・金の**威力**を信じるような生き方は嫌いだ。

いれかえ【入れ替え】→いれかえる

いれかえる【入れ替える】

①　今までの物を置く場所や人の働く場所などを、新しい所に変える。

・使いやすくするために、物を置く場所を**入れ替えた**。

・妻は毎年六月頃に、棚(たな)の服を春から夏に**入れ替える**。

★①のように入れ替えた様子を〔入れ替わる〕と言い、入れ替えた人や物を〔入れ替わり〕と言う。

・春に社員が**入れ替わって**、気持ちも新しくなった。

・辞めた社員の**入れ替わり**に、若い人がひとり増えた。

②　長く続く考えや長い間使っている物などを新しくする。

・庭の土を**入れ替えた**ので、来年の春が楽しみだ。

・失敗しても、心を**入れ替えて**頑張る人はおおぜいいる。

★①、②で、入れ替える様子を〔入れ替え〕と言う。

　①・毎年、長く同じ仕事をしていた社員の**入れ替え**がある。

　②・会社に小さな池があるが、水の**入れ替え**は大変だ。

いれかわり【入れ替わり】→いれかえる①

いれかわる【入れ替わる】→いれかえる①

いろあせる【色あせる】★→うすれる

①　時間がたって、また、日に当たって、初めの色がわからないほど薄くなる。

・**色あせた**カーテンを新しくすると、家の様子が変わった。

・友人は、**色あせた**写真を見せて、思い出を話した。

②　思い出や良さが前ほどはっきり感じられなくなる。

・ふるさとの様子が変わって、思い出も**色あせて**しまった。

・両親には、ふるさとでの生活はいつまでも**色あせない**思い出だ。

いろどり【彩り】→いろどる②

いろとりどり【色とりどり】

たくさんの美しい色があって、目に見える場所全体が、にぎやかで明るく楽しそうに見える様子。

・**色とりどり**の料理を前に、一緒に来た母はうれしそうだった。

・**色とりどり**の着物を着た学生を見て、卒業式だと思った。

いろどる【彩る】

①　周りの様子を、いつもとは違う色に変える。

・秋になると、黄色や赤が周りの山を**彩る**。

・夕日に**彩られた**町は、いつもとは違う場所に見える。

②　色や飾りなどを使って、全体が明るく、きれいに見えるようにする。

・年末には、駅前が飾りで**彩られ**気持ちが明るくなる。

・スーパーは、いつもにぎやかに**彩られて**いて客が多い。

★②のようにきれいに見えるように使う色や飾り、また、きれいになった様子を 彩り と言う。

・妻は、庭の草を料理の**彩り**に使っている。

(お)いわい【(お)祝い】→いわう

いわう【祝う】

うれしい事や結果が良かった事、また、これからの幸せなどをみんなで集まって喜び、願う。

・新商品の大成功を**祝って**、社長と一緒に食事会をした。

・父の誕生日を**祝って**、ふるさとへの旅行をプレゼントした。

★祝う様子や祝うための物などを (お)祝い と言う。

・新しい年には、両親の家に集まってみんなで**お祝い**をする。

・息子が会社に入った**祝い**に、高い時計を買ってやった。

いわかん【違和感】

　人の言う事ややる事、周りの様子や物などがどこかおかしい、合わない
　と感じる様子。
　・会議で、**違和感**があるときは、その事をはっきり言う。
　・商品の形は、全員が**違和感**が無いと感じるまで考える。

いわば【言わば】

　毎日の生活でよく知っている事や物などを使って、それと同じ様子だか
　らわかるだろうと伝える言い方。
　・社長は、自分の仕事を、**言わば**家族の父親だと言う。
　・妻の花作りは、**言わば**二度目の子育てだと思っている。

いわゆる

　聞く人がわかりやすいように、新聞やテレビなどで使われる言葉などで、
　よく言われるようにと言い直す言い方。
　・**いわゆる**高齢化問題が無いよう、会社は若い人を増やしている。
　・最近**いわゆる**若者言葉を使うお年寄りも多いそうだ。

いわんばかり【言わんばかり】→─ばかり④

いんき【陰気】→ようき

いんしょう【印象】

　人や物などを見たとき、強く感じて忘れられない事や感じ。
　・初めの**印象**だけでどういう人だと決めてはいけないと思う。
　・旅行をしても、いつまでも**印象**に残る所は少ない。
　★初めて見たときに感じた印象を [第一印象] と言い、強く感じて忘れられ
　　なくなる様子を [印象的] と言う。
　・**第一印象**が悪い人とは、仕事をしたくないと思ってしまう。
　・**印象的**な形にすると決めて、新しい商品を作る事が決まった。

いんしょうてき【印象的ナ】→いんしょう

いんねん【因縁】

　① 生まれる前から決まっていて、人間の力では選べない、変えられな
　　いなどと思えるような関係。
　・母は、悪い事が続くと何かの**因縁**だと信じている。
　・結婚相手とは、生まれる前からの**因縁**があるのだろう。
　② [因縁をつける] という形で、関係の無い事を理由にお金を取ろうとす
　　る、また、わからない事を言うなどして人を困らせる。
　・お年寄りに**因縁**をつけて金を取る中学生が見つかった。
　・近所に色々な問題で**因縁**をつけるような人はいない。

う

うえで【上で】

① 〔〜の上では〕という形で、そういう情報だが、そう決まっているが、みんなが考える事とは少し違うと伝える言い方。

・カレンダーの上ではもう秋だが、まだまだ暑い。

・会社は、数字の上ではうまくいっているが問題はある。

② 〔〜(する)上で〕という形で、今の事を続けるために、新しい事などをするときなどのために、と伝える言い方。

・車が無くても、日本で生活する上で問題は無い。

・仕事を続ける上で、どうしても必要なお金がある。

③ 〔〜(した)上で〕という形で、すぐに決めないで、必要な事をして、時間をかけてよく考えたと伝える言い方。

・両親と相談した上で、今の仕事をすると決めた。

・失敗したら、原因をよく調べた上で、もう一度やる。

★③は、「で」の無い「上」という形も使う。

・相手に、じゅうぶん調べた上、返事すると伝えた。

うえに【上に】

悪い事、また、いい事がひとつだけではないと伝える言い方。

・新しい社員は、仕事ができる上に外国語も話せる。

・今年は台風の上に大雨もあって、大変だった。

★「に」の無い「上」という形も使う。

・駅前のスーパーは、品物が多い上、値段も安い。

うえは【上は】

決まった事は変えられないのだから、それに合わせると伝える言い方。

・会社に入ると自分で決めた上は、辞める事は考えない。

・計画が中止と決まった上は、仕事もそれに合わせる。

★同じ意味で〔以上(は)〕とも言う。

・結婚を決めた以上(は)、相手を一番に考える。

うえる【飢える】

① 食べ物がほとんど無くなって、死にそうになる。

・飢えて山から色々な動物が町に来るニュースが増えた。

・**飢**えて死ぬ人がいるのに、食べ物を捨てる人もいる。

② 必要な物などが足りなくて、どうしても欲しいと思っている様子。

・家庭の味に**飢**えた子供は、みんなで温かく育てたい。

・新しい事に**飢**えている若者が、音楽や絵などの文化を変えている。

うかす【浮かす】

① 軽い物を、水などの上に軽く置く。

・ふるさとでは、暖かくなると草で作った船を**浮かして**遊んだ。

・新しい商品を**浮かして**、水が入らないか調べた。

② 決められたお金や時間を考えて使って、ほかの事にも使えるようにする。

・食事会では**浮かした**お金を集めて、次の会に使う。

・仕事の途中で時間を**浮かして**、昔の知り合いに会った。

うかつ【うかつナ・ニ】

じゅうぶんに気をつけないで、しない方がいい事やしてはいけない事などをする様子。

・会議では、**うかつな**事を言わないように気をつけて話している。

・最近は、**うかつに**注意すると、言い返されることもある。

うかない【浮かない】

浮かない顔/声 などの形で、心配な事、嫌な事、悲しい事などがあって、いつもの元気が無いと伝える言い方。

・友人は、財布を無くしたと言って、**浮かない**顔をしている。

・父からの電話は、**浮かない**声だったので心配だ。

うかびあがる【浮かび上がる】

① いつもは見えていない物などが、水の上に出て見えるようになる。

・台風の雨で、川の底から色々な物が**浮かび上がった**。

・池のカメは、時々**浮かび上がって**周りの様子を見る。

② 隠れていて知られなかった問題などが、はっきりわかるようになる。

・空き家の火事で、町の安全問題が**浮かび上がった**。

・小さな失敗で、技術の問題が**浮かび上がった**。

うかぶ【浮かぶ】

① 船や木の葉などが水の上で、また、雲や風船が空でゆっくり動く、流れるなどする。

・水に**浮かんだ**桜の花が、川をピンク色にした。

・空に**浮かぶ**雲が形を変えるのを見ていると、疲れを忘れる。

② 心で感じている事が、また、涙や汗などが少し顔や体などに出る。

・新しい商品ができて、友人の顔に喜びが**浮かんだ**。

・初めて商品を作った社員の目に、涙が**浮かんで**いた。

★①、②で、浮かぶようにする様子を 浮かべる と言う。

　①・ふるさとで、よく草の船を川に**浮かべて**遊んだ。

　②・知り合いが亡くなった連絡に、母は黙って涙を**浮かべた**。

③　頭の中に、新しい考えや難しい問題の答え、また、忘れていた事などが急に出てくる。

・いい考えが頭に**浮かんだ**ら、すぐに書いておく。

・風が冷たい日、急にふるさとの景色が**浮かぶ**ことがある。

うかべる【浮かべる】→うかぶ①、②

うかれる【浮かれる】

とてもうれしいときや楽しいときなどに、何もしないのに体が動くような気持ちになる。

・新しい商品が売れて、二、三日**浮かれた**気持ちだった。

・祭りの笛や太鼓が聞こえると、町中が**浮かれる**。

★浮かれている様子を 浮き浮き／浮つく と言う。

・初めて海外へ行く母は、電話の声まで**浮き浮き**している。

・祭りが近くなると、町は全体が**浮ついた**空気になる。

うきあしだつ【浮き足立つ】★→うろたえる

目の前の問題などをどうすればいいかわからなくて、心配や不安な気持ちが続く。

・大きな台風が近づいて、町中が**浮き足立って**いる。

・問題が続いて、工場はみんなが**浮き足立って**いる。

うきうき【浮き浮き（と）スル】→うかれる

うけいれる【受け入れる】

①　意見を聞いて、相手の言う事などをわかろうとする。

・何度も話し合いをして、相手の言う事を**受け入れた**。

・社長が急に出した考えを、社員は**受け入れなかった**。

②　仲間のひとりだと考えて、生活や仕事などを一緒にする。

・会議では、違う考えの人も**受け入れて**話し合いをする。

・言葉など色々違う人も**受け入れる**社会が、今は必要だ。

うけうり【受け売り】

ほかから聞いた事などを自分の考えのように人に伝える様子。

・テレビや新聞の**受け売り**だけの話は、面白くない。

・人の考えの**受け売り**では、新しい商品にならない。

うけつぐ【受け継ぐ】

長く続いている仕事や祭り、また、やり方や考え方などを無くさないように続ける。

・小さな村で、長い間受け継がれてきた祭りを見た。

・友人は、家の仕事を受け継いでほしいと両親に頼まれて、困っている。

うけとめる【受け止める】

①　自分の方へ来る人や物などを、それ以上進まないように止める。

・急に倒れそうになった妻を受け止め、病院へ急いだ。

・飛んで来たボールを受け止め、公園の子供に投げ返した。

②　人の考えや意見などを聞いてよく考える、また、事故の原因などを時間をかけてよくわかるまで調べる。

・会社は今度の事故を重く受け止め、原因がわかるまで調べた。

・社長はどんな相談でも、一度受け止め一緒に考えてくれる。

うけもち【受け持ち】→うけもつ

うけもつ【受け持つ】

仕事などで、全体の中の決められた仕事を自分の事と考えてやる。

・難しい機械を受け持つ人が辞めて、少しの間困った。

・新しく会社に入る人の教育をもう何年も受け持っている。

★同じ事は 担当 とも言い、決められた事をする人や様子を 受け持ち と言う。

・海外との仕事を担当する人の数が、だんだん増えてきた。

・娘は、小学校の受け持ちの先生と今も年に一度会うそうだ。

うごのたけのこ【雨後の竹の子】

雨の後にたくさん竹の子が増えると言われるように、同じような事や物が短い時間にたくさん増えると伝える言い方。

・雨後の竹の子のように出る商品でも、長く残る物は少ない。

・駅前に、雨後の竹の子のようにうどん屋が増えた。

うじうじ【うじうじ(と)スル】

どうしようかと色々考えて、はっきり決められずにいる様子。

・うじうじ考えない父は、良いと思ったら高くても買う。

・友人は、うじうじせずにやると決めた事を始めた。

うしろめたい【後ろめたい】

してはいけないと思っている事などをして、ほかの人に悪いと思う様子。

・友人に手伝ってもらった計画がほめられ、後ろめたかった。

・もらった物をプレゼントに使って、後ろめたい思いだった。

うす【薄】

① ほかの言葉の前に付けて、厚くない、弱いなどと伝える。

・薄曇りで、雨の心配もあったが、傘は持って行かなかった。

・天気予報を見て、いつもより着る物を減らして薄着をしたが、少し寒かった。

・妻は体のためだからと言って、料理は薄味にしている。

② ほかの言葉の前に付けて、はっきりとは言えないが、そう感じられると伝える。

・父が買った薄汚い皿が十万円もすると聞いて驚いた。

・公園に薄汚れた服で毎日来る男がいて、町は注意している。

★→うすきみわるい

③ ほかの言葉の前に付けて少しだと伝え、後に付けて、多くはないと伝える。

・日が短くなって、最近は五時頃には外が薄暗くなる。

・新しい商品がよく売れて品薄になったので、急いで作る数を増やした。

うすきみがわるい【薄気味が悪い】→うすきみわるい

うすきみわるい【薄気味悪い】

理由はよくわからないが、怖い、気持ちが悪いという感じがして、近くに行きたくないなどと思う様子。

・夜遅く変な音がして、近所では薄気味悪いと騒いでいる。

・空き家で人が死んでいたと聞いて、薄気味悪くなった。

★(薄)気味が悪い とも言う。

・何を言われても笑っている社員は、薄気味が悪い。

・知らない人からの電話は、気味が悪い。

★→うす②

うずくまる ★→しゃがむ

人や動物が、体を丸く小さくして、座るような形で動かないでいる。

・おなかが痛いと言って妻がうずくまるので、買い物はやめた。

・変な臭いがして、駅は多くの人が気持ちが悪くなりうずくまる騒ぎになった。

うすっぺら【薄っぺらナ・ニ】

① 物の厚さや重さが感じられない様子。

・薄っぺらな本だが、難しくて読むのに時間がかかった。

・前に住んでいた家は壁が薄っぺらで、隣の声が聞こえた。

② 経験が短く、知っている事も少なくて、信じられないと感じる様子。

・経験の少ない人の話は、**薄っぺらな**感じがする。
・よく知らない事を話す人は、**薄っぺらに**見える。

うずまき【渦巻き】→うずまく①

うずまく【渦巻く】

①　水や風などが回るようにして、強く、速く動く。

・大雨の後は、町の小さな川も**渦巻く**ように流れている。
・台風の日は、曇った空から風が**渦巻く**音が続く。

★①のように渦巻く形や様子を [渦巻き] と言う。

・強い風で落ちた葉が、道に**渦巻き**の形を作ることがある。

②　色々な考えや思いなどがあって、どうしていいかわからなくなる。

・疲れていると、頭の中でできないという思いが**渦巻く**ようになる。
・友達を亡くし、妻の心には色々な思いが**渦巻いて**いる様子だ。

うすまる【薄まる】→うすめる

うずまる →うずめる

うすめる【薄める】

味やペンキなどの濃さを減らして、ちょうど良くする。

・海外からの客が、苦いお茶をお湯で**薄めて**飲んでいた。
・ペンキは、**薄める**と塗りやすくなると若い人に教えた。

★薄めた結果を [薄まる] と言う。

・味が濃いと思ったが、野菜を入れると**薄まった**。

うずめる ★→うめつくす、うめる

①　土や物などを上に置いて、中に何があるのか外から見えなくする。

・寒い日は、みんな下を向いて、顔を上着やコートに**うずめる**ようにしている。
・昔の人が**うずめた**金が見つかって、町の人が騒いでいる。

②　たくさんの人や物などが集まっていて、中がどうなっているかわからなくなる。

・祭りの日は、町を**うずめる**ほどおおぜい人が来る。
・増えた本が机を**うずめて**、家では仕事をする所が無い。

★①、②のようにうずめた結果を [うずまる] と言う。

　①・妻は、庭の草に**うずまる**ようにしていた子猫を見つけた。
　②・友人は、たくさんの本に**うずまって**仕事をしている。

うずもれる

①　土や雪などに隠されて、外から全体が見えなくなる。

・ふるさとの冬は、町が**うずもれる**ほど雪が降る。

・町の寺に、たくさんお金が**うずもれ**ていて騒ぎになった。

②　ほかの人には無い力を持った人や大切に守らなければならない物などが長い間人に知られないでいる。

・社長は、社員の**うずもれた**力を見つけてうまく使う。

・長く**うずもれ**ていた物を作る技術が、今見直されている。

うすらぐ【薄らぐ】→うすれる①

うすれる【薄れる】★→いろあせる

①　痛さが少なくなる、また、思い出、物や人への感じなどが、小さく軽くなる。

・何年たっても、大切な人を亡くした悲しみは**薄れ**ない。

・薬を飲んだら、頭の痛さが少しだけ**薄れ**てきた。

★①と同じ様子を薄らぐとも言う。

・どんな嫌な思い出でも、時間がたてば**薄らい**でくる。

②　長い時間がたって、色や文字などがはっきりしなくなる。

・母は、色が**薄れ**ても家族の写真を大切にしている。

・文字が**薄れ**て読みにくくなった、祖父の手紙が見つかった。

うそ　★→いつわる、でたらめ、でまかせ

自分のためになるから、面白いから、人を困らせたいからなどの理由で言う正しくない事や作った話。

・新しい商品の売れ方を見て、**うそ**だろう、信じられないと思った。

・失敗して、すぐ**うそ**だとわかる理由を言う社員は悲しい。

★うそを言う様子をうそをつくと言い、そんな人をうそつきと言う。

・**うそ**をついてまで会社を休む社員がいて、信じられない。

・**うそ**つきだと言われないように、自分の言った事は守って生きるように両親に教えられた。

うそつき　→うそ

うそをつく　→うそ

うたがい【疑い】→うたがう

うたがう【疑う】

①　人の言う事ややる事などが間違っているのではないかと思う。

・人のやる事をすぐ**疑う**自分が、時々嫌になる。

・若い社員の言葉は、**疑わ**ずに信じることにしている。

②　願っているようにならないのではないかなどと心配する。

・どうだろうと**疑っ**ていた商品が、よく売れた。

・若い人には、できるかどうか**疑う**前にやってみろと言っている。

★①、②のように疑う様子を 疑い と言い、疑う気持ちを感じたとき 疑
わしい と言う。
① ・空き家に人がいる疑いがあると、近所で騒ぎになっている。
　 ・会議に出された数字が疑わしいと思い、もう一度調べた。
② ・社長の疑いを無くすため、すべてを詳しく説明した。
　 ・成功するかどうか疑わしいときは、初めから考え直す。
うたがわしい【疑わしい】→うたがう

うちあげ【打ち上げ】
花火やロケットなど高い所まで飛ばす様子、また、仕事などが終わった
ときにする食事会などの集まり。
・子供の頃、父と一緒に何度かロケットの打ち上げをテレビで見た。
・一年の仕事が終わったら、毎年全員で打ち上げパーティーをする。

うちあける【打ち明ける】
知られたくない事や心の中で思っている事などを、隠さないで話す。
・若い人たちが、気持ちを打ち明けて話してくれるような人になりたい。
・友人に、家庭の問題を打ち明けて相談した。

うちあげる【打ち上げる】
強い力で物を高い所へ飛ばす、また、波が物を遠くから運ぶ。
・花火が打ち上げられると、町の祭りの始まりだ。
・海岸に打ち上げられるゴミには、珍しい物もあるそうだ。
うちあわせ【打ち合せ】→うちあわせる

うちあわせる【打ち合わせる】
仕事などを始める前に、やり方や内容などを決めるために話し合う。
・会議の前に友人と説明する内容を詳しく打ち合わせた。
・旅行の予定を打ち合わせる両親は、楽しそうで子供のようだ。
★打ち合わせる話し合いを 打ち合わせ と言う。
・打ち合わせが長くなって、商品作りが一日遅れてしまった。

うちけす【打ち消す】
ほかの人に言われた事や信じられている事などが正しくないとはっきり
言う。
・会議で社長の考えを打ち消す意見が出て、問題になった。
・父に調子が悪いのかと聞くと、強く打ち消された。
うちこむ【打ち込む】→ねっちゅう

うちとける【打ち解ける】
知らなかった人たちが仲良くなって、何でも言えるような関係を作る。

・大学が同じだとわかって、相手と**打ち解けて**話せた。
・友人の**打ち解けた**話し方は、一緒に働く人を安心させる。

うちに

①　今の様子が変わる前に、しなければならない事などをやってしまうと伝える言い方。

・朝の**うちに**会議をして、昼からは外へ出る。
・雨が降らない**うちに**と思って、急いで家に帰った。

★①の意味で、後では時間が無いから今やっておこうと思うときに 今の　うちに と言う。

・明日は会議だから、**今のうちに**準備をしておこう。

②　しなければならないと思っていた事などが、時間がかかってできなかった、できていないと伝える言い方。

・今日中にやろうと思っている**うちに**、時間が無くなった。
・前の仕事が終わらない**うちに**次の仕事が来て、どうしようかと思った。

★②の意味で、今やりたくないから後にしてすぐにはしないときに その　うちに と言う。

・**そのうちに**と思っていると、できない事が多い。

うちのめす【打ちのめす】

①　何度も殴り、蹴りなどして、相手が立てなくなるようにする。

・スポーツでも、人を**打ちのめす**様子は見たくない。
・小さいときは、**打ちのめされる**までけんかをした。

②　大きな苦しみなどがあって、何もできなくなるほどやる気や元気が無くなる。

・失敗が続くと、**打ちのめされた**思いになる。
・地震の後も、多くの人が**打ちのめされずに**頑張っている。

うっかり【うっかりスル】

してはいけないとわかっていたのに、忘れていてやってしまったと伝える言い方。

・**うっかり**割れたコップを踏んで、けがをしてしまった。
・**うっかり**していて、電車にかばんを忘れた。

うつす【映す】

鏡などの道具を使って、人や物の形が見えるようにする、また、絵や映画などを機械を使って、大きくして、みんなが見られるようにする。

・妻は、変えた髪の形を鏡に**映して**何度も見ている。
・新しい商品の写真を壁に**映して**、どこが問題か説明した。

★映されている様子を 映る と言う。

・池に**映る**月の絵がとても美しく、高い買い物をした。

うっすら【うっすら(と)】

はっきりしないが、よく見ると、よく考えるとそうだと思える様子。

・寒い朝、カーテンを開けると、庭が**うっすら**白くなっていた。

・大学時代の知り合いから電話があり、話している間に相手の顔を**うっすら**と思い出した。

うったえる【訴える】

①　困った事や間違った事などを、良いか悪いか決めるために、警察などに伝える。

・会社の金を使った社員を、社長は**訴える**と決めた。

・公園でけがをした子供の親が町を**訴え**、騒ぎが続いている。

②　痛さや苦しさなどを周りの人に強く伝える。

・頭が痛いと**訴える**妻が心配で、病院へ連れて行った。

・生活の苦しさを**訴える**お年寄りを、町は色々相談して助けている。

③　周りによく相談しないで、特別な力を持つ人や金などを使ってやりたいようにする。

・金の力に**訴えて**建物を作る計画に、町は強く反対した。

・友人は、社長の力に**訴えて**も新商品を作ると言い出した。

うっとうしい

①　天気が悪いとき、嫌だと思う事や心配事があるときなどに、心が重く暗くて、何もしたいと思わない様子。

・雨が続くと、**うっとうしく**て何もしたくない。

・友人との間がうまくいかなくて、毎日**うっとうしい**気持ちだ。

②　人や物などが気になって、ゆっくりひとつの事ができない様子。

・髪が長くなって**うっとうしい**ので、切りに行った。

・夏の夜は、部屋に虫が入って来て**うっとうしい**。

うっとり【うっとり(と)スル】

美しい物を見る、好きな音楽を聞くなどして、ほかの事を忘れるほど良い気持ちになる様子。

・秋の空を**うっとり**と見ていると、ふるさとを思い出す。

・育てた花を見て**うっとり**している妻は、幸せそうに見える。

うつぶせ【うつ伏せ】→うつぶせる

うつぶせる【うつ伏せる】

顔とおなかを下に向けて寝た形になる、また、物を下に向けて置く。

・疲れたときは時々、机に顔を**うつ伏せ**て休むことがある。
・本を長く読んだときは、本を**うつ伏せ**、少し目を休める。
★うつ伏せた様子を うつ伏せ と言う。
・子供たちが結婚して家を出てから、食器棚に**うつ伏せ**にして使わない物が増えた。

うつむく ★→うなだれる

恥ずかしい事や悲しい事などがあったとき、何も言わずに顔を見せないように下に向ける。
・ほめられた若い社員は、恥ずかしそうに**うつむい**た。
・社長に叱られた友人は、黙って**うつむい**ていた。

うつらうつら →うとうと

うつる【映る】→うつす

うつろ【うつろナ・ニ】

大変な事などがあって、頭や気持ちがいつものように働かず、何もできない様子、また、言葉やする事などに元気が無い様子。
・地震の後、多くの人が**うつろ**な目をして座っていた。
・面白い話をしても**うつろ**に笑うだけの友人が心配だ。

うつわ【器】

①　物を入れておくための、箱や皿など。
・母は、残った食べ物を**器**に入れいつまでも置いている。
・**器**が変わると、同じ物でもとてもおいしそうに見える。
②　会って話しているときや一緒に仕事をしている間に感じられる人の心の大きさや力。
・大きな問題があるときに、社長の**器**の大きさを知る。
・若い人と話すとき、自分は**器**が小さいと思うことがある。
★②の外から見える人の持つ力や大きさなどを 器量/度量 とも言う。
・**器量**の小さい人には、人を育てられない。
・社員に色々な人がいるのは、社長の**度量**の大きさがあるからだ。

うでがあがる【腕が上がる】→うでをあげる

うでがいい【腕がいい】

料理など、技術や経験の必要な事に特別な力を持っている様子。
・**腕がいい**人がいなくなった駅前の豆腐屋は、味が変わった。
・両親は、**腕がいい**人が作った家具を長く大切にしている。
★ 腕が立つ も、同じ様子を言う。
・**腕が立つ**人が減ったと、駅前のすし屋の主人は寂しそうに言った。

うでがおちる【腕が落ちる】

長い間使わなかったので、料理や運動など前はできていた事がうまくできなくなる。

・工場の仕事をしなくなって、機械を使う**腕が落ちた**。

・結婚してから料理をしなくなり、すっかり**腕が落ちた**。

★同じ様子は 腕が鈍る とも言う。

・年を取って**腕が鈍った**からと、駅前のすし屋が店を閉めた。

うでがたつ【腕が立つ】 →うでがいい

うでがにぶる【腕が鈍る】 →うでがおちる

うでだめし【腕試し】 ★→ためし(→ためす)

練習や勉強などの結果がどのくらいか、自分の力を使ってみる様子。

・**腕試し**をしようと英語の試験を受けたが、不合格だった。

・妻は、**腕試し**だと言って時々新しい料理を出す。

うでによりをかける【腕によりをかける】

持っている力を全部使い、時間をかけて良い物を作る。

・子供たちが来ると聞き、妻は**腕によりをかけて**料理を作った。

・**腕によりをかけて**作った物には、作った人の気持ちを感じる。

うでのみせどころ【腕の見せ所】

自分の持っている力や技術などを見てほしいと強く思うときや場所。

・魚を前に、妻が**腕の見せ所**だと言う顔で料理を始めた。

・ここが**腕の見せ所**だと言って、工場の人が新しい人の前で機械を動かして見せた。

うでをあげる【腕を上げる】

練習や経験を続けて、スポーツや仕事などがうまくできるようになる。

・テニスを始めて一年、**腕を上げた**とほめられた。

・経験しながら**腕を上げて**いく若い社員が楽しみだ。

★うまくできるようになった様子を 腕が上がる と言い、腕を上げるように頑張る様子を 腕を磨く と言う。

・学生時代のひとり暮らしの間に、料理の**腕が上がった**。

・駅前のすし屋さんは、十年以上東京で**腕を磨いた**そうだ。

うでをふるう【腕を振るう】

料理など物を作る技術のある人が、持っている力をじゅうぶんに出す。

・子供たちが来るときは、妻が**腕を振るって**料理を作る。

・町の図書館は、有名な建築家が**腕を振るった**建物だ。

うでをみがく【腕を磨く】 →うでをあげる

うとい【疎い】

周りの事や必要な事などをよく知らない様子。

・商品作りに**疎い**人がいて、今度の仕事は時間がかかった。

・周りの人間関係に**疎い**と、仕事がうまく進まない。

うとうと【うとうとスル】★→いねむり

起きていられないほど眠くなって、少し寝てしまう様子。

・最近、難しい本を読むと、すぐに**うとうと**眠ってしまう。

・仕事中**うとうと**している社員に、注意した。

★同じ様子を うつらうつら とも言う。

・熱が高くて休んだ日は、一日中**うつらうつら**していた。

うながす【促す】

① 仕事や頼んだ事などを早くするようにと強く言う。

・連絡が無いので、相手に早く返事するよう**促した**。

・妻に**促されて**、休みに新しい冷蔵庫を見に行くと決めた。

② 何をすればいいか、また、してはいけないかなどを強く伝える。

・何度注意を**促しても**、工場の事故は無くならない。

・町では時々、安全な運転を**促す**運動をしている。

うなずく ★→くびをふる

相手の話に、よく聞いている、同じ気持ちだ、また、賛成だなどと伝えるために頭を縦に動かす。

・説明に**うなずいて**、若い社員は仕事を見直した。

・言いたい事はわかっても、簡単には**うなずけない**事が多い。

うなだれる ★→うつむく

悲しい事やうまくできなかった事などがあって、顔を下に向けて元気が無い様子を見せる。

・叱られて**うなだれる**社員に近づいて、次は頑張ろうと言った。

・公園で見た、悲しそうに**うなだれる**お年寄りが心配だ。

うならせる →うなる②

うなりごえ【うなり声】→うなる①

うなる

① 苦しくて、痛くて、また、難しくて低い声が出る。

・けがをして**うなる**社員を、車に乗せて病院へ行った。

・難しい仕事をしている友人が、長い間うんと**うなって**動かない。

★①のようなときに出した声を うなり声 と言う。

・外でする**うなり声**を聞いて、近所の人がみんな出て来た。

★→うめく

② うならせる という形で、考えられないほどよくできている、美しいなどと人を驚かす。

・一度でもいいから、社長を**うならせる**商品を作りたい。

・新しい社員の驚くような考えが、みんなを**うならせた**。

うぬぼれ →うぬぼれる

うぬぼれる ★→おもいあがる

力が無いのに、自分は特別だ、人よりよくできるなどと思っている。

・周りにほめられると、**うぬぼれて**失敗する人も多い。

・人よりできると**うぬぼれて**いると、後で困ることになる。

★うぬぼれている様子を うぬぼれ と言う。

・**うぬぼれ**が強い人は、周りの話を聞かない。

うねうね →うねる

うねり →うねる②

うねる

① 道や川、物の動きなどが何度も右や左に曲がって続いている。

・ふるさとでは、**うねる**ように進むヘビをよく見た。

・妻との旅行で見た大きく**うねる**川の美しさは、忘れられない。

② 山や波などが高くなり低くなりして続いている。

・台風で波が大きく**うねる**海が、テレビに流れ続けた。

・ふるさとは、**うねる**ように続く山の中の小さな町だ。

★①、②で見えないほど遠くまでうねっているとき うねうね と言い、②でうねっている様子を うねり と言う。

　①・**うねうね**と続く山道を一日中運転して、疲れた。

　②・海から離れ**うねうね**続く山の町で、両親は育った。

　　・旅行の日、**うねり**が大きく、妻が船での観光はやめようと言った。

うのみにする

相手の言う言葉などをどういう意味かよく考えないで、言われたとおりにする。

・店員の言葉を**うのみにして**、高い物を買わされた。

・社長は、ほかの人の言葉を**うのみにする**社員は信じない。

うばう【奪う】

大切な物などを、相手が許さないのに、強い力で取る。

・近所で後ろから来た人にかばんを**奪われる**事件が続いている。

・多くの人の命を**奪う**戦争が、今も続いている。

うまる【埋まる】→うめる

うめきごえ【うめき声】→うめく

うめく ★→うなる①

けがをするなどして、動けないほど体が痛いときに、低く、苦しそうな声を出す。

・けがをして**うめく**社員を車に乗せて、病院へ急いだ。

・机の上の仕事の山を見て、友人は**うめく**ような声を出した。

★苦しそうな声を うめき声 と言う。

・夜公園で**うめき声**がすると言って、近所が騒いでいる。

うめたてる【埋め立てる】

海や川に土などを入れて、工場や公園などを造る土地にする。

・会社がある場所は、池を**埋め立てて**作った土地だ。

・**埋め立てた**土地は、大雨の後長い間水が残ってしまう。

うめつくす【埋め尽くす】→うめる②

うめる【埋める】★→うずめる

①　要らない物や見られたくない物などを土の中に入れる、また、上から土などを置くなどして、外から見えなくする。

・地震でできた道の穴を土で**埋める**工事が進んでいる。

・近くの寺で、庭に**埋めて**あった古い道具がたくさん見つかった。

②　空いている所が無くなるほど人や予定などがいっぱいになる。

・祭りの日には、駅前広場を**埋める**ほど人が集まる。

・新商品の説明会には、ほかの会社の人も来て席を**埋めた**。

★②で本当にいっぱいだと強く伝えるとき 埋め尽くす と言う。

・子供たちの部屋は、思い出で**埋め尽くされて**いる。

③　足りなくなった所に、人や物などを入れる。

・今の仕事に人が足りなくなり、友人に頼んで**埋めた**。

・妻は、旅行で使った金を買い物を減らして**埋めて**いる。

★①～③で、埋められた後の様子を 埋まる と言う。

①・ふるさとでは、家が**埋まる**ほど雪が降るときもある。

②・今年は忙しく、三か月先まで予定で**埋まって**いる。

③・経験の長い社員が辞めた穴は、簡単に**埋まらない**。

うやまう【敬う】

自分には無い力などを持っていると感じて、相手をとても偉い、大切だなどと思う。

・ふるさとでは、自然を**敬い**生き物を大切にして生きている。

・人を大切にする社長は、多くの社員に**敬われ**ている。

うやむや【うやむやナ・ニ】

何が原因なのか、最後はどうなったのか、すべてがはっきりしない様子。

・商品を買うと言っていた会社は、話を**うやむや**にした。

・問題の原因を**うやむや**にすると、同じ問題がまた起きる。

うらぎる【裏切る】

①　仲間だ、自分を大切にしてくれるなどと思っていた人が、約束や決まりを破る。

・社長が強く信じてくれるので、会社を**裏切る**社員はいない。

・親の願いを**裏切って**でも、やりたい事をやればいいと思う。

②　良い結果になると考えていた事などが、思ったようにならない。

・売れると思った商品が売れず、今年一番の数を売るという願いを**裏切られた**。

・大切に育てた花が咲くと、妻は自然は**裏切らない**とうれしそうだ。

うらみ【恨み】→うらむ

うらみをはらす【恨みを晴らす】→うらむ

うらむ【恨む】★→にくむ(→にくい)

忘れられないほど嫌で苦しい経験などをして、その原因になったと思う人を許せないと強く思う、また、しなければよかったなどと思う。

・失敗をしたとき、人を**恨む**ようでは、いい仕事はできない。

・けがをして、注意の足りなかった自分を**恨んだ**。

★後になって恨む気持ちを 恨み と言い、嫌な経験をさせた相手に、同じような思いをさせる事を 恨みを晴らす と言う。また、悪い結果になって、人や物が悪いと感じるとき 恨めしい と言う。

・小学校でいじめられたことがあるが、誰にも**恨み**は無い。

・偉そうにする相手に**恨みを晴らす**思いで、商品を作った。

・失敗して、力の無い自分を**恨めしく**思った。

うらめしい【恨めしい】→うらむ

うらやましい【羨ましい】

ほかの人を見て、自分も同じようになりたいなどと思う様子。

・海外で仕事をすることになった人を、**羨ましい**と思う。

・元気に動く若い人を見て、**羨ましく**思うことがある。

★羨ましく感じる様子を 羨む と言う。

・何歳になっても人を**羨む**自分を悲しいと思う。

うらやむ【羨む】→うらやましい

うるおい【潤い】→うるおす

うるおう【潤う】→うるおす

うるおす【潤す】

① 必要な水分があって、土や肌、のどが乾かないようにする。

・夏、夕方の短い雨が、人も空気も潤してくれる。

・会議中はいつも、のどを潤す水を準備している。

② 安心して静かに生活するために必要な事や物などがじゅうぶんある
ようにする。

・社会を潤すための商品が、物を作る人間の夢だ。

・好きな音楽は、疲れた心を潤してくれる。

★①、②で、水や必要な物がある様子を 潤う と言い、じゅうぶんにあ
るとわかる様子を 潤い と言う。

①・米や野菜を育てる土が潤うように、夏の初めに雨が降る。

・毎日風呂に入ると、肌の潤いが良くなるそうだ。

②・お金があるから、潤った生活ができるとは言えない。

・いつの時代も、人の優しさが、社会の潤いだ。

うるむ【潤む】

涙で目がぬれる、また、声の調子が弱くなり、泣きそうな様子になる。

・結婚式で娘を見ていると、それだけで目が潤んできた。

・苦しんで作った商品が売れ、社長は声を潤ませていた。

うれゆき【売れ行き】

物の売れ方が良いか悪いかなどの様子。

・売れ行きを知るために、時々商品を置いている店に行く。

・売れなかった物が、急に売れ行きが良くなって驚いている。

うろうろ【うろうろ(と)スル】★→ぶらぶら②

行きたい場所を探して道がわからなくなったときや、どこへ行くか決め
ていないときなどに、何度も同じ場所を歩く。

・相手を探して同じ場所を何度もうろうろと歩いて、疲れた。

・駅前で地図を持ってうろうろしている観光客を案内した。

★何もしようと考えないで、また、良くない事をしようとして、うろう
ろする様子を うろつく と言う。

・近所をうろついている男がいたので、警察に電話した。

うろたえる ★→あわてる、うきあしだつ、おろおろする

考えていなかった悪い事などが起こり、どうしていいかすぐに考えられ
ず、困ってしまう。

・急な事故にうろたえる社員を集め、大丈夫だと会社から連絡があった。
・エレベーターが急に止まって、**うろたえて**しまった。

うろつく →うろうろ

うわずる【上擦る】
「声」と一緒に使って、隠している事が見つかったときや恥ずかしい事を言われたときなどに、声がいつもより高くなる。
・病気で休んだ社員に、昨日飲んでいるのを見たと言うと返事の声が**上擦った**。
・仕事をほめられた社員が、**上擦った**声で社長に礼を言った。

うわつく【浮つく】→うかれる

うわのそら【上の空】
気になる事があり、しないといけない事や考えないといけない事などができない様子。
・**上の空**で聞いていて、妻に頼まれた事を忘れていた。
・いつも何を聞かれても**上の空**の社員には、本当に困る。

うわめづかい【上目使い】
理由があって相手の顔が見られないとき、また、言いにくい事があるときなどに、顔を上げないで、目だけで相手の顔を見ようとする様子。
・大切な物を壊した妻は、**上目使い**でこちらの顔を見ていた。
・相談があると言って来た社員は、黙って何も言わず**上目使い**でこちらを見ていた。

うん【運】★→うんめい、えん
人間の力では変えられない、決められないなどと考える、良い事や悪い事との出会い。
・父は歩いていて事故に遭ったが、けがをせず**運**が良かった。
・**運**悪く、大切な会議の日に熱を出してしまった。

うんえい【運営スル】
仕事などで、やろうとする事をよくわかって、うまく、長く続けられるようにする様子。
・会社が大きくなって、**運営**が難しくなった。
・若い人が少なくなって、毎年祭りの**運営**が大変だ。

うんざり【うんざりスル】★→いいかげん③
同じ事が続いて、もう要らない、もう終わってほしいと思う様子。
・同じ仕事を続けていると、もう**うんざり**だと思うときもある。
・暑い日が続くと、みんな**うんざり**した顔で会社に来る。

★同じ思いを持つ様子を〔閉口〕とも言う。

・旅行から帰った両親は、どこも人が多くて閉口した様子だった。

うんめい【運命】★→うん

生まれたときから決まっていると考えられている、毎日の生活で起こる良い事や悪い事。

・今の仕事を選んだのは、自分の運命だったと思うことがある。

・結婚は、運命の出会いだと言う人がいる。

え

えいきょう【影響スル】

ひとつの事がほかの事に関係して起こす変化。

- ・台風が来るといつも、その**影響**の大きさに驚かされる。
- ・近づく祭りが**影響**しているのか、町全体が元気になったようだ。

えしゃく【会釈スル】

少し頭を下げて、挨拶やお礼の気持ちなどを伝える動き。

- ・来るように言った社員は、小さく**会釈**していすに座った。
- ・町で会った知り合いが**会釈**もしないので、変だと思った。

えみ【笑み】→ほほえみ(→ほほえむ)

えりわける【えり分ける】

色々な種類やたくさんある物の中から、必要だと思われる人や物を選ぶ。

- ・短い時間話しただけで、人を**えり分ける**のは簡単ではない。
- ・できた商品から少しでも問題のある物を**えり分ける**のは、人間の目だ。
- ★同じ様子を より分ける とも言う。
- ・工場のゴミは**より分けて**、使える物はもう一度使う。

える【得る】

時間をかけなければ自分ができない事や持てない物などを、頑張って自分の物にする。

- ・会社は良い商品を売り続けて、今多くの客を**得**ている。
- ・本を読めば、多くの新しい情報を**得る**ことができる。
- ★ ～(し)得ない という形で、思ったようにならない、できないなどと強く伝える。
- ・ほかの人の助けが無ければ**作り得なかった**商品は多い。
- ★→ありえる②

えん【縁】★→うん

言葉では説明できない、人には決められないと思われるような、人と人、人と物などとの特別な関係。

- ・両親は、金とは**縁**が無い生活だが困る事は無いと言っている。
- ・結婚は神様が決めた**縁**だと言うが本当だろうか。
- ★関係という意味の「ゆかり」と一緒に使って、全然関係が無いとき

⸤縁もゆかりも無い⸥と言う。
- 警察が見せた写真の人は、**縁もゆかりも無い**人だった。

えんえん【延々(と)】
① 長い時間続いて、いつ終わるのだろうと思える様子。
- 色々な意見が出て、会議は**延々**五時間続いた。
- 同じような話を**延々**と聞かされて、嫌になった。
② 同じ景色などがどこまでもずっと続いている様子。
- **延々**と続くふるさとの雪景色は、忘れられない。
- 海外で、**延々**続く道を見て地球は広いと思った。

えんかつ【円滑ナ・ニ】
大きな計画や人間関係などが、問題無くうまくいく様子。
- 社長は、**円滑**な人間関係が何よりも大切だといつも言う。
- 必要無いと思える会話が、社員との関係を**円滑**にする。

えんき【延期スル】
理由があって、決めていた時間や日などを遅らせる様子。
- 台風の予報で、町の祭りは一週間**延期**になった。
- 母の調子が悪く、両親は旅行を**延期**することにした。

えんぎ【縁起】
良い事や悪い事がある知らせだと昔から信じられている、生活の中で起こる事や見られる事。
- 虹を見ると、**縁起**が良く、いい事があると思う。
- 母が皿が割れて**縁起**が悪いと言うと、父は笑っていた。
★同じ事を ⸤験(げん)⸥ とも言い、縁起や験を信じる様子を ⸤縁起/験を担(かつ)ぐ⸥ と言う。
- 友人は、**験**が悪いと言って四という数字が嫌いだ。
- **縁起を担ぐ**妻は、いい事があったときの服を捨てない。
- うまく進むように**験を担い**で、相手との話し合いのネクタイを決めている。

えんぎをかつぐ【縁起を担ぐ】→えんぎ

えんじょ【援助スル】
お金や物が足りなくて困っている人を助けるためにできる事をする様子。
- 困っている人たちを**援助**するため、会社から物を送った。
- 計画の途中で費用の**援助**が必要になり、社長に相談した。

えんちょう【延長スル】
決めていた時間や日に終わらないとわかって時間を長くする様子。

・難しい問題が続き、会議は三時間も**延長**になった。
・祭りの日は、駅前の店は時間を**延長**して長く開いている。

えんもゆかりもない【縁もゆかりも無い】→えん

えんりょ【遠慮スル】
　相手の事を考えて、自分がやりたい事などを思ったとおりにしない様子。
・**遠慮**しないで何でも話し合える友人は、本当に大切だ。
・**遠慮**無しに話せと言われても、社長相手では難しい。
★**遠慮**していると思われる様子を 遠慮がち と言う。
・**遠慮がち**に始まった若い社員の意見は、みんなを驚かせた。

えんりょがち【遠慮がち】→えんりょ

お

おいかえす【追い返す】→おいだす

おいかける【追いかける】→おう①

おいこす【追い越す】

自分より前を行く人や車などに近づき、その横を通り過ぎて前に行く。

・いい物を作ってほかの会社を**追い越そ**うと、頑張っている。

・後ろから**追い越そ**うとする車は、先に行かせる。

★自分の方が前に行ったときの様子を〔追い抜く〕と言う。

・友人の商品を**追い抜く**ような物を、早く作りたいと思う。

おいこみ【追い込み】→おいこむ②

おいこむ【追い込む】

① 人や動物が逃げないように、ゆっくり近づいて狭い場所に入れる。

・警察は、町に出たサルを空き家に**追い込ん**だ。

・ふるさとの川では、小さな魚を狭い所に**追い込ん**で遊んだ。

② 大変な仕事、また、決められた日までにやる事などがあって、それから逃げられない。

・若い人を**追い込む**ような仕事は、人を育てない。

・急な仕事をやると言って、自分を**追い込む**ことになった。

★②のように大変な事などで忙しくなる様子を〔追い込み〕と言う。

・仕事が**追い込み**のときは、皆の様子がいつもと違う。

おいすがる【追いすがる】

どうしても聞いてほしい事があるときなどに、出て行こうとする相手の後ろから近くに行って話をしようとする。

・怒った親に**追いすがっ**て泣く子を見て、昔を思い出した。

・もう一度説明を聞いてほしいと、社長に**追いすがっ**た。

おいだす【追い出す】★→おいはらう①

嫌な人や動物などを、自分のいる所から外へ出るようにする。

・窓を開けると虫が入ったので、急いで**追い出し**た。

・どこからか会社に入った男を、みんなで**追い出し**た。

★家や会社などに入れないで、帰らせるとき〔追い返す〕と言う。

・妻に、知らない人が来たら**追い返す**ように言っている。

[80]

おいつく【追い付く】

自分の前を行く人や車などの横に行く、また、自分より力のある人と同じような力を持つ。

・急いで先に出た友人に**追い付いて**、相手の会社へ行った。

・社長に**追い付こう**と頑張っているが、簡単ではない。

おいぬく【追い抜く】→おいこす

おいはらう【追い払う】

① 　一緒にいたくない人や嫌な動物、虫などを、自分から離れるようにする。

・ウシがハエを**追い払う**様子が面白くて、笑ってしまった。

・社長は社員を**追い払う**ようにして、部屋に入った。

★追っ払う とも言う。

・毎朝、ゴミ置き場に集まるカラスを**追っ払って**いる。

★→おいだす

② 　必要な事をするために、関係の無い事、邪魔になる事などを考えないようにする。

・失敗した嫌な思いを**追い払う**ように、今の仕事を頑張った。

・心配事を頭の中から**追い払って**、仕事をした。

おいわい【お祝い】→いわう

おう【追う】

① 　自分より先にいる人と一緒になるように、急いで歩き、走る。

・忘れ物をした社員の後を**追った**が、見つからなかった。

・散歩に出た父の後を**追った**が、思ったより足が速く驚いた。

★追いかける/追っかける とも言う。

・大きなイヌに**追いかけられて**、公園で子供たちが泣いていた。

・娘は、息子を**追っかけて**どこへでも付いて行く子だった。

② 　夢などの今は持っていない物を自分の物にしようとして、それに向かって進む。

・友人は、若いときの夢を今でも**追っている**と言う。

・社長は大きな会社を**追う**ようにして商品を考えてきた。

③ 　人や物が動いた場所を調べて同じ道を行く。

・成功した人の生き方を**追う**本からは、色々勉強できる。

・海外で商品の流れを**追って**、どこで何が売れるか調べた。

④ 　〜に追われる という形で、時間の事や仕事などしか考えられなくなる様子。

・若いときは、仕事に**追われ**て子供の話が聞けなかった。

・時間に**追われる**生活をしなくなって、父は若く見えるようになった。

⑤　（追って）という形で、詳しい事などは後からすぐにする様子。

・医者は**追って**知らせると言うが、母の検査の結果がとても心配だ。

・結果は**追って**相談と言って、相手との話し合いを終えた。

おうじる【応じる】

①　人の話を聞いて返事をする、また、賛成し言われたようにする。

・難しい電話に**応じる**のは、経験の長い社員の仕事だ。

・若い人の声に**応じ**て、食べられない子供たちへ送るお金を出した。

②　周りの様子などを考えて、それに合わせるようにする。

・仕事をする人数は、作る商品の数に**応じ**て決められる。

・年齢に**応じ**た服装と言われても、今はよくわからない。

★①、②と同じようにする様子を（対応）とも言う。

　①・商品への質問には、**対応**する専門の人が決まっている。

　②・最近、若い社員への**対応**を難しく思うようになった。

おうちゃく【横着ナ・ニ】

しなければならない事などを、できるだけしないようにする様子。

・誰かが教えてくれると**横着**に考える社員は育たない。

・休みの日は、何もしないで**横着**をしている。

おおう【覆う】

①　物や人を隠して外から見えなくする。

・新しい商品はカバーで**覆っ**て、誰でも見られなくしてある。

・空が黒い雲に**覆わ**れて、今日は朝から太陽が見えない。

②　（覆われる）という形で、心配事や安心できない気持ちなどでいっぱいになる。

・火事が続いて、町は不安に**覆わ**れている。

・売れない商品が続き、会社は暗い空気に**覆わ**れた。

③　耳や口を押えて、嫌な事や物などが入らないようにする。

・最近、耳を**覆い**たくなるような嫌な言葉が増えた。

・鼻と口をタオルで**覆っ**て、煙の中を逃げる練習をした。

★→ふさぐ

おおがかり【大掛かりナ・ニ】

時間や金、人などがたくさん必要で、簡単にはできない様子。

・駅も駅前も新しくする**大掛かり**な工事が計画されている。

・金が無いので、町は、祭りを**大掛かり**にしないと決めた。

おおがら【大柄ナ・ニ】→がら②

おおきなくちをきく【大きな口を利く】→おおぐち②

おおぐち【大口】

①　驚くほど多くの注文や大きな金額。

・新しい商品に大口の注文があって、会社は大喜びだ。

・大口のお金を出す人がいて、公園が新しくなった。

②　大口をたたくという形で、できるとは思えないような難しい事や大きな事などを、できると偉そうに言う。

・友人は酒を飲んで、将来世界一の技術者になると大口をたたいた。

・大口をたたく人間は、言葉だけで簡単には信じられない。

★②と同じ様子は大きな口を利くとも言う。

・日本一の商品を作ると、大きな口を利いてしまった。

★→くちをきく①

おおげさ【大げさナ・ニ】

よくわかってもらうためやみんなに見てもらうために、また、話を面白くするためなどに、本当よりも大きく見せ、話す様子。

・息子はけがをすると大げさな声を出して、周りを心配させた。

・友人は大げさに話すことがあるが、それが面白い。

おおざっぱ【大雑把ナ・ニ】

①　詳しくはないが、だいたいわかると感じられる様子。

・会議に出すのは、最初は大雑把な計画書だけでいい。

・商品を作る前に、売る値段を大雑把に計算する。

★①の様子は大まかとも言う。

・商品作りは、大まかな計画を立てる事から始まる。

②　仕事などを細かい事までよく考えてしない様子。

・大雑把な仕事しかできない人に、難しい事は頼まない。

・道に大きな穴が空いて、前の工事が大雑把だったとわかった。

おおはば【大幅ナ・ニ】

変わり方が、考えていたよりもずっと大きい様子。

・物の大幅な値上げで、新しい計画は続けられなくなった。

・今日は、雪のため電車が大幅に遅れ、休む社員も多かった。

おおまか【大まかナ・ニ】→おおざっぱ①

おおめにみる【大目に見る】

ほかの人の小さい間違いや失敗などを、問題にしないで許す。

・社員を育てるために、小さな間違いは大目に見ている。

・失敗を大目に見てしまうと、いつか大きな事故になる。

おかげ

うれしい事があったときなどに、また反対に、悪い結果になったときなどに、その理由や原因だと考えられる事。

・仕事が早く終わったのは、友人の手伝いの**おかげ**だ。

・友人を手伝った**おかげ**で、自分の仕事ができなかった。

おかされる【冒される】→おかす③

おかす【侵／犯／冒す】

① 　侵す　と書いて、ほかの人の大切にしている事や物などを自分の物にしようとする。

・個人の自由を**侵す**ような決まりは、許せない。

・相手が長く住む場所を**侵す**事が、戦争の始まりだ。

② 　犯す　と書いて、決めた事などを守らないで、許されない事をする。

・殺人を**犯した**人を殺す事で、社会の安全が守れるのだろうか。

・決まりを**犯した**学生をやめさせる事は教育ではない。

③ 　冒す　と書いて、危ないから、とても大変だからできそうにないなどと思える事をする。

・新しい事を知ろうと命の危険を**冒す**人間は、本当に強い。

・どうしても必要で、台風を**冒して**相手の所へ行った。

★③は、　冒される　という形で、病気で命が危なくなる様子を伝える。

・病気に**冒されて**も書き続けられた本を読んで、涙が出た。

おがむ【拝む】

寺や神社、墓などで、また、太陽などを見て、手を合わせて思ったようになってほしいと願い事をする。

・母は、毎朝太陽を**拝んで**、一日の安全を願うそうだ。

・古い寺へ行くと、どうしてなのか手を合わせ**拝む**気持ちになる。

★神社や寺などへ行って拝むとき　参拝　と言う。

・一月一日に、寺や神社に**参拝**する人が増えているそうだ。

おぎなう【補う】

良くするために必要だと思う物を新しく足す。

・運動不足を**補う**ために、階段を使うようにしている。

・不足する野菜を**補う**ために、妻が毎朝ジュースを作る。

おきにいり【お気に入り】→きにいる

おく【奥】

外からは離れていて、よく見えない場所。

・引き出しの**奥**から、探していたペンが見つかった。

・小さな通りの**奥**に、社員みんなで行く古いレストランがある。

★奥の方にある様子を [奥まる] と言う。

・相手の会社は、道の**奥**まった所にあり、探すのが大変だった。

おくがふかい【奥が深い】

① 　森や穴などが、ずっと中まで続いている様子。

・子供の頃は、近くにある小さな林も**奥**が深く思えた。

・入り口は狭くても、入ってみると**奥**が深い場所もある。

② 　技術や勉強している事などに数年の経験が必要で、また、長い歴史があって、簡単に自分ではできない様子。

・長く同じ仕事をする人の**奥**が深い経験は、大切な宝〔たから〕だ。

・簡単に見えても、やってみると**奥**が深いと思う事も多い。

★①、②のように、簡単に近づけない、自分ではできない様子を [奥深い] とも言う。

　① ・旅行で、山の**奥**深い所にある寺へ行ってみた。

　② ・豆腐〔とうふ〕作り〔づくり〕ひとつにも、**奥**深い歴史がある。

おくびょう【臆病ナ・ニ】

少しでも危険な事や怖いと感じる事などをしようとしない様子。

・**臆病**な妻は、夜小さな音がしても起きる。

・工場で機械を使う人は、少し**臆病**なくらいの人がいい。

おくふかい【奥深い】→おくがふかい

おくまる【奥まる】→おく

おくれをとる【後れを取る】

競争などをする相手に負けてしまう。

・古い考えでは、ほかの会社に**後れ**を取ってしまう。

・みんなに**後れ**を取らないように、自分のできる事はやっている。

おさない【幼い】

① 　小さくて、周りの人に手伝ってもらわなければ何もできない様子。

・**幼い**頃、父がよくふるさとの山へ連れて行ってくれた。

・**幼い**子を持つ親が、町の安全を考える会を作ったそうだ。

② 　考え方や話し方、また、外からの見え方が小さな子供と変わらないと思わせる様子。

・若い人の考え方は、昔より**幼く**なっていると思う。

・年を取ると、若い社員を見て**幼い**顔をしていると思う。

おさななじみ【幼なじみ】→なじみ

おざなり【おざなりナ・ニ】

目の前の事に問題が無ければいいと思って、時間をかけて深く考えない様子。

・友人は、人の話に**おざなり**な返事をすることがない。

・**おざなり**に作った計画を持って来た社員を、強く叱った。

おさまる¹【収まる】★→おさめる¹

①　物があった場所や決めた場所に正しく入る。

・新しい機械が決めた所に**収まる**まで、長くかかった。

・工場では、道具などがあった場所に**収まっている**か毎日調べる。

②　問題が無くなり、騒ぎが静かになる。

・問題が**収まる**まで大変で、仕事が遅れてしまった。

・言い合いが**収まらない**ときは、会議が長くなる。

③　時間がたって、怒った気持ちや何かしなければと思い続けた気持ちなどが静かになる。

・会議のときの嫌な気持ちが、風呂に入って**収まった**。

・言い合いで負けたという思いが、いつまでも**収まらない**。

おさまる²【治まる】→おさめる²

おさまる³【納まる】★→おさめる³

人や物、お金が、決められた時間に正しい場所に入る。

・相手からお金が**納まる**まで、次の仕事は始めない決まりだ。

・次の社長のいすに**納まる**のは誰か、社員が騒ぎ始めている。

おさめる¹【収める】★→おさまる¹

①　物などを決められた場所に入れる。

・商品を箱に**収める**と、仕事が終わったと安心できる。

・本箱に**収めた**と思ったが、探す本は見つからなかった。

②　時間をかけてうまくできたと思えるようにする。

・半年かけて頑張ってきた友人が、成功を**収めた**。

・商品の競争で、勝ちを**収められて**みんな喜んでいる。

おさめる²【治める】

問題や困った事などを無くす、また、今より悪くならないようにできる事などをする。

・会議中の言い合いを、社長が話をして問題無く**治めた**。

・戦争を**治める**ための運動が、色々な場所で続いている。

★問題などを無くすためできる事をした結果、良くなる様子を 治まる と言う。

・急に頭が痛くなったが、薬を飲んで少し休むと治まった。

おさめる³【納める】★→おさまる³

お金や物などを、決められたときまでに渡す。

・商品を、約束の日までに相手に**納める**のが仕事だ。

・毎月**納める**お金は、安全な町を作るために使われる。

おさめる⁴【修める】

決められた勉強や練習などを終え、必要な技術などが自由に使えるようにする。

・難しい機械は、技術を**修める**まで若い人に使わせない。

・中学生までは、勉強を頑張り良い成績を**修めて**いた。

おしい【惜しい】

①　代わりが無いから、捨てるのは良くないからなどと考え、物を無くしたくない、大切にしようと思う様子。

・売れなかった商品でも、捨てるのは**惜しい**。

・忙しいときは、昼ご飯を食べる時間も**惜しい**と感じる。

★①のように惜しいと思うとき 惜しむ と言う。

・物を**惜しむ**両親は、使わなくなった物も捨てない。

②　もう少しでできたのにできなかった、もっと大切にする必要があるなどと強く思う様子。

・商品がもう少しでできたのに、時間が無く**惜しかった**。

・昔からの技術が無くなるのは、**惜しい**事だ。

おしこむ【押し込む】→おしこめる

おしこめる【押し込める】

狭い所などに強い力で、人や動物、物を入れて、外に出ないようにする。

・旅行かばんに物を**押し込めた**ので、重くて大変だった。

・生き物を狭い場所に**押し込める**ような動物園は、減っている。

★同じ様子を 押し込む とも言う。

・商品をいっぱい**押し込んだ**部屋を、きれいにした。

おしころす【押し殺す】★→かみころす、こえをころす(→こえをひそめる)、しのびなく

笑い声や泣き声、人に聞かれたくない話をする声などが周りに聞こえないようにする。

・見えない所で声を**押し殺す**ように泣く社員がいて気になった。

・長い会議の間、何度もあくびを**押し殺す**のに大変だった。

おしつける【押し付ける】

自分がしたくない事や相手が困る事などを、相手の気持ちなど考えずにさせる。

・嫌な仕事を若い人に**押し付ける**社員がいるので、困る。

・相手が**押し付けて**きた難しい仕事は、できないと伝えた。

おしのける【押しのける】

今いる人やある物などを強く押して動かし、空いた場所を自分のために使う。

・並んでいる人を**押しのけて**電車に乗ろうとした学生を、周りの人が注意した。

・机の上の物を**押しのけて**、新しい商品を置く場所を作った。

おしむ【惜しむ】→おしい①

おしゃれ【おしゃれナ・ニ】→しゃれる①

おしよせる【押し寄せる】

多くの人や物などが驚くような速さ、強さで近づく。

・駅前のスーパーが安売りすると、多くの客が**押し寄せる**。

・地震の後、津波が**押し寄せた**所は、大変な様子になった。

おずおずと ★→おそるおそる（→おそれる）

怖いという気持ちが強いときなどに、自分から進んでしたくない様子だと伝える言い方。

・ネコが、枯れて落ちた花に**おずおずと**鼻を近づけていた。

・呼ばれた社員は、社長室に**おずおずと**入った。

おすそわけ【お裾分けスル】

新しい食べ物や珍しい物などを、一緒に楽しんでほしいと近所や知っている人に少し分ける様子。

・妻のふるさとから届いたリンゴは、いつも近所に**お裾分けする**。

・都会では、**お裾分け**をするような近所の関係はもう無いそうだ。

おせじ【お世辞】

相手に良く思われるように使う、相手が喜ぶような言葉。

・**お世辞**の多い人の話には、何か隠していると思ってしまう。

・**お世辞**でも、若いと言われるとうれしい年になった。

おせっかい【お節介ナ】

親切だと思ってしてくれる、頼んでいない事や必要だと思わない事。

・頼んでいない事まで**する**お節介な人には、本当に困る。

・人を助けると、要らない**お節介**だと言われることがある。

おせん【汚染スル】

　空気や水が、人の生活から出た物などで汚れる様子。

　・生活は便利になったが、水や空気の**汚染**が止まらない。

　・近くの町の空気を**汚染しない**ように、工場に新しい機械が入った。

おそいかかる【襲い掛かる】→おそう①

おそう【襲う】

　①　地震や生き物などが急に来て、人を傷付ける。

　・今年は、多くの地震や台風に**襲われた**年だった。

　・この頃はクマが町の近くに出て、人を**襲う**ようになった。

　★①のように強い力で襲う様子を　襲い掛かる　とも言う。

　・ナイフを持って**襲い掛かる**男がいて、朝駅に入れなかった。

　②　体の調子や気持ちが急に変わるような事が起きる。

　・強い風が吹き続け、家が壊れないかと不安に**襲われた**。

　・朝から寒気に**襲われ**、会社へ行けなかった。

おそらく

　知っている事や経験などからそう思われるなどと伝える言い方。

　・会議室に落ちていたペンは**おそらく**社長の物だ。

　・外が暗くなったので、**おそらく**雨が降るだろう。

おそるおそる・【恐る恐る】→おそれる

おそれ【恐れ】→おそれる

おそれる【恐れる】

　危ない事がある、悪い事が起こるかもしれないなどと、とても心配する。

　・大きな声で怒る男を**恐れて**、ほかの客は店を出て行った。

　・反対を**恐れず**に、会議では自分の考えを言う。

　★恐れる気持ちを　恐れ　と言い、とても恐れている様子を　恐る恐る/こわ
　ごわ　と言う。

　・社長が反対する**恐れ**があるので、詳しい説明を準備した。

　・中から音がするので、届いた箱を**恐る恐る**開けた。

　・大きな音に、近所の人たちが**こわごわ**外の様子を見た。

　★→おずおずと

おそろしい【恐ろしい】

　①　とても危ない、命を無くすかもしれないなどと感じる様子。

　・夜遅く**恐ろしい**音がして、近所の人がみんな窓の外へ顔を出した。

　・**恐ろしい**病気が広がっているというニュースが続いている。

　②　人や物の様子などが、いつもとは大きく違っている様子。

・妻の両親から今年は恐ろしい寒さが続くと連絡があった。

・新商品が恐ろしくよく売れて、みんな信じられない様子だ。

おだてる

してほしい事があるときなどに、相手をほめて良い気持にさせる。

・若い社員におだてられて、食事に行く約束をした。

・頼み事があるときはおだてるのが一番だと、妻は笑って言う。

おだやか【穏やかナ・ニ】

景色や人の顔、言葉などが、人を幸せな気持ちにさせるように静かで、安心できる様子。

・今日は何も問題の無い穏やかな一日だった。

・穏やかに話し始めた社長を見て、何かいい話だと思った。

おち【落ち】

① 大切な事、必要な事などが入っていない間違い。

・出席者の名前に落ちがあり、会議の記録を作り直した。

・落ちが無いように準備したが、不安は消えない。

② 人を笑わせ、楽しい気持ちにさせるように考えられた話の終わり方。

・友人の話の落ちがわからず、笑えなかった。

・話に落ちをつけて、会議を楽しくさせる社員がいる。

③ 頑張ってやっても、良くはならないなどと考えられる結果。

・夢は社長だと言っても、笑われるのが落ちだ。

・経験が無い事をしても、失敗するのが落ちだ。

おちいる【陥る】→おとしいれる

おちおち

おちおち〜（でき）ない という形で、気になる事や急いでいる事などがあって、気持ちが休まらず、ゆっくりほかの事ができないと伝える言い方。

・休みだったのに、外の工事でおちおち本も読めなかった。

・問題が続いて、おちおち仕事もできない一週間だった。

おちこむ【落ち込む】

① 調子良く続いていた会社の様子などが、悪くなる。

・商品の売れる数が急に落ち込んだ原因を調べている。

・若い人が育たないと、会社の成績が落ち込んでしまう。

② 失敗するなどして、やろうという気持ちが無くなる。

・失敗で落ち込んだ友人は、少し休むと言い出した。

・妻は何かで落ち込むと、元気になるまで時間がかかる。

おちつく【落ち着く】

①　静かにして、安心している。

・**落ち着いて**本を読む時間も無い生活は、疲れる。

・忙しい毎日で、**落ち着く**場所は家しかない。

②　動いていた、また、騒いでいた人や物などが、動きを止めて、静かになる。

・問題があって騒ぐ社員に、社長が**落ち着く**ように言った。

・月末になると、なぜか会社の中が**落ち着かなく**なる。

③　時間のかかった問題などが終わる、また、長く住む場所を決める。

・朝の会議で出た問題が、夕方になって**落ち着いた**。

・昔の知り合いから、ふるさとに**落ち着いた**と連絡があった。

④　[落ち着いた] という形でほかの言葉の前で使って、色や場所、人の感じなどが、周りの人の心を安心させると伝える。

・新しい商品の箱は、**落ち着いた**色にすると決まった。

・どんな問題があっても、社長の**落ち着いた**話し方は同じだ。

おっかける【追っかける】→おう①

おっちょこちょい【おっちょこちょいナ】

注意が足りなくて、間違いや失敗などが多い様子やそんな人。

・友人は少し**おっちょこちょい**で、信じられない失敗もする。

・社長が、あの**おっちょこちょい**がまた失敗したなと笑った。

おって【追って】→おう⑤

おっぱらう【追っ払う】→おいはらう①

おどかす【脅かす】→おどす

おどし【脅し】→おどす

おとしいれる【陥れる】

逃げられない、もう何もできないと思うような危険な思いをさせる、また、人を喜ばせるような話をして信じさせておいて、後で困らせる。

・バス運転手の注意不足が、乗客を命の危険に**陥れた**。

・友人を**陥れて**まで自分の幸せを考えたくない。

★危険などを経験する様子を [陥る] と言う。

・雨で川の水が増えて、多くの町が危険に**陥った**。

おどす【脅す】★→おびやかす

相手にとても怖い思いなどをさせ、自分の思うとおりにさせる。

・子供を**脅し**金を取る男がいると、警察から連絡があった。

・人を**脅す**ような声を出す相手に、社長が珍しく怒り出した。

★同じように怖い思いをさせる様子は 脅かす とも言い、脅す言葉や様子は 脅し と言う。

・眠っている妻を**脅かさ**ないように、静かに朝の庭に出た。

・時々会社によく意味のわからない**脅し**の電話がかかる。

おとずれる【訪れる】

①　やりたい事や見たい場所などがあって、いつもは行かない所や有名な所へ行く。

・両親は毎年、春になるとふるさとを**訪れる**。

・古い寺を**訪れる**人が増え、町は急いで案内を作り始めた。

★①と同じ事は 訪ねる とも言う。

・最近は、海外から会社を**訪ねて**来る人も珍しくなくなった。

②　季節や雨の時期などが、いつもと同じように来る。

・暖かい季節が**訪れる**と、妻が庭に出る時間が多くなる。

・山からの冷たい風は、ふるさとに冬が**訪れる**知らせだ。

おどりあがる【躍り上がる】→おどる②

おとる【劣る】→まさる

おどる【躍る】

①　人や動物など生き物が跳ぶようにして元気に動く、また、同じ文字や言葉を、何度も繰り返し見、聞く様子。

・ふるさとの川はきれいで、小さな魚が**躍って**いた。

・「殺人」という文字が**躍る**新聞を見ると、暗い気持ちになる。

②　喜びや楽しみで、体全体で跳びたいような思いになる。

・初めて海外へ行くときの、**躍る**ような気持ちは忘れない。

・結婚する娘は、喜びに**躍る**気持ちが隠せない様子だった。

★②でとても喜んだときの様子を 躍り上がる とも言う。

・病気の母が元気になって、**躍り上がる**ような気持ちだ。

おとろえ【衰え】→おとろえる

おとろえる【衰える】

元気だった人や強い力を持った大雨、風などが弱くなる。

・父は、体力が**衰え**ないようにと、できるだけ動くようにしている。

・今年は、九月になっても暑さが**衰える**様子が無い。

★衰える様子を 衰え と言う。

・けがが多くなり、体力の**衰え**を感じるようになった。

おとをたてる【音を立てる】

動いたときなどに、自分ではしようと思わないのに音が出てしまう。

・母は、子供たちが音を立てて食べると注意した。
・帰りが遅くなったので、音を立てないように家に入った。

おはやし →はやす[1]

おびえる【脅える】→おびやかす

おひきとり【お引き取り】→ひきとる②

おびきよせる【おびき寄せる】
　人や動物を近くに集めるために、好きな物、欲しいと思う物などを見える所に置くなどする。
・安い品物で客を**おびき寄せる**ような店は、長く続かない。
・小鳥を**おびき寄せよう**と、庭に米を置いたが全然来なかった。

おびただしい
　数や量が怖いと思うほど多い様子。
・**おびただしい**数の注文が来て、できるかどうか相談した。
・けがをした社員の**おびただしい**血を見て、救急車を呼んだ。

おひとよし【お人よし】→ひとがいい

おびやかす【脅かす】★→おどす
　安心していられない、危ないなどと思わせる様子。
・若い社員が、経験を持った社員を**脅かす**ようになった。
・空き家で火事が増えて、町の安全が**脅かされ**ている。
　★安心していられない様子を 脅える と言う。
・泥棒が続けて入って、町の人が**脅え**ている。

おぼえ【覚え】
　①　前の事や経験した事などを忘れない様子。
・年を取るとだんだん**覚え**が悪くなり、最近よく物を忘れる。
・挨拶をした人は、会った**覚え**はあるが誰か思い出せない。
　★→ものおぼえ（→ものわすれ）
　②　人からとても信じられている、また、自分の技術などに正しい、人に負けないなどの気持ちがある様子。
・社長の**覚え**がいい社員が、次の商品計画の中心に選ばれた。
・経験が長く腕に**覚え**がある社員でも、失敗をすることはある。

おぼえる【覚える】
　①　新しい事、勉強や練習した事などを忘れないようにする。
・新しい社員には、周りの人の名前を**覚える**のも大変だ。
・苦しんで**覚えた**技術で商品を作った社員は、うれしそうだ。
　②　これまでと違う事に気がつく、また、急に強く感じる。

・いつもと違う社長の様子に、社員は不安を**覚えた**。

・家に帰り妻の顔を見ると、安心して急に疲れを**覚える**。

おまけに

それまで話していた事などに続けて、それだけではなくて、もっと良い事や悪い事があると伝える言い方。

・友人は仕事が早いし、**おまけに**失敗が少ない。

・急いでいて、約束の場所を間違え、**おまけに**財布も忘れた。

おみとおし【お見通し】→みとおす③

おめあての【お目当ての】→めあて

おめかし →めかす

おも【主ナ・ニ】

ほかにもあるが、中心になる事や物はこれだと伝える言い方。

・会社の**主な**商品は、毎日家で使われる物だ。

・食事に行っても、友人との話は**主に**新しい商品の事だ。

おもいあがり【思い上がり】→おもいあがる

おもいあがる【思い上がる】★→うぬぼれる

周りから良く言われ、自分の力以上にできるなどと思う。

・ほめるとすぐ**思い上がる**人とは仕事をしたいと思わない。

・失敗は、**思い上がって**いた事を知るいい経験だ。

★思い上がっている様子を（思い上がり）と言う。

・自然を自由に使えると思うのは、人間の**思い上がり**だ。

おもいあたる【思い当たる】★→こころあたり

後になって前にあった事などを思い出し、どんな意味だったかわかる。

・**思い当たる**事があって、昔の仲間に連絡してみた。

・社長に呼び出されたが、**思い当たる**事は何も無い。

おもいうかべる【思い浮かべる】

昔の事を考え、色々な事を思い出す。

・雪が降ると、母と歩いたふるさとを**思い浮かべる**。

・**思い浮かべる**事も無かった人から連絡があって、驚いた。

おもいえがく【思い描く】

まだ起こっていない事や、やろうと思う事などを頭の中で色々考える。

・子供の頃に**思い描いた**夢は、どこかに消えてしまった。

・社長が**思い描く**十年後の会社が、少しわかるようになった。

おもいおもい【思い思いニ】

ひとりひとりが自分がいいと思うようにすると伝える言い方。

・日曜日は、妻も自分も思い思いに好きな事をする。
・みんなが思い思いの事を言って、会議が長くなった。

おもいがけない【思いがけない】★→おもいのほか

考えてもいなかった事などが起こって喜ぶ、また、考えていなかった悪い結果になり驚き、困る様子。

・大忙しになるほど新商品が売れたのは、**思いがけない**事だった。
・小さな事故が、**思いがけなく**大きな問題になり大騒ぎした。

おもいきり【思い切り】

①　やろうと決めた事は何があってもやるという強い気持ちややる様子。
・妻の反対で、新しく車を買う**思い切り**がつかなかった。
・友人は、やると決めたら、何にでも**思い切り**がいい。
②　これ以上はできないというほど力を出して、頑張ってやる様子。
・祭りで**思い切り**元気よく歌う子供たちがかわいい。
・一年の終わりには、駅前の店は**思い切り**安くして物を売る。

おもいきる【思い切る】

①　難しいがやらなければならないので、持っている力をすべて使って、必要な事などをしようと決める。
・**思い切って**会社を辞め、野菜を作り始めた社員がいる。
・社長は、会社を引っ越すという**思い切った**計画を話した。
②　大切にしている計画や夢などを、できない事だと捨てる。
・海外で生活する夢が、長い間**思い切れなかった**。
・お金が足りないので、新しい計画は**思い切る**ことにした。
　★→あきらめる

おもいこみ【思い込み】→おもいこむ

おもいこむ【思い込む】

理由が無いのに、本当は正しくない事などを正しいと強く思う、また、最後までやると強く決める。
・父は、一度**思い込んだ**ら考えを変えないので困る。
・友人は、**思い込んだ**事は最後までやるから偉いと思う。
　★思い込んだ内容や思い込んでいる様子を 思い込み と言う。
・**思い込み**が強いと、相手を正しく見られないことがある。

おもいしる【思い知る】

頭の中でそうではないかと思っていたが、経験してはっきりとそうだとわかる。
・大変なときに手伝ってもらい、人の優しさを**思い知った**。

・大きな地震を経験して、自然の怖さを**思い知**った。

おもいすごし【思い過ごし】

考えなくてもいい事まで考えて、心配事を悪く考える様子。

・**思い過ごし**ならいいが、母は少し体調が悪いようだ。

・難しい病気ではと思って病院へ行ったが、**思い過ごし**だった。

おもいちがい【思い違いスル】→かんちがい

おもいつき【思い付き】→おもいつく

おもいつく【思い付く】

考えてもいなかった事などを急に頭の中で考え始める。

・散歩中、新しい商品を**思い付く**こともある。

・**思い付いた**事は忘れないように、書いておくようにしている。

★急に出たいい考えを（**思い付き**）と言う。

・社長は、**思い付き**だと言う友人の考えを面白いと言った。

おもいとどまる【思いとどまる】

うまくできないと考えて、やろうと思っていた事などをやらない。

・若い人を手伝おうとしたが、友人に止められ**思いとどまっ**た。

・妻と買い物に行く予定だったが、雨の強さに**思いとどまっ**た。

おもいのほか【思いの外】★→いがい、おもいがけない

いつもは考えない事やあるとは考えもしなかった事などがあって、少し驚いたと伝える言い方。

・初めて作ったケーキは、**思いの外**おいしかった。

・もう春なのに、**思いの外**寒い日が続いている。

おもいもよらない【思いも寄らない】

自分の知っている事や経験からは、まったく考えられない様子。

・**思いも寄らない**問題が起きて、どうすればいいか困った。

・いつも元気な友人の入院は、**思いも寄らない**事だった。

おもいやられる【思いやられる】→おもいやる①

おもいやり【思いやり】→おもいやる②

おもいやる【思いやる】

① 離れた所やそこにいる人たちの事を、大丈夫だろうかと考える。

・みんなは元気かと、時々ふるさとの事を**思いやる**。

・海外のニュースを見て、そこでの生活を**思いやる**ことがある。

★①のように大丈夫かと考えている様子を（**思いやられる**）と言う。

・大雪だと聞くと、ふるさとの人たちの事が**思いやられる**。

② 相手の気持ちになって、どうすれば喜んでくれ、困らないだろうか

と考える。
- 大きな地震があってから、周りを思いやるようになった。
- お年寄りを思いやる若い人を見ると、気持ちが温かくなる。
- ★②のように相手の事を思って、どうすればいいか考える様子を 思いやり と言う。
- 自分が良ければそれでいいと、思いやりの無い人が増えた。

おもうぞんぶん【思う存分】
これでじゅうぶんだと思えるほど、自分のやりたい事などをすると伝える言い方。
- 一年に一度の長い休みだったので、思う存分本を読んだ。
- 学生の間は、自由に思う存分好きな事をした。

おもおもしい【重々しい】→かるがるしい

おもくるしい【重苦しい】★→いきぐるしい
押さえられているようで息が苦しく、早く逃げ出したいと感じる様子。
- 体の調子が悪い日は、朝から重苦しい気持ちが続く。
- 社長が重苦しい顔をしている日は、会社が暗くなる。

おもて【表】
① 家の前や顔など、周りからよく見える所。
- 駅前の店は、いつも表をきれいに掃除している。
- 心配事があっても表に出さないようにしている。
② 物の、外から見える所、また、よく使う所。
- 表には正しい住所が書いてあるが、裏には何も書いていない封筒が届いた。
- 妻が表も裏も着られるセーターを買って来てくれた。

おもてむき【表向き】
本当の気持ちや本当の事などを見せない外から見える様子。
- 表向き仲が良くても、仕事で助け合わない社員は困る。
- 表向きは病気だと言って、会社を休む社員がいる。

おもむき【趣】★→ふぜい①
景色や建物などを見たときに感じる、また、場所や物が持つ特別な良さや美しさ。
- 月の光の中で見る夜の桜には、とても趣がある。
- 古くて汚い皿だが、特別な趣が感じられて捨てられない。

おもむろに
静かにしていた人や動物が、ゆっくりと動き始めると伝える言い方。

・社員の話を静かに聞いていた社長が、**おもむろに**話し始めた。
・長い間庭にいたネコが、**おもむろに**動き始めた。

おもわしい【思わしい】

こうなってほしい、ちょうどいいなどと思える様子。
・新商品は、何度やっても**思わしい**物にならなかった。
・体調が**思わしく**ないので、半日会社を休むことにした。

おもわず【思わず】

しようと思ってはいなかったが、体が自然に動いてやった、と伝える言い方。
・目の前に何か飛んで来たので、**思わず**頭を下げた。
・味がおかしいと思い、**思わず**口から出した。

およそ

① はっきり言えないが、だいたいどのくらいだと伝える言い方。
・町の図書館は、一日**およそ**二百人が使っているそうだ。
・新しい商品が、計画の**およそ**二倍売れてみんな喜んでいる。
② （およそ～ない）という形で、できない、そうではないなどと、強く伝える言い方。
・子供の頃は、海外旅行は**およそ**考えられ**ない**事だった。
・昔は**およそ**考えられ**なかった**ような物が今はたくさんある。

およぶ【及ぶ】

① 長いと感じる間や広いと感じる場所で大変な事などが続く。
・三日に**及ぶ**長い時間、会議で会社の引っ越しの話が続いた。
・今度の台風で、日本全体に**及ぶ**大雨が何日も続いた。
② （～には及ばない）という形で、頑張ってやっているが、力がまだ足りないと感じると伝える言い方。
・英語を勉強しているが、仕事で使うまで**には及ばない**。
・頑張っているが、計画する力はまだ友人**には及ばない**。
★→あしもとにもおよばない
③ （～には及ばない）という形で、自分でできるので、人の助けや心配などは必要無い、しなくていいなどと伝える言い方。
・父に、手伝おうと言うと、それ**には及ばない**と言われた。
・問題が起こったとき、社長は心配**には及ばない**と言った。

およぼす【及ぼす】

起きた事の結果や物の様子などがほかの事や物に伝わる。
・教育は、これからの社会に変化を**及ぼす**力がある。

・自然が人間の生活に**及ぼす**力の強さを忘れてはいけない。

おり【折】

いつもはしない事をするのにちょうどいいと思える機会。

・引っ越しの**折**に、要らない物を捨てた。

・**折**を見て、会議で計画を出すことにした。

★良い機会だと考え、思った事をやる様子を 折に触れて と言う。

・子供たちには、**折に触れて**、命の大切さを教えてきた。

おりあいがつく【折り合いがつく】→おりあいをつける

おりあいをつける【折り合いをつける】

相手の言う事を聞いて、じゅうぶんではないが、どちらにも良いと思える点を見つける。

・社長との**折り合い**をつけて、新しい商品を作り始めた。

・文化が違っても、**折り合い**をつけて生きることが必要だ。

★折り合いをつけた様子を 折り合いがつく と言う。

・相手との**折り合い**がつくまで、新しい仕事は始まらない。

おりいって【折り入って】

特別な事だ、よくわかってやってほしいなどと願って、頼み事などをする言い方。

・**折り入って**頼みたいと社長に言われて、新しい仕事をした。

・**折り入って**の相談だがと、友人は考えを話し始めた。

おりかえし【折り返し】→おりかえす

おりかえす【折り返す】

①　今まで来た道を途中で変えて、来た方向へ帰る。

・父は、三十分散歩をしたら**折り返す**と決めている。

・相手の所へ向かう道で、雨が強くなり**折り返す**ことにした。

②　手紙や電話などを受け取って、できるだけすぐに返事をする。

・会議中にかかってきた大切な電話に、すぐ**折り返した**。

・周りに聞かれたくなかったので、**折り返す**と言って電話を切った。

★①、②の折り返す所や折り返す様子を 折り返し と言う。

　①・仕事が半分終わったとき、「さあ、**折り返し**だ」と声がした。

　②・妻に母の急な入院を連絡すると、**折り返し**心配そうな電話が来た。

おりこむ【織り込む】

①　着物などの模様に、ほかとは違う色の糸を入れて、美しくする。

・金色の糸を**織り込んだ**珍しいネクタイを買った。

・特別な糸が**織り込まれて**いるのか、社長の服は暗い所で光る。

②　予定や計画、物語などに、関係ある事や別の事なども入れる。
・友人の計画には、その後の仕事の予定も**織り込まれている**。
・日本中に、その地方の悲しい歴史を**織り込んだ**歌も多い。

おりにふれて【折に触れて】→おり

おる【折る】★→おれる①
①　紙や物などを曲げる、また、曲げてほかの物の上に置く。
・昔は紙を**折って**、色々な形の飛行機を作って遊んだ。
・読んだ所がわかるように、本のページを**折って**おく。
②　固くて細長い物を曲げる、また、曲げて切り離す。
・後何日で長い休みだと、社員は指を**折って**数えている。
・公園の桜の枝を**折る**人がいて、町の人が注意して見ている。
③　外からの力で、骨のけがをする。
・重い物を持とうとした社員が、指の骨を**折った**。
・交通事故で骨を**折った**社員がいて、工場は人が足りない。
　★→ほねをおる(→ほねがおれる)

おれる【折れる】
①　外からの力で、物が曲がる、また、壊れる。
・大切な計画書が**折れない**ように丁寧にかばんに入れた。
・昨夜の強い風で、古くからあった庭の木が**折れた**。
　★→おる、ほねがおれる
②　道の曲がった所で方向を変え、前へ進む。
・駅前の道を左に**折れた**所に、よく行く店がある。
・狭い道を広い道に**折れる**と、急に車が多くなる。
③　自分の考えや気持ちと違っているが、相手の言う事を聞いて、大きな問題にならないようにする。
・妻とけんかしたときは、先に**折れる**ようにしている。
・どちらも**折れない**ので、話し合いが進まなくて困った。

おろおろする　★→うろたえる
驚いたときや悲しい気持ちになったときなど、どうすればいいかわからなくて、困る。
・社員が大きなけがをして、みんな**おろおろした**。
・道が分からなくて**おろおろ**していたら子供が教えてくれた。

おろか　★→─どころ①
〜はおろか〕という形で、それだけではなくて、考えてもいなかったような様子になった、と強く伝える言い方。

・今日は熱が高くて、会社**はおろか**、トイレへも行けない。

・起きられなくて、朝食**はおろか**、水も飲まずに家を出た。

おろす【下ろす】

①　必要な事があって、銀行などの貯金からお金を出す。

・両親の海外旅行を手伝おうと、少しお金を**下ろした**。

・貯金は、困ったときにいつでも**下ろせる**ようにしている。

②　料理のために、魚を骨と身にわける、また、野菜や果物を道具を使ってジュースのようにする。

・妻は、自分で魚が**下ろせる**人が減ったと話している。

・昔は、熱が出ると母がリンゴを**下ろして**飲ませてくれた。

おろそかに

ほかの事が気になって、必要な事などがじゅうぶんできないなどと伝える言い方。

・考え事があると、仕事が**おろそかに**なってしまう。

・若いときは忙しくて、家族を**おろそかに**してしまった。

おわび【お詫び】→わびる

おん【恩】

生きている間にほかの人がしてくれる親切や助け。

・社長は、昔受けた**恩**は忘れず、とても大事にする。

・自分が親になってから感じる親の**恩**は少なくない。

おんきせがましい【恩着せがましい】→おんにきる

おんけい【恩恵】→めぐむ①

おんち【音痴】

楽器などの音に合わせられなくて、うまく歌えない様子。

・子供の頃から**音痴**だったので、今もカラオケは嫌いだ。

・最近は、昔より**音痴**な子が減っているそうだ。

★この言葉を使って、方向がすぐにわからない様子を 方向音痴 と言う。

・母が外出を嫌がるのは、**方向音痴**も理由のひとつだ。

おんにきせる【恩に着せる】→おんにきる

おんにきる【恩に着る】

周りの人の親切や困ったときの助けなどを本当にありがたいと思う。

・友人と長く働いて、**恩に着る**経験を何度もしてきた。

・一度の手伝いを**恩に着て**、困ると助けてくれる人がいる。

★自分のやった事をありがたいと思えと感じさせるとき 恩に着せる/恩着せがましい と言う。

・恩に着せて、人に自分の手伝いをさせる人は嫌だ。
・会議で賛成した社員が後で恩着せがましい顔をした。

か

かい

① 　かいがある/無い　という形で、頑張ってやったとき、良い／悪い結果が出る様子。

・頑張った**かい**があって、よく売れる商品ができた。

・やる気の無い社員には、仕事を教える**かい**が無い。

② 　ほかの言葉の後に　一(し)がい　という形で付けて、意味があると感じる気持ち。

・自分の仕事に**やりがい**を感じている。

・仕事が成功したとき、仲間の笑顔を見るのが**生きがい**だ。

かいかつ【快活ナ・ニ】

話し方や動きなどが、明るくて周りを元気にする様子。

・若い人の**快活な**返事は、みんなを元気にしてくれる。

・**快活に**動く妻を見て、負けられないなと思うことがある。

かいけつ【解決スル】

わからない事や長く続く問題などの答えを出し、はっきりさせる様子。

・事件の**解決**が遅れていて、警察の人が駅前に立つようになった。

・問題を**解決する**ために、自分たちで商品を使ってみた。

がいけん【外見】

人や物の見え方、見たときの様子。

・**外見**だけでどんな人か決めるのは、とても難しい。

・家を建てるときは、**外見**よりも住みやすさを大切にした。

★同じ様子は　見た目/見かけ　とも言う。

・商品は、**見た目**が悪いと売れ方も良くない。

・妻は、**見かけ**は悪くても安くておいしい野菜を買って来る。

かいご【介護スル】★→かいほう¹

病気の人やお年寄りなどの助けをする様子。

・両親は、**介護**の必要が無いように元気でいたいと話している。

・お年寄りを**介護する**ために、町の人の集まりができた。

かいこむ【買い込む】

安いときや必要なときなどに、一度にたくさんの物を買う。

・子供が小さいときは、安い食べ物を買い込む事も多かった。

・大きい本屋へ行くと、読めないほど本を買い込んでしまう。

★無くなる心配があるときや何度も買い物に行きたくないときなどに買い込む様子を 買いだめ と言う。

・台風の予報があると、スーパーで買いだめする人が多い。

かいさい【開催スル】

みんなで楽しむためや広く見てもらうためなどに、多くの人の集まりを開く様子。

・祭りの開催中、駅前の店は年に一度の忙しさだ。

・新商品の発表会を開催すると、おおぜいの人が集まった。

★同じ様子を 催す とも言い、集まる会などを 催し と言う。

・図書館で、町の歴史を知る勉強会が催されることになった。

・町は、お年寄りを大切にする色々な催しをしている。

かいしゅう【回収スル】

要らない物や一度渡した物などを集める様子。

・ゴミが増え、回収が毎日になるという連絡があった。

・会社の商品計画書は、外に出ないよう会議後すぐ回収される。

かいぜん【改善スル】→かいりょう

かいだめ【買いだめスル】→かいこむ

かいつまむ

時間が無いときに、話さなければならない大切な事を短く伝える。

・会議では、新しい計画をかいつまんで話すようにしている。

・社員がかいつまんで話した事故の様子に、大変だと思った。

かいてき【快適ナ・ニ】

とても気持ちが良くて、長くいたいなどと感じる様子。

・両親は、快適な旅だったと言ってふるさとから帰って来た。

・カーテンを変えただけで、家全体が快適に感じられる。

かいはつ【開発スル】

新しい技術や機械などを、時間をかけて作る様子。

・昔の人が開発した技術は、今でも多く使われている。

・仕事を辞めるまでに、海外で売れる商品の開発をしたい。

かいふく【回復／快復スル】

①　多く 回復 と書いて、悪かった天気や物の売れ方などが前のようになる、また、良くなる様子。

・両親が旅行に出る日、天気が回復してとても安心した。

・物が売れない会社の**回復**のため、新しい商品を考えた。

②　多く〔快復〕と書いて、悪かった病気やけがが良くなって、元気になる様子。

・社長の病気が**快復**して、会社が明るくなった。

・母の病気は**快復**が近いと聞いて、安心した。

かいほう¹【介抱スル】★→かいご

けがや病気で自分では色々できない人や体調が悪くて人の力が必要な人などを手伝い、助ける様子。

・着替え、食事と、病気をすると周りは**介抱**で大変だ。

・珍しく飲みすぎて、友人に**介抱**してもらった。

かいほう²【解放スル】

離れられない所から出る、また、仕事などが無くなるなどして、自由な様子。

・家族からの**解放**が理由で家を出る人が増えているそうだ。

・長い会議から**解放**された後は、何もしたくなくなる。

かいほう³【開放スル】

①　いつもは開けていない窓やドアなどを空気を換えるなどのために開けておく様子。

・子供が使わなくなった部屋は、週に一度窓の**開放**で空気を換える。

・春の空気がうれしくて、休みの日は一日中窓を**開放**していた。

②　いつもは入れない場所などを、開けて誰でも自由に使えるようにする様子。

・小中学校は、図書館を町の人たちにも**開放**している。

・父は、一年に一度**開放**される隣町(となりまち)の寺へ行くのを楽しみにしている。

★②と反対に、入れなくする様子を〔閉鎖(へいさ)〕と言う。

・日曜日に使えた学校の運動場が、安全のため**閉鎖**された。

がいらい【外来】

①　自分たちの周りに無かった考え方や言葉、また、生き物などが外の世界から入る様子。

・天ぷらが**外来**の言葉だと、長い間知らなかった。

・町の池や川には**外来**の魚がたくさん住んでいる。

②　病院に通って診(み)てもらう、また、学校や会社にいつもは来ない人が来る様子。

・病院の**外来**は時間がかかるので、会社を休んで行く。

・会社は、**外来**の人には工場は見せない決まりだ。

かいりょう【改良スル】

機械や食べ物など、今ある物を作り直して、前より良くする様子。

・商品を全部見直して、**改良**できる物が無いか調べている。

・**改良**が進み、昔よりずっと米や野菜ができるようになった。

★機械の使い方、食事の仕方など、今あるやり方を良くするときは 改善 と言う。

・休みが増えるよう、仕事のやり方を**改善**することになった。

かえって

良いと思ってした事などが、考えていた事や思っていた結果とは反対の結果になると伝える言い方。

・やり方をよく知らない人が手伝うと、**かえって**仕事を増やす。

・値段を下げたら、**かえって**売れなくなることもある。

かおがこわばる【顔がこわばる】

嫌な事や心配な事などがあるとき、いつもの話し方や笑い方ではなくなり少し怖く見える様子。

・急に社長に呼ばれた社員は、部屋を出るとき**顔がこわばっ**ていた。

・友人は、**こわばった**顔で家族の問題を話し始めた。

かおがそろう【顔がそろう】→かおをそろえる

かおつき【顔つき】

①　ほかの人と違う、その人だけが持つ顔の様子や感じ。

・妻に父と同じような**顔つき**になったと言われ、驚いた。

・会社に入って一年ほどで、若い人は社会人の**顔つき**になる。

②　何を考えているのかなどがわかる顔の様子。

・友人が、不安そうな**顔つき**で相談があると言って来た。

・妻が疲れた**顔つき**をしているので、何かあったと思った。

★①、②と同じような目の様子を 目つき と言う。

　①・字を読むとき目を細くすると、**目つき**が悪くなると言われる。

　②・車を買うと言ったら、妻が冷たい**目つき**を向けた。

かおみしり【顔見知り】

よくは知らないが、顔だけは知っている人。

・いつも同じ電車に乗って、**顔見知り**になる人は多い。

・相手の会社の社長が**顔見知り**だったので、とても驚いた。

かおむけできない【顔向けできない】

してはいけない事や失敗をしたときなどに、恥ずかしくて、仕事の仲間や関係ある人に会うことができない様子。

・プレゼントのペンを無くして、友人に**顔向け**できない。
・親に**顔向け**できない事はするなと教えられて育った。

かおり【香り】

人や物などから出る気持ちを良くさせるにおいや全体の感じ。
・春が来ると、庭の空気も花の**香り**がする。
・旅行に行くのは、古い文化の**香り**がする所が多い。
★香りが周りに伝わる様子を 香る と言う。
・若い葉が**香る**朝は、会社への道も気持ちがいい。

かおる【香る】→かおり

かおをくもらせる【顔を曇らせる】

悲しい事や心配事などがあって、元気を無くし、顔が暗くなる。
・ふるさとの近くの地震に、妻は**顔を曇らせた**。
・父親が急に入院したと言って、友人は**顔を曇らせた**。

かおをしかめる【顔をしかめる】

嫌な気持ちになる事やすぐにできない難しい事などがあったとき、嫌そうな、やりたくなさそうな顔に見える。
・難しい仕事があるのか、友人は朝から**顔をしかめ**ている。
・病院へ行けばと言うと、父は**顔をしかめ**て黙っていた。
★しかめたときの顔を しかめっ面 と言い、同じ様子を 額にしわを寄せる とも言う。
・食べたくないと言うと、妻は**しかめっ面**で料理を片づけた。
・社長は**額にしわを寄せ**、社員に言われた事を考えている。

かおをそむける【顔を背ける】→めをそむける①

かおをそろえる【顔をそろえる】

来る予定の人や、集まりの中心になる人が全員集まる。
・子供たちも忙しくて、家族全員が**顔をそろえる**ことが少なくなった。
・関係者が**顔をそろえ**て、町のゴミ問題を話し合った。
★集まった結果を 顔がそろう と言う。
・全員の**顔がそろっ**てから、会議が始まった。

かおをだす【顔を出す】

①　隠れていた物が、見えるようになる。
・雲の間から太陽が**顔を出し**、午後は良い天気になった。
・ふるさとでは、春になると色々な草花が**顔を出す**。
②　頼まれていた会や関係のある所などに短い時間行く。
・工場には時々**顔を出し**、商品を作る人たちと話している。

・食事会に社長が**顔を出して**くれて、みんな大喜びだった。

かおをみあわす【顔を見合す】

　急に困った事や驚く事が起こったときなどに、どうしようと思い、近くにいる人や関係のある人など両方が相手の顔を見る。

・社長に急に入院すると言われて、友人と**顔を見合わせた**。

・強い風に飛ばされて来た物を見て、妻と**顔を見合わせた**。

★どうしようと思うときやうれしいときなどには [顔を見合わせる] と言う。

・社長がわかってくれたと思い、友人と**顔を見合わせた**。

かおをみあわせる【顔を見合わせる】→かおをみあわす

かかえこむ【抱え込む】→かかえる

かかえる【抱える】

　①　大きな物や重い物などを、両手を使って抱くようにして持つ。

・大きな荷物を**抱えている**人を見たら、ドアを開ける。

・商品の入った重い箱が**抱えられ**なくて、若い人に頼んだ。

　②　難しく時間のかかる仕事やほかの人にやってもらえない仕事などをする。

・風邪で休む社員が多く、人の仕事を**抱える**ことになった。

・辞めた社員の仕事を**抱えて**いても、友人は嫌な顔をしない。

　③　心配な事や不安な事などを持っている。

・小さい子供を**抱えて**働く親は大変だ。

・町に、問題を**抱えた**子供が相談できる場所ができた。

★①〜③のように落とさないように持つときやひとりでやらなければならなくなっている様子などを [抱え込む] と言う。

　①・大切な荷物が雨にぬれないように、**抱え込む**ようにして運んだ。

　②・少しの間海外に行く友人の仕事を**抱え込んで**、今週は大変だ。

　③・社長に特別に頼まれた問題を**抱え込んで**、頭が痛い。

かかげる【掲げる】★→かざす

　①　よく見えるように物を高く持つ、また、高い所に置く。

・駅前で、食べ物が足りない子供たちの写真を**掲げて**お金を集めている。

・会社は、毎朝、仕事の前に会社の旗を**掲げる**決まりだ。

　②　新聞や雑誌などを使って、また、よく見られる所などに出して、知ってほしい事ややりたい事などを伝える。

・ふるさとの駅には、古い時代の写真が**掲げられて**いる。

・入り口に、会社が**掲げる**夢が大きく書いて出してある。

★②のように新聞や雑誌に出すとき [掲載] と言う。

・会社の記事が新聞に**掲載**され、みんな喜んで見ていた。

かかせない【欠かせない】

しようと思っている事や作ろうと思っている物などにどうしても必要だと感じる様子。

・外国語の勉強に、辞書は**欠かせない**。

・若い人に教えるのに、自分の経験は**欠かせない**。

かがめる

理由があって、背中や腰を曲げるようにして、体全体を低くする。

・駅前の店は、子供の客には腰を**かがめて**品物を渡す。

・何かが飛んで来たので、急いで体を**かがめた**。

かがやかしい【輝かしい】→かがやく②

かがやかす【輝かす】→かがやく②

かがやく【輝く】

①　太陽や星などが明るく光る。

・朝、明るく**輝く**太陽を見ると、今日も頑張ろうと思う。

・雲の無い空に星が美しく**輝く**夜は、ふるさとを思い出す。

②　ほかの人や物などの中で、特別に光っているように見える。

・店に並んだ会社の新しい商品は、**輝いて**見えた。

・新しく入った社員の**輝く**目を見て、社長はうれしそうだ。

★②のように輝いて見えるようにする様子を〔**輝かす/輝かしい**〕と言う。

・おもちゃ売り場にいる子供たちは、目を**輝かして**いる。

・新商品は驚くほど売れ、会社の**輝かしい**記録になった。

かかわりあい【関わり合い】→かかわりあう

かかわりあう【関わり合う】

特別関係が無いが、また、やろうと思わないが、必要と考えて協力する。

・新計画に**関わり合う**気は無かったが、社長に頼まれてやった。

・新しい仕事になると考えて**関わり合った**が、失敗だった。

★関わり合う関係を〔**関わり合い**〕と言う。

・人の事はわからないので、近所とは深い**関わり合い**を持たない。

かかわる【関わる】★→かんれん

特別な事や人などに関係がある。

・子供の頃は、海外と**関わる**仕事がしたいと思っていた。

・母の入院は、命に**関わる**病気ではないと言われ安心した。

かきこみ【書き込み】→かきこむ

かきこむ【書き込む】

本やノートなどに大切な事を忘れないように書いて残しておく。

・予定が書き込んであったノートが無くなって、本当に困った。

・友人は、計画書に自分の考えを書き込んで返した。

★本などのページに手で書いた文字や書き込む様子を 書き込み と言う。

・図書館で借りた本にたくさん書き込みがあって驚いた。

かきとめる【書き留める】

忘れてはいけない事や、大切だと思う事などを後で見られるように書いておく。

・会議中に気になった事は、全部書き留めている。

・客が来る時間を書き留めておいた紙を無くしてしまった。

かきまわす【かき回す】

①　中に入っている色々な物をひとつにするために、手や道具で回すように動かす。

・妻に言われて、玉子とミルクをかき回し料理を手伝った。

・かき回すと、スープの色が変わる珍しい料理を食べた。

②　きれいに並べていた物を順番などがどうなっていたかわからないほど動かす。

・引き出しをかき回して探したが、大切な物は見つからなかった。

・旅行中に、家の中がかき回されていて警察に連絡した。

③　ほかの人の事などを考えないで、思った事を言い、また、好きなようにして困らせる。

・会議は、途中でかき回すような事を言う社員がいて、長くなった。

・途中から入って話し合いをかき回す人は本当に困る。

★③のようにする様子を かき乱す とも言う。

・関係無い人が、話し合いをかき乱すような事を言い出した。

かきみだす【かき乱す】→かきまわす③

かぎらない【限らない】

①　〜とも限らない/とは限らない という形で、ない、難しいなどと思われている事でも、いつもそうではないと伝える言い方。

・急に大きな地震が来ないとも限らないので、準備をしている。

・高い物が全部良いとは限らないから、よく調べて買う。

②　〜に限らず/ない という形で、ほかの事やほかのときなどにも関係があると伝える言い方。

・良い商品を作ることは、会社のためだけに限らない。

・困ったとき**に限らず**、友人がいると安心して働ける。

かぎり【限り】

①　物の数や量、また、物が欲しいと思う人間の気持ちなどが全部無くなってしまうとき。

・どんな物にも**限り**があるので大切に使うようにしている。

・物が欲しいと願う人間の気持ちは、**限り**無く大きく深い。

②　〔～(する/しない)限り〕という形で、今の様子が変わらなければ、ほかの事も変わらない、変わらずにするなどと伝える言い方。

・力が**続く限り**、会社のために頑張りたいと願っている。

・戦争が**無くならない限り**、平和な世界は夢だろう。

③　〔～限りだ〕という形で、喜びやうれしさ、また、悲しさや苦しさなどがとても大きいと伝える言い方。

・両親がいつも元気でいてくれるのは、**うれしい限りだ**。

・ふるさとの小学校が無くなると聞いて、**寂しい限りだ**。

かぎる【限る】

①　〔～に限る〕という形で、何よりも良い、好きだと伝える言い方。

・疲れたときは、何よりもよく眠る**に限る**。

・父は暑いときはビール**に限る**と言うが、体には良くない。

②　〔～に限って〕という形で「ない」と一緒に使って、考えられない、信じられないなどという気持ちを伝える言い方。

・うちの会社**に限って**、悪い商品を売ることは**無い**。

・自分の商品**に限って**問題は**無い**と信じて仕事をしようとみんなで話している。

③　②と同じ〔～に限って〕という形で、こんなときに起きてほしくない、今はとても困るなどという気持ちを伝える言い方。

・社長が会社にいないとき**に限って**、大きな問題が起きる。

・忙しい日**に限って**、予定していなかった客が続く。

かきわける【かき分ける】

前にある邪魔な物や人などを両手で左右に分けるようにして前に進む。

・ふるさとの山でよく、背よりも高い草を**かき分けて**遊んだ。

・祭りの日は、人を**かき分ける**ようにしなければ歩けない。

かぐ【嗅ぐ】

人や動物が物に鼻を近づけて、においを感じようとする。

・妻はきれいに咲いた花に顔を近づけて、においを**嗅いでいる**。

・初めての食べ物は、においを**嗅いで**から食べる人が多い。

がくがく【がくがくスル】→がたがた

かくご【覚悟スル】

　自分が決めた事だから、どんな結果になってもいいと思う心の準備。

・失敗したら辞めると**覚悟**して、会議で新しい計画を話した。

・思った事を全部話そうと**覚悟**を決めて、会議に出た。

かくじつ【確実ナ・ニ】

　ひとつも間違いが無い、また、信じられると安心できる様子。

・ひとつひとつの事を**確実**にすることが、成功への近道だ。

・相手の会社へ行くには、車より電車の方が**確実だ**。

かくしん【確信スル】

　間違っていないと強く自分を信じる様子。

・客の喜ぶ様子を見て、新商品の成功を**確信した**。

・良い物だと**確信**を持って言える商品を作り続けたい。

かくだい【拡大スル】

　小さくて見えにくい絵や文字などを、また、これまで続けていた仕事などを大きくする。

・社長に字が小さいと言われて、計画書を**拡大した**。

・仕事を**拡大**して、海外に新しく会社を作る事が決まった。

　★反対の様子を 縮小 と言う。

・お金が足りなくて、新しい計画は**縮小**することになった。

かくちょう【拡張スル】

　道路や工場などを、これまでよりも広く、大きくする様子。

・会社を引っ越して**拡張する**話が、もう二年も続いている。

・駅前の道路の**拡張**工事が、来週から始まると連絡があった。

かくにん【確認スル】→たしかめる

かくべつ【格別ナ・ニ】

　いつもとは違っていて、特別な様子。

・時間をかけた商品が売れたときのビールは、**格別だ**。

・妻は、**格別な**用事が無くても時々母の様子を見に行く。

かくほ【確保スル】

　これから必要になると考える人や物などを、自分が使えるようにしておく様子。

・会社の説明会は、新しい社員を**確保する**良い機会だ。

・長い休み中の旅行は、早くから飛行機やホテルの**確保**が大変だ。

かけがえのない【かけがえの無い】

とても大切で、ほかと代える事ができない様子。

- **かけがえのない**友人を亡くしたと父は悲しそうだった。
- 子供たちには、どんな生き物も**かけがえの無い**命だと教えた。

かげき【過激ナ・ニ】→はげしい②

かげぐち【陰口】

相手がいない所で言う、人を傷付けるような言葉。

- **陰口**が多い会社になったら、いい仕事はできない。
- 人の**陰口**を言っても、後で嫌な思いをするだけだ。

★陰口を言う様子をよく 陰口を利く/たたく と言う。

- **陰口**を利く社員に意味の無い事だからやめるように言った。

かけこむ【駆け込む】

① 学校や会社、約束などに遅れそうになって、急いで走って行く。

- 新しい社員が、仕事が始まる時間に**駆け込ん**で来た。
- 何度注意されても、電車に**駆け込む**人がいて危ない。

② 助けが必要な人や困った人が、急いで安全で安心できる場所に行く。

- 急に雨が降ったので、スーパーに**駆け込ん**だ。
- 駅前に、困ったとき**駆け込め**る相談所ができた。

かけつける【駆け付ける】

大切な事や困った事などが起きたときに、急いでその場所に行く。

- 母が入院したと、病院へ**駆け付けた**妻から連絡があった。
- 機械でけがをしたと聞いて、急いで工場へ**駆け付けた**。

かけて

① から～にかけて という形で、その場所や時間に起こった事などを伝える言い方。

- ふるさとから隣の町に**かけて**の広い場所で地震があった。
- 三日前の夜から今朝に**かけて**、大雨が続いて大変だった。

② ～にかけては という形で、物を作る技術や人との競争などでは、誰にも負けないと伝える言い方。

- スープの味に**かけて**は一番だというラーメン屋に行った。
- 頑張りに**かけて**は誰にも負けないと思っている。

かけぬける【駆け抜ける】

人の間や道を、周りの事など考えずに、速く走って通る。

- 町を**駆け抜ける**マラソン選手を、家の前で応援した。
- 毎朝、子供たちが人の間を元気に**駆け抜けて**学校へ行く。

かけはなれる【かけ離れる】

比べることができないほど、ほかと大きく違う様子。

・ほかとは**かけ離れた**力を持った社員が新しく入った。

・社長と考えが**かけ離れている**ときは、ゆっくり話し合う。

かけよる【駆け寄る】

人を助けよう、よく見ようなどと思って、急いで走って近くに行く。

・道で倒れた人がいたので、周りの人が**駆け寄った**。

・妻だと思って**駆け寄ったら**、違う人で恥ずかしかった。

かけら

① ガラスなどが割れてできた小さな残り。

・台風で窓ガラスが割れ、**かけら**の片づけが大変だった。

・固くなったパンを**かけら**にして庭に出すと、すぐにスズメが来た。

② 後に「ない」を使って、全然無い、感じないなどと伝える言い方。

・難しい事を頼んでも、友人は嫌な顔は**かけら**も見せ**ない**。

・愛情の**かけら**も感じられ**ない**ような商品は、作っても売れない。

かける【欠ける】

① 物の一部が無くなって、元の形が変わる。

・帰り道、少し**欠けていた**がきれいな月が出ていた。

・大切なグラスを落とし、少し**欠けて**しまった。

② 物や人、考えなどの、大切だと感じられる点が足りない。

・どんな話でも、面白さに**欠ける**と誰も聞いてくれない。

・良い商品でも、新しさと便利さに**欠ける**物は売れない。

③ 一緒にいて、同じ事をするのに必要な人の数が足りなくなる。

・必要な人数が**欠けた**ということで、新しい人が入る。

・台風などで人が**欠ける**と工場が止まり、仕事ができない。

かこう【下降スル】→じょうしょう

かこつけて

やりたい事があるときなどに、関係無い事を理由に使ってやりたい事を
すると伝える言い方。

・風邪に**かこつけて**、長く休む社員がいる。

・仕事に**かこつけて**、少しの間ふるさとへ帰った。

かこみ【囲み】→かこむ

かこむ【囲む】

① 机などの周りに人や物が並ぶ、また、別の物があってほかと分ける。

・家族全員でテーブルを**囲んで**食事をしたのは、もう昔の事だ。

・公園には、周りを囲むように木が植えてある。

★①のように多くの人や物が周りを囲む様子を [取り囲む] と言う。

・駅前でおおぜいの人に**取り囲まれて**話をする人がいた。

②　周りに線を引くなどして、ほかの物と分けて見やすくする。

・大切な所は大きく丸で**囲んで**、若い人に教えている。

・太い線で**囲んだ**小さな記事で、知り合いの事故死を知った。

★①、②で、囲んだ場所や様子を [囲み] と言う。

　①・工場の危険な場所には、入れないよう**囲み**ができている。

　②・ふるさとの米が新聞の**囲み**記事で紹介されていた。

かさかさ

乾いた薄い物などが当たったときにする音、また、人の肌などが乾いて
しまっている様子。

・落ちて乾いた葉が、風に吹かれて**かさかさ**と鳴っている。

・冬になると手が乾いて**かさかさ**になって、妻は困っている。

かざす　★→かかげる

①　強い光が当たらないように、手や傘などを目や顔の前に上げる。

・暑くて、顔に日が当たらないよう手を**かざして**歩いた。

・強い光で見えにくいので、新聞を**かざして**遠くを見た。

②　よく見えるように、持った物を高く上げる。

・社長は、新商品を高く**かざして**みんなに見せた。

・相手に知らせようと、持っていた雑誌を**かざした**。

③　持った物や手などをほかの物の上や近くに置く。

・カードを機械に**かざす**と、買い物できる時代になった。

・ふるさとでは、遊んで冷たくなった手をストーブに**かざし**、温めた。

がさつ【がさつ ナ・ニ】

仕事や話し方などが、周りの人の気持ちをよく考えずにされる様子。

・**がさつな**人との仕事は、いつもより時間がかかる。

・最近の子供たちは、テレビで見聞きして、**がさつな**言葉を遣う。

かさなる【重なる】★→かさねる

①　物や人の上に、別の物や人が乗る、また、置かれる。

・逃げる人が階段で**重なる**ようにして亡くなった火事があった。

・机の上に**重なった**計画書を見ると、それだけで疲れる。

②　新しい事ややらなければならない事などが、今までより増える。

・いつもの仕事に新しい事が**重なって**、毎日大変だ。

・会議と客が**重なって**、友人に手伝いを頼んだ。

③　うれしい事や困る事など同じような事が続く。
・商品の成功と社長の誕生日が**重なって**、みんな笑顔だ。
・小さな失敗が**重なって**、会社は大騒ぎだ。

かさねる【重ねる】★→かさなる

①　今ある物の上に、同じ種類の物を置く。
・部屋が狭くなったので、要らない物を**重ねて**置いた。
・何枚も**重ねた**記録の中から、必要な物を探すのは大変だ。
②　経験や練習、注意など同じ事を繰り返してする。
・何年か経験を**重ね**なければできない商品がある。
・会議を**重ねて**、新しい商品の話を続けている。

かじかむ

寒さや冷たさで手や足の先が、自由に動かなくなる。
・冬の朝は、指が**かじかんで**字がきれいに書けない。
・ふるさとでは、手足が**かじかむ**ような寒さを経験した。

かしこい【賢い】

何をどうすればいいかなどがすぐにわかり、頭が良いと思わせる様子。
・友人を本当に**賢い**と思うのは、問題を相談したときだ。
・**賢く**ではなく、正しく生きなさいと父はずっと言っている。
★頭の良さを悪い事に使う様子を ずる賢い/悪賢い と言う。
・理由を作って休む**ずる賢い**社員は、周りから大切にされない。
・お年寄りから金を取る**悪賢い**男に注意するよう連絡が来た。

―かしら

本当だろうかと考える、また、思ったようにならないだろうかと願う気持ちを伝える言い方。
・台風は本当に来るの**かしら**と言って、妻が外を見ている。
・誰か助けてくれない**かしら**という顔の社員を手伝った。

かじりつく【かじり付く】

①　物を強くかんで食べる、また、強くかんで離さない。
・ふるさとから届いたリンゴに、**かじり付いた**。
・公園のカメは、**かじり付いた**物を簡単には離さない。
②　動かそうとしても動かないほど、物から離れようとしない。
・昨日は、テレビに**かじり付いて**台風情報を見ていた。
・電車で**かじり付く**ようにして漫画を読む大人を見ても、今は驚かない。

かじる

①　固い物を強くかんで食べる、また、固い物をかんで形を変える。

・固い物をかじると痛いので、歯医者へ行った。
・商品を入れた箱が、ネズミにかじられて穴が空いていた。
② 面白いと感じて、少しだけやってみる。
・ちょっとかじっただけと言うが、友人は絵がうまい。
・昔かじった中国語を、仕事で使うとは思わなかった。

かすか【かすかナ・ニ】
音やにおい、光、また、夢や願いなどが少しだけある様子。
・かすかに聞こえる太鼓や笛に、町の祭りも近いと思う。
・何度も失敗したが、まだかすかな願いを捨ててはいない。

かすむ
① 間に薄い雲や煙などがあって、はっきり見えない。
・春、かすんだ空に薄く見える月は、一枚の絵のようだ。
・涙で文字がかすんで、娘にもらった手紙が読めなかった。
② 目が疲れたときなどに、はっきり見えなくなる。
・長い時間コンピュータを使うと、目がかすむ。
・疲れたときは、新聞の字がかすんで読めないときがある。

かすりきず【かすり傷】→かする

かする
物が少しだけほかの物に当たる。
・風で飛んで来た物が顔の横をかすったので、怖い思いをした。
・今度の台風は、町をかするように通って行った。
★かすってできた傷を かすり傷 と言う。
・工場で機械に当たって手にかすり傷ができた。

かすれる
① 文字や絵などが薄くなって、また、時間がたって、見にくくなる。
・祖父の残した古い日記は、文字がかすれて読みにくい。
・古くなっても字や絵がかすれない技術ができた。
② 声が少ししか出なくなり、話している事が伝わりにくくなる。
・会議で長く話して、声がかすれてしまった。
・何日間かのどが痛くて、かすれた声しか出ない。
★→こえがかれる

かせぎ【稼ぎ】→かせぐ

かせぐ【稼ぐ】
仕事をする、物を作る、売るなどの方法でお金を増やす。
・学生時代、近くの店を手伝ってお金を稼いだことがある。

・お金を**稼ぐ**ためだけに作る商品は、売れたことがない。

★増えたお金を（**稼ぎ**）と言う。

・古い商品が急に売れて、会社の大きな**稼ぎ**になった。

―がたい

（―（し）**がたい**）の形で、することが難しい、できないなどと伝える。

・庭の花が高く売れるという妻の言葉は、**信じがたかった**。

・言葉では**説明しがたい**ので、商品を見てもらった。

かたいれする【肩入れする】★→かたをもつ

よく知った人や手伝ってもらった人、また、頑張ってほしい人などをほかの人より親切にし、手伝う。

・友人が**肩入れしていた**社員が、驚くような商品を作った。

・社長は、特別な社員に**肩入れする**ような事はしない人だ。

かたがき【肩書き】

会社などでその人がどんな仕事をしているかなどがわかる短い説明。

・初めて「計画室長」という**肩書き**が付いたときは、うれしかった。

・日本には、相手の**肩書き**で使う言葉を変える人が多い。

がたがた【がたがたスル】

① 机やいす、機械などが、また、それを置いている場所が古くなって、少し揺れ、動くようになる様子、また、揺れるときや動くときの音。

・古くなって**がたがたし**始めた机を全部新しくした。

・古くなった窓は、開けるときに**がたがた**嫌な音がする。

★→ぐらぐら①

② 危ないと感じるときやとても寒いときなどに、しようと思わないのに体や足が小さく動く様子。

・ふるさとは、家の中でも**がたがたする**ほど寒かった。

・初めての海で、息子は波が恐くて体を**がたがたさせて**いた。

★→ぶるぶる

★①、②のようなとき、その様子を（**がたつく**）と言う。

　①・工場の機械が古くなり、**がたつく**ようになった物もある。

　②・ゾウの前で**がたついて**いた娘が、今子供と動物園に行く。

③ 体が自由に動かないほど疲れる様子。

・急ぎの仕事で遅くまで働き、今日は体が**がたがた**だ。

・友人は、**がたがた**になって動けなくなるまで働くそうだ。

★①〜③と同じ様子を（**がくがく**）とも言う。

　①・歯が**がくがく**して取れそうなので、病院へ行った。

②・寒くて、電車を待つ間体ががくがくしていた。

③・長い散歩の後、膝（ひざ）ががくがくで歩けなかった。

かたくな【かたくなナ・ニ】→がんこ①

かたこと【片言】

うまくは使えないが、頑張って相手に伝えようとする言葉の一部。

・片言だけでも話せるようにと、英語の勉強をしている。

・片言で母親に話そうとする小さな子供はかわいい。

かたすみ【片隅】→すみ

かたちづくる【形作る】

人や物などが時間をかけて集まり、ひとつの形になる。

・今住んでいる所は、お寺や神社の近くに**形作られた**古い町だ。

・長い時間をかけて**形作られた**文化は、大切にしたい。

がたつく →がたがた①、②

かたっぱしから【片っ端から】

近くにある物などを、深く考えないで急いで集める、使うなどと伝える言い方。

・台風の後、庭のゴミを**片っ端から**集めると山になった。

・新しい商品のため、社員の考えを**片っ端から**聞いている。

かたでいきをする【肩で息をする】

走った後などに苦しくなって、肩を上下させるようにして体全体で息をする。

・急いで歩き**肩で息をしている**と、友人に年だなと言われた。

・毎日散歩をする父は、**肩で息をする**ような事も無い。

かたでかぜをきる【肩で風を切る】

自分は特別だ、強い力があると、ほかの人に見せるように偉そうに歩く。

・商品ができた友人が、**肩で風を切って**歩く様子で笑わせた。

・**肩で風を切る**ような歩き方を見て、嫌な相手だと思った。

かたときも【片時も】

「ない」と一緒に使い、少しの間もやめないで、休まないで、ずっと続けていると伝える言い方。

・娘は大好きな人形を**片時も**離さない子だった。

・年末は時間が無くて、**片時も**休まないで仕事を続けた。

かたどる【形／型取る】

人や物と同じような形にして、文字やお菓子などを作る。

・漢字には、人や動物を**形取った**字が多くある。

・子供たちに、動物を型取ったお菓子をよく買っていた。

かたのちからがぬける【肩の力が抜ける】→かたのちからをぬく

かたのちからをぬく【肩の力を抜く】

心配事や失敗できない事などがあるとき、気持ちをゆっくりさせて安心しようとする。

・社長とふたりでも、**肩の力を抜いて**話ができた。

・**肩の力を抜いて**何でも話せる友人は、少ない。

★肩の力を抜いた様子を 肩の力が抜ける と言う。

・笑うと**肩の力が抜けて**、気持ちが軽くなる。

かたのにがおりる【肩の荷が下りる】

やらなければならない事や心配事などが無くなって、安心する。

・頼まれた仕事がうまく終わって、**肩の荷が下りた**。

・母の病気が軽いと言われて、**肩の荷が下りる**思いだった。

★心配事などを無くす様子を 肩の荷を下ろす と言う。

・急な仕事が決められた日までにできて、**肩の荷を下ろした**。

かたのにをおろす【肩の荷を下ろす】→かたのにがおりる

かたひじはる【肩肘張る】

自分の弱さを知られないように、強そうな様子を見せる。

・父は仕事を辞め**肩肘張る**必要が無くなって、優しくなった。

・**肩肘張って**生きるのに疲れたら、会社を辞める。

かたまり【固まり】→かたまる

かたまる【固まる】

①　壊す、穴を空けるなどして、形を変えることが簡単にできないほど固くなる。

・雨が少ないときは、庭の土が**固まって**花も育たない。

・ふるさとでは川が凍って**固まり**、歩けるようになる。

②　同じような物や違う種類の物などが一緒になってひとつの形や集まりになる。

・強い風で、枯れ葉が**固まって**小さな山になっていた。

・駅前で事故があり、おおぜいの人が**固まって**見ていた。

③　考えや気持ちなどがはっきりと決まって、ひとつの形になる。

・反対されてもやると気持ちが**固まって**、社長と話した。

・考えが**固まる**まで、会社には新しい商品の話をしない。

④　弱い所や人との関係などが強くて安心できるようになる。

・安全な町を作るために、近所と**固まって**助け合っている。

・若い人が育って、時間をかけて会社の力が**固まり**始めた。

★①〜④で、固めた後の様子や物を（固まり）と言い、固まるようにする様子を（固める）と言う。

①・今、家庭のゴミを小さな**固まり**にする商品を考えている。
　・母の誕生日に、妻は砂糖を**固めて**作ったお菓子を買った。

②・地震で、子供たちは公園で小さな**固まり**になって座っていた。
　・捨てる物を**固めて**、何度もゴミ捨て場に運んだ。

③・社長のはっきりした考えが、会社を強い**固まり**にしていると思う。
　・みんなの気持ちを**固めれば**、仕事が速く進む。

④・強いひとつの**固まり**になれば、会社はどこにも負けない。
　・一年に一度の祭りは、近所との関係を**固める**のに必要だ。

⑤　いつもは会わない人の前に出たときや考えていなかった事を言われたときなどに、体が自由に動かなくなる。
・若い社員は会議の部屋に入って**固まった**ようになった。
・社長に強く言われると、今でも**固まって**何も言えない。
★→かちかち②、からだがかたくなる、きんちょう①

⑥　ひとつの事だけを信じて、色々な考え方ができなくなる。
・自分の考えで頭が**固まった**人との仕事は、難しい。
・古い考えで**固まった**人には、新しい物は作れない。
★→がんこ①

かたむく【傾く】★→かたむける

①　立っている物が少し横になって、倒れそうになる。
・台風の風で、駅前の木が**傾いて**倒れそうになっている。
・**傾いた**空き家が増えて、町ではどうするか話し合っている。
★①のように傾いている様子を（斜め）と言う。
・庭の**斜め**になった木は、危ないので倒れる前に切った。

②　店や会社などの仕事がうまくいかなくなり、力を無くす。
・新商品が売れなくて、会社が**傾いた**ときもあった。
・映画を見る人が減り、映画館はみんな**傾いている**そうだ。

③　人の意見を聞く、調べるなどして、考え方が今までとは少し変わる。
・社長の話で、会議に出た人の考えが**傾き**始めた。
・父の話を聞いて、母は海外旅行に少し気持ちが**傾いた**ようだ。

④　一日の終わりに太陽が低い位置に来て、暗くなり、温度が下がり始める。
・山の多いふるさとは、太陽が**傾く**とすぐに暗くなる。

・秋の夕日が**傾く**様子は、ほかの季節と違って特別だ。

かたむける【傾ける】★→かたむく

①　飲み物を入れるときにグラスを、考え事をするときに頭などを、少し横にする。

・妻の**傾けた**グラスに、誕生日のワインを入れた。

・友人は、少しの間首を**傾けて**から難しいと言った。

②　結果が良くなるように、持っている力などを全部使う。

・全員の力を**傾けた**商品が売れて、会社は大喜びだった。

・妻は、愛情を**傾けて**育てた花が咲くと本当にうれしそうだ。

かためる【固める】→かたまる①〜④

かたよる【偏る】

いくつかの物や考え方などが、ひとつに集まってしまう。

・食べる物が**偏る**と体に悪いので、気をつけている。

・会議で意見が**偏らない**よう、みんなの考えを聞いておく。

かたる【語る】

話して伝えるという意味だが、特別な場所や特別なときなどに話す様子に使う。

・社長が苦しかった昔を**語る**のを聞くと、色々勉強になる。

・町の図書館で、お年寄りが戦争の経験を**語る**会が始まった。

かたわら【傍ら】

①　力のある人や大きな物などのすぐ近く。

・社長の**傍ら**で勉強を続け、仕事ができるようになった。

・駅の**傍ら**に新しいスーパーを作る計画が進んでいる。

②　生活のために必要な事をして、時間があるときほかの事をする様子。

・仕事の**傍ら**、もう何年も英語の勉強も続けている。

・娘は子供を育てる**傍ら**で、人を助ける運動もしている。

かたをおとす【肩を落とす】★→がっかりする

思ったとおりにできなかったときややった事がうまくできなかったときなどに、元気を無くしてしまう様子。

・妻は欲しかった物が買えず、**肩を落とし**て帰って来た。

・商品が売れず、作った人たちは**肩を落とし**ていた。

かたをならべる【肩を並べる】

自分より力が上だった相手と同じような力を持つ。

・会社は、同じ仕事をする大会社と**肩を並べる**所まで来た。

・友人と**肩を並べ**られるような仕事ができるまで、頑張る。

かたをもつ【肩を持つ】★→かたいれする

自分が正しいと思う人を、また、仕事などに必要だと思う考え方などを応援し、助ける。

・反対意見の**肩を持つ**人がいて、会議が夜まで続いた。

・両親が妻の**肩を持つ**ので、家ではけんかしても勝てない。

かち【価値】→ねうち

―がち【―勝ちナ・ニ】

ほかの言葉の後にひらがなで「がち」と付け、そんな様子になる事が多いと伝える言い方。

・**病気がち**だった娘も、元気に育ち今は結婚し子供がいる。

・若い人に**ありがちな**失敗でも、許せない事もある。

かちかち

① 物が凍る、乾くなどが原因で、とても固くなっている様子。

・机の中から**かちかち**になったパンが出てきて驚いた。

・一日中重い荷物を運んで、今日は腕が**かちかち**だ。

② 失敗してはいけない、間違えられないなどと強く思って、体や口が自由に動かない様子。

・社長の前で**かちかち**の社員を見て、昔の自分を思い出した。

・会議では、初めは**かちかち**で何も言えなかった。

★→かたまる⑤

★①、②は同じ様子を こちこち/がちがち とも言う。

①・妻の両親へ、時々**こちこち**に凍らせた肉や魚を送っている。

・ふるさとの冬は、池も道も**がちがち**に凍ってしまう。

②・初めてで**こちこち**の社員に、大丈夫だと話した。

・社員全員の前で話すときは**がちがち**になって、すぐ言葉が出ない。

③ 固い物と固い物が当たったときや時計などが動くときに出る音。

・今年は寒くて、歯が**かちかち**鳴るような日が続く。

・時々、時計の**かちかち**という音で眠れないときがある。

がちがち →かちかち①、②

かちき【勝ち気ナ・ニ】

負けたくない、人の言う事を聞きたくないという気持ちが強い様子。

・娘は**勝ち気**で、勉強も運動も誰にも負けなかった。

・**勝ち気な**友人は、人の言葉は聞かないで最後まで自分でやる。

かちんとくる【かちんと来る】★→きにさわる

言われた事やされた事などで嫌な気持ちになり、腹が立つ。

・友人は時々かちんと来る事を言って、周りを怒らせる。

・店員の言葉にかちんと来て、行かなくなった店がある。

がつがつ【がつがつスル】

　食べ物やお金など、物を欲しがって周りを嫌な気持ちにさせると伝える言い方。

・人の前で**がつがつ**食べてはいけないと、よく父に注意された。

・お金に**がつがつ**する人とは、どうしても友達になれない。

がっかりする ★→かたをおとす、きおちする

　良い結果を待っていたときなどに、思ったとおりにならなくて元気が無くなる。

・台風でふるさとへの旅行ができず、両親は**がっかり**していた。

・仕事で、思ったようにならなくて**がっかりする**ことも多い。

かっこう【格好】

　① 人の服装や、周りから見える様子。

・若い人の前で失敗するのは、本当に**格好**が悪い。

・家にいるときは人に会わないので、自由な**格好**をしている。

　② 考えている事などに、ちょうど合っている様子。

・友人の紹介で、**格好**の場所があって引っ越しを決めた。

・若い人に**格好**の仕事だと思って頼んだが、少し難しかったようだ。

がっしり →がっちり

がっちり【がっちり(と)スル】

　体や建物、また、人間関係などが強くて、簡単に壊れない様子。

・町の図書館は、**がっちり**した建物で地震でも大丈夫だ。

・会社の人間関係は**がっちり**とひとつになっていて、心配は無い。

★同じ様子を がっしり とも言う。

・工場の仕事をする人は、みんな**がっしり**した体だ。

かって【勝手ナ・ニ】★→ごういん

　周りの事などを考えないで、自分の考えや気持ちでしたい事をする様子。

・周りを考えない**勝手な**人との仕事は、疲れるだけで嫌だ。

・**勝手に**物を買うと、相談してほしかったと妻に言われる。

★強く言うとき 手前勝手 と言う。

・忙しいのを知っていて休むような**手前勝手**な事は許されない。

かつて

　① いつとはっきり言わないで、「前に、昔は」と伝える言い方。

・**かつて**駅前は、毎日お祭りのようににぎやかだった。

・**かつて**住んでいた所へ行ったが、すっかり変わっていた。

② 「ない」と一緒に使って、今まで一度も無かったと伝える言い方。

・会社が一週間休みになるが、**かつては**考えられ**なかった**事だ。

・**かつて**無いほどの大雨で、道が川のようになった。

かってでる【買って出る】

人が嫌だと思う事や時間のかかる事などを、自分からやると言う。

・友人が、海外からの客の案内を**買って出た**。

・自分から**買って出た**今の仕事は、最後までやる。

がってん【合点】→がてん

かっと【かっとスル】

急に怒ったときや驚いたとき、また、恥ずかしいときなどに目や口が大きく開く、顔や体が熱くなるなどする様子。

・庭に来たネコは、近づくと怒って**かっと**口を開いた。

・社長にほめられて、顔が**かっと**熱くなった思い出がある。

かつどう【活動スル】

やろうと決めた事や近所の人とする事などを頑張って続ける様子。

・会社を辞めたら、子供の安全を守る**活動**をする予定だ。

・春は生き物が**活動**し始め、それを感じて人も元気になる。

★頑張る様子を(活動的)と言う。

・**活動的**な人が増えると、会社全体が元気になる。

かつどうてき【活動的ナ・ニ】→かつどう

かっぱつ【活発ナ・ニ】

とても元気があって、周りを明るくするような様子。

・今日の会議は**活発**に意見が出て、休み無しで続いた。

・**活発**なお年寄りが多く、今住む町をとても明るくしている。

★同じような様子は(生き生き)とも言う。

・食事会のときは**生き生き**している社員が、仕事では静かだ。

かつやく【活躍スル】

スポーツや仕事などで、周りが驚くほど頑張って良い結果を出す様子。

・今年は、若い社員の**活躍**があって会社の成績が良かった。

・社長は、みんなが**活躍**できる会社を作ろうとしている。

かつよう【活用スル】

① 人や物をうまく、正しく使える場所やときなどを考えて使う様子。

・商品は、**活用**してもらうため詳しい説明を付けている。

・会社に入って、学生時代より日本語の辞書を**活用**している。

② 「寒い、寒く、寒かった」などと、言葉が形を変えて使われる様子。

・外国語の勉強では、言葉の**活用**の難しさに泣かされる。

・子供は、言葉の**活用**ができるようになる力を持っている。

かて【糧】

食べ物や一緒に生きる人の喜びなど、生きていこうと思う力をくれる事や物。

・助けになればと、毎日の**糧**も無い子供にお金を送っている。

・古い皿を集める事は、父の生きる**糧**になっているようだ。

―がてら　★→ついで¹

ほかの言葉の後に付けて、ちょうどいい機会なので、ひとつの事と一緒に別の事もすると伝える言い方。

・父は、朝の**散歩がてら**、古い物を置いている店を見に行くようだ。

・妻は、家に来た友達を駅まで**送りがてら**、晩ご飯の買い物もした。

がてんする【合点する】

相手の説明の大切な所や問題の理由や原因などが何なのか、よくわかる。

・失敗の原因が**合点できない**ので、友人に相談し、わかるまで調べた。

・会社のやり方に**合点できない**人がいて、説明会が開かれた。

★ 合点 とも言う。また、 合点がいく という形でもよく使う。

・勉強ができればいい子という考えには、**合点がいかない**。

―かとおもうと【―かと思うと】

ひとつの事をした後、驚くような速さで次の事をする、また、短い時間に様子が変わるなどと伝える言い方。

・友人は「おはよう」と言った**かと思うと**、仕事を始めた。

・庭の花には、**咲いたかと思うと**二、三日で枯れる物もある。

かなう【叶／適う】→かなえる

かなえる【叶／適える】

夢だなどと思っていた事や願いを、また、周りが待っている結果や考えなどを目に見える形にする。

・図書館は、町の人たちの長年の思いを**叶えて**作られた。

・社員の頼みを**適えて**、昼休みゆっくり休める場所ができた。

★叶／適えた結果を 叶／適う と言う。

・家族の夢が**叶って**、子供が小学生のとき家を建てることになった。

かなでる【奏でる】

笛やギターなどの楽器を使って、美しい音を出す。

・帰り道、どこからか、ギターが**奏でる**美しい曲が聞こえた。

・近所の子供が減って、ピアノを奏でる音も少なくなった。

かならずしも【必ずしも】

「ない」と一緒に使って、いつも正しくはない、違う考えもあるなどと伝える言い方。

・お金持ちが**必ずしも**幸せだとは思わ**ない**。

・妻は、高い物が**必ずしも**良いとは言え**ない**と強く思っている。

かなり

自分や周りが思う事や考えるよりも大きい、良いなどと伝える言い方。

・新しい商品は、**かなり**売れたようでみんな喜んでいる。

・ほかより**かなり**高いが、父は同じパン屋へ行っている。

★同じ様子を〔結構〕とも言う。

・近いと聞いたが、相手の会社までは結構時間がかかった。

かなわない

① 〔～に(は)かなわない〕という形で、力や技術が無いので、頑張っても負けるだろうと伝える言い方。

・機械の使い方は、経験の長い人にはかなわない。

・小さい店は、品物の数ではスーパーにかなわない。

② 〔～てかなわない〕という形で、本当に困る、嫌だなどと伝える言い方。

・今年の夏は、**暑くてかなわない**ので、何をする気も起こらない。

・夕方庭にいると、虫に刺されて、**かゆくてかなわない**。

かねがね →かねて

かねて

〔かねてから/より〕という形で、前からずっと思っていた、知っていたなどと伝える言い方。

・**かねてから**会いたいと思っていた人に、会うことができた。

・**かねてより**予定していた計画が始まって楽しみだ。

★同じように伝えるとき〔かねがね〕とも言う。

・両親は、**かねがね**計画していた海外への旅行に行くと決めた。

―かねない

〔―(し)かねない〕の形で、良くない事をしそうだ、良くない事が起こるかもしれないなどと伝える言い方。

・失敗を**しかねない**と思ったら、相手に気をつけるようにと伝えている。

・疲れたときの運転は、事故に**つながりかねない**。

★ほかの言葉の後に付ける〔―(し)かねる〕は、できない、するのが難しいなどと伝える。

・すぐに**答えかねる**事を聞かれて、困ってしまった。

―かねる　→―かねない

かのう【可能ナ・ニ】

難しそうでも、やればできるかもしれないと思わせる様子。

・頑張れば明日までに終える事は**可能**だとみんなに話した。

・海外で**可能**な新しい仕事は何か、調べることになった。

★できるかもしれない、起きるかもしれないと思わせる様子を、可能性 と言う。

・大きな地震が起こる**可能性**があるそうで、町は準備が必要だ。

かのうせい【可能性】→かのう

―かのように

本当は違うのだが、本当だと信じられるような様子だと伝える言い方。

・近所に自分で**見たかのように**町の歴史を話す人がいる。

・よくできた人形は、**生きているかのように**見える。

かばう

弱い人や動物などが安全に生きられるように助ける。

・友人は、一緒に仕事をした社員の失敗を**かばう**人だ。

・誰が悪いと言わず仲間を**かばう**社員は、大切にしたい。

かびん【過敏ナ・ニ】

心や体の感じる力が強すぎる様子。

・光や音に**過敏**な母は、人の多い所へ行くのが好きではない。

・疲れたときは**過敏**になって、小さな事で人とけんかをする。

かぶせる

上に物を置いて傷や虫などが付かないようにする、また、外から全体が見えないようにする。

・新商品は、カバーを**かぶせて**ほかの社員にも見せない。

・妻のふるさとでは今、リンゴに紙の袋を**かぶせて**いる頃だ。

かぶりをふる【かぶりを振る】→くびをふる

かぼそい【か細い】

声や体などが、弱くて力が無いように感じられる様子。

・熱が続く妻が、**か細い**声で会社へ行くように言った。

・**か細く**見える社員が重い荷物を運び続ける様子に驚いた。

★か弱い も同じような様子を言う。

・女性は**か弱く**見えても、男性より強いとよく父が言う。

かまえ【構え】→かまえる

かまえる【構える】

① 生活や仕事などのために、自分の家や店などを持つ。

・子供たちが家を**構えた**とき、親の仕事を終えたように感じた。

・社長が最初に**構えた**会社は、どこにでもある家のような建物だった。

② これから起こる事などのために、自分の気持ちや使う道具などを準備する。

・結婚式のとき、娘はカメラを**構える**妻の前で涙を流し続けた。

・野球のバットを**構える**子供を見て、子供時代を思い出した。

★①、②の構える様子を 構え と言い、②の気持ちの準備をする様子を 心構え と言う。

① ・町では、台風や地震のときなどに安全な生活ができる**構え**をどうするか考えている。

② ・父は、走る**構え**の古い写真を見て、昔は足が速かったと言った。

・両親が亡くなったときの**心構え**は、まだできていない。

かまけて

仕事などほかの事をして、大切な事をしない、忘れると伝える言い方。

・忙しさに**かまけて**、妻に頼まれていた事をしなかった。

・仕事に**かまけて**、友人との約束が守れなかった。

かまわない【構わない】

① 反対されても、問題があっても、そんな事は考えないでする様子。

・したい事ができるなら、忙しくなっても**構わない**。

・母の病気が治るなら、お金がいくらかかっても**構わない**。

② 問題無いと許されて、やりたいようにする。

・休んでも**構わない**と言われ、友人と旅行した。

・失敗しても**構わない**と許されて、新しい商品を作り始めた。

③ 構わず/ないで という形で、周りの事は考えないで、自分のしたい事をしたいようにすると伝える言い方。

・人に聞こえるのも**構わず**、友人が新しい計画を話した。

・周りに**構わないで**、黙って先に帰ろうとする社員に注意した。

がまん【我慢スル】★→こらえる

痛さや苦しさ、また、腹の立つ気持ちなどがあっても、周りに知られないようにする様子。

・続いていた腰の痛さに**我慢**ができなくて、会社を休んだ。

・**我慢**していた友人が、大きな声でしゃべり続ける社員を叱った。

かみあう【かみ合う】

考え方や計画した事などが、相手とうまく合う。

・社長の考えとうまくかみ合い、会議は問題無く終わった。

・相手と話がかみ合わないときは、時間をかけて話す。

がみがみ　★→くちうるさい

嫌になるほど何度も、同じ事を注意すると伝える言い方。

・がみがみ叱って教えるやり方は、今の時代に合わない。

・最近は、周りにがみがみ言う人が少なくなった。

かみころす【かみ殺す】　★→おしころす

口から笑いやあくびなどが出ると感じたとき、口を開けないようにして隠す。

・父の始めた面白くない話に、何度もあくびをかみ殺した。

・会議で、相談したとおりの事を話す友人を見て、笑いをかみ殺した。

かみしめる【かみ締める】

いつもは特別に思わない事や物、人や言葉などを、もう一度ゆっくりと考える。

・古い手紙を見て、母の優しさをもう一度かみ締めた。

・社長の教えをかみ締めて、会社のために働いている。

かみつく【かみ付く】

①　人や動物が、相手にけがをさせるほど強くかんで、少しの間離れないでいる。

・近所のイヌが小学生にかみ付いて、騒ぎになっている。

・息子が、けんか相手の手にかみ付いて問題になったことがある。

②　相手の言う事などがわからなくて、また、許せなくて、強い言葉で反対する。

・何にでもかみ付く客が増えて、困っている店が多い。

・いつもはどんな意見にでもかみ付く社員が、社長の前では静かだ。

がやがや【がやがや（と）スル】

周りの人が話す声などが大きく聞こえて、とてもうるさい様子。

・朝の電車は、がやがやとうるさくて本も新聞も読めない。

・昼休みはがやがやしているが、仕事が始まると静かになる。

かゆいところにてがとどく【かゆい所に手が届く】

小さな事にまで注意をして、人が嫌な思いをしないようにする。

・相談に行くと、かゆい所に手が届くようにしてくれる会社はうれしい。

・家では、妻がかゆい所に手が届くように色々してくれるので安心して

いる。

かよわい【か弱い】→かぼそい

がら【柄】

① 着物や持ち物などについている色々な形や絵など。

・妻が買って来たネクタイは、自分では選ばない**柄**だった。

・母の着物は、気持ちを静かにしてくれる**柄**が多い。

② 人が持っている周りに感じさせるほかと違う特別な様子。

・子供が小さいときは、周りを困らせるような**柄**の悪い友達を作るなと言った。

・初めて花を買って帰ったとき、妻にいつもしない事をして**柄**にもないと言われた。

★→せいかく①、ひとがら

★②の特別な様子が体の大きさのときは、多く 大柄/小柄 を使って、とても大きい、小さいと伝える。「中柄」とは言わない。

・社員の前で話す社長は、いつもより**大柄**に感じられる。

・**小柄**なお年寄りがいつも公園を掃除してくれている。

③ 仕事柄/場所柄 という形で、仕事や場所が持っているほかには無い特別な様子、また、それが理由で何かをする様子。

・決めた日までに商品を作るという**仕事柄**、時々夜遅くなってしまう。

・古い町という**場所柄**を考えずに、駅前にはこれまで無かったような店が増えた。

★③の意味で、長い歴史を感じる、ほかとは違うと思わせる家の様子を 家柄 と言う。

・町には、古い**家柄**の家が集まっている場所がある。

からかう

人を困らせ、恥ずかしいと思わせるような事などをして、嫌な気持ちにする、また、周りと一緒に軽く笑う。

・言葉の間違いを**からかわ**れた社員が、隠れて泣いていた。

・結婚が決まって恥ずかしそうな社員を、仲の良い社員が**からかっ**た。

からから【からからト・ナ・ニ】

① 体や空気、土などの水分が少なくなり、乾いた様子。

・休まずに話し続けたので、喉（のど）が**からから**になった。

・少しの間雨が降らなくて、空気が**からから**な日は、火事に気をつけている。

② 固い物と固い物が当たったときに出る、また、軽い物が回るときに

出る軽い音。
・祭りの日は、**からから**下駄の音が聞こえる。
・小学校に**からから**と音を出して回る風を測る機械があった。
③　明るく大きな声を出して笑う様子。
・昼休み、**からから**笑う社員が会社を明るくする。
・テレビの前で**からから**と笑う妻は、何か楽しそうだ。

―からして

ひとつの例を出して、ほかも同じで、言わなくてもわかるだろうと伝える言い方。
・優しい人は、**話し方からして**ほかとは違う。
・母は、ふるさとの冬は、**風の音からして**こことは違うと言う。

からだがかたくなる【体が固くなる】→からだをかたくする

からだをかたくする【体を固くする】

簡単に話のできない人の前や、怖いときなどに、体が動かなくなる。
・社長に呼ばれた社員は、**体を固くして**部屋に入った。
・**体を固くして**並ぶ新しい社員は、昔の自分を見るようだ。
★体を固くしたときの様子を（体が固くなる）と言う。
・高いビルから下を見るときは、いつも**体が固くなる**。
★→かたまる⑤

―からというもの

ひとつの事があってから、それまでは見られなかった様子が見られるようになったと伝える言い方。
・地震があって**からというもの**、近所で工事が増えた。
・子供ができて**からというもの**、生活は子供中心になった。

―からといって

みんなが考える事が、いつもそうではない、正しくないときもあるなどと伝える言い方。
・高い**からといって**、全部がいい品物だとは思わない。
・経験が長い**からといって**、失敗が無いとは言えない。

―からには

（―(した)/(する)からには）という形で、自分で決めたのだから、良い結果にする、してほしいという強い気持ちを伝える言い方。
・新しい仕事を**始めるからには**、多くの事を学ぼうと思う。
・結婚する社員に、**決めたからには**、幸せになってほしいと言った。

からまる【絡まる】→からむ①、③

―がらみ

①　ほかの言葉の後に付けて、関係のある事と伝える言い方。

・妻は、**お金がらみ**の話になると、声が大きくなる。

・夏になると、**台風がらみ**のニュースが多くなる。

★→からむ③

②　四十歳くらいより上の<ruby>年齢<rt>ねんれい</rt></ruby>と一緒に使って、だいたい何歳だと伝える言い方。

・警察の話では、泥棒に入った男は**四十がらみ**だったそうだ。

・毎朝公園で、**七十がらみ**のお年寄りが黙って掃除をしてくれている。

からみつく【絡み付く】→からむ①

からむ【絡む】

①　物が、簡単には離せないほど強くほかの物を巻くようにしてひとつになる。

・洗濯機の中で、服やタオルが**絡んで**しまった。

・自転車にズボンが**絡んで**、倒れそうになった。

★①のようになって、どうしても離れないと感じさせる様子を 絡み付く と言う。

・木に**絡み付いて**伸びた草は、簡単には取れなかった。

②　理由を付けて相手を悪く言って、簡単には離れようとしない。

・お酒を飲んだ人に**絡まれて**、怖い思いをした。

・最近、難しい事を言って**絡む**客に困っている店が多い。

③　問題と強く関係があって、簡単に離れられない。

・問題にお金が**絡む**ときは、話し合いが長くなる。

・社員が辞めた理由には、家族の問題が**絡んで**いた。

★→―がらみ①

★①、③で、絡んで離れなくなる様子を 絡まる と言う。

①・服が機械に**絡まって**、社員が大きなけがをした。

③・学校に行かなくなる子の多くには、両親の問題が**絡まって**いて難しい。

がらんどう→がらんとする

がらんとする

いつもはたくさんの人がいる所や物がある所に何も無くて、とても広いと感じる様子。

・日曜の会社は**がらんとしている**が、静かで仕事ができる。

・子供たちがいなくなって、家は**がらんとしていて**寂しい。

★人もいなく物も無いがらんとした所を がらんどう と言う。
・新しい商品を送り出すと、商品置き場はがらんどうになった。

かりかりする

嫌な事があったときやしている事が思ったように進まないときなどに、小さな事にも怒りやすくなる様子。
・注文した品が届かず、友人は朝からかりかりしている。
・かりかりしていると、周りも疲れるので気をつけている。

かる【刈る】

たくさん伸びた草や毛などを、道具を使って短く切る。
・毎年夏になる前に、町の人たちで公園の草を刈る。
・旅行中に見た羊は、短く毛を刈られて寒そうだった。

かるがるしい【軽々しい】

話す事やする事が、よく考えられていない、信じられないなどと思わせる様子。
・できない事を簡単に約束するような軽々しい人は、信じない。
・人から聞いた話を軽々しくほかの人に話す人は許せない。
★反対に、よく考えられていて信じられる様子を 重々しい と言う。
・社長は、会社のこれからの計画を重々しく話し続けた。

かるはずみ【軽はずみ】→けいそつ

かれこれ

はっきりした数や時間は忘れたが、だいたいと伝える言い方。
・新しい商品を作り始めて、もうかれこれ二年になる。
・父がふるさとを離れたのは、かれこれ五十年前のことだ。

かろうじて【辛うじて】★→どうにか

悪い結果や困った事になるだろうと思っていたが、そうはならなくて良かったと伝える言い方。
・数が多くて心配していたが、辛うじて決められた日までにできた。
・反対もあったが、会議の前に何度も話し合って、辛うじて、会議で決まった。

かわきりに【皮切りに】

続いて起こる事、する事などの一番初めだと伝える言い方。
・新しい商品は東京を皮切りに、全国で売り始めた。
・会議では友人の意見を皮切りに、色々な考えが出された。

かわるがわる【代わる代わる】

多くの人が、同じ事を順番にする様子。

・**代わる代わる**相談に来る人がいて、自分の事ができなかった。

・みんなでカラオケへ行って、**代わる代わる**歌った。

かん【勘】

どうしてそう思うかと聞かれても説明は難しいが、経験などから、こうだと思う心の動き。

・売れると思った**勘**が当たって、新商品はすべて売れた。

・**勘**がいい友人は、相談する相手の問題がすぐにわかる。

かんがえこむ【考え込む】

難しい事やすぐに答えが出ない問題などを、時間をかけて考える。

・**考え込む**ような友人の様子を見て、難しい事を頼まれたのだと思った。

・新しい計画の難しさに、みんな**考え込んで**しまった。

かんかく【感覚】

① 目、耳、鼻、舌、指先などで音や光、熱さや冷たさ、痛さなどを感じる力。

・今朝は、指先の**感覚**が無くなるほど寒かった。

・人間は、昔は音やにおいの**感覚**が強かったそうだ。

② 物を見るときや考え事をするときなどの、ひとりひとりの感じ方。

・社員全員の**感覚**を大切にして、商品の形や色を決める。

・若い人の**感覚**に遅れないよう、品物や店の形などを考える。

かんかん【かんかん二】

太陽の光などがとても強い様子、また、とても強く怒っている様子。

・太陽が**かんかん**の日が続き、会社に行くだけで疲れる。

・店員が失礼だと言って、父が**かんかん**に怒って帰って来た。

かんきわまる【感極まる】

喜びやうれしさで、涙を流すほど胸がいっぱいになる様子。

・社長にほめられた社員は、**感極まって**涙を流した。

・会社を辞める社員は、**感極まって**涙声で礼を言った。

かんげき【感激スル】

考えていなかったような、信じられないような良い事などがあって、大きな声を出したくなるほど強く喜びやうれしさを感じる様子。

・自分の商品が初めて売れたときの**感激**は、忘れられない。

・社長にほめられた社員が、**感激**して顔を赤くした。

かんけつ【簡潔ナ・二】

説明や計画などが、短く簡単で、大切な事が良く伝わる様子。

・**簡潔な**文が書ける事も、今の仕事では大切だと思っている。

・自分の思いを**簡潔**に伝えるのは、本当に大変な事だと思う。

がんこ【頑固ナ・ニ】

①　人の意見を聞かないで、自分の思うとおりにしようとする様子。

・物を作る仕事には、古いやり方を**頑固**に守る人が多い。

・友人の**頑固**な考えが、仕事を止めることがある。

★①のように自分の考えを変えようとしない様子を かたくな/頑として とも言う。

・駅前に高い建物を作る事には、**かたくな**に反対する人が多い。

・父は誰に何を言われても、**頑として**自分の考えを変えない。

★→固まる⑥、ごうじょう

②　汚れや疲れなどが、取ろうと思っても簡単には取れない様子。

・**頑固**な汚れが簡単に取れる商品を作ることになった。

・熱は下がったが、**頑固**なせきが続いている。

かんさつ【観察スル】

人や物をよく知るために、その動きや変化を注意してよく見る様子。

・商品を考える前には、時間をかけた客の**観察**が必要だ。

・父は、雲の流れを**観察**すれば天気がわかると言っている。

かんさんとする【閑散とする】

いつも人がいる場所に、人がいなくて静かで寂しく感じる。

・夏の暑い日は、公園も**閑散**として寂しく見える。

・にぎやかだった駅前は、店が減り**閑散**としていることが多い。

かんし【監視スル】

危ない事や良くない事などが起こらないか、気をつけて見続ける様子。

・会社の商品が盗まれてから、**監視**が強くなった。

・駅前にカメラが付けられ、**監視**されているようで嫌だ。

かんじとる【感じ取る】

人の様子や話し方などから、思っている事や隠している事が何かを知る。

・会社で嫌な事があると、妻はそれをすぐ**感じ取る**ようだ。

・経験が長くなると、話し方で相手の気持ちが**感じ取れる**。

かんしゃ【感謝スル】

教えてくれた人や助けてくれた人などに心からありがたいと思う様子。

・元気に仕事が続けられて、とても**感謝**している。

・両親は、物への**感謝**の気持ちを忘れるなと教えてくれた。

かんじょう【感情】★→きどあいらく、きぶん②

喜びや悲しみ、苦しさなどを感じる、人の心の働き。

・**感情**がすぐに顔に出る人と仕事をするのは、難しい。

・若い人とは、自分の**感情**を出さないで話すようにしている。

★感情が強くはっきりしていて、周りにも感じられる様子を 感情的 と言う。

・会議で**感情的**な意見が出ると、困ってしまう。

がんじょう【頑丈ナ・ニ】

体が強く簡単に病気などしない様子、また、物が強くて簡単に壊れない様子。

・**頑丈な**体をした社員は、学生時代運動をしていたそうだ。

・母が大切にする家具は、簡単に壊れないように**頑丈に**できている。

かんしょうてき【感傷的ナ・ニ】

見た事や聞いた事、周りであった事などに心を動かされて、悲しい、寂しいなどと感じる様子。

・妻は、大切に育てた花が枯れて、**感傷的に**なっているようだ。

・秋の夜、虫の鳴き声を聞くと**感傷的な**気持ちになる。

かんじょうてき【感情的ナ・ニ】→かんじょう

かんしょく【感触】

手で触ったときや肌に当たったときの感じ、また、相手から感じられる様子。

・商品は、持ったときの**感触**がいいか悪いかで売れ方も違う。

・相談に来た相手と話して、いい**感触**を持った。

かんしん¹【感心ナ・ニ・スル】

自分にはできない、偉いなどと心から深く感じる様子。

・簡単な事のように料理をする妻に、いつも**感心**している。

・町には、決めた日に集まって掃除する**感心な**子供たちがいる。

かんしん²【関心】→きょうみ

かんじん【肝心ナ】

とても大切で、無くては全体がうまくいかないと思わせる様子。

・経験の長い人から色々教えてもらう事は、**肝心な**事だ。

・**肝心なのは**、商品を欲しいと思う人がいるかどうかだ。

かんせい¹【完成スル】

作っていた物や建物などが最後までできる様子。

・初めての商品が**完成**した日の喜びは、今も忘れられない。

・町にできる病院の建物は、来月**完成**の式をするそうだ。

かんせい²【歓声】

うれしい事や考えていた事が思ったとおりになったときなどに、喜んで出す大きな声。

・商品ができたのか、作っていた社員から**歓声**が上がった。
・駅を出ると**歓声**が聞こえ、有名な人が来たのかと思った。

かんせん【感染スル】

風邪などの病気が周りの人に広がり、同じ病気になる様子。

・風邪の**感染**で休む人が増えて、仕事が全体に遅れている。
・寒いときは、風邪に**感染**しないようマスクをする人が多い。
★病気が広がっていく様子は 伝染 と言う。
・今年の風邪は**伝染**する力が強く、工場が二日間閉められた。

かんぜん【完全ナ・ニ】

何も問題が無い様子、また、問題が無くなり安心できるようになる様子。

・**完全**な商品にするため、おかしい所は何度も調べる。
・病気が**完全**に治るまで、仕事を休むように言われた。

かんそ【簡素ナ・ニ】★→しっそ

必要な物だけがあって、簡単でお金がかかっていない様子。

・母は、要らない物を置かない**簡素**な部屋が好きだ。
・妻とふたり、**簡素**に生活すれば特別にお金は要らない。

かんだい【寛大ナ・ニ】

心が広く優しくて、小さな事をひとつひとつ怒る、注意するなどしない様子。

・友人は、失敗しても次頑張れと**寛大**に言える人だ。
・**寛大**な社長も、何も言わずに辞めた社員は許さなかった。

かんだかい【甲高い】

人の声や動物の鳴き声などが、耳が痛くなるほど高い様子。

・庭の木に止まって**甲高**く鳴く鳥の名前を調べた。
・虫の嫌いな妻は、時々庭で**甲高**い声を上げる。

かんちがい【勘違いスル】★→ごかい

間違った事を信じていて、正しくない事をする様子。

・**勘違い**で、父の誕生日に母に花を贈ってしまった。
・約束の時間に来ない相手に電話をして、自分が**勘違い**していたことがわかった。
★同じ様子を 思い違い とも言う。
・ふたりとも**思い違い**をしていたとわかって、友人と笑った。

かんどう【感動スル】

人の言葉やする事、作られた物、自然などに、考えや生き方を変えられるほどの大きな驚き、喜びや悲しみを感じる様子。

・大きな地震にも負けないで生きる人間の強さに、**感動した**。

・読んだときの**感動**が忘れられない本は大切に残している。

がんとして【頑として】→がんこ①

かんにさわる【かんに障る】→きにさわる

かんぺき【完璧ナ・ニ】

足りていない所や悪い所などがひとつも無く、とても良い様子。

・会議で賛成されるよう、友人と**完璧な**準備をしている。

・妻は、家の事を**完璧に**やってくれるので安心だ。

かんべんする【勘弁する】

① 勘弁してほしい などの形で、同じ事や大変な事などが続いて、もう嫌だ、無くなってほしいと思う。

・終わってすぐ次の仕事が来ると、**勘弁してほしい**と思う。

・同じ失敗をする社員と話した後、**勘弁してくれ**よと友人は小さな声で言った。

② ほかの人のした失敗や悪い事などを問題にしないで許す。

・公園の花を持って帰る人がいて、妻は**勘弁できない**と怒っている。

・これからの事を考えて、若い人の一、二度の間違いは**勘弁している**。

がんらい【元来】→ほんらい②

かんり【管理スル】

① 体の調子や大切な物などが悪くならないように注意する様子。

・父は、体調の**管理**だと言って、毎日散歩をしている。

・家のお金は妻が**管理していて**、いくらあるのか全然知らない。

② 建物などに問題の無いように注意して、必要なら工事などする様子。

・町が**管理している**図書館は、たくさんの人が使っている。

・ゴミ置き場の**管理**は難しく、長く話し合いが続いている。

かんれん【関連スル】★→かかわる

いくつかの事が色々な関係を持っている様子。

・警察は、近所で続いている火事は**関連している**と考えている。

・商品に問題があるときは、ほかとの**関連**も調べる。

★どんな関係があるかはっきりさせるとき 関連付ける と言う。

・友人は、仕事を毎日の生活と**関連付けて**わかりやすく話す。

かんれんづける【関連付ける】→かんれん

き

きおくれ【気後れスル】
　相手の強さを知り、また、周りの様子を見て、やろうとする強い気持ちが無くなる様子。
・相手の大きさに**気後れ**を感じていては、話し合いには勝てない。
・誰にでも**気後れせず**意見を言う友人を偉いと思う。

きおちする【気落ちする】★→がっかりする、らくたん
　自分のしたいようにできないときや良い結果にならないときなどに、元気を無くして暗い気持ちになる。
・失敗して**気落ち**している社員に、次頑張れと言って肩をたたいた。
・仕事が進まず**気落ち**したときは、何も考えず音楽を聞く。

きがあう【気が合う】
　好きな事や食べ物、考えなどが同じようで、一緒にいて楽しく思う。
・仕事に疲れたら、**気が合う**友人と旅行する。
・**気が合わない**相手と食事に行っても、おいしく食べられない。

きがおおい【気が多い】
　したい事が色々と変わり、次から次へと違う事をする様子。
・**気が多い**友人は、絵を描き、魚釣りに行くなどと忙しい。
・若いときは**気が多くて**、ひとつの事が長く続かなかった。

きがおけない【気が置けない】★→きさく、こころやすい
　よく知っている相手なので、安心して信じるようにできる様子。
・**気が置けない**仲間と行く短い旅行は、仕事の疲れを減らしてくれる。
・今住む町は、**気が置けない**家族の集まりのようだ。

きがおもい【気が重い】
　結果が良くならないとわかっているとき、やりたくない事があるときなどに、気持ちが暗くなっている様子。
・休みが終わり、明日から仕事が始まると思うと**気が重い**。
・新しい商品を考えるように言われて、最近は毎日**気が重い**。

きがかり【気がかり】→きにかかる

きがきく【気が利く】
① 相手が喜ぶようにと考えて、小さな事にも注意して、準備などする。

・仕事がしやすいように片づける**気が利いた**社員がいる。
・友人は**気が利く**人で、困ったときに黙って手伝ってくれる。
★①と同じような様子を 気が回る とも言う。
・一緒に仕事をする人の中に、**気が回る**人がいると助かる。
② 相手が、よく考えてくれている、感じがいいなどと思うようにする。
・駅前に**気が利いた**店があると聞き、妻と行ってみた。
・両親の結婚六十年記念には、**気が利いた**物を贈りたい。

きがきでない【気が気でない】
気になる事があって、どうなったのかと心配で、必要な事などがゆっくりできない様子。
・両親に電話して、長く誰も出ないときは、**気が気ではない**。
・社員が社長に友達のような話し方をするので、**気が気ではなかった**。

きかく【企画スル】
新しい事などを考え、それができるように予定や必要な物などを決める様子。
・社員が仲良くなれるように、月一回食事会が**企画**されている。
・町の**企画**で、お年寄りのための食事会をし、とても喜ばれた。

きがしれない【気が知れない】
人のする事や言う事が、どうしてかよくわからなくて、いいのだろうか、大丈夫だろうかなどと心配する。
・願って入った会社を、すぐ辞める社員の**気が知れない**。
・失敗しても笑っている人がいるが、**気が知れない**。

きがすすまない【気が進まない】★→きがのらない
自分で決めて、喜んでやろうという気にならない。
・知らない人が多いパーティーに出るのは、**気が進まない**。
・休みの日に人が多い所へ行くのは、**気が進まない**。

きがすむ【気が済む】
気になっている事が終わって、また、言いたい事を全部言うなどして、気持ちが軽くなる。
・相談に来た社員に**気が済む**まで言いたい事を言わせた。
・やる事を全部終わらせるまでは、**気が済まない**。

きがする【気がする】
ほかの人に説明するのは難しいが、自分はこう感じると伝える言い方。
・自分の考えには何か足りないような**気がした**ので、まず友人に話した。
・風邪を引いたような**気がして**寒いので、半日休むことにした。

きがちいさい【気が小さい】

小さな事を心配して、どうしようかと考え続ける様子。

・失敗して、いつまでも気にするのは、**気が小さい**からだ。
・**気が小さい**のか、機会があっても英語で話す気にならない。

きがちる【気が散る】

大きな音や近くでほかの事をしている人などが邪魔で、している事に気持ちが向けられない。

・家の前で工事をしているので、**気が散って**何もできない。
・今日は家の事が心配で、**気が散って**仕事が進まない。

きがつよい【気が強い】

負けたくない、簡単に人の言うとおりになりたくないなどという強い気持ちを感じさせる様子。

・**気が強い**社員がいて、嫌な事があるとすぐ言い合いをする。
・社長は**気が強そう**な顔をしているが、本当は優しい人だ。

きがとおくなる【気が遠くなる】

①　疲れたときや苦しいときなどに何も考えられなくなる。

・**気が遠くなって**しまいそうな暑さが続いている。
・社員の急な死に、**気が遠くなり**そうな思いだった。

②　時間や距離が自分の頭では考えられないほど長いと感じる。

・辞書を作るのには、**気が遠くなる**ような時間が要る。
・船しか無い時代、海外は**気が遠くなる**ほど遠い所だった。

きがぬけない【気が抜けない】→きがぬける

きがぬける【気が抜ける】

やろうと思っていた事や頑張っていた事などが急に無くなり、心の中が空になったように思う。

・妻は、娘の結婚式が終わってから、**気が抜けた**ようにしていた。
・仕事を辞めた父は、少しの間**気が抜けた**ような様子だった。
★気が抜けた様子を 気抜け と言い、大切な事だからじゅうぶん注意する様子を 気が抜けない と言う。
・商品ができて、みんな**気抜け**したような顔をしている。
・**気が抜けない**相手との話し合いが終わると、一日仕事ができないほど疲れる。

きがね【気兼ねスル】★→きがひける

相手の考えや周りの人たちなどが気になって、自分の考えたようにできない、したいようにできない様子。

・妻は、**気兼ね**の要らない友達がいて、色々相談しているようだ。

・食事会に使ういつもの店は、**気兼ね**しないで騒げるから好きだ。

きがのらない【気が乗らない】★→きがすすまない

やろうと言われた事やしなければならない事などをしようという気持ちにならない。

・仕事に**気が乗らない**ときは、会社を出て近くを散歩する。

・**気が乗らない**仕事は、うまくできないので人に頼む。

★やろうという気にならないとき 気乗り(が)しない とも言う。

・海外へ旅行しようと言われたが、**気乗りしない**のでやめた。

きがはやい【気が早い】

時間はじゅうぶんあるのに、早くから次にする事やこれからの事などを考える様子。

・**気が早い**友人は、もう次の仕事の計画を準備している。

・**気が早い**と言われたが、早くから娘の結婚が心配だった。

きがはる【気が張る】→きをはる

きがはれる【気が晴れる】

嫌な気持ちや心配事などが消えて、安心する。

・会議で言いたい事を言ったら、**気が晴れた**。

・友人とけんかをした後は、何をしても**気が晴れない**。

きがひける【気が引ける】★→きがね

相手や周りの事などを考えて、自分がしたい事をせず、また、言いたい事を言わない。

・失敗が続いたので、**気が引けて**新しい計画が出せない。

・続いてで**気が引ける**がと、息子は娘のすぐ後自分の結婚の話をした。

きがまえ【気構え】

必要な事や自分のする事は、どんな事があってもやってやるという強い気持ち。

・見学に行った工場で、物を作る人の**気構え**を知った。

・成功した人の本を読んで、偉い人は**気構え**が違うことがわかった。

きがまわる【気が回る】→きがきく①

きがみじかい【気が短い】

長く待てなくて、何でも急いでやろうとする様子、また、すぐ怒る様子。

・**気が短い**父は、出かけるときいつも待ってくれなかった。

・友人は**気が短くて**、長く話をすると嫌な顔をする。

★気が短い様子を 短気 と言う。

・近所に**短気**な人がいて、何かあるとすぐ大騒ぎする。

きがむく【気が向く】

いつもはしない事やしたいと思わない事などを、やってみようと思う。

・父は**気が向く**と、買い物に行って料理も作る。

・**気が向か**ないときでも、やらなければならない事がある。

きがめいる【気が滅入る】

良くない事が続くようなときなど、気持ちが暗く、元気が無くなる。

・雨が続くと**気が滅入**って、何もしたくなくなる。

・新聞を読んでも暗いニュースが多く、**気が滅入**ってしまう。

きがもめる【気がもめる】→きをもむ

きがる【気軽ナ・ニ】

色々な事を特別に考えずに、したい事などを思うようにできる様子。

・食事中にする妻との**気軽**な話が、疲れを取る一番の薬だ。

・駅前に、困った人が**気軽**に相談に行ける場所ができた。

ききいる【聞き入る】

気持ちをひとつの声や音に向けて、それだけを聞く。

・散歩の途中で止まって、鳥の鳴き声に**聞き入る**ことがある。

・社長の話はとても面白く、いつも**聞き入**ってしまう。

ききおぼえ【聞き覚え】

①　前にどこかで聞いたことがあると思い出せる様子。

・電話の声に**聞き覚え**はあったが、相手が誰か思い出せなかった。

・**聞き覚え**の無い人からの荷物は、開けないで送り返す。

②　何度も聞いたことがあって、すぐ思い出せる様子。

・友人は、**聞き覚え**の英語でも仕事に使えると言う。

・**聞き覚え**で歌えるようになった古い歌がたくさんある。

ききつける【聞きつける】

①　自分にも関係のある事を、ほかの人から聞いて知る。

・ほかの会社の新商品の話を**聞きつけて**、店へ見に行った。

・ふるさとの友達が結婚すると**聞きつけた**ので、電話をかけた。

②　いつもはしない音や声に気づく。

・夜、酒を飲んでいると、音を**聞きつけた**妻が起きて来た。

・大きな音を**聞きつけて**外へ出ると、車と車の事故だった。

ききめ【効き目】

使った薬で病気などが良くなる様子、また、相手に言った事やした事などで出る良い結果。

- 薬の効き目が無く、朝になっても熱がある。
- 叱った**効き目**があって、若い人の言葉遣いが変わった。

きぐ【危惧スル】

悪い結果になるのではないかと思って心配で、安心していられない様子。

- 若い社員に仕事を頼むと、問題無く終わるまで、**危惧**が続く。
- 大丈夫かと**危惧**していたが、台風は町から離れて行った。

きくばり【気配りスル】★→きをつかう

周りの様子や人の気持ちなどを考えて、できるだけ喜ばれたい、安心してほしいと小さな事にも注意する気持ち。

- 仕事がしやすいように、新しい社員への**気配り**は大切だ。
- 気持ちよく買い物できるよう**気配り**する店は、客が多い。
- ★気配りする様子を 気を配る と言う。
- 周りのお年寄りに**気を配る**若い人が少なくなった。

きくみみをもたない【聞く耳を持たない】

ほかの人の言う事や相手のためだと思って言った言葉などを聞こうとしない様子。

- 人の言葉に**聞く耳を持たない**社員が、大失敗をした。
- **聞く耳を持たない**と、若い社員と一緒には仕事ができない。

ぎくりとする ★→ぎょっとする

思ってもいなかった事などが急に起こり、息が止まりそうなほど驚き、怖いと感じる。

- 誰もいないと思った部屋から声がして、**ぎくりとした**。
- 時々、**ぎくりとする**ような事を言う社員がいる。

きげん【機嫌】

外から見て感じる、今どんな気持ちでいるのかというほかの人の様子。

- 友人の**機嫌**がいいか悪いか、朝の顔を見ればわかる。
- 親は、今も昔も**機嫌**の悪い小さな子供におもちゃやお菓子を見せる。
- ★ほかの人の機嫌が良くないとき、機嫌が良くなるようにする様子を 機嫌を取る と言い、機嫌が悪い様子は 不機嫌/虫の居所が悪い と言う。
- 昔、子供を叱った後、**機嫌を取る**ために庭で一緒に花火をした。
- 疲れるとすぐ**不機嫌**になると妻に言われ、気をつけている。
- **虫の居所が悪い**ときの父は、話をしても笑おうともしない。

きげんをとる【機嫌を取る】→きげん

きこえよがしに【聞こえよがしに】

良くない、間違っている、許せないなどと思う事を、周りに聞こえても

いいと思って離れた所で言う様子。

・昼休みに集まって、**聞こえよがし**に会社を悪く言う人は、許せない。

・会議の後で、**聞こえよがし**に反対意見を言う人がいる。

ぎこちない

いつもはしないので、また、知られたくない事や言いにくい事などがあるので、話し方や体の動かし方がいつもと違って見える様子。

・新しく入った社員たちは、歩き方まで**ぎこちない**。

・失敗を隠している社員は、話し方が**ぎこちなく**なる。

きさく【気さくナ・ニ】★→きがおけない

人や場所などが近づいても心配無い、安心だなどと感じさせる様子。

・仕事仲間は、**気さく**な人が多くて、楽しく働ける。

・最近、海外から来た人でも**気さく**に入れる店が増えた。

きざし【兆し】

新しい事や変化などが起ころうとしていると感じさせる様子。

・温かい日が続き、春の**兆し**が感じられる。

・新しい商品は、売れる**兆し**が見えなくて心配だ。

きざむ【刻む】

① 固い木や石などに、釘などの先の細い道具を使って傷を付けるようにして絵や線、文字などを書く。

・父の部屋から、小さな文字が**刻まれた**古い箱が出てきた。

・家の柱には、子供たちの背の高さが**刻まれている**。

★→ほる

② 物を小さく切る、また、少しだけ続けて進む。

・妻のようにタマネギを**刻もう**としても、うまくできない。

・父の家の古い時計は、何十年もの間、時を**刻み続けている**。

③ 大切な事や思い出などを忘れないようにしておく。

・社長の言葉は、いつも心に**刻む**ようにして聞いている。

・ふるさとの山にも川にも、子供の頃の思い出が**刻まれている**。

きしむ

古くなった階段やドアなどが歩いたときや動かすときなどに、嫌な音を出す。

・引っ越しを考えたのは、階段が**きしむ**ようになったときだ。

・**きしんで**嫌な音を出すドアは、全部換えることになった。

ぎすぎすする

言葉の使い方や考え方などに温かさが無いと感じられて、人間関係がう

まくいかない。

・**ぎすぎす**した社会では、心の温かい子供は育たない。

・人間関係が**ぎすぎす**しないよう、会社ではよく話し合いをする。

きずく【築く】

① 簡単には壊れない建物などを長い時間をかけて作る。

・昔の人は機械も無いのに、大きくて強い建物を**築いた**。

・大雨が続いて、川の近くに**築かれた**古い町が流された。

② 一緒に生きる人たちと長い時間をかけて良い関係を作り、信じ合えるようにする。

・信じ合える関係を**築く**には、一緒に働く経験が必要だ。

・人に信じてもらえる会社を**築く**のが、社長の願いだ。

きせい【規制スル】

安全などを守るために、ここまではいいという決まりを作る様子、また、その決まり。

・駅前の道は、事故を減らすため車が使える時間が**規制された**。

・工場では、安全を守るためいくつも**規制**がある。

★作った決まりを [規則] と言う。

・町の高校では、生徒と相談して**規則**を作っているそうだ。

ぎせい【犠牲】

① 人の命など大切な物を守るために、自分が大切にしている事、人や物などを使い、捨てる様子。

・社長は、家族を**犠牲**にして働くことは間違いだと言う。

・自分の幸せのために、子供を**犠牲**にする親は許せない。

★①のように人の命などを守るために、自分の大切な事や人、物などを使う様子を [犠牲を払う] と言う。

・どんな**犠牲を払って**でも、自分の生き方は守っていきたい。

② 戦争や台風、地震などが原因で、死んでしまう様子。

・戦争で**犠牲**になる人の無い世界は、人間の夢だろうか。

・少し大きな台風が来ると、いつも何人か**犠牲**者が出る。

ぎせいをはらう【犠牲を払う】→ぎせい①

きせき【奇跡】

いつもは起こらない、人間の力ではできないと感じる信じられないような事。

・古い商品が海外で売れ、友人と**奇跡**のようだと驚いた。

・枯れたと思った花が美しく咲いて、妻は**奇跡**だと喜んだ。

★奇跡のように感じるとき 奇跡的 と言う。

・二階から落ちた近所の子供が、けがも無く**奇跡的**に助かった。

きせきてき【奇跡的ナ・ニ】→きせき

きせつかん【季節感】

季節を強く感じさせる、その季節にしか無い特別な様子。

・キュウリなど一年中あって、野菜に**季節感**が無くなった。

・駅前の店は、**季節感**が出せるように色々飾りを考えて頑張っている。

きぜんと【きぜんとスル】★→きっぱり

気持ちは決まっているので、簡単には変わらないと見える様子。

・友人は、できない事を頼まれたときは、**きぜんと**断る。

・何があっても、母は**きぜんと**して家族を守ってくれた。

きそ【基礎】★→こんてい、どだい

生きていくためや仕事などを続けるため、また、建物などを造るための、一番大切な所。

・商品作りの**基礎**がわかるまで、若い人には何度も説明する。

・工場は、建物の**基礎**が弱って大きな工事が必要になった。

★一番大切だと感じさせる様子を 基礎的 と言い、基礎と同じ事は 基盤 とも言う。

・工場で働く人は、会社に入って一年、**基礎的**な機械の使い方を習う。

・家や食べ物の心配が無い事は、大切な生活の**基盤**だ。

きそう【競う】

物を作る技術やできた物の美しさなどが、同じような技術や物などとどちらが上かはっきりさせようとする。

・友人は、若い人に同じような事をさせ、技術を**競う**育て方をしている。

・春の庭は、美しさを**競う**ように色々な花が咲いている。

きそく【規則】→きせい

きそてき【基礎的ナ・ニ】→きそ

きたい【期待スル】

自分が願っているようになると強く思って待っている気持ち。

・社長の**期待**が大きいので、今度の計画は失敗できない。

・**期待**していたが、相手との話はうまくいかなかった。

きたえる【鍛える】

運動などを続けて、持っている力や体をより強くする。

・長く働くために体を**鍛えて**おく事も仕事だと思っている。

・短い散歩でも、毎日続ければ体を**鍛える**ことになる。

きだて【気立て】★→せいかく

人が生まれたときから持っていて、周りが感じる特別に優しい気持ち。

・駅前の店は、**気立て**の良い店員さんがいていつも客が多い。

・息子は、相手が**気立て**が優しい人だから結婚を決めたそうだ。

きちょう【貴重ナ】

少ない、ひとつしかない、代わりが無いなどの理由で、大切な様子。

・近くの寺では、一年に一度だけ**貴重な**古い絵を誰でも見られるようにしている。

・仕事で一か月の海外生活は、とても**貴重な**経験だった。

きちょうめん【几帳面ナ・ニ】

自分や周りが困らないように、細かい事まで残さずする様子。

・父は、使った物は必ずあった所へ戻す**几帳面な**人だ。

・妻は、**几帳面に**一週間の料理予定を作り、守っている。

きちんと【きちんとスル】→きっちり①、②

きつい

①　服や靴などが小さくて、使いにくい様子。

・少し太ったのか服が**きつく**なったが、人には言わない。

・休みの次の朝は、いつも靴が**きつくて**足が痛い。

★→きゅうくつ①

②　仕事や練習、毎日の生活などが、逃げたくなるほど大変な様子。

・**きつい**仕事が続いても、辞めたいとは一度も思わなかった。

・体が**きつい**ときは、庭に出て何も考えず空を見る。

③　人の言う事やする事、また、物の臭いが嫌だと感じるほど強い様子。

・**きつい**言葉は、時々ナイフのように人を傷付ける。

・初めての海外で、臭いが**きつい**果物が食べられなかった。

きづかい【気遣い】→きをつかう

きづかう【気遣う】→きをつかう

きっかけ

新しい事をしよう、これまでとは変えようなどと思わせる原因や理由。

・父は仕事仲間の病気が**きっかけ**で、六十で仕事を辞めようと決めた。

・妻の言葉を**きっかけ**に、嫌いな野菜を食べるようになった。

きっかり【きっかり(と)】→きっちり③

ぎっしり

人や物、予定などがいっぱいで、これ以上入れることはできないと伝える言い方。

・妻のふるさとから、野菜がぎっしり入った箱が送られて来た。
・仕事の予定がぎっしりで、ゆっくり休む時間が取れない。

きっちり【きっちり(と)スル】

① 物と物との間が空かないですぐ隣にある、また、ほかの物が入らなくするなどと伝える言い方。
・商品は、きっちり箱に入れて、相手の会社に送っている。
・窓をきっちりと閉めないと、雨や風が窓から入る。

② 必要な事を、決められたようにする、間違っていないと周りが思うようにするなどと伝える言い方。
・今年入った社員は、きっちり仕事ができる人が多い。
・友人は、必要な道具をきっちりと並べてから仕事をする。

③ お金や時間、物の数などがちょうどの数だと伝える言い方。
・妻は、毎月生活を五万円きっちりでやるのでお金の心配は無い。
・今朝の会議は、九時きっちりに始まった。

★①、②は きちんと とも言い、③は きっかり とも言う。
　①・商品は、形に合わせてきちんと入る箱を作っている。
　②・子供たちには時間だけはきちんと守るよう言って育てた。
　③・旅行かばんの重さは、きっかり二十キロだった。

―きっての

たくさんの人や物の中で、一番だと伝える言い方。
・社内きっての経験者が、会社を辞める日が来た。
・町きっての有名人だったお年寄りが、亡くなった。

きっと

相手を安心させるために自分の考えは正しい、言ったとおりになるなどと強く伝える言い方。
・きっと最後までやると社長に約束して、商品を作り始めた。
・明るい娘だから、結婚してもきっといい家庭を作るだろう。

きっぱり【きっぱり(と)スル】★→きぜんと

考えている事をはっきり言うと伝える言い方。
・友人は、仕事に関係無い事は、きっぱりとできないと言う。
・社長は、きっぱりとした調子で、会社の将来を話した。

きでいる【気でいる】

① 〜(する)気でいる という形で、する事を決めて、そうしようと思っていると伝える。
・休みはゆっくりする気でいるので、どこにも行かない。

・好きな事をする気でいる父は、嫌な事はしようとしない。

②　〔〜(した)気でいる〕という形で、思ったように終わったと思っていたが、そうではないと伝える。

・問題無く準備できた気でいたが、会議で反対された。

・歯は良くなった気でいたが、また痛み始めた。

きどあいらく【喜怒哀楽】★→かんじょう

喜びや楽しみ、また、怒る気持ちや悲しみなど、人間が持っている色々な思いや感じ方。

・会社では、周りに**喜怒哀楽**を見せないようにしている。

・友人は、**喜怒哀楽**がはっきりしていてわかりやすい人だ。

きどり【気取り】→きどる②

きどる【気取る】

①　人から良く見られようと、話し方や服装などを、どこにでも無い、誰にでもできないほどほかと違うように見せる。

・店員が**気取った**様子で近づいて来る店は、入りにくい。

・**気取らない**話し方の社長は、社員には話しやすい。

②　本当はそうではないが、どこにでも無い、ほかとは大きく違うという気持ちで、そう見えるようにする。

・食事会で歌手を**気取って**踊りながら歌う社員がいる。

・専門家を**気取る**ように、難しい言葉を使う人とは話しにくい。

★②のように、ほかとは大きく違うように見せる様子を〔気取り〕と言う。

・友人が金持ち**気取り**で高い店に入るので、心配した。

きにいる【気に入る】

人や物などが自分の考え方や感じ方などに合っていて、好きになる。

・妻は**気に入った**服があると、毎日でも着ている。

・社員の考えが**気に入らない**ときの社長は、横を向いている。

★好きになった人や物を〔お気に入り〕と言い、気に入らない気持ちを強く伝えるとき、〔気に食わない〕と言う。

・娘が贈った赤いセーターは、妻の**お気に入り**だ。

・社長は、会社のやり方が**気に食わない**と言う人の意見も聞く。

きにかかる【気にかかる】

心配な事や不安な事があって、どこで何をしていても頭から離れない。

・新しい商品の売れ方が**気にかかって**、何をしても面白くない。

・**気にかかる**事があるときの友人は、笑顔が少ない。

★気にかかる事や様子を〔気がかり〕と言う。

・入院した母が**気がかり**で、仕事が進まない。

きにかける【気にかける】

心配な事や関係のある人の事などを、いつも忘れないようにしている。

・両親の事を**気にかけて**、毎週電話をしている。

・**気にかけて**くれる友人がいると、安心して仕事ができる。

きにくわない【気に食わない】→きにいる

きにさわる【気に障る】★→かちんとくる

自分の考えに合わない事をされ、また、言われ、嫌な気持ちになる。

・疲れているときは、どんな小さな事でも**気に障る**。

・相談無しに次の仕事を決めた事が、友人の**気に障った**。

★同じように感じるとき かんに障る とも言う。

・小さな事でも、知らない人に言われると**かんに障る**。

きぬけ【気抜け】→きがぬける

きのせい【気のせい】

間違いかもしれないが、見た、聞いた、感じたと思う、と伝える言い方。

・夜、二階で音がしたように思ったが、**気のせい**だっただろうか。

・**気のせい**か、両親は少し弱ったように見える。

きのどく【気の毒ナ・ニ】

①　困った人や悲しんでいる人などを見て、自分も強く同じように感じる様子。

・台風で家が壊れた人たちを見て、**気の毒**に思った。

・会社で、**気の毒**な人たちを助ける運動を始めた。

②　自分のした事などが理由で人を困らせ、悲しませたので悪かったと思う気持ち。

・社員が仕事中会社を休むような大けがをして、本当に**気の毒**だった。

・古い友達が来てくれたのに、会えなくて**気の毒**な事をした。

きのり【気乗り】→きがのらない

きはずかしい【気恥ずかしい】

新しい事をしたときや初めての服を着たときなどに、自分には合わないのではないかと恥ずかしく感じる様子。

・友人と入った店は、若い人が多く**気恥ずかしい**思いをした。

・新しい服を着た日、若く見えると言われて**気恥ずかしかった**。

きばらし【気晴らし】★→きやすめ

嫌な思いや心配事などを忘れるためにする好きな事やいつもはしない事。

・一日中忙しかったので、**気晴らし**に友人と食事をした。

・父は仕事を辞めるまで、嫌な事があると、お酒を飲んで**気晴らし**をしていた。

きばん【基盤】→きそ

きびしい【厳しい】

①　決まりを守る事を大切にして、守らない人を強く注意し、許さない様子。

・**厳しく**叱るとすぐ涙を流す社員がいて、叱り方も難しい。

・仕事のやり方は**厳しく**決められていて、変えるのは大変だ。

②　寒さや暑さなどが苦しくなるほどだ、命が危なくなるほどだと感じる様子。

・雪の多い所で育った両親は、**厳しい**寒さにも強い。

・**厳しい**自然の中で生きる人を見て、自分はできないと思う。

きびすをかえす【きびすを返す】→ひきかえす

きぶん【気分】

①　天気や体の調子、周りの様子などが原因で人が持つ感じ方。

・友人は、顔を見ると**気分**が悪くなる社員がいると言う。

・熱のあった妻が、今朝は**気分**がいいと言って庭に出ている。

★①の意味で、気分で言う事ややる事がよく変わる人を 気分屋 と言う。

・相手はすぐ言う事を変える**気分屋**なので、仕事が難しい。

②　ほかの言葉の後に付けて、人の言う事やする事などから感じられるいつもと違う周りの様子。

・駅前のにぎやかな飾りなどができて、町はもう**お祭り気分**だ。

・入ってすぐは**学生気分**の若い社員も、一年で大きく変わる。

★→かんじょう

きぶんや【気分屋】→きぶん①

きぼう【希望スル】

できるかどうかはわからないが、こうなってほしいと願う気持ち。

・学生時代は、海外で仕事をする**希望**を持っていた。

・工場で商品を作りたいと**希望する**人が、最近増えている。

きまえがいい【気前がいい】

人がする事や人が喜ぶ事などに、周りが驚くほど自分のお金などを使う様子。

・友人は、お酒を飲むと周りが心配するほど**気前**が良くなる。

・お金は心配するなと、今日の社長は**気前**が良かった。

★周りが驚くほど自分のお金や物などを使う様子を 気前良く と言う。

・文化を守ると言って、**気前良く**祭りにお金を出す人がいる。

きまえよく【気前良く】→きまえがいい

きまぐれ【気まぐれナ・ニ】

① 人の考えや気持ちなどが変わりやすい、また、よく考えないで良いと思った事をすぐする様子。

・**気まぐれ**ですぐ計画を変える人とは、仕事ができない。

・**気まぐれな**父が、急に海外へ行くと言い始めた。

② これからどうなるか簡単に言えないほどよく変わる様子。

・ふるさとで、山の天気は**気まぐれ**ですぐ変わると教えられた。

・最近の**気まぐれな**天気に、天気予報もよく間違う。

きまずい【気まずい】

考えが合わないときや相手に悪い事をしたと思ったときなどに、どうしていいかわからない気持ちになる様子。

・今日の会議では意見が合わず、みんな**気まずい**思いをした。

・**気まずい**事に、今朝叱った社員とトイレで一緒になった。

きまって【決まって】

① 決められたように、いつも同じ事があると伝える言い方。

・社長は、会議の前には**決まって**全員の顔を見る。

・近所には、毎朝**決まって**家の前を掃除する人たちがいる。

② 決まっているという形で、色々考えなくても、自分の考えは間違い無いとはっきり伝える言い方。

・友人が約束したから、良い物ができるに**決まっている**。

・安い物は悪いに**決まっている**という考えは、もう古い。

きまま【気ままナ・ニ】

周りがどう思うかは考えずに、自分の好きなようにする様子。

・時間があるとき、学生時代のように**気ままな**ひとり旅をしたい。

・仕事を辞めたら自由**気ままに**暮らすと決めている。

きまりがわるい【決まりが悪い】

恥ずかしい思いをする事などがあって、その場にいられないような気持ちになる様子。

・手伝って持とうとした荷物が持てなくて、**決まりが悪かった**。

・スーパーで、お金が少し足りなくて**決まりが悪い**思いをした。

★同じような気持ちになる様子を ぼつが悪い とも言う。

・反対した商品が売れて、会議で**ばつが悪い**思いだった。

―ぎみ【―気味ナ・ニ】

ほかの言葉の後に付けて、はっきりは言えないがそうではないかと思える、と伝える言い方。

・**風邪気味**なので、いつもより少し早く会社を出た。

・仕事が**遅れ気味**なときは、みんなで集まって相談する。

きみがわるい【気味が悪い】→うすきみわるい

きみょう【奇妙ナ・ニ】

理由はうまく説明できないが、いつもとは何か違う感じがして変だと伝える言い方。

・近所で**奇妙な**音がするので、原因を調べることにした。

・社長が新商品の説明を簡単にわかってくれて、**奇妙に**思った。

きむずかしい【気難しい】

ほかの人のする事に簡単には賛成しないので、一緒に仕事などをするのが難しいと思わせる様子。

・社長は何でも反対するような**気難しい**人ではなく、仕事がやりやすい。

・父は年を取ってから、少し**気難しく**なった。

きめつける【決め付ける】

相手の話を聞かず、また、何も言わせずに決める。

・外から見た様子でどんな人かと**決め付ける**のは、良くない。

・若い人にはできないと**決め付けては**、人も会社も育たない。

きめて【決め手】

本当かどうか、やるかどうかなどを最後に決める理由になる事や物。

・ラーメンのおいしさは、スープが**決め手**だと思う。

・社長の意見が**決め手**になって、今までに無かった商品を作り始めた。

ぎゃく【逆ニ】

①　方向、順番、物の並べ方などが反対の様子。

・大雨や台風の後、川の流れが**逆**の方向になることがある。

・町の集まりに出て、自分とは**逆**の考えの人が多いと知った。

②　逆に という形で、願っている事や多くの人が考える事の反対だと伝える言い方。

・子供に教えようとして、**逆に**教えられる事が多くなった。

・仕事を減らそうとして、**逆に**増やす結果になってしまった。

ぎゃくこうか【逆効果】→こうか

きゃしゃ【きゃしゃナ・ニ】

人や物が弱くて病気をしやすそうに、また、壊れやすそうに見える様子。

・妻はきゃしゃに見えるが、大きな病気をしたことがない。

・美しくても、きゃしゃですぐに壊れそうな物は買わない。

きやすい【気安い】

色々考えなくても安心して一緒にいられる様子。

・仕事仲間は**気安い**人たちだと、とても仕事がしやすい。

・困った顔で机に座る社長には、**気安く**話ができない。

きやすめ【気休め ナ・ニ】★→きばらし

嫌な事や疲れなどを忘れて、少しでも気持ちが静かになるようにする事や物、言葉。

・入院中の友人には、何を言っても**気休め**にもならない。

・疲れたとき友人と行く食事は、いい**気休め**になる。

きゃっかんてき【客観的 ナ・ニ】→しゅかんてき

ぎゅうぎゅう【ぎゅうぎゅう(と)ニ】

① 人や物などが同じ場所に、間を空けないでたくさん入っている様子。

・たんすに**ぎゅうぎゅう**だった古い服を売ることにした。

・朝の電車は人が**ぎゅうぎゅう**で、本も読めない。

★①のように間を空けないように入っている様子を ぎゅうぎゅう詰め と言う。

・妻の両親が、箱に**ぎゅうぎゅう詰め**の野菜や果物を送ってくれた。

② 簡単に離れないように、ひもなどを強く結ぶ様子。

・娘の結婚式で、妻は帯が**ぎゅうぎゅう**で苦しいと言った。

・台風の前は、倒れないよう庭の木を**ぎゅうぎゅう**に結ぶ。

ぎゅうぎゅうづめ【ぎゅうぎゅう詰め】→ぎゅうぎゅう①

きゅうくつ【窮屈 ナ・ニ】

① 自由に体が動かせないほど、空いている所などが狭い様子。

・服が**窮屈**だと言うと、妻に太ったからだと言われた。

・社員が増え、行き来するのが**窮屈**なほど机が並ぶようになった。

★→きつい①

② 言いたい事やしたい事などを自由にできないと感じる様子。

・言いたい事が自由に言えないような**窮屈**な社会は嫌だ。

・決まりが多いと、社員が**窮屈**に感じて大きく育たない。

きゅうげき【急激 ナ・ニ】

考えていなかったような大きな変化が急に起こる様子。

・**急激**な物の値上がりで、会社の商品も売れなくなった。

・昨日から**急激**に気温が下がり、雨が雪に変わった。

きゅうしゅう【吸収スル】

① タオルなどが、水などを取って無くす様子。

・汗を**吸収する**下着を着ているが、とても気持ちが良い。

・会社は、水をすぐに**吸収する**材料で新しい商品を考えている。

② 知らなかった事や新しいやり方などを知って、自分でも使えるようにする様子。

・新しい考えの**吸収**が必要だと思って、本をたくさん読んでいる。

・仕事の違う人たちの集まりに出ると、違う考えが**吸収できる**。

きゅうじょ【救助スル】→すくう²

きゅうそく【急速ナ・ニ】

考えていたのとは全然違う速さで変化などが起きる様子。

・社員の頑張りで、商品の売れる数が**急速な**伸びを記録した。

・海外からの旅行者が**急速に**増え、町も急いで準備している。

きゅっと

① 物を強い力で結ぶ、閉めるなどする、と伝える言い方。

・ネクタイを**きゅっと**結び、社長の部屋に向かった。

・友人は、口を**きゅっと**結んで、もう失敗しないと言った。

★①でとても強い力を入れてする様子を (**ぎゅっと**) と言う。

・頑張ると言う若い社員の手を**ぎゅっと**握った。

② 飲み物を短い時間で残さず、すべて飲むと伝える言い方。

・仕事の後に**きゅっと**飲む一杯のビールは、特別な味がする。

・友人はまず、グラスを**きゅっと**空にしてから、話し始めた。

ぎゅっと →きゅっと①

きよう【器用ナ・ニ】

① 手や指、道具などを使って細かい仕事を上手にする様子。

・妻は包丁を**器用に**使って、果物を花の形に切る。

・**器用な**父は、古い木を使って庭に机を作った。

★①のような細かい仕事ができない様子を (**不器用**) と言う。

・指先が**不器用**なので、細かい仕事は友人に頼んでいる。

② ほかの人との関係や仕事などに問題が起こらないようにうまく生きる様子。

・周りと問題無く**器用に**生きる事は、自分にはできない。

・目の前の問題を**器用に**片づけられるのは、生きる力だ。

きょうあく【凶悪ナ・ニ】★→きょうぼう

見ても聞いても、危ないと感じさせるほど悪い様子。

・人を殺した**凶悪**な男が、高校生だった事に驚いた。

・人は誰でも**凶悪**になると言われるが、そうだと思う。

ぎょうかい【業界】

同じような仕事をしている会社などの集まり。

・会社は、**業界**で知らない人がいないほど有名になった。

・時々、**業界**が違う人たちと話し合う機会がある。

きょうかん【共感スル】

人の気持ちが良くわかり、同じような気持ちになる様子。

・苦しさに**共感**ができる人は、同じような経験をした人だ。

・近所の人に**共感**して、妻は町に花を飾る運動をしている。

きょうきゅう【供給スル】

生きるためや物を作る仕事のためなどに必要な物を必要なときに使える
ようにする様子。

・雷で電気の**供給**が止まり、少しの間仕事ができなかった。

・時間をかけず商品が海外へ**供給**できる便利な時代になった。

★物が必要だと思う様子を [需要] と言う。

・商品への**需要**を詳しく調べ、若い人も買う商品を考えた。

きょうくん【教訓】

どうすれば間違い無いのかなどを教えてくれる経験や言葉。

・地震を**教訓**に、学校の建物などを強くする工事が色々な所で始まった。

・社長の話を聞いて、社員は**教訓**にしている。

きょうせい【強制スル】

相手の気持ちを考えないで、嫌な事や難しい事などをさせる様子。

・嫌な仕事の**強制**は、相手を苦しめるだけで良い結果にはならない。

・**強制**されなくても、決まりを守る町の人が増えている。

★強制する、また、される様子を [強制的] と言う。

・**強制的**な仕事だけでは、社員の自由な考えは育たない。

きょうせいてき【強制的ナ・ニ】→きょうせい

きょうつう【共通スル】

人と人、また、物と物が持っている同じ所がある様子。

・妻と知り合ったのは、大学時代、**共通**の友達がいたからだ。

・地球の温度が上がる問題は、世界中で**共通**する問題だ。

きょうふ【恐怖】

自分ではどうすることもできない危ない事や怖い事などがありそうで、
とても不安になる気持ち。

・大きな地震に**恐怖**を感じて、町は、今まで以上の準備を計画した。
・駅前でナイフを持った男を見たとき、**恐怖**で動けなかった。

きょうぼう【狂暴ナ・ニ】★→きょうあく

人や動物、自然の力などが、止められないほど強く、物を壊し、人を傷付ける様子。

・戦争で命の取り合いをする人間は、一番**狂暴**に生きる動物だと思う。
・木を倒し、家を流す台風は、**狂暴**な生き物に見える。

きょうみ【興味】

見る事や聞く事、人がやっている事などをとても面白そうだと思い、もっと知りたい、続けたいなどと思う様子。

・学生時代は、コンピュータを使う仕事に**興味**があった。
・食べ物に**興味**を持つ友人は、おいしい店をたくさん知っている。

★強くはないが面白そうだと思う気持ちを 関心 と言う。また、とても面白そうだと感じる様子を 興味深い と言い、もっと知りたいと思うほど面白いと思う様子を 興味しんしん と言う。

・妻の花作りに**関心**はあるが、自分ではしない。
・社長が会社を作ったときの話をとても**興味深**く聞いた。
・妻は、知らない事には**興味しんしん**で色々な事を質問する。

きょうみしんしん【興味しんしん】→きょうみ
きょうみぶかい【興味深い】→きょうみ

きょうゆう【共有スル】

ひとつしかない物やたくさん無い物など、また、それほど使わない物や高い物などをほかの人と一緒に持って、使う様子。

・地球は、すべての人間が**共有**するひとつしかない大切な場所だ。
・町では、車の**共有**が考えられていて、必要なときに使う計画が進んでいる。

きょうれつ【強烈ナ・ニ】

光や臭い、相手の力などが、逃げ出したくなるほど強い様子、また、強く心に残って忘れられない様子。

・今年の夏は**強烈**に暑くて、人間も草花も元気が無い。
・初めて海外へ行ったときの**強烈**な経験を、今も忘れない。

きょくたん【極端ナ・ニ】

ほかと比べて考えられないほど大きく違う様子。

・女性の幸せは結婚だという**極端**な考えは、今はもう無い。
・新しい機械が入っても、仕事が**極端**に多いときは大変だ。

きょだい【巨大ナ】

起きた事、物や力などがいつもは経験しないほど大きい様子。

・**巨大な**ビルが並ぶ所へ行くと、仕事の前に疲れてしまう。

・**巨大な**地震にも負けない人間は、本当に強いと思う。

ぎょっとする　★→ぎくりとする

考えていなかった事が急に起こり、また、思っていた事と大きく違うなどして、驚いて動きが止まる。

・暗い所で、急に名前を呼ばれて**ぎょっとした**。

・入院していた社員は、**ぎょっとする**ほど痩せて見えた。

きょとんとする

とても驚いて、何が起こったのかわからなくなり、少しの間何も考えられなくなってしまう。

・叱られた社員は、理由がわからず**きょとんと**していた。

・若い人の話す言葉に、**きょとんとさせられる**ことがある。

きょひする【拒否する】

①　人の意見や頼み事などに強く反対する、できないと言う。

・社員が相談して決めた事を、会社は簡単に**拒否**できない。

・働く人を増やしてほしいと頼んだが、**拒否された**。

②　食べ物や飲み物が体に合わなくて、調子が悪くなる。

・お酒を飲むと、体が**拒否して**吐いてしまう人もいる。

・牛乳は、体が**拒否する**ので子供の頃から飲まない。

きよらか【清らかナ・ニ】

人の心や物などが少しも汚れていなくて、見る人に美しい、心がきれいになるなどと思わせる様子。

・ふるさとの川は、**清らかに**流れ、小さな魚や草花を育てていた。

・海外で出会った子供たちの**清らかな**目が忘れられない。

きょろきょろ【きょろきょろスル】

不安なときや探し物があるとき、また、珍しい物がたくさんある場所にいるときなどに、忙しそうに周りを見る様子。

・駅前で、周りを**きょろきょろ**見ている人に道を教えた。

・海外に行くと何でも珍しくて、**きょろきょろ**してしまう。

きらいがある

気をつけていないと、良くない方に行くことが多いと伝える言い方。

・悪く考えすぎる**きらいがある**社員も、仕事の大切な仲間だ。

・仕事が自分中心になる**きらいがある**ので、注意している。

きらきら →きらめく

ぎらぎら【ぎらぎら（と）スル】

　目の光や太陽などがとても強く、目が痛い、怖いなどと思わせる様子。

　・ネコだと思っても、暗い所で**ぎらぎらする**目は怖い。

　・夏は、**ぎらぎらする**光をナイフのように感じる。

　★光る時間が短いとき（ぎらり）と言う。

　・近所に、**ぎらりと**光る刃物を持った男がいて、警察に連絡した。

きらく【気楽ナ・ニ】→らく①

きらす【切らす】

　生活や仕事などに必要な物が無くなる。

　・妻が米を**切らした**と言って、今日はパンが晩ご飯だった。

　・両親が塩や米を**切らさない**ように、時々買って持って行く。

きらっと →きらめく

きらめく

　物が強くなり少し弱くなりを繰り返して光を出す。

　・夜空に**きらめく**星を見ると、ふるさとの夜を思い出す。

　・旅行先の海で、波が時々ダイヤのように**きらめく**のを見た。

　★きらめき続ける様子を（きらきら）と言い、見えるか見えないかと思うほ
　　ど短い時間きらめくとき（きらり/きらっと）と言う。

　・**きらきら**光る星の美しさは、明るい所ではわからない。

　・木の葉に残った雨が、**きらり／きらっと**光る朝は美しい。

ぎらり【ぎらり（と）】→ぎらぎら

きらりと →きらめく

きり【切り】★→きりがない

　仕事や話などを続けているときに、終わるのにちょうどいいと思うとき。

　・**切り**がいいと思ったときに、みんなと一緒に仕事を終えた。

　・**切り**がいいと思えるまで仕事を続けて、帰りが遅くなった。

　★予定した仕事などが終わったと思う様子を（切りがつく）と言い、そこま
　　でやった様子を（切りをつける）と言う。

　・昼ご飯前には**切りをつける**と決めて、会議を始めた。

　・話し合いは、夜になっても**切りがつかなかった**。

一きり

　①　数と一緒に使って、それだけで、ほかには無いと伝える言い方。

　・**ひとりきり**になりたいときは、公園を散歩する。

　・大きな買い物をして、千円**きり**しか残らなかった。

② 〔―(した)きり〕という形で、続いて起こる事があるだろうと思っていたが、無かったと伝える言い方。

・社長は朝から部屋に**入ったきり**で、食事もしない。

・海外へ**行ったきり**連絡が無い大学時代の友達が心配だ。

★②は〔**これ/それ/あれきり**〕の形でもよく使う。

・卒業式の後、**それきり**になって一度も会わなくなった友達も多い。

きりあげる【切り上げる】

予定していた仕事などができる前に、終わりにする。

・台風が近づいていたので、食事会は少し早く**切り上げた**。

・頭が痛いので仕事をいつもより早く**切り上げ**、家で休んだ。

きりかえる【切り替える】

考え方や仕事のやり方などを今までと変える。

・頭を**切り替えて**考えたら、面白い商品が計画できた。

・会社は、少し方向を**切り替えて**高い商品も増やすと決めた。

きりがつく【切りがつく】→きり

きりがない【切りが無い】★→きり

① やっている事や話などが、どこで終わればよいのか決められないほど続く様子。

・仕事が多くて、やってもやっても**切りが無い**。

・反対する人との話し合いは、いつまでやっても**切りが無い**。

② やりたい事や欲しいと思う物などが次から次へと増えて、無くならない様子。

・車を買ったら次に家と、欲しい物には**切りが無い**。

・友人は、**切りが無い**ほど作りたい商品があると言う。

ぎりぎり

これ以上は難しい、できないだろうと感じられる様子。

・約束の時間**ぎりぎり**まで友人を待ったが、来なかった。

・安くできる**ぎりぎり**の値段だと言われて、小さな絵を買った。

きりくち【切り口】

① ナイフなどを使って切った跡や傷など。

・花は、**切り口**を水につけないとすぐに枯れると妻に教えられた。

・けがの**切り口**が開かないように、強く包帯を巻いた。

② 問題の原因を調べるときや、それまでと違う結果を出そうとするときなどの見方や考え方。

・これまでと違う**切り口**で、商品を考えることにした。

・工場を安全にするため、色々な**切り口**から考えている。

きりだす【切り出す】

①　山などから、木や石を運びやすい大きさや形に切って、必要な所に運ぶ。

・石を**切り出して**いた会社が、その跡を花の公園にした。

・ふるさとでは、木を**切り出せる**ような山が少なくなった。

②　言いにくい事や伝えにくい事などを話し始める。

・新しい社員が、会社を辞めたいと難しい顔で**切り出した**。

・社長は、難しい顔で会社が大変だという話を**切り出した**。

きりとる【切り取る】

文や絵、また、景色などの全体から、必要な物や使う所を取る。

・会社に関係のある新聞記事は、全部**切り取って**残している。

・写真は、写す人が景色などを思うように**切り取れる**から面白い。

きりょう【器量】→うつわ②

きりょく【気力】

決めた事や必要な事などを最後までやろうとする強い気持ち。

・仕事をする**気力**が無くなったら、会社を辞める。

・社長は、**気力**が続く間は辞めないと決めているそうだ。

きりをつける【切りをつける】→きり

─きる【─切る】

ほかの言葉の後に付けて、次のように伝える。

①　必要な事ややりたい事などを、最後まで全部してしまう。

・とても面白い本を見つけ、一日で**読み切って**しまった。

・新商品を作るのに、力を**出し切って**仕事をした。

★①は （─(し)**切れない**） という形で、最後まで全部はできないなどと伝える。

・**数え切れない**命を育てる自然は、みんなで守る必要がある。

②　もうこれ以上は無いと思えるほどはっきりした様子になる、する。

・心配する社員たちに、社長は大丈夫だと**言い切った**。

・最近忙しかった友人は、**疲れ切った**顔をしている。

きれ【切れ】

薄く切ったパンや魚の切った身などを数えるときに使う言い方。

・今日は忙しく、友人がくれたパンを一**切れ**食べただけだ。

・妻は、魚料理のとき、庭に来るネコに骨の付いた一**切れ**を残している。

きろ【岐路】

これから生きていくのに、どちらを選ぶか、はっきり心を決める必要が

ある分かれ道。

・大学を出ると、将来を決める大きな**岐路**が待っていた。

・**岐路**に立ったとき、相談できる友人がいてありがたい。

―ぎわ【―際】

ほかの言葉の後に付けて、次のように伝える。

①　ほかの場所にとても近い所。

・育てた花が咲くと、妻は**窓際**に座って長い間見ている。

・夕日が**山際**に近づくと、町全体がオレンジ色になる。

②　ひとつの事をしようとしたちょうどそのとき。

・友人は**別れ際**に驚くような事を言った。

・**帰り際**、社長に話があると部屋に呼ばれた。

きわまりない【極まりない】→きわめる②

きわまる【極まる】→きわめる②

きわめる【極める】

①　これより上は無い所にまで行く、また、これ以上無いほど高い技術や力などを持つ。

・ひとつの事を**極めよう**とする人は、やる気が違う。

・仕事を**極められる**とは思わないが、毎日頑張ってやっている。

②　これ以上は無いほど良い、また、反対に悪い様子になる。

・朝から頭は痛いしせきも止まらず、体調は**極めて**悪い。

・問題が続いて、今年は忙しさを**極めた**年だった。

★②のように、これ以上無い様子になったとき [極まる] と言い、これ以上無いと強く言うとき [極まりない] と言う。

・話を聞こうともしない相手の失礼**極まる**様子に、腹が立った。

・友人は台風の海が見たいと言うが、危険**極まりない**。

きをくばる【気を配る】→きくばり

きをつかう【気を遣う】★→きくばり

人が困る事になる、嫌な思いをするかもしれないなどと思ったとき、そうならないように、喜んでくれるだろうと思う事を先にしておく。

・電車の中では周りに**気を遣い**、みんな小さな声で話す。

・**気を遣い**すぎる人には、色々頼みにくい。

★短く [気遣う] とも言い、気を遣ってしてくれる事や気を遣う様子を [気遣い/心遣い] と言う。

・最近前ほど食べなくなった父を**気遣って**、母は料理を考えている。

・お年寄りに**気遣い**できる町は、住みやすい所だ。

・駅前に、店員の**心遣い**がうれしくてよく行く店がある。

きをとられる【気を取られる】

ひとつの事に注意しすぎて、ほかの事に全然気づかない。

・前の車に**気を取られ**、急に出て来た人に気づけなかった。

・妻は料理に**気を取られる**と、人の話も聞かなくなる。

きをとりなおす【気を取り直す】

失敗して、元気ややろうとする気持ちが出ないときなどに、もう一度頑張ろうと気持ちを変える。

・失敗した人が**気を取り直して**仕事をしていて、安心した。

・友人が**気を取り直せる**ように、一緒に食事をした。

きをぬく【気を抜く】→ゆだん

きをはる【気を張る】

失敗してはいけない、人を困らせられないなどと思って、できる事を力いっぱいやろうという気持ちを持ち続ける。

・祭りの間**気を張っていた**町の人たちは、疲れた様子だ。

・大切な会議の前、うまくいくよう**気を張って**準備した。

★このような気持ちを持ち続けているとき、気が張ると言う。

・人の命に関係する医者や看護師は、**気が張る**仕事だ。

きをひきしめる【気を引き締める】

注意が必要なときや失敗が許されないときなどに、気持ちが弱くならないようにする。

・工場では、事故が無いよう**気を引き締めて**仕事している。

・関係者全員が**気を引き締めて**、新しい会社との話し合いに出た。

きをひく【気を引く】

自分を好きになってほしい、自分の方を見てもらいたいなどの理由で、相手の気持ちが自分の方へ向くようにする。

・子供が痛い痛いと騒ぐのは、親の**気を引きたい**からだ。

・客の**気を引く**ように、商品の箱を赤と黒にした。

きをまわす【気を回す】

小さな事を考えすぎて、本当はどうかわからない事などを心配して、悪く考える。

・失敗を心配していて、友人に**気を回しすぎ**だと注意された。

・嫌な事を言われても、そんな事には**気を回さない**。

きをもたせる【気を持たせる】

まだほかに意味があるのかと思わせるような、また、良い事があると待

たせるような言い方をする。

・「来年には」と気を持たせて、社長の話は終わった。

・話し合いでは、相手に気を持たせるような返事はしない。

きをもむ【気をもむ】

やろうとしている事や良い結果になると思っていた事などが思ったようにならなくて、その事だけを心配し、考え続ける。

・遅れないように気をもんでいたのに、約束の時間に来なかった社員を叱った。

・母の病気は大丈夫かと、妻は朝から気をもんでいる。

★心配して考え続けるとき、(気がもめる)と言う。

・若い社員の仕事が遅いときは、本当に気がもめる。

きをゆるす【気を許す】

相手を信じ、安心して一緒にいる、また、何でも話す。

・会社で気を許して何でも相談できる人は、少ない。

・長く仕事をする相手でも、気を許せないと思うときがある。

★同じ様子を(心を許す)とも言う。

・心を許して色々話せる友人がいると、安心だ。

きをよくする【気を良くする】

している事などがうまくいって、ほめられ、うれしくなる。

・ほめられて気を良くした友人は、明るい顔をしている。

・商品が売れて気を良くした社長が、食事会を開いた。

★反対の様子を(気を悪くする)と言う。

・売れるかなと言って、友人の気を悪くしてしまった。

きをわるくする【気を悪くする】→きをよくする

きんし【禁止スル】

周りが困るので、許さない、してはいけないなどと伝える様子。

・公園では、野球やサッカーなどは禁止されている。

・駅前のすべての場所で、たばこは禁止になっている。

★禁止は「通行禁止」「使用禁止」などと、知らせる事を短く伝えるために使われることが多い、また、強く禁止する様子を(厳禁)と言う。

・長く使用禁止だった公園のトイレが、新しくなった。

・会社でのたばこが厳禁になり、妻は良かったと喜んでいた。

きんちょう【緊張スル】

①　失敗してはいけない、うまくやろうなどと思って、自由に動けない、考えられない気持ちになる様子。

・社長に呼ばれて部屋へ行くときは、いつも**緊張**して汗が出る。

・会議で新しい計画を話すときは、**緊張**してしまう。

★→かたまる⑤

②　人間関係が、いつ大変な事になってもおかしくないほど危険になる様子。

・ゴミ置き場を決める問題で、町の人の間で**緊張**が続いている。

・社長の意見に全員反対で、会議は**緊張**した。

く

ぐあい【具合】

①　病気や弱っている人の体、また、機械などの調子。

・入院している社員は、少し**具合**が良くなったようだ。

・新しく買ったのに、洗濯機の**具合**が良くない。

②　やる事の進む様子ややった事の結果。

・新しい商品の進み**具合**が心配で、工場へ見に行った。

・初めて作った料理のでき**具合**がいいと、妻にほめられた。

③　多く〔**具合がいい／悪い**〕の形で、やる事があるときなどに周りの様子が良い／悪いと伝える言い方。

・**具合**がいい事に、散歩の前に雨が上がった。

・急な相談をしたかったが、社長に客が来ていて**具合**が悪かった。

くいいるように【食い入るように】

ほかの事は全部忘れてしまったように目の前の人や物などを見る様子。

・友人は、相手が誰かわからず、**食い入るように**顔を見た。

・若い人は、工場へ行くと経験者の仕事を**食い入るように**見ている。

くいちがい【食い違い】→くいちがう

くいちがう【食い違う】

考え方ややり方などが違っていて、うまく合わない様子。

・考えが**食い違って**いて、会議では何も決まらなかった。

・相手が前と**食い違う**事を言うので、話し合いは進まなかった。

★うまく合わない様子を〔**食い違い**〕と言う。

・妻と意見の**食い違い**があるときは、時間をかけて何度も話す。

くいとめる【食い止める】

悪い事が起こる前に、また、今以上に悪くならないように、方法を考えて止める。

・いじめを**食い止めよう**と、図書館に子供相談所ができた。

・ふるさとは、人が減るのを**食い止める**計画を考えている。

ぐうぜん【偶然】★→たまたま

起きると思っていなかった事が、考えていなかったときや所で起きる様子、また、起きた事。

・本屋で**偶然**見つけた本を読んで、色々な生き方を考えさせられた。
・本当に**偶然**の事だったが、友人も同じような事を考えていたので計画書を作った。

くぎづけ【釘付け】

考えもしなかった事や信じられない事などに驚いて、また、もっと知りたい、好きだなどと強く思って、いつまでも見ている様子。
・大地震のニュースを、一日中テレビに**釘付け**になって見た。
・おもちゃ売り場には、子供たちを**釘付け**にする物が多い。

くぎり【区切り】→くぎる

くぎる【区切る】

① 長い言葉や仕事のやり方などを小さく分けて、わかりやすくする。
・社長に、話は**区切って**わかりやすくするよう言われた。
・難しい仕事のやり方をいくつかに**区切って**説明した。
② 場所や時間を使いやすいように分ける。
・仕事に合わせて、広い部屋を三つに**区切って**使っている。
・会社では一年をふたつに**区切って**、仕事を計画している。
★①、②のように小さく分けた形や部分を[区切り]と言う。
　①・長く話すときは、**区切り**がよくわかる話し方をしている。
　②・忙しい仕事に**区切り**をつけて、次の日に続けることにした。

くぎをさす【くぎを刺す】

悪い結果にならないように、決まった事などを守るよう強く言う。
・連絡無しで休まないようにと、若い社員に**くぎを刺した**。
・医者に**くぎを刺された**のに、まだたばこがやめられない。

くくる

ひもなどを使って、物を強く締めるように結ぶ、また、結んでひとつにする。
・月に一度、大きなゴミは**くくって**、決まった所に置く。
・長く伸びた髪を見た妻が、もうすぐ後ろで**くくれる**と笑った。

くぐる

① 橋や門など自分より高い所や両側にある物の下や間を行く。
・春は、桜のトンネルを**くぐる**ようにして川の道を散歩する。
・ふるさとを出たバスは、トンネルを**くぐる**と違う世界に出る。
② 周りに見つからないようにして、悪い事をする。
・警察の目を**くぐって**泥棒が逃げ、町はみんなで注意している。
・決まりを作っても、それを**くぐって**悪い事をする人はいる。

③　危ない思いや不安な気持ちなどで、危険な場所などを進む、また、難しい事をする。

・近所の火事で、初めて火の中をくぐって逃げる経験をした。

・有名大学に入るには、難しい試験の門をくぐる必要がある。

くさくさする　→くしゃくしゃ②

くさる【腐る】

①　食べ物や飲み物、金属などが古くなって使えなくなる、また、植物などが水が多すぎて正しく育たない。

・冷蔵庫に入れても、食べ物は腐るので注意している。

・庭の花に水をやりすぎて、腐ってしまった。

②　やる気を無くすような事などがあって、元気が無くなってしまう。

・何度も怒られた社員は、すっかり腐ってしまった。

・失敗しても腐らず、前に進む気持ちが大切だ。

くじく

①　走ったときや飛んだときなどに、足が思っていたのとは違う方に曲がって、痛くて、動きにくくしてしまう。

・高い所から飛んで、足をくじいてうまく歩けない。

・足でもくじいたのか、朝から友人の歩き方がおかしい。

②　やろうと強く思っていた気持ちを、外からの力で弱くしてしまう。

・やる気をくじくとは思ったが、若い人の考えに反対した。

・父は、仕事を辞めるまで何度も気持ちをくじかれる経験をしたそうだ。

★②のように気持ちが弱くなった様子を くじける と言う。

・失敗してもくじけずに最後までやれと言われて育った。

くじける　→くじく②

くしゃくしゃ【くしゃくしゃナ・ニ・スル】

①　紙や服、肌などにしわがたくさんできている様子、また、髪や物の形が初めと変わってしまう様子。

・朝の電車で押されて、くしゃくしゃな服で会社へ行った。

・髪がくしゃくしゃになるので、帽子はかぶらない。

②　嫌な事や自分の気持ちと合わない事などがあって、暗い気持ちが続く様子。

・気持ちがくしゃくしゃする日は、静かな音楽を聞く。

・くしゃくしゃしたときは、頭の中を空にしてひとりになりたい。

★②は くさくさする とも言う。

・気持ちがくさくさしていて、昨日は飲みすぎてしまった。

ぐしゃぐしゃ ★→ぬかるむ

雨や雪の後の道が柔らかくて歩きにくくなる、また、事故などで車や建物などが、元の形がよくわからなくなる様子。
・雨で下がぐしゃぐしゃの公園でも、子供たちは遊んでいる。
・事故の後、ぐしゃぐしゃになった自転車が残っていた。

くじょう【苦情】

嫌な事や困る事などをほかの人に知ってもらうため伝える様子。
・町では、隣近所からの苦情で問題が起きたときは、集まって話し合いをする。
・商品の苦情は、決まった人が電話に出ることになっている。

くすくす

笑いが止められなくて、人に見られないように、また、恥ずかしそうに笑う様子。
・集まってくすくす笑う社員は、何がおかしいのか気になった。
・妻は子供たちの古い写真を見て、くすくす笑っている。
★同じ様子で一度短く笑うとき くすり/くすっと と言う。
・何か付いていたのか、顔を見てくすり／くすっと笑われた。

ぐずぐず【ぐずぐずスル】

①　周りがまだかと思うほど、動きが遅い、また、気持ちがはっきり決まらない様子。
・朝ぐずぐずしていて、妻に仕事に遅れると言われた。
・ぐずぐず考えていては、新しい商品はいつまでもできない。
★→のろのろ(→のろい)
★天気がはっきりしなくて、①のように思わせるとき ぐずつく と言う。
・秋に入って、ぐずついた天気がずっと続いている。
②　思ったようにならない事やほかの人への文句などを、小さな声で言い続ける様子。
・友人は、会議で反対された事をまだぐずぐず言っている。
・ぐずぐず言う社員には、違う仕事をさせる。
★→ぶつぶつ
★小さな子供が泣き声で②のように言い続けるとき ぐずる と言う。
・電車でぐずっている子供に、母親は困っていた。

くすぐったい →くすぐる

くすぐる

①　おなかや足の裏などを触って、人を笑わせようとする。

・子供たちが小さいとき、朝体をくすぐって起こした。

・飲み物を持つ社員をくすぐって、みんなが笑っている。

② ほめて、うれしいような、恥ずかしいような気持ちにさせる。

・社長は、社員の気持ちをくすぐってやる気にさせる。

・店員の優しい言葉にくすぐられ、高い買い物をした。

★①、②のようにされたときの様子を くすぐったい と言う。

　　①・おなかの近くは、人の手が近づくだけでもくすぐったい。

　　②・社長にほめられた社員は、くすぐったそうな顔をした。

　★→てれくさい(→てれる)

くずす【崩す】★→くずれる

① 新しい物を作るなどの理由で、山や道などを壊す。

・山を崩して新しく建てた家が大雨で流された。

・ふるさとでは、山を崩して新しい道ができるそうだ。

② 仕事や悪い天気などが原因で、体の調子を悪くする。

・母が体の調子を崩し、父が心配して電話してきた。

・今年の夏は、調子を崩すような暑さで、休む社員が多かった。

③ 銀行や店などで、買い物などに使いやすい小さなお金にしてもらう。

・お金を崩すため、安い買い物をしたら嫌な顔をされた。

・物が高くなって、大きなお金を崩してもすぐ無くなる。

ぐずつく →ぐずぐず①

くすっと →くすくす

くすぶる

① 物を燃やしたとき、よく燃えない、また、いつまでも消えなくて煙がたくさん出る。

・町のゴミ置き場の近くでくすぶっているたばこが見つかって、問題になっている。

・近所の火事の現場は、いつまでもくすぶっていた。

② 問題などがいつまでも終わらないで、周りや関係のある人の暗くて安心できない気持ちが続く。

・空き家の問題が、住民の間でくすぶり続けている。

・長くくすぶっていた会社の引っ越しが、会議で決まった。

③ 何もしない、また、良くないと思われる生活が続く。

・家でくすぶっていた大学時代の知り合いに、仕事を紹介した。

・息子が部屋でくすぶっていたとき、これからの事をゆっくり話した。

くすむ

明るさが無く、暗く黒く見えるような色の様子。

・くすんだ色の冬の海が好きで、時々見に行く。
・父は、家がくすんで見えるからと言って、壁(かべ)の色を変えた。

くすりと →くすくす

ぐずる →ぐずぐず②

くずれる【崩れる】★→くずす

① 大雨や地震などが原因で、建物や山などの形が変わる、また、無くなる。

・大雨で川の近くの道が崩れ、車が近づけなくなった。
・地震で崩れた空き家をどうするか、町で相談している。

★①のように、崩れて壊れる、形が無くなるなどのとき〔崩壊(ほうかい)〕と言う。

・町の古い寺が崩壊しないように、大きな工事が始まった。

② 同じように続いていた天気や体の良い調子、仕事の進み方などが、悪くなる。

・両親は体調が崩れないようにとても注意して生活している。
・台風で天気が崩れ、仕事に必要な物が届かなかった。

くせ【癖】

しようと思わないのに、気がつかない間にいつもしてしまう動き。

・友人は、考えているときにペンで机を軽くたたく癖がある。
・妻は髪の形を変えてから、鏡を見るのが癖になった。

★気がつかないでよく言う事や使う言葉などを〔口癖〕と言う。

・社長は、「社員は宝(たから)」と口癖のように言う。

―くせに

ほかの言葉の後に付けて、本当は違うのに、そうでない様子を見せるのは許せない、嫌だなどという気持ちを伝える言い方。

・弱いくせに、友人はお酒が大好きだ。
・できないくせに、自分がやると言う社員には困る。

ぐたいてき【具体的ナ・ニ】

よくわかるように、誰でも知っている物などを使って話す様子。

・会議では、計画中の商品を具体的な絵にして説明する決まりだ。
・新しく入った人に、仕事を具体的に説明するのは難しい。

★反対に、難しい言葉が続いて、わかりにくい様子を〔抽象的(ちゅうしょうてき)〕と言う。

・社長は、社員の前で抽象的な話をする事は無い。

くだく【砕く】

固い物や大きな物などを強い力で細かくする。

・妻が中が青い石があると言うので、庭の石を**砕いて**みた。

・**砕いた**氷をグラスに入れるときの音が大好きだ。

★砕いた結果を〔砕ける〕と言う。

・旅行に行った海で、波が岩に当たって**砕ける**様子を長い間見ていた。

くたくた【くたくたニ】→くたびれる①

くだける【砕ける】→くだく

くだす【下す】

①　上から下へ、決められた大切な事などを強く伝える。

・今の時代は、命令を**下す**ような言い方では、誰も言う事を聞かない。

・町は、祭りで食べ物は出さないという決定を**下した**。

②　色々調べて、良いか悪いか、どうするかを決める。

・自分たちが正しいと決定を**下す**ようなテレビや新聞のニュースは、少し心配だ。

・会社が**下した**女性社員は安全のため海外へ行かないという決定に反対が出た。

くたびれる

①　何もしたくなくなるほど体や頭が疲れて、元気が無くなる。

・工場の手伝いは一日中立ち仕事で、**くたびれる**。

・**くたびれた**ときは、甘い物を食べるといいそうだ。

★①のようにとても疲れた様子を〔くたくた〕と言う。

・朝から相談、電話が続いて、今日はもう**くたくた**だ。

②　〔くたびれた〕の形で、長く使った物が古くなってしまった様子。

・十年以上着て**くたびれた**服も、思い出があるので残している。

・長く使って**くたびれた**靴を、全部捨てた。

くだらない

人がする事や話す事などが面白くない、意味が無いと感じる様子。

・**くだらない**話を続けるテレビ番組が多く、見る気にならない。

・子供に高いパソコンを買うのは、**くだらない**事だ。

ぐち【愚痴】

腹の立つ事や許せない事があったときなどに、気持ちを軽くするために言う事や使う言葉。

・若い人の**愚痴**を聞くのも、会社のためだと思ってやっている。

・仕事の**愚痴**を言うと、妻は笑って何も返事をしない。

★言わなくてもいいと思う事を言ってしまうとき〔愚痴をこぼす〕と言う。

・食事に行くと、友人が珍しく**愚痴をこぼす**ので少し驚いた。

くちうらをあわせる【口裏を合わせる】

本当の事を知られないように、関係のある人が、相談して話す事などを決めておく。

・関係者が**口裏を合わせて**、ゴミ問題は進んでいると話した。

・**口裏を合わせた**ような会議は、意味が無い。

くちうるさい【口うるさい】★→がみがみ、くどい①

同じような事を相手が嫌だと思うほど何度も言う様子。

・町がゴミを捨てないよう**口うるさく**言っても、守る人は少ない。

・**口うるさい**と思われても、事故を起こしたくないので同じ事を何度も言う。

★同じ様子を〔口やかましい〕とも言う。

・**口やかましかった**父が、叱らなくなったとき少し寂しいと感じた。

くちがうまい【口がうまい】

聞いている人が疑問を持たないようなうまい話し方で、自分の言う事を信じさせようなどとする様子。

・人に嫌われないように話す**口がうまい**人は、商売も上手だ。

・買おうとは思っていなかったのに、店員の**口がうまくて**、高いグラスを買った。

くちがおもい【口が重い】

話す事が少ない、質問されてもじゅうぶんに答えないなど、話が好きではないと思わせる様子。

・**口が重い**人とは、仕事の話を進めるのも大変だ。

・失敗の理由を聞いても、**口が重く**答えない社員には困る。

くちがかたい【口がかたい】→くちがるい

くちがかるい【口が軽い】

知られてはいけない事や個人的な話などを、人が困ると考えずに周りに話す様子。

・**口が軽い**と思われると、近所の人たちから信じてもらえない。

・いい人だが、**口が軽い**ので計画などを考えるのには困る人がいる。

★反対の様子を〔口がかたい〕と言う。

・**口がかたい**友人は、人からよく個人的な相談も受ける。

くちかず【口数】

よく「多い」「少ない」と一緒に使って、どれだけ話すかという様子。

・口数は少ないが、仕事ができる社員は少なくない。
・口数は多いが、よく考えて話しているのだろうかと思う人がいる。
★口数がとても少ない様子を 無口 と言う。
・工場で大切にされている人は、無口だが経験の長い人だ。

くちがすっぱくなるほど【口が酸っぱくなるほど】★→くどい①

気をつけてほしいので、聞くのが嫌になるほど何度も繰り返し注意などすると伝える言い方。
・医者に口が酸っぱくなるほど言われたが、たばこがやめられない。
・口が酸っぱくなるほど言っても、朝遅れる社員がいる。
★繰り返して言う様子を 口を酸っぱくして と言う。
・口を酸っぱくして注意しても、同じ間違いをする人がいる。

くちがすべる【口が滑る】→くちをすべらす

くちがへらない【口が減らない】

相手に言われた事を聞かないで、負けたくないと色々言い返す様子。
・注意しても口が減らない若い社員に、困った。
・口が減らない子供を、よくうるさいと叱った。

くちからでまかせ【口から出任せ】→でまかせ

くちがわるい【口が悪い】

話す内容や使う言葉などが、人を嫌な気持ちにさせる様子。
・口が悪いと思っても、一緒に仕事をしていい人だと思うことは多い。
・口が悪い人と話していると、途中で話すのが嫌になる。

くちきき【口利き】→くちをきく②

くちぐせ【口癖】→くせ

くちぐちに【口々に】

集まった人たちが、相談しないで思っている事や言いたい事などを言う様子。
・口々に好きな事を言うと、会議は進まない。
・相談すると、みんな口々に自分の考えを話し始めた。

くちごもる【口籠る】

はっきり言いたくなくて、また、どう言えばいいかと考えて、言葉が出ない。
・決まりを守らない理由を聞かれた社員は、ずっと口籠っていた。
・急に休んだ友人は、何を聞いても口籠って返事をしなかった。

くちさき【口先】★→くちやくそく

やる気の無い計画や約束を、相手に信じさせようとして言う事や言葉。

・口先だけの約束は、信じられないことが多い。
・口先だけなら何でも言えるから、仕事の話は難しい。

くちずさむ【口ずさむ】

昔の事を思い出したときや楽しい気持ちのときなどに、好きな歌や詩を小さな声でひとりで歌い、言う。

・妻が口ずさむ歌を聞いて、ふるさとを思い出すときがある。
・友人は、若い時に好きだったと言って詩を口ずさんだ。

くちぞえ【口添え】→くちをそえる

くちだし【口出し】→くちをだす

くちどめ【口止めスル】

ほかの人に知られると困るので、誰にも言わないようにと強く言う様子。

・社長の入院は、会社の外の人に言わないよう口止めされた。
・何を言っても口止めはできないと思うので、隠すような事はしない。

くちにあう【口に合う】

食べ物や飲み物が、おいしい、好きだと感じる味になっている。

・辛い料理は、どんな料理も口に合わない。
・「お口に合えばいいのですが」と言って、おみやげを渡した。

くちにする【口にする】

①　思っている事などを言葉にして伝える。

・よく考えずに口にした一言が、友人を怒らせた。
・人を傷付けるような言葉は、口にしないよう気をつけている。

★①と同じ意味で口に出すとも言う。

・腹が立ったので、思っている事を全部口に出した。

②　食べ物や飲み物を口に入れ、食べる、また、飲む。

・熱のある母が、果物を少し口にしたので、少し良くなったかなとうれしかった。
・病院へ検査に来る前は何も口にしないように、と言われた。

くちにだす【口に出す】→くちにする①

くちにのぼる【口に上る】→わだい

くちばしる【口走る】★→くちをすべらす

言ってはいけない事などを言ってしまい、困った結果になる。

・会社の新しい計画を外の人に口走った社員がいて、新しく作り直した。
・「頭の悪い生徒は」と口走った先生が、小学校を辞めた。

くちばしをはさむ／いれる【くちばしを挟む／入れる】→くちをはさむ

くちはわざわいのかど【口は災いの門】→くちはわざわいのもと

くちはわざわいのもと【口はわざわいの元】

「わざわい」は思っていなかったような悪い事という意味で、相手や周りを気にせずに何でも言うと、後で困ると伝える言い方。

・口はわざわいの元で、正しい事を言っても人を怒らせる。

・太ったと言って妻とけんかになったが、口はわざわいの元だ。

★同じ様子を 口はわざわいの門 とも言う。

・口はわざわいの門と言うが、人を喜ばせる言葉もある。

くちびるをかみしめる【唇をかみ締める】→くちびるをかむ

くちびるをかむ【唇をかむ】

腹が立つときや聞きたくないと思うとき、また、自分が悪いとわかっているときなどに、黙って何も言わない様子。

・失敗して唇をかむ社員に、次は頑張れと肩をたたいた。

・間違いだと言われ恥ずかしく、会議中唇をかんで黙っていた。

★何も言わずに黙っている様子は 唇をかみ締める とも言う。

・大きな失敗をして、唇をかみ締める友人を黙って見ていた。

くちびをきる【口火を切る】

これから続けてする事や少しの間続く問題などの最初、始まりとなる。

・社長が口火を切って、海外での仕事が始まった。

・問題の口火を切ったのは、中学の教師が「女はまず結婚」と言った事だった。

くちぶり【口振り】

考えや気持ちなどが伝わるような話し方や言葉の使い方。

・社長は怒ると、知らない人と話すような口振りになる。

・海外にいる友人は、来月帰国するような口振りだった。

くちべた【口下手ナ】

言いたい事を、相手に伝わるようにうまく話すことができない様子、また、できない人。

・よく行く駅前のすし屋は口下手だが、味は一番だ。

・口下手な社員が大きな注文をもらったと言うので驚いた。

くちほどにもない【口ほどにもない】

自分は力があって知っている事も多く、経験も長いなどと言っていたのに、そうではないと感じさせる様子。

・上手だと言われている社員の英語は、口ほどにもなかった。

・口ほどにもないと思われないように、誰よりも頑張っている。

くちやかましい【口やかましい】→くちうるさい

くちやくそく【口約束】★→くちさき

　後でどうなるか考えずに、簡単に言葉だけでする約束。
　・妻と相談もしないで、車を買うと口約束をしてしまった。
　・口約束に終わらないように、時間を作って両親と旅行をした。

くちょう【口調】

　話すときの様子や言葉の使い方。
　・命令する口調で話すと、若い人に嫌われる。
　・亡くなった祖母の優しい口調が、今でも思い出される。

くちをきく【口を利く】

　①　人と話をする、また、言葉にして自分の考えなどを伝える。
　・意見が違う人と口を利かないのは、良くない。
　・偉そうな口を利くと、若い社員に嫌われる。
　★→おおきなくちをきく(→おおぐち②)
　②　ほかの人のために、関係のある人に頼み事をする、また、必要な人などを紹介する。
　・仕事のために、知り合いに口を利いてもらった。
　・引っ越ししようと思い、知り合いに口を利いてもらった。
　★→くちをそえる
　★②のように、話をし、紹介をする様子を 口利き と言う。
　・社長の口利きで、有名な医者を紹介してもらった。

ぐちをこぼす【愚痴をこぼす】→ぐち

くちをすっぱくして【口を酸っぱくして】→くちがすっぱくなるほど

くちをすべらす【口を滑らす】★→くちばしる

　ほかの人に知られてはいけない事だとわかっていたのに、不注意で人に話してしまう。
　・食事会で口を滑らして、家を買う予定だと言ってしまった。
　・口を滑らした社員がいて、新計画を外に知られてしまった。
　★口を滑らせる様子を 口が滑る と言う。
　・口が滑ったのか、相手は考えている商品の話をした。

くちをそえる【口を添える】★→くちをきく②

　難しい仕事や計画を始めるときなどに、相手と強い関係を持つ人が間に入って、問題が無いように話をする。
　・今住んでいる家は、知り合いに口を添えてもらい、少し安く買った。
　・反対する社員もいたが、社長が口を添え、新しい計画が決まった。
　★口を添える様子を 口添え と言う。

・友人の口添えで、若い社員の結婚話が進んだ。

くちをそろえる【口をそろえる】

関係する人みんなが同じような事を言う。

・母の料理を、家族は口をそろえておいしいと言った。

・社長の考えに、みんなが口をそろえて反対した。

★同じ様子は 声をそろえる とも言う。

・公園を狭くする計画に、町の人は声をそろえて反対した。

くちをだす【口を出す】★→くちをはさむ

ほかの人が話している途中で話に入り、頼まれてもいない事などに関係して、自分の意見を言い、人に嫌な思いをさせる。

・若い人が何か言うと、すぐ口を出す人がいる。

・最近、子供のけんかに口を出す親が増えているそうだ。

★口を出す様子を 口出し と言う。

・自分にはできない事に口出しはしないと決めている。

くちをつぐむ【口をつぐむ】

簡単には答えられないときや話したくないとき、黙って何も言わない。

・失敗の理由を聞かれても、若い社員は口をつぐんでいた。

・嫌な経験を思い出したのか、友人は急に口をつぐんだ。

くちをとがらせる【口をとがらせる】

良いと思えなくて少し怒ったときなどに、くちびるを細くして前に出して、気持ちを伝える。

・悪いと思っていないのか、叱られた社員は口をとがらせた。

・賛成できない人たちは、口をとがらせて気持ちを伝えた。

くちをにごす【口を濁す】

言いたくない事を聞かれたときや答えがよくわからないとき、また、ほかの人が困ると思ったときなどに、はっきりしない返事をする。

・大丈夫かと聞くと、医者は、少し様子を見ようと口を濁した。

・計画はどうなっていると社長に聞かれ、みんな口を濁した。

★同じようにはっきり言わない様子を 言葉/言葉尻を濁す とも言う。

・予定の日にできるかと聞くと、友人は珍しく言葉を濁した。

・妻が言葉尻を濁すときは、言いたくない事があるときだ。

くちをぬぐう【口を拭う】

悪い事や失敗に関係しているのに、自分は関係無い様子で何も言わない。

・口を拭って失敗の説明をしない社員に、社長が怒った。

・注文を間違えた相手の会社は、何を言っても口を拭って黙っていた。

くちをはさむ【口を挟む】★→くちをだす

　関係の無い事やよく知らない事などに、話の途中で入って意見を言う。

　・若い社員を助けようとしたが、**口を挟む**なと叱られた。

　・途中で**口を挟む**人が多いときは、会議が進まない。

　★同じ意味で 言葉を挟む くちばしを挟む/入れる とも言う。

　・急ぐ相談があっても、社長が話しているときに**言葉を挟む**ことはできない。

　・よくわからないで話の途中で**くちばしを挟む**人には、困る。

　・何にでも**くちばしを入れる**と、周りが困る。

くちをひらく【口を開く】

　①　静かに聞いていた人が、どうしても言いたい事がある様子で話し始める。

　・いつも意見を言わない人が、珍しく**口を開いた**。

　・会議中、許せない事を言う人がいて、腹が立って**口を開いた**。

　②　口を開けば という形で、嫌になるほど何度も聞きたくない事を言うと伝える。

　・母は、**口を開けば**勉強と言って子供を育てた。

　・**口を開けば**人を悪く言う人とは、話したくない。

くっきりと【くっきり(と)スル】

　人や物などが、どんな形をしているかはっきりと見える様子。

　・台風の後は、町から遠くの山まで**くっきりと**見える。

　・新しいテレビは、前より**くっきりして**見えた。

ぐっすり【ぐっすり(と)】

　簡単には起きないくらい深く眠っている様子。

　・考え事があって、**ぐっすりと**眠れない夜が続いている。

　・**ぐっすり**眠る妻は、気持ち良さそうで起こせなかった。

くったく【屈託】

　いつも頭や心の中にあって、気にし、心配している事。

　・少しの**屈託**も無さそうな子供の笑顔を見ると、疲れが取れる。

　・友人の様子が暗く、何か**屈託**がありそうで心配だ。

ぐったり【ぐったり(と)スル】

　疲れや病気で元気が無く、何もする気になれなくて倒れそうになる様子。

　・暑い日は会社に行くだけで、**ぐったりと**疲れてしまう。

　・家に帰ると、妻が**ぐったり**していたので急いで病院へ行った。

くっつく

人と人、物と物などが簡単に離せないほど強くひとつになっている、また、人がいつも近くにいる。

・新しい社員は、経験の長い人にくっついて仕事をする。

・会社に着いたとき、ズボンに草がくっついていた。

★同じ様子を ひっつく とも言う。また、くっつくようにするとき くっつける と言う。

・親にひっついて離れなかった娘が今は家族を持っている。

・友人は、若いふたりをくっつけて結婚させようとしている。

くっつける →くっつく

くつろぐ

何も心配する事などが無くて、力を抜いて心と体を休める様子。

・妻の料理でビールを飲むときが、本当に気持ちがくつろぐときだ。

・大人も子供も、くつろげる場所の無い人が増えているようだ。

くどい

① わかってほしいと願って、相手を嫌な気持ちにさせるほど同じ事を繰り返す様子。

・くどいほど注意されても、遅れて来る社員がいる。

・友人は、お酒を飲むと話がくどくなる。

★→くちうるさい、くちがすっぱくなるほど。

★①のように繰り返す様子を くどくど(と) と言う。

・くどくどと説明を続ける社員に、社長が腹を立てた。

② 味や色などが濃くて、良いと思えない様子。

・甘さや辛さが強すぎると、味がくどくなってしまう。

・商品の箱は、くどくならないように色を考えた。

くどくど【くどくど(と)】→くどい①

くびをかしげる【首をかしげる】★→くびをひねる

頭を少し横にして、すぐに賛成できない、信じられないなどという気持ちを見せる。

・これまでに無かった計画に、社長は少し首をかしげた。

・間違っていると言われた社員は、首をかしげて黙っていた。

くびをつっこむ【首を突っ込む】

初めは関係無かった事に、理由があって深く関係を持つようになる。

・首を突っ込まないでおきたかったが、今は新計画の中心にいる。

・空き家問題に首を突っ込む人が増えて、町は大騒ぎだ。

くびをながくする【首を長くする】

初めての事や長く待っていた事などが近くなり、とても楽しみにしてま
だかと思う。

・**首を長くして**待っていた新しいテレビが、今日届いた。
・十年前の仲間と会う日を、**首を長くして**待っている。

くびをひねる【首をひねる】★→くびをかしげる

自分が思った事や知っている事などとは違うとき、変だと感じて少しの
間考える。

・毎日公園に来るようになった多くのネコを見て、町の人は**首をひねっ**
　ている。
・機械の前で**首をひねっ**ている社員に、使い方を教えた。

くびをふる【首を振る】★→うなずく

問題無い、それでいいと伝えるときには上下に、違う、嫌だと伝えると
きには左右に、頭を少し動かす様子。

・社長は新しい計画を聞いて、**首を縦に振った**。
・友人は**首を横に振っ**て、話がわからない事を伝えた。
★違う、嫌だと伝えるとき (かぶりを振る) とも言う。
・黙って**かぶりを振る**社長を見て、計画を考え直そうと思った。

くふう【工夫スル】

今までには無かった考えや誰もが考えないやり方や物の作り方だと思わ
せる様子。

・子供でも使えるように**工夫し**た商品が、売れている。
・昔の建物には、今でも使える**工夫**が多い。

くべつ【区別スル】

人や物を、種類や色などの違いで分ける様子。

・着る物でも持つ物でも男性用、女性用と**区別される**事が少なくなって
　きた。
・良い事と悪い事の**区別**ができない人が最近増えたと思う。

くぼみ →くぼむ

くぼむ

ほかの所より少し低く、浅い穴のようになっている。

・町の道に**くぼん**だ所が多くなって、工事が始まった。
・疲れたときは、妻に目が**くぼん**でいると言われる。
★同じ様子を (へこむ) とも言う。また、低くなった場所を (くぼみ/へこみ)
　と言う。

・妻は、庭の**へこんだ**所に土を入れて花を植える場所にした。
・トラックが使う工場の前の道には、すぐに**くぼみ**ができる。
・会社の車を壁に当てて、後ろの方に**へこみ**ができた。

くまなく【くま無く】→すみからすみまで

くみいれる【組み入れる】→くみこむ

くみこむ【組み込む】

違う考えややり方、また、小さな機械などを入れて、全体の一部にする。
・誰の考えでも、良いと思ったら商品計画に**組み込む**。
・機械に**組み込まれた**ような仕事が嫌だと、辞めた人がいる。
★〔組み入れる〕も同じ様子を言う。
・コンピュータが仕事に**組み入れられる**事が多くなった。

くみとる【汲み取る】→くむ

くむ【汲む】

①　両手や道具を使って、川や海などから水を取る。
・町では、川で**汲んだ**水が汚れていないか時々調べている。
・妻は、風呂の水を**汲んで**、庭の花にやっている。
②　相手の本当に言いたい事や気持ちをわかろうとする。
・相談に来る社員の気持ちを**汲んで**話を聞くのは難しい。
・使う客の気持ちを**汲んで**、より良い商品にしている。
★①、②は、〔汲み取る〕とも言う。
　①・公園の池の水は、年に一度**汲み取られ**汚れが調べられている。
　②・いつも相手の気持ちを**汲み取って**、話を聞くようにしている。

くもゆき【雲行き】

①　天気が良くなりそうだ、悪くなりそうだと思わせる雲の動き。
・父は、**雲行き**を見ると天気がどうなるかわかるそうだ。
・散歩中、急に**雲行き**がおかしくなったので急いで帰った。
②　今進んでいる話し合いなどが、これからどうなるかという様子。
・失敗が続いているので、今日の会議は**雲行き**が悪い。
・新商品の計画は、金の問題で**雲行き**が悪くなり始めた。

くやしい【悔しい】→くやむ

くやむ【悔やむ】

①　失敗した事が忘れられなくて、するのではなかった、もっと頑張れば良かったなどと思う。
・失敗は**悔やんでも**遅いので、二度と同じ事をしないようにする。
・学生のときもっと勉強すれば良かったと、今になって**悔やまれる**。

★①のように思う様子を（後悔）とも言う。

・友人への冷たい一言を一日中後悔した。

②　大切な人、よく知っている人の死を悲しむ。

・人の死は、どれほど悔やんでも、どうすることもできない。

・多くの人が、町のために働いてくれた人の死を悔やんだ。

★①、②のように悔やむ気持ちになったとき（悔しい）と言う。

　　①・失敗すると、悔しい気持ちが何日も続くことがある。

　　②・一度話そうと思っていた知り合いが亡くなってとても悔しい。

くよくよ【くよくよ（と）スル】

終わった事や小さな事などをいつまでも考え、心配している様子。

・失敗が続いた友人に、くよくよしないで頑張ろうと言った。

・終わった事にくよくよしないで、次は頑張ろうと思う。

―くらい〜ない

喜びや悲しみなどの気持ちが、言葉で言えないほどだ、一番だなどと伝える言い方。

・商品ができた後の食事会くらい楽しい時間はない。

・母の急な入院くらい心配な事はほかにない。

★（―ぐらい〜ない）とも言い、（―ほど〜ない）も同じ様子を言う。

・ふるさとでは寒い冬の早起きぐらい嫌な事はなかった。

・家族みんなが元気で、一緒に食べる料理ほどおいしい物はない。

―ぐらい〜ない →―くらい〜ない

くらがり【暗がり】→くらやみ

ぐらぐら【ぐらぐらスル】

①　人や物が揺れて動く様子、また、気持ちや考えなどがひとつに決められない様子。

・失敗が続き、辞めようかと気持ちがぐらぐらしたことがある。

・家で使う机がぐらぐらするようになって、新しいのを買った。

★①で一度短く強く揺れるとき（ぐらり）と言い、ぐらぐら揺れる様子を（ぐらつく）と言う。

・今朝、一度強くぐらりと揺れてから、弱い地震が続いた。

・ぐらつく歯が気持ち悪いので、歯医者へ行くことにした。

★→がたがた①

②　湯やスープなどが泡が出るほど熱くなった様子、また、その音。

・鍋からぐらぐら音がするので、急いで火を消した。

・みそ汁はぐらぐらさせるとおいしくないと、母に習った。

くらくらする ★→めがまわる

体の調子が悪いとき、また、光が強いときや高い所に上ったときなどに、目の前が暗くなり倒れそうになる様子。

・熱があって、頭が**くらくら**したが会社へ行った。

・下を見ると頭が**くらくらする**と言って、妻は高い所が嫌いだ。

ぐらつく →ぐらぐら①

くらやみ【暗闇】

少しも光や明かりが無く、何も見えない様子、また、そのような場所。

・商品を置く部屋は窓が無いので、電気を消すと**暗闇**になる。

・月も星も無い夜、ふるさとは**暗闇**の世界になる。

★光が少なく暗いときは 暗がり と言う。

・町は**暗がり**を作らないように、明かりを増やしている。

ぐらり【ぐらり（と）】→ぐらぐら①

くりあがる【繰り上がる】→くりあげる

くりあげる【繰り上げる】

予定や決まっていた順番などを理由があって早くして進める。

・社長の頼みで仕事の予定を一週間**繰り上げ**、大忙しだ。

・年末は仕事を**繰り上げ**、休みを増やすことになった。

★繰り上げて予定より早くなる様子を 繰り上がる と言う。

・相手に頼まれて、商品の送り出しが**繰り上がり**、大変だ。

くりだす【繰り出す】

おおぜいの人が食事などの楽しい集まりのために同じ場所へ行く。

・商品ができると、いつもみんなで駅前の店へ**繰り出す**。

・桜が咲くと、**繰り出す**人で公園は歩けないほどになる。

くりひろげる【繰り広げる】

多くの人に知らせる、また、広く知られるようにするために、大きくにぎやかな運動などをする。

・選挙運動が**繰り広げられ**ていて、昼の町は大変な騒ぎだ。

・町は、ゴミを無くす運動を**繰り広げよう**と話し合っている。

★同じ様子を 展開 とも言う。

・警察と町は、一年に二度、交通安全運動を**展開**している。

くるう【狂う】

① 時計やピアノの音、体の調子などが、いつものようでなくなる。

・時計が**狂って**いて、大切な約束に遅れてしまった。

・変な天気が続いて、体の調子が**狂って**しまいそうだ。

② 考えていなかった事などが起こり、予定や計画が思っていた通りに進まない。

・朝から客が続いて、一日の予定が**狂って**しまった。

・台風で会社へ行けず、仕事の計画が**狂った**。

ぐるっと →ぐるり②、③

ぐるり【ぐるり（と）】

① 自分のいる場所の近くや周り。

・ふるさとの家は、**ぐるり**に家が少なく寂しい所だ。

・空き家の**ぐるり**は、どこもゴミ捨て場のようになっている。

② 人や物の周りに物を置く、周りに人が集まる、また、いつもいる場所の近くを人が動く様子。

・安全のため、公園の池に**ぐるり**とネットが張られた。

・時々食事の後、近所を**ぐるり**と散歩する。

③ ひとつの方向に向かっていた人や車が、進む方向を変える様子。

・工事だとわかって、車を**ぐるり**と反対へ向けた。

・自転車の子供が車の前で急に**ぐるり**と曲がって、驚いた。

★②、③の意味で ぐるっと とも言う。

　②・会場から出て来た歌手の周りに**ぐるっと**人が集まった。

　③・車が多かったので、**ぐるっと**回って細い道に入った。

くれぐれも

注意をするときやお願いをするときなどに、言った事を忘れないでしてほしいと何度も言う様子。

・社員に、**くれぐれも**注意して機械を使うように言った。

・話し合いに行く社員に、**くれぐれも**相手を怒らせないようにしてほしいと話した。

くろう【苦労スル】

生活や仕事などで、難しい問題がたくさんあっても、それに負けないように頑張り続ける様子。

・色々**苦労**を経験した人たちは、周りの人に優しい。

・**苦労**して計画を作っても、商品にならない物も多い。

くわえる[1]

人や動物、鳥が口で物を持つ。

・ゴミを捨てに行くと、口に物を**くわえた**鳥が逃げて行った。

・今は、ネズミを**くわえた**ネコを見る事は無くなった。

くわえる²【加える】

① 新しく人や物を入れて今までよりも多くする。

・月に一度、大人に子供も**加えて**町の掃除をしている。

・町に住む人の数は、最近来た人を**加えて**も昔の半分ほどだ。

② 重さや力、速さなどをゆっくり増やして大きくする。

・できた商品に強い力を**加えて**、壊れないか調べている。

・強そうでも、少し重さを**加える**と曲がってしまう物もある。

★①、②のようにして、増える様子を 加わる と言う。

　①・食事会は、新しい人も**加わって**楽しい集まりになった。

　②・庭の木は、長い間風の力が**加わって**形が変わってしまった。

③ 今までよりも良くするために、人や物を新しく入れる。

・若い人の意見を**加える**ようになって、売れる物が増えた。

・妻は、日本料理にも牛乳を**加える**と味が良くなると言う。

④ ～に加えて という形で、今の様子になった理由はひとつではないと伝える。

・経験不足に**加えて**勉強もしない人には、仕事を頼まない。

・食べすぎに**加えて**運動もしないので、体重が増え始めた。

くわわる【加わる】→くわえる²①、②

ぐんぐん【ぐんぐん(と)】

① 初めは遅かった進み方が、途中からとても速くなる、また、急に大きく変わる様子。

・新商品が途中から**ぐんぐん**売れ始め、毎日大忙しだ。

・友人の頑張りで、計画が**ぐんぐん**進み始めた。

② 人や動物、植物が短い時間で大きく変わる様子。

・夏の太陽の下で、庭の草は**ぐんぐん**と大きくなっていく。

・息子も娘も、中学生になると**ぐんぐん**背が伸び始めた。

★①、②のように急に、また、短い時間で変わる様子を ぐんと と言う。

　①・外で遊ぶ子供が、いつ頃からか**ぐんと**減った。

　②・まだ四月なのに気温が**ぐんと**上がって、夏が来たようだ。

ぐんと→ぐんぐん

くんれん【訓練スル】

① 難しい技術が使えるように、特別な仕事ができるように長い間練習する様子。

・長く**訓練**した看護師さんは、人を安心させる。

・使えるようになるまで**訓練**が必要な機械が、いくつもある。

② 同じ事を何度も練習して、必要なときにできるようになる様子。
・町は、地震などのときに安全な場所に逃げる**訓練**をしている。
・会社に入った人には、最初に挨拶や電話の仕方の**訓練**がある。

け

—げ【—気】
ほかの言葉の後に付けて、本当はどうかわからないが、外からはそう見えると伝える言い方。
・祭りに向かう人たちは、みんな**涼し気**な服装をしている。
・日曜日の公園は、**楽し気**に弁当を食べている家族が多い。

けいい【経緯】→いきさつ

けいえんする【敬遠する】
① 大切にしているように見せているが、心では嫌だ、関係を持ちたくないなどと思って近づかない。
・すぐに怒る人は、周りから**敬遠されて**友達ができない。
・何度も注意すると、若い人には**敬遠されて**しまう。
② 嫌な事や物、人などと関係を持たないようにする。
・体力を使う仕事は、最近特に**敬遠される**ようになった。
・体のため、油をたくさん使った料理は**敬遠している**。

けいか【経過スル】
長い時間が過ぎる、また、時間が過ぎる間に色々変わる様子。
・妻と結婚して三十年以上**経過した**とは、信じられない。
・母は手術後の**経過**が良く、退院することになった。

けいかい¹【警戒スル】
良くない事などが起こらないように、また、起こっても大丈夫なように準備して気をつける様子。
・台風や大雨に**警戒**が必要な事を、社員全員に伝えている。
・機械を使うときには事故に**警戒する**ように、若い社員に強く注意した。

けいかい²【軽快ナ・ニ】
楽しくなるような軽くて明るい様子、また体がとても軽そうに動く様子。
・**軽快な**音楽を聞くと、仕事の疲れを忘れられる。
・若い社員は、頑張ると言って**軽快に**出て行った。

けいこう【傾向】
人や社会の全体的な動きや流れの方向。
・社長は、どんな事でも良い方に考える**傾向**がある。

・最近、物の値段が下がる**傾向**が見られる。

けいさい【掲載スル】→かかげる②

けいし【軽視スル】→じゅうし

けいそつ【軽率ナ・ニ】

後で困る事になるかもしれないのに、よく考えないで簡単に決めてしまう、また、深く考えないですぐに始める様子。

・妻の怒った顔を見て、**軽率な**事を言ったと気がついた。

・仕事では、大変な事になるので**軽率に**約束できない。

★同じような様子を(軽はずみ)とも言う。

・仕事の話に行った社員が、**軽はずみな**事を言わないか心配だ。

けいべつする【軽蔑する】

相手は深く考えていない、自分ほど力が無いなどと思って、軽く見、離れている。

・服装だけでどんな人か決めるような人間は、**軽蔑される**。

・自分の考えを持たないと、**軽蔑した**目で見られる。

けげん【けげんナ・ニ】→いぶかしい

けずる【削る】

①　物を作る、けがをしないようにするなどのために、道具を使って、木や鉄などの使う部分を薄く切り落とす、また、きれいに磨く。

・古くなった板を**削って**きれいにし、小さな机を作った。

・次の商品のために、鉄を薄く**削る**機械が新しく入った。

②　文や予定している事、お金などの必要ではないと思う所を減らす。

・若い人が書いた計画書の要らない所を**削って**短くした。

・新しい商品の計画は、お金がかかりすぎるので少し**削った**。

けたたましい

耳が痛くなるほど音や声などが大きくて、驚かせる様子。

・夜遅く、**けたたましい**音をさせて消防車が近くへ来た。

・会社は昔、**けたたましい**ベルの音で昼休みを知らせていた。

けち【けちナ】

人がする事や喜ぶ事などに、自分の持っている力や物、お金などを使おうとしない人、また、その様子。

・父は、人から**けち**と呼ばれる事をとても嫌っている。

・お金を出さないが祭りは楽しむ**けちな**人が多いらしい。

★自分の物を使おうとしない様子を(けち臭い/けちる/けちけち)と言う。

・**けち臭い**事が嫌いな妻は、客が来ると驚くほど料理を作る。

・友人は、お金を**けちる**人とは食事に行こうとしない。

・父は、**けちけち**して、人に嫌われるような生き方はしたくないと言う。

けちがつく

やろうとする事ややっている事などに、嫌な気持ちにさせるような事などがあってやる気が弱くなる。

・新商品の箱に間違った字があって、**けちがついた**と思った。

・商品を送る日が台風で、初めに**けちがついた**思いだった。

★言葉で嫌な気持ちにさせ、やる気を無くさせるときなどに けちをつける と言う。

・小さな事に**けちをつける**人がいて、ゴミ問題の話し合いは進まない。

けちくさい【けち臭い】→けち

けちけち【けちけちスル】→けち

けちる →けち

けちをつける →けちがつく

けっきょく【結局】

できる事はやったが思ったのとは違う結果になったと伝える言い方。

・色々な事をやったが、**結局**商品にはならなかった。

・何度も話し合いをしたが、**結局**、人の気持ちは変わらないと思った。

けっこう【結構】→かなり

けっさく【傑作】

①　長く伝えられ、多くの人が良いと思い、大切にされる絵や音楽など。

・自分が何も感じなければ、**傑作**でも意味が無い。

・**傑作**だと思う絵だったが、高すぎて買えなかった。

②　いつもは経験できない、とても面白い事だなどと伝える話し言葉。

・右左違う靴をはいて遅れて来た友人の様子は、**傑作**だった。

・若い社員と踊る社長の様子は**傑作**で、みんなで笑った。

けっして【決して】

後に「ない」を意味する言葉を使って、考えややる事などを変えることは無いと強く伝える言い方。

・周りを困らせるような事は**決して**しないと強く思っている。

・両親は、要らない物は**決して**買わないと決めている。

げっそり【げっそりスル】

苦しい事や嫌な事などがあり、心も体もとても疲れる様子。

・母の入院で、妻は忙しい日が続き**げっそり**痩せた。

・仕事が休み無く続くと、**げっそりする**思いになるときもある。

けつだん【決断スル】

色々考えて、最後にはっきりと決める様子。

・両親は相談を続け、家を売ってふるさとへ帰ると**決断した**。

・ひとりでやる**決断**がつかなくて、会議では話さなかった。

けっちゃく【決着スル】

長く続いた問題などが、最後にどうするか決まり、終わる様子。

・色々な意見が出て、町のゴミ問題はまだ**決着**がつかない。

・社長の「やる」という言葉で、会議での話し合いは**決着した**。

けなす　★→わるくち

相手の良くない事などを、相手が傷付くほど強く言う。

・若い人を育てるには、**けなす**よりもほめる方がいい。

・後の事を考えず人を**けなしても**、良い結果にはならない。

けはい【気配】

理由ははっきり言えないが、いつもと違うと感じる様子。

・いつもと**気配**が違うのか、台風が近づくと鳥も静かになる。

・暗い台所で、何かが動く**気配**がしてびっくりした。

げひん【下品ナ・ニ】→じょうひん

けむる【煙る】

周りがよく見えないほど煙や煙のような物でいっぱいになる。

・火事の跡に行ってみると、まだ周りが**煙っていた**。

・急に暖かくなって、今朝の町は**煙った**ように見えた。

けろっと【けろっとスル】→けろりと

けろりと【けろりとスル】

前にあった事などをすっかり忘れてしまった様子、また、いつもは気にする事を全然気にしていない様子。

・前の事を**けろりと**忘れ、同じ失敗をする社員がいて困る。

・叱られても**けろりと**している友人を見て、強いと思った。

★話し言葉で同じ様子を けろっと とも言う。

・注意しても**けろっとした**顔の社員を、大きな声でもう一度注意した。

けわしい【険しい】

①　山道などが急な坂道で歩きにくい、また、人の将来に色々難しい事があるなどの理由で、簡単に前に進めない様子。

・ふるさとは、**険しい**道を上り下りしなければ町へ行けない所だった。

・生きることは**険しい**道を進む事だと、父に教えられた。

②　大きな問題があるので、また、怒っているようなので、簡単にはわ

かってくれないと感じさせる顔や言葉の様子。

・**険しい**顔の社長を見て、話し合いの様子がわかった。

・会議で反対が多くて、友人は**険しい**様子を見せた。

げん【験】→えんぎ

けんあく【険悪ナ】

わかり合おうとしないで、すぐにけんかや大きな問題などが起こりそうな様子。

・会議は、初めから**険悪な**様子で始まった。

・社長に反対してから、ほかの社員との関係が**険悪に**なった。

げんきん【厳禁】→きんし

けんこう【健康ナ・ニ】

体の調子が良くて、心配しないで安心して生活できる様子。

・社長は、社員が**健康な**生活をすることを大切にしている。

・父は、仕事を辞めてからの方が**健康に**見える。

げんじゅう【厳重ナ・ニ】

間違いや問題などが無いように細かく注意する様子。

・安全のため、工場への出入りには**厳重な**決まりがある。

・火の使用に**厳重に**注意するよう、町から連絡があった。

けんそんする【謙遜する】

ほめられたときなどに、自分の力だけではないなどと言って、偉そうにしない。

・社長にほめられた友人は、まだまだだと**謙遜した**。

・ほめられるような事をする人は、**謙遜して**偉そうにしない。

げんち【現地】→げんば

げんど【限度】

これ以上になると許せない、危ないなどと考えられる事やそうならないようにする決まり。

・親の金にも**限度**があると考え、学生時代は自分で働いた。

・会社のエレベーターは重さの**限度**を超えると大きな音がする。

けんとう¹【見当】

①　値段や年齢などの後に使って、このくらいだと伝える言い方。

・社長の誕生日に、みんなでお金を出し合って一万円**見当**のプレゼントを買うことになった。

・三か月**見当**でできると思えたので、会議に新商品の計画を出した。

②　仕事などの前に、だいたいこうだろうと考えて決める様子。多く〔見

当がつく/見当をつける と言い、違ったとき 見当が外れる と言う。
・両親は、初めての旅行にいくら必要か**見当がつかない**ようだ。
・仕事は五時前までと**見当をつけて**、約束の時間を決めた。
・**見当が外れ**、新しい商品はすぐ無くなるほど売れた。
　★→けんとうちがい

けんとう² 【検討スル】
　問題は無いか、ほかの方法は無いかなどを時間をかけてよく考える様子。
・商品は、売れるかどうかの**検討**を何度もしてから作り出す。
・両親と**検討**した結果、ふるさとの家は残すことにした。

けんとうがつく【見当がつく】→けんとう¹②
けんとうがはずれる【見当が外れる】→けんとう¹②
けんとうちがい【見当違い】★→けんとう¹②
　①　だいたいの数や大きさなどを考えて準備などをしたが、考えていたようにはならなかった様子。
・**見当違い**で商品の材料を注文しすぎ、残った材料で作る商品を考えた。
・妻と台所を新しくしようと計画したが、**見当違い**にお金が要るとわかってやめた。
　②　正しいと信じてやる事などが、本当は間違っていて、後で困った事になる様子。
・事故の原因を調べようとして、**見当違い**の本を探し、友人に笑われた。
・相手の会社を探して、**見当違い**の道を行き一日何もできずに終わった。
　★①、②と同じ様子は 見当外れ とも言う。
　①・屋根の工事に**見当外れ**のお金がかかって、妻との旅行はやめた。
　②・忙しくて、友人に**見当外れ**の返事をして怒らせてしまった。

けんとうはずれ【見当外れ】→けんとうちがい
けんとうをつける【見当をつける】→けんとう¹②
げんなり【げんなりスル】
　とても疲れたとき、また、同じ事が長く続くときなどに、元気を無くして何もしたくなくなる様子。
・やっても減らない仕事に**げんなり**することがある。
・昼ご飯に毎日同じような弁当は、もう**げんなり**だ。

げんに【現に】
　信じられない話ではなく、本当にある事だと伝える言い方。
・自分が**現に**経験した事を書いた本は、面白い。
・世界中では戦争で、**現に**今も多くの人が死んでいる。

げんば【現場】

　① 　事故や火事などがあった場所や今も問題が続いている場所。

　・事故の**現場**を見た妻に、運転をする機会を減らすように言われた。

　・昨日火事のあった**現場**は、まだ焼けた物が残っていた。

　② 　工事や検査などが、続けて行われている場所。

　・近くの工事**現場**で、昔の生活道具が見つかったそうだ。

　・町の歴史を調べている**現場**の様子を見に行った。

　★①、②のような事故や工事などの場所は 現地 とも言う。

　　①・地震の**現地**へ、会社からも手伝いの人を送ることになった。

　　②・新しく仕事を始める海外の**現地**から、毎日連絡がある。

けんやく【倹約スル】

　金や電気、水などを計画して使い、無くなって後で困らないようにする
　様子。

　・買い物に自分のバッグを持って行くのは、**倹約**のひとつだ。

　・両親は、**倹約する**ために、エアコンは使わないようにしている。

けんり【権利】

　周りの人を傷付けないで、また、決まりなどを破らないで、自分が思う
　事をして生きる自由。

　・自由に生きる事は、何よりも大切な人間の**権利**だ。

　・世界には、自由に生きる**権利**を軽く考える所がまだ多い。

けんりょく【権力】

　人の上に立つ人などが、周りの人を押さえつけ、自分の考えたとおりに
　させようとして使う力。

　・社長は、**権力**を持っていても偉そうにする人ではない。

　・**権力**を持っても、誰も言う事を聞かなければ意味がない。

げんをかつぐ【験を担ぐ】→えんぎ

こ

こいしい【恋しい】

思い出の中の人や物、すぐに会えない人や簡単に行けない場所などに、もう一度会いたい、行きたいと強く思う様子。

・海外へ行くと、いつも食べている家の料理が**恋しく**なる。

・両親は、ふるさとの山や川が今でも**恋しい**と言っている。

ごうい【合意スル】

相手と考えなどがうまく合って、やろうとする事などが進む様子。

・会議で社長も**合意**して、次の計画を始めることになった。

・**合意**に時間がかかり、町のゴミ置き場は新しくならない。

ごういん【強引ナ・ニ】★→かって

相手の考えも聞かないで、自分の言いたい事を言い、やりたい事をする様子。

・会議で**強引**に決められた仕事のやり方には、多くの反対が出た。

・**強引**なやり方の嫌いな社長は、いつも社員に意見を聞く。

こうか【効果】

機械や薬を使ったとき、また、新しいやり方をしたときなどに出る良い結果。

・新しい薬の**効果**があったのか、母は最近体の調子がいいようだ。

・機械を新しくしても、うまく使えなければ**効果**が無い。

★効果がある様子を [効果的] と言い、考えていた効果と反対になる様子を [逆効果] と言う。

・失敗を減らすには、みんなで原因を調べるのが**効果的**だ。

・人の前で叱ると**逆効果**になるので、人のいない所へ行って話す。

こうかい【後悔スル】→くやむ①

こうかてき【効果的ナ・ニ】→こうか

こうかん【交換スル】

① 使わない物、古い物などを新しい別の物にする。

・新しい時計は、電池の**交換**が簡単で使いやすい。

・会社のコンピュータは、三年に一度新しい物に**交換**する。

② 新しい事を知るためや自分の考えを良くするためなどにほかの人と

話し合う。

・違う仕事をする人との意見の**交換**は、とても大切だ。

・会議では、みんなで自分の考えを**交換**して計画を作る。

こうぎ【抗議スル】

反対する気持ちを相手に強く伝える様子。

・強い**抗議**が続いて、ゴミ置き場の問題は前に進まない。

・うるさいだけだと町の祭りに**抗議**する人が増えている。

こうきしん【好奇心】

新しい事や面白いと思った事などを、もっとよく知りたいと思う気持ち。

・若いとき**好奇心**から吸い始めたたばこが、やめられなくなった。

・**好奇心**が強い友人は、次々に新しい物を買う。

こうけい【光景】

忘れられないと思うようないつもは見られない様子。

・季節が変わると、山がいつもと違う**光景**を見せる。

・駅前で見た事故の**光景**が、いつまでも忘れられない。

こうげき【攻撃スル】★→せめる¹

相手に勝つために、相手の弱い所や間違いなどを見つけ、相手との戦いに勝とうとする様子。

・古い町はどこも、相手の**攻撃**を簡単に受けないように道が狭い。

・相手のコンピュータを**攻撃**して使えなくし、仕事などの邪魔をするのは新しい戦争だ。

こうしき【公式ナ・ニ】

国や町、会社などが決めた事などを広く守るように伝えている様子。

・海外で商品を売るには、**公式な**許可を取るのが大変だ。

・町の寺は、**公式に**許されないと工事ができない。

★同じ様子は 正式 とも言い、公式でないときは 非公式 と言う。

・会社の**正式な**英語名を決めることになり、みんなで考えた。

・会社の商品を、**非公式に**海外へ売っている店が見つかった。

こうじつ【口実】

したい事をするために、本当の事を隠して相手が反対しないように考え出した理由や説明。

・若いとき、子供の病気を**口実**に仕事を休んだことがある。

・忙しさを**口実**にして、家の事は全部妻にしてもらっている。

こうしょう【交渉スル】

① 新しい事をするときなどに、後で問題が無いように話し合う様子。

- 関係者と**交渉**して、海外に初めての店を出すと決まった。
- 商品を売る店との**交渉**には、時々社長も一緒に行って話す。
　② 　関係を作って、それを長く続ける様子。
- 違う仕事をする人たちと**交渉**を持つと、勉強になる。
- 長く**交渉**がある会社とは、何度も話し合いをし、大切にしている。

ごうじょう【強情ナ・ニ】★→がんこ①
　正しいと信じて、周りの人が何を言っても自分の考えを変えない様子。
- 会議には、簡単に意見を変えない**強情**な人が多い。
- **強情**に反対する妻に何度も話して、新しいテレビを買った。
- ★強情な様子を変えないとき(強情を張る)と言う。
- 反対された友人は、自分がやればうまくいくと**強情を張っ**た。

ごうじょうをはる【強情を張る】→ごうじょう
こうたい【交代／替スル】
　仕事などをひとりではなくほかの人と順番で続ける。
- ★漢字はどちらを使っても良い。
- 忙しいとき、工場では、昼と夜で働く人が**交替**して仕事をする。
- 公園の安全は、町の人が**交代**で守っている。

こうはい【後輩】→せんぱい
こうばしい【香ばしい】
　ケーキなどを焼くときやコーヒーを入れるときなどにおいしそうな匂いがする様子。
- パンが焼ける**香ばしい**匂いで、一日の生活が始まる。
- お茶を売る店の前は、いつも**香ばしい**香りがしている。

こうふん【興奮スル】
　① 　コーヒーなどを飲んだときやひとつの事を長い間やり続けた後など、少しの間静かな気持ちにならない様子。
- 寝る前に濃いお茶を飲むと、**興奮**して遅くまで眠れない。
- 長い間ゲームをすると、子供は**興奮**して、眠くならないそうだ。
　② 　楽しみに待っていた事などが近づいて、また、特別な事などがあって、静かな気持ちでいられない様子。
- 祭りが近づいて、町全体が**興奮**しているように見える。
- 有名人を待つ人たちの**興奮**で、今朝の駅前は大変だった。

こうへい【公平ナ・ニ】
　相手が変わっても、同じように考えて同じようにする様子。
- 社長は何かを決めるときに、全員に**公平**に話を聞く。

・町の人全員に**公平**なようにしようとして、ゴミ問題が長く続いている。

★反対に、相手が違うと、する事が変わる様子を 不公平 と言う。

・子供たちは、どんな事でも**不公平**にならないように育てた。

こうりつ【効率】

使った費用や働いた時間などがどれだけの仕事や結果になったかという詳しい様子。

・仕事の**効率**を上げるための方法が、会議で話し合われた。

・新しい機械の**効率**が悪いのは、うまく使えていないからだ。

★費用や時間をかけすぎないで良い結果が出る様子を 効率的 と言う。

・**効率的**に進むよう、仕事のやり方を見直すことになった。

こうりつてき【効率的】→こうりつ

こうりゅう【交流スル】

違う仕事の人たちや違う文化を持つ人などが集まって、相手の事をよく知ろうとする様子。

・仕事が違う人たちとの**交流**会に出て、色々勉強できた。

・町では、子供たちがお年寄りと**交流する**集まりをしている。

ごうりゅう【合流スル】

人、道や川などが、違う所から来て集まり、ひとつになる様子。

・仕事の後、家族と**合流**して食事をする約束だ。

・人と車の**合流**が無くなるように、駅前で新しい道が作られている。

こうれい【恒例】

毎週、毎月、毎年、決まったときに長い間続けられている様子。

・子供が大きくなって、**恒例**だった家族旅行はやめた。

・毎年**恒例**の祭りには、花火が無いと寂しい。

こえがかれる【声がかれる】★→かすれる②

大きな声を出しすぎて、また、風邪などで、いつものように声が出なくなる。

・カラオケで歌いすぎた友人は、次の日**声がかれて**しまっていた。

・風邪で**声がかれて**いて、今日の会議では話せそうにない。

★声がかれてしまった様子を 声をからす と言う。

・昔、子供たちの運動会で、**声をからして**応援した。

こえをあげる【声を上げる】

急に大きな声を出す、また、自分の言いたい事や賛成できない気持ちなどを伝える。

・「あっ」と**声を上げた**社員は、指から血を流していた。

・町の人が反対の声を上げて、公園の工事が止まった。

こえをあらげる【声を荒げる】

腹が立ったときや怒ったときなどに、強い言葉で相手を叱るように話す。

・いつもは静かな社員が、**声を荒げて**怒ったので驚いた。

・話を聞いてくれない相手に、気づけば**声を荒げ**ていた。

★ 声を荒らげる とも言う。

こえをあららげる【声を荒らげる】→こえをあらげる

こえをかける【声をかける】★→さそう①

話したい理由があって、また、一緒にしようという気持ちなどで、ほかの人に話そうとする。

・考え事をしている友人は、**声をかけて**も返事をしない。

・疲れている社員に、一緒に食事をしようと**声をかけた**。

こえをからす【声をからす】→こえがかれる

こえをころす【声を殺す】→こえをひそめる

こえをそろえる【声をそろえる】→くちをそろえる

こえをたてる【声を立てる】

静かな所で声を出す、また、大きな声を出して騒ぐ。

・妻が寝ているので、**声を立てない**ようにして電話をした。

・面白い顔をして歌う社員を見て、みんな**声を立てて**笑った。

こえをのむ【声をのむ】→いきをのむ

こえをはりあげる【声を張り上げる】

よく聞こえるようにこれ以上出ないというほど強く、高い声を出す。

・小学校に近づくと、いつも**声を張り上げて**歌う元気な声が聞こえる。

・友人が工場で、**声を張り上げて**若い社員に注意している。

こえをひそめる【声を潜める】★→ひそひそ

話している事が周りに聞こえないように、小さく低い声で話す。

・妻は**声を潜めて**、台所にネズミがいると言った。

・亡くなった社員の事を、一緒に仕事をした人たちが**声を潜めて**話していた。

★同じ様子を 声を殺す とも言う。

・電話を切った妻が、台所で**声を殺して**泣いていた。

★→おしころす

ごかい【誤解スル】★→かんちがい

人のする事や言う事などをわかったと、間違って思う様子。

・海外との仕事は、**誤解**が無いようによく考えて進める。

・歯が痛くて話さない友人を、怒っていると**誤解**していた。

こがす【焦がす】 →こげる

こがら【小柄ナ・ニ】 →がら②

こきざみ【小刻みナ・ニ】

① 体や物が短い時間に小さく何度も同じ動きをする様子。

・友人は、何か言いたい事がある様子で会議の間ずっと、**小刻みに指を**
動かしていた。

・机が**小刻みに動き**出したと思ったら、地震が来た。

② 何回かに分けて、小さく進み続ける様子。

・**小刻みに**物の値段が上がって、妻は大変だと言う。

・**小刻みな進み方**だが、新しい商品作りは終わりに近づいている。

ごくごく【ごくごく(と)】

水や冷たいお茶などを、急いで、おいしそうに飲む様子。

・走って来た社員が、**ごくごくと**おいしそうに水を飲んでいる。

・食事会でビールを**ごくごく飲む**顔は、楽しそうだ。

こくさい―【国際―】

ほかの言葉の前に付けて、世界中の多くの地域や文化と関係があると伝
える言い方。

・平和を話し合う**国際会議**が開かれても何も決まらない。

・町の小学校では、**国際問題**を紹介する授業を始めるそうだ。

こくはく【告白スル】

人に言えなかった事や隠していた事などを、関係がある人に伝える様子。

・会社の金を使ったという社員の**告白**が、社長を悲しませました。

・同じ仕事をしている人に好きだと**告白された**社員が、相談に来た。

こげる【焦げる】

料理や火事で、強い火で焼け、煙が出て全体が黒くなる。

・妻に見ていてくれと言われていたのに、考え事をしていて魚が**焦げて**
しまった。

・小さな火事があった空き家は、壁が少し**焦げて**いた。

★焦げるまで焼く、また、長く日に当たる様子を 焦がす と言う。

・若い人たちは、夏の海へ肌を**焦がす**ために行くのだそうだ。

こごえる【凍える】

寒さや冷たさなどで、体や指が氷のようになり動きにくくなる。

・ふるさとの朝は、**凍える**ような寒さで顔を洗うのが嫌だった。

・一日外にいて**凍えた**体は、風呂に入っても温まらない。

ここぞというとき

自分ひとりの力ではどうする事もできないような大変なときなど、今助けが必要だと強く思うとき。
- ここぞというときに、仲間がいてくれるとうれしい。
- ここぞというときのために使えるお金は、妻が準備している。

ここぞとばかりに

今ほど良い機会は無いという様子でやりたい事などをやろうとする、と伝える言い方。
- 会議で黙っていた人が、ここぞとばかりに話し始めた。
- 食事会になると、ここぞとばかりに元気になる社員がいる。

ここち【心地】

①　物を見たときや触ったとき、ほかの場所へ行ったときなどに感じるいつもとは違う気持ち。
- 父は、プレゼントしたいすが心地がいいと言って、毎日使っている。
- ビールを飲んで庭にいると、夢を見ている心地になった。

★生きた心地 という形で、生きているという感じ、気持ちなどを言う。
- すぐ近所が火事だと知って、火が消えるまで生きた心地がしなかった。

②　ほかの言葉の後に ～ごこち という形で付けて、「〜するときの感じ」と伝える言い方。
- 形を変えるだけで、新商品は使い心地が良くなった。
- 古くなって座り心地の悪い会社のいすを買い替えた。

こころあたり【心当たり】★→おもいあたる

自分が知っている中で、これではないか、ここがいいのではないかなどと思う事や物。
- 友人が怒っているが、原因に心当たりが無い。
- 両親が喜びそうな料理の店なら、いくつか心当たりがある。

こころがあらわれる【心が洗われる】

美しい物や楽しい事などに出会って、心がきれいになったように感じる。
- 仕事を離れ、静かな自然の中にいると、心が洗われるようだ。
- 小学生が歌う声を聞くと、心が洗われる思いがする。

こころがけ【心がけ】→こころがける

こころがけがよい／わるい【心がけが良い／悪い】→こころがける

こころがける【心がける】

良い事だから、また、人を嫌な気持ちにさせないで喜んでもらえるから、いつも忘れないでしようと決めている。

・仕事では、相手の目を見て話すように**心がけ**ている。

・体のためにと妻に言われ、野菜を食べるように**心がけ**ている。

★いつもしようと決めている様子を 心がけ と言い、特に、心がけが良い/悪い という形で、決まりなどを守り、人を困らせないようにしている、また、そうしていない様子を言う。

・毎日の**心がけ**が悪いのか、旅行の日はいつも雨だ。

こころがはずむ【心が弾む】

良い事や楽しみにしている事などがあって、また、近づいて、うれしい気持ちになる。

・初めての海外旅行を前に、両親は**心が弾む**様子だ。

・長い休みの事を考えると、何も計画が無いのに**心が弾む**。

こころがまえ【心構え】→かまえる②

こころざし【志】→こころざす

こころざす【志す】

自分が決めた事に向かってできる事は何でもしようと強く思う。

・友人は、昔から社長になることを**志し**ていたそうだ。

・病気で死ぬ人の多い所で、医者を**志す**子供が育っている。

★決めた事をやろうと頑張る気持ちを 志 と言う。

・強い**志**が無いと、夢は夢で終わってしまう。

こころづかい【心遣い】→きをつかう

こころづくし【心尽くし】→こころをつくす

こころづもり【心積もり】→つもり①

こころづよい【心強い】→こころぼそい

こころなしか【心なしか】

自分だけがそう思うのかもしれないが、いつもと少し違うと感じる様子。

・九月に入って、**心なしか**、涼しくなったようだ。

・**心なしか**元気が無いと思っていたら、友人は早く帰った。

こころのうち【心の内】

周りには見せない、自分が考えている事や感じている事。

・辞めたいと言う社員の**心の内**が知りたくて、長い間話した。

・親子でも、お互いの**心の内**は簡単にはわからない。

こころのこり【心残り】

できなかった事がいつまでも忘れられない、また、もっとできた、やり直したいなどと後から思う気持ち。

・学生時代に頑張って勉強しなかったことが今も**心残り**だ。

・父は、**心残り**がひとつでも少ない生き方をしたいと言う。

こころぼそい【心細い】

初めての事や大きな事などをするときに、相談や手伝いをしてくれる人や助けになる物などが無くて安心できない様子。

・学生時代の一人暮らしは、知り合いがいなくて**心細かった**。

・**心細く**なったとき、相談できる友人がいるのはうれしい。

★反対に、大丈夫だ、安心できると思う様子を 心強い と言う。

・いつも応援してくれる家族がいるととても**心強い**。

こころまち【心待ち】

楽しみにしている事があるときなどを、まだかまだかと待つ様子。

・冬は、人も草木も暖かい春を**心待ち**にして生きるときだ。

・商品ができて、売り出す日を仲間と一緒に**心待ち**にしている。

こころみ【試み】→こころみる

こころみる【試みる】★→ためす

できるかどうか、どんな結果が出るかなどを知りたくて、自分でやってみて調べる。

・新しい事を**試みる**若い人が少なくなって、頑張ってくれと思う。

・コンピュータを勉強しようと**試みた**が、難しくてやめた。

★やってみる事やその様子を 試み と言う。

・難しい**試み**をしようとすると、いつも反対する人がいる。

こころもち【心持ち】

よく見なければ、すぐには気がつかないほど小さくて、少しの様子。

・社長は、壁の時計が**心持ち**曲がっていても注意する。

・春が近いのか、**心持ち**暖かくなったように感じる。

こころもとない【心もとない】

大丈夫だと思えなくて、心配する様子。

・友人に食事に行こうと言われたが、持っているお金が少なくて**心もとない**。

・大雨が降った日、いつもは**心もとない**と思っていた若い人が驚くような働きをした。

こころやすい【心安い】★→きがおけない

相手の事をよく知っていて、心配しないで何でも相談し、一緒に仕事などができる様子。

・近所と**心安く**しておくと、毎日安心して生活できる。

・友人とは**心安い**関係なので、困ったら何でも相談する。

こころをうばう【心を奪う】→こころをうばわれる

こころをうばわれる【心を奪われる】

ひとつの事だけが気になって、ほかの事は考えられないようになる。

・ほかの事に**心を奪われ**ていると、仕事がうまくいかない。

・ゲームに**心を奪われる**最近の子供たちに、これでいいのかと思う。

★心を奪われたようにする様子を 心を奪う と言う。

・お客の**心を奪う**ような商品を、いつか作りたいと思う。

こころをきめる【心を決める】

これからどうするのか、どうしたいのかを、はっきりと決める。

・話を聞いてここだと**心を決め**、今の会社に入った。

・会社のためだと**心を決め**て、社長に失敗の原因を話した。

こころをくだく【心を砕く】

夢や願いなどが思い通りになるように、自分のできる事は全部しようと色々考える。

・子供の夢のためには、親も**心を砕い**て手伝おうとする。

・新しい計画が成功するように、友人は**心を砕い**ている。

こころをつくす【心を尽くす】

喜んでほしい、思いを届けたいなどという気持ちで、相手が喜ぶと思う事をする。

・両親は、旅行で出た**心を尽くし**た料理が一番の思い出になったようだ。

・新しい商品は、みんなで**心を尽くし**て考えた物だ。

★相手を喜ばせようとしてする事、またその様子を 心尽くし と言う。

・妻の**心尽くし**の料理を、両親はとても喜んだ。

こころをとらえる【心を捉える】

よくわかってもらい、相手が忘れられないようにする。

・社長の優しい話し方は、いつも社員の**心を捉える**。

・火事から子供を守った母親のニュースが、見る人の**心を捉え**た。

こころをひく【心を引く】

面白い、もっと知りたい、心配だなどと思わせて、どうしても忘れられなくする。

・若い人の**心を引く**ような商品を、新しく考えることになった。

・仕事先で、ふるさとのような山の景色に**心を引か**れた。

こころをゆるす【心を許す】→きをゆるす

―ごし【―越し】

① 肩や壁などの言葉の後に付けて、ほかの物を間に入れて、見る、ま

た、聞く様子。

・**窓越し**に美しい花が見えるので、春は運転も楽しい。

・**カーテン越し**でも、庭に来る鳥の様子はよく見える。

②　年、月などの言葉の後に付けて、その時間、ずっと続いていると伝える言い方。

・両親は、**十年越し**の夢だった海外旅行を計画している。

・**三年越し**のゴミ問題に、町は答えを出すことになった。

こじあける【こじ開ける】

鍵などで固く閉められていて開かないドアや引き出しなどを、道具などを使って強い力で開ける。

・窓を**こじ開けて**入る泥棒が続いて、家の鍵を増やした。

・町の寺で、古くなって開かなくなった部屋を**こじ開けて**中の物を調べている。

こしがある【腰がある】→こしがつよい

こしがおちつく【腰が落ち着く】→こしをおちつける

こしがおもい【腰が重い】→こしがかるい①

こしがかるい【腰が軽い】

①　新しい事や人が嫌だと思う事などをするとき、また必要な事などができたとき、時間をかけずにすぐ動く様子。

・友人は、人が嫌だと言う事でもする**腰が軽い**人だ。

・仕事仲間はみんな**腰が軽く**、とてもやりやすい。

★反対の様子を 腰が重い と言う。

・**腰が重い**人がいると、仕事全体が遅れることになる。

②　深く考えずに色々な事をして、周りを心配させ、大丈夫だろうかと思わせる様子。

・誰にでも付いて行く**腰が軽い**人は、簡単に信じられない。

・よく考えて行動しないと、**腰の軽い**人間だと思われる。

こしがくだける【腰が砕ける】→こしくだけ

こしがすわる【腰が据わる】→こしをすえる①

こしがつよい【腰が強い】

うどんやそばなどが、食べたときにおいしいと思う固さがあって、ちょうどいい様子。

・何度やってみても、母が作るような**腰が強い**そばを作れない。

・**腰が強い**うどんやそばには、特別な材料が使われているのではないそうだ。

★ちょうどいい固さのとき [腰がある] と言う。

・近くに腰があっておいしいラーメンを出す店がある。

こしがぬける【腰が抜ける】→こしをぬかす

こしがひくい【腰が低い】

誰にでも偉そうにしないで、言う事やする事などが丁寧^{ていねい}な様子。

・社長は腰が低く、社員の話を丁寧に聞いてくれる。

・腰が低かった人が、有名になると急に変わるから怖い。

こしがひける【腰が引ける】

簡単にできない事だ、勝てない相手だなどと感じて、やろうとする気が弱くなる。

・社長の強い言葉に、相手は腰が引けた様子で帰って行った。

・警察に連絡すると言うと、腰が引けたのか電話は切れた。

こしくだけ【腰砕け】

重い物を持ったときなどに立てなくなる様子、また、仕事などが多すぎて途中でやろうという気が弱くなる様子。

・仕事を手伝おうと重い荷物を持ち上げようとして、腰砕けになってしまった。

・反対意見が多く、新しい計画は腰砕けで終わった。

★同じ様子は [腰が砕ける] とも言う。

・駅で前から来た人に強く押され、腰が砕けて倒れるかと思った。

・急に材料が高くなって、新商品作りは腰が砕ける形になった。

こしぬけ【腰抜け】→こしをぬかす

こしをあげる【腰を上げる】

① 同じ場所に長くいた人が、立って動き始める。

・相談に来た相手は、いつまでも腰を上げなかった。

・約束の場所で友人を見つけ、腰を上げて手を振った。

② 時間が足りなくなって、また、必要だとわかって、それまでしたくないと思ってしなかった事などを始める。

・警察が町の空き家問題に腰を上げるまで、長い時間がかかった。

・何度言っても腰を上げなかった父が、急に病院へ検査に行くと言った。

こしをいれる【腰を入れる】

大切で必要な事だなどとよくわかって、自分のできる事を頑張る。

・話した後、腰を入れて仕事をする社員を見て、社長はうれしそうだ。

・地震を経験して、町は腰を入れて安全を考え始めた。

こしをおちつける【腰を落ち着ける】★→こしをすえる

① 同じ場所から動かないで、仕事や生活を続ける。

・結婚して、今の家に**腰を落ち着ける**まで時間がかかった。

・両親は、ふるさとに**腰を落ち着けて**生活する計画だ。

② 簡単にできない事などを、周りを気にしないで時間をかけて、ゆっくりとする。

・**腰を落ち着けて**仕事をする若い人を育てようと思う。

・**腰を落ち着けて**やりたい事が見つからないと言う人が多い。

★①、②のように腰を落ち着けた様子を 腰が落ち着く と言う。

　① ・父は、仕事が決まるまで、**腰が落ち着かなかった**と話す。

　② ・**腰が落ち着かない**人は、周りから信じてもらえない。

こしをおる【腰を折る】

① 腰を曲げて挨拶（あいさつ）をする。

・**腰を折って**丁寧な挨拶をする相手に、同じように挨拶を返した。

・商品を買ってくれた客に、深く**腰を折って**お礼を言った。

② 途中で邪魔（じゃま）をして、話などが続けられなくする。

・話の**腰を折る**ような事を言う人とは、大切な話をしない。

・会議の**腰を折る**ように、何度も社長に電話があった。

こしをすえる【腰を据える】★→こしをおちつける

① 時間がかかっても難しくても、良い結果を出そうと必要な事などをやり続ける。

・どんな難しい事でも**腰を据えて**すれば、必ず良い結果になる。

・新しい商品を作るには、**腰を据えた**仕事が必要だ。

★①と同じ様子を 腰が据わる と言う。

・会社がうまくいくのは、社長の**腰が据わって**いるからだ。

② ほかの所へ行かないと決めて、長い間同じ場所にいる。

・両親は人の優しさがうれしくて、この町に**腰を据えた**。

・好きな仕事だったので、今の会社に**腰を据える**ことにした。

こしをぬかす【腰を抜かす】

考えてもいなかった事やとても驚く事などがあって、立てなくなる。

・ふるさとの山で、大きなヘビを見て**腰を抜かした**ことがある。

・夜遅く、家の庭に人がいて**腰を抜かす**ほど驚いた。

★腰を抜かした様子を 腰が抜ける と言い、腰が抜けた様子で何もできないような人や何をしてもちゃんとできないような人を 腰抜け と言う。

・すぐ近くで火事があって、**腰が抜けた**ようになった。

・難しい仕事を途中でやめて、**腰抜け**だと思われたくない。

こする

物をほかの物に強く当てて押すようにして、また、両手を合わせるように
して、力を入れて動かす。

・古くなった自転車をブラシで**こすって**、汚れを取った。

・服に着いた油の汚れは、何度**こすって**も取れなかった。

★ほかの物に当たり、こすって傷が付く様子を こすれる と言う。

・車が壁に**こすれ**て、傷が付いてしまった。

こすれる →こする

こせい【個性】★→せいかく

ほかの人や物には無くて、その人や物だけが持っている特別な所。

・社長は、社員の**個性**を考えてその人に合った仕事をさせている。

・会社の**個性**が出せる新商品を、いつもみんなで考えている。

★ほかに無いと感じさせる様子を 個性的 と言う。

・これからはどこにも無い**個性的な**商品を考える必要がある。

こせいてき【個性的ナ・ニ】→こせい

―こそ

ほかの言葉の後に付けて、特別だ、ほかとは違うと強く伝える言い方。

・この**商品こそ**と思っても、全然売れないことがある。

・**来年こそ**はゆっくり旅行しようと、妻と話している。

こそく【姑息ナ】

よく考えないで、目の前の問題だけを片づけようとする様子。

・売れればいいと**姑息な**考えで作っても、商品は売れない。

・社長の前でだけ頑張る、**姑息な**社員がいて嫌だ。

こそこそ【こそこそスル】→こっそり

こたえられない

これ以上の事は無い、一番いいなどと、楽しさや喜びを伝える様子。

・仕事の後に何も心配しないで飲むビールは**こたえられない**。

・作った物が売れるのは、**こたえられない**喜びだ。

こたえる【応える】

①　良い結果になってほしいという周りの願いに合わせて、喜んでもら
えるようにする。

・買った人に喜ばれるような商品を作って、社長の願いに**応えたい**。

・若い人の声に**応えて**、昼休みが少し長くなった。

②　寒さ、暑さ、疲れなどを体全体で強く感じ、元気が無くなる。

・いつの頃からか、寒さ、暑さが**応える**ようになった。
・若いときと違って、寝不足で仕事をすると体に**応える**。

ごたごた【ごたごたスル】★→こんらん
色々な事が続いて、何をどうすればいいかよくわからなくなる様子。
・社長の入院などで、会社は今ごたごたしている。
・家族にごたごたがあっても、会社は簡単に休めない。

こだわり →こだわる

こだわる
①　ほかの人はどうでもいいと思うような小さな事を気にし続ける。
・小さな事にこだわると、仕事全体が見えなくなるので気をつけている。
・友人は、周りの言う事にこだわらないで信じた事をする。
②　もっと良くしようと願い、これで良いと思えるまで、ひとつの事を考え、続ける。
・材料にこだわることで有名だった駅前のすし屋が店を閉めた。
・食品の安全にこだわる店には、いつでも客が多い。
★①、②のようにこだわる様子や理由を こだわり と言う。
　①・こだわりの強い人がいて、町のゴミ問題は前に進まない。
　②・社長は、時々商品へのこだわりを社員の前で話す。

こちこち →かちかち①、②

ごちゃごちゃ【ごちゃごちゃスル】
色々な物が入っていて、わかりにくい様子、また、途中に物などがあって前に行きにくい様子。
・引き出しの中はごちゃごちゃで、探し物が見つからない。
・工事でごちゃごちゃしていた駅前が、きれいになった。

こつ
難しい事や時間のかかる事などを上手（じょうず）に、簡単にできるやり方。
・開きにくい商品置き場の部屋のドアを開けるのには、こつがある。
・機械の使い方は、こつがわかるまで長い時間と練習が必要だ。

こづく【小突く】→つつく①

こっけい【滑稽ナ・ニ】
周りの様子と合わなくて、また、深い意味があるとは思えなくて、おかしくて笑ってしまう様子。
・丘に登るのに高い山に行くような靴を履くのは**滑稽**に見える。
・珍しく見せた父の**滑稽**な顔に、大笑いした。

こつこつ【こつこつ(と)】

長く時間がかかる事などを、休まないで最後まで頑張って続けると伝える言い方。

・社長は休まずこつこつと仕事をし、今の会社を作った。
・こつこつ仕事を続けて、友人はほかの人にはできない物を作った。

ごつごつする

固くて、触ると痛くてけがをするのではないかと感じさせる。

・機械を使わないで長く物を作っている人の手は、ごつごつしている。
・地震の後、道にごつごつした石がたくさん落ちていた。

こっそり【こっそり(と)】

ほかの人にわからないように、静かに隠れるようにして動く様子。

・誕生日の社員のために、こっそりとケーキを用意した。
・会議中にこっそり部屋を出て、大切な電話をした。

★悪い事をするときに、同じように、人に見つからないように動く様子を こそこそ とも言う。

・いつも遅れて来て、こそこそ部屋に入る人がいる。

ごっそり(と)

たくさんの物や大切にしていた物などを一度に無くした、また、捨てたなどと伝える言い方。

・子供たちとも話して、古い物はごっそり捨てることにした。
・公園の花がごっそりと無くなっていて、警察が調べに来た。

ごったがえす【ごった返す】

同じ所に同時に、自由に動けないほど人が集まる。

・台風の前、スーパーはごった返し、自由に物が買えなかった。
・ごった返す朝の駅で、遠くへ行きたいと思うことがある。

ごてにまわる【後手に回る】

必要な事などをするのが遅れて、大切な機会を無くし、悪い結果になる。

・決定が後手に回り、ほかの会社が同じような商品を先に出した。
・準備が後手に回って、商品を売り出すのが予定より遅れた。

―ごと

一ごとに という形で、次の①、②のような様子を伝える言い方。

① 同じような事が起きるとき、そのときはいつも同じように別の事も起きる、すると伝える言い方。

・大きな台風が来るごとに、いつも亡くなる人が出る。
・会社では、人が来るごとに名前や住所を書いてもらう。

② 　ひとつひとつ全部を別々にと伝える言い方。

・売る前に、**商品ごとに**値段を付けるのが大変だ。

・妻は**一年ごとに**花を育てる土を新しくしている。

③ 　ほかの言葉の後に付けて、数や形などを変えないで全部と伝える言い方。

・リンゴを**箱ごと**買って、両親の家に持って行った。

・トマトは、**皮ごと**食べる人とそうでない人がいる。

★→まるごと

ことかかない【事欠かない】

必要な物やする事などがたくさんあって、無くなる事が無い様子。

・会議、電話、客と、やる事に**事欠かない**毎日だ。

・食べ物に**事欠かなかった**動物が、今、食べ物を探して町に来るようになった。

★反対に必要な物などが無くなる様子を 事欠く と言う。

・食べる物にも**事欠く**生活をしている人たちは、今も多い。

ことかく【事欠く】→ことかかない

ことごとく

ひとつも残らないで全部、と伝える言い方。

・社長は、やる事が**ことごとく**失敗した経験もしたそうだ。

・仕事が**ことごとく**うまくいくときは、少し怖くなる。

ことこまか【事細かナ・ニ】→こまごま

―ことだから

一のことだから という形で、いつも大きく様子が変わらない事や人だから、心配しなくてもいいと伝える言い方。

・心配する社員に、**時間を守る友人のことだから**、もう来るだろうと伝えた。

・**小さな町のことだから**、問題が起こっても集まって話し合いをして片づく事が多い。

―ことなく

考えられるような問題も起きないで、思っている事ができると伝える言い方。

・辞めたいと**思うことなく**長い間仕事が続けられて、幸せだと思う。

・新しい商品の計画は、大きく**反対されることなく**会議で決まった。

ことなる【異なる】

考え方や物の様子などがほかと違う。

・人の考え方は、ひとりひとり**異なる**から面白い。

・正しくないと思ったら、社長と**異なる**意見でも言う。

ことによると【事によると】★→ひょっとすると

大丈夫だと思うが、そうではないかもしれないと伝える言い方。

・寒くなったので、**事によると**雪が降るかもしれない。

・母の入院は、**事によると**長くなるかもしれないと心配だ。

ことのしだい【事の次第】→しだい①

ことばじりをとらえる【言葉尻を捕らえる】

全体の中では大切でない言葉や言い間違いなどを、大きな問題にする。

・**言葉尻を捕らえた**質問が続き、友人が怒り出した。

・社長が珍しく、社員の**言葉尻を捕らえて**怒っている。

ことばじりをにごす【言葉尻を濁す】→くちをにごす

ことばをうしなう【言葉を失う】

考えていなかった事や信じられない事などが起こってとてもびっくりし、少しの間、何も話せなくなる。

・ふるさとの近くの地震で多くの人が亡くなったと聞き、**言葉を失った**。

・初めて見た富士山は、**言葉を失う**ほどの美しさだった。

ことばをにごす【言葉を濁す】→くちをにごす

ことばをはさむ【言葉を挟む】→くちをはさむ

こともなげ【事も無げナ・ニ】

難しい、大変だなどと思われる事を、何でもない、簡単な事だなどと思わせる様子。

・経験が長い社員は、**事も無げな**様子で難しい仕事をする。

・壊れた機械を**事も無げに**直す人を見て、驚いた。

ことわざ

昔から伝えられている、人に正しくて安全な生き方などを教えるために考えられた短くわかりやすい言葉。

・最近古い**ことわざ**を使っても、聞いたことがないと言う人が増えた。

・**ことわざ**を使う話し方は偉そうだと言われて驚いた。

ことわり【断り】→ことわる

ことわる【断る】

①　人から頼まれた事などをできないとはっきり伝える。

・社長が難しいと言えば、その仕事は**断る**ことになる。

・何度言われても、町は高い建物は要らないと**断って**いる。

②　相手が知らないと困るだろうと考えて、早くから必要だと思う事な

どを伝える。

・妻に**断って**から、新しい車を買うことにした。

・古い物を捨てるときは、いつも息子と娘に**断って**からだ。

★①、②のように断る様子や断った事を (断り) と言う。

　①・頼んだ商品は要らないという**断り**が来てから、相手からは何の連絡も無い。

　②・**断り**無しに始まった工事に、町の人たちが怒っている。

★→むだん

こなごな【粉々ニ】

物が壊れて、どんな形をしていたのかわからないほど細かくなる様子。

・妻は、落として**粉々**になった思い出のある皿を見て涙を流した。

・売れなかった商品は、古くなると**粉々**にして捨てる。

こなす

①　仕事や時間がかかって難しい事などを、問題無く最後までやる。

・忙しいときは、決まった仕事を**こなす**だけで一日が終わる。

・自分の仕事と若い人の教育を、ひとりで**こなす**のは大変だ。

②　(〜(し)こなす) という形で、自分の思い通りに上手にする、使うなどと伝える。

・パソコンは便利だが、**使いこなせ**ない人も多い。

・着物を美しく**着こなせ**る人が少なくなった。

こねる

土や粉などに水を入れた固まりなどを、何度も強く押して、伸ばす。

・まだ子供のとき、雨の後土を**こねて**投げ合った思い出がある。

・おいしいパンを作ると言って、妻が朝から粉を**こねて**いる。

このあいだ【この間】

そんなに古い事ではなくて、少し前という気持ちを伝える言い方。

・**この間**買ったペンなのに、すぐ書けなくなった。

・両親は、ふるさとでの生活を**この間**の事のように話す。

このうえない【この上ない】

これ以上は考えられないという思いで、そのときの気持ちを強く伝える言い方。

・良い結果が出たときは、喜び**この上ない**気持ちだ。

・親切でしてくれた事が間違っていると、**この上なく**困る。

このましい【好ましい】→このみ

このみ【好み】

食べ物や色、人の感じや物の形などを好きだと思う様子、また、よく合っている、欲しいなどと強く思う様子。

・外で食事をするときは、妻の**好み**の店へ行く。

・客の**好み**に合わせて料理を出してくれる店へよく行く。

★好きだなどと思う様子を 好む と言い、好みだと感じる様子を 好ましい と言う。

・友人は、人が嫌だと思うような仕事を**好ん**でする人だ。

・店員の笑顔が**好ましい**店では、たくさん買ってしまう。

このむ【好む】 →このみ

こはるびより【小春日和】 →ひより②

こびりつく

汚れや前に見た嫌な事などが、いつまでも残って簡単に離れない。

・台所に**こびりついた**油汚れは、なかなか取れない。

・数日前に見た事故の様子が、頭に**こびりついて**離れない。

こぼす

① 自分でしようと思わないで、目から涙を、入れ物から水やジュースなどを外へ出してしまう。

・**こぼした**コーヒーが服に付いて汚れが取れなくなった。

・失敗して涙を**こぼす**社員に、良い経験になると言った。

★①のように、こぼした後の様子を こぼれる と言う。

・薬品が**こぼれた**工場からは、外にも嫌な臭いがした。

② 人に言わないようにしていた苦しい事や許せない事などが口から出てしまう。

・酒を飲んで**こぼす**友人を見て、疲れているなと思った。

・会社のやり方が悪いと**こぼす**社員と、何が問題か話した。

こぼれる →こぼす①

ごまかす

① 本当の事が相手にわかると困るので、本当とは違う事を話す、また、何が本当かはっきり言わない。

・失敗を笑って**ごまかそ**うとした社員を、友人が叱った。

・母は、年を**ごまかして**何がうれしいのかわからないと言う。

② 周りにわからないようにして、悪い事をする。

・会社に隠してお金を**ごまかす**ようなことは、長くは続かない。

・会社は、悪い商品を**ごまかして**売るようなことはしない。

こまごま【こまごま(と)スル】

① 小さくて、色々な種類の物だと伝える言い方。

・妻は、かわいい品物が**こまごま**と並んでいる店が好きだ。

・よく使う**こまごま**とした物は、箱に入れてある。

② 小さな事も忘れないで、詳しくと伝える言い方。

・町は、安全な生活のため**こまごま**と決まりを作っている。

・毎朝集まって、**こまごま**とした事を話し合ってから仕事を始める。

★②と同じような様子を [事細か] とも言う。

・新しい商品を作る前は、**事細か**な話し合いをする。

ごますり →ごまをする

こまめ【こまめナ・ニ】 →まめ

こまりはてる【困り果てる】 →はてる②

ごまをする

人に好かれようなどと思って、その人が喜びそうな事を言う、また、する。

・相手に**ごまをする**ような生き方は、自分には合わない。

・**ごまをする**のがうまい社員は、商品を売るのもうまい。

★ごまをする様子やごまをする人を [ごますり] と言う。

・下手な**ごますり**でほめられても、まったくうれしくない。

こみあげる【込み上げる】

喜びや悲しさ、泣きたい気持ちなどが、心の中に押さえておけなくなる。

・長く時間がかかった商品ができて、友人は喜びが**込み上げる**様子だ。

・娘の結婚式の後、家に帰ると急に寂しさが**込み上げた**。

こみいる【込み入る】

問題や難しい話などが色々あって、簡単に説明できない様子。

・家族の**込み入った**問題は、簡単に人に相談できない。

・社長は、**込み入った**話は自分の部屋でする。

こみみにはさむ【小耳に挟む】

全体の詳しい事はわからないが、人が話しているのを少し聞く様子。

・「**小耳に挟んだ**」と言う人の話は信じないと決めている。

・近所の話を**小耳に挟んでも**、忘れることにしている。

こむ【混む】

人や車、また、予定などが多くて、自由に動けなくなる。

・朝の駅前は、人や車で**混んで**いて思うように動けない。

・予定が**混んで**いる日は、昼休みも無いときがある。

こむずかしい【小難しい】
　① 始める前から、難しい、すぐには答えが出ないなどと思わせる様子。
　・小難しい事を言うだけで仕事をしない人もいる。
　・友人と話して、自分が小難しく考えすぎていたと思った。
　② 顔を見て、問題などがあって困っていると感じさせる様子。
　・小難しい顔の社長を見て、相手との話し合いで何かあったなと思った。
　・小難しい様子で座っていた友人が、立ってゆっくりこちらに来た。

こもる【籠る】
　① 理由があって、自分のいる場所などから外に出ない。
　・休みの日は、部屋に籠って一日中好きな本を読む。
　・社長は若い頃、静かに考え事をするために、山の寺に籠ったそうだ。
　② 悪い空気や煙、臭いなどが外へ出ない。
　・使わない部屋は、空気が籠らないように時々窓を開けている。
　・商品を入れた部屋には、特別な臭いが籠っている。
　③ 力や気持ちなどが、周りに伝わるほど強く感じられる。
　・結婚した娘からの心の籠った手紙は、大切にしている。
　・作る人の力が籠っている商品は、それが買う人にも伝わる。

こよう【雇用スル】→やとう

こらえる ★→がまん
　苦しみや痛み、笑いたい気持ちなどを、周りに見せないようにする。
　・けがをしたが、急ぐ仕事があるので痛みをこらえて会社へ行った。
　・父親を亡くした社員は、涙をこらえて仕事を続けている。

こらす【凝らす】
　使える力をひとつの所だけに集めて使う。
　・音がするので目を凝らすと、庭で何かが動いているのが見えた。
　・町に残った古い建物には、昔から伝わる技術が凝らされている。

こり【凝り】→こる③

こりつする【孤立する】
　周りに助けてくれる人がいなくて、ひとりになる様子、また、近くに同じような物が無い様子。
　・会議では、孤立しても正しいと思った意見を言う。
　・地震や大雨などで、すぐ孤立する場所がたくさんある。

こる【凝る】
　① 好きな事や面白いと感じる事などに、時間やお金を使う。
　・最近妻は、珍しい花を育てることに凝っている。

・両親の家は、庭に**凝った**ので時間もお金もかかった。

★→はまる④

②　思っているようになるまで、色々考え、使える技術などを使って物を作る。

・有名なレストランの**凝った**料理は、家ではできない。

・持ちやすくするため、商品の形に**凝って**時間がかかった。

③　肩など体の一部分が固くなって痛いと感じる。

・一日中力の要る仕事をして、体全体が**凝った**ように固くなった。

・妻が、腕を左右に振って歩くと、**凝った**肩の痛みが取れると教えてくれた。

★③のように凝った様子を 凝り と言う。

・体の**凝り**を取るために、ゆっくりと風呂に入る。

これといって

「ない」と一緒に使って、特に言う事などは無いと伝える言い方。

・よく好きな食べ物はと聞かれるが、**これといって無い**。

・調べても**これといって**故障の原因はわから**なかった**。

ころあい【頃合い】

①　これからしようと考えている事などをするのに、ちょうど良い時間だと思う様子。

・仕事の**頃合い**を見て、休憩しようと社員のひとりがケーキを出した。

・良い**頃合い**だと思ったので、友人に仕事の相談をした。

②　品物の値段や使い方などが、贈る相手や自分にちょうど良いと思う様子。

・**頃合い**の値段だったので、妻の好きな花を買って帰った。

・今の生活に**頃合い**だと思い、少し小さな車を買った。

★②と同じ様子は 手頃 とも言う。

・父の誕生日に**手頃**な品を探したが見つからなかった。

ころがす【転がす】→ころがる①、②

ころがりこむ【転がり込む】

①　急に、考えもしなかった物やお金が自分の物になる。

・父は、古い皿を売って予定しないお金が**転がり込んだ**。

・商品が売れて、会社に計算に無かった金が**転がり込んだ**。

②　ほかの人の家へ行って、生活させてもらう。

・学生時代、困ったときは友達の家へ**転がり込んで**いた。

・東京には、いつでも**転がり込める**知り合いがいる。

ころがる【転がる】

① ボールや長くて丸い物などが、回りながら動く。

・**転がって**来たボールを拾って、走って来た子供に渡した。

・今朝は強い風で、ゴミ箱などが**転がって**来た。

② 立っていた人や物などが横になって、倒れたようになる。

・休みの日は、ベッドに**転がり**、一日本を読んでいる。

・台風の後、道に**転がった**木や看板で車は使えなかった。

★→ごろごろ③、④

★①、②のように転がるようにするとき [転がす] と言う。

①・何もせず、机の上でペンを**転がして**いて友人に笑われた。

②・台風の前に、庭にある倒れそうな物は全部**転がして**おいた。

③ [転がっている] という形で、どこにでもある、たくさんある様子。

・家の中に**転がっている**物を、作り直して売る店がある。

・どこにでも**転がっていそうな**物を作っても売れない。

★→ごろごろ③

ごろごろ【ごろごろ(と)スル】

① 雷や大きな石などが落ちるときや物を運ぶ車などを動かしたときの音や様子。

・**ごろごろ**と音がすると、急に大雨が降り出した。

・**ごろごろ**車の付いたかばんを引っ張って買い物に行く人が増えた。

② 目の中やおなかに、物が入っているようで調子が悪い、また、音がするように感じて気になる様子。

・朝からおなかが**ごろごろ**するので、薬を飲んだ。

・ゴミが入ったのか目が**ごろごろ**するので、病院へ行った。

③ 同じような物、要らない物がたくさんある様子。

・台風の後は、飛んで来た物が道に**ごろごろ**していて危ない。

・引き出しを片づけると、要らない物が**ごろごろ**見つかった。

★→ころがる②、③

④ 何もしないで、横になって休んでいる様子。

・休みの日は、何もしないで家で**ごろごろ**するのが一番だ。

・仕事をしないで**ごろごろ**している若者が、多くいるそうだ。

★→ころがる②、ぶらぶら③

こわごわ →おそれる

こんがらがる ★→こんらん

話ややる事などがほかの多くの事と関係していて、わかりにくくなる。

- たくさんの仕事が一緒に来て、何がどうなっているのか**こんがらがっ**てしまった。
- みんなが違う事を好きなように言うので、会議が**こんがらがった**。

こんき【根気】★→こんじょう②

決めた事や始めた事などを、大変でも途中で変えないで最後まで続ける強い気持ち。
- 何があってもやり続けようという**根気**が無い人は、いくら教えても育たない。
- 社長は、途中で止めないで**根気**よく黙って仕事をする人を大切にする。
- ★最後までやり続ける様子を 根気強い と言う。
- 花を育てる妻を見て、自分よりも**根気強い**と思った。

こんきづよい【根気強い】→こんき

こんじょう【根性】

① 人が生まれたときから持っている、心の様子。
- 悪い事をしていると、**根性**まで悪くなると教えられて育った。
- 生まれたときから人を困らせるような**根性**が曲がっている人などいないと思う。
- ★→せいかく
② ひとつの事を始めたら最後までやろうとする強い気持ち。
- 若い頃、休み時間も仕事をしていると、いい**根性**だとほめられた。
- **根性**が無いと言われても、自分にはできそうもない仕事はしない。
- ★→こんき

こんてい【根底】★→きそ

考え方やする事などの変える事のできない大切な所。
- 会社の仕事の**根底**には、人が喜ぶ商品を作るという考えがある。
- コンピュータは、今の社会を**根底**から変える発明だ。

こんらん【混乱スル】★→ごたごた、こんがらがる

色々な事が一緒になって、全体がどうなっているかわからなくなる様子。
- 色々な事が一度に起き頭が**混乱**していて、同じ間違いをしてしまった。
- 大きな地震で、朝の駅前は人も車も**混乱**が続いた。

こんをつめる【根を詰める】

思った結果になるように、疲れても休まないでひとつの事を最後までやり続ける。
- 大学へ入る前は、ほかの事は何もしないで毎日**根を詰めて**勉強した。
- **根を詰める**仕事が続くと、いつまでも疲れが取れない。

さ

さいく【細工スル】
① 技術を使って、手や指で細かい物を作る様子、また、作った物。
・妻は木や紙を**細工**して作った品物が好きで、家にたくさんある。
・初めてガラスの**細工**を見たとき、技術に驚いた。
② 悪い所などを隠して良く見せようと、色々考えてする様子。
・商品に**細工**をしても、使う人にはすぐわかる。
・仕事の失敗は、どんな**細工**をしても隠せない。

さいちゅう【最中】
仕事などが一番忙しく、簡単に離れられない大切なとき。
・庭仕事をしている**最中**の妻は、何か言っても聞いていない。
・仕事の**最中**にかかる電話で、今日の仕事は遅れた。

さいばい【栽培スル】
花や草木、野菜などを時間をかけて育てる様子。
・両親は、近くに土地を借りて野菜を**栽培**し始めた。
・土を使わない植物**栽培**のニュースを見て、本当かと思った。

さいよう【採用スル】
新しい意見ややり方などを選んで使う、また、一緒に仕事をする人を選んで入れる様子。
・若い人の考えを**採用**して作った商品がよく売れている。
・機械が使える人の**採用**は難しく、辞められると困る。

さいわい【幸いナ・ニ・スル】
① 自分が願っているとおりになって、良かった、うれしいなどと感じる様子。
・作った商品が、買ってくれた人に喜んで使ってもらえたら**幸い**だ。
・信じてくれる家族がいるのは、**幸いな**事だ。
② もっと悪い結果になったかもしれないが、そうならなかった、また、心配していた事が良い結果に終わった様子。
・**幸い**、母の病気は薬で治るという医者の話だ。
・夏の天気が**幸いして**、今年は米がよく育ったそうだ。
★②の意味では、幸いにも/幸いな事に という形でもよく使う。

・雨が長く続いたが、**幸いな事**に大きな事故も無かった。

・火事があったが、**幸いに**もけがをした人はいなかった。

―さえ

①　最低必要な事を例に出して、できない、していないなどと伝える言い方。

・包丁_{ほうちょう}**さえ**使えない人に、人に喜ばれるような料理はできない。

・妻と旅行する予定なのに、ホテルの予約**さえ**まだだ。

②　考えられない事がこれから起こる、または、これまで考えられなかった事が起こった、などと強く伝える言い方。

・今は技術が進んで、月へ行き、そこで生活する事**さえ**計画されている。

・今日は天気が悪く、雨だけでなく、昼からは風**さえ**吹き始めた。

③　[―さえ〜(す)れば] という形で、ひとつの問題が無くなれば、結果は思ったとおりになると伝える言い方。

・食べ物は無くなっても水**さえ**あれば、一週間は生きられる。

・社長が許可**さえ**すれば、新計画のお金の問題は無くなる。

さえぎる【遮る】

①　壁_{かべ}やカーテンなどを使って、光や音などが入らないようにする、また、人や物などが邪魔_{じゃま}で、前が見えなくなる。

・暑さが続くので、会議室に光を**遮る**カーテンを付けた。

・祭りの日は、人に**遮られて**前が見えないほどだ。

②　話しているときや大切な事をしているときなどに、邪魔が入って続けられなくなる。

・考え事をしていたが、「雪だ」という言葉に**遮られて**外を見た。

・急な客で、頼まれていた急ぎの仕事が**遮られた**。

さえずり →さえずる

さえずる

小鳥が、かわいくてきれいな声で鳴き続ける。

・鳥の**さえずる**声で朝起きるのは、気持ちがいい。

・町のバスでは、**さえずる**ような美しい声の案内が流されている。

★さえずる声と様子を [さえずり] と言う。

・駅で毎朝、録音した鳥の**さえずり**を流している。

さえる

①　色や音が、ほかの物や音に邪魔_{じゃま}されずにきれいに見え、聞こえる。

・星が**さえる**夜空を見ていると、自然は大きいと感じる。

・雨がやんだ後は、庭の緑が**さえて**美しく見える。

★①のように何にも邪魔されないで、色や音などがきれいな様子を さえわたる と言う。

・空がさえわたる秋の日、両親を近くの山へ連れて行った。

② 心配事や疲れなどが無く、気持ちや顔が明るい、また、考え事や仕事などがよくできる。

・昨日はよく寝たので、今日は朝から頭がさえている。

・困った事があるのか、友人はさえない顔をしている。

さえわたる →さえる①

さかい【境】

① 並んでいる物と物を分けている所、また、分けると決められた所。

・いつも散歩する道は、隣町との境まで続いている。

・隣の家との境には、背の低い木を並べて植えている。

② それまでとは様子が変わることになったとき。

・母の入院を境に、両親の家へ行く回数を増やした。

・会社ができて五十年を境に、商品の半数が新しくなった。

さかえる【栄える】

町や人の多い場所などが大きな力を持ち、広がり強くなる。

・古くから道具作りで栄えている町を見に行った。

・今住んでいる所は、駅ができてから、大きく栄えた。

さからう【逆らう】

① 多くの人が良いと思う事や決められている事などに反対して、言われたとおりにしない。

・何度連絡があっても決まりに逆らう人がいて、ゴミ置き場は汚い。

・社長に逆らってでも、必要だと思う事は言う。

② 水や時代の流れ、人の動きの中を反対の方向へ進もうとする。

・祭りの日は、人の流れに逆らって歩くのは危ない。

・ふるさとには、時代の変化に逆らい変わらない事がまだ多い。

さかり

① 人間、植物、動物など、生き物が一番元気のあるとき、また、季節などの様子が一番強く感じられるとき。

・両親は、花のさかりの頃ふるさとへ行く計画をしている。

・暑いさかりの駅前は人が少なく、夕方まで閉める店もある。

② ほかの言葉と一緒に 〜ざかり という形で、とても元気よく感じられる様子だなどと伝える言い方。

・育ちざかりの子供がいる間は、食べ物のお金が大変だった。

・友人は、仕事が面白いときが**働きざかり**だとよく言う。

さかん【さかんナ・ニ】

①　人や動物などが止まっていないで、何度も動く様子、また、元気や強さを感じさせられる様子。

・公園に、**さかん**にほえるイヌがいて子供が恐がっている。

・父は、暖かくなると**さかん**に出かけるようになった。

②　多くの人が、ひとつの事を広く、また、楽しそうにする様子。

・町はスポーツが**さかん**で、誰でも使える運動場もある。

・米作りが**さかん**なふるさとでは、おいしい米の研究をしている。

さきざき【先々】

①　これから後に続く時代。

・**先々**まで残るように、商品の記録はコンピュータに入れてある。

・父は、**先々**の事は考えず、今を大切に生きるように言う。

②　[行く先々]という形で、行った所すべてでと伝える。

・両親は旅行に出ると、**行く先々**で思い出の写真を撮る。

・会社の商品を売る店へ行くと、**行く先々**で色々相談された。

さきほど【先ほど】

今より少し前の事だが、と伝える言い方。

・駅の放送が、**先ほど**事故があり電車が遅れると何度も伝えた。

・**先ほど**お電話しましたがと言って、仕事を頼みたい人が来た。

★[さっき]も同じ事を伝える話し言葉。

・**さっき**妻のふるさとのから届いた箱には、野菜がいっぱい入っていた。

さく¹【裂く】

①　手や道具などを使って、強い力でひとつの物を切って、また、破るようにして小さく分ける。

・けがをした社員のために、タオルを**裂いて**傷に当てた。

・海外からの客に、包丁で魚の腹を**裂く**様子を見せた。

★①のように裂いた後の様子を[裂ける]と言う。

・古くなったカーテンを強く引いたら**裂けて**しまった。

②　家族や親友など深い関係の人を別れさせる。

・お金が原因で、人間関係を**裂かれる**人は少なくない。

・結婚相手との仲を**裂かれた**社員が、泣いて相談に来た。

さく²【割く】

時間や力の一部を少し分けるようにして使い、ほかの人や仕事のために使う。

・友人は忙しい時間を**割いて**、話を聞いてくれた。

・新しい仕事に人を**割いた**ので、急に忙しくなった。

さぐりだす【探り出す】→さぐる

さぐる【探る】

① 手や足を使って、見つけたい物などを探す。

・古い服のポケットを**探って**いたら、お金が入っていた。

・何を探しているのか、妻は何度もかばんの中を**探って**いる。

② 人に聞く、本を調べるなどして、もっとよく知ろうとする、また、誰にも知られないように調べる。

・近くの寺で見つかった古い本が、いつの時代の物か**探る**研究チームができた。

・会社の商品計画が**探られて**いるようだから注意するよう連絡があった。

★①、②のようにして、探していた物を見つける様子、知りたい事がわかった様子を 探り出す と言う。

　①・紙の山から、会議の古い記録を**探り出す**のは大変だった。

　②・相手が何をする会社か**探り出す**ため、調べることにした。

さけび【叫び】→さけぶ②

さけぶ【叫ぶ】

① 危ないとき、また、うれしいときなどに大きな声を出す。

・「助けて」と**叫ぶ**声が聞こえたので、急いで外に出た。

・時間がかかった商品ができて、友人とできたと**叫んだ**。

② 正しくないと思ったときなどに、周りの人たちに強い調子で伝える。

・町の安全を**叫んで**、道の明かりを増やす動きが始まった。

・戦争に苦しむ子供たちに食べ物をと**叫ぶ**運動に、お金を送った。

★②のように強く知らせる声や様子を 叫び と言う。

・世界中で反対の**叫び**が続くのに、戦争は無くならない。

さける¹【裂ける】→さく¹①

さける²【避ける】

① 危ない所や嫌だと思う場所などには近づかない。

・事故を起こさないよう、狭い道は**避けて**運転している。

・人が多い時間を**避けて**、朝早い電車に乗ることも多い。

② 良くない結果になると考えて、やろうとしている事などをしないでおく。

・毎日の生活では、どうしても**避けられない**問題がある。

・医者に甘い物を**避け**、体重を減らすように言われた。

ささいな

特別問題にならないほど、小さくて少ない様子。

・ささいな事が原因で、仕事仲間とけんかしてしまった。

・ささいな問題でも気になるので、早く片づけることにしている。

ささえる【支える】

① 人や物が落ちないように、倒れないように、手や物を使って止める。

・倒れそうなお年寄りを支えて、階段を上った。

・ふるさとの家の中心には、全体を支える太い木の柱があった。

② 困っている人や頑張っている人などを手伝い、助ける。

・社長は、家族に支えられて会社が続けられたと言う。

・仕事に困ったときは、いつも友人が支えてくれる。

③ 人の集まりなどがうまく続いていくように手伝ってできる事をする。

・会社を支えているのは社員ひとりひとりだと思う。

・会社より大切なのは、家族を支える事だと思っている。

さざめき

小さく話す声や笑う声などが、色々な所から聞こえる様子。

・社長が来ると、それまでのさざめきがすっかり消えた。

・結婚式での明るいさざめきに、娘の幸せな将来を願った。

★話す声などが聞こえる様子を さざめく と言う。

・笑いさざめく若い人を見ると、会社は大丈夫だと思う。

さざめく →さざめき

ささやき →ささやく

ささやく

周りの邪魔にならないように、また、ほかの人に聞かれないように、声を小さくして話す。

・会議中、社員が社長に何かをささやくと、社長は部屋を出た。

・次の社長ではとささやかれていた人が、急に辞めた。

★小さな声、また、小さな声での話を ささやき と言う。

・これまでとは全然違う商品を見て、部屋中でささやきが始まった。

さしかかる【差しかかる】

① 動いている人や物などが、ひとつの場所に近づく。

・急な坂道に差しかかると、車の速度を落として運転している。

・山に差しかかった夕日を見て、ふるさとを思い出した。

② 大切な事が起きるとき、また、続いていた事の一番大切なときなどが近づく。

・商品を送り出す締め切りの日に差しかかり、会社は大忙しだ。
・祭りの時期に差しかかると、笛や太鼓の音が聞こえる。

さしこむ【差し込む】

① 窓や小さく開いた所などから、光が入る。
・東の窓から太陽の明かりが差し込むと、忙しい一日が始まる。
・月の光が差し込む夜は、部屋を暗くしてふるさとの事を考える。
② 決められた所に、必要なカードや鍵などを入れる。
・会社は、ドアにカードを差し込まないと入れなくなった。
・新しい車は、鍵を差し込む必要が無いので驚いた。

さしさわり【差し障り】→さしつかえ

さしさわる【差し障る】→さしつかえ

さししめす【指し示す】→しめす

さしせまる【差し迫る】★→せまる①

大切な事がある日や危ない事などが近づいて、逃げられなくなる。
・相手との約束の日が差し迫り、毎日商品作りを急いでいる。
・近くで火事があったが、差し迫った危険は無かった。

さしつかえ【差し支え】

仕事やこれからしようとする事の邪魔になる人や物。
・今の仕事に差し支えが無いように、次の仕事を決めている。
・差し支えがあって、社長にすべてを説明できなかった。
★同じ事を 差し障り とも言い、邪魔になるとき 差し支える/障る と言う。
・友人に相談されて、誰にも差し障りの無いよう返事をした。
・社員の仕事に差し支えないよう、次の計画を考えた。
・個人の生活に差し障るような仕事のやり方は、会社ではやらせない。

さしつかえる【差し支える】→さしつかえ

さす【差す】

① 空の様子や顔の色などが変わり、明るく、少し赤い色などになる。
・日が差して空が明るくなり、鳥が鳴き始める朝は気持ちがいい。
・結婚すると言う社員に相手の事を聞くと、顔に赤みが差した。
② 水や湯などを少し入れる。
・朝、花びんに水を差すと、花が元気になる。
・目薬を差すとき、少し口を開ける人が多いから面白い。
③ 雨や強い日に当たらないように、傘などを使う。
・昔は、日傘を差す男の人は少なかったそうだ。
・強い風が吹くと、雨が降っても傘が差せない。

さすが【さすが】

①　ほかとは全然違うのだろうとは思っていたが、思ったとおりだったと伝える言い方。

・有名な店の料理を食べて、**さすが**だと思った。

・友人に大変だと言われていたが、**さすが**に話し合いは難しかった。

★→やはり

②　**さすがの**という形で、「ない」と一緒に使って、思っていた事とは違ったと伝える言い方。

・**さすが**の友人も、問題の原因がすぐにはわから**なかった**。

・**さすが**の父も、年齢には勝て**なくて**外に出る回数が少なくなった。

さぞ

ほかの人の気持ちを考えて、また、経験の無い事などを経験した気持ちになって、自分の考えを伝える言い方。

・今度の地震に遭った人は、**さぞ**大変だっただろう。

・家族で海外旅行ができれば、**さぞ**楽しいだろう。

★同じ意味で**さぞかし/さぞや**とも言う。

・雪の多いふるさとは、今頃**さぞかし**大変だろう。

・長く降らなかった雨が降って、農家の人たちは**さぞや**安心しただろう。

さそい【誘い】→さそう①

さそう【誘う】

①　ほかの人に、楽しい事や好きな事などを一緒にやろうと言う。

・困った事があるとき、友人が食事に**誘って**くれる。

・子供は中学生になった頃から、買い物に**誘って**も一緒に来なくなった。

★①のように誘うときの連絡や言葉を**誘い**と言い、嫌だと言えないほど強く誘われる様子を**誘惑**と言う。

・友人の**誘い**を受けて、短い旅行に行くことにした。

・医者に言われていても、たばこの**誘惑**に負けるときがある。

★→いざなう、こえをかける

②　見た事、聞いた事、感じた事などが理由になって、いつもとは違う気持ちになる。

・事故で親を亡くした子供の様子が、見る人の涙を**誘った**。

・春の風に**誘われる**のか、最近はどこも人でいっぱいだ。

さぞかし →さぞ

さぞや →さぞ

さだか【定か】

自分で見聞きした、調べたなどの理由があって、間違い無い様子。

・問題の原因は**定か**にしておかないと、また同じ事が起きる。

・誰が言い出したか**定か**ではないが、公園が無くなるそうだ。

さだまる【定まる】→さだめる

さだめ【定め】→さだめる①

さだめる【定める】

①　生活しやすいように、また、みんなで同じようにできるように守る事などを決める。

・家庭のゴミは**定められた**時間に、**定められた**場所に出す。

・日曜日は会社に来ないという決まりが**定められた**。

★①の、みんなで決めた事や自分では変えられない事を 定め と言う。

・悲しい事だが、人はいつか死ぬ**定め**だ。

②　色々考えていた事などを、はっきり決める。

・誰に売る商品かを**定める**事から、商品作りが始まる。

・自分がどんな仕事をするかを**定める**まで、色々考えた。

★①、②のように定めて決まったとき 定まる と言う。

　①・ゴミ置き場の使い方は**定まっている**が、守る人が少ない。

　②・今の家に住むと**定まる**までには、長い時間がかかった。

ざつ【雑ナ・ニ】

仕事のやり方や話し方などが、時間をかけて準備できていると思えない様子。

・**雑な**仕事は、商品を買う人を減らすことになる。

・**雑に**仕事をしていると、周りの人が信じなくなる。

さっかく【錯覚スル】

無い物を見たと思う、また、見た物をほかの物と間違うなどする様子。

・目の**錯覚**で、古い商品が新しい商品に見えた。

・休みが続くと、次の日が月曜日だと**錯覚**してしまう。

さっき →さきほど

さっきゅう【早急ナ・ニ】→そうきゅう

さっさと

必要な事などを、簡単に早く短い時間ですると伝える言い方。

・帰りが遅くなって、昨日は**さっさと**シャワーを浴びて寝た。

・急ぐ仕事を**さっさと**片づけてから、会議に出た。

★同じ様子を さっと とも言う。

・若い人の計画を**さっと**見たが、どれも同じような物だった。

さっし【察し】

相手が隠している本当の事やはっきりわからない事などをわかろうとする気持ち、またはそれがわかる力。

・**察し**がいい人が多いと、会議も問題無く進められる。
・何人来るか**察し**をつけて、パーティーの準備をした。

★ほかの人の気持ちをわかろうとする様子を 察する と言う。

・台風で家を無くした人たちの生活を**察する**と、胸が痛い。

さっする【察する】→さっし

さっそく【早速】

① 新しい物や人からの贈り物などを、すぐに使う様子。

・誕生日にもらった服を**早速**着ることにした。
・妻のふるさとから送られて来た米を、**早速**晩ご飯に使った。

② ひとつの事が終わるとすぐに次の事が始まる様子。

・新しい社員に挨拶をすると、**早速**簡単な仕事を頼んだ。
・注意したのに、工場で**早速**心配していた事故が起こった。

ざった【雑多ナ・ニ】

色々な種類の物ややる必要がある事などが一緒になっている様子。

・海外の品物を**雑多**に並べて売っている面白い店が駅前にできた。
・朝から**雑多な**仕事が続いて、必要な事ができなかった。

さっと →さっさと

ざっと

① だいたいどれくらいかを伝える言い方。

・電車が遅れ、**ざっと**百人ほどが駅前で待たされた。
・会議では、**ざっと**どれだけ売れると考えられるかも話す決まりだ。

② 必要な事だけを簡単にする様子を伝える言い方。

・会議で話す事を友人と**ざっと**見直した。
・**ざっと**見ただけだが、両親の旅行はよく準備されていた。

さっぱり【さっぱりスル】

① 気持ちが悪いと思う事や、嫌だと思っていた事などが全部無くなって、気持ちが良くなる、安心する様子。

・家に帰ったら、まずシャワーを浴びて**さっぱりする**。
・山のようにあった仕事が全部終わって**さっぱりした**。

② 嫌な気持ちを長く持ち続けない様子、また、料理の味が食べやすい様子。

・友人は、失敗しても次があるとさっぱりしている。

・暑いときは、冷たくてさっぱりした料理がうれしい。

③ 「ない」と一緒に使って、全然思っていたようにならないと伝える言い方。

・頑張って作った商品だったが、さっぱり売れなかった。

・台風で会社に来られない人もいて、仕事はさっぱりできなかった。

さて

今の話ややっている事をここで終わって、次に移ると伝える言い方。

・さて昼休みにするかと言って、友人が机を離れた。

・社長が「さて」と言うと、いつも難しい相談になる。

さながら →まるで①

さばき【裁き】→さばく¹

さばく¹【裁く】

問題が起こったとき、よく調べて、正しいか、正しくないかを決める。

・会社の問題を最後に裁くのは、社長の仕事だ。

・人を裁く仕事は難しくて、間違いは許されない。

★決められる様子、また、決まった事を 裁き と言う。

・社長の裁きで、長く続いた問題が終わった。

さばく²

① 数量が多くて、簡単にはできない事や売れない商品などをうまく片づける。また、売って無くす。

・売れなかった商品を前に、どうさばこうかと色々考えた。

・朝のホームでは、駅員が客を上手にさばいていた。

★①のようにさばいた後の様子を さばける と言う。

・社員みんなで、残った商品が全部さばけるまで頑張った。

② 食べ物にするために、魚や鳥、動物を小さく分けて、料理しやすく、また、食べやすくする。

・今は、魚を自分でさばく人がとても少ないそうだ。

・昔ふるさとでは、家で育てた鳥をさばいて食べていた。

③ ほかの言葉の後に さばき と付けて、物の動きや動かし方。

・包丁さばきを見れば、経験の長さがわかる。

・どんなスポーツでも、まず足さばきを教えられるそうだ。

さばけた →さばさばする②

さばける →さばく²①

さばさばする

①　心配していた事などが無くなって、気持ちが明るく、軽くなる。

・残っていた仕事を全部やってしまって、**さばさば**した。

・母の病気が軽いとわかって、**さばさば**した気持ちだ。

②　人がほかの人の言う事やする事などに、色々細かく言わない。

・友人は失敗を笑って許す**さばさば**した人だ。

・妻が**さばさば**した人間なので、けんかは少ない。

★②と同じような人の様子を ［**さばけた**］ とも言う。

・社長は**さばけた**人で、失敗した事をいつまでも言わない。

さびつく →さびる

さびる

鉄などが、水や空気に当たって長い間に色が変わる、また、弱くなる。

・長く乗らなかった自転車は、**さびて**赤くなっていた。

・工場では、機械が**さびない**ように毎日油で拭いている。

★さびて前のように使えなくなる様子を ［**さびつく**］ と言う。

・子供たちの部屋の窓が、**さびついて**動きにくくなった。

さびれる【寂れる】

住む人や来る人が減る、また、店などが少なくなるなどして、人がおおぜい集まっていた場所の元気が無くなる。

・ふるさとは人が減り、すっかり**寂れて**しまった。

・**寂れた**町や村に残った物を、見直す運動が始まった。

さべつ【差別スル】

男女、肌の色などの違いを理由に、自分の方が良いと決め、人に苦しい思いをさせるような事、許されない事などをする様子。

・社長は、仕事で男女の**差別**をするような人ではない。

・**差別**され苦しむ人たちが、今でも無くならない。

さほう【作法】

話し方や体の動かし方など、正しいと決められているやり方。

・会社では、客にお茶を出すときの**作法**が決まっている。

・正しい**作法**を知らないので、客との食事はいつも疲れる。

★正しいやり方になっていないとき ［**不／無作法**］ と言う。

・客の**不／無作法**な話し方に、社長は怒って部屋を出た。

さほど

「ない」と一緒に使って、思ったほど、考えられているほどではないと伝える言い方。

・仕事がわかると、**さほど**難しくは**ない**と思える事が増える。

・**さほど**時間をかけ**ない**料理でも、妻の作る物はおいしい。

さぼる【サボる】

理由もなく学校や仕事などを休む、また、やらなければならない事などをしない。

★外国語からできた言葉なので、「サボる」とも書く。

・誰も見ていないと仕事を**サボる**ようでは、成功できない。

・学生時代には、よく嫌いな授業を**サボって**遊びに行った。

さまがわり【様変わり】

続いていた事や長く知っている物などがすっかり変わってしまう様子。

・**様変わり**したふるさとを見て、両親は少し寂しそうだった。

・新しい人や機械が増えて、仕事のやり方も大きく**様変わり**した。

さまざま【様々ナ・ニ】

人や物、周りの事などが色々違っていて、ひとつではない様子。

・商品を作るために、会社の外でも**様々な**人に意見を聞いている。

・日曜日の公園は、家族が**様々に**楽しめる自由な場所だ。

さます【冷ます】★→さめる

①　熱い食べ物や飲み物などを、食べやすい温度にする。

・早く食べようと、熱いスープを吹いて**冷ました**。

・すしを作るときは、熱いご飯を**冷まして**から使う。

②　うれしいときや喜んだとき、また、怒ったとき悲しんだときなどに、気持ちをいつものように戻す。

・熱くなった会議の空気を、少し休んで**冷ました**。

・腹が立って顔が熱くなったので、外で気持ちを**冷ました**。

さまたげ【妨げ】→さまたげる

さまたげる【妨げる】

仕事やしようとしている事などを前へ進めなくする。

・話し合いを**妨げる**ような事を言う人がいて、困った。

・ほかの会社の同じような商品に**妨げられて**、新商品が売れない。

★進めなくする人や事などを [妨げ] と言う。

・結婚は仕事の**妨げ**だと言う人がいて、驚いた。

さまになる【様になる】

周りが見たときに、その人に合っている、その人だからいいなどと思う。

・友人は何を着てもよく合っていて、いつも**様になっている**。

・若い人がするような事を自分がしても、年齢に合わず**様にならない**。

さまよう →まよう②

さめる【冷める】★→さます

　①　熱い物の温度が下がってちょうど良くなる、また、下がりすぎてしまう。

・熱い物が食べられないので、**冷める**まで待つ。

・すぐに入らなかったので、おふろが**冷めて**しまった。

　②　うれしい事や悲しい事などがあって、いつもと違っていた気持ちが、いつものように戻る。

・先月結婚した社員は、まだ喜びが**冷めない**様子だ。

・怒った人と話すときは、相手の気持ちが**冷める**のを待つ。

　③　邪魔が入って、頑張ってやろうという気持ちが無くなる。

・できないだろうと言われると、やる気が**冷める**。

・金が無いと知って、新しい商品を作ろうという気が**冷めた**。

　④　冷めた　という形で、周りの騒ぎなどとは関係なく、自分の考えたとおりにする様子。

・みんな喜んでいるのに、友人はひとり**冷めた**様子で何か考えていた。

・商品が売れても、社長は、まだまだと**冷めた**顔をしていた。

さゆうする【左右する】

　人のこれからの事や考えなどを変えてしまうほど、大きく関係する。

・今度の新商品は、会社の将来を**左右する**ことになるだろう。

・友人は、自分で決めたときは、他人の意見に**左右される**ことが無い。

ざら【ざら₂】

　珍しくない、特別ではない、どこにでもあるなどと伝える言い方。

・雨の多い季節には、朝の電車が遅れることは**ざら**だ。

・良い商品ができたと思っても、売れないときは**ざら**にある。

さらう

　強い力を使うなどして、人や物などを取って何も無いようにする様子。

・町の人たちと、毎年川のごみを**さらって**きれいにする。

・台風で波に**さらわれて**、おおぜいの人が亡くなった。

さらさら【さらさら(と)】

　①　砂や雪などが乾いていて、手の中に入れても流れて落ちるようだと伝える言い方。

・ふるさとの雪は**さらさら**で、転んでも服がぬれなかった。

・商品に使う砂を手に取ると、指の間から**さらさら**と落ちた。

　②　小さな川の水が静かに流れる様子、また、その音。

・春になると、町の川もさらさら流れているように見える。

・ふるさとで川がさらさら流れる春は、草木も元気になる。

③　途中で長く止まらないで、最後まで書く様子。

・さらさらと手紙が書けるように、筆を使う練習を始めた。

・友人が短い時間にさらさらと計画書を書いたので驚いた。

★→すらすら

さらす

①　物を光や風、雨などが直接当たる所に置く。

・長く日にさらされて、町の案内地図は字が読みにくい。

・町に、雨や風にさらされて倒れそうになった空き家がある。

②　隠しておきたい事や物などを、たくさんの人に見えるようにする。

・会社の問題をさらすような事故が起きて、毎日大変だ。

・悪い品を売った会社は、技術の弱さをさらすことになった。

③　危ない場所や大変な問題などから逃げない。

・台風が近づく町で、警察や消防の人が、強い風に身をさらして立っていた。

・命を危険にさらす仕事をする人たちは、大切にしたい。

さらに【更に】★→いっそう

これまでよりもっと、良くなる、また、悪くなると変化を伝える言い方。

・昼になって風が更に強くなり、町を歩く人も少なくなった。

・会社が更に大きくなるために、社員みんなで頑張っている。

さりげない

相手が気にしなくてもいいように、特別ではない様子で、自分の考えや気持ちなどを伝える様子。

・社長は、さりげない一言で社員にやる気を出させる。

・疲れたときにさりげなく出されたお茶が、おいしかった。

さるもきからおちる【猿も木から落ちる】

いつもやっている事だと思って安心していると、失敗するときがあると教える言い方。

・猿も木から落ちると言うので、同じ仕事でも気をつけてしている。

・送った商品がひとつ足りず、猿も木から落ちるだった。

―ざるをえない【―ざるを得ない】

ほかの言葉の後に使って、考えていなかった事が起きて、また、ほかに方法が無くて色々選べず、ひとつのやり方しか残らなくなる様子。

・台風が来たので、両親との旅行は中止せざるを得なかった。

・誰も手伝ってくれないなら、ひとりで**やらざるを得ない**。

さわがしい【騒がしい】→そうぞうしい

ざわざわ【ざわざわ(と)スル】

①　風で木の葉や背の高い植物などが周りの葉や枝などに当たって、音を出す様子。

・台風が近づくと、庭の木が**ざわざわと**音をさせる。

・風の強い日は、ふるさとの山は一日中**ざわざわ**音がした。

②　人がたくさんいる場所で色々な声や音がうるさいほど聞こえる、また、それを聞いて気持ちがいつものように静かではなくなる様子。

・昼休みの**ざわざわ**は、仕事が始まると消えて無くなる。

・何かあったのか、駅前に人が集まり**ざわざわ**している。

★①、②のようなざわざわが続く様子を ざわつく/ざわめく と言う。

　①・庭の木が**ざわつき**始めると、台風が近いと感じる。

　　・冷たい風に**ざわめく**木を見て、もうすぐ冬だと思う。

　②・小さな火事だったが、近所はまだ**ざわついて**いる。

　　・社長が前に立つと、**ざわめいて**いた部屋が静かになった。

ざわつく→ざわざわ

ざわめく→ざわざわ

さわやか【爽やかナ・ニ】

①　強い風の後の空気がきれいなときなどに気持ちが良いと感じる様子。

・朝の空気が**爽やかな**日は、一日楽しい気持ちでいられる。

・ふるさととは、春になると山から**爽やかな**風が吹いて来る。

★①と同じように感じるとき 爽快 とも言う。

・前の休みは、朝早く散歩をし**爽快**な気持ちの一日だった。

②　人の話し方や仕事のやり方などがはっきりしていてよくわかり、気持ちがいいと感じる様子。

・新しい人たちの**爽やかな**声で、春は会社が明るくなる。

・若い人たちが**爽やかに**働く様子を見ると、自分も元気になる。

さわる【障る】

①　体の調子を悪くする原因になる。

・医者に、酒は体に**障る**から気をつけるよう言われた。

・コンピュータの仕事は目に**障る**ので、休みながらする。

②　耳障り/目障り という形で、聞いたとき、また、見たときに嫌な気持ちになると伝える。

・疲れているときは、周りのおしゃべりも**耳障り**だ。

・観光客に目障りだということで、駅前の看板が減った。

ざんぎょう【残業スル】

急な仕事ができたときや決められた時間に終わらないときなどに、残ってする仕事、また、その仕事をする様子。

・年末になると忙しくなり、どうしても**残業**が増えて大変だ。

・社長は、**残業**が続く会社は長く続かないと考えている。

さんこう【参考】

やろうとする事があるときなどに、ほかの人の意見や違う考え方を調べる様子、また、調べるのに使う物。

・多くの社員の考えも**参考**にして、新しい計画が決まった。

・住む人たちの意見を**参考**に、町に新しい公園が作られることになった。

ざんこく【残酷ナ・ニ】

言う事やする事などが、生きる力を無くすほど冷たく、周りの人の事を考えない様子。

・嫌なら学校に来るなと、子供に**残酷**な事を言う先生がいる。

・戦争は、人を**残酷**に殺し合う事だと知っていてもまだ続く。

さんざん【さんざんナ】

①　結果がとても悪かった、また、良い事が無かったなどという思いを伝える言い方。

・時間をかけて準備したが、会議は**さんざん**な結果だった。

・財布を落としたり忘れ物をしたり、今日は**さんざん**だった。

②　時間をかけてやったが、思っていたようにできなかった、また、反対に時間をかけて思っていたようになったと伝える言い方。

・**さんざん**待たされたのに、医者と話したのは五分ほどだった。

・何を買おうか**さんざん**考えて、母の喜びそうなプレゼントを見つけた。

ざんねん【残念ナ・ニ】

①　失敗したときや思った結果にならなかったときなどに、後からもっと頑張れば良かった、もっと気をつければ良かったなどと思う様子。

・**残念**な結果になったが、友人と食事に行き次の計画を話した。

・妻の両親から、台風でリンゴが落ちて**残念**だったと連絡が来た。

②　したい事があるのにできなかったときなどに、後になってやれば良かったと強く思う様子。

・大学を卒業してすぐ海外へ行けば良かったと、今も**残念**に思うことがある。

・仕事で近くに行ったのに、ふるさとへ行く時間が無く**残念**だった。

さんぱい【参拝スル】→おがむ

さんらんする【散乱する】

　物が場所全体にたくさんあり、片づけられていない様子。

・物が**散乱**していた子供たちの部屋を、今は誰も使わない。

・ゴミが**散乱**しないように、ゴミ置き場が作り直される予定だ。

し

しあがり【仕上がり】→しあがる

しあがる【仕上がる】

物を作る仕事や続けていた事などが最後まででき、終わる。

・夜遅くまでかかったが、会議に出す計画書が**仕上がった**。

・両親は、旅行中に撮った写真が**仕上がって**とても喜んで見ている。

★仕上がった様子、また、仕上がった物などを 仕上がり と言う。

・友人は、新しい商品の**仕上がり**を見て、これは売れると言った。

しあげ【仕上げ】→しあげる

しあげる【仕上げる】

難しい事や大切な事などを、時間をかけて最後までやる。

・仕事を残らず**仕上げる**ため、年末は大忙しだった。

・仕事を**仕上げた**社員は、いい経験だったと話した。

★仕上げるための最後の仕事を 仕上げ と言う。

・車を洗うのは簡単だが、**仕上げ**にきれいに拭くのが大変だ。

しいる【強いる】

① したいと思わない事などを、人の気持ちを考えないでさせる。

・社員に**強いて**嫌な事をさせても、いい仕事はできない。

・大人の考えを**強いて**も、子供たちは思ったように育たない。

② 強いられる という形で、したくはないが、するしかないと伝える。

・地震が来て、数日水も電気も無い生活を**強いられた**。

・親を亡くして、大変な生活を**強いられる**子供がいる。

③ 強いて という形で「ない」と一緒に使って、やりたいと思わなければやる必要は無いと伝える言い方。

・**強いて**欲しいと思わ**ない**物は、買わないと決めている。

・若い社員には、できない事は**強いて**やら**なくても**いいと言っている。

しいれ【仕入れ】→しいれる

しいれる【仕入れる】

仕事に必要な物や材料などを買う、また、大切な情報を増やす。

・商品に必要な材料を**仕入れる**のに、海外へ行くときもある。

・よく買い物に行くのは、新しい情報を**仕入れる**ためだ。

★仕入れる様子や仕入れた物を 仕入れ と言う。

・大きな地震で、**仕入れ**ができなくなり仕事が止まった。

しえん【支援スル】

困っている人たちのために、自分のできる事などをする様子。

・世界中で、食べ物も無くて、**支援**が必要な子供が増えている。

・地震で困っている人たちを**支援する**ため、お金を出した。

しおらしい

かわいくて大人しい、言われた事などを言われたようにする様子。

・困ったら生活を助けると、子供たちはしおらしい事を言う。

・決まりを守らないで叱られた社員は、一日中しおらしくしていた。

しかい[1]【視界】→しや①

しかい[2]【司会スル】

会議などの人の集まりで、中心になって話し合いを進める様子、また、進める人。

・多くの人の集まりで**司会する**ので、できるかどうか心配だ。

・会議の**司会**をうまい人がやると、とても気持ち良く進む。

しかえし【仕返し】

嫌な事や困るような事などをした相手にする、同じように嫌な事や困る事など。

・**仕返し**が嫌で、会議で反対する意見を言わない人がいる。

・けんかの**仕返し**に、中学生が高校生を傷付け、騒ぎになった。

★同じ事を 報復 とも言う。

・嫌な事をした相手へ**報復**をしても、悲しい気持ちしか残らないと思う。

じかく【自覚スル】

自分の力やしなければならない事など、自分の事が自分でわかっている様子。

・遅刻を繰り返す社員に、**自覚**が足りないと注意した。

・自分の力を**自覚**していないと、仕事はうまくいかない。

しかけ【仕掛け】→しかける

しかける【仕掛ける】

①　やる気を起こさせるために、また、勝ち負け、強い弱いなどを決めるためなどに、相手が動くような事を先にする。

・友人は、今度の商品はほかの会社にけんかを**仕掛ける**ような物だと言っている。

・会社は社員に、良い商品を作れば海外へ行かすと**仕掛けた**。

②　やる事が思った結果になるように、できる事をし、道具などを使って準備する。

・妻は、朝ご飯のためのパンを夜**仕掛け**ている。

・駅に爆弾を**仕掛けた**という電話で、朝は電車が止まった。

★①、②のように仕掛けた事や物を　仕掛け　と言う。

　①・商品が売れれば、特別な**仕掛け**が無くてもやる気になる。

　②・ふるさとの川で、春になると**仕掛け**を作って魚を捕った。

しかたがない【仕方がない】

①　いいとは思わないが、ほかの方法も考えも無いので、これでいいと思う様子。

・電車が止まっているので、**仕方なく**タクシーで帰った。

・社長の考えなら、黙って聞くより**仕方がない**。

②　～(て)仕方がない　という形で、気持ちや感じ方などを止められないと伝える言い方。

・歯が**痛くて仕方がない**ので、医者へ行った。

・考え通りの商品ができて、**うれしくて仕方がない**。

★①も②も　仕様がない/しょうがない　とも言う。

　①・学校へ行く人が多いから、朝は電車が混んでも**仕様がない**。

　　・遅れて来る社員が多かったが、電車が遅れたから**しょうがない**。

　②・明日から休みなので、みんな**うれしくて仕様がない**様子だ。

　　・朝から頭が**痛くてしょうがない**ので、薬を飲んだ。

しがみつく　★→すがりつく(→すがる)

①　倒れないように、また、今の場所から離れないようにして、近くの人や物を強く持つ。

・急に電車が止まって、隣{となり}にいた知らない人に**しがみついた**。

・イヌが怖くて母親に**しがみつく**女の子は、昔の娘のようだ。

②　色々ほかの事を考えないで、決めた考えややり方などから離れない。

・古いやり方に**しがみついて**いては、良い物はできない。

・自分の考えに**しがみつく**人がいると、会議は大変だ。

しかめっつら【しかめっ面】→かおをしかめる

しかも

①　いい事にはいい事、悪い事には悪い事を並べて、言いたい事を強く伝える言い方。

・頭が良く、**しかも**親切な友人はみんなから好かれる。

・難しい注文が、**しかも**一番忙しいときに来て困っている。

②　驚くような事やとても考えられないような事などが起きたと伝える
言い方。

・何度も失敗して、**しかも**悪いと思わない社員には驚く。

・大雨の中、**しかも**予定より早く商品を届けることができた。

しがらみ

新しい事や大きな事をしようとするときなどに邪魔になる、人と人、人
と物などとの関係。

・後の事を考えて、何の**しがらみ**も無い会社を選んだ。

・母は色々な**しがらみ**を捨てて、父と結婚したそうだ。

―しき【―式】★→―ふう②、わしき

ほかの言葉の後に付けて、その言葉が意味するような特別な形や方法だ
と伝える言い方。

・公園を新しくして、**日本式**の庭を造ることになった。

・地震や台風のときを考え、**電池式**のラジオを買った。

じき【直ニ】

時間をかけなくても、長く待たなくてもと伝える言い方。

・新しい社員は**直**に仕事ができるようになり、助かっている。

・薬を飲んだから**直**良くなると、友人が青い顔で言った。

しきゅう【至急】

時間が無い、すぐにする必要があるなどととても急いでいる様子。

・**至急**の仕事が続いて、一週間とても忙しい思いをした。

・社長から**至急**と連絡があり、急いで部屋へ行った。

★急ぐと強く伝えるときは 大至急 と言う。

・機械が故障して止まり、**大至急**来てほしいと電話した。

しきり【仕切り】→しきる

しきりに

いつもと違って同じ事を何度もする、また、繰り返し起こるなどと伝え
る言い方。

・家の周りでイヌが**しきりに**鳴くので外へ出てみた。

・最近、小さな地震が**しきりに**起きていて心配だ。

しきる【仕切る】

①　間に物を置く、間を広くするなどして、部屋や土地、物を置く場所
などをいくつかに分ける。

・公園の小さな子供が遊ぶ場所は**仕切**られていて、大人は入れない。

・妻は庭を四つに**仕切**って、育てる物を分けている。

★①のように分けるときに使う物を (仕切り) と言う。

・会議室は、**仕切り**を取ると百人ぐらい座れる。

② 仕事ややる事の全体を見て、うまくいくように必要な事をする。

・食事会を**仕切る**のは、いつも決まった若い女性だ。

・今年は若い人たちが**仕切って**、町の祭りを成功させた。

しく【敷く】

① 物を守るためや大切にするためなどに、ほかの物を広げて下に置く。

・商品を入れる部屋には、特別なシートが**敷いて**ある。

・父は、皿の下に柔らかい物を**敷いて**地震でも割れないようにしている。

② 長く遠くまで続くように鉄道や道などを作る。

・鉄道が**敷かれる**と、人や物が動いて社会が大きく変わる。

・ふるさとでは、近くに線路が**敷かれた**が最近まで使われなかった。

③ 同じ物を置くなどして、全体がきれいに見えるようにする。

・新しい畳を**敷く**と、部屋が違って見えた。

・妻は、周りに小石を**敷いて**花が美しく見えるようにした。

しぐさ【仕草】

考えている事や気持ちなどが出る手や顔の動き。

・友人の考えている事は、**仕草**を見てだいたいわかる。

・人間と同じような**仕草**をする動物は、少なくないと聞いた。

しくしく【しくしく(と)スル】

① 大きな声を出さないで、悲しそうに泣き続ける様子。

・社員が隠れて**しくしく**泣いていて、気になった。

・駅前で**しくしく**泣いている子がいたので、話を聞いた。

★→しのびなく

② 刺されるような痛みが長く続く様子。

・昨日からおなかが**しくしく**と痛むので、薬を飲んだ。

・何日も胃が**しくしくする**ので、医者に行くことにした。

しくじる

する事や言う事などが、思ったような結果にならない。

・仕事に**しくじった**ときは、次頑張ろうと強く思う。

・一度**しくじる**と、相手との関係が良くなるまで大変だ。

しくはっく【四苦八苦スル】

問題が無くなるよう、色々な事をして、苦しむ様子。

・工場で仕事をする若い人は、機械の使い方がわかるまで**四苦八苦する**。

・一年間社員全員で**四苦八苦**を続けたが、商品が売れて良かった。

しくみ【仕組み】

物がどのようにできているか、仕事がどのような決まりややり方で進められているかなどという様子。

・機械の**仕組み**をよく知る人がいて、工場は助かっている。

・物を売るのにも特別な**仕組み**がある事を会社に入って知った。

しげしげ【しげしげ(と)】

同じ所に何度も行く、また、人や物を時間をかけてよく見ると伝える言い方。

・父が**しげしげ**行く駅前の店は、高いが良い品を売っている。

・去年咲かなかった花が咲いて、妻は**しげしげ**と見ている。

しげる【茂る】

草木が地面を隠すほど大きく伸びる、また、枝や葉がよく育って、長く多くなる。

・夏になると庭に草がたくさん**茂**って、抜くのが大変だ。

・町の近くの古い寺は、**茂**った木に隠れるように建っている。

しこう【志向スル】

人や社会全体が、同じ方向へ動いて行く、また、人が良い悪い、必要不必要など同じような考えを持つ様子。

・今は客の**志向**が色々で、作る商品が決めにくくなった。

・科学**志向**の人が増えて、会社へ入りたいという学生も多い。

しこうさくご【試行錯誤】

新しい事や難しい事などをするときに、色々なやり方でやってみて、何度も失敗を続けて、良い方法を見つける様子。

・一年間の**試行錯誤**を続けて、これまでに無い商品ができた。

・働き始めてから四十年近く、**試行錯誤**の繰り返しだった。

しじ¹【指示スル】

①　これからする事やそのやり方などを説明する様子、また、その説明。

・毎朝、間違えないように、仕事の仕方を細かく**指示**している。

・社長から**指示**があったので、急いで相手の会社へ行った。

②　物の使い方や方向などを文字や絵などを使ってはっきり伝える様子。

・**指示**を何度読んでもわからず、新しい洗濯機がうまく使えない。

・町に来た人がすぐわかるように、絵で**指示**する案内ができた。

しじ²【支持スル】

ほかの人の考え方ややり方などに賛成して、一緒に進めようとする様子。

・友人の考えを**支持**する人が多く、新計画を会議に出すことにした。

・**支持**と反対が同じくらいで、町のゴミ問題は進まない。

じじつ【事実】

①　本当に起こった事やあった事で、記録などが残っていて違うと言えない事。

・戦争の**事実**を知らない若い人がいると知って、驚いた。

・**事実**を隠して失敗を話そうとする社員に、強く注意した。

★①で、正しいと思わせる記録や理由がはっきりしないとき 事実無根 と言う。

・調べると、何度も会社にかかった電話の話は**事実無根**だった。

②　考え方は間違っていないと強く伝えるための言い方。

・良い商品だとは思っていたが、**事実**よく売れている。

・公園は行きやすい場所にあり、**事実**使う人が毎年増えている。

★→じっさい②

じじつむこん【事実無根】→じじつ①

しじゅう【始終】★→しょっちゅう

いつ終わるのだろうと思わせるほど続けてひとつの事をしている、また、同じ事などが長く続くと伝える言い方。

・家族の問題を**始終**考えている様子の友人は、毎日元気が無い。

・大地震の後も、小さな地震が**始終**感じられる。

じしゅく【自粛スル】

悪い結果になってはいけないと考え、自分でやらないと決める様子。

・父は病気をしてから、酒を**自粛**している。

・悪い病気が広がっているので、外出の**自粛**が必要だ。

じしゅてき【自主的ナ・ニ】

ほかの人に言われてやるのではなく、自分で決めてする様子。

・言われた事をするだけでなく、**自主的に**動くことも大切だ。

・会社は、社員の**自主的な**頑張りを応援してくれる。

じじょう【事情】

どうして今のような結果になったのか、その理由やそうなった後の様子。

・機械の故障で仕事が遅れた**事情**を、相手に電話で話した。

・家族の**事情**で仕事を辞める人には、詳しい理由は聞かない。

じしん【自信】

自分のやる事や考える事を、できる、正しいなどと強く思っている様子。

・**自信**いっぱいの社長がいつも会社を前へ進めている。

・正しいと**自信**があるときは、会議ではっきり意見を言う。

しずく ★→したたる

　雨や涙などが小さく丸くなった形。

　・雨の**しずく**が落ちる音は、気持ちを静かにしてくれる。

　・息子が結婚式で、涙の**しずく**を見せないように横を向いた。

しずまりかえる【静まり返る】→しずめる①

しずまる【静まる】→しずめる

しずむ【沈む】

　①　見えていた物が、下に移動して見えなくなる。

　・十月に入り、日が**沈む**と急に寒くなる。

　・戦争中に**沈んだ**船が引き上げられることになったそうだ。

　②　理由があって、元気ややる気が無くなる。

　・失敗をして**沈んで**いる友人に、食事に行こうと言った。

　・失敗した社員が**沈まない**ように、新しい仕事を頼んだ。

しずめる【静める】

　①　騒いでいるときなどに、静かにするように言う。

　・会社に泥棒が入ったと言って騒ぐ社員を、社長が**静めた**。

　・泣いている社員を**静めて**、理由を聞いた。

　★①の後、何も音がしないほど静かになったとき 静まり返る と言う。

　・社長の一言で、会議中の部屋は**静まり返った**。

　②　怒ったとき、思った結果にならなかったときなどに、気持ちを静か

　にしようとする。

　・言い合いを続ける人に、気を**静めて**話すように言った。

　・腹が立ったときは、外へ出て気持ちを**静める**。

　★①、②のように静めた結果を 静まる と言う。

　　①・会議の大騒ぎは、社長が静かにと大きな声を出すと**静まった**。

　　②・朝、胸いっぱいに空気を吸うと、心が**静まる**。

しせい【姿勢】

　①　立つとき、座るときなどの体の動きと形。

　・機械を使うとき、**姿勢**が悪いとけがをする事がある。

　・同じ**姿勢**で長く座っていると、腰が痛くなる。

　②　仕事や勉強などをするときの心の様子。

　・新しい計画を話していて、みんなのやろうという**姿勢**を感じた。

　・頑張ろうという**姿勢**が見えない社員がいて、理由を聞いた。

しせん【視線】

　人が見ようとして目を向けている方向。

・会議中に、友人の今だという**視線**を感じて意見を言うことがある。

・学生時代、好きな人と**視線**が合うだけでうれしかった。

しぜん【自然ナ・ニ】

特別な事はしないのに、気がつくと様子が変わっている、また、いつもと同じようになっている様子。

・年齢の上の子が小さい子に気をつけるのは、**自然な**事だ。

・母の料理を見ると、**自然に**ふるさとの事を思い出す。

じぜん【事前】→まえもって

じぞく【持続スル】

良い事や悪い事などが、途中で終わらず長く続く様子。

・社長は、会社の**持続**に必要な事は客に信じられる事だと言う。

・安全な暮らしを**持続させる**ため、町では集まって何でも相談している。

★長く続くとき[持続的]と言う。

・自然を守るためには、**持続的な**人間の働きが必要だ。

じぞくてき【持続的ナ・ニ】→じぞく

しだい【次第】

①　式などの順番、また、事故などの理由や原因から結果までの様子。

・古くなって色の変わった結婚式**次第**を見ると、今の式とは色々違うと思う。

・心配する友人に、工場での事故の**次第**を詳しく説明した。

★①のような事が起きた原因と結果を[事の次第]と言う。

・社長は、**事の次第**がわかるまで商品作りを止めるようにと言った。

②　ほかの言葉と一緒に使って、予定している事ができるかどうかは、それが決めると伝える言い方。

・両親のふるさとへの旅行は、母の**体調次第**だ。

・**天気次第**で、売れる商品が変わるので大変だ。

③　[〜(し)次第]という形で、問題が無くなったらすぐ、予定している事をすると伝える言い方。

・社長の帰りが遅れたので、**戻り次第**、会議を始めよう。

・大雨が**やみ次第**、準備できた商品を急いで送り出す予定だ。

じたい【事態】

今起こっている良くない事やその様子。

・機械の故障が続いて考えていなかった**事態**になり、会議が続いている。

・物の値段が急に上がって大変だが、会社は**事態**を良くしようと頑張っている。

―じたい【―自体】★→―そのもの

ほかの言葉の後に付けて、何よりも大切だと強く伝える言い方。

・**話す人自体**がよくわからない事は、聞く方もわからない。

・町は、ゴミが**増えた事自体**が問題だと話し合っている。

しだいに【次第に】★→じょじょに

時間がたつと、それと一緒に変わると伝える言い方。

・町は周りに家が増えて、**次第に**緑が少なくなっている。

・両親は年を取って、**次第に**食べる量が少なくなった。

したう【慕う】

好きな人や自分もなりたいと思う人などを心の中で大切に思う。

・小学生のとき、好きな先生を本当の兄のように**慕って**いた。

・庭に来るネコは、妻の足に近づき親を**慕う**子供のようだ。

したがう【従う】

① 人の言う事を聞いて、また、人のする事などを見て動く。

・社長の言葉に**従い**、人を大切にするようにしている。

・最近、旗を持った人に**従って**町を歩く観光客が増えた。

② 決められた事や長く続けられている事などを守って動く。

・決まりを作っても、意味がわからなければ誰も**従わ**ない。

・会議は、決められた順番に**従い**時間を守って進められる。

③ 〔～に従って〕という形で、ひとつの事が変化すると、同時に別の事も変わると伝える言い方。

・年齢に**従って**、おいしいと感じる料理が変わった。

・若い社員が**増える**に**従って**、会社は明るくなった。

★→つれて

④ 〔従って〕という形で、それまでに話した事からわかるように、結果は正しいと伝える。

・友人は長い説明の後、**従って**商品に問題は無いと言った。

・社長は、商品が売れていない。**従って**少しの間新しい物は作らないと強く言った。

したく【支／仕度スル】

次にする事などが予定したときに問題無く始められるように準備する様子やそのために使う物。

・朝からみんなで、海外から来る客を迎える**支／仕度**をした。

・妻は、子供がいないと食事を**支／仕度する**のが簡単だと言う。

したしい【親しい】→したしむ①
したしむ【親しむ】
　①　相手との間に安心できる仲が良い関係を作る。
　・昔**親しん**だふるさとの友達とは、今も連絡している。
　・妻は、**親しん**だ友達と話すようにして花を見ている。
　★①のように親しんでいる様子を親しいと言う。
　・近所と**親しい**ので、困ったときには助け合う。
　②　〜に親しむという形で、周りの事や物との間が近い、すぐ近くだなどと思い、気持ち良く感じる。
　・秋は、静かに読書に**親しむ**一番いい季節だ。
　・ふるさとを離れてからは、自然に**親しむ**生活が減った。
　★→ふれあう①
したたか【したたかナ・ニ】
　経験が多く必要な事などをよく知っているので、強い、簡単には勝てないと相手に思わせる様子。
　・社長は、優しく見えるが**したたか**に生きた人だ。
　・**したたか**な相手との話し合いには、時間をかけて準備をする。
したたらず【舌足らず】→─たらず
したたる【滴る】★→しずく
　水や汗などが小さく丸くなって落ち続ける。
　・歩くと汗が**滴る**暑い夏でも、仕事があれば外へ出る。
　・夜の雨にぬれた木の葉から水が**滴る**朝は、美しい。
じたばた【じたばたスル】
　①　苦しいときや自分の思うようにならないときなどに、怒ったように手足を動かし続ける様子。
　・駅前で警察が、逃げようと**じたばた**する男を押さえた。
　・親の横で**じたばた**騒ぐ子供を見ると、昔の事を思い出す。
　②　必要な事が決められた時間までにできないときなどに、困り、急いでやろうとする様子。
　・テスト前の**じたばた**は、今では昔の良い思い出だ。
　・**じたばた**しても答えが出ないときは、友人と食事に行く。
したびになる【下火になる】
　強い力を持っておおぜいの人の間に広がっていた事などが、力が弱くなって消えていこうとする。
　・風邪が**下火になり**、休む人が少なくなって安心した。

・子供たちの間でゲームが**下火になる**様子は見られない。

しつがよい【質が良い】

壊れにくい、使いやすいなど、品物がとてもよくできている様子。

・**質が良くて**喜ばれる物を作るために、毎日頑張っている。

・安くても**質が良い**物を見つけたときは、うれしくなる。

★反対の様子を〔**質が悪い**〕と言う。

・**質の悪い**物を買わされると、父は怒って店に電話をする。

しっかり【しっかり(と)スル】

① 簡単には変わらないほど強くと伝える言い方。

・毎朝、靴のひもを**しっかりと**結んで一日を始める。

・将来の事を**しっかり**考えて今の仕事を選んだ。

② 間違えないように、正しくできると伝える言い方。

・**しっかり**できると思えるまでは、若い人に仕事を頼まない。

・**しっかり**伝わっていないと思ったら、同じ事を繰り返して言う。

③ 〔**しっかりした**〕という形で、信じられる、安心できると伝える言い方。

・仕事には、友人のような**しっかりした**仲間が必要だ。

・近所は**しっかりした**人たちなので、安心して生活できる。

しつがわるい【質が悪い】→しつがよい

じっくり【じっくり(と)】

必要な時間をじゅうぶんかけて、深く考える、また、後で問題が無いようにする様子。

・今の仕事は、自分のやりたい事を**じっくりと**考えて決めた。

・数人で**じっくり**話し合いを続け、会議に計画を出した。

しつけ

家や学校などでする、してもいい事やいけない事、また、守る必要がある決まりなどを教える教育。

・親の**しつけ**が悪いと言われないように、子供を育てた。

・**しつけ**ができない親が増えて、学校が困っているそうだ。

★教える様子を〔**しつける**〕と言う。

・親がどんなに**しつけて**も、学校へ行き仲間ができると変わる。

しつける →しつけ

じつげん【実現スル】

頭の中で考えていた事や計画していた事などが目に見える形になる様子。

・社長は、新しい商品計画を**実現する**まで頑張ろうと社員に話した。

・**実現**は簡単ではないが、いつでも夢を持っている事は大切だ。

しつこい

① ほかの人が嫌になるほど何度も同じ事をし続ける様子。

・しつこいと言われても、商品は何度もテストしている。

・しつこくかかる知らぬ人からの電話に困って、警察へ連絡した。

★→しゅうねんぶかい（→しゅうねん）

② 汚れなどが簡単に取れない様子。

・友人は、しつこい汚れを簡単に落とす商品を考えた。

・油汚れがしつこくて使いにくくなった機械が、新しくなった。

③ 料理の味が濃すぎて、たくさん食べられない様子。

・友人と行った店は味がしつこく、二度と行かないと決めた。

・油を多く使った料理はしつこくて、たくさんは食べられない。

じっこう【実行スル】

長く考えていた事や計画などをやってみる様子。

・両親との約束を実行して、桜の咲くふるさとへ行った。

・友人と長く話し合った計画の実行は難しいとわかった。

じっさい【実際ニ】

① 本当かどうか、正しいかどうかなど人や物の今の様子。

・売る様子を実際に見るため、時々商品を売る店へ行く。

・商品作りは、できた物を実際に見るまで安心できない。

② 本当に、心の底から感じ、思うと伝える言い方。

・忙しいとき周りがする失敗は、実際許せない思いがする。

・母が入院し、妻が熱を出したりすると実際困る。

★→じじつ②

じっし【実施スル】

時間をかけて決めた計画やみんなで作った決まりなどを始める様子。

・今年もいつもと同じように祭りの実施が決まった。

・商品は、工場で商品作りを実施するまでに長い準備が必要だ。

じつじょう【実情】→じったい

しっそ【質素ナ・ニ】★→かんそ

服や食べ物などに、必要なだけしかお金を使わない様子。

・両親は、物を大切にして質素な生活をしている。

・質素に暮らす事は、苦しい生活をする事とは違う。

じったい【実態】

社会で今起きている色々な事の、本当の様子。

・半年で会社の商品を買う客の実態を調べようと決めた。

・町は、公園の使われ方の**実態**を調べ、使いやすくする予定だ。

★⦅実情⦆も同じ様子を伝える言い方。

・客の**実情**をよく知らなければ、売れる商品はできない。

しったかぶり【知ったかぶり】

本当はよく知らないのに、知っているように見せる様子。

・**知ったかぶり**をしていると、大切な事や新しい事は勉強できない。

・友人は**知ったかぶり**をせず、誰にでも教えてほしいと言う人だ。

じっと【じっとスル】

体や手足などを動かさないで、ひとつの事を続けると伝える言い方。

・人の顔を**じっと**見るのは失礼だと言われて育った。

・公園の小さい子供は、少しの間も**じっと**していない。

しっとり【しっとり（と）スル】

①　植物や髪の毛などが少し水にぬれているように見えて、見る人の気持ちを静かにさせる様子。

・朝の庭は、木も草も**しっとり**としていてとても静かだ。

・**しっとり**とぬれたような髪が美しいと感じ、小さな女の子を描いた絵を買った。

★①とは反対に、血や汗などが広がって気持ち悪く思わせる様子を⦅じっとり⦆と言う。

・雨で家の中が**じっとり**として、体の調子が悪くなりそうだ。

②　人や物が周りを静かにし、気持ちが休まると思わせる様子。

・近くの寺の**しっとり**とした様子は、心を休めてくれる。

・**しっとり**と話す店員が好きで、駅前の古い店によく行く。

じっとり【じっとり（と）スル】→しっとり①

じつは【実は】

隠されていた事や誰も知らなかった事などを教えるがと、大切そうに伝える言い方。

・友人が、**実は**両親の体の調子が悪いと、困った様子で話した。

・学校の裏にある丘は、**実は**、昔の墓だと最近知った。

してい【指定スル】

たくさんある中から、特別な時間、場所、物などを選んで決める様子。

・送り出す日の**指定**があるときは、商品作りはとても忙しい。

・町は数か所**指定**して結ぶ歴史の散歩道を作る計画をしている。

してき【指摘スル】

聞いた事や見た事の中で、間違っている事や良くない事などをはっきり

伝える様子。

- 商品を作り始めてから、問題があると言った友人の**指摘**が正しいとわかった。
- 近所の人に**指摘されて**、庭の外に出ている木の枝を切った。

してん【視点】

人が見ようとして目を向けている所、また、見たり考えたりするときに注意する所。

- 問題があるときは、**視点**を変えて違う見方をする必要がある。
- 使う人の安全という**視点**から、いつも商品を考えている。

しとしと【しとしと(と)】

音がしないほどの弱い雨が、長い間休みなく降る様子を伝える言い方。

- 一日中**しとしと**と雨が降る日は、仕事が進まない。
- 雨が**しとしと**降る日曜日、本を読んでいると心が休まる。

しとやか【しとやかナ・ニ】

動きや話し方などがゆっくりしていて、静かな美しさを感じさせる様子。

- 着物を着ると、みんな**しとやか**に見えるので面白い。
- 妻の友達の**しとやか**な動きを見て、踊りを習った人だと思った。

しどろもどろ

何を言おうとしているのかわからないほど、言葉が続かず、話がよく伝わらない様子。

- 社長に強く注意されて、説明が**しどろもどろ**になった。
- 外国語で話しかけられて、**しどろもどろ**で返事した。

じにん【辞任スル】

仕事や特別に頼まれてしていた事などを理由があって続けられなくなり、途中でやめる様子。

- 社長は、仕事ができなくなったら**辞任**だと決めているそうだ。
- 父は、何度か**辞任**すると言った経験があると話している。

★自分で決めて、また、周りから強く頼まれて仕事をするときは、[就任]（しゅうにん）と言う。

- 外から来た経験の長い人が**就任**して、会社は海外との仕事を増やした。

しのぐ

① 困る事や苦しい事などに負けないように、色々な方法を考えて、それが終わるまで待つ。

- 食べ物が無く、水を飲んで**しのぐ**子供が、今も世界中にいる。
- 暑さや寒さを**しのぐ**方法は、昔とはすっかり変わった。

★①は、ほかの言葉と一緒に〔〜しのぎ〕という形で使い、終わるまで少しの間待つ様子、また、その方法。

・暑さしのぎに冷たい物を飲みすぎて、おなかが痛くなった。

② これまでの人や物よりも良くなる。

・新しい商品はこれまでをしのぐ売れ方だった。

・将来、社長をしのぐような仕事をしたい。

しのごのいう【四の五の言う】

言われた事ややるように頼まれた事などを、色々な理由などを言ってやろうとしない様子。

・四の五の言って動かない人と一緒に仕事をすると、本当に困る。

・何人か四の五の言う人がいて、町のゴミ問題は片づく様子が見えない。

しのばせる【忍ばせる】

① 周りに見えないように物や小さな動物などを隠して持っている。

・かばんの中にナイフを忍ばせて歩く男が、駅前で見つかった。

・息子が、子ネコを服に忍ばせて帰って来たことがあった。

② 相手が気づかないように大きな音や声を出さないで、静かにやりたい事などをする。

・一緒に働く人に聞こえないよう、声を忍ばせて話す社員にみんなで考えようと話した。

・遅くなったので、妻を起こさないように足音を忍ばせて家に入った。

しのばれる →しのぶ²

しのびなく【忍び泣く】★→おしころす、しくしく①

周りにわからないように、声が聞こえないように、ひとり静かに泣く。

・子供のとき、何があったのか台所で忍び泣く母の横で、一緒に泣いたことがある。

・親を亡くした社員が忍び泣いているのを見ても、何も言えない。

★同じように静かに泣く様子を〔すすり泣く〕とも言う。

・若い社員の死を知って、すすり泣く声が広がった。

しのびよる【忍び寄る】

周りにわからないように、静かに近づく様子。

・妻とふたりでいるときに時々、忍び寄る年齢(ねんれい)の事を話す。

・毎日庭を見ていると、忍び寄る季節を感じる。

しのぶ¹【忍ぶ】

① 苦しいときや寂しいときなどに、その事を考えないで頑張って生きようとする。

・地震の後、物が足りない生活を**忍ぶ**人を見て、人間は強いと思った。

・初めての海外での仕事は、家族に会えない寂しさを**忍んで**頑張った。

② 〔**目を忍ぶ**〕という形で、周りの人にわからないように、知られたくない事や恥ずかしい事などをする。

・火事を出した人が、周りの**目を忍ぶ**ように生きている。

・人の**目を忍んで**泥棒をしていた家族が、社会を驚かせた。

★②と同じ様子を〔**人目を忍ぶ**〕とも言う。

・仕事に失敗した家族が、**人目を忍ぶ**ようにして町を出て行った。

しのぶ²

昔の事や人を思い出して、楽しかった、苦しかったなどと考える。

・着物を見て、ふるさとの生活を**しのぶ**母は楽しそうだ。

・亡くなった人を**しのび**、妻が昔の事を話してくれた。

★物や人を見て、**しのぶ**気持ちになるとき〔**しのばれる**〕と言う。

・ふるさとの生活が**しのばれる**ような物は、もう家に無い。

しはい【支配スル】

① 強くて大きな力などで、相手のできるという気持ちややる気を無くし、自分の思ったように人を動かす様子。

・上の人の**支配**が強いと、会社では若い人の自由な考えが育たない。

・コンピュータが人間を**支配する**時代が本当に来るだろうか。

② 自分のいる場所や生活している場所などで強く感じられる様子。

・経験の長い社員が大声で叱ると、工場は重い空気に**支配された**。

・駅前は、古い店が減り、町を**支配していた**空気が変わった。

しばしば

同じような事が何度も続いて起こると伝える言い方。

・**しばしば**前に言った事を忘れる父を、母はとても心配している。

・同じ間違いを**しばしばする**人と、何が問題なのか話した。

しはらい【支払い】→はらう①

しはらう【支払う】→はらう①

しばらく

① 様子が変わるまでに、少し時間がかかると伝える言い方。

・電車が動くまで、**しばらく**かかるので遅れると会社に連絡した。

・**しばらく**待つよう言われたが、相手は最後まで顔を見せなかった。

② 長い時間がたったと伝える言い方。

・**しばらく**会わない間に、大学時代の知り合いは痩せていた。

・仕事が忙しく、**しばらく**の間、妻とゆっくり話す時間も無かった。

しばりつける【縛り付ける】→しばる

しばる【縛る】

① ひもなどで、物が動かないよう、離れないように別の物と強く結ぶ。

・古い新聞や雑誌は集めて、ひもで**縛って**ゴミ置き場に出す。

・台風のときは、小さく軽い物は飛ばないように木に**縛って**おく。

② 決まりなどを作って、自由に考え、動くことができないようにする。

・会社を辞めたら、時間に**縛られる**生活も終わりになる。

・子供は親の考えで**縛らない**ように育てた。

★①、②とも、強くそうする様子を 縛り付ける と言う。

  ①・父にもらった若い木を、太い木に**縛り付けて**育てている。

  ②・高校には、学生を**縛り付ける**ような色々な決まりがあった。

しぶい【渋い】

① お茶や果物などの味が苦く、少しの間ほかの味が感じられなくなる様子。

・仕事中眠くなると、濃くて**渋い**お茶を飲む。

・ふるさとでは、**渋い**果物は干して食べた。

② 話す声や歌う声が、低くて大きく、気持ち良く聞こえる様子。

・社長の**渋い**声は、何年も人の前で話してできた声だ。

・食事会で社員が**渋い**声で歌い始め、周りが静かになった。

③ 持ち物や着る物などの色や形が、心を静かにさせるほど美しく、よくできていて、長い間見ていたいと感じさせる様子。

・父が**渋い**とほめる皿は、色の事を言っているのだろうか形だろうか。

・妻は、母にもらった**渋い**色の着物を作り直して着ている。

④ 賛成できない、良いと思わないなどという気持ちが顔に出て、嫌そうに見える様子。

・計画はやめようと言うと、友人は**渋い**顔をした。

・話し合いに行った社員が、**渋い**顔で帰って来た。

★→しぶる

しぶしぶ【渋々】→しぶる

しぶとい

① 自分が悪いとわかったときや負けたときなどに、簡単にそうだとは言わない様子。

・失敗しても、自分が悪いと言わない**しぶとい**社員がいる。

・自分の失敗を**しぶとく**そうだと言わない社員と長い間話し合いをした。

② 困った事や苦しい事などがあっても、簡単に負けないほど、体や心

が強い様子。

・もうすぐ咲くからと、妻は遅い花を**しぶ**とく待っている。

・社長は、何度失敗しても頑張る**しぶ**とい社員を大切にする。

しぶる【渋る】★→しぶい④

やろうという気にならないので、頼まれてもやろうとしない様子。

・返事を**渋る**社長に、何度も計画の説明をした。

・行く前は**渋**っていた両親だが、旅行は楽しかったようだ。

★やろうと思わなくて、渋っている様子を 渋々 と言う。

・**渋々**始めた仕事だったが、途中からとても面白くなった。

じぶん【時分】

決まった時間やいつも同じ事をするとき。

・食事**時分**に客が来ると、昼ご飯を食べられないこともある。

・桜の**時分**になると、外を歩く人が増え町が明るくなる。

★ちょうど今頃と伝えるとき 今時分 と言う。

・友人は、**今時分**はもう飛行機に乗っているだろう。

しほう【志望スル】→しんろ②

しぼむ

①　風船や花などが、小さくなってしまう。

・水をやるのを忘れ、机に置いた花が**しぼん**でしまった。

・公園で子供が、**しぼん**だ風船を見て悲しそうにしていた。

★①と同じ様子を すぼむ/つぼむ とも言う。

・朝咲いた花は、家に帰る頃には**すぼん**でいる。

・**つぼん**だ花は、落ちる前に庭の木の下に置いてやる。

②　夢ややろうと願っていた気持ちが小さく、弱くなる。

・若い人のやる気が**しぼま**ないように、育てている。

・友人が自分の会社を作るという夢は、今では**しぼん**でしまったようだ。

しぼりだす【絞り出す】

①　もうほとんど残っていない物などを強い力で押すようにして、入れ物などの外へ出す。

・機械に使う油は、入れ物から**絞り出**して最後まで使う。

・妻は、**絞り出**した後のレモンを使って、ジャムを作る。

②　やる気や考え、声などを頑張って出そうとする。

・工場では機械の音に負けないように、声を**絞り出**して話す。

・新商品を作るために、みんなで考えを**絞り出**した。

しまいに
　良くない事を長く続けていると、最後に悪い結果になると伝える言い方。
・商品の問題が多いと、**しまいに**売れなくなってしまう。
・コンピュータを使いすぎると、**しまいに**目が悪くなる。

しまう
　①　長く続けていた事や必要な事などを終わる。
・古い豆腐屋さんが店を**しまって**、駅前は寂しくなった。
・友人は、早く仕事を**しまって**急いで会社を出て行った。
　②　使っていた道具などを、決まった場所に片づける。
・使った物は帰る前に**しまう**ように言っても、みんな守らない。
・すべての道具を**しまう**まで、工場には人が残っている。

しまつ【始末スル】
　①　結果が悪かった事や必要でなくなった事などを終わるためにする片づけ。
・商品が売れないでたくさん残ったときは、後の**始末**が大変だ。
・妻は、晩ご飯の後**始末**をしてから、次の日の準備をする。
★①で、必要な片づけを問題無くする様子を[**始末をつける**]と言い、じゅうぶんできなくて後で困る様子を[**不始末**]と言う。
・今度の失敗の**始末**をつけないと、新しい仕事はできない。
・近所の火事は、火の**不始末**が原因だったと知らされた。
★→しょち①、しょぶん①
　②　多く[**～始末だ**]という形で、じゅうぶんに必要な事ができていないのでとても困る結果、悪い結果になったと伝える。
・昨日は飲みすぎて、どう帰ったかもわからぬ**始末**だった。
・何度教えてもこの**始末**だと、友人は若い社員を強く叱った。
　③　[**始末する**]という形で、生活に使う物やお金を大切にし、必要以上に使わない様子。
・両親は、物を大切に使い、**始末**して生活している。
・紙を**始末**して使い、木を切らない運動が始まっている。

しまつにおえない【始末に負えない】
　後の事や周りの事などを考えずにやった事が困った結果になり、どうしようもできない様子。
・会社に毎日電話をかけ続ける**始末に負えない**客がいる。
・多くのゴミを出す生活は、**始末に負えない**社会を作った。

しまつをつける【始末をつける】→しまつ①

じまん【自慢スル】

自分のできる事ややった事などを自分で特別だと思い、周りに知らせるようにする様子。

・**自慢**できる商品は、買う人にも良さがわかる物だ。
・**自慢**話が多いと若い人に嫌われるので、気をつけている。

じみ【地味ナ・ニ】→はで

しみこむ【染み込む】→しみる①、②

しみじみ【しみじみ(と)】★→しんみり①

人の言葉や自分の経験などから感じた事が、心からよくわかったと伝える言い方。

・入院して、元気に働ける毎日を**しみじみ**ありがたいと感じた。
・昔の事を**しみじみ**と話す両親は、本当にふるさとへ帰りたそうだ。

★同じような様子を⦅つくづく⦆とも言う。

・仕事で海外へ行くと、家族のありがたさを**つくづく**感じる。

しみる【染みる】

① 水や血などが、少しずつゆっくりと服などに吸われるように入っていく。

・仕事で汗が**染みた**シャツは、毎日洗っている。
・けがをした社員は、包帯に血が**染みて**、痛そうだった。

② 優しさや苦しさなどが深く感じられ、よくわかると伝える。

・親を亡くして涙を流す社員の悲しさが胸に**染みた**。
・疲れたときは、友人の優しい言葉が心に**染みる**。

★①、②で簡単には取れないほど深く染みる様子を⦅染み込む⦆と言う。

　①・長く使った服は、汚れが**染み込んで**取れなくなった。
　②・生活の苦しさが**染み込んだ**人は、困った人に優しい。

―じみる【―染みる】

① ⦅油染みる/汗染みる⦆などの形で、汗や油などがたくさん付いて汚れていると伝える言い方。

・近所の自転車屋さんは、**油染みた**服で働いている。
・子供が大きくなって、家から**汗染みた**臭いが無くなった。

② ⦅子供染みる/芝居染みる⦆などの形で、本当はそうではないが、そんな様子を作っているようで嫌な気持ちにさせると伝える言い方。

・会議で経験の長い人が、**子供染みた**事を言うので、腹が立った。
・自分たちだけが困っているような**芝居染みた**声を出す相手に困ってしまった。

しめくくり【締めくくり】→しめくくる

しめくくる【締めくくる】

やっている事や話などを、問題が無いと思えるように終わりにする。

・社長は将来の夢を話して、長い話を**締めくくっ**た。

・会議は、**締めくくる**前に、次の予定が決められる。

★やっている事や話などの終わり方を 締めくくり と言う。

・食事会の**締めくくり**は、全員でのカラオケと決まっている。

しめす【示す】

伝えたい事を絵や写真などを使って、また、自分でやってはっきりわかるように見せる。

・社長は絵を使って、会社が計画している新しい建物の様子を**示し**た。

・連絡メールを出すときは、大切な所を赤字にしてわかりやすく**示す**。

★ここだ、これが問題だなどとはっきり伝えるとき 指し示す と言う。

・町の観光地を**指し示す**ために、絵を入れた地図が作られた。

しめる¹【湿る】

ぬれた物がじゅうぶんに乾いていない、また、乾いていた物が少しぬれる様子。

・急な雨で、まだ**湿っ**ている洗濯物を家の中に入れた。

・雨が続いて商品の箱が**湿る**ので、置く場所を変えた。

しめる²【占める】

① 願っていた物や場所などを自分や仲間の物にする。

・映画に行くときは、良い席を**占め**ようと早く家を出る。

・電車で、人の座る場所を**占め**て荷物を置く学生に注意した。

★①で、自分たちだけの物だと思う様子を 独り占め/独占 と言う。

・空を見ていると、世界を**独り占め**したように思える。

・夜の公園は誰もいないので、静かな世界を**独占**できる。

② 決まった大きさや広さが全体のどのくらいになるかと伝える。

・地球の 70% を**占める**海を汚し、人間は今苦しんでいる。

・町は家が増え、半分以上を新しく来た家族が**占め**ている。

じもと【地元】

今住んでいる場所、また、ニュースになった事故や事件のあった場所。

・町は**地元**の小学生とお年寄りが話し合える時間を作っている。

・地震の後、**地元**の人が頑張る様子を見て、自分にもできる事を考えた。

しや【視野】

① 目を開いたときに、一度に見える全体の景色。

・山道の運転は、広い道が**視野**に入るまでとても心配だ。

・ふるさとの春は、**視野**いっぱいに緑が広がり美しい。

★①と同じ事は（視界）とも言う。

・**視界**が悪いときの飛行機は、空港に着くまで不安だ。

②　考え事や新しい仕事などをするときに使える、自分の経験や知っている事のすべて。

・若いとき、日本を出て**視野**を広げたいと思っていた。

・新しい計画は、前の失敗も**視野**に入れてよく考えて作る。

しゃがむ　★→うずくまる

膝（ひざ）を曲げ、座るようにして体を低くする。

・電車でドアの近くに**しゃがん**で話す学生が増えて、周りが困っている。

・庭で**しゃがん**で草を抜いていたら、足が痛くて立てなくなった。

しゃく【しゃくナ・ニ】

負けたときや軽く見られたと思うときなどに感じる、腹が立つ、許せない、嫌だなどという気持ち。

・人の失敗を笑う人間を見ると、本当に**しゃく**だ。

・今日から両親は旅行だというのに、朝から**しゃく**な雨だ。

★腹が立って許せないと思う様子を（**しゃくに障る**）と言う。

・いつも聞いている言葉でも、そのときの気持ちで、**しゃくに障る**言葉がある。

しゃくにさわる【しゃくに障る】→しゃく

しゃれる

①　服装や店などの外から見える様子をほかには無いほど良いと感じさせるように見せる。

・誰が選ぶのか、友人の持ち物や服はとても**しゃれている**。

・妻は、デパートの服は**しゃれている**けれど高すぎると言う。

★①のように良いと感じさせるように見せる様子を（**おしゃれ**）と言う。

・駅前は最近**おしゃれ**な店が増え、昔の町ではないようだ。

②　見る人、聞く人がよく考えられていると思わせられる。

・友人が料理が**しゃれている**と言う店へ一緒に行った。

・売れた商品はかわいい子供のようだと**しゃれた**事を言う社員がいる。

しゅうかく【収穫スル】→とりいれる③

しゅうかん【習慣】

①　自分で決めて長い間続け、特別に考えないでするようになった事。

・食事の後に歯を磨（みが）く事が**習慣**になっている。

・長い**習慣**で、休みの日でもいつもと同じ時間に起きる。

② 決められた事ではないが、昔から長く続くみんなのする事。

・町の長く続く**習慣**で、朝みんなが家の前を掃除する。

・昔からの**習慣**で、何か食べる前、みんな両手を合わせる。

しゅうきょう【宗教】

人の力を超えたものがあるから、それを信じれば、安心して幸せに生きていられると教える考え。

・**宗教**を信じない人たちも、町の祭りは大切にしている。

・人の生き方まで決める**宗教**は、自分の考えには合わない。

じゅうし【重視スル】

続いている事ややっている事などで、特に大切だ、必要だと考える様子。

・客の声を**重視**して商品を作らなければ、売れない。

・仕事が売れるか売れないかだけの結果**重視**になりすぎると、自由で面白い考えが生まれなくなる。

★反対に、特に大切だ、必要だと考えない様子を 軽視 と言う。

・人の命を**軽視**する社会には、優しい人間関係はできない。

じゅうじつ【充実スル】

必要な物がじゅうぶんある、また、生活や仕事などで足りない事が無くてじゅうぶんだなどと感じる様子。

・図書館が考えている町に関係する本の**充実**には、大きなお金が要るそうだ。

・仕事を辞めてから、父の毎日は自由で**充実**しているようだ。

★充実しているという感じを 充実感 と言う。

・仕事に**充実感**が無ければ、毎日楽しく働くことはできない。

じゅうじつかん【充実感】→じゅうじつ

しゅうせい【修正スル】

意見や考え、また、文や絵などを正しく良くするために、間違いを無くす様子。

・会議に出す計画書は、友人と一緒に何度も**修正**して作っている。

・出した計画書は、赤色でたくさん**修正**が入って机に置いてあった。

しゅうぜん【修繕スル】→しゅうり

しゅうちゅう【集中スル】

① 人や物などがひとつの場所に集まる様子。

・都会への人の**集中**で、若い人がいなくなる小さな町が増えている。

・警察や図書館など人が多く行く建物は、駅前に**集中**している。

②　ほかの事を考えないで、ひとつの事だけをする様子。

・仕事に**集中**できないときは、何も考えず机の上を片づける。

・買ってある面白そうな本は、休みの日に**集中**して読もうと思っている。

じゅうなん【柔軟ナ・ニ】

①　体や物が柔らかくて、強い力で曲げても壊れない様子。

・妻は、体が**柔軟**になると言って近所の人と体操している。

・妻のふるさとでは、**柔軟**な木を使って生活道具を作っていたそうだ。

②　考え方が色々自由にできる、また、ほかの人の考えも色々わかろうとする様子。

・計画は大切だが、様子を見て**柔軟**に見直すことも必要だ。

・若い人の**柔軟**な考えを聞くのは、商品作りに大切な事だ。

しゅうにん【就任スル】→じにん

しゅうねん【執念】

ひとつの事だけをずっと忘れずに強く思い続ける気持ち。

・ほかに負けたくないという社長の**執念**が、会社を大きくした。

・**執念**を持って頑張った結果、最高の商品ができた。

★執念が強い様子を 執念深い と言う。

・**執念深い**友人は、反対されても何度も計画を作り直す。

★→しつこい①、ねばりづよい（→ねばる②）

しゅうねんぶかい【執念深い】→しゅうねん

しゅうふく【修復スル】

壊れた建物や悪くなった人間関係などを前のように戻す様子。

・台風で屋根が壊れた寺を、町でお金を集めて**修復した**。

・一度悪くなった人間関係は、**修復**に長い時間がかかる。

しゅうへん【周辺】

自分のいる場所や話している人たちが知っている場所の近く。

・駅の**周辺**は、新しい店が増えて様子が大きく変わった。

・公園の**周辺**に高い建物を建てる計画に、町は騒いでいる。

じゅうよう【重要ナ】

仕事をするときなどに、とても大切で無くては困ると思わせる様子。

・朝から**重要**な会議があると連絡が来て、今日の予定を変えた。

・生きるために**重要**な物は何か、妻とよく話すようになった。

じゅうらい【従来】

長く続いている事や前にやっていた事とは違ってなどと伝える言い方。

・**従来**の商品と違って、今はとても軽くなっている。

・今、ゴミの捨て方は**従来のように**簡単ではなくなった。

しゅうり【修理スル】

壊れた物をもう一度使えるようにする様子。

・自転車は、**修理して**もう十年以上使っている。

・買うのも**修理**も高い機械をどうするか相談している。

★**修繕**も同じ意味で使う。

・台風で壊れた屋根の**修繕**には、時間がかかると言われた。

しゅかんてき【主観的ナ・ニ】

自分ひとりの考え方や感じ方、経験などが中心になっている様子。

・**主観的な**考えだけでは、多くの人に賛成してもらえない。

・色々考えていると、意見が**主観的**になるので気をつけている。

★ほかの人の考えや経験も入れる様子を**客観的**と言う。

・自分に関係のある問題を、**客観的**に考えるのは難しい。

しゅくしょう【縮小スル】→かくだい

じゅくれん【熟練スル】

物を作る技術などを長い時間練習し、うまく使えるようになる様子。

・うまく使えるまで機械に**熟練する**のには、長い時間が必要だ。

・**熟練者**にしかできない、手を使ってする仕事はまだ多い。

しゅちょう【主張スル】

自分の考えが正しいと強く言う様子、また、強く言う考えや意見。

・会議で、新商品はこれまでとは大きく違うと**主張した**。

・若い人の**主張**は、わかっても賛成できないときもある。

しゅつげん【出現スル】

今まで近くに無かった物やいなかった動物などが、また、知らなかった物などが見られるようになる様子。

・同じような物を作る新しい会社の**出現**に、みんな負けられないとやる気を出している。

・ふるさとでは、近くにクマが**出現して**、大騒ぎになっているそうだ。

しゅっちょう【出張スル】

仕事や頼まれた事などで、いつもとは違う場所へ行く。

・短い期間だが、年に二、三回海外へ**出張する**事がある。

・大学で会社の考え方や商品の事を話す**出張授業**を何度かした。

しゅびよく【首尾よく】

初めから終わりまで問題無く良い結果で終わったと伝える言い方。

・祭りが**首尾よく**終わって、町のみんなは安心した様子だ。

・仕事が**首尾**よく終わるように、会議で何度も相談した。

しゅみ【趣味】

①　必要だからする事などではなく、楽しいからする事。

・読書が**趣味**なので、いつも本を持って歩いている。

・妻は、体のために始めたダンスが**趣味**になっている。

②　面白い、美しい、良いなどと感じる物を選ぶ力。

・友人は、服や持ち物の**趣味**がとてもいい。

・妻は、買って帰った食器を見て、**趣味**が悪いと言った。

★→じょうひん

しゅよう【主要ナ】

特別な事や仕事の中心になる人など、ほかより大切だと思われる様子。

・会議の前に、**主要**な問題はノートに書いておく。

・会議には、会社の**主要**な社員が集められている。

じゅよう【需要】→きょうきゅう

しゅん【旬】

野菜や果物、魚などがよく育ち、一番おいしくなる季節。

・妻のふるさとから時々、知り合いが**旬**の野菜を送ってくれる。

・秋になると、**旬**を迎えた果物がスーパーに並ぶ。

しゅんかん【瞬間】

人や物、起きた事や起きている事などを見たとき、聞いたとき、ほとんど同時に別な事をした、特別な事を感じたなどと伝える言い方。

・友人が作った新しい商品を見た**瞬間**に、これは売れると感じた。

・危ないと思った**瞬間**体が動いて車を止め、事故にはならなかった。

じゅんかん【循環スル】

順番通りに進んで初めに戻り、また同じ順番で繰り返す様子。

・観光客のため、町を**循環**するバスが新しくできた。

・血の**循環**が良くなると言って、妻が珍しい野菜を見せた。

★ひとつの事が悪くなると、ほかの事も悪くなる様子を（悪循環）と言う。

・小さな失敗が続くと、**悪循環**で仕事全体が遅れてしまう。

じゅんじょ【順序】

仕事などをしやすくするため決めた人や物の並び方、話す順番ややり方。

・海外からの客は、**順序**良く並んで電車を待つ様子に驚く。

・機械を使うときは、**順序**のとおりにしなければ危険だ。

★わかりやすく順番に伝える様子を（順序立てる）と言う。

・事故の原因と今の様子を**順序立てて**、社長に説明した。

じゅんじょだてる【順序立てる】→じゅんじょ

じゅんすい【純粋ナ・ニ】

①　ほかの物や要らない物が入っていない様子。

・体のために、**純粋に**野菜だけのジュースを買っている。

・人間には、**純粋な**金(きん)が作れないと聞いて驚いた。

②　人の言う事を信じる、頼まれた事を大切にして続けるなど、人の気持ちがきれいで汚れていない様子。

・**純粋に**今の仕事が好きなので、お金の事など考えない。

・子供たちには、**純粋な**心を無くさないで育ってほしいと願った。

じゅんちょう【順調ナ・ニ】

難しいと思った事などが、問題も無く思っていたようになる様子。

・入院した母の病気は、**順調な**ようで安心した。

・新しい計画が**順調に**進んでいて、もうすぐ商品ができる。

しようがない【仕様がない】→しかたがない

しょうがない　→しかたがない

しょうきゃく【焼却スル】

要らなくなった物などを片づけるために捨てて焼く様子。

・町のすぐ近くにゴミを**焼却する**場所を作るための説明会が続いている。

・会社が**焼却**のために出すゴミは、毎年大変な量になる。

じょうきょう【状況】★→じょうたい

時間がたつと変わる人や物などが、どう変わっているかという様子。

・昨日は、休み無く伝えられる地震の大変な**状況**を見ていた。

・最近、仕事を探す若い人の**状況**は、とても大変だ。

しょうきょくてき【消極的ナ・ニ】→せっきょくてき

じょうけん【条件】

①　やりたいと思う事などをするために、また、思ったようにするために必要な、色々な周りの事。

・会社の引っ越しは、**条件**に合う場所が無くて難しいという話だ。

・今年は寒くて、桜が咲く**条件**の温度になるのが遅れているそうだ。

②　新しい事などを始めるときに、相手や周りの人たちなどとする約束。

・町の人から色々な**条件**が出て、ゴミ問題は片づかない。

・会社は、自分の**条件**だけを強く言う相手とは、仕事をしない。

しょうさい【詳細ナ・ニ】

事故や事件の様子、仕事のやり方などを、小さな事も忘れず伝える様子。

・商品を海外に送るときは、**詳細な**英語の説明書が必要だ。

・毎月、商品の数や送り出す日などを**詳細**に書いた予定が来る。

じょうし【上司】

仕事をする場所で、自分より上にいて命令などをする人、また、色々教えてくれる人。

・会社に入ってすぐは、**上司**に言われなくても必要な事をするようになれと言われた。

・休みを取りたいときは、少し前に**上司**から許可をもらう決まりだ。

★上司に命令され、教えられて仕事をする人を 部下 と言う。

・会社に入って長い間、自分には**部下**は誰もいなかった。

しょうじき【正直ナ・ニ】

隠す事などが無くて、自分の考えや相手への気持ちを思ったとおりに伝える様子。

・相手が**正直**な人かどうかは、少し話をすればわかるようになった。

・何でも**正直**に話せる友人がいて、本当に良かったと思う。

じょうしょう【上昇スル】

物や生き物、また、数字や値段などが上へ向かう様子。

・飛行機が**上昇**している間は、いつも不安だ。

・地球の気温の**上昇**は、世界全体で一緒に考える大きな問題だ。

★反対の様子を 下降 と言う。

・商品の売れる数が**下降**すると、会社全体も元気が無くなってしまう。

しょうたい【正体】

① 隠れていて、また、隠されていて、すぐにはわからない本当の様子。

・近所でする変な音の**正体**は、空き家の古いドアだった。

・**正体**を隠した人からのメールが続いて、警察に連絡した。

② 自分が何をしているのか、したのかなどがはっきりわかる様子。

・若いときは**正体**を無くすほど酒を飲んで、どこにいるのかわからなくなった経験がある。

・前の休日は疲れていて、一日中**正体**も無く、妻が心配するほど眠り続けた。

じょうたい【状態】★→じょうきょう

自分や周りの人たちや生活する場所などが、今どうなっているかという様子。

・会社の**状態**が良くないとき、社長が誰よりもよく働く。

・体の**状態**が悪いときは、休むと決めている。

じょうたつ【上達スル】

長く練習を続けて、習っている事などがうまくなる様子。

・頭が悪いのか、外国語は何年勉強しても**上達**が見られない。

・絵を習い始めた妻が、**上達**していくのを見るとうれしい。

じょうだん【冗談】

周りを笑わせよう、楽しい気持ちにしようと考えて言う事やする事。

・会議が止まったとき、**冗談**を言って助けてくれる人がいる。

・**冗談**で言った事が、人に嫌な思いをさせる経験を何度もした。

しょうち【承知スル】

① 相手の考えやする事などを正しいと考え、相手のやりたい事を許す、また、相手の願いや命令のとおりにする。

・高校生の娘が夜遅くなるのは**承知**できなくて、よく叱った。

・相手が言う事が**承知**できるまで、何度も話し合いをする。

② 人に言われなくても、よく知っている様子。

・社長が忙しいのは**承知**だが、体の事も考えてほしい。

・悪い事だと**承知**していても、社員を大きな声で叱ることがある。

★②で、よく知っていると強く言うとき [百も承知] と言う。

・体に悪いと**百も承知**だが、たばこがやめられない。

しょうてん【焦点】

何を中心にして考えるか、調べるか、見るかなどを決めるときに、一番大切だと思う所。

・今、若い人たちの話題の**焦点**は何だろうと思うことがある。

・新しい商品作りを**焦点**に、数人で話し合いを始めた。

★よく [焦点を当てる／絞る] という形で使われる。

・古い商品に**焦点**を当てて、見直しをすることになった。

・問題が多いので、**焦点**を絞って会議を続けると決まった。

しょうてんをあてる【焦点を当てる】→しょうてん

しょうてんをしぼる【焦点を絞る】→しょうてん

じょうとう【上等ナ】

① 物がほかの物よりも良く、高く見える様子。

・妻の誕生日に、**上等**な外国のワインを買った。

・父は**上等**な品だからと言って、古い皿を大切にしている。

② 考えていた事に近いので、悪くはない、安心だと思う様子。

・友人は、これだけ売れれば**上等**だと商品をほめた。

・若い社員の仕事を見て、これなら**上等**だと安心した。

しょうどうてき【衝動的ナ・ニ】

自分にも良くわからない理由で、今やりたい事をやろうと急に強く感じる様子。

・疲れていて、**衝動的な**買い物をしてしまうときがある。

・良い天気が続くと、**衝動的に**仕事を忘れてどこかへ行きたくなる。

しょうどく【消毒スル】

薬や熱、太陽の光などを使って、病気の原因を無くし、けがが悪くならないようにする様子。

・肉や魚を切った後、妻は熱いお湯で包丁を**消毒している**。

・風邪の季節には、手の**消毒**をしなければ入れない店が多い。

じょうねつ【情熱】

どうしてもしたい、一番大切などと強く感じて、心が熱くなる様子。

・友人の新商品を考え続ける**情熱**には、勝てないと感じる。

・仕事に**情熱**が持てない若い社員とは、何度でも何が原因か話をする。

じょうひん【上品ナ・ニ】★→しゅみ②

人や物が持っている、ほかには無い、とても良い、美しいなどと思わせる特別な感じ。

・着物を着ると、誰でもいつもと違って**上品**に見える。

・好きなレストランは、机もいすも**上品**な物を使っている。

★良くない、見たくないなどと思わせる嫌な感じを 下品 と言う。

・子供たちが**下品**な言葉を使ったときは、強く叱った。

じょうぶ【丈夫ナ・ニ】

人が元気で病気をせず、また、物が強くて簡単には壊れない様子。

・両親が**丈夫**でいてくれるので、何よりも喜んでいる。

・工場は、地震でも壊れない**丈夫**な建物になっている。

しょうめい【証明スル】

正しい、本当だとはっきり見せる様子、また、それがわかる数字や物。

・会社を長く休む社員は、医者に**証明**を書いてもらう決まりだ。

・初めての海外で、年齢を**証明**しないと酒を買えないと知った。

しょうもう【消耗スル】

①　生活や仕事などで使って、物が無くなる様子。

・電気やガソリンなどを多く**消耗する**今の生活はいつまでも続かない。

・紙の**消耗**を減らすために、会社ではメールでの連絡が増えた。

②　仕事などで疲れて、気持ちや体の力が弱くなる様子。

・暑い日は、外へ行くだけで体力を**消耗**してしまう。

・仕事で社員が**消耗しない**よう、会社は会議を減らした。

しょうりゃく【省略スル】→はぶく②

じょうれい【条例】→ほうりつ

じょうれん【常連】

同じ店によく来て、物を買う、また、食事をするなどする人。

・駅前で長く続く店はみんな、**常連**が多い店のようだ。

・友人と行くすし屋では、**常連**さんと呼ばれている。

じょじょに【徐々に】★→しだいに

小さな変わり方だが、時間がたって、ゆっくり変わると伝える言い方。

・時間をかけて**徐々に**売れるようになる商品は、長く売れ続ける。

・ふるさとは**徐々に**人が減って、今は寂しくなった。

しょせん

どんなに頑張っても、思う通りにならない、一番にはなれないなどと伝える言い方。

・友人は、頑張っても、**しょせん**社長にはなれないと言う。

・**しょせん**できないと思う事でも、一度はやってみる。

しょぞく【所属スル】

やりたい事などがあって、一緒にできる仲間の集まりや会社などに入る様子。

・大学時代は、旅行をする会に**所属**して色々な所へ行った。

・会社に来た人には、まずどこの**所属**か聞いてから入ってもらう。

しょち【処置スル】

① 事故があったときなどに、問題が残らないように片づけをする様子。

・事故を**処置する**警察の人を見て、大変だと思った。

・工場の火事はすぐ消したが、後の**処置**に時間がかかった。

★→しまつ①

② 病気やけがをしたときなどに、医者や看護師が必要な事をする様子。

・痛みの続く歯の**処置**が遅れて、毎週歯医者へ通っている。

・小さなけがは、会社の看護師さんが**処置して**くれる。

★→てあて①

しょっちゅう ★→しじゅう

同じような事がいつも続いている、繰り返されていると伝える言い方。

・仕事の事を**しょっちゅう**考えていると、大切な事を忘れる。

・**しょっちゅう**面白い事を言って人を笑わせる社員がいる。

しょぶん【処分スル】

①　要らなくなった物などを、捨てる、売るなどと決めて片づける様子。

・残った商品を**処分する**ために、安く売ろうとして社長に大反対された。

・ほかの物はすぐできるが、本の**処分**だけは簡単にはできない。

★→しまつ①

②　決まりを守らなかった人を学校や会社などに来させない、辞めさせるなどする様子。

・**処分**が必要な社員に、社長がもう一度仕事をやらせてみると決めた。

・連絡無く休み続けた社員が**処分**され辞めさせられた。

しょゆう【所有スル】

物を買うなどして、自分の物にしている様子。

・なぜか今は、車を**所有する**若い人が減っているそうだ。

・ふるさとの山は、**所有者**がいて自由に入ることはできない。

しょり【処理スル】

後で困った事にならないように、今できる必要な事などをしておく様子。

・プラスチックは後の**処理**が難しく、会社ではできるだけ使わない。

・毎日出るゴミをどう**処理する**か、会社でも町でも大きな問題だ。

しょるい【書類】

仕事や調べている事に関係する、記録などを書いた物。

・机の上に山となった**書類**を見ると、やる気が無くなる。

・友人は、古い**書類**を調べて新しい商品を考えている。

しょんぼり【しょんぼり(と)スル】

元気が無く、何もしたくなさそうに見えると伝える言い方。

・今朝、駅前で**しょんぼりと**立っていた子供がいてどうしたのか聞いた。

・友人が朝から**しょんぼり**して元気が無いので心配したが、黙っていた。

しらける【白ける】

うまく進んでいた集まりが、人が言った事ややった事などが原因で、楽しくなくなり止まってしまう。

・酒を飲みすぎた社員がいて、食事会が**白けて**しまった。

・会議で、空気が**白ける**ような事を言う人がいると意見を言う気が無くなる。

じらす ★→じりじり②

相手が待っていると知っていて、時間をかけゆっくりと話などを始める。

・みんなを**じらす**ように、友人は考えている新しい商品の話を始めた。

・人を**じらす**ように、祭りの花火はいつまでも始まらない。

★じらされて、まだかまだかと思う様子を [じれる] とも [じれったい] とも
言う。
・長い説明にじれると、社長は黙って部屋を出る。
・仕事が遅い社員に、何度もじれったい思いをしたが自分でやらせた。

しらずしらず【知らず知らず】

しようと思っていないのに、気がつく前にそうなった、また、気がつか
ない間に周りが変わっていたなどと伝える言い方。
・知らず知らず若い社員との話が長くなって、帰りが遅くなった。
・知らず知らず仕事を面白く感じ出す社員がいて、楽しみだ。
★気がつかなかったと強く言うとき、[知らず知らずのうちに] と言う。
・考え事をすると、知らず知らずのうちにコーヒーが増える。

しらずしらずのうちに【知らず知らずのうちに】→しらずしらず

しらをきる【白を切る】

本当は知っている、わかっているのに、後で困るので、知らない、わか
らないなどと言い続ける。
・近所で泥棒をした男は警察で、ずっと白を切っているそうだ。
・ドアを壊したのは誰かと聞かれてもみんな白を切っていた。

じりき【自力】

ほかの人に助けてもらわないで、自分ひとりの力ですると伝える言い方。
・地震で倒れた家から子供が自力で逃げ出したニュースに驚いた。
・友人はどんなに大変でも誰にも話さず、自力で頑張る。

しりきれトンボ【尻切れトンボ】→しりすぼみ

しりごみ【尻込みスル】→ためらう

じりじり【じりじり(と)スル】

① ゆっくり時間をかけて進む、また、様子が変わると伝える言い方。
・商品を送る約束の日がじりじり近づいて、毎日苦しい思いだ。
・朝から気温がじりじりと上がって、外は今日も暑い。
② 思うとおりに進まなくて、早く進んでほしい、もう待てないなどと
思う様子。
・若い社員にじりじりするときもあるが、何も言わない。
・新しい商品が売れるまで、じりじりして待っていた。
★→じらす

しりすぼみ【尻すぼみ】

時間やお金などが足りなくて、仕事や計画などが結果を出さないで途中
で終わる様子。

・新しい商品の計画は、お金が無くて**尻すぼみ**で終わった。

・強い反対で、ゴミ置き場計画は、**尻すぼみ**で止まっている。

★ しりつぼみ とも言い、 尻切れトンボ も同じ様子を言う。

・時間のかかる問題があって、会議は**尻切れトンボ**で終わった。

じりつ【自立スル】

人の助けを借りないで、自分の力で生活する様子。

・子供の自立の後、自分たちのために使えるお金が増えた。

・いつまでも自立できない若者が、今驚くほど多い。

しりつぼみ →しりすぼみ

しりにひがつく【尻に火が付く】

やらなければならない事などが決めた時間で終わるか終わらないかわからず、とても急いでいる。

・社長に頼まれた仕事がまだ終わらず、**尻に火が付いて**いる。

・友人は、**尻に火が付く**まで動かないので周りが心配する。

しりぬぐい【尻拭いスル】

失敗した人や事故を起こした人などに代わって、関係者との話し合いなど問題が終わるまでする色々大変な事、また、それをする様子。

・子供が事故を起こしたときは、相手に会って話すなど**尻拭いする**のが大変だった。

・失礼な言葉を使った社員の**尻拭い**で、数えられないほど頭を下げた。

しりめに【尻目に】

困っている人がいる事や周りで起こっている事などを考えないで、自分の事をする様子。

・忙しい社員を**尻目に**、自分だけ帰ることはできない。

・先月は忙しくて、お祭り騒ぎを**尻目に**、ひとり仕事した。

★周りを見て気がつく事があっても、何もしない様子を 尻目にかける と言う。

・親の心配を**尻目にかけて**、遊んでいたときがある。

しりめにかける【尻目にかける】→しりめに

しるし【印】

①　ほかとの違いがわかるように付ける、○や×、色など。

・難しい言葉には**印**を付け、後で調べるようにしている。

・最終検査で問題無い商品は、○の**印**を付けた箱に入れている。

②　これまでの経験からわかる、また、多くの人が信じているような、起こると考えられる事や起きた事などの意味。

- 父は、おなかが空くのは元気な印だと言ってよく食べる。
- ふるさとでは、山の鳥や動物が騒ぐと地震が来る印だと信じていた。
③　気持ちが相手に伝わるように考えて選んだ品物。
- 会社を掃除してくれる人へ、お礼の印に時々商品を渡す。
- 退院した知り合いから、お見舞いに行ったお礼の印に果物が届いた。

じれったい →じらす

じれる →じらす

しれわたる【知れ渡る】

仲間の間だけで知っていた事や隠そうとしていた事などが広くほかの多くの人に伝わって、知られるようになる。
- 古い品物を売っていた事が**知れ渡って**、肉屋に人が行かなくなった。
- 社長の入院が**知れ渡らない**ように、みんなで気をつけた。

じろじろ →じろりと

じろっと →じろりと

じろりと

怖いと感じさせるような目で、少しの間人や物などを見る様子。
- 駅で体が当たったとき、相手に**じろりと**見られた。
- 新しく買った車を**じろりと**見て行く人がいて、心配になった。
- ★ じろっと とも言い、怖いと思うほど、いつまでも見ているとき じろじろ と言う。
- 社長に**じろっと**見られると、何か失敗したかと思う。
- 今は、どんな服装でも、**じろじろ**見られることはない。

じわじわ【じわじわ(と)】→じわりと

じわっと →じわりと

しわよせ【しわ寄せ】

うまくいかなかった事の結果や周りの変化などが、ほかの人やほかの事にも強く関係して、困った事になる様子。
- 材料の値段が上がって、会社は大きな**しわ寄せ**を受けた。
- 客に**しわ寄せ**が行くので、商品の値段は簡単に上げられない。

じわりと

①　喜びや悲しみ、言葉の意味などがゆっくりと心に広がる様子。
- 子供を持ってから、育ててくれた親の思いが**じわりと**感じられた。
- お年寄りの話には、**じわりと**伝わる暖かさを感じる。
②　血や汗などがゆっくりと広がる様子。
- 大丈夫だと思った傷から、**じわりと**血が出るので医者へ行った。

・計画の失敗を考えると、手に汗がじわりと出た。

★①、②と同じ様子を じわっと/じんわり とも言い、ゆっくり広がるときは じわじわ と言う。

　①・娘の結婚が決まってから、じわっと寂しさが広がった。

　　・今になってじんわりと伝わる先生の言葉がいくつかある。

　　・ゆっくりじわじわと伝わるような話し方が出来るようにしたい。

　②・背中にじんわり汗を感じるようになると、もう夏だと思う。

　　・社長と話していると、いつもじわっと汗が出る。

　　・じわじわ血が出続ける様子を見て、妻を病院に連れて行った。

しん【芯】

　①　物の中心にあって、強くて固い所。

　・考え事をするとき、鉛筆の芯で机をたたくのは昔からだ。

　・妻は、芯の無いご飯が炊けると、うれしそうな顔をする。

　②　芯がある 芯が強い という形で、決めた事は簡単に変えない様子。

　・芯がある人が社長だから、会社は休まず前に進める。

　・妻の様子を見ていて、家族で一番芯が強いと思う。

しんか【進化スル】

　①　生き物が安全に生きるためなどの理由で、ゆっくり、長い時間をかけて変わる様子。

　・コンピュータが増えれば、人間の進化は止まるのだろうか。

　・進化した人間が、どうして戦争を続けているのかと思う。

　②　物や人などがそれまでもよりも良く、便利になる様子。

　・機械が進化して、人が月へ行ける時代になった。

　・コンピュータの進化で、生活は大きく変わった。

しんがある／つよい【芯がある／強い】→しん②

しんけいしつ【神経質ナ・ニ】

　小さな事にも感じやすく、すぐにそれが気になってしまう様子。

　・神経質な妻は、使った物はいつも同じ場所に置く。

　・商品は最後に、神経質に思えるほど細かい検査をする。

しんけん【真剣ナ・ニ】

　力を全部出して頑張ってやる様子、また、気持ちを隠さずに相手に伝えるなどする様子。

　・何でも真剣にやる社員は、周りに信じられるようになる。

　・日本を出て海外で仕事がしたいと、友人は真剣な顔で言った。

しんこく【深刻ナ・ニ】

　難しい問題などがあって、どうしたらいいかすぐにはわからなくて困っている様子。

　・ふるさとでは若い人が減って、**深刻な**問題になっている。

　・会社では、事故の原因を**深刻に**考えて詳しく調べている。

しんしゅつ【進出スル】

　会社などができる事を増やそうと、新しい場所で、また、新しい種類の仕事を始める様子。

　・会社は海外への**進出**で、社員も増え大きくなった。

　・新しい会社が次々に**進出して**、ほかとの競争で大変だ。

しんしんと ★→しんと

　長い時間をかけて、周りの様子が静かに変わっていくと伝える言い方。

　・**しんしんと**雪が降るふるさとの夜は、音の無い世界だ。

　・**しんしんと**夜が深くなる時間に、外を見ているのが好きだ。

じんせい【人生】

　人が生まれてから死ぬまでの時間、また、その間に経験する色々な事。

　・何があるかわからないから、**人生**は苦しく、また、面白い。

　・ひとりひとりの**人生**は、ほかには無い物語だと思う。

じんそく【迅速ナ・ニ】→すみやか

しんそこ【心底】

　心から本当に強く感じると伝える言い方。

　・自分が初めて作った商品が売れたときは、**心底**うれしかった。

　・娘が結婚してから少しの間は、**心底**寂しいと思った。

しんちょう【慎重ナ・ニ】

　後で大きな問題にならないように、気をつける様子。

　・**慎重な**友人は、よく知らない人とは仕事の事を話さない。

　・気がつかないで人を傷付けないように、言葉は**慎重に**選んで使う。

しんと【しんとスル】★→しんしんと、せいじゃく

　声や音が聞こえなくて、とても静かな様子。

　・子供たちがいなくなって、家の中が**しんと**している。

　・ふるさとは人が少なくなり、昼でも**しんと**音もしない。

しんぴ【神秘】→しんぴてき

しんぴてき【神秘的ナ・ニ】

　人の力では説明できない、とても信じられない様子。

　・星の光は、ずっと昔の光が届いていると思うと**神秘的**だと感じる。

・何百年も生きている寺の周りの大木には、**神秘的な**力を感じる。

★説明できない、信じられない事を〔神秘〕と言う。

・時計のように動く月や星は、本当に自然の**神秘**だと思う。

しんぽ【進歩スル】

技術や練習している事などが前に進んで、良い方へ変わる様子。

・長く外国語を勉強しているが、少しも**進歩**しない。

・医学の**進歩**が続いても、難しい病気で亡くなる人はまだ多い。

しんぼう【辛抱スル】

後でいい事がある、最後は良い結果になるなどと信じて、難しい事や苦しい事などを続けてする様子。

・海外での仕事で家族に会えなかったが、**辛抱**した。

・長く**辛抱**が続かなくて辞める若い人が増えた。

★辛抱を長く続けて頑張る様子を〔辛抱強い〕と言う。

・暑い日も寒い日も**辛抱強く**続けて、仕事の楽しさがわかった。

しんぼうづよい【辛抱強い】→しんぼう

しんみ【親身ナ・ニ】

相手が自分の親や兄弟と同じだと思って、困っている人や悲しんでいる人などを手伝う様子。

・子供たちは、**親身な**教育で人を育てる学校に行かせた。

・友人は、いつも**親身**になって若い人に仕事を教えている。

しんみょう【神妙ナ・ニ】

何を言われても言われた事に反対しない、また、言われたとおりにすると思わせる様子。

・同じ失敗をした社員は、**神妙な**顔で友人の話を聞いていた。

・反対の理由を説明する社長の話を、**神妙に**聞いた。

しんみり【しんみり(と)スル】

① 心が静かで、時間がゆっくりと流れるように感じられる様子。

・時々友人と、静かな店で酒を飲みながら**しんみり**話す。

・静かな夜、妻はふるさとの事を**しんみりと**話すことがある。

★→しみじみ

② 悲しい事などがあって、心が重く苦しいように感じられる様子。

・交通事故で社員が亡くなって、会社は一日中**しんみり**していた。

・友達の急な死に、妻は**しんみり**した声で電話を続けた。

しんよう【信用スル】→しんらい

しんらい【信頼スル】

ほかの人を心から信じて、困ったときには助けてくれる、大切な事は相談できるなどと思う様子。

・社長への**信頼**が大きいから、みんな頑張って働ける。

・近所を**信頼しなければ**、安心して安全な生活はできない。

★信頼している、また、されている様子を [信用] と言う。

・良い商品を作り続けて、会社はお客から**信用される**ようになった。

しんろ【進路】

① 人や乗り物、また、台風などが動いていく方向。

・妻のふるさとが台風の**進路**に近く、心配で電話をした。

・今度の商品は、会社の**進路**を少し変えるかもしれない。

② 人がこれからしようと考えている事や決めている将来の生活。

・父は、**進路**の相談をすると、いつも自分で決めろと言った。

・**進路**を考えていたときに読んだ本は、今も大切にしている。

★②のようにこれからしようという思いは [志望] とも言う。

・高校時代、したい事が無いのに、**志望**を聞かれて困った。

じんわり【じんわり(と)】→じわりと

す

すー【素―】

顔、手、足などの前に使って、何も付けていない様子。

・妻は、化粧をしない素顔で外へ出ると不安に感じると言う。

・子供の頃、ふるさとの川では素手で魚が捕れた。

★「裸」の前に使うときは、素っ裸となる。

・昔は、近くの川で素っ裸で泳ぐ子供がおおぜいいた。

すいあげる【吸い上げる】

① 強い力で、水などを下から上へ移す。

・公園の池を掃除するため、水を**吸い上げて**いる。

・台風の強い風で、**吸い上げられる**ように庭の小さな物が飛んだ。

② ほかの人の金を、許されない方法などで自分の物にする。

・お年寄りに安い物を高く売って金を**吸い上げる**事件が無くならない。

・子供を働かせ、その金を**吸い上げて**いた男がニュースになった。

③ いつもは聞くことができない、人の意見やお願いを聞く。

・商品を良くするため、使ってくれる客の意見を**吸い上げて**いる。

・町の声を**吸い上げる**ため、駅前に意見箱がある。

すいこまれる【吸い込まれる】→すいこむ②

すいこむ【吸い込む】

① 空気や煙などを鼻や口から体の中に入れる。

・朝の空気を深く**吸い込んで**、一日頑張ろうと思う。

・火事で煙を**吸い込んだ**社員がいて、入院した。

② 吸い込まれるという形で、強い力で引かれるように、人や物などがひとつの所に入って行く。

・スーパーに、毎日客が**吸い込まれる**ように入っていく。

・朝、駅に人が**吸い込まれる**様子に、海外から来た人が驚いた。

すいじゃく【衰弱スル】

長く続く病気や心配事などが原因で、心や体が弱くなっている様子。

・入院している知り合いの**衰弱**の様子を見て、悲しくなった。

・急ぎの仕事を続けた社員は、みんな**衰弱して**見えた。

すいすい【すいすい(と)】
　人や生き物、また、したい事などが、何にも邪魔されないで気持ち良く
進む様子。
・今日は邪魔が入らなくて、仕事が**すいすい**片づいた。
・町の川がきれいになって、今は**すいすい**と泳ぐ魚が見える。

すいせん【推薦スル】★→すすめる①
　自分がとても良いと思う人や物などを、ほかの人に選ぶよう言う様子。
・友人が強く**推薦**するので、駅前の新しい店に行ってみた。
・父の**推薦**で読んだ本は、自分の子供たちにも読ませた。

すいそく【推測スル】★→よそく
　知っている事や経験、今の様子などから、こうだろうと考える様子。
・ふるさとに、空を見て次の日の天気を**推測**する人がいた。
・社長の**推測**通りで、海外での仕事はだんだん増えた。

ずいぶん【随分】★→そうとう①
　周りの知る事や自分の考えなどとは、大きく違うと伝える言い方。
・ふるさとは、もう**随分**寒くなっているだろう。
・**随分**頑張ったが、新しい商品はうまくできなかった。

すいり【推理スル】
　わかっているいくつかの事を合わせて考え、本当にあった事やこれから
起こる事などを考える様子。
・本を読むときの楽しみは、次はどうなるか**推理**することだ。
・テレビを見ていてする妻の**推理**は、よく当たるので驚く。

ずうずうしい【図々しい】
　周りの様子、ほかの人の気持ちなどを全然考えないで、自分のやりたい
ようにやろうとする様子。
・並んで待たないで前に行く**図々しい**人は、本当に嫌だ。
・人の考えを自分の考えのように言う**図々しい**人は許せない。
★同じ様子を 厚かましい とも言う。また、図々しくて、やりたい事を変
　えようともしないと感じる様子を 図太い と言う。
・借りた物を返さず、また別の物を借りに来る**厚かましい**人がいる。
・人間は、少し**図太く**なることも必要だと思うようになった。

すえ【末】
　①　 ～の/(した)末(に) という形で、長い間続いた結果、また、時間をか
けて考え、準備をした結果、と伝える。
・色々考えた**末**に、若い社員に仕事を頼むことにした。

・長い**入院**の末、古い知り合いが昨日亡くなった。
②　今の様子から考えられる、将来の様子。
・**末**が楽しみだと思えば、若い社員を育てる事には夢がある。
・結婚式で妻と、**末**長く一緒にいようと約束した。

すかさず

今できる、良い機会だなどと思ったときに、やりたいと思った事などをすぐにする様子。
・質問に**すかさず**答える社員を見て、社長はうれしそうだ。
・会社では、地震が来たら、**すかさず**自分の命を守るように決めている。

すかし【透かし】→すける

すかす【透かす】→すける

ずかずか【ずかずか(と)】

相手の事を考えず、許可ももらわず人の家や部屋に、また、人の考えや思いなどに入る様子。
・**ずかずか**と社長の部屋に入ろうとするので、社員を止めた。
・友人は、人の心の中に**ずかずか**入って来るような事は言わない。

すがすがしい

空気や風などがとても気持ちいい、また、心配な事や嫌な事などが無くなって良い気持ちになる様子。
・朝早く**すがすがしい**空気を吸うと、やる気が出る。
・新商品ができて、社員たちは**すがすがしい**顔をしている。

すがた【姿】

①　人や物の目に見える動きや形。
・夕方になると小さな車で売りに来る豆腐屋さんが、最近は**姿**を消した。
・母は、ふるさとの山や川の**姿**はどことも違うと言う。
②　人が服などを着たときの様子。
・最近は、着物で町を歩く人の**姿**を見なくなった。
・いつもと違う服を着た社員の**姿**を見て、誰だろうと思った。
★「着物姿」「下着姿」など、着ている物と一緒に使うことも多い。
・**下着姿**でゴミを捨てに出る人を見ると、悲しくなる。

すがりつく →すがる

すがる

①　体の調子が悪いとき、また、年を取ってひとりで歩くのが難しいときなどに、物や人を助けにして動く。
・足をけがして少しの間、何かに**すがら**ないと歩けなかった。

・壁にすがって歩くお年寄りの横に行って、荷物を持った。

② 心配な事や不安な事などがあったとき、自分が信じている事や考え、また、人を助けにする。

・苦しいときにすがる知り合いなどがいると、人は安心できる。

・困って、すがるような目をする若い社員を手伝ってやった。

★→たよる

★①、②を強く言うとき、すがりつくと言う。

　★→しがみつく

　①・急な地震があったとき、机にすがりついて動かないでいた。

　②・自分の考えにすがりついている人がいると、会議が進まない。

すき【隙】

① 場所と場所、人と物との間の空いている狭い所、また、予定と予定の間の空いている短い時間。

・朝の電車は、体を入れる隙も無いほど人でいっぱいだ。

・社長の予定は、新しく入れる隙も無いほど詰まっている。

★①と同じ事は隙間とも言う。

・家が古くなって、窓の隙間から風が入るようになった。

② 問題無いと思ってしまって、注意がじゅうぶんではない様子。

・隙を見せると、話し合いは相手の思い通りになってしまう。

・隙があったのか、経験の長い社員が機械でけがをした。

ずきずき【ずきずき(と)スル】

頭や歯などが心臓の動きに合わせるようにして、痛み続ける様子。

・朝から歯がずきずき痛んで、仕事の事が考えられない。

・頭がずきずきすると言っていた友人が、今日は休んだ。

すきとおる【透き通る】★→すける

汚れや邪魔になる物などが無くて、中まで、また、反対側にある物までよく見える。

・旅行で行った海は、透き通っていて色々な魚が見えた。

・透き通ったきれいな水が飲めない所は、世界にたくさんある。

すぎない【過ぎない】

～に過ぎないという形で、多くない、特別ではないなどと伝える言い方。

・新しい商品が売れたのは、初めは十個に過ぎなかった。

・不注意に過ぎないと思っていた事故が、大きな問題になった。

すきま【隙間】→すき①

すく

① 人や物が少なくなって、使わない所、広くなった所などが増える。

・たくさん売れて**すいて**しまった商品置き場を見て、心から良かったと思った。

・夏休みの間は、学生がいないので朝の電車も**すいて**いる。

★→てがすく（→てがあく）

② （胸がすく）という形で、心配な事や嫌な事などが無くなり安心する。

・心配事は、友人に話すと**胸がすいた**思いになる。

・新商品は、**胸がすく**ような売れ方で、みんな喜んだ。

★→すっと②

すくう¹

水や粉、または水の中の物などを両手、コップや網などの道具を使って取る。

・町の川をきれいにするため、ゴミを**すくう**運動が続いている。

・ふるさとの川で、よく小さな魚を手で**すくって**遊んだ。

すくう²【救う】

困っている人、命が危険な人や動物などを助ける。

・生活に困っている人を**救う**ため、会社ではお金を集めて送る。

・火事の家に入って子供を**救った**人が、ニュースになった。

★人の命を救う様子を（救助）と言う。

・危険なときに**救助**してもらえる社会は、本当に安全だ。

すくむ

怖い事や強い心配などがあって、体全体、また、一部が動かなくなる。

・目の前で事故を見て、足が**すくんで**しまった。

・社長に大きな声で怒られて、身が**すくむ**思いがした。

★怖さや心配から逃げるように体を小さくする様子を（すくめる）と言う。

・飛んで来た物が当たりそうになったので、首を**すくめた**。

★→ちぢめる②

すくめる →すくむ

すぐれる【優れる】

① ほかの物や人より良い、また、よくできると伝える。

・社員が育つ会社には、経験が長く**優れた**人が周りに何人もいる。

・新しい商品は軽くて安く、ほかの商品より**優れて**いる。

② 「すぐれない」という形で、体の調子や天気が良くない。

・昨日から熱があり、体の調子が**優れない**。

・天気が**優れない**ときは、仕事の進み方が悪い。

ずけずけ【ずけずけ(と)】

相手が嫌だと思うような事などを、はっきりと言う様子。

・言いにくい事を**ずけずけ**言ってくれる友人は、大切だ。

・社員に個人の問題を**ずけずけ**と聞くような事は、しない。

すける【透ける】★→すきとおる

薄い物の中や反対側にある物が見える。

・ゴミは、中が**透けて**見える袋に入れて出す決まりだ。

・家のカーテンは薄いので、外の様子が**透けて**見える。

★透けて見えるようにする様子を 透かす と言い、光に向けると見える
ような文字や絵などを 透かし と言う。

・知らない人から来た手紙に何か入っているようで、**透かして**中を見た。

・お金には、簡単に作れない特別な**透かし**が入っている。

すごす【過ごす】

時間に合わせて好きな事などをする、また、決めた事をして生きる。

・一日何もしないで**過ごす**のが、何よりも楽しい。

・仕事を辞めたら、野菜でも育てて**過ごそう**と妻と話している。

すさまじい

人や物などの動きや速さが近くにいると危ないと感じるほど強い様子。

・昨夜は、**すさまじい**強風に、屋根が飛ばされないかと心配した。

・新商品の**すさまじい**売れ方に、社員は驚いている。

すじがいい【筋がいい】

スポーツや技術が要る仕事などで、頑張って続ければ良い結果になると
思わせる様子。

・経験の長い人が、**筋がいい**と言う若い人が何人かいる。

・**筋がいい**と思っても、やる気にならない人は育たない。

すじがとおる【筋が通る】→すじをとおす

すじがねいり【筋金入り】

何があっても変わらないと感じさせる強い考え方ややり方などを持って
いる様子。

・よく行くすし屋さんには、**筋金入り**の料理人がいる。

・客が喜ぶ商品という考えを持つ**筋金入り**の社長が会社を大きくした。

すじちがい【筋違いナ】

する事や言う事の理由が、また、やり方などが間違っている様子。

・自分が失敗したのに、教え方が悪いと言うのは**筋違い**だ。

・友人は、**筋違いな**事を言う社員の話も時間をかけて聞いている。

すじみち【筋道】★→せいぜんと

やろうとする事や言う事の意味、これからの計画などが、周りの人によくわかるようにできている様子。

・商品作りは、ひとつひとつ丁寧に**筋道**を立てて説明してから始める。

・新しくやろうとする計画の**筋道**が見えるよう、社長に説明した。

すじょう【素性】

①　人間が持つ、育った場所や家族など、その人だけの情報。

・銀行は、**素性**がわからない人には、お金を貸さない。

・近所で亡くなったお年寄りの**素性**が、長くわからなかった。

②　物や野菜や魚などの食べ物などが、どこから今ある場所へ来たかがわかる情報。

・父は古い皿の**素性**が知りたくて、よく図書館へ行く。

・安くて、**素性**のよくわからない魚が増えているそうだ。

すじをとおす【筋を通す】

正しいと思う事や考え方などを強く信じていて、途中で変えないで持ち続ける。

・会議で反対されたが、**筋を通す**ため意見を変えなかった。

・**筋を通した**生き方をするように、父に教えられて育った。

★**筋を通している**様子を 筋が通る と言う。

・社長の言う事は、**筋が通っている**ので社員が付いて行く。

すすめる【勧める】

①　相手のために良いと思う事をするように言う。

・足腰が弱くなったと言う社員に、散歩を**勧めた**。

・友人に**勧められて**行った店は、安くておいしかった。

★→すいせん

②　食べ物や飲み物などを相手の前に出す。

・お酒を**勧めても**、車だからと言う人が増えた。

・父に**勧められて**食べたお菓子は、本当においしかった。

すすりなく【すすり泣く】→しのびなく

すたすた【すたすた(と)】

周りを見ず前だけを見て、急いで歩く様子。

・一緒に散歩に出ると、父はひとりで**すたすた**歩き始めた。

・朝早くから、川の近くを**すたすた**と歩いている人が多い。

すたれる【廃れる】

言葉が使われなくなる、長く続いていた事がされなくなるなどして、消えていく様子。
- 一度は**廃れた**やり方で、道具を作っている人が町にいる。
- 祭りは、町の文化が**廃れない**ようにするひとつの方法だ。

すっきり【すっきり（と）スル】★→すっと②

① 要らない物や邪魔な物などが無くて、とても気持ち良く感じると伝える言い方。
- 要らない物を捨てると、家の中が**すっきり**と片づいた。
- 雲ひとつ無く**すっきり**晴れた朝は、体も心も元気にしてくれる。

② 心や体に要らない物や困った事などが無くなり、気持ちがいいと伝える言い方。
- 友人に話を聞いてもらったので、気持ちが**すっきり**した。
- 問題の原因がわかるまで、**すっきり**しない日が続いた。

ずっしり（と）

物を持ったときに、とても重い、見た感じよりも重いと伝える言い方。
- 何が入っているのか、**ずっしり**と重い荷物が送られて来た。
- 五円や十円を入れて貯金している箱が、**ずっしり**重くなった。

すっと【すっとスル】

① 気がつかないくらい静かに速く、また、とても簡単に動く様子。
- 会社の入り口が、前に立つと**すっと**開く自動ドアになった。
- 難しい仕事を友人が、時間もかけないで**すっと**片づけてくれた。

② 心配事や邪魔な事などが無くなって、心から安心する様子。
- 三か月かかった大変な仕事が片づいて、**すっと**した。
- 嫌な事があったとき、誰もいない所へ行って大声を出すと**すっと**する。
★→すく②、すっきり、せいせいする

③ 邪魔されないで、曲がらず長く伸びている様子。
- 庭には大きな木が一本、空に向かって**すっと**伸びている。
- 妻は、背中まで**すっと**伸びていた髪を切ってしまった。

すっぱだか【素っ裸】→す―

すっぽかす

すると約束した事などを、嫌なので、また、忘れていて、しない。
- 忙しくて、妻と買い物に行く約束を**すっぽかして**しまった。
- 約束を**すっぽかした**相手に、友人は信じられないと怒った。

すっぽり【すっぽり(と)】

① 上から何かをかぶっていて、全部が外から見えない様子。

・寒いときは、頭から**すっぽり**と布団をかぶって寝る。

・ふるさとの冬は、周りが**すっぽり**雪をかぶって白い世界になる。

② 入れる所や置く場所がちょうどの大きさで、物がきれいに入る様子。

・仕事に必要な物が**すっぽり**入る大きいかばんが欲しい。

・箱に机の上の物が**すっぽり**と入って、きれいに片づいた。

すてき【素敵ナ・ニ】

人や物を見たとき、とてもいい、自分も同じようになりたいなどと思わせる様子。

・頭に花を飾るお年寄りを見て、**素敵**な人だと思った。

・駅前で、店に**素敵**に飾られた服を見て、妻は欲しそうにした。

すでに【既に】

前に起こっていてもう遅いなどと伝える言い方。

・社長の話す前に、**既に**会社の引っ越し計画は知っていた。

・少し遅れて部屋に入ると、会議は**既に**始まっていた。

すなお【素直ナ・ニ】

① 人の言う事などを信じて聞こう、また、自分の本当の考えや気持ちなどを隠さないで伝えようとする様子。

・**素直**な人になってくれるよう願って、子供を育てた。

・自分の考えを**素直**に話してくれる社員とは、仕事がしやすい。

② ほかの物に邪魔されても、人や物が持っている形などが変わっていない様子。

・雪の多いふるさとでは、木が**素直**に育つことはなかった。

・友人の書く字は**素直**で、誰もが読みやすいと言う。

すなわち →ようするに

ずにのる【図に乗る】→ちょうしにのる

すねる

自分の思うようにならなくて、怒る、泣くなどして人の言う事を聞こうとしない。

・食事がおいしくないと言って、妻に**すね**られてしまった。

・母親の横で**すね**る子供に、自分も経験があると思った。

すねをかじる

自分で生活できない人が、親の金を使って生活を続ける。

・大学を出るまで、長い間、親の**すねをかじ**っていた。

・最近、いつまでも親のすねをかじる若者が増えたそうだ。

ずばぬける【ずば抜ける】→ばつぐん

すばやい【素早い】

① 人や動物の動きが驚くほど速い様子。
・公園で遊ぶ子供たちの素早い動きは、動物のようだ。
・庭に小さく切ったパンを置くと、素早く小鳥が飛んで来る。
② 短い時間に間違いなどに気づき、必要な事を考える様子。
・仕事では、相手の気持ちに素早く気づくことが大切だ。
・問題が起こったときの友人は、素早く必要な事ができる。

すばらしい【素晴らしい】

人のする事や言う事、また、目の前にある物などが、ほかには無く、これまでに無いほど特別だと思わせられる様子。
・素晴らしいと思って、買いたくなるような商品を作りたい。
・旅行で行った寺は、これまでで一番素晴らしいと思う建物だった。

ずぶとい【図太い】→ずうずうしい

すべ

困った事や問題などを無くすための考えや方法。
・ひとり寂しく死ぬ人を減らすすべは、無いのだろうか。
・人の話を聞かない人には、教えるすべが無い。
★「する」の古い言い方「なす」と一緒に なすすべ と言い、できる事という意味でよく使う。
・友人は、父親の病気はもうなすすべが無いと言った。

すべすべ【すべすべ ニ・スル】

柔らかい物などを触ったときに、指が滑るように動いて、気持ちの良い様子。
・風呂に入った後は、肌（はだ）がすべすべして気持ちがいい。
・新しい商品に、磨（みが）かれてすべすべになった鉄を使った。

ずぼし【図星】

相手が隠している事や計画などをこうだろうとはっきり言う様子。
・妻の顔を見て、子供の問題かと言うと図星だった。
・結婚の相談に行った社員が、結婚するのかと友人に図星を指されて驚いた。

すぼむ →しぼむ①

すました【澄ました】→すます¹①

すます¹【澄ます】★→すむ¹

① 澄ました という形で、気になる事などはあるが、誰にも気づかれないように何も無かったように見せる。
・社長は苦しいときでも顔に出さず、**澄ました**顔で話している。
・会社を辞めると言った人が、**澄ました**顔で会議に出ている。

② 要らない物などを無くして、きれいにする。
・汚れた水を**澄まして**もう一度使えるようにする商品ができた。
・会議には、少しの間目を閉じて心を**澄ませて**から出る。

すます²【済ます】

① 必要な事や難しい事などを最後まで問題無く終わらせる。
・社長に頼まれた仕事を**済ます**までは、ほかの事はしない。
・大事な会議を問題無く**済ませて**、今日は会社を早く出た。

② じゅうぶんではないが、近くにある物や準備無しでできる事などを代わりにする。
・ご飯はある物で**済ます**と言って、妻は冷蔵庫を開けた。
・パーティー用の服が無く、息子のを借りて**済ませた**。

③ 大変だと思われる事などを、簡単に終わらせる。
・お金をかけずに新しい計画を**済ませ**、社長に喜ばれた。
・時間をかけずに問題を**済ませよう**と、友人と相談した。

★①〜③で、問題無く済ませる様子を 済む と言う。
①・駅前の工事が**済んだ**ら、すぐに公園の工事が始まった。
②・古い機械が使えるとわかって、新しく買わずに**済んだ**。
③・父が自転車で事故を起こしたが、軽いけがで**済んで**安心した。

すませる¹【澄ませる】→すます¹②

すませる²【済ませる】→すます²

すみ【隅】

部屋や庭などの中心からは離れていて、見えにくい所。
・若い社員の机は、部屋の**隅**に置かないようにしている。
・庭の**隅**の木が大きくなって、枝を切るのが大変だ。

★同じ事を 片隅 とも言い、また、話し言葉で 隅っこ とも言う。
・世界には、大きな都市や町の**片隅**で生活する人がおおぜいいる。
・公園は、**隅っこ**にゴミも落ちていないほど掃除されている。

すみからすみまで【隅から隅まで】

残す所無く、部屋などのすべての所と伝える言い方。
・部屋の**隅から隅まで**探したが、大切な本は無かった。

・父は、長く住んだ町の様子は**隅から隅**まで知っていると言う。
★同じ事を伝えるのに 隅々まで/くま無く とも言う。
・年に一度、妻とふたりで家の**隅々**まで掃除する。
・家の中を**くま無く**探したが、大切な物は見つからなかった。

すみずみまで【隅々まで】→すみからすみまで

すみつく【住み着く】
人や動物が同じ場所にずっと住むようになる。
・公園にネコがたくさん**住み着いて**いて、町は困っている。
・父は今の所に**住み着く**とは、考えていなかったようだ。

すみっこ【隅っこ】→すみ

すみにおけない【隅に置けない】
聞いていた話と違って、色々よく知っている、難しい事もできるなどと知り、相手への考え方を変える。
・関係無い事もよく知っている妻に、**隅に置けない**と思うことがある。
・黙っていても驚くような商品を作る**隅に置けない**人がいる。

すみやか【速やかナ・ニ】
遅れないように、問題が起こらないように、時間をかけないですぐにする様子。
・台風が近づいているので、**速やかに**帰るよう言われた。
・警察の**速やかな**動きで、空き家に隠れていた泥棒が見つかった。
★時間をかけずにすぐする様子は 迅速 とも言う。
・社長の**迅速**な決定があって、商品の数を大きく増やした。

すみわたる【澄みわたる】→すむ¹①

すむ¹【澄む】★→すます¹
①　空気や水などに汚れやゴミなど要らない物が入っていない。
・町の努力で、川の水が**澄んで**魚が泳ぐのが見えるようになった。
・朝、空気が**澄んで**いるといつもは聞こえない音も聞こえる。
★①のように空気や水が少しも汚れていないと強く言うとき 澄みわたる と言う。
・台風の次の日は、空が**澄みわたって**いて気持ちがいい。
②　 澄んだ という形で、人や物から汚れなどが感じられない様子。
・子供たちの**澄んだ**目を見ると、その目をいつまでも大切にと願う。
・少し早く起きて、朝の空気を吸うと**澄んだ**気持ちになる。

すむ²【済む】→すます²

ずらす→ずれる①

すらすら【すらすら(と)】

話をするときや必要な物を書くときなどに、途中で止まらないで続ける様子。

・初めて会議に出た社員がすらすら話す様子に驚いた。

・友人は、新しい計画書を短い時間ですらすらと書き終えた。

★→さらさら③

ずらり【ずらり(と)】

たくさんの人や同じ種類の物が列を作って、同じ場所に並んでいる様子。

・新しいケーキ屋の前には、毎日ずらりと人が並んでいる。

・昔の駅前には、有名な店がずらり並んでいた。

すらりと【すらりとスル】

背が高い、手や足が長いなどで、形がよく見える様子。

・小学校の知り合いは、昔と同じですらりとしていた。

・今の若い人は、足がすらりと長くて形がいい。

ずりおちる【ずり落ちる】

めがねやズボン、スカートなどがいつもある場所から下がっている。

・話しているとき、めがねがずり落ちて、字が読めなくなった。

・ずり落ちそうなズボンで歩く若者を見ると、注意したくなる。

すりぬける【擦り抜ける】

①　狭い所や人の多い所などを、人や物に当たらないようにして動く。

・狭い道で車の横を擦り抜ける自転車は、とても危ない。

・人の間を擦り抜けて祭りに急ぐ子供たちが、今はいない。

②　色々考えて隠し、悪い事が見つからないようにして逃げる。

・若い時、親の目を擦り抜けてよく夜遊びに出た。

・検査を擦り抜けて、会社の金を使った社員が見つかった。

すりよる【すり寄る】

①　体が軽く当たるほど近づく。

・庭に出ると、いつも来るネコがすり寄って来る。

・聞かせたい話があるのか、会議の後、友人がすり寄って来た。

②　相手の力や金を自分のために使おうと考えて、仲良くなろうとする。

・社長は、強い者にすり寄るようなやり方を一番嫌う。

・力がある人にすり寄る生き方は、自分にはできない。

ずるい

周りに本当の事を隠して、自分のためだけに正しくない事や許せない事などをする様子。

・商品が悪くても売るという**ずるい**考えは、社長が許さない。
・人の計画を自分の考えのように言うのは、**ずるい**。

ずるがしこい【ずる賢い】→かしこい

することなすこと【する事なす事】
　言う事やする事全部と伝える言い方。
・けんかをした後は、相手の**する事なす事**が許せない。
・**する事なす事**すべてがうまくいく日も、年に何度かある。
　★**言う事なす事/やる事なす事**も同じ意味の言い方。
・妻とけんかをした日は、人の**言う事なす事**に腹が立つ。
・**やる事なす事**に文句を言われると、何をするのも嫌になる。

するする【するする（と）】→するっと

するっと
　人や物が、邪魔されないで滑るように動く様子。
・注意していたのに、皿が手から**するっと**落ちて割れてしまった。
・新しい商品に、**するっと**滑って落ちない持ちやすい材料を使った。
　★同じ様子を**するする（と）/するりと**とも言う。
・窓は毎日開けないと、**するする**と動かなくなってしまう。
・たくさんの警官がいたのに、泥棒は**するり**と逃げて行った。

すると
　ひとつの事が起きた後に、それに続いて、いつもの事、また、考えてもいなかった事などが起きたと伝える言い方。
・空が急に暗くなった。**すると**急に、強い風が吹き始めた。
・窓を開けた。**すると**、部屋に秋の気持ちいい空気が入った。

するどい【鋭い】
　①　ナイフなどがよく切れて、人や物を簡単に傷付ける様子。
・母が庭仕事に先の**鋭い**道具を使うので、心配だ。
・ふるさとの家の壁には、ネズミが**鋭い**歯で空けた穴があった。
　②　ほかの人より、感じる力や考える力などが強い様子。
・耳の**鋭い**社員がいて、変な音がすると機械を止める。
・会議で、若い社員が問題点を**鋭く**見つけて、質問した。
　★①、②の反対の様子は**鈍い**と言う。
　　①・包丁の刃が**鈍く**なってよく切れないので、新しく買った。
　　②・**鈍い**のか、自分の問題に気づかない社員がいて困っている。
　③　動きや話し方などが、周りの人に強く注意しようとする気持ちを感じさせるような様子。

・電車で大声で話す人を、周りの人が**鋭い**目で見た。
・危ないと**鋭い**声で注意され、社員が機械から離れた。
④　痛みや光などがとても強く感じられる様子。
・おなかに**鋭い**痛みがあったので、病院へ行った。
・外へ出ると、夏の太陽は**鋭い**光で目を見えなくする。

するりと　→するっと

ずれ　→ずれる

すれすれ

①　もう少しでほかの人や物に当たるほど近い様子。
・車に**すれすれ**の所を走る自転車が多く、危険だ。
・部屋の天井〔てんじょう〕**すれすれ**の高さまで本棚〔ほんだな〕にして、本を片づけた。
②　もう少しで約束の時間や決まりなどを超えそうな様子。
・会議の時間**すれすれ**まで、電話で仕事の話をしていた。
・**すれすれ**の点数だったと思うが、大学を卒業できてよかった。

すれちがい【擦れ違い】

①　反対の方から来た人や物などがもう少しで当たりそうなほど近くに動く様子。
・駅前で**擦れ違い**になった人は、古い知り合いだった。
・大きな車が増えて、狭い道では**擦れ違い**ができない。
②　もう少しで会える、同じ意見になると思っていたが、そうならない様子。
・友人も忙しくて、最近**すれ違い**になる日が多い。
・考えの**すれ違い**が多く、相手との話し合いはやめた。
★①、②で擦れ違いになる様子を〔擦れ違う〕と言う。
　①・狭い道で反対から来る車と**擦れ違う**ときは、いつも怖いと思う。
　②・町の空き家問題は、意見が**擦れ違う**ことが多く、進まない。

すれちがう【擦れ違う】→すれちがい

ずれる

①　決まっている事や決めた場所や時間などから少し動く。
・途中で話が**ずれて**、今日の会議は長くなってしまった。
・紙が**ずれる**と、コピーを何度もやり直すことになる。
★①の意味で**ずれる**ようにする様子を〔ずらす〕と言う。
・今日は、予定を少し**ずらして**相手の会社へ行って話した。
②　考え方ややり方などが少し違ってうまく合わない。
・相手と考え方が**ずれて**いて、話し合いは進まなかった。

・会社のやり方とは少し**ずれ**ても、友人は自分の考えでやる。

★①、②で、ずれている様子を ずれ と言う。

① ・毎朝、鏡の前でネクタイの**ずれ**が無いか見てから家を出る。

② ・社長と考えの**ずれ**を感じたときは、その理由をよく考える。

すわりこみ【座り込み】→すわりこむ

すわりこむ【座り込む】

賛成できなくて、反対の意見を伝えたいときや欲しい物を買いたいときなどに、座った場所から長い時間動かない。

・学生時代、学校の決まりに反対して門の前に**座り込んだ**。

・新しいゲームを買おうと、店の前に**座り込む**人がいる。

★座り込んでいる様子を 座り込み と言う。

・工事に反対して、町の人たちが公園で**座り込み**をしている。

ずんずん

人の歩き方や周りの変わり方などが止まらないで速く前へ進むと伝える言い方。

・父は前を見て**ずんずん**歩くので、一緒に散歩しない。

・友人が仕事を**ずんずん**進めるので、負けずに頑張っている。

すんぜん【寸前】

〜の/(する)寸前 の形で、新しい事が起きようとしているときや、これから次の事を始めようとするときなどの、本当に少し前と伝える言い方。

・**商品作りの寸前**に問題が見つかり、今で良かったと思った。

・商品を**送り出す寸前**になると、忙しくて誰も話をしない。

すんだ【澄んだ】→すむ¹②

すんなり【すんなり(と)スル】

① 邪魔(じゃま)をする物などが無くて、自由に大きく伸びた、育ったなどと伝える言い方。

・**すんなり**育った子供たちを見るのは、何よりの喜びだ。

・妻の指は、若い頃と変わらず今も**すんなり**している。

② 困った事があって難しい、時間がかかるなどと思ったが、問題無く終わったと伝える言い方。

・難しい問題が会議で**すんなり**決まって、安心した。

・相手が会社の考えを**すんなり**とわかってくれて助かった。

せ

せい

良くない事があったときなどに考えられる原因や理由。

・大雨の**せい**で電車が動かなくなり、遅れた社員が多かった。

・仕事の失敗は、社員によく説明しなかった**せい**だ。

せいいっぱい【精一杯】

これ以上はできないと思うまで、力を出して必要な事などをする様子。

・**精一杯**頑張ったが、社長に考えをわかってもらえなかった。

・仕事でも何でも、**精一杯**やっている人の顔はとても優しい。

せいか【成果】

頑張ってやった事や良くしようとして続けている事などの良い結果。

・全員で頑張った**成果**があって、今年は去年より商品が多く売れた。

・町を掃除する運動は、少しだが**成果**が上がっているようだ。

せいかく【性格】★→がら②、きだて、こせい、こんじょう①

①　人が生まれたときから持っているほかとは違う特別な所。

・小さな事が気になる自分の**性格**を嫌だと思うときがある。

・**性格**の優しい社長は、人を何より大切にする人だ。

②　物や人のする事の様子で、ほかとは違う特別な点。

・新しい商品は、**性格**の全く違う薬を使うので大変だ。

・今度の失敗には、これまでと**性格**の違う原因がある。

★同じ事は 性質 とも言う。

①・妻が明るい**性質**なので、何度も助けられている。

②・人の体に悪い**性質**の材料を使わないよう気をつけている。

せいきゅう¹【性急ナ・ニ】

必要な情報などがわかるまで待たないで、急いで決めよう、結果を出そうとする様子。

・**性急**な計画で商品を作ると、失敗することが多い。

・社長は、**性急**に結論を出そうとすると少し待つように言う。

せいきゅう²【請求スル】

相手が出す必要のあるお金などを出すように強く伝える様子。

・全然知らない所から**請求**が来て、驚いて警察に相談した。

・何度請求しても金を送らない会社があって困っている。

せいけつ【清潔ナ・ニ】

汚れが無くてきれいで、病気の原因などにならないように気をつけている様子。

・友人と食事をする店は、トイレが**清潔**な所と決めている。

・妻は台所を**清潔**に使うよう、色々決めている事があるそうだ。

★汚れていて、病気などの原因になるかもしれない様子を [不潔] と言う。

・手を洗わずにテーブルに座ると、妻に**不潔**だと言われる。

せいげん【制限スル】

周りの事などを考えて、してもいい事やする場所などを決める様子。

・町にあった建物の高さの**制限**が無くなると決まった。

・吸える場所が**制限**され、たばこをやめようかと考えている。

せいこんをこめる【精魂を込める】

持っている力を全部使って、必要な事などをする。

・**精魂を込めて**作った商品は、長い間大切に使われる。

・**精魂を込めて**考えた計画だったが、社長は反対だった。

★短く [精魂込める] という形でも使う。

・妻のふるさとから、**精魂込めて**育てた米が送られて来た。

せいしき【正式ナ・ニ】→こうしき

せいしつ【性質】→せいかく

せいじつ【誠実ナ・ニ】

自分のやる事などを大切に思い、正しく心を入れてやる人の様子。

・会社の**誠実**な仕事のやり方が、商品を売る店を増やした。

・**誠実**に働く人を育てる仕事を、社長が大切にするように言う。

せいじゃく【静寂ナ】★→しんと

音や声が少しも聞こえなくて、寂しく感じるほど静かな様子。

・朝早く**静寂**な空気の中で、その日一日の仕事を考える。

・夜の**静寂**の中で、自分や家族のこれからを考えることがある。

せいじょう【正常】→いじょう²

せいぜい【精々】

①　今の力で、これ以上はできないと思うまでやると伝える言い方。

・子供が生まれたとき、**精々**家族を大事にし、守ろうと決めた。

・友人は、**精々**頑張って将来は自分の会社を持ちたいと言う。

②　今の様子から考えれば、一番良い結果を考えても、これ以上にはならないと伝える言い方。

・両親は、頑張っても**精々**あと数年だと嫌な事を言う。

・今作っているのは難しい商品なので、一日五千個が**精々**だ。

せいせいする【清々する】★→すっと②

嫌だと思っていた事などが無くなり、気持ちが明るくなる。

・心配していた仕事がうまくいって、**清々した**。

・家の前の工事が終わり、静かになると思うと**清々する**。

せいせいどうどう（と）【正々堂々（と）】→どうどう（と）②

せいぜんと【整然と】★→すじみち

多くの人や物が正しい順番できれいに並んでいる様子、また、話がわかりやすく考えられている様子。

・駅前の道は、木が**整然と**植えられていてきれいだ。

・友人は会議で、問題の原因を**整然と**説明した。

★聞く人が、相手の考えなどがよくわかると感じる様子を 理路整然と と言う。

・社長の**理路整然**とした話し方は、本当にわかりやすい。

せいぞう【製造スル】

売るために工場や店などで物を作る様子。

・工場で**製造した**物は、間違いが無いか調べてから店に届ける。

・家具の**製造**で有名な町へ昔からの技術を見に行った。

せいだい【盛大ナ・ニ】

パーティーや祭りなどの集まりが大きくてにぎやかな様子。

・社長は**盛大な**事が嫌いで、会社の記念日も特別な事はしない。

・父は、七十歳過ぎてから、誕生日を**盛大に**するなと言っている。

ぜいたく【ぜいたくナ・ニ・スル】

多くの金を使って、必要以上に物を買う、要らない事に金を使うなどして生きる様子。

・子供の頃から、**ぜいたくしたい**と思ったことは無い。

・子供に**ぜいたくに**物を買ってやる親を見ると、嫌になる。

・**ぜいたくな**物を買わない両親は、今も古いテレビを使っている。

せいちょう¹【成長スル】

人や動物が大きくなる、また、色々経験して人が深く考え、色々な事ができるようになる様子。

・子供の**成長**に合わせて、部屋の使い方を何度も変えた。

・若い社員の意見を聞いて、**成長した**と思うことがある。

★植物が大きく育つ様子は 生長 と言う。

・庭の木が大きく生長して、外から家が見えなくなった。

せいちょう²【生長スル】→せいちょう¹

せいとん【整頓スル】→せいり②

せいみつ【精密ナ・ニ】

機械や調べ方などが、細かく詳しくて、間違いの無い様子。

・新しく入れた**精密**な機械は壊れやすいので、注意して使っている。

・両親は、一年に一度、病院で体を**精密**に調べてもらっている。

せいり【整理スル】

①　後で困る事や事故などが起こらないように、人や物の動きに問題が無いようにする、また、仕事や気持ちなどを色々考えなくてもいいようにしておく様子。

・事故があって、警察の人が駅前の交通**整理**をしている。

・娘が結婚する前は、気持ちの**整理**に時間がかかった。

②　物が必要なときに使えるように、要らない物は捨て、使う物はわかりやすく並べるなどする様子。

・いっぱいになった本を**整理**し、要らない物は捨てた。

・会議の記録は、いつでも見られるように**整理**している。

★②と同じ様子を [整頓] と言い、整理と一緒に使って [整理整頓] とも言う。

・妻に言われて、自分の部屋だけは自分で**整頓**している。

・社長室の**整理整頓**は、社長が人に頼まず自分でやっている。

せいりせいとん【整理整頓】→せいり②

せいをだす【精を出す】

良い結果になるようにと願って、必要な事や自分のできる事などを頑張ってする。

・仕事を辞めた父は、母とふたりで野菜作りに**精を出し**ている。

・毎日**精を出し**て働く友人を見ると、自分も頑張ろうと思える。

せおう【背負う】

①　人や荷物などを背中に乗せて運ぶ。

・最近、子供を**背負う**母親を見ることは少なくなった。

・店の人が冷蔵庫を、玄関からひとりで**背負っ**て運んでくれた。

②　苦しい事や難しい事、大切な事などを自分の仕事だと考えて、最後までしようとする。

・結婚したとき、重い荷物を**背負う**のだと強く思った。

・社長はよく、全員で会社を**背負う**気持ちが大切だと話す。

せかす【急かす】

仕事などで、する事が遅いので早くするように強く言う。

・みんなを**急かして**、決まった日までに商品を準備した。

・妻が**急かす**ので、朝早くから買い物に行くことになった。

★早くしなければと忙しくする様子を せかせか と言う。

・**せかせか**していると、ゆっくり良い仕事ができない。

★→せっかち

せかせか【せかせか(と)スル】→せかす

ぜがひでも【是が非でも】

どんな方法を使ってもやると強く伝える言い方。

・次の商品は、**是が非でも**成功させようと友人と話した。

・**是が非でも**と思っても、できない事はできない。

せきとめる【せき止める】

①　動いている物の間にほかの物などを置いて、動きを止める。

・ふるさとでは、川を**せき止めた**水で米作りをする。

・警察が駅前で車の流れを**せき止めて**、何かを調べている。

②　今より悪くならないように、悪くしている理由や原因などが広がらないようにする。

・風邪が広がるのを**せき止める**ため、町の学校は休みだ。

・悪い話が広がるのを**せき止める**のは難しい。

せきにん【責任】

①　やると決めて、自分の事を最後までやる様子。

・子供ができてから、親の**責任**を強く感じるようになった。

・会社に入って長くなって、**責任**の重さを感じている。

②　相手と約束した事を、最後の結果が出るまで自分の仕事だと考えてする様子。

・商品を作るときは、失敗したら**責任**を取ると決めている。

・最後まで**責任**を持つと言って、社長に新計画を話した。

★①、②のように自分の事だと感じている様子を 責任感 と言い、自分の事だと考えていない様子を 無責任 と言う。

　①・子供たちは、何でも**責任感**を持ってやるように育てた。

　　・相手の気持ちを考えないで、**無責任**に思ったようにする人が増えたと思う。

　②・仕事を一緒にすると、**責任感**が強いかどうかよくわかる。

　　・**無責任**な事を言う人がいると、会議はいつも長くなる。

せきにんかん【責任感】→せきにん

せきばらい【せき払い】

①　のどの調子が悪いときなどに、話す前にはっきり声が出るようにするせき。

・友人は、**せき払い**をしてから難しい話を始めた。

・結婚式のスピーチの前に、何度も**せき払い**をした。

②　自分がいる事や自分の考えに気づかせるためなどにするせき。

・電車で電話をしている人に向かって、**せき払い**をする人がいる。

・社長の**せき払い**が聞こえたので、おしゃべりをやめた。

せけん【世間】★→よのなか

毎日生活をしている場所やそこの様子、また、毎日一緒に生きる社会全体の人たち。

・仕事を辞めたら、**世間**の事から離れて静かに生活したい。

・自分がいいと思っても**世間**が許さない事がたくさんある。

★周りの様子をよく知らない人、また、よく知らなくてうまく生きられない人を 世間知らず と言う。

・仕事しかしない**世間知らず**では、新しい商品は考えられない。

せけんしらず【世間知らず】→せけん

せけんてい【世間体】

自分や自分のやる事を周りの人が見たときの良い、悪いなどの感じ方。

・大学生になっても、**世間体**が悪いから服装に気をつけるよう父に言われた。

・**世間体**があるので、売れればいいという商品は作らない。

せすじがさむくなる【背筋が寒くなる】→ぞっとする

せだい【世代】

祖父母、親、子供などで分けた集まり、また、同じ経験を持つ年齢（ねんれい）などで分けた集まり。

・昔は、祖父母、親、子供の三**世代**が一緒に生活していた。

・若い**世代**の考え方は、自分の**世代**にはわからない事が多い。

せっかく

①　やろうと決めてやった事などが、思っていたような結果にならなかったと伝える言い方。

・**せっかく**行ったのに、新しい店は休みだった。

・**せっかく**の新商品が、社員の不注意で失敗に終わった。

②　いつもは無い機会をうまく使いたいと伝える言い方。

・若い人が**せっかく**やる気になっているので、思ったようにやらせた。
・**せっかく**の休みだったので、両親と一緒に食事に行った。

せっかち【せっかちナ・ニ】★→せかせか（→せかす）
ひとつの事をするときに、静かに考えてゆっくり時間をかけてできない様子、また、そんな様子の人。
・**せっかち**な友人は、歩くのも食べるのもとても速い。
・父は、何でもやると決めたら**せっかち**にやり始める。

せっきょくてき【積極的ナ・ニ】
ほかの人に言われなくても、自分から難しい事などをやってみようとする様子。
・新しい仕事を、自分がやりたいと**積極的**に言う社員がいる。
・何でもやってみる**積極的**な友人は、失敗に負けない強さを持っている。
★反対に自分からしようとしない様子を 消極的 と言う。
・会社に入ってから、**消極的**な自分を変えようと決めた。

せっする【接する】
①　物と物、場所と場所などがすぐ隣に並んでいる。
・会社に**接する**空き地に、新しい工場を作ることが決まった。
・ふるさとにいるときは、海に**接する**所に住むのが夢だった。
②　知らなかった人に会い、話をする。
・人と**接さ**なくてもいいように、父は機械を使う仕事を選んだそうだ。
・社長は、すべての社員に**接する**機会を作ろうと考えている。
③　初めて見る物や経験の無かった事などに出会う。
・会社に入るまで、海外から来る人と**接する**ことは無かった。
・知らない世界と**接する**ために、色々な本を読んでいる。

せっせと
必要な事などを休まないでやり続けると伝える言い方。
・会社は、夢を持って**せっせと**働く人たちの集まりだ。
・友人との約束に遅れないように、**せっせと**仕事を続けた。

ぜったい【絶対ニ】
①　自分の考えは間違っていないので信じてもよいから、言う事を聞くようになどと強く伝える言い方。
・友人は会議で、自分の考えは**絶対**正しいと言い続けた。
・子供たちは、人が困る事は**絶対**するなと言って育てた。
②　「ない」と一緒に使って、する事や考えは途中でやめない、間違っていないなどと強く伝える言い方。

・妻は、一度決めた事は何を言っても**絶対**にやめ**ない**。

・商品は、**絶対**失敗することは**ない**と信じて作り始める。

せっち【設置スル】

①　機械などを決めた場所に置いて、使えるようにする様子。

・公園をきれいにするために、新しくゴミ箱が**設置された**。

・最近は、小中学校でもエアコンの**設置**が進んでいる。

②　新しい事を始めるためなどに、必要な集まりを作る様子。

・警察に、お年寄りが相談できる場所が**設置された**。

・海外との仕事を増やすため、新しいチームの**設置**が話し合われている。

せってい【設定スル】

しようとする事に問題が無いように準備や計画などを決める様子。

・商品作りで難しい事は、作る数の**設定**だ。

・工場は、いつも決められた温度に**設定されている**。

せっとく【説得スル】

わかってもらおう、賛成してもらおうとして、相手とよく話す様子。

・次の会議では、反対する人たちの**説得**が大問題だ。

・友人に**説得されて**、考えを変えたことは何度もある。

せつない【切ない】

悲しい事や寂しい事などがあって、胸が苦しくなるような様子。

・亡くなったふるさとの友達の事を考えると、とても**切ない**。

・長く働いた人が辞めるときは、いつも**切ない**気持ちになる。

せっぱつまる【せっぱ詰まる】

問題があるときに、時間や方法が無く、困ってどうにもできなくなる。

・仕事の多さに**せっぱ詰まって**、友人に助けてもらった。

・仕事を辞めて**せっぱ詰まった**知り合いが、相談に来た。

ぜつぼう【絶望スル】

願っている事などができないとわかって、すっかり元気を無くす様子。

・生きる事に**絶望した**人が相談できる場所が、町にできた。

・留学できないと知ったときの**絶望**は、とても大きかった。

★どうにもできないとわかって元気を無くす様子を（**絶望的**）と言う。

・**絶望的**な失敗をして、会社を辞めると妻に話したことがある。

ぜつぼうてき【絶望的ナ・ニ】→ぜつぼう

せつやく【節約スル】

お金や時間、電気や水などを要らない事に使わないように、大切に使う

様子。
・会社の連絡は、紙の**節約**のためコンピュータを使っている。
・物を**節約**する両親の生き方から、色々な事を教えられた。

せなかをおす【背中を押す】
どうしようか考えているときなどに、やった方がいい理由などを話して、やろうという気持ちにさせる。
・今の仕事を決めるとき、最後に母が**背中を押して**くれた。
・**背中を押す**ような社長の言葉で、新しい計画を始めた。

ぜひ【是非】
①　良いか悪いか、賛成か反対かというはっきりした考え。
・町の会議で、新しいゴミ置き場の**是非**を話し合っている。
・**是非**を考えずに、したい事をする人間が増えた。
②　人へのお願いや自分が願う事などを強く伝える言い方。
・新しい計画を**是非**聞いてほしいと、社長の部屋へ行った。
・若い人には、**是非**仕事に夢を持つようにと話している。

せまる【迫る】
①　大切なときが近づいて、必要な事などをする時間が少なくなる。
・商品を送る約束の日が**迫って**、毎日がとても忙しい。
・大学では、試験が**迫る**まで勉強しない学生だった。
　★→さしせまる
②　ほかの人や物などとの間が短く、近くなる。
・ふるさとの家は、すぐ後ろに山が**迫る**所にあった。
・若い人には、経験の長い人に**迫る**ほど仕事をしてほしい。
③　必要な事などをしない相手に、急いでするように強く言う。
・小学校で、親が事故の原因の説明を**迫る**集まりを続けている。
・強く**迫らない**と、商品のお金を送らない会社は本当に困る。

せめたてる【責め立てる】→せめる²

せめて
全部は難しいので、これだけはしたい、してほしいと強く伝える言い方。
・忙しい毎日だが、**せめて**日曜日は休みたい。
・**せめて**挨拶だけでもと思って、外国語を勉強している。
　★じゅうぶんでないのはわかっているがと強く伝えたいとき〔**せめてもの**〕と言う。
・**せめてもの**お礼にと、若い人が花を持って来てくれた。

せめてもの →せめて

せめる¹【攻める】★→こうげき

戦争やスポーツ、話し合いなどで、相手に勝つために休まないで頑張り続ける。

- 相手を**攻める**のは簡単だが、自分を守るのは難しい。
- 注文を増やすから安くしてくれと相手に**攻められて**、社長に相談した。

せめる²【責める】

相手の失敗や間違いなどを、強い言葉で注意する。

- 失敗した社員は**責めない**で、一緒に原因を考える。
- 会社のやり方を**責める**ような意見でも、社長は黙って聞く。
- ★相手が困るほど責め続ける様子を〔責め立てる〕と言う。
- 会社の間違いを**責め立てる**相手に、社長も返事に困った。

せわ【世話】

困っている人や動物が少しでも安心していられるように、また、みんなが使う場所などが使いやすくなるようにする手伝い。

- お年寄りの**世話**をするために、町で集まりを作った。
- 仕事を辞めても、子供たちの**世話**になろうとは思わない。
- 公園は、お**世話**をしてくれる人がいるのでいつもきれいだ。
- ★自分で決めて手伝う様子を〔世話を焼く〕、手伝いが必要だと思われる様子を〔世話が焼ける〕と言う。
- 新しい社員の**世話**を焼いてくれる人がいて、ありがたい。
- **世話**が焼けても、若い人を育てる仕事は会社のためだ。

せわがやける【世話が焼ける】→せわ

せわをやく【世話を焼く】→せわ

せをむける【背を向ける】★→そっぽをむく

自分の考えと合わないときなどに、自分は関係無いという様子を見せる。

- 金が一番だという社会に、**背を向ける**ように生きる人は多い。
- 友人は時々、会社に**背を向けて**自分の考えで仕事を進める。

せんげん【宣言スル】

自分の意見や計画などを多くの人の前ではっきり言う様子。

- たばこをやめると**宣言**したが、三日も続かなかった。
- 一緒に働く社員の急な結婚**宣言**に、会社のみんなが驚いた。

せんこく【宣告スル】

① 大切な事が決まった、わかったなどと、関係する人に伝える。

- 医者の前に座ると、いつも何かを**宣告される**気持ちになる。
- 相手に**宣告する**ように、社長はこの仕事を最後にすると言った。

②　裁判所で、色々調べ、話し合って最後に決まった事を伝える。

・裁判所の宣告を、テレビが大きなニュースにした。

・相手に死を宣告するような仕事は、自分にはできない。

せんさい【繊細ナ・ニ】

①　少しの力でも壊れそうだが、細かくきれいに見える様子。

・白くて**繊細**な指だったのにと、妻は自分の手を見て笑った。

・**繊細**に見えるガラスのグラスを、もう十年以上使っている。

②　小さな事にもよく気がついて、深く考えている様子。

・友人は**繊細**な人で、人の気持ちをとても大切にする。

・商品の色を決めるとき、色に**繊細**な人に意見を聞いている。

せんたく【選択スル】

使えると思う人や物などを多くの中から選ぶ様子。

・子供のいる社員は、働く時間を**選択**できることになった。

・自分が長く働く会社の**選択**は、簡単にできない難しい事だ。

せんにゅうかん【先入観】

簡単に消せないほど頭に入っている、見聞きした事や経験した事などからできた考え方や感じ方。

・商品を考えるときは、**先入観**が入らないようにしている。

・**先入観**があると、自由に考えられないので気をつけている。

ぜんにん【善人】

いつも正しい事をして、周りに良い人だ、自分も同じ様にしようと思わせる人。

・人は見ただけで**善人**かどうかわからない。

・悪そうに見えても、人を助ける**善人**もいる。

★反対に周りが悪いと思うような人を〔悪人〕と言う。

・若い人を泣かせた友人は、自分は**悪人**だと言った。

せんねんする【専念する】

ほかの事を考えず、ひとつの事だけをやり続ける。

・仕事に**専念**してこられたのは、安心して休める家があったからだ。

・大学に入る前、短い間でも勉強に**専念**したのは、良い経験だった。

せんぱい【先輩】

会社や学校、また、スポーツや専門の仕事をする世界で先に入った人。

・長く仕事をする相手の会社に大学の**先輩**がいて、色々助かる。

・若い社員に**先輩**と言われると、名前を呼ぶように言う。

★後から入った人は〔後輩〕と言う。

・父は、会社時代の**後輩**との食事があると喜んで出かける。

ぜんはいそげ【善は急げ】

　良いと思った事は、どうしようかと考えないですぐにした方がいいと教える言い方。

・**善は急げ**だと言って、友人は社長の部屋へ入って行った。

・**善は急げ**だと考え、地震に遭った人たちにお金を送った。

せんめい【鮮明ナ・ニ】

　テレビや写真などが色や形がはっきりしていて美しい様子、また、昔の事が目の前にあるように思い出せる様子。

・町全体の**鮮明な**写真を大きく伸ばして家に飾っている。

・ふるさとの川で遊んだ事は、今でも**鮮明に**思い出せる。

ぜんりょく【全力】

　出すことができるすべての力。

・電車に遅れそうだったので、**全力**で走った。

・若い人に**全力**を出して頑張れと、仕事を頼んだ。

そ

そう【沿／添う】

① [沿う]と書いて、道や川などと並ぶようにして人や物が集まる、動くなどする。

・家の前の道に**沿って**車で走ると、最後は海に出る。

・川に**沿う**ように作られた道は、散歩するお年寄りが多い。

② [添う]と書いて、必要な事を、決められたやり方や方法などに合わせてする。

・決まりに**添った**仕事だけをしていては、新しい商品はできない。

・計画に**添って**進めていたが、機械の故障で大きく遅れた。

そういえば

話しているときや考え事や仕事などをしているとき、関係のある事を思い出したと伝える言い方。

・息子と話していて、**そういえば**自分も夢があったと思った。

・仕事中、**そういえば**約束があったと急に思い出した。

そうおう【相応ナ・ニ】→ふさわしい

そうおん【騒音】★→そうぞうしい①

工事や毎日の生活から出る、うるさくて、やっている事の邪魔になるような嫌な音。

・夜中にオートバイが**騒音**を立てて走るので、寝られない。

・父は、**騒音**が嫌で町から少し離れた所に家を建てた。

そうかい【爽快ナ・ニ】→さわやか①

そうきゅう【早急ナ・ニ】

悪くならないように、急いで早く終わらせる、終わらせてほしい様子。

★同じ漢字を使って[早急（さっきゅう）]とも言う。

・商品に問題が見つかり、**早急**な集まりが開かれた。

・母は、医者に言われて**早急**に入院することになった。

そうぐう【遭遇スル】→でくわす

そうさ【操作スル】

① 難しい機械や乗り物などを使う様子。

・工場の機械がうまく**操作**できるまでには時間がかかる。

・コンピュータが付いてから、車の**操作**が簡単になった。

②　困った事にならないように、人や物などを計画して使う様子。

・会社は人をうまく**操作して**、合った仕事に当てている。

・会社の金の**操作**は、社長が信じる数人の人がしている。

そうさない【造作ない】

大変だ、難しいと思うような事などを、簡単にやってしまう様子。

・重い荷物を運ぶ仕事は、若い人には**造作ない**事だ。

・相談すると、友人は難しい問題を**造作なく**片づけた。

そうぜんと【騒然とスル】

考えていなかった事などが起こって、多くの人がどうしていいかわからなくなり、騒ぐ様子。

・色々な所にサルが出て、町は**騒然**となった。

・最近、大きな事件が続いて、社会全体が**騒然**としている。

そうそう【早々ニ】

①　少しも間を空けないで、新しい事などが始まる様子。

・母が退院して早々、父が体調を悪くして、大変だった。

・新年**早々**に仕事が来て、今年もまた忙しい年になると思った。

②　時間を空けないで、必要な事などをやってしまう様子。

・公園で子供がけがをして、町では**早々**に集まりを開いた。

・商品の問題がわかって、**早々**に会議で話し合った。

そうぞう【想像スル】

見ていない場所やこれから経験するかもしれない事などを、頭の中で考える様子。

・子供の頃、将来の世界を**想像して**、夢を見ていた。

・仕事を辞めてからの生活と言われても、今は**想像**が難しい。

そうぞうしい【騒々しい】

①　大きな声や音が聞こえて、静かな気持ちでいられない様子。

・外が**騒々しい**ので出てみると、子供のけんかだった。

・**騒々しい**店が嫌いで、静かな店を選んで食事に行く。

★→そうおん

②　大きな問題などがあって、また、それが長く続いて安心していられない様子。

・空き家の火事が続いていて、最近の町はとても**騒々しく**なっている。

・商品に問題が見つかり、会社は**騒々しい**日が続いている。

★①、②と同じ意味で 騒(さわ)がしい とも言う。

①・家の前の工事で、一日中**騒がしく**て本も読めない。

②・新しい病気が急に広まり、世界中を**騒がしく**している。

そうだい【壮大ナ・ニ】

景色や計画などが考えられないくらい大きくて、特別な様子。

・青い空がどこまでも**壮大に**広がる景色が好きだ。

・社長には、日本一の会社にするという**壮大な**計画がある。

そうてい【想定スル】

結果や問題を知るために、起こっていない事などを起こったと考えてみる様子。

・大地震が起きた**想定**で、町は何ができるか色々考えている。

・ふるさとでは今年雨が少なく、水不足が**想定される**そうだ。

そうとう【相当ナ・ニ・スル】

①　安心できない、誰もが考えるような程度ではないなどと思わせられる様子。

・安い物でもたくさん買えば、**相当な**値段になる。

・入院した友人の父親の体調は、**相当に**悪いようだ。

★→ずいぶん

②　よく知られている事や物などと同じ、また、同じように見えると感じる様子。

・社長の仕事は、家族で言えば父親に**相当する**。

・妻のパンは、駅前の店に**相当する**味だと思っている。

③　誰が考えても、よく合っている、正しい、ちょうど良いなどと思える様子。

・若い人には経験を考えて、それ**相当**の仕事を頼んでいる。

・頑張っていれば、それに**相当する**力がつく。

④　数と一緒に使って、それと同じくらいだと考える様子。

・子供の誕生日には、今も五千円**相当**のプレゼントをしている。

・工場が一日休むと、**何百万円にも相当する**商品ができなくなる。

そえる【添える】

特に必要ではないが、全体がよくなるように考えてほかの物などを足す。

・母の誕生日には、花に手紙を**添えて**プレゼントする。

・若い社員が話し終えてから、少し説明を**添えた**。

ぞくぞく【続々(と)】

次から次に同じような事などが続いて起こると伝える言い方。

・祭りの日には、**続々**町に人が集まる。

・新商品を売り出すと、すぐに注文が**続々**と入った。

ぞくぞくする ★→ぞっとする、ぶるぶる

いつもはわからない、人の目には見えにくい所。

寒さや怖さ、喜びなどで、体全体が細かく動き続けるように感じる。

・熱があるのか、朝から背中が**ぞくぞくする**。

・商品が売れて、**ぞくぞくする**くらいうれしかった。

ぞくに【俗に】

毎日の生活でよく使われる言い方だが、と伝える言い方。

・**俗に**、手の冷たい人は心が温かいと言われている。

・**俗に**雨雲と呼ぶのは、色々な種類の雲だそうだ。

そくめん【側面】

いつもはわからない、人の目には見えにくい所。

・人は本当に困ったとき、いつもと違う**側面**を見せる。

・人には色々な**側面**があるので、簡単にわかったと思わない方がいい。

そぐわない

する事や言う事、服装などが、場所や時代、周りの考えなどに合っていない様子。

・今の時代に**そぐわない**会社の決まりが、全部変えられた。

・親の思いは、若い人の考えに**そぐわない**ことが多い。

そこあげ【底上げスル】

人のする事の結果などを、低い所から高い所へゆっくり上げて、最後には全体を良くしようとする様子。

・多くの学校で、子供たちの体力の**底上げ**を計画している。

・小学生の成績を**底上げ**するため、授業のやり方が変わった。

そこがしれない【底が知れない】→そこしれない

そこしれない【底知れない】

どれほどの大きさ、深さがあるのかなどが、簡単にわからない様子。

・新しい社員を見て、若さには**底知れない**力があると思った。

・津波の跡を見て、自然の**底知れない**怖さを感じた。

★底が知れないとも言う。

・コンピュータが生活を変える力は、**底が知れない**。

そこそこ【そこそこ二】

①　最後までじゅうぶんにできていないが、後でもできるので終わったことにすると伝える言い方。

・知り合いが来たので、仕事は**そこそこ**にして会社を出た。

・大切な客が来るので、会議は**そこそこ**にして準備を始めた。

② 思っていたほどではないが、それでも、思っていたのに近かったと伝える言い方。

・新しい商品は値段が高くなり心配していたが、**そこそこ**売れた。

・日曜日の朝なのに、駅の近くには**そこそこ**人がいた。

③ 数字などの後に付けて、じゅうぶんではない、足りないなどと感じると伝える言い方。

・三年**そこそこ**の経験では、まだいい仕事はできない。

・知り合って一か月**そこそこ**で結婚すると言う社員に驚いた。

そこで

ひとつの事が起きた後に、その問題を無くすのに必要な事、良くするためのほかの事などをすると伝える言い方。

・外に出ると大雨だった。**そこで**、タクシーで行くことにした。

・いい商品を考えた。**そこで**、計画を作って社長に見せた。

そこなう【損なう】

① 何の問題も無かった体の調子や大切な人間関係などを悪くする。

・約束の商品ができず、相手との関係を**損なって**しまった。

・人間関係を**損なう**ような仕事はしたくないと思っている。

② 〔〜(し)損なう〕の形で、失敗した、間違えたと伝える言い方。

・名前を書き**損なって**、会議の記録を作り直した。

・おおぜいの前で話すとき、一度言い**損なう**と後を忘れてしまう。

③ 〔〜(し)損なう〕の形で、しようと思っていたのにできなかったと伝える言い方。

・卒業式で、先生にお礼を言い**損なった**ことが今も気になる。

・今日は忙しくて、昼ご飯を食べ**損なった**。

★①〜③と同じ意味で〔損ねる〕とも言い、③は〔そびれる〕とも言う。

　①・働きすぎて、体の調子を**損ねて**は意味が無い。

　②・社長の言葉を聞き**損ねて**、違う事をしてしまった。

　③・時間が無くて、若い人に大切な事を**伝え損ねた**。

　　・妻に夕食は要らないと**言いそびれて**家を出て、電話で伝えた。

そこねる【損ねる】→そこなう

そこら

〔〜か/やそこら〕の形で値段や時間などの後に付けて、だいたいどのくらいだと伝える言い方。

・千円か**そこら**の物をと思ったが、安い包丁は無かった。

・次の仕事は大変で、一週間や**そこら**では終わらないだろう。

そこをつく【底を突く】

生活に必要で、そばに無くては困る物などが、ほとんど無くなる。

- 大雪で物が底を突いた所へ、ヘリコプターが食べ物などを運んでいる。
- 学生時代、お金が底を突くと親に電話をして助けてもらった。

そしき【組織スル】

同じ思いを持った人たちが集まってひとつの大きな集まりを作る様子。

- 町は子供たちを組織して、古い建物を守る会を作った。
- 社長が仲間と始めた組織が、今の会社になった。

そしつ【素質】

生まれたときから持っている、将来が楽しみだと思わせるようなほかとは違う力。

- 何を作っても失敗するので、料理の素質は無いようだ。
- 社員ひとりひとりの素質を見て、仕事が決められる。

そそぐ【注ぐ】

① 小さな水の流れが、大きな川や海へ入って行く。

- 町の小さな川を見て、海に注ぐまで長い旅だろうと思う。
- 春、ふるさとでは、雪がとけ小川に注ぐ音がする。

② 水や飲み物をコップなどに入れる。

- お湯を注ぐだけの食べ物が増えて、便利になった。
- 父は、酒を注ぐと色が変わるグラスを大切にしている。

★②と同じ様子を つぐ とも言う。

- 誕生日、妻のグラスにワインをつぐと泣きそうな顔をした。

③ やると決めた事などに、自分の力や心を使う。

- 会社は、今年は新しい商品に力を注ぐと決めた。
- 愛情を注いで育てれば、子供は優しい人間に育つ。

そそくさと

これ以上はいられない、いたくないという様子で別の所へ行くと伝える言い方。

- 仕事を頼もうと思った社員は、そそくさと帰って行った。
- 妻が怒っているようなので、そそくさと家を出た。

そつがない【そつが無い】

注意して準備をするなどして、小さな間違いや人が困るような事をしない様子。

- いつも行く店は、味も良いしサービスにもそつが無い。
- 長い経験のある人は、仕事にそつが無く一緒に仕事がしやすい。

★そつが無い様子を そつ無く と言う。

・今年の新入社員は、何をやらせてもそつ無くできる。

そっくり【そっくりナ・ニ】

① 違う物だが、同じように思える、また、感じられる様子。

・最近娘の動きや話し方が、妻そっくりになったと感じる。

・会社の商品にそっくりの物を作って売っているのがどこの誰なのか、調べている。

② 何も残さないで、全部と伝える言い方。

・家で使わない物を集めて、そっくり捨てることにした。

・落とした財布は見つかったが、お金はそっくり無くなっていた。

そっけない【素っ気無い】

する事や言う事などが、相手の事を考えていると思えなくて冷たいと感じる様子。

・妻が素っ気無い返事をするときは、何か心配事があるときだ。

・若い人は、素っ気無くするとやる気を無くすので難しい。

そっちょく【率直ナ・ニ】

隠し事などをしないで、考えや気持ちを思ったとおりに伝える様子。

・友人に相談すると率直な意見が聞けるのでありがたい。

・率直に言うと相手を怒らせるときもあるので、言葉は難しい。

そっと【そっとスル】

① 周りにわからないように音を出さないで、また、物を壊すなどしないように静かにゆっくり動く様子。

・熱のある妻を起こさないように、朝、そっと家を出た。

・壊れそうなガラスの皿をそっと持ち上げ、別の所へ移した。

★→そろそろ①

② そっとしておく という形で、邪魔にならないように、何もしないと伝える言い方。

・そっとしておいてほしいと言って、友人は会社を出た。

・困っていても、そっとしておく方がいいときもある。

そっとしておく →そっと②

ぞっとする ★→ぞくぞくする

怖くて、または気持ちが悪くて、体全体が寒いように感じられる。

・乗る予定だった飛行機が落ちたと後で聞いて、ぞっとした。

・虫が嫌いなので、遠くから見ただけでもぞっとする。

★同じ様子を 背筋が寒くなる とも言う。

・昨日いた所で事故が起こり、**背筋が寒くなる**思いだった。

そつなく【そつ無く】→そつがない

そっぽをむく【そっぽを向く】★→せをむける

　人の言う事ややる事などに自分は関係が無い、賛成できないという様子で相手の方を見ない。

・怒ったときの妻は、何を言っても**そっぽを向いて**いる。

・友人は、一度**そっぽを向く**とその仕事は二度としない。

そなえる【備える】

　①　おおぜいが使う場所などに、便利な物や必要な物を置いて、使いやすくする。

・小学校も今は、自由に使えるコンピュータを**備えて**いる。

・町は、病院に新しい機械を**備える**ため、お金を集めている。

　②　地震や火事などが起こったとき、少しでも困らないように準備をしておく。

・地震に**備えて**、食べ物や水などを準備しておく建物ができた。

・町は、事故に**備えて**医者や警察に色々必要な相談をしている。

　③　大切な事などのために、できる事をして準備をする。

・高校生のとき、入学試験に**備えて**頑張って勉強した。

・祭りに**備えて**、毎週町の掃除が続けられている。

そのうちに→うちに②

そのきになる【その気になる】

　周りの人に言われた事などが理由になって、そうだと強く信じてしまう。

・周りにほめられ**その気になって**いたら、大きな失敗をした。

・社長に良い物ができると言われても、**その気になれない**ときもある。

―そのもの★→―じたい

　ほかの言葉の後に付けて、ほかの事や物ではなく間違いなくそれ、本当にそうだと強く伝える言い方。

・妻のふるさとから届く野菜は、**色そのもの**がスーパーの物とは違う。

・町では、ゴミの**多さそのもの**が問題だと話し合っている。

そばから

　ひとつの事や問題などが終わるとすぐにやる事ができて困る、大変だと伝える言い方。

・拾った**そばから**落ち葉が増えて、秋の庭は掃除が大変だ。

・終わった**そばから**次にやる事ができて、休めない毎日だ。

そびえる

建物や山などが、信じられないと思うほど高く立っている。

・駅前の道の両側に、空高く**そびえる**木々が並んでいる。

・ビルが**そびえる**東京や大阪などへ行くと、海外へ行ったように感じる。

そびれる →そこなう③

そぶり【素振り】

何か言いたそうだ、したそうだなどと周りに感じさせる動きや様子。

・友人は、困っていても周りにそんな**素振り**を見せない。

・妻の何か言いたそうな**素振り**が気になって、話をした。

そぼく【素朴ナ・ニ】

①　特別にお金を使わないで、また、物を買わないで周りにある物などを使って生きる様子。

・両親は、ふるさとにいるときと変わらない**素朴**な生き方を続けている。

・子供の頃の経験で、自然の中で**素朴**に生活したいと思う。

②　十分ではないが、自分が持っている力で考えを伝える、働くなどする様子。

・友人は、若い人の**素朴**な質問もよく聞き、答えている。

・特別な事はしないが、**素朴**に仕事を続ける社員は大切だ。

そまる【染まる】

①　物の色が違う色に変わる。

・きれいに**染まった**かなと言って、妻は何度も鏡で髪を見た。

・秋になると、ふるさとの山は赤や黄に**染まって**美しい。

★①のように違う色にする様子を 染める と言う。

・ほめられた社員は、顔を赤く**染めて**恥ずかしそうだった。

②　気がつかない間に、周りと同じような事をするようになる。

・子供が悪い友達に**染まらない**よう気をつけて育てた。

・若い人が悪に**染まらない**ように、周りが守る必要がある。

そむく【背く】

①　周りの人が良い結果を出してほしいと願っているのに、それと合わない事をする、合わない結果になってしまう。

・子供は、親の思いに**背く**ことになってもしたい事をするよう育てた。

・新しい商品が思ったようにできなくて、周りの思いに**背いて**しまった。

②　決まりやみんなで約束した事と合わない事をする。

・家族との約束に**背いて**も、仕事を大切にする生き方をしている。

・町の決まりに**背いて**、ゴミを出す時間を守らない人がいる。

そめる【染める】→そまる①

そもそも

　① 問題などが始まったときの様子、また、始まった理由や原因。

　・今の問題のそもそもの始まりは、一本の電話だった。

　・自分でやらず人に頼んだ事が、そもそも大きな間違いだった。

　② 今考えている事が、どのように始まったかもう一度考えようと伝える言い方。

　・そもそも会社はと言って、社長は会社とは何かみんなで考えようと話した。

　・そもそも今の会社を選んだのはどうしてだったのか、と時々考える。

そよかぜ【そよ風】→そよそよ

そよぐ →そよそよ

そよそよ【そよそよ(と)】

　弱い風が吹いて気持ちがいいと感じる様子、また、草花や木の葉が風で少し動く様子。

　・そよそよ吹く春の風に、木の葉が喜んでいるようだ。

　・そよそよと優しく温かい風に、春だなと感じる。

　★そよそよと吹く風を そよ風 と言い、風で草花などが静かに小さく動く様子を そよぐ と言う。

　・今朝は顔に当たるそよ風に、いい季節になったとうれしかった。

　・秋風にそよぐ草花が、もうすぐ冬だと言っているようだ。

そらす¹【逸らす】

　見ようとしていた物や話そうと考えていた事などから違う方へ向ける。

　・話の途中で目を逸らす友人を見て、賛成ではないなと思った。

　・話を逸らす社員に、最後まで説明するように言った。

　★違う方へ行った様子を 逸れる と言う。

　・台風が逸れたので、みんな安心した顔をしている。

そらす²【反らす】→そる

そりかえる【反り返る】→そる

そる【反る】

　曲がっていなかった物が、後ろに丸くなり、形が変わる。

　・コピーしてすぐのまだ温かい紙は、少し反っている。

　・疲れたときは、後ろに反るように体を伸ばすと気持ちいい。

　★反った形にする様子を 反らす と言い、大きく形が変わった様子を 反り返る と言う。

・仕事中は背中が丸くなるので、時々体を**反らす**運動をする。

・長く日に当たった本は、表紙が大きく**反り返って**しまった。

それどころではない →―どころ②

それとなく

相手を嫌な気持ちにさせないで伝えたい事が伝わるように、また、知りたい事がわかるようにする様子。

・父は、自分がやって子供に**それとなく**教える人だった。

・母に誕生日に何が欲しいか、**それとなく**聞いてみた。

それなり →―なり③

それにしても

相手の言う事やする事などはわかるが、簡単に賛成だとは言えないと伝える言い方。

・友人の言う事はわかるが、**それにしても**誰でもできる仕事ではない。

・失敗は許せるが、**それにしても**不注意が少し多い。

それる【逸れる】 →そらす¹

そろう →そろえる

そろえる

① 物の大きさや長さなどを同じようにする。

・髪を短く**そろえ**たら、妻に子供のようだと言われた。

・紙の大きさを**そろえ**、会議に出す計画書を準備した。

② 手や足、靴やいつも使う物などを、きれいに並ぶようにする。

・畳の上では両方の膝を**そろえ**、背中を伸ばして座るようにしている。

・日本では、家に入るとき靴を脱ぎ、**そろえ**て置く。

③ 必要な人や物などがすべて準備できる。

・道具を**そろえ**るのにお金が要るスポーツもある。

・駅前に、生活に使う物がすべて**そろえ**られる店ができた。

★①から③のように**そろえ**た後の様子を そろう と言う。

　①・会社の古い机が、大きさの**そろっ**た新しい机になった。

　②・机の周りには、いつも使う物がきれいに**そろっ**ている。

　③・大雨で、社員が**そろう**のに昼までかかった。

そろそろ【そろそろ（と）】

① 失敗しないように、静かにゆっくりすると伝える言い方。

・道が凍っていたので、**そろそろ**と歩いて会社へ行った。

・妻は庭に来た鳥に**そろそろ**近づいて小さく切ったパンをやっている。

★→そっと①

②　予定や、こうなるだろうと思っていた事などが近づいてもうすぐだと伝える言い方。

・桜も終わって、**そろそろ**雨の多い季節が始まる。

・今の会社に入って、**そろそろ**四十年になると友人と話した。

そわそわする

心配な事や楽しみな事などが近づいて、どうなるか、まだかと気になって、いつものようにしていられない。

・新商品が売れているか心配で、朝から**そわそわ**している。

・ふるさとへの旅行が近づいて、両親は**そわそわ**している。

そん【損ナ】→とく

そんざい【存在スル】

自分で見る、聞くなどして、人や物がいる、あるなどとわかる様子。

・妻は、家族全員をひとつにする大切な**存在**だ。

・友人は、目には見えない物の**存在**は、信じられないと言う。

そんちょうする【尊重する】

人の考えやする事、また、物の大事さなどを心からありがたいと思い、大切にする。

・自分とは違う若い人の意見も**尊重**して仕事をしている。

・何よりも人の命が**尊重される**社会になってほしい。

た

たいおう【対応スル】→おうじる

だいいちいんしょう【第一印象】→いんしょう

たいくつ【退屈ナ・ニ・スル】

する事や面白いと思う事などが無くて、何をすればいいのか困る様子。

・仕事が無いと**退屈**だと感じる自分は、問題だと思う。

・少しの間仕事が減って、友人は**退屈**しているようだ。

たいざい【滞在スル】

いつも生活する場所から離れて、少しの間違う所にいる様子。

・海外での**滞在**が長くなるときは、洗濯が一番大変だ。

・旅行で**滞在**したホテルは、きれいで料理もおいしかった。

だいしきゅう【大至急】→しきゅう

たいした【大した】

① 自分の知っている人や物などとは全然違って、とても驚いたとほめて伝える言い方。

・地球一周した人の話を読んで、**大した**人だと思った。

・五百年以上前の建物を見て、**大した**技術だと驚いた。

② 「ない」と一緒に使って、周りが思うほどではないと伝える言い方。

・指を切ったが、**大した**けがでは**なかった**。

・仕事で失敗したが、**大した**事に**ならなくて**良かった。

★同じ意味で 大して〜ない とも言う。

・売れている本を読んだが、**大して**面白く**なかった**。

たいして【大して】→たいした②

たいしょ【対処スル】

困った事や問題などがあったときに、大変な事にならないようにうまく片づける。

・**対処**が難しい問題があると、町では話し合いがある。

・事故が起きたときに**対処**するため、会社は準備している。

たいしょうてき【対照的ナ・ニ】

ふたつの事を比べて、違いがはっきりある、また、その違いが反対などと思わせる様子。

・最近、食べ物屋とは**対照的**に、本屋が減った。
・何でも喜んでする娘と比べると、息子は**対照的な**子だった。

たいせい【態勢】

問題やいつもは無い事などが起きたときのために、困らないようにしておく準備。

・地震や台風のときの安全**態勢**は、町で相談して作っている。
・海外から注文が来ても、問題の無い**態勢**が新しくできた。

だいたん【大胆ナ・ニ】

①　危ない事や簡単にはできない事などを、失敗してもいいからやろうと強く決めてする様子。

・友人は、今の商品数を半分にする**大胆な**計画を考えている。
・人が増えるように**大胆に**町を変える話し合いが続いている。

②　色や形などが周りと全然違っていて、人を驚かす様子。

・若い人が**大胆な**色で商品の箱を作り、驚かせた。
・**大胆に**見える服が増えたと言うと、妻は笑って聞いていた。

たいど【態度】

①　人の前で見せる、話し方や体、手足の動かし方。

・問題がある社員は、**態度**に出るのですぐわかる。
・若い社員に偉そうな**態度**を見せないよう、気をつけている。

★①で、とても偉そうに見える様子を〔**態度が大きい**〕と言う。

・**態度が大きい**店員が嫌で、行かなくなった店がある。

②　賛成か反対か、やるかやらないかなどをはっきりさせる様子。

・社長から**態度**を決めるよう言われたとき、色々考えて決めた。
・どうするのか**態度**がはっきりしない人には、困る。

たいどがおおきい【態度が大きい】→たいど①

だいなし【台無し】

大切にしている物、長く続けてきた事や計画していた事などが、原因があって続けられなくなる、使えなくなるなどの様子。

・台風の強い風で、妻が育てていた花が**台無し**になった。
・小さな間違いで、準備していた計画が**台無し**だ。

だいなりしょうなり【大なり小なり】

大きい小さいなどの違いはあるが、全体を見ればその事は問題にする必要は無いと伝える言い方。

・話し合いをすれば、**大なり小なり**意見の違いが出る。
・どんな人でも、**大なり小なり**間違った事をする。

だいひょう【代表スル】

①　人の集まりの中心になって必要な事をする、また、集まりの考えなどを周りに伝える様子。

・社長が**代表して**、新しい商品の説明会をした。

・会社の**代表**になって、友人が海外との仕事を始めた。

②　よく知られていて、伝えたい事などがわかりやすい事や物。

・町の寺が、古い建物を**代表する**建て方だとわかった。

・会社を**代表する**ような商品を、いつか作りたいと思う。

★②のようによく知られている物などを 代表的 と言う。

・日本の**代表的**な料理には、魚を使った物が多い。

だいひょうてき【代表的ナ・ニ】→だいひょう②

たいら【平らナ・ニ】

土地などの高い低いの違いが少ない、また、曲がらないで続く様子。

・ふるさとのように**平らな**道が少ない所では、運転に注意が必要だ。

・商品を並べる棚が**平ら**になるように、何度も作り直した。

たいりつ【対立スル】

ふたりの人やふたつの集まりなどが考えが違ってうまく合わない様子。

・新商品の事で意見が**対立して**、会議が長くなった。

・町のゴミ問題は、意見の**対立**が大きく何も決まらない。

たえず【絶えず】→たえる¹②

たえまなく【絶え間無く】→たえる¹②

たえる¹【絶える】★→とぎれる、たつ

①　続いていた事などが途中で続かなくなる、また、関係や連絡などが無くなる。

・町の祭りは、何百年も前から**絶えないで**続いてきた。

・海外にいる大学時代の友達からの連絡が**絶えて**、心配だ。

②　絶えず/絶え間なく という形で、同じ事がずっと続いていると伝える。

・妻が朝から**絶えず**せきをしていて、少し心配だ。

・一か月**絶え間なく**問題が続いて、先月は大変だった。

たえる²【耐／堪える】

①　耐える と書いて、とても嫌な事や苦しい事、痛さなどに負けないで頑張る。

・食べ物の無い生活に**耐える**子供たちに、お金を送った。

・寒さに**耐える**生活が長いふるさとの人たちは、とても強い。

②　堪える と書いて、強さなどがじゅうぶんある。

- 辞めるまでには、百年の使用に**堪える**商品を作りたい。
- 長い年月に**堪えて**建つ町の寺は、心を静かにしてくれる。
- ③　〔**〜(する)に堪えない**〕という形でほかの言葉と一緒に使って、「〜(する)と嫌な気持ちになる、許せないと感じる」などと伝える。
- この頃は、**聞くに堪えない**言葉を聞くことが多い。
- 親が無く、**見るに堪えない**生活をしている子供がいる。

―だか(〜だか)　→―だの〜だの

たかが

①　多い、大変だなどと思うかもしれないが、よく考えれば驚くほどではないから心配は要らないと伝える言い方。
- **たかが**何円と思うから、物を大切にしない人が多くなった。
- **たかが**一度の失敗だと言って、若い人に頑張れと話した。

②　小さな事だと思うかもしれないが、よく考えれば大きな問題などがわかるから、軽く考えないようにと伝える言い方。
- **たかが**商品だと思うと、客の事を考えない物ができる。
- **たかが**一度の失敗だと思っていると、また同じ事をする。

★①、②と同じように〔高々〕も多くひらがなで書いて、同じ様子を伝える言い方。
- ①・**たかだか**数百円の物だと思って、古い食器を捨てた。
- ②・**たかだか**一本の花でも、大変な思いで育てられた物だ。

―たがさいご【―たが最後】

①　起こらないとは思うが、もし起こったら大変な事になると伝える言い方。
- 大地震が**起きたが最後**、町も会社も大変な事になる。
- 客に**嫌われたが最後**、商品は今ほど売れなくなる。

②　いつもの事ではないが、もし始まったらいつまでも続く、変わらないなどと伝える言い方。
- 父は、嫌だと**言ったが最後**、何を言っても人の話を聞かなくなる。
- 友人は商品作りを**始めたが最後**、ほかの事はしなくなる。

たかだか【高々】→たかが

たかり→たかる②

たかる

①　多くの人や動物が、同じ場所にたくさん集まる。
- 駅の前でおおぜいの人が**たかって**、事故を見ていた。
- 食べ物に**たかる**動物を見て、人間も同じだと思った。

★①のように人がたくさん集まった様子を 人だかり と言う。

・有名な人でも来るのか、駅前に**人だかり**ができていた。

② 人を怖いと思わせて金を出させる。

・駅前で、ナイフを持った男に金を**たかられる**事件が続いている。

・お年寄りに金を**たかる**ようにして、物を売る人がいる。

★②のように金を取る様子、それをする人を たかり と言う。

・駅前で、高校生の**たかり**事件が続いている。

たぐい【類い】

まったく同じではないが、同じように思える人や物などの集まり。

・友人は、魚は好きだが、貝の**類い**は食べない。

・悪い事をする人の周りには、同じ**類い**の人が集まるように思える。

★ほかには少なくてとても珍しいと思うとき 類いまれ と言う。

・一度見たら忘れないという**類いまれ**な力を持った社員がいる。

たぐいまれ【類いまれナ・ニ】→たぐい

たくす(る)【託す(る)】→ゆだねる

たくましい

体や心が強くて、簡単には負けるように見えない様子。

・毎日散歩をする父は、家族の誰よりも**たくましい**体をしている。

・母親になった娘は、別の人間のように**たくましく**なった。

たくみ【巧みナ・ニ】

よく考えた一番良い、失敗の無いやり方で仕事などをする様子。

・すし屋は包丁を**巧みに**使って、野菜を花の形に切った。

・**巧みな**言葉で信じさせ、悪い品物を売る会社が多い。

たくわえ【蓄え】→たくわえる①

たくわえる【蓄える】

① 必要なときに使えるように、物やお金、力などを使わないようにして集めている。

・仕事を辞めてからの生活を考え、妻と相談してお金を**蓄えて**いる。

・冬の間は眠って、生きる力を**蓄える**動物がいる。

★①のように集めた物やお金などを 蓄え と言う。

・**蓄え**をしておかなければ、何かあったときに困る。

② 自分のする事が、今までよりも良く、深くできるように経験や練習などを増やす。

・アルバイトで**蓄えた**経験が、今の仕事の助けになっている。

・長く仕事をしている人が**蓄えた**技術は、会社の宝だ。

―だけあって →―だけに①

たけなわ

春、秋の季節、また、結婚式など人の集まりや選挙などの運動と一緒に使って、一番大切で、にぎやかなとき。
・食事会が**たけなわ**のとき、友人が難しい話を始めた。
・春も**たけなわ**なのに、今朝は雪が降って驚いた。

―だけに

① 誰にでもわかる理由を説明してから、だから結果には驚かないと伝える言い方。
・売れる商品が作れる人**だけに**、友人は社長から誰よりも大切にされている。
・頑張っていた**だけに**、失敗した社員は元気が無かった。
★①と同じ様子を ―だけあって とも言う。
・時間をかけた**だけあって**、商品は売れると強く信じている。
② ―だけのことはある という形で、頑張ったから良い結果になった、また、理由があるから今の様子だなどと伝える言い方。
・新商品が売れているが、頑張った**だけのことはあった**。
・長く続く**だけのことはあって**、駅前の豆腐屋は味がいい。
③ ―(した)だけに という形で、うまくいくと思っていたのに、良い結果にならなくて驚いたなどと伝える言い方。
・頑張っていた**だけに**、友人の失敗は信じられなかった。
・お金も時間も使った**だけに**、商品が売れなくて悲しかった。

―だけのことはある →―だけに②

たしか【確かナ・ニ】

① 間違いが無く、正しいと信じられる様子。
・**確かな**事をはっきり言ってくれる友人がいて、本当に助かる。
・社長の言葉は正しくて、**確かに**商品はよく売れた。
② 自分が知っている事は間違い無く、正しいと信じようとする様子。
・約束の日は**確か**明日だったと予定を見た。
・**確か**駅の近くだと聞いたが、探す所が見つからなかった。
★→てっきり

たしかめる【確かめる】

間違っていないか、正しくできているかなどを、よく調べる。
・出席した人にも**確かめて**、会議の記録を作った。
・相手に送る商品は、最後の最後まで**確かめて**いる。

★同じ事をする様子を 確認 とも言う。

・台風で会社が休みと連絡があり、間違いないか確認した。

たじたじ【たじたじ（と）】

これからする事や相手に負けそうで、後ろに下がるような気持ちになると伝える言い方。

・難しい質問が続いて、社長は珍しくたじたじだった。

・大きな計画が続いてたじたじとなる社員に、やろうと言った。

★たじたじとする様子を たじろぐ と言う。

・机の上に置かれた仕事の山に、少したじろぐ思いがした。

だしぬく【出し抜く】

周りが考えないような事を、人に知られないように、誰よりも先にする。

・大きな会社を出し抜くような商品を作ってみたい。

・人を出し抜こうとする仕事を、社長は喜ばない。

だしぬけ【出し抜けニ】

思ってもいなかった事などが急に起きて、とても驚かされたなどと伝える言い方。

・出し抜けに計画を変えて、みんなを困らせてしまった。

・社長が、出し抜けに新しい商品の計画を出した。

たしょう【多少】

じゅうぶんではないが、少しなら、などと伝える言い方。

・英語は多少話せるが、仕事に使えるほどではない。

・妻は、多少高くても本当に良い品物を買うと決めている。

たじろぐ →たじたじ

たずさわる【携わる】

頼まれた事や必要な事などに関係して、自分がする必要がある事をする。

・会社に入ってからずっと商品を作る仕事に携わってきた。

・長く教育に携わってきた人が書いた本を読んでいる。

たずねる【訪ねる】→おとずれる①

ただ

①　ほかに何も無い、ひとつの事だけしかしない、また、特別だなどと伝える言い方。

・友人はただ見ているだけで、若い人を手伝わなかった。

・人を大切にする友人は、ただの仕事仲間ではない。

②　少ない数の前で使って、本当に少ない、無いなどと伝える言い方。

・決めた日までに仕事ができたのは、ただひとりだった。

・長く運転しているが、事故は**ただ**の一度も無い。

★→たった

たたかう【戦／闘う】

①　戦う と書いて、スポーツなどで相手に負けないように頑張る。

・社長は、大きな相手と**戦い**続けて、会社を育てて大きくした。

・町の高校が強い相手と**戦って**勝ったので大騒ぎだ。

②　闘う と書いて、自分よりも強い相手や病気などの苦しさに負けないようにする。

・妻は、難しい病気と**闘う**人たちにお金を送っている。

・生活の苦しさと**闘う**人の数は、世界中で増え続けている。

★→たちむかう

ただごとではない【ただ事ではない】

周りや相手の様子から、いつもとは違う大変な問題が起こったなどと感じる様子。

・隠れて泣く社員を見て、**ただ事ではない**と思った。

・空き地の血の跡に、**ただ事ではない**と警察に連絡した。

★ただ事ではない様子を ただならない と言う。

・何台もパトカーが来て、町は**ただならない**様子だ。

ただし【但し】→ほそく

たたずまい →たたずむ

たたずむ

人や建物などが動かないで、変わらないでい続ける、あり続ける様子。

・公園の桜の下に**たたずむ**人の様子は、一枚の絵のようだ。

・町の近くで静かに**たたずむ**古い寺は、父の散歩道だ。

★変わらないでい続ける、あり続ける様子を たたずまい と言う。

・妻のふるさとには、まだ昔の**たたずまい**を残す町がある。

ただちに

①　必要な事をすぐにする、とても短い時間で終わらせるなどと伝える言い方。

・会社に行くと、**ただちに**集まるようにと連絡があった。

・機械が動かなくなり、**ただちに**電話して専門の人を呼んだ。

②　ふたつの事が、直接つながっていると伝える言い方。

・考えた事が**ただちに**商品になることはほとんど無い。

・**ただちに**仕事にならなくても、商品を売ってくれそうな店には何度も行く。

ただでさえ

多く〔ただでさえ～のに〕の形で、今困っている、嫌だなどと思っているのに、それをもっと感じると伝える言い方。
・ただでさえ忙しい月末なのに、新しい仕事が入った。
・ただでさえ人が足りないのに、風邪で人が減っている。

ただならない →ただごとではない

たたむ【畳む】

① 片づけるために、布団や洗濯した物などを小さくして邪魔にならないようにする。
・掃除するときは、布団も畳んで片づける。
・妻が乾いた洗濯物を畳むのを見て、自分はできないと思う。
② 広げて使った物を元の形にする。
・会議が終わると、使ったいすを畳んで片づける。
・新しく買った傘は、とても小さく畳めて便利だ。

ただよう【漂う】

① どこから出て来るのかはっきりしないが、匂いや煙などを、また、いつもと違う周りの様子を感じる。
・春になると、どこからか花の匂いが漂って来る。
・会社には、ほかとは違う特別な空気が漂っている。
② 物が風や波に流されるように、ゆっくりと動く。
・漂う雲を見て、どこへ行くのだろうと長い間見ていた。
・桜の花が、色々な形を作って川を漂っている。

ただれる

病気やけがの傷などで、肌が赤く、焼けたようになる。
・やけどでただれた所が、いつまでも痛い。
・昨日の傷がただれてきたので、急いで病院へ行った。

だだをこねる【駄々をこねる】

小さな子供が、自分の思うようにならないときなどに、大きな声を出して人を困らせる。
・駄々をこねる子供を見ると、息子や娘の事を思い出す。
・父は、駄々をこねても物を買ってくれることはなかった。

たちあがる【立ち上がる】

① 座っていた人が立って動く。
・帰ろうと言っても、友人はすぐには立ち上がらなかった。
・会議が終わっても、社長が部屋を出るまでは誰も立ち上がらない。

②　できないと思った事などを、もう一度やってみようと思う。

・地震があった所の人たちが、負けずに**立ち上がって**町を作り始めた。

・失敗をすると、元気になって**立ち上がる**まで時間がかかる。

★②のようにもう一度やろうとするとき〔立ち直る〕とも言う。

・大きな問題を起こして、会社が**立ち直る**まで大変だった。

★→たてなおす

③　困っている人たちが集まって、問題を無くそうとする。

・ゴミ問題を無くそうと、町の人たちが**立ち上がった**。

・町をきれいにする運動に、子供たちも**立ち上がった**。

④　コンピュータなどの機械が動き始めて、使えるようになる。

・コンピュータが**立ち上がる**までの間、会議の準備をした。

・古いコンピュータは、**立ち上がる**までに時間がかかる。

★③、④のようにするため必要な事をする様子を〔立ち上げる〕と言う。

　③・お年寄りを手伝う運動を**立ち上げる**手伝いをした。

　④・会議の前には、いつもインターネットを**立ち上げて**おく。

たちあげる【立ち上げる】→たちあがる③、④

たちいり【立ち入り】→たちいる①

たちいる【立ち入る】

①　入ってはいけない所などに、許可無く、また、理由があって、入る。

・線路に人が**立ち入って**、今朝は電車が遅れた。

・子供がけがをした空き家に、警察が**立ち入って**調べている。

★①のように立ち入る様子を〔立ち入り〕と言う。

・公園は工事で、**立ち入り**できなくなった。

②　自分とは関係の無い事、また、ほかの人が知られたくないと思っている事などを調べて、知ろうとする。

・知らない人のけんかには、**立ち入らない**方がいい。

・生徒の持ち物を調べるのは、個人の生活に**立ち入る**事だ。

たちきる【断ち切る】★→たつ

良くないと考え、続けていた事や続いていた関係などを強い気持ちで無くす。

・これからの事を考えて、相手の会社との関係を**断ち切った**。

・悪い仲間との関係が**断ち切れなくて**、苦しむ若者が多い。

たちこめる【立ち込める】

煙や霧（きり）などが周りいっぱいに広がって、前がよく見えなくなる。

・近所の火事で、町全体に煙が**立ち込め**大騒ぎになった。

・朝から濃い霧が**立ち込め**ていて、電車が遅れた。

たちなおる【立ち直る】→たちあがる②

たちば【立場】

① 仕事や周りの人との関係などを考えて見る自分の今の様子。

・人を育てる**立場**にいると、言いたい事があっても言えないときもある。

・自分の**立場**を考えて、若い人にははっきり意見を伝える。

② 問題があるとき持つ、賛成か反対かなどの考え方。

・会議で困るのは、自分の**立場**をはっきりさせない人だ。

・**立場**をはっきりさせないと、仕事はうまくいかない。

たちまち

短い時間に大きく変わった、終わったなどと伝える言い方。

・晴れていた空が**たちまち**暗くなって、大雨になった。

・苦労した商品を売り出すと**たちまち**全部売れて、会社は大喜びした。

たちむかう【立ち向かう】★→たたかう②

強い相手、また、難しい問題などを前にして、力いっぱい頑張る。

・小さな会社だが、大きな会社に**立ち向かえる**商品を作っている。

・いじめに**立ち向かう**強い子供たちが、育ってほしい。

たちよる【立ち寄る】→よる②

たつ【絶／断つ】★→たえる¹、たちきる

① 絶つ と書いて、長く続いている関係や問題などを無くす。

・社長は、必要なら古い相手との関係も**絶つ**と決めている。

・商品作りのときに出る問題を**絶つ**ためには、まだまだ時間が必要だ。

② 断つ と書いて、やめようと思ってもやめられなかった事をやめる、また、道などを無くして逃げる場所を無くす。

・駅前に酒やたばこを**断つ**ための相談所ができた。

・相手の逃げ道を**断つ**ために、必要な数字を見せて話した。

たつじん【達人】→めいじん

たっする【達する】

① 温度や人や物の数、やった事の結果などが、いつもと違う大きさになる。

・今年はとても暑く、四十度に**達する**日もある。

・商品の売れた数がこれまでの最高に**達して**とてもうれしい。

② 頑張って、行きたかった場所まで行く、また、できなかった事などができるようになる。

・昔、インドから歩いてチベットに**達した**人の本を読んだ。

・外国語が仕事に使える力に**達する**には、まだ時間がかかる。

たっせい【達成スル】

やろうと決めた計画などが、良い結果になって終わる様子。

・今月は、みんなで頑張って売ろうと決めていた数が**達成**できた。

・社長は、自分の夢の**達成**は若い人にしてほしいと話している。

たった ★→ただ②

数字と一緒に使って少ししか無い、とても少ないなどと伝える言い方。

・会議で賛成してくれたのは、**たった**ふたりだった。

・友人は、**たった**一度会っただけで相手の様子がわかると言う。

★後に「これ／それ／あれだけ」という言葉を使うことも多い。

・できたと言う仕事を見て、**たった**それだけと思ったが言わなかった。

―だって

①　周りが気づかないほかの人や生き物も同じだ、ほかにもあるなどと伝える言い方。

・若い社員**だって**会社の大切な力だと、社長は優しく見ている。

・小さな虫の命**だって**大切だと、妻はいつも言っていた。

②　「いつ」「誰」「どこ」などと一緒に使って、みんな同じ、どこでもいいなどと伝える言い方。

・夏は誰**だって**暑いが、それでも今年の夏は大変だ。

・どこ**だって**いいから、仕事を忘れて休める所へ行きたい。

③　前に数字、後に「ない」を一緒に使い、少しも無い、できないなどと伝える言い方。

・約束の日に仕事を終えるには、一日**だって**休めない。

・仕事を辞めてから、父は一円**だって**要らない事に使わない。

たっぷり

時間やお金、必要な物などがじゅうぶんにある様子。

・子供たちが来るときは、妻は**たっぷり**料理を用意する。

・約束の日まで、時間は**たっぷり**あるので丁寧に仕事をする。

―たて

―(し)たて　という形で、してからすぐだ、まだ時間がたっていないなどと伝える言い方。

・焼き**たて**のパンを売る駅前の店は、いつも客が多い。

・会社に入り**たて**の頃は、失敗してよく怒られた。

たてなおし【立て直し】→たてなおす

たてなおす【立て直す】 ★→たちなおる(→たちあがる②)

　今やっている事などが思ったようにならないので、全体を見てどうすればいいか考え、新しくする。

・会社は、仕事のやり方を立て直すために会議を続けている。

・社長は、会社を立て直すために機械を売る経験をしたそうだ。

★立て直すためにする事や立て直す様子を 立て直し と言う。

・社長は、何度も立て直しをして今の会社を作った。

たてまえ【建前】

　正しいかどうかよりも周りが簡単に反対できないように、社会の決まりや約束を守っているように見せる考えや意見。

・建前ではいい事を言っても、本当はそうできない事も多い。

・言う事に建前が多い人は、信じないと決めている。

★建前と違って、簡単に人には言わないが、心の中では感じている気持ちや考えを 本音 と言う。

・会社の事を考えると、本音を言えないときもある。

だとう【妥当ナ】

　周りの人が、間違っていない、多くも少なくもないなどと思う様子。

・みんなが良いと思う妥当な意見が出ないと、会議はいつまでも続く。

・買う人が妥当だと思う値段にしないと、商品は売れない。

たとえ【例え】 →たとえる

たとえる【例える】

　相手がよく知っている事や物などを使って、わかりやすく伝える。

・ふるさとの山は、動物に例えて亀山、牛山などと呼ばれている。

・社長は、色々な事に例えて伝えたい事を話すので、話がとても面白い。

★わかりやすくするために使う事や物などを 例え と言う。

・長く使われる例えには、昔の人の考えや気持ちがたくさん入っている。

―たところ

　① ―(した)ところ(が) という形で、ひとつの事をしたら、考えていなかった事になったと伝える言い方。

・社長に商品の話をしたところ、自分で作れと言われた。

・会社を辞めた人に連絡したところが、もう亡くなっていた。

　② ―(した)ところで という形で、どんな事をしても、できない、良い結果にならないなどと伝える言い方。

・人がどんなに頑張ったところで、自然の力には勝てない。

・いくら隠したところで、時間がたてば本当の事はわかる。

たどたどしい

　話し始めた子供や仕事などを始めてすぐの人の、まだよく相手に話せない、必要な事などができない様子。

・道を聞かれて、**たどたどしい**英語で説明した。

・**たどたどしく**見えるが、若い人の様子は会社を元気にする。

たどりつく【たどり着く】→たどる

たどる

①　地図や人に聞いて知った道を進んで、探している場所へ行く。

・地図を**たどって**行ったが、探す人の家は無かった。

・電話で教えられた道を**たどって**、昔の社員に会いに行った。

②　記録や古い写真などを使い、探している人や物を見つけようとする。

・足跡を**たどって**、警察は泥棒が入った家を調べている。

・古い写真を**たどって**、昔住んでいた家を探す人に会った。

③　はっきりしない事を思い出して、行きたい所へ行く、また、知りたい事などを調べる。

・思い出を**たどって**、昔遊んだふるさとの山へ行った。

・お年寄りの記憶を**たどって**、町の昔の地図が作られている。

④　色々な経験を続けて生きていく。

・戦争中、町の人が**たどった**苦しい経験が一冊の本になった。

・父は、祖父母が**たどった**大変な苦しみを話すことがある。

★①〜④のように、時間をかけて行きたい所へ着いたとき、欲しい物を見つけたときなどに（**たどり着く**）と言う。

　①・古い地図を見て**たどり着いた**所には、山しか無かった。

　②・昔の本を調べて、町に最初にできた寺に**たどり着いた**。

　③・思い出して**たどり着いた**家には、誰もいなかった。

　④・友人は色々経験して、今の仕事に**たどり着いた**そうだ。

―だの〜だの

　いくつか関係のある事を並べて、相手にわかりやすく伝える言い方。

・妻は、**魚だの野菜だの**は新しい物を探して買っている。

・**足が痛いだの疲れやすいだの**と、父はいつも心配させる。

★同じような事を並べて、自分の嫌だと思う気持ちを伝えるとき（**―だか〜だか**）と言う。

・相手は**社長だか店長だか**知らないが、偉そうにする人は嫌だ。

たのもしい【頼もしい】

①　信じる事ができて、仕事などを安心して頼む事ができる様子。

- 安心して相談できる**頼も**しい仲間がいて助かっている。
- 息子が**頼も**しくなって、妻は困ったときよく電話している。
② 夢が感じられ、これから良くなるだろうと楽しみにできる様子。
- 新しい社員の様子を見て、友人は**頼も**しいとうれしそうだ。
- 町の子供はこれから先**頼も**しい力になるよう育ってほしい。

たび【たび=】
ひとつの事があると、いつも同じ様子になる、同じ事が起きる、反対にいつも様子が変わっているなどと伝える言い方。
- 母の誕生日の**たび**に、家族が集まって食事をしている。
- ふるさとに帰る**たび**、緑が少なくなっていると感じる。
★同じ事を繰り返すときに、たびたび と言う。
- 「**たびたび**すみません」と言って、社員が相談に来た。

たびたび →たび

だます
本当とは違う事などを本当のように見せて、また、話して、自分の思ったようにする。
- お年寄りを**だまし**てお金を取る人間は、許せない。
- 人を**だます**ような商品は、作っても売れない。
★同じ様子を 欺く とも言う。
- 人を**欺く**ような生き方は、最後に何も残さない。

たまたま ★→ぐうぜん
そんな事は無いと思っていた事や考えてもいなかった事などが起こった、したなどと伝える言い方。
- 散歩中に**たまたま**入った店だったが、品物が良く安かった。
- 駅前のパン屋が**たまたま**休みで、父は欲しい物が買えなかった。

たまったものではない
もし考えているような事になったら、許せない、今と同じようにしていられないなどと強く伝える言い方。
- 今より仕事が増えると、**たまったものではない**。
- これ以上物が高くなったら、**たまったものではない**。

たまに
いつもではないが、いつもとは違う事がある、すると伝える言い方。
- 本当に**たまに**だが、妻と一緒に旅行に行く。
- 仕事が続くと、**たまに**は休みたいと思うことがある。

たまにきず【玉にきず】

とても良いと思うが、これが無ければもっと良いと思わせる様子。
- 駅前の新しい店は、味はいいが、値段が高いのが**玉にきず**だ。
- 友人は社員を大切にするが、強すぎる言葉が**玉にきず**だ。

たまらない

うれしい気持ちや楽しい気持ち、また、嫌な気持ちや許せない気持ちなどが、言葉で言えないほどだと強く伝える言い方。
- 家に帰って飲む風呂の後のビールは、**たまらない**。
- 人から何かをしろと言われるのは、嫌で**たまらない**。

だまりこむ【黙り込む】

答えがわからないときや考える時間が必要なとき、また、言いたくないときなどに、何も言わない。
- 車を買おうと言うと、妻は**黙り込んで**何も言わなかった。
- 社員の考えを聞いて、社長は珍しく**黙り込んで**しまった。

たまる【貯／溜まる】→ためる

たむろする

同じような人たちが、する事も無いのに、同じ場所に集まる。
- 夜の公園に**たむろして**騒ぐ若者たちに、周りの人たちは困っている。
- 仕事が始まってからも、**たむろして**しゃべっている社員がいると腹が立つ。

だめ【駄目ナ・ニ】

① 使おうと思っていた人や物などが使えないとわかる様子。
- 台風で、野菜や米が**駄目**になり値段が上がった。
- 何をやっても**駄目な**社員でも、育てようと思っている。

② もうできない、続けられないなどと思う様子。
- もう**駄目**だと言う社員を呼んで、理由を聞いた。
- 何度失敗しても、友人は**駄目**だという顔をしない。

③ してはいけない、許されないなどと決まっている様子。
- 社長は、**駄目な**事は駄目とはっきり言う人だ。
- **駄目**だと言われても、公園にゴミを捨てる人がいる。

ためいき【ため息】

① 嫌な事や心配な事などがあるとき、また、思ったとおりにならないときなどに出る長い息。
- 何度やっても思ったようにならないときは、**ため息**しか出ない。
- 自分のこれからの事を考えて、**ため息**が出ることがある。

②　大変な事が終わって安心したとき、また、ほかの人のする事や言う事を、自分にはできないほど良いと思ったときなどにする長い息。

・注文された商品が全部できて、みんなの口から**ため息**が出た。

・ほかの会社の商品を見て、友人は大きな**ため息**をした。

★①、②は ため息をつく という形でよく使う。

①・**ため息**をつくと幸せが逃げると言うが本当だろうか。

②・事故の後、けがは無いと聞き、みんな**ため息**をついた。

★→いきをつく、ほっと

ためぐち【ため口】
丁寧な言葉を使う必要がある人に、友人のように使う言葉、話し方。

・経験の長い人に**ため口**で話す若い人を注意した。

・時代が変わって、親に**ため口**で話す子供が増えた。

★よく ため口を利く/たたく と使う。

・会社では、経験の長い人に**ため口**を利くことは許されない。

ためし【試し】→ためす

ためしがない

経験から考えて、これまで一度も無かったと強く伝える言い方。

・社長の言った事は、間違った**ためしがない**ので、信じている。

・約束を守った**ためしがない**会社からの仕事を断った。

ためす【試す】★→こころみる

うまくいくか、ちょうど良いかなどを知るために、やって、また、使って調べる。

・失敗を繰り返さないように、今までと違う方法を**試した**。

・相手の所へ行くのはいつも車だが、電車を**試して**みることにした。

★やって調べる様子を 試し と言う。

・珍しいお菓子が安かったので、**試し**に買ってみた。

★→うでだめし

ためらい　→ためらう

ためらう

本当はしたい事があるが、失敗するのではないか、周りの人を困らせるのではないかなどと思う様子を見せる。

・社員の近くに来ると、社長は少し**ためらって**から、話し始めた。

・**ためらった**様子で黙って立ち続ける社員に、話したい事は何か聞いた。

★したい事をすぐにはしない様子を ためらい と言い、ためらう様子は

[ちゅうちょ/尻込み]とも言う。

・会議で、思った事を**ためらい**無く言う友人は、偉いと思う。

・海外での仕事を頼まれて**ちゅうちょ**せずに、行くと決めた。

・友人は、大きな仕事が来ても**尻込み**しない。

ためる【貯／溜める】

①　[貯める]と書いて、お金や水など、生活に必要な物が無くなって困らないように、集めておく。

・仕事を辞めてから困らないように、お金を**貯め**ている。

・水が出なくなる事を考えて、風呂には毎日水を**貯め**ている。

②　[溜める]と書いて、要らない物ややる必要のある事などをやらないで増やしてしまう。

・風邪で休んで、仕事を**溜め**てしまった。

・家の仕事は**溜め**ておいて、休みの日にやってしまう。

★ためて多くなった様子を[貯/溜まる]と言う。

　①・お金が**貯まっ**たら、行きたい所がたくさんある。

　②・**溜まっ**たゴミは、決まった日にゴミ置き場に持って行く。

たもつ【保つ】

今の様子が変わらないように、また、変えないように大切に守り続ける。

・若さを**保つ**ためと言って、妻が近所を走り始めた。

・社長の強い思いが商品の良さを**保つ**と信じている。

たより【頼り】→たよる

たよりない【頼りない】→たよる

たよる【頼る】★→すがる②

新しい事や難しい事などをするときに相談し、必要なら手伝ってもらう。

・両親は町に来たときは、誰も**頼る**人がいなくて大変だったそうだ。

・人を**頼っ**て仕事をしていると、周りから信じてもらえなくなる。

★相談を聞いて、必要なら手伝いをしてくれる様子を[頼り]と言い、手伝ってもらえそうにない相手の様子を[頼りない]と言う。

・商品を売ってもらうため、知り合いを**頼り**に多くの店へ行った。

・説明が**頼りない**ので、ほかの病院でも母を診てもらった。

—だらけ

ほかの言葉の後に付けて、気持ちが悪い、汚い、良くないなどと思う事や物などが、たくさんあると伝える言い方。

・若い人の**間違いだらけ**の仕事を見て、注意するよう言った。

・町も公園もきれいになって、子供たちが**泥だらけ**になって遊ぶ場所も

　　無い。

だらける →だらだら④

だらしない

　① 周りから見て正しいと思えない、また、決められた事が正しくできていないなどと思える様子。

　・学生時代は、昼まで寝ている**だらしない**生活だった。

　・続く泥棒に、警察が**だらしない**と言う町の人もいる。

　② できると思っていたが、それだけの力も元気も無い様子。

　・五分も走れないとは、**だらしない**体になった。

　・友人に**だらしない**と言われないように、決めた事は最後までやる。

たらす【垂らす】

　長い物を上から下へ下げる、また、汗や水などを落とし続ける。

　・暑くなると、長く**垂らし**ていた髪を切る人が多い。

　・時々は、汗を**垂らし**て働くのも気持ちがいい。

　★垂らした様子を 垂れる と言う。

　・台風の後、電気の線が**垂れ**ていて、道が使えなかった。

─たらず【─足らず】

　数と一緒に使って、少し少ない、じゅうぶんではないなどと伝える。

　・最近は、入って**半年足らず**で辞める人がいて信じられない。

　・物が高くなって、**千円足らず**で買える物は多くない。

　★数字は使わないが、説明などがうまくないとき 舌足らず と言う。

　・説明が**舌足らず**で、話し合いの相手を怒らせてしまった。

だらだら【だらだら(と)スル】

　① 血や汗などが止まらないで、流れるように出続ける様子。

　・暑い日は、少し歩いただけで**だらだら**と汗が流れる。

　・**だらだら**血を流す社員を、急いで病院に運んだ。

　② 人の話やする事などが、いつ終わるのかと思うほど長く続く様子。

　・相手が**だらだら**続ける話に腹が立って、話を止めた。

　・駅前の工事は、一年以上も**だらだら**と続いている。

　③ 坂道などがまだ続くのかと思うほど長く続いている様子。

　・**だらだら**続く家の前の坂道を行くと、古い寺がある。

　・両親の家は、急ではないが**だらだら**続く坂の上にある。

　④ 何もしないでいて、時間がたつ様子。

　・休みには、何もしないで**だらだら**している日が多い。

　・昼休みの後も**だらだら**している社員を呼んで叱った。

★④のようにだらだらする様子を (だらける) と言う。

・大きな仕事が終わった後は、みんながだらけて動きが遅い。

だらりと

細くて長い物が、少しも動く様子を見せないで下がっている様子。

・風が無いので、駅前の旗がだらりと下がっている。

・暑さが続いて、イヌもだらりと舌を出している。

だるい

とても疲れているときや熱があるときなどに、体に力が入らなくて自由に動かせない様子。

・朝から体がだるいので、近くの医者に診てもらった。

・休みには、体がだるくて何もできない日も多い。

たれる【垂れる】→たらす

たわむれる【戯れる】

子供や動物などが、うれしそうに元気よく遊ぶ様子。

・庭で草や花と戯れるような妻を見ると、うれしくなる。

・波と戯れる女の子の絵を見つけて、高かったが買った。

たんき【短気ナ・ニ】→きがみじかい

たんじゅん【単純ナ・ニ】

難しい事は何も無く、すぐにわかって簡単な様子。

・友人が単純な計算だと、若い人を大きな声で注意していた。

・単純に考えればわかる事でも聞きに来る人が多いので困る。

★反対に、とても難しくすぐにはわからない様子を (複雑) と言う。

・複雑な問題があるときは、友人に相談して一緒に考える。

たんたんと【淡々と】

困った、うれしいなどの気持ちを見せないで、ずっと変わらない様子。

・淡々と仕事をするだけの毎日が、嫌になることがある。

・相手の工場で淡々と仕事をする人が社長だと聞いて、驚いた。

たんちょう【単調ナ・ニ】

いつも同じようだと思い、楽しい、面白いなどと感じなくなる様子。

・長く働くとみんな、単調な生活で嫌だと一度や二度は思う。

・単調に見える仕事でも、色々やり方を変えると面白い。

たんとう【担当スル】→うけもつ

だんどり【段取り】

計画などが問題無く進むように、色々な事を考えてする準備。

・仕事は、段取りがうまくいけば問題が少ない。

・両親と旅行に行けるよう仕事の**段取り**をつけた。

たんなる【単なる】

特別ではなく、どこにでもある、よく見られると伝える言い方。

・**単なる**失敗だと思っても、後で大きな問題になる事がある。

・**単なる**笑い話が会社で広がって、傷付く人が出た。

たんに【単に】

特別な理由や原因は無く、それだけ、それ以上ではないと伝える言い方。

・**単に**土が好きだという理由で、両親は野菜を作っている。

・**単に**体調が悪かったから会社を休んだと友人が説明した。

たんのう【堪能ナ・ニ・スル】

①　外国語が、周りの人よりよくできる。

・外国語が**堪能に**話せる人は、仕事を見つけやすい。

・海外との仕事が増え、英語の**堪能な**人が必要になった。

②　食べ物や景色、作品、好きな事などを、じゅうぶん楽しむ。

・北海道へ行ったとき、カニや魚を**堪能した**。

・旅行で泊まった部屋からは、海の景色が**堪能**できた。

ち

ちあん【治安】
　安全で、安心して生活できる社会の様子。
　・ふるさとは**治安**が良く、鍵をかけない家も多かった。
　・最近は**治安**が悪くなったので、夜はあまり外に出ない。

ちい【地位】
　社会や会社の中などでの、ほかの人との上下、決める力があるかどうかなどの関係。
　・社長という**地位**は、社員の親と同じで大変だ。
　・**地位**が高いか低いかだけで、相手がどんな人か決めるのは正しくない。

ちえ【知恵】★→ちしき
　難しい問題があったときなど、どうすれば良いか深く考え、問題を無くす正しい方法が考えられるなどの力。
　・難しい問題があるときは、いつも社長の**知恵**を借りる。
　・両親は、生活を楽しくするために、**知恵**を働かせている。
　★知恵を出して色々考える様子を 知恵を絞る と言う。
　・町の集まりでは、安全に生活できるよう知恵を絞っている。

ちえをしぼる【知恵を絞る】→ちえ

ちかい【誓い】→ちかう

ちがいない【違いない】
　〜に違いない という形で、自分の考える事は正しいと、話したい事を強く伝える言い方。
　・いつもは明るい母が静かなので、何かあった**に違いない**と思った。
　・売れる**に違いない**と思ったら、すぐに商品にできるか相談をする。

ちかう【誓う】
　決めた事などを最後までする、守るなどと自分で強く決めて、また、人と固く約束して、やり続けようとする。
　・人に喜ばれる商品を作ると、強く心に**誓っ**ている。
　・神に**誓っ**てもう遅れないと言った社員が、今日も遅れて来た。
　★誓う様子や誓った事を 誓い と言う。
　・たばこを減らすと妻に誓いを立てたが、続いたのは三日だけだった。

ちかちか【ちかちかスル】

① 星の光や電気などが、つく、消えそうになる、を繰り返す様子。

・夜空でちかちか光る星を見ていると、嫌な事を忘れる。

・部屋の電気がちかちかしているので、新しくした。

② 光を見続けて、また、目を使いすぎて目が痛くなる様子。

・コンピュータを使いすぎて、目がちかちかして痛い。

・長く本を読んでいると、朝、目がちかちかすることがある。

ちかよる【近寄る】

知りたい事や見たい物などがあって、その近くまで行く。

・空き家が明るいので、誰かいるのか近寄って中を見た。

・危ない機械には、近寄るなと大きな字で書いてある。

ちからがぬける【力が抜ける】

頑張ろうと思っていたのに、周りの様子が思っていたようではないので、また、急に予定が変わったので、やる気が無くなる。

・始める前から失敗を心配する社員がいて、力が抜けた。

・会議が急に無くなって、力が抜けてしまった。

★隠れて、仕事を頑張ってやろうとしない様子を 力を抜く と言う。

・人が見ていないと力を抜く社員がいて、困っている。

★→てをぬく

ちからがはいる【力が入る】→ちからをいれる

ちからになる【力になる】

人の助けや言葉などが、頑張ってやろうという気持ちを強くする。

・困ったときには、一緒に仕事をする人からの言葉が力になる。

・社長は、会社を作るとき力になってもらった人たちを大切にしている。

ちからまかせに【力任せに】

後の事などを考えずに出せる力を全部使って、必要な動きをする様子。

・動かない窓を力任せに開けようとして、壊してしまった。

・重い荷物を力任せに持とうとして、腰が痛くなった。

ちからをいれる【力を入れる】

決めた事などを大切に守って、頑張ってやり続ける。

・会社は、家庭で使う商品に力を入れて喜ばれる物を作ってきた。

・町では、ゴミの無い町作りに力を入れている。

★力を入れる様子を 力を込める とも言い、力を入れている様子を 力が入る と言う。

・買う人の心に届くように、力を込めて商品を作っている。

・友人の計画を見て、いつもより**力**が入っていると感じた。

ちからをこめる【力を込める】→ちからをいれる

ちからをぬく【力を抜く】→ちからがぬける

ちぎる【千切る】

紙やパンなど柔らかい物を手で切って細かくする。

・次の食事会の案内は、小さく**千切**った色紙(いろがみ)を使っていた。

・庭に**千切**ってパンを置いておくと、鳥がたくさん集まる。

★千切った後の様子を 千切れる と言い、強い力で引っ張って千切ろうとする様子を 引き千切る と言う。

・妻は、手が**千切**れるかと思ったと言って、重い荷物を置いた。

・朝から、会社の旗(はた)が**引き千切**られそうな風が吹いている。

ちぎれる【千切れる】→ちぎる

ちぐはぐ【ちぐはぐナ・ニ】

見る人や聞く人に、うまく合っていないと感じさせる様子。

・妻に服の色と**ちぐはぐ**だと言われて、急いで違うネクタイにした。

・相手に伝える事が**ちぐはぐ**にならないようによく準備した。

ちくりと【ちくりとスル】

① 針のような先の細い物が体に軽く当たる様子。

・足が**ちくりと**したのでよく見ると、小さな虫だった。

・**ちくりと**腕を刺す注射は、子供の頃から大嫌いだ。

② 短い言葉で、相手を傷付けるような事を言う様子。

・友人は、時々心が**ちくりと**痛むような事を言う。

・朝妻に言われた言葉が、胸に**ちくりと**刺さった。

ちしき【知識】★→ちえ

時間をかけて調べ、また、経験した人から話を聞くなどして、頭の中に入っている情報。

・自分に**知識**が無くわからない事は、よく知っている人に相談している。

・**知識**が多くても、うまく使えなければ意味が無い。

ちぢまる【縮まる】→ちぢめる

ちぢむ【縮む】→ちぢめる

ちぢめる【縮める】

① 物の大きさや長さなどを小さくする、また、時間や場所などの空いている間を短くする。

・酒やたばこは、命を**縮める**と医者に注意された。

・強い風で物が飛んで来たので、体を**縮めて**逃げた。

②　怖さや寒さなどで体を小さくする。
・地震があると、動物も体を**縮めて**集まって動かないそうだ。
・風が強くて、みんな体を**縮める**ようにして歩いている。
★→すくめる(→すくむ)
★①、②のように縮めた結果を[縮む/縮まる]と言う。
　①・洗った服が**縮んで**、着られなくなった。
　　・電車で東京から大阪まで行く時間が、また**縮まった**。
　②・すぐ近くで急に大きな音がして、身が**縮む**思いがした。
　　・大きな地震があって、体も心も**縮まる**思いだった。

ちつじょ【秩序】
決まりなどが守られていて、毎日の生活などが正しく続けられる様子。
・学校の**秩序**を守るためにできた古い決まりが見直されている。
・生活の**秩序**が破られないように、町では毎月話し合いをする。

ちなみに　→ちなむ②

ちなむ
①　ほかの人や物と関係がある、また、関係があるようにする。
・父の名は、ふるさとの山に**ちなんで**付けられたそうだ。
・町の祭りでは、昔話に**ちなんだ**踊りが見られる。
②　[ちなみに]という形で、関係のある別の話を続ける。
・両親が旅行する。**ちなみに**、新婚旅行と同じ所へ行く。
・来月新商品が出る。**ちなみに**、会社が作る百個目の商品だ。

ちみつ【緻密ナ・ニ】
細かい事までひとつひとつ注意して、とても丁寧に仕事をする、計画を
考えるなどする様子。
・友人は、**緻密に**計画を立ててから、それをわかりやすく文字にできる。
・商品計画には、最後に**緻密な**計算ができる人が必要だ。

ちゃかす【茶化す】
話や仕事をしている途中で、必要の無い事を言って、周りを笑わせる、
困らせるなどする様子。
・友人は、何を話しても**茶化さ**ないで聞いてくれる。
・仕事の途中で**茶化す**ような事を言う社員は許せない。
★茶化す様子を[茶々を入れる]とも言う。
・難しい問題を話しているときに、**茶々を入れる**人には困る。

ちゃくじつ【着実ナ・ニ】
時間がかかるが、間違い無く進み続ける様子。

・社長は、大切な事は毎日の**着実**な仕事だと話している。

・作った商品が**着実**に売れているとわかって、安心した。

ちゃちゃをいれる【茶々を入れる】→ちゃかす

ちやほやする

好きな人や自分の助けになると思う人などをほめ、大切にする。

・周りに**ちやほや**される若い社員は、将来が心配だ。

・上の人を**ちやほや**するような人は、自分とは合わない。

ちゃらちゃら【ちゃらちゃら(と)スル】

①　一緒にしてある鍵_{かぎ}などが当たって音を出す様子、また、その音。

・鍵の音が**ちゃらちゃら**と聞こえると、もう会社を出る時間だとわかる。

・小さなお金は財布に入れても、**ちゃらちゃら**音がする。

②　言う事やする事、また、服装などから、周りに信じられないと思われる様子。

・**ちゃらちゃら**した人間は、仕事の様子でわかる。

・**ちゃらちゃら**話す人とは、仕事をしたくないと思う。

ちゅうこく【忠告スル】

相手には大切な事だからわかってもらいたいなどという思いで、した方がいい、やめた方がいいと伝える考え、また、それを伝える様子。

・社長の**忠告**も聞かないで、友人は新しい仕事を始めた。

・医者に**忠告**されて、何度もたばこをやめようと思った。

ちゅうしょうてき【抽象的ナ・ニ】→ぐたいてき

ちゅうせん【抽選スル】

決めた方法で、色々ある中から人や物などを選ぶ様子。

・食事会の準備をする人は、毎月**抽選**して決める。

・妻は**抽選**に当たったと言って、五千円の買い物券を見せた。

ちゅうだん【中断スル】

理由があって、続けてしている事などを途中でやめる様子。

・客や電話に邪魔_{じゃま}をされて、友人との話し合いを何度も**中断した**。

・問題があって、商品計画の**中断**が決まった。

ちゅうちょ【ちゅうちょスル】→ためらう

ちゅうとはんぱ【中途半端ナ・ニ】

必要な事などが最後までできていない様子、また、気持ちや考えが、ひとつに決まっていない様子。

・話し合いが**中途半端**に終わって、何も決まらなかった。

・いいと言ったり、悪いと言ったり、**中途半端**な答えは困る。

ちゅうもく【注目スル】

必要な事や自分に関係のある事などがどうなっているのか、また、どうなるのかを注意して見る様子。

- 今朝は、いつもと違ってやる気の無さそうな社長に、みんなの**注目**が集まった。
- ほかの会社も**注目**しているので、商品の情報は外へ出ないようにしている。

ちょうこく【彫刻スル】→ほる

ちょうさ【調査スル】

事故の理由や原因、また、今起こっている事などを詳しく調べる様子。

- 町の子供の数がどれだけ減ったか、**調査**が進められている。
- どんな人が商品を買うかを、**調査**することになった。

ちょうしにのる【調子に乗る】

色々な事が問題無く進むので、よく考えないでいつもはしないような事をする様子。

- 若い頃は、**調子に乗**って朝まで酒を飲むこともあった。
- 仕事がうまくいって**調子に乗**っていると、よく失敗する。

★同じ様子は 図に乗る とも言う。

- ほめられて**図に乗る**若い人を見て、昔の自分だと思った。

ちょうせい【調整スル】

問題などが起きないように、周りの人が嫌な気持ちにならないように、色々な事をうまく合わせる様子。

- 月に一度、食事会があるときは、仕事を**調整**して一緒に働く人と食事をする。
- 時間の**調整**が難しい社長だが、時々工場に来て社員と話す。

ちょうだのれつ【長蛇の列】

人や車が作る、長く続く列。

- 安く野菜を売る店の前には、いつも**長蛇の列**ができている。
- 休みが続くときの道路は、車が**長蛇の列**で動かない。

ちょうほう【重宝ナ・スル】

特別ではないが便利で使いやすい物などを、よく使う様子。

- 安くて買った人に**重宝**だと思われる商品を作ろうと、頑張っている。
- 子供たちが誕生日にくれたかばんは、便利でとても**重宝**している。

ちょくご【直後】→ちょくぜん

ちょくぜん【直前】

次の事などが始まる少し前、また、それをしようとする少し前。

・会議の**直前**に仕事を思い出し、急いで片づけた。

・商品を送る約束の日の**直前**になると、忙しくて話す時間も無い。

★反対に、すぐ後と伝えるとき 直後 と言う。

・注意した**直後**に同じ失敗をした社員がいて、悲しくなった。

ちょくめんする【直面する】

逃げられないような大変な問題や思っていなかった事などが自分に起こる様子。

・思っていなかった問題に**直面**して、計画が止まっている。

・海外で危険に**直面**したときは、すぐ会社に連絡する決まりだ。

ちょっかん【直感】

人や物などを見たとき、すぐに何が問題か、どれだけ意味があるかなどを感じ、わかる力。

・知らない場所では、**直感**で良いと感じた店に入る。

・社長の**直感**を信じて作った商品は、いつもよく売れる。

ちょっとした

① 小さな事だが、関係のある人間には意味のある事だと伝える言い方。

・**ちょっとした**事が気になって、商品を何度も調べた。

・**ちょっとした**間違いに見えても、問題が大きいことがある。

② 周りが思うよりずっと良い、大きいなどと伝える言い方。

・母が作ってくれる料理は、ほかでは食べられない**ちょっとした**物だ。

・父が大切にする古い皿が**ちょっとした**お金になった。

ちょっとやそっと

「ない」という意味の言葉が後に付いて、どんな方法を使っても、簡単に変わらない、変えられないなどと伝える言い方。

・新しい工場は、**ちょっとやそっと**の地震では倒れ**ない**。

・**ちょっとやそっと**の事で、友人の考えは変えられ**ない**。

ちらかす【散らかす】

片づけられていた物などを、色々な所へ広げて、どこに何があるのかわからないようにする。

・部屋を**散らかし**ていた子供たちが、今は家庭を持った。

・**散らかし**た所を片づけないで帰る社員をいつも注意する。

★散らかした後の様子を 散らかる と言う。

・毎日、**散らかっ**ている机の上を片づけてから帰る。

ちらかる【散らかる】→ちらかす

ちらす【散らす】→ちる

ちらちら【ちらちら(と)スル】

① 短い間、人や物が見え、すぐに消える様子が続くと伝える言い方。

・何も無かった山の向こうに、今は**ちらちら**と光が見える。

・庭で黒い物が**ちらちら**動くので、少し気持ちが悪い。

② 雪や花などとても小さくて軽い物が上から少しずつ落ちて来る様子。

・町で雪が**ちらちら**する頃、ふるさとはもう白一色だ。

・**ちらちら**落ちて来る白い小さな花が、季節の変化を教えてくれる。

ちらっと

① 短い間だったが、見た、見えたと伝える言い方。

・友人は、こちらを**ちらっと**見て何か言いたそうだった。

・朝、**ちらっと**見た社長は、何か考えているような顔だった。

② 全部ではないが、少しだけ聞いた、聞こえたと伝える言い方。

・今年は新しい社員を入れないと、**ちらっと**聞いた。

・**ちらっと**聞いた話から新しい考えが出てくることがある。

ちらばる【散らばる】→ちる

ちらほら【ちらほら(と)スル】

① 特別な場所に集まっているのではなく、色々な所でひとつ、ふたつ見られると伝える言い方。

・ふるさとでも、新しい形の家が**ちらほら**建っている。

・寒くなり始めると、マスクをする人が**ちらほら**見られる。

② 雪や花など軽くて小さな物が、少しだけだが続けて落ちる様子。

・桜の花が**ちらほら**し始めると、春の終わりを感じる。

・今朝は珍しく、雪が**ちらほら**と降っていた。

ちりょう【治療スル】→てあて①

ちる【散る】

同じ場所にあった物が、色々な所へ離れていく、また、落ちる。

・桜が**散る**と、町の色が変わって見える。

・家に帰る頃、雲が**散って**月が顔を出し、明るくなった。

★風などが色々な場所へ離れさせる様子を散らすと言い、広い場所に離れている様子を散らばると言う。

・きれいに咲いた庭の花を**散らす**風に、妻は悲しそうだ。

・**散らばった**落ち葉を空き地に集めて、町をきれいにした。

つ

つい

① してはいけないとわかっていたのにしてしまい、しなければ良かったなどと伝える言い方。

・明日は仕事なのに、**つい**遅くまで遊んでしまった。

・頼まれた仕事を**つい**忘れて、帰ってしまった。

② 時間や場所が、大きく離れていないと伝える言い方。

・話に行ったが、社長は**つい**二、三分前に会社を出ていた。

・家から**つい**数百メートルの所に店ができて、便利だ。

ついか【追加スル】

じゅうぶんでないので、後から必要な物などを増やす様子。

・ビールが無くなり「もう一本」と**追加して**、妻に飲みすぎと言われた。

・思ったよりも少なかったので、友人は料理を**追加した**。

ついきゅう¹【追及スル】

問題の原因などが何かを知り、関係する人に説明できるように詳しく調べる様子。

・警察は事故の原因を**追及する**ために、近くにいた人に話を聞いた。

・会社には、商品が売れない理由の**追及**が仕事の人もいる。

ついきゅう²【追求スル】

欲しい物や夢などが自分の物になるまで、できる事は何でもする様子。

・友人は、仕事の中でも夢の**追求**ができると考えている。

・欲しい物を**追求する**生活には、終わりが無いと思う。

ついで¹【ついで二】 ★→─がてら

ひとつの事をするときに、良い機会だから、もうひとつ別の事をすると伝える言い方。

・散歩の**ついで**にコーヒーを買っていた店が、無くなった。

・外へ出た**ついで**だと言って、友人が仕事仲間にお菓子を買って帰った。

ついで²【次いで】

① ひとつの事が起こった後にすぐ別の事が起こる、また、決めた事が順番に続くなどと伝える言い方。

・台風に**次いで**地震があり、心配事が多い毎日だ。

・社長の挨拶《あいさつ》に**次いで**、予定通り新商品の紹介が始まった。

② 順番がすぐ下だと伝える言い方。

・町には、六十代に**次いで**四十代前半の人が多い。

・会社は、古くから同じような商品を作る大きな会社に**次いで**二番目にまで育った。

ついている →つき

ついに →とうとう①

つうか【通過スル】

① 電車やバスが決まった所で止まらないで進んで行く様子。

・朝のバスは、満員になると止まらずに**通過して**しまう。

・町が大きくなってからは、すべての電車が**通過せず**に止まる。

② 試験や検査で問題が無くて仕事などが次に進む様子。

・商品作りは、最終検査の**通過**まで全部だと若い社員に話した。

・全員賛成で会議を**通過した**商品が売れないときもある。

つうじる【通じる】

① 道や電話などがほかの場所とつながる、また、自分が使う言葉がほかの人に伝わる。

・地震の後、妻のふるさとと電話が**通じなく**なって心配した。

・日本語が**通じる**場所が増えて、海外でも仕事がしやすい。

② 思いや気持ちが伝わって、良い結果になる。

・買ってくれた人に、作った人間の気持ちが**通じる**商品を作りたい。

・妻との間でも、気持ちが**通じない**経験を何度もした。

③ 人、新聞やテレビなどを使って、必要な事を伝える。

・ニュースを**通じて**、地震の大きさが伝えられた。

・海外でパスポートを無くし、大使館を**通じて**家族に連絡した。

つうよう【通用スル】

お金や言葉、考えなどが多くの場所で使える様子。

・海外での仕事が増え、新しいパスポートは十年**通用**にした。

・今の英語の力だと、海外の仕事ではまだ**通用しない**。

つかえる

人や車、食べ物などが途中で止まって動かなくなる。

・のどに**つかえる**からと、父は何でもゆっくり食べる。

・前に車が**つかえて**いて、予定よりも長くかかってしまった。

つかつか【つかつか(と)】

相手の事を考えずに、入りにくい所へ入る、また、知らない人に近づく

などする様子。
- 新しい社員が、社長の部屋に**つかつか**入ったので驚いた。
- すぐに店員が**つかつか**と近づく店は、入りにくい。

つかのま【つかの間】
時間がとても短いと感じる様子。
- 朝**つかの間**晴れたが、後は一日雨で暗かった。
- 楽しみにしていた休みも、終わってしまうと**つかの間**だったと思う。

つかまえる【捕まえる】★→とらえる①
① 乗り物や人などが離れないように止めようとする。
- 雨の日はタクシーを**捕まえ**ようとしても難しい。
- 忙しい社長を**捕まえ**計画の相談をしたかったが、できなかった。

② 逃げようとする人や生き物などを動けないようにする。
- トンボを**捕まえ**ようと、公園で子供たちが騒いでいる。
- 近所のネコは、ネズミを見ると、**捕まえ**ずに逃げてしまう。

★①のように止められた様子、また、②のように捕まえられて動けない
様子を 捕まる と言う。
　①・妻は、話しに来た近所の人に三十分も**捕まっ**ている。
　②・泥棒が**捕まっ**たと聞いて、町の人たちは安心した。

つかまる【捕まる】→つかまえる

つかむ
① 近くにある物などを強い力で持って離さないようにする。
- 小さい頃、娘は外に出ると妻の服を**つかん**で離さなかった。
- 地震のとき、妻は近くの物を**つかん**で動かなかった。

② 自分のする事や考える事に、ほかの人が賛成してくれるようにする。
- 社長は、人の心を**つかむ**話し方ができる人だ。
- 人の気持ちを**つかめる**ように、商品の説明を繰り返し練習している。

③ 難しい事や時間をかけて習う事などの大切なやり方がわかるように
なる。
- 機械の使い方を**つかむ**まで、何度も失敗をした。
- 仕事の大切な事が**つかめる**までには、長い経験が要る。

④ 新しくできる、変われるなどと思ったときを逃がさないようにする。
- 会議中、良い機会を**つかん**で自分の意見を話した。
- 友人は、機会を**つかむ**まで新しい計画を話さないと決めた。

つかる【(浸)／漬かる】→つける
つかれはてる【疲れ果てる】→はてる②

つき

何が原因なのかはわからないが、やる事などがうまくいく様子。

・つきが無いときは、言う事する事がうまくいかない。

・つきもあったのか、今度の商品はテレビで紹介された。

★つきがある様子を ついている と言う。

・高くなる前に家が買えたので、**ついていた**と思った。

つきあい【付き合い】→つきあう

つきあう【付き合う】

①　自分と考えや感じ方などが合う人と仲良くなり、ひとつの事を一緒にする、また、長く続く人間関係を作る。

・妻とは大学で出会って**付き合い**始め、卒業してすぐ結婚した。

・同じ会社で働く友人とは、家族のように**付き合っ**ている。

②　自分からしようとは思わないが、周りを嫌な気持ちにさせないように一緒に同じようにする。

・歌は嫌いだが、みんなに**付き合っ**てカラオケに行く。

・友人にちょっと**付き合え**と言われれば嫌と言えない。

★①、②のように付き合う関係や様子を 付き合い と言う。

　①・長い**付き合い**になるが、社長に教えられる事は多い。

　②・妻が近所との**付き合い**をしてくれているので、安心だ。

つきあたり【突き当たり】→つきあたる①

つきあたる【突き当たる】★→いきあたる

①　前に進んでいて、前の人や物などに当たる、また、そこから先に行けない場所に出る。

・下を向いて歩いていて、前の人に**突き当たっ**てしまった。

・狭い道を歩いて**突き当たっ**た所に、相手の会社があった。

★①のような先に行けなくなる場所を 突き当たり と言う。

・会社の前の**突き当たり**は、先に行けるように工事している。

②　難しい問題などがあって、そこから先へ進めなくなる。

・難しい問題に**突き当たっ**たときは、友人に相談する。

・技術の壁に**突き当たっ**て、新商品の計画はまだだ。

つきあわせる【突き合わせる】

知りたい事があるときなどに、関係のある本、記録や人の言葉を比べるなどして詳しく調べる。

・これまでの記録と**突き合わせ**て、商品の問題を調べた。

・言う事が違うふたりを**突き合わせ**て、原因を調べた。

つきおとす【突き落とす】

① 強い力で押して、人を高い所から落とす。

・線路に人が**突き落とされる**事件があって、駅に警察が来た。

・朝、駅の階段で後から来た人に**突き落とされ**そうになった。

★→つきとばす

② 考えてもいなかった事などが起きて、人を悲しく、苦しくて何もできなくする。

・母の急な入院で、高い所から**突き落とされた**気持ちだ。

・工場で、会社を苦しみに**突き落とす**ような事故が続いた。

つきそい【付き添い】→つきそう

つきそう【付き添う】★→つきっきり

子供や病人、ひとりで色々決められない人や生きられない人などのそばにいて、その人を助け、手伝う。

・母が入院したが、妻が毎日**付き添って**くれて本当に助かった。

・最近、大学の入学式に**付き添う**親が増えているそうだ。

★人を助け、手伝う様子、また、それをする人を 付き添い と言う。

・妻は、**付き添い**がいないお年寄りを時々手伝っている。

つきだす【突き出す】

① 体や物の一部などを強く前や外に出す、また、前や外に出ていてよく見える。

・急に旅行に行けなくなり、妻は怒ったように唇を**突き出した**。

・前の車の窓から急にイヌが顔を**突き出して**、びっくりした。

★①のように外に出ている様子を 突き出る と言う。

・旅行で、海に**突き出た**岩まで行って景色を楽しんだ。

② 警察が探している人間や泥棒などを見つけて、警察に連れて行く。

・店の物を盗んだ男を見つけて、近くにいた人が警察に**突き出した**。

・泥棒を見つけた町の人が、近くの警察に**突き出した**。

つぎつぎ【次々】

短い間に、同じような事が続いて起こると伝える言い方。

・ほかの会社が**次々**と新しい商品を作るので、負けられない。

・社員が**次々**に風邪をひいて、半分以上が休んでいる。

つきっきり ★→つきそう

病気の人や困っている、または助けを必要としている人などから離れないようにして、色々手伝いをする様子。

・子供のとき、病気になると、母は**つきっきり**で横にいた。

・今週は海外からの客につきっきりで、自分の仕事ができなかった。

つきつける【突きつける】

よくわかるように、相手がよく見えるように強い調子で人の前に物などを出す。

・顔がわかる写真を**突きつけ**られた男は、泥棒をしたと話したそうだ。

・間違いの多い計画書を、**突きつける**ようにして返した。

つきでる【突き出る】 →つきだす①

つきとばす【突き飛ばす】 ★→つきおとす①

強い力で押すように当たり、相手を倒す、また、倒れそうにさせる。

・駅で後ろから**突き飛ばさ**れて、階段から落ちそうになった。

・人を**突き飛ばし**てけがをさせた男を、警察が探している。

つきる【尽きる】

① 今ある物や持っている物などすべてが無くなってしまう。

・今は、力が**尽きた**と思うまで会社のために働くと決めている。

・父は、お金が**尽きる**まで好きな事をして生きると言う。

② 〔～に尽きる〕という形で、これがすべてだ、これ以上良い、また、悪い様子は無いなどと伝える。

・家族がみんな元気だと、人の喜びはこれに**尽きる**と思う。

・大地震のニュースを見たが、信じられないの一言に**尽きる**。

つく【突く】

① つえなどの細くて長い物で、自分の体を倒れないようにする。

・転んだと言って、友人がつえを**突いて**会社に来た。

・子供の頃、肘を**突いて**ご飯を食べ、よく叱られた。

② 相手の弱い所や隠したいと思う事などを言って何も言えないようにする。

・痛い所を**突く**と、相手は何も言わずに帰った。

・会議で弱い点を**突か**れ、新しく考え直すことになった。

つぐ¹ →そそぐ②

つぐ²【継ぐ】

親や経験が長い人たちがやってきた仕事などを続けてする。

・**継ぐ**人がいなくて、駅前の古い店の多くが閉店した。

・誰が社長の後を**継ぐ**かは、大きな問題だ。

つくす【尽くす】

① 持っている物や力などを全部使って、できるだけの事をする。

・力を**尽くして**調べたが、失敗の原因はわからなかった。

・言葉を尽くして説明しても、伝わらない事は多い。

② 人に喜んでもらうために、人を助けるために自分ができる事をする。

・社長は、社会に尽くすような商品を作ると決めている。

・妻は、人に尽くすための手伝いをしたいと言っている。

③ 〔〜(し)尽くす〕の形で、それ以上できなくなるまでする、全部してしまうなどと伝える言い方。

・古くからいて、会社の事を知り尽くしている社員がいる。

・秋の夕日の美しさを立ち尽くして見ることがある。

つくづく →しみじみ

つぐない【償い】→つぐなう

つぐなう【償う】

人にさせた苦しい思いや経験などを悪いと思って謝(あやま)るために特別な事をする。

・大きな失敗をしたときは、会社を辞めて償うと決めている。

・人の命まで、金や物で償えると考える社会にしたくない。

★謝る様子や謝るためにする事などを〔償い〕と言い、特にお金や物で償うとき〔弁償(べんしょう)〕と言う。

・戦争で亡くなった多くの人への償いは、世界の平和しかない。

・友人の本を汚したので、新しいのを買って弁償した。

つくろう【繕う】

① 服の破れた所や物の壊れた所などを直す。

・今はもう、破れた服を繕って着るような時代ではない。

・小さな穴を繕っていたかばんが、破れて使えなくなった。

② 知られたくない事などを隠して、問題が無いように見せる。

・その場を繕うような話は、聞いている方にはすぐわかる。

・問題を繕うような話をする相手に、社長が怒った。

つけあがる【付け上がる】

優しい人や大人しい人を相手にしたときなどに、自分に力があると間違った思いを持つ様子。

・ほめられると付け上がって、良い仕事ができなくなる人がいる。

・子供は、優しくすると付け上がるので育てるのは大変だ。

つげぐち【告げ口スル】

困らせようと考えて、ほかの人の失敗や隠している事などを関係がある人に伝える言葉、また、そうする様子。

・告げ口されて嫌になったと言う社員がいて、悲しかった。

・考えないでする**告げ口**が、人を傷付けてしまうことがある。

―つける

[―(し)つける] の形で、いつも使う、よく行くなどと伝える言い方。

・新しいペンを買ったが、**使いつけた**物の方が書きやすい。

・友人と**行きつけた**駅前の店が閉まることになり、寂しい。

つける【(浸)／漬ける】

① [浸ける] と漢字を使うことは少ないが、体や物全体を水などの中に入れる。

・夏は、氷水に**つけた**タオルで汗を拭くと気持ちがいい。

・石鹸を入れた水に**つけた**が、タオルの血は取れなかった。

② [漬ける] と書いて、野菜などの食べ物を長く使えるように、また、味を付けて食べられるように、塩やしょうゆの入った水に入れる。

・ふるさとでは、秋に家族みんなでたくさん大根を**漬けた**。

・一晩しょうゆに**漬けて**おくと、魚の身はおいしくなる。

★①、②のようにつけた後の様子を [(浸)／漬かる] と言う。

　①・海外では、風呂に**つかって**疲れを取る事はできない。

　②・大根がうまく**漬かって**、妻はうれしそうに晩ご飯に出した。

―っこ

① [―(し)っこ] の形で、子供がお互いに同じようにする様子。

・小学生の頃は、よく友達と宿題を**見せっこ**した。

・子供たちには、何でも**分けっこ**しなさいと言って育てた。

② [―(し)っこない] という形で、できない、考えられないなどと強く伝える言い方。

・**できっこない**と思わず、できる方法を考えるのが仕事だ。

・自分の気持ちは誰にも**わかりっこない**と思うときがある。

つごう【都合スル】

これからの事を決めようとするときなどに、時間やお金、体の調子など、関係あるすべての事を考えに入れる様子、またそれを考えてみて、うまくできるかどうかという結論。

・飲みに行こうと言われたが、**都合**が悪いので断った。

・食事会の日は、みんなが**都合して**、決めた時間に始める。

★ほかと合わせるために自分の都合を変える様子を [都合をつける] と言い、都合をつけた後の様子を [都合がつく] と言う。

・遠くの知り合いが、**都合をつけて**会いに来てくれた。

・都合がついたら行くという返事は、来ないということだ。

つごうがつく【都合がつく】→つごう

つごうをつける【都合をつける】→つごう

―っこない →―っこ②

―ったら →―といったら

つちかう【培う】

　長い時間をかけなければ育たない技術ややり方、考え方などを大切にし、育てる。

　・何年もかけて培って育ててきた祭りの文化は、長く残したい。

　・仕事をして培った経験を若い人に伝えていきたい。

―つつ

　① ほかの事もしながら、必要な事などもすると伝える言い方。

　・問題があれば相談しつつ、仕事を進めている。

　・いつもの仕事をしつつ、新しい商品も考えている。

　② ─(し)つつ という形で、してはいけないのにしてしまった、した方がいいのにできなかったなどと伝える言い方。

　・いけないと知りつつ、公園にゴミを捨てる人がいる。

　・妻は、ダイエットと言いつつ甘い物を食べている。

　③ ─(し)つつある という形で、ゆっくりと同じ方向への変化が続いていると伝える言い方。

　・ふるさとから、若い人が増えつつあると連絡があった。

　・病院は、入院した母が良くなりつつあると言っている。

―つつある →―つつ③

つっかかる【突っかかる】

　小さな失敗や間違い、悪い点などを見つけ、それを理由に賛成できない気持ちを強く伝える。

　・ひとつひとつ言う事に突っかかる社員がいて、困る。

　・何にでも突っかかっていた息子が、父親になった。

つつく

　① 相手が気がつくように、また、自分の方をよく見るように指で何度も軽く押す。

　・面白くない映画だったので、妻の腕をつついて出た。

　・頭がいいだろうと言うように、友人は偉そうに自分の頭をつついた。

　★軽く押す様子を 小突く とも言う。

　・社長が来たので、電話中の友人を小突いて知らせた。

②　棒などの細く長い物で、目の前の物を軽く刺すように何度も押す。

・ふるさとの山には、木をつついて虫を探す鳥がいた。

・木でつつくと虫が動き出し、妻が大声を出した。

③　小さな間違いなどを見つけて、相手を嫌な気持ちにさせる。

・今日の会議は、小さな間違いをつつく人がいて大変だった。

・小さな失敗をつつかれるのは嫌だったが良い経験だった。

④　箸を使って、ひとりで、また、何人かが一緒に料理を食べる。

・寒くなると、友人と社員ですき焼きをつつきに行く。

・ふるさとでは、冬は毎日のように家族で鍋をつついた。

つっこむ【突っ込む】

①　両手や物などをポケットやかばんなどに深く入れる。

・寒くなるとポケットに手を突っ込んで歩く人が増える。

・友人は、ポケットに財布を突っ込んで昼ご飯に出て行った。

②　生き物や物が、速く動いて強い力で別の生き物や物に当たる。

・魚を見つけたのか、小さな鳥が川に突っ込んでいった。

・車が店に突っ込む事故が増えていて、問題になっている。

③　話の細かい点まで考えて、また、すぐにはわからない問題などを見つけて、相手が困るような質問をする。

・相手に突っ込んだ質問をされて、答えられなかった。

・会議で計画を出すときは、何を突っ込まれても問題無いようにする。

つったつ【突っ立つ】

どうしていいかわからなくて、また、したいと思えなくて、何もしないで立っている様子。

・忙しいときに突っ立っている社員に、仕事を頼んだ。

・雲の動きを見て庭で突っ立っていたら、妻が変な顔をした。

つっぷす【突っ伏す】

泣きそうになった顔を隠すときや体調が悪くなったときなどに、体を曲げて、顔が見えないようにする。

・テーブルに突っ伏して泣く社員に驚いて何も言えなかった。

・急に机に突っ伏した友人を、病院へ連れて行った。

つつまれる【包まれる】→つつむ②

つつみ【包み】→つつむ①

つつみかくす【包み隠す】→つつむ③

つつむ【包む】

①　外から見えないように、汚れないように、また、落ちる心配が無い

ように、紙などを使って隠すようにする。
・社長を驚かそうと、新しい商品を紙に包んで出した。
・きれいな紙で包まれた箱は、誕生日のプレゼントだった。
★①のように包んだ物を 包み と言う。
・知らない人から届いた包みを、開けないで送り返した。
② 包まれる という形で、場所が大きな物の中に入ったように見える。
・古い木に包まれるように建つ近くの寺に、よく行く。
・赤い夕日に包まれると、町はいつもと違って見える。
③ 包み隠す という形で、本当の考えや気持ちなどを、伝えない様子。
・何も包み隠す必要が無い友人は、もう家族のようだ。
・社長は、何でも包み隠さずに話してくれる人だ。

一って

① ほかの人が言った事を短く言う、また、よくわからないときにもう
一度言ってほしい事を聞く言い方。
・午前中に終わらせろって言われたが、時間が足りない。
・社長が何だってと言うときは、賛成していないときだ。
② 「という（人／物）」を、短くした話し言葉。
・友達ってほどではないが、知り合いならたくさんいる。
・楽しみって仕事のほかにあるのかと思うことがある。
★②は これ/それ/あれって という形で使われることも多い。
・新聞には、これってどういう意味と思う言葉が多い。

つて

したい事があるときに、相談をし、助けを頼めるような友達や知り合い。
・今の会社に入る前、つてを探して色々話を聞いた。
・海外での仕事は、初めは信じられるつての手伝いが必要だ。

つねに【常に】

いつも変わらずに続けている、やっているなどと伝える言い方。
・友人は常に何か新しい事を探している。
・常に電話を持って歩くようになって、生活が変わった。

つのる【募る】

① やろうとする事などを広く知らせて、お金や一緒にする人を集める。
・町は、年に一度、祭りを手伝う人を募っている。
・公園を新しくするため、町でお金を募った。
★①のように広く知らせて集める様子を 募集 とも言う。
・多くの町や村が、引っ越して来る人を募集している。

② 人や物を思う気持ちが、時間がたって強くなる。

・海外での仕事が長くなると、家族への思いが**募る**。

・ふるさとやそこに住む人への思いが**募る**ことが、時々ある。

一っぱなし

一(し)っぱなし という形で、〜をしただけで、その後に必要な片づけなどをしなかったと伝える言い方。

・窓が**開けっぱなし**だったので、部屋に虫が入って来た。

・**出しっぱなし**にした本の色が、黄色くなってしまった。

つぶす【潰す】

① 外から強い力で押して、形を変えてしまう。

・昔から、イチゴはスプーンで**潰して**食べる。

・燃えないゴミは小さく**潰して**から捨てる。

② 今まで問題の無かった会社、計画、体などが無くなる、また、使えなくなるようなとても困った様子になる。

・社長は、会社を**潰さない**よう色々考えている。

・頑張って働いても、体を**潰す**ようなことになったら意味が無い。

★①、②のように潰した後の様子を 潰れる と言う。

　①・ふるさとでは、雪で古い家が**潰れる**事故が何度もあった。

　②・友人はカラオケで歌いすぎて、喉が**潰れて**しまったと恥ずかしそうに言った。

つぶやき →つぶやく

つぶやく ★→ぶつぶつ

人に聞かせるためではなく、自分の思った事などを小さな声で言う。

・自分の商品が売れた友人が、良かったと安心した声で**つぶやいた**。

・母は花や木に何か**つぶやき**ながら、庭で仕事をしている。

★つぶやく言葉を つぶやき と言う。

・叱った社員の嫌そうな**つぶやき**が聞こえて、わかってくれと思った。

つぶら【つぶらナ】

丸くてかわいいと思わせる目の様子。

・**つぶらな**目がかわいかった娘が、結婚して今は母だ。

・**つぶらな**目をした子供たちが悲しまない社会にしたい。

つぶれる【潰れる】→つぶす

一っぽい

ほかの言葉の後に付けて、次のように伝える話し言葉。

① 本当かどうかはわからないが、外から見るとそのように見えると伝

える。

・選んだ服を、妻は**年寄りっぽい**と言って反対した。

・**安っぽく**見えても、自分が使いやすい物を買う。

②　すぐにそうなる、そうなるときが多いと伝える。

・友人と最近**忘れっぽく**なったなと笑って話すときがある。

・妻に、年を取って最近**怒りっぽく**なったと言われた。

つぼむ →しぼむ①

つまずく

①　歩いているときなどに、足が物に当たって倒れそうになる。

・暗い道で、何かに**つまずいて**倒れそうになった。

・外へ行くときは、母が**つまずかない**ように、ゆっくり歩く。

②　続けている事などに問題が起こって、うまくいかなくなる。

・最初に**つまずいた**計画は、それからも失敗続きだった。

・町の図書館は、勉強に**つまずいた**子供たちを手伝っている。

つまむ

小さな物を、二本の指や細くて長い物の間に入れて持つ。

・嫌いな野菜は、箸で**つまんで**横に置いてから料理を食べる。

・小さな虫が机の上で死んでいたので、**つまんで**捨てた。

つまらない

①　大切ではない、意味がよくわからないなどと感じさせる様子。

・疲れていると、**つまらない**事で怒ってしまう。

・**つまらない**事を長く話す社員に、仕事に戻れと言った。

②　面白くなくて、深く知ろうと思わない様子。

・何も考えたくないとき、テレビで**つまらない**番組を見る。

・仕事を**つまらなく**思うときは、何もしないのが一番いい。

つまり →ようするに

つみ【罪】

①　人が安全に生活できるよう作られた決まりを守らず、人や物を傷付けるなどする様子。

・罪だと知っていて、公園の草花を持って行く人がいる。

・罪の無い人が泥棒と間違えられ、町では大騒ぎになった。

★①の罪になるような事、また、罪になる事をする様子を 犯罪 と言う。

・けがをするような商品を作ると、大きな犯罪になる。

②　罪な事 という形で、人の事を考えずにやった事が、相手に大変な思いをさせる様子。

・疲れていて冷たい言い方になって、**罪な事**をした。
・親を亡くした社員を長く休ませないのは、**罪な事**だった。

つみかさねる【積み重ねる】→つむ①、③
つみなこと【罪な事】→つみ②
つむ【積む】
　①　物の上にほかの物を置く。
・高く**積ん**であった古い商品が倒れて、後が大変だった。
・本を買っても、いつも**積ん**でおくだけで読む時間が無い。
　②　車や船などの決まった場所に、運ぶ荷物を入れる。
・飛行機に**積ん**で海外へ送る商品が増えて、うれしく思う。
・トラックに商品を**積む**仕事を終えると、いつも疲れを感じる。
　③　必要な経験や練習を、繰り返し何度もする。
・機械を使うまでには、何度も練習を**積む**必要がある。
・長く経験を**積ん**だ社員が辞めて、少しの間仕事が遅れた。
　★①、③で、高くなるほどたくさんの物などを**積む**様子、また、何度も
　　練習などをする様子を 積み重ねる と言う。
　　①・机の上に**積み重ね**た仕事を見ると、嫌になるときがある。
　　③・何年も**積み重ね**た機械の技術を持つ社員は、何よりも大切だ。

つめかける【詰めかける】
　たくさんの人が同じ事をしようとして、一度に同じ場所に集まる。
・台風の後は、おおぜいの客がスーパーへ**詰めかけ**て大変だ。
・ゴミ置き場の説明に、町の人がたくさん**詰めかけ**た。

つめこむ【詰め込む】
　①　同じ所に多くの人や物などを、もう入らなくなるほど入れる。
・会社の会議室は、**詰め込ん**でも二十人しか入らない。
・妻のふるさとから米や野菜を**詰め込ん**だ箱が届いた。
　②　知っておく必要のある大切な事などを、頭の中に入らなくなるほど
　　入れる。
・学生時代は、テストの前に問題に出そうな事を頭に**詰め込ん**だ。
・本を読んで必要な事を頭に**詰め込ん**でも、機械は使えない。

つめよる【詰め寄る】
　知っている事や隠している事を聞きたいとき、また、考えに反対すると
　きなどに、相手の近くに行って強く意見を言う。
・公園を無くすと説明をする人に、反対の人たちが**詰め寄っ**た。
・**詰め寄る**ようにして質問する若い社員に、友人は何度も説明をした。

つもり【積もり】

①　これからどんな順番で、何をどうするかという自分で決めた計画や予定。

・次の休みには、妻と京都へ旅行に行くつもりだ。

・調子が悪いので、次の休みは何もしないつもりだ。

★①のような計画や予定を、人に言わず心の中で決めるとき (心/腹積もり) と言う。

・仕事を辞めたらふるさとへ帰って生活する**心積もり**でいる。

・両親が亡くなったとき何をどうするか、**腹積もり**はできている。

②　(―(した)つもり) という形で、本当はそうではないが、そうだと考えてする、また、本当はしなかったのにしたと思ったと伝える言い方。

・カラオケで、歌手に**なったつもり**で歌えと言われたができなかった。

・財布を**持ったつもり**だったが、家に忘れて来た。

★①、②はひらがなで書くことが多い。

つや【艶】

見たとき、光っていて美しいと思わせ、触ると指が滑るように感じさせる様子。

・妻のふるさとから送ってくれる米は、**艶**があって光っている。

・**艶**が無くなり古くなったが、便利なかばんは捨てられない。

★艶を感じさせる様子を (つやつや) と言う。

・若い社員の**つやつや**した顔を見て、若さはいいなと思う。

つやつや【つやつやスル】→つや

つよがり【強がり】→つよがる

つよがる【強がる】

弱いと思われるのが嫌で、本当の事を言わず、大丈夫だ、できるなどと思わせようとする。

・困ったら**強がって**いないで、人に相談することも大切だ。

・若い頃は力も無いのに**強がって**いて、よく失敗した。

★強がって見せる様子や人を (強がり) と言う。

・失敗しても**強がり**を言う社員は、人から学べない。

つよき【強気】

失敗する事は無い、負ける事は無いなどと始める前に強い気持ちを持つ様子。

・父は、頑張ってやれば悪くはならないと何をするときも**強気**だ。

・社長が**強気**なので、社員も負けない気持ちで仕事ができる。

★反対の様子を 弱気 と言う。
・弱気になるとうまくいかない事が多いので、気をつけている。

つよみ【強み】

ほかの人や学校、会社などにはできない事、また、ほかの人より強い点。
・小さな学校の強みは、生徒に合わせて教えられることだ。
・外国語が話せると、海外とする仕事が増えた今は強みだ。
★反対の様子を 弱み と言う。
・小さな会社の弱みにならないように、新しい商品をたくさん計画している。

つらい

① 　嫌な事や苦しい事などがあって、また、体のどこかが悪くて、苦しく、悲しい気持ちが続く様子。
・家族と離れるのはつらいが、少しの間海外へ行くことになった。
・風邪で喉が痛くて、水を飲むのもつらい。
② 　〜(し)づらい という形で使って、するのが難しい様子を伝える。
・急いで書いたので、読みづらい字になった。
・言いづらかったが、これからの事を考えて若い人に注意した。

つらなる【連なる】

人や物などが途中で切れないで、長く続いている。
・ふるさとの町は、周りに山が連なる静かな所だ。
・町の祭りは、駅からの道に人が連なって大変な日だ。

つらぬく【貫く】

① 　ほかの物に強く当たって破り、反対側に出る、また、道や川が山など大きな物の中を通って反対側に出る。
・地震で工場の機械が動いて、厚い壁を貫いた。
・ふるさとは山を貫いて道ができ、町へ行きやすくなった。
② 　自分が信じる事などをやめずに続ける。
・社長は自分のやり方を貫いて、会社を大きくした。
・自分の信じる事を変えずに貫ける強さが欲しい。
★→とおす④

つられる【釣られる】

① 　そうしようと思っていなくても、相手のしている事と同じ事をしてしまう。
・相手の笑顔に釣られて、こちらも笑顔になった。
・一緒にいる人があくびをすると、釣られてしまう。

★①の意味で、そうしようと思っていなかったのに、上手(じょうず)な話などを聞き信じてしまう様子を 釣り込まれる と言う。

・店員の話に**釣り込まれて**、高い物を買ってしまった。

② 良さそうな物や言葉、様子などを見聞きして、自分もしようという気持ちになる。

・料理のおいしそうな匂いに**釣られて**店に入った。

・友人の楽しそうな話に**釣られて**、新しい店へ行ってみた。

つりあい【釣り合い】→つりあう

つりあう【釣り合う】

見る人が、ほかの人間や物などとうまく合っていると感じる。

・新しい靴を買うとき、妻が服と**釣り合う**物をと言った。

・両親は、生活に**釣り合わない**ような物を買わない。

★釣り合っている様子を 釣り合い と言い、釣り合っていないとき 不釣り合い と言う。

・駅前にほかと**釣り合い**の取れないようなビルが建った。

・大きなテレビは家に**不釣り合い**だと、妻に反対された。

つりこまれる【釣り込まれる】→つられる①

つる →ひきつる①

つれ【連れ】

① 遊びや仕事などを一緒にする人、また、一緒に生活する妻や夫など。

★両親や兄弟、姉妹には使わない。

・一緒に生活をしている人を、**連れ**と呼ぶ人が増えた。

・学生時代は、何でも一緒にする**連れ**が何人かいた。

② ほかの言葉の後に づれ という形で付けて、ひとりではなく一緒の人がいると伝える言い方。

・子供が小さい頃は、よく**家族連れ**で旅行した。

・夜遅くまで、公園に**ふたり連れ**の男女がいるようになった。

つれて ★→したがう③

〜(する)につれて という形で、時間がたってひとつの事が変わると、ほかの事も一緒に変わると伝える言い方。

・台風が**近づくにつれて**、雨も風も強くなってきた。

・年を**取るにつれて**、色々な事を忘れやすくなった。

つんつん【つんつんスル】→つんと①

つんと【つんとスル】

① 人に優しい顔や笑顔を見せず、冷たい感じに見せる様子。

・笑顔で挨拶しても、**つんと**した顔の社員がいる。

・いつも**つんと**している人が、今日は笑顔でほめてくれた。

★①と同じ様子を強く言うとき （つんつん） と言う。

・友人は朝から**つんつん**していて、話もしない。

②　臭いや辛さ、鼻に入った水で、鼻が痛くなり涙が出そうになる様子。

・すしに入っていたわさびが、鼻に**つんと**来た。

・工場の**つんと**した強い臭いを、最近感じなくなった。

て

てあて【手当(て)スル】

① ［手当て］と書いて、病気になったときやけがをしたときなどに、悪く
ならないようにすぐにできる必要な事。

・けがの**手当て**が必要だと思って、社員を病院へ行かせた。

・熱が続く妻を、**手当て**が遅れないよう病院へ連れて行った。

★→しょち②

★医者などがする①のような手当ては［治療］と言う。

・会社には簡単な**治療**ができる人を置いている。

② ［手当］と書いて、いつもはしない事などに別に払われるお金、また、
仕事をするのに必要なお金。

・商品がよく売れると、会社から特別な**手当**が出る。

・会社へ通う交通費は、**手当**で別に出る決まりだ。

ていきょう【提供スル】

やりたい事のある人に、必要な金や物、場所や技術などを使わせ手伝う
様子。

・社長は、会社を作るときの金の**提供者**を大切にしている。

・祭りに必要な物を**提供する**人がいて、町は助かっている。

ていこう【抵抗スル】

① ほかの人の言う事を聞かない、また、言われた事などをしようとし
ない様子。

・町の決めた事に強く**抵抗する**人がいて、ゴミ問題がまだ続いている。

・社長は、自分に**抵抗する**社員の話でも時間をかけて聞く。

② 人の言う事やする事などに、賛成できない様子。

・若い社員の服装に**抵抗**を感じると言って、妻に笑われた。

・社員の言葉に**抵抗**を感じても、注意するのは難しい。

ていちゃく【定着スル】

① ひとつの場所から離れないで、ずっと同じ所にいる様子。

・地方に移って生活を始めても、**定着**は簡単ではない。

・小さな会社は、社員が**定着する**かどうかが問題だ。

② それまでは無かった新しい物や形などが、長い時間をかけて、生活

の一部になる様子。

・パンが日本の生活に**定着する**まで、長くかかった。

・ナイフやフォークを使う食事は、日本には**定着しなかった**。

ていっぱい【手一杯】

今している事だけで時間や力を全部使っていて、それ以上何もできない様子。

・新しい社員に教える事で**手一杯**で、自分の仕事ができない。

・自分の事で**手一杯**のときは、いつも友人が手伝ってくれる。

ていれ【手入れスル】

① 生活や仕事に使う物や建物などの壊れた所、使いにくい所などを良くする様子。

・機械を長く使うには、毎日の**手入れ**が大切だ。

・妻が毎日**手入れ**する庭には、いつも花が咲いている。

② 警察が、周りの人を傷付ける、泥棒をするなどの問題を起こした人を探しに、また、問題を調べるために関係する場所に入る様子。

・新しく仕事を始めた相手の会社に警察の**手入れ**があって、大変な事になった。

・警察の**手入れ**で、泥棒が使っていた空き家が見つかった。

ておくれ【手遅れ】

気づくのが遅すぎて、問題を無くそうと思っても、もう何も方法が無くなっている様子。

・父は**手遅れ**になる前に病気が見つかるように、一年に一回、病院で検査している。

・近所で火事があったが、気づいたときはもう**手遅れ**だった。

てがあく【手が空く】

しなければいけない事などが終わり、また、今すぐする事が無くて時間ができる。

・**手が空いた**友人が、仕事を手伝ってくれて早く終わった。

・社長に、**手が空いた**ときに部屋に来るように言われた。

★同じ様子を 手がすく とも言い、時間ができた様子を 手すき と言う。

★→すく①

・妻は、**手がすいた**ときに花の本を開いている。

・**手すき**なときには友人と、新しい計画を考えている。

てがかかる【手がかかる】→てをかける

てがかり【手掛かり】
　新しい事を始めるときや難しい問題があるときなどに、助けになるような物や情報。
　・客からの電話は、商品を作る大切な**手掛かり**になる。
　・事件の**手掛かり**を探して、警察は町の人に聞いて歩いている。
　★次の事をするための助けになる物や情報などを 足掛かり とも言う。
　・友人と、今度の失敗を足掛かりに頑張ろうと話した。

てがきれる【手が切れる】→てをきる

てがける【手掛ける】★→てしおにかける、てをかける
　大切に時間をかけて人や植物などを育てる、また、物を作る。
　・妻は、時間をかけて**手掛けた**花を近所にも分けている。
　・今度、会社で子供のための商品を**手掛ける**ことになった。

てかげん【手加減スル】★→てごころをくわえる
　相手や周りに合わせて、困らせないように強すぎないやり方などを考える様子。
　・若い人に注意するときは、傷付けないよう**手加減**が必要だ。
　・友人は、できるようになるまで**手加減しない**で教える。

てがこむ【手が込む】
　簡単にできない事を、細かい事まで時間をかけてする。
　・近くの古い寺は、**手が込んだ**建物で見る人を驚かせる。
　・何年も経験して**手が込んだ**仕事をする人が、今は少ない。

てかず【手数】→てすう

てがすく【手がすく】→てがあく

てがたい【手堅い】
　間違いや失敗などをして後で困らないように、とても注意しているので安心できる様子。
　・社長は、ゆっくりでも**手堅い**仕事をする人を大切にする。
　・**手堅く**仕事を続けて、安心して買ってもらう商品を作る。

てがつけられない【手が付けられない】
　今起きている事や問題などがとても大変で、何もできないと思わせられる様子。
　・昔の父は怒ると大声で騒ぎ、**手が付けられ**なくなった。
　・問題が大きくて**手が付けられない**ときは、社長に相談する。
　★→てにおえない、てをつける①
　★何もできないと強く思うとき 手の付けようがない と言う。

　　・父の知り合いは、**手の付けようがない**病気だそうだ。

てがでない【手が出ない】→てがとどく②

てがとどく【手が届く】

　① 　取りたい、触りたいなどと思う物まで手を伸ばして取り、触る。

　　・子供が小さいとき、薬などには**手が届かない**ようにした。

　　・休みの日は動くのが嫌で、要る物はみんな**手が届く**所に置いている。

　② 　自分のお金で欲しい物が買える。

　　・父は、**手が届く**とわかると、古い皿を買っている。

　　・若いとき海外旅行に**手が届かなかった**両親は、今色々計画している。

　　★②と反対で、高くて買えないとき 手が出ない と言う。

　　・客が**手が出ない**と思うような商品は、考えないし作らない。

　　★→てをだす

　③ 　まだ先だと思っていた年齢に近づく。

　　・友人と六十に**手が届く**年になったとよく話す。

　　・社長は、八十に**手が届く**までに会社を辞めると言っている。

てがはいる【手が入る】→てをいれる

てがはなせない【手が離せない】→てがはなれる①

てがはなれる【手が離れる】

　① 　続けていた事などが終わり、すぐにやる必要のある事が無くなる。

　　・今の仕事から**手が離れ**たら、二、三日休みたい。

　　・自分の**手を離れ**た仕事でも、最後まで心配だ。

　　★①と反対で、とても忙しくて、ほかの事をする時間が無いときなどに 手が離せない と言う。

　　・今**手が離せない**と言うと、父は黙って電話を切った。

　② 　子供が大きくなって、それまでの忙しさが無くなる。

　　・子供から**手が離れ**た妻は、今は庭の草花が子供だと言う。

　　・子供から**手が離れ**た親が集まって、町の花を育てている。

てがまわらない【手が回らない】→てをまわす

てがやける【手が焼ける】→てをやく

てがる【手軽ナ・ニ】★→てぢか

　　誰にでも簡単に買える、使える、また、時間をかけないで自分の物にできるなどの理由で、便利な様子。

　　・誰でも**手軽に**使える商品を作る事が、次の仕事に決まった。

　　・時間が無いので、昼食は**手軽な**物にしている。

てき【敵】→みかた

でき【出来】

　長く続けてやっている事や作り続けた物などが、どんな結果になったかという様子。

・商品の**出来**を見てすぐ、友人は作り直すと言った。

・今年は雨が少なく、野菜の**出来**が悪かったので高い。

★できた結果は(出来栄え)とも言い、悪い結果になったとき(不出来)と言う。また、大切に育てた人や作った物が、思ったとおりにならなかったとき(出来損ない)と言う。

・商品の**出来栄え**が思った以上で、友人と一緒に喜んだ。

・学生時代の成績の出来、**不出来**は、社会に出れば関係無い。

・初めて作った**出来損ない**の商品を今も大切に持っている。

できあい【出来合い】

　特別に作った物ではなく、おおぜいが使えるように作って売っている物。

・妻がいない日は、スーパーで**出来合い**の食べ物を買って帰る。

・最近は、**出来合い**の服でも大きさや色がたくさんある。

できごころ【出来心】

　しようと思っていなかったが、悪い事をしてしまう、自分でも説明できない気持ち。

・会社の金を自分の遊びに使った人は、**出来心**だったと言って泣いた。

・何度も泥棒をした男が**出来心**だと言っても信じられない。

できごと【出来事】

　毎日の生活の中で起きる色々な事や事件、事故など。

・年は違っても、みんなが知っている**出来事**は多い。

・小さな**出来事**でも、大切な思い出になることもある。

てきざいてきしょ【適材適所】

　人をよく見て、その人の力を考えて、一番よくできる仕事をさせる様子。

・社長は、**適材適所**で仕事をさせるため社員をよく見ている。

・**適材適所**と思って頼んでも、やりたくないと言う人もいる。

てきせつ【適切ナ・ニ】→てきとう①

できそこない【出来損ない】→でき

てきちゅうする【的中する】

　こうなるだろうと考えた事などが、そのとおりになる。

・友人の考えが**的中**して、新しい商品は驚くほど売れた。

・最近は、天気予報が本当によく**的中する**ようになった。

てきど【適度ナ・ニ】

　多くもなく、少なくもなくてちょうどいいと感じさせる様子。

　・太らないため、**適度な**運動が必要だと思ってもできない。

　・仕事が続くときでも、みんなで**適度に**休もうと話している。

てきとう【適当ナ・ニ】

　①　する事や言う事などが、よく考えられている、周りの事とうまく合っていると思わせる様子。

　・工場の仕事が増え続けているが、**適当な**人を集めるのは本当に難しい。

　・商品は使いやすさを考えて、**適当だ**と思う形にする。

　★①のようにとてもよく合っていると強く感じるとき【適切】とも言う。

　・困ったとき相談すると、友人は**適切な**意見を言ってくれる。

　②　言う事やする事などが、時間をかけていない、よく考えられていないと思わせる様子。

　・**適当な**仕事をする人が増えれば、会社は長く続かない。

　・本棚に**適当に**置いた中から、必要な物を探すのは大変だ。

できばえ【出来栄え】→でき

てきぱき【てきぱき(と)】

　仕事や頼まれた事などを時間をかけずに、問題無くする様子。

　・祭りの日は、仕事を**てきぱき**終わらせてみんな早く帰る。

　・家の事は妻が**てきぱきと**やってくれるので、とても助かる。

てきびしい【手厳しい】→てぬるい

てぎわ【手際】

　難しい事や時間のかかる事、技術の要る事などをする様子。

　・時間が無くても、妻は**手際**よくおいしい食事を作る。

　・**手際**の悪い人がひとりでもいると、仕事全体が遅れる。

　★やり方が悪かったときや結果が良くなかった様子を【不手際】と言う。

　・会社の**不手際**で商品が遅れ、相手を怒らせてしまった。

てくばり【手配り】→てはい

でくわす【出くわす】

　考えていなかった人や動物に会う、また、思っていなかった所などに出てしまう。

　・大学時代の仲間に**出くわして**、長い間昔の話をした。

　・交通事故のあった場所に**出くわして**、何時間も車が進めなかった。

　★同じ様子を【遭遇】とも言う。

　・旅行中、大きな台風に**遭遇して**ホテルから出られなかった。

てごころをくわえる【手心を加える】★→てかげん、てぬるい

　知り合いだ、関係がある人だなどという理由で、失敗などがあってもほかと同じように強く注意しない。

・若いからと**手心を加えて**いては、社員が育たない。

・社長は、知り合いに**手心を加える**ような人ではない。

てこずる【手こずる】

　問題や仕事などが難しくて時間が長くかかる、また、どうしていいかわからず困る。

・簡単な仕事に**手こずる**若い人に、心の中で頑張れと言う。

・**手こずる**ような問題があるときは、友人と一緒に考える。

てごたえ【手応え】

　①　手を使って仕事などをしているときに手に伝わる感じ。

・釣れたときの**手応え**が好きで、よく海へ行く社員がいる。

・父は、買い物の**手応え**が無いので、写真を見ただけの物は買わない。

　②　仕事などをしているときに前に進んでいる、うまくいっているなどと感じられる様子。

・客からの**手応え**が感じられるときは、その商品は売れる。

・**手応え**がある仕事のときは、長く続いても疲れない。

でこぼこ【凸凹ナ・ニ・スル】

　道など物の外から見える所に、高くなった所と低くなった所が続いている様子。

・工事で駅前の道が**凸凹**していて、歩きにくい。

・計算を間違って、商品の外側が少し**凸凹**になってしまった。

てごろ【手頃ナ・ニ】→ころあい②

てごわい【手ごわい】

　相手の力が思ったよりも強くて、また、問題が思ったより難しくて、簡単に自分の思い通りにできない様子。

・思ったより**手ごわい**相手で、話し合いに時間がかかった。

・計画の途中で**手ごわい**問題が起きて、商品を作り始めるのが遅れた。

てさぎょう【手作業】

　ほとんど機械を使わないで人の力だけでする仕事。

・**手作業**でしかできない大切な仕事は、まだたくさんある。

・駅前の古い豆腐屋は、**手作業**で昔の味を長く守っている。

　★同じ事は 手仕事 とも言う。

・母が大切にする古い家具は、ほとんどが**手仕事**で作った物だ。

てさぐり【手探り】

① 暗くて周りがよく見えない所などで、手で触って物を探す様子。
・台風の夜、電気が止まりトイレへも**手探り**で行った。
・工場の事故で電気がすべて消え、少しの間**手探り**で動いた。
② 良い方法が見つからないので、調べながらできる事を進める様子。
・会社に入った頃は何もわからず、**手探り**の毎日だった。
・**手探り**で始めた仕事の結果が良い商品になってうれしい。

てしおにかける【手塩にかける】★→てがける

人や動物、植物などを、時間をかけて大切に育てる。
・妻が毎朝水をやり、**手塩にかけて**きた花が、きれいに咲いた。
・**手塩にかけて**育てた娘が結婚したときは、とても寂しかった。

てしごと【手仕事】→てさぎょう

てじゅん【手順】

仕事などを始めるときに、どうすれば問題無く進められるか考えて決める順番。
・仕事が**手順**通りに進まなくて、家へ帰るのが遅くなった。
・**手順**を間違うと危ないので、機械を使う人は決めている。
★同じように進める順番などは（手はず）とも言う。
・会議の**手はず**を決めるまでは、関係する人と何度も相談する。

てすう【手数】★→てま

仕事などをするためにどうしても必要な事や時間。
・コンピュータを使えば、大変だった仕事も今は半分の**手数**でできる。
・**手数**がかかる仕事を頼んでも、友人は嫌な顔をしない。
★ほかの人に手数をかけたときに払うお金を（手数料）と言い、また、同じ漢字で「てかず」とも読む。
・大きなゴミを捨てるには、高い**手数料**が必要だ。
・仕事を急に増やして、相手に**手数**をかけることになった。

てすうりょう【手数料】→てすう

てすき【手すきナ・ニ】→てがあく

てだし【手出し】→てをだす②、③

てだすけ【手助けスル】

困っている人やほかの人が助かり、喜んでくれるような手伝い、また、それをする様子。
・友人の**手助け**が無ければ、今度の仕事は終わらなかった。
・町でお年寄りを**手助けする**若者を見て、心が温かくなった。

てだて【手立て】
仕事や計画などが、良い結果になるように考えた方法、また、その順番。
- 住みやすい町になるよう、色々な手立てが考えられている。
- 会議で時間をかけて、新商品を売る手立てを話し合った。

てだまにとる【手玉に取る】
ほかの人を自分の考え通りに動かして、自分のしたい事をする。
- 社長は、相手や客の心を手玉に取るような仕事は許さない。
- 警察は、お年寄りを手玉に取って物を売る男を探している。

でたらめ【でたらめナ・ニ】★→うそ
困ったとき、また、人に本当の事を知られたくないときなどに、その場に合わせて本当ではない事を言う様子。
- 相手のでたらめな話は、すぐ本当ではないとわかった。
- 質問にでたらめに答えた社員に、強く注意した。

てぢか【手近ナ・ニ】★→てがる
自分のすぐ近くや毎日の生活の中にあって、簡単に行ったり取ったりできる、また、近くにあるのでよく知っている様子。
- 妻は、買い物に行けないときでも、手近にある材料で上手においしい料理を作る。
- 難しい事でも手近な例を使って説明すると、わかりやすい。

てちがい【手違い】★→てぬかり
相手を困らせる、準備ややり方の間違いや失敗。
- 社員の手違いで、商品を届けるのが遅れて問題になった。
- 相手の手違いで、妻の注文とは違う品物が送られてきた。

てつかず【手付かず】★→をつける
① 必要な事などが何もしないで残されている様子。
- 休みに入るのに、手付かずの仕事が残っている。
- 地震の後半年になっても、まだ手付かずで残されている場所がある。
② 場所や物などが何も変えないで、初めの形で残っている様子。
- 休みを取って、手付かずの自然が楽しめる所に行きたい。
- 子供のときに買った絵の具が、手付かずで残っている。

てつき【手つき】
料理するときなどに、する人の経験ややり方がわかるような手の様子。
- 妻が野菜を花の形に切る手つきは、料理人のように見える。
- 危ない手つきで機械を使う人は、心配なので何度も練習させる。

てっきょ【撤去スル】

必要ではない物や邪魔な物などを、その場所から取って無くす様子。

・近所にある倒れそうになった空き家の**撤去**が始まった。

・長い間置いてある駅前の自転車は**撤去される**ことになった。

てっきり　★→たしか②

間違い無いと思っていた事などが、間違っていたと伝える言い方。

・**てっきり**枯れたと思った花が咲いていて驚いた。

・友人の話は、**てっきり**次の仕事の事だと思ったが違った。

てつづき【手続きスル】

新しい事を始めるときや続いている事を変えるときなどに必要だと決まっている事など、また、それをする様子。

・新しい場所で仕事を始める前は、**手続きする**事が多くて大変だ。

・海外旅行をする両親は、色々な**手続き**も楽しんでいる。

てってい【徹底スル】

①　決まりや決めた事などを大切にして、みんなが守る様子。

・決まりを作っても、難しいのは関係する人への**徹底**だ。

・町の人のごみの捨て方は、何度連絡があっても**徹底しない**。

②　考え方ややり方などが、少しも変わらないで同じである様子。

・社会のための商品という社長の考えは、**徹底して**変わらない。

・両親は、**徹底して**物を大切にする生活を続けている。

★①、②のように徹底している様子を 徹底的 と言う。

①・会社は、決まりを作ったら、社員全員に**徹底的**に守らせる。

②・町はゴミ問題を無くす、**徹底的**な方法を話し合っている。

てっていてき【徹底的ナ・ニ】→てってい

てっとりばやい【手っ取り早い】

時間がかかる事などを簡単に終わらせる様子。

・電話の方が**手っ取り早い**が、仕事の事は相手と会って話すようにしている。

・客の相手を**手っ取り早く**終わらせて、友人と商品の相談を始めた。

でっぱり【出っ張り】→でっぱる

でっぱる【出っ張る】

周りとは違って、外へ出ていて外からよく見える様子。

・妻に腹が**出っ張っている**と言われ、ビールを減らした。

・一年に一度、庭の木の外へ**出っ張った**枝を切ってもらう。

★出っ張っている所を 出っ張り と言う。

・**出っ張り**が無いように荷物を作って、ふるさとへ送った。

てとりあしとり【手取り足取り】→てをとる②

てなずける【手なずける】

動物や人に喜ぶ事を色々して信じさせ、自分の思い通りにする。

・動物好きの妻は、庭に来るネコもすぐに**手なずけた**。

・公園のハトを**手なずけた**お年寄りが新聞で紹介された。

てなみ【手並み】

長い時間をかけ、使えるようになった技術など、また、それを使う様子。

・目の前に並んだ料理に、プロは**手並み**が違うと思った。

・経験の長い人が、商品を作る**手並み**の良さに驚いた。

てにあせをにぎる【手に汗を握る】

結果がどうなるかとても心配で、ほかの事が考えられなくなる。

・昔見た**手に汗を握る**ような映画をもう一度見に行った。

・若い人が仕事をするのを、**手に汗を握る**思いで見ていた。

てにあまる【手に余る】→てにおえない

てにいれる【手に入れる】

どうしても欲しい物などを、色々な方法を使って自分の物にする。

・仕事に必要な材料を**手に入れる**ために、色々な所へ行って探している。

・長い間欲しかった皿を**手に入れた**父は、うれしそうだ。

★**手に入れた**後の様子を 手に入る と言う。

・探していた情報が**手に入って**、問題の原因がはっきりした。

てにおえない【手に負えない】

★→てがつけられない、てもあしもでない

頑張っても力が足りなくて、仕事や問題などが無くならない様子。

・**手に負えない**ほどの仕事が続いて、体調を悪くした。

・子供も大きくなると、親の**手に負えなく**なる。

★ 手に余る も同じ様子を言う。

・会社の**手に余る**仕事は、頼まれてもやらないと決まっている。

てにする【手にする】

① 物を持つ、また、調べたい事などがあってよく見えるように近づけて持つ。

・父は、飲み水だけを**手にして**毎日散歩に出る。

・社長は新商品を**手にする**と、長い間調べるように見ていた。

② 簡単ではなかったが、大切な物や欲しかった物を買うなどして自分の物にする。

・父は、長い間探していた皿を手にして本当にうれしそうだ。
・社長は、会社を始めた人たちと何年も頑張って今の会社を手にした。

てにつかない【手に付かない】

心配な事などがあって、今する事が頑張ってできない様子。
・若い人の事が心配で、友人は仕事が手に付かないようだ。
・ふるさとの大雨が気になって、妻は何も手に付かないようだ。

てにとるように【手に取るように】

相手をよく知っているので、見なくても細かい様子まで全部がはっきりわかると伝える言い方。
・長く仕事をしていると、相手の思いは手に取るようにわかる。
・親でも、子供の考えが手に取るようにはわからない。

てにはいる【手に入る】→てにいれる

てぬかり【手抜かり】★→てちがい

じゅうぶんに気をつけて準備しなかったために、必要な事や大切な事などができていない様子。
・手抜かりで相手に連絡ができていなくて、大騒ぎになった。
・手抜かりが無いように、仕事の前に毎日話し合う。

てぬき【手抜き】→てをぬく

てぬるい【手ぬるい】★→てごころをくわえる

間違いや失敗などを簡単に許すのは良くない、もっと強く注意する必要があるなどと思わせられる様子。
・友人が叱る様子を見て、少し手ぬるいのではないかと思うときがある。
・ゴミが増えても何もしない町の手ぬるいやり方は、問題だ。
★反対に、そんなに強くなくてもいいのではないかと思わせられる様子を 手厳しい と言う。
・同じ間違いを繰り返す人には、手厳しいと思われても注意する。

てのつけようがない【手の付けようがない】→てがつけられない

てのひらをかえす【手のひらを返す】

話す事ややる事などを、少し前までとはまったく変える様子。
・社長の前では、手のひらを返すような事を言う人がいる。
・会議で手のひらを返すような意見を言う人には、腹が立つ。

―ては

何度も何度も同じ事をする、また、長い時間、変わらない様子が続くと伝える言い方。
・母は、古い写真を見ては、この頃に戻りたいと言う。

・旅行に行った海で**近づいて**は離れる波を、いつまでも見ていた。

てはい【手配スル】★→てをまわす

大事な事や難しい事などが問題無くできるように、始める前に必要な準備をする様子。

・海外から客が来るときは、ホテルや食事の**手配**などで大変だ。

・友人が**手配**してくれて、今度の仕事は問題無くできた。

★同じ様子を**手配り**とも言う。

・仕事の**手配り**が悪く、今度の商品は時間がかかった。

てはじめに【手始めに】

大きな事や時間のかかる事などをするときに、まず最初にすると伝える言い方。

・住みやすい町を作るために、**手始めに**掃除の日が決められた。

・家の物を減らす**手始め**に、使わない物から捨てた。

てはず【手はず】→てじゅん

てばなす【手放す】

大切にしている物を人にあげる、売る、また、捨てるなどする。

・引っ越しのとき、使わなくなった物は全部**手放した**。

・お金を作るため、ふるさとの土地を**手放そう**と父に話した。

でばなをくじく【出ばなをくじく】

相手に負けないように、始める前に相手の邪魔になるような事をする。

・相手の**出ばなをくじく**ために、こちらの考えを先に話した。

・金は無いと社長に**出ばなをくじかれ**、詳しく話せなかった。

てばやい【手早い】

必要な事を短く時間をかけずにする様子。

・**手早い**仕事をする人が一緒だと、助かる事が多い。

・祭りの日は、仕事を**手早く**片づけてみんな早く帰る。

ではらう【出払う】

人や車が全部出てしまって、全然残っていない。

・専門の人が**出払って**いて、機械の故障はすぐ直らなかった。

・タクシーを頼んだら、全部**出払って**いるとの返事だった。

てびき【手引きスル】

① 場所に詳しい人が、よく知らない人を案内する様子。

・海外からの客の**手引き**は、英語ができる人に頼んでいる。

・詳しく**手引き**する人がいて、簡単に、町の歴史の跡を見て歩ける。

② 新しい事を始める人にやり方を教える様子、また、教えるための本

など。

・新しい社員にする仕事の**手引き**は、難しくて大変だ。

・妻は、料理と花の育て方の**手引き**をたくさん集めている。

でぶしょう【出無／不精】→ぶしょう

てぶら【手ぶら】

手に荷物などを何も持っていない様子、また、必要な物を持っていない様子。

・**手ぶら**で外に出てゆっくり歩く休日は、心まで自由になる。

・両親の家へ**手ぶら**で行けないと、妻は朝から料理している。

てぶり【手振り】→みぶり

てほどき【手ほどき】

新しい事を始める人に、最初に覚えなければならない事などをわかりやすく教える様子。

・春は、新しい社員に仕事の**手ほどき**をする大切なときだ。

・昔ふるさとで、父が近くの空き地で野球の**手ほどき**をしてくれた。

てほん【手本】

自分の力をもっと上げるために、勉強しようと思い見る人や物。

・**手本**通りに書くようにしたら、字がうまくなった。

・仕事を大切にし、社員に優しい社長は、みんなのお**手本**だ。

てま【手間】★→てすう

仕事をするときなどに必要な時間や色々な事。

・**手間**がかかった商品の最後の検査を、今はコンピュータがする。

・妻は、庭に**手間**をかけられる毎日が幸せだと言う。

★終わるまでに時間がかかる様子を 手間取る と言う。

・客の相手に**手間取**って、朝は何も仕事ができなかった。

てまえ【手前】

① 自分のすぐ前や自分に近い場所。

・よく使う物は、机の上の**手前**に並べて置いている。

・家から少し歩くと、駅の**手前**に古くからの店が残っている。

② ～の/(した)手前 という形で、ほかの人に悪く思われたくないので、難しい事ややりたくない事でもすると伝える言い方。

・ほかの**社員の手前**、疲れていても早く帰ることはできない。

・できると**言った手前**、難しいと思っても顔に出せない。

てまえがって【手前勝手ナ・ニ】→かって

てまえみそ【手前みそ】

自分でやった事や自分に関係のある事などを自分でほめる様子。

・若い人に自分の経験を話すとき、**手前みそ**にならないようにしている。
・この庭は自分で考えて作ったと**手前みそ**を並べる父を、母は優しく見ている。

でまかせ【出任せ】★→うそ

すぐに答えや言いたい事などが出てこないので、また、自分の思い通りにしたいので、深く考えないでする話。

・後の事を考えずに、**出任せ**で返事をする社員とは仕事をしない。
・買ってからわかったが、店員の説明はすべて**出任せ**だった。

★後の事は何も考えずに言う様子を 口から**出任せ** と言う。

・社長は、口から**出任せ**の説明を続ける社員を怒った。

てまどる【手間取る】→てま

てまわし【手回し】→てをまわす

でまわる【出回る】

品物などがたくさん、色々な場所で見られるようになる。

・最近、妻のふるさとの米が日本中に**出回る**ようになった。
・会社の商品が海外で**出回る**ようになるには、もう少し時間が必要だ。

てみじか【手短ナ・ニ】

時間をかけないで、必要な事だけを簡単にする様子。

・会社を辞めた人から、元気だと**手短な**連絡があった。
・仕事があったので、必要な事を**手短に**伝えて会社を出た。

でむく【出向く】

必要な事などがあって、いつもは行かない所へ時間を作って行く。

・知り合いが入院したと聞いて、お見舞いに**出向いた**。
・大切な客なので、社長が相手の会社に**出向く**ことになった。

てもあしもでない【手も足も出ない】★→てにおえない

力が足りなくてどうすることもできない、また、できないだろうと感じさせられる様子。

・海外から相談があった仕事は、大きすぎて、今の会社では**手も足も出なかった**。
・**手も足も出ない**ほど難しい事でも、友人はやってみようと言う。

てもち【手持ち】

今持っていてすぐに使えるお金や物。

・友人と食事に行ったが、**手持ち**が少なく少し心配だった。

・妻とふたりなので、何かあっても**手持ち**の物で生活できる。

てもちぶさた【手持ち無沙汰】

何もする事が無くて、また、何をしていいのかわからなくて、何もしていない様子。

・**手持無沙汰**にしていたら、妻に庭の掃除を頼まれた。

・**手持無沙汰**な様子で立っている社員に、急ぎの使いを頼んだ。

てもと【手元】

①　手を伸ばせば届くような近い場所。

・会議の記録を書くときは、辞書を**手元**に置いている。

・海外に注文した品物が、もう**手元**に届いた。

②　仕事などをするときの手の動き。

・経験が長い人は、**手元**が見えないほど動きが速い。

・機械を使う若い社員の**手元**が危なそうで、心配だ。

てらす【照らす】

①　光が当たって明るくなる、また、物が見やすいように明るくする。

・日に**照らさ**れて光る海の絵を、部屋に飾っている。

・機械の中をライトで**照らし**て、故障の場所を探したがわからなかった。

　★→てる

②　本に書かれている事やほかの人が調べた事、決められている事などを使って、正しいかどうかを調べる。

・海外で売る商品は、決まりに**照らし**て許可される。

・関係する本に**照らし**て、安心できるまで問題無いかどうか調べた。

てる【照る】★→てらす①

天気が良くなる、また、太陽や月の光が当たって物が明るく見える。

・父は、**照っ**ても曇っても、毎日の散歩をやめない。

・旅行に行って見た湖は、夜、月が**照る**と明るく光って見えた。

てれかくし【照れ隠し】

恥ずかしいと感じたときに、それを見せないように小さく笑い、話を変えようなどとする様子。

・社長にほめられた友人は、**照れ隠し**に仕事の話を始めた。

・料理がおいしいと言うと、妻は**照れ隠し**に「これはどう？」と言って別の料理を出した。

てれくさい【照れくさい】→てれる

てれる【照れる】

人の前でほめられたときや人からお礼を言われたときなどに、うれしい

が少し恥ずかしいと感じる。

・誕生日のプレゼントに照れる父を母は笑って見ていた。

・社長にほめられた社員は、照れて赤い顔をしていた。

★照れて恥ずかしく感じるとき 照れくさい と言う。

・料理を手伝って妻に礼を言われ、照れくさかった。

★→くすぐったい②(→くすぐる)

てわけ【手分けスル】

ひとりでは大変な事やとても多い仕事などを、何人かで分けてする様子。

・いなくなった子供を、町のみんなで手分けして探した。

・たくさんの注文が来たので、みんなに手分けを頼んだ。

てをあげる【手を上げる】

① 腹が立ったときなどに、相手を殴ろうとする。

・小学校で子供に手を上げる教師が、問題になっている。

・子供を育てるのに、手を上げるようなことはなかった。

★→てをだす②

② やる事が多すぎて、また、難しすぎて自分ではできないからやめようとする。

・手を上げそうな難しい仕事は、いつも友人が手伝ってくれる。

・家族の問題で手を上げそうなとき、明るい妻は助けだ。

てをいれる【手を入れる】

今ある物やできている物などが、今より良くなるように、ほかの人が直す、足す。

・若い人の書いた物には、時間をかけて手を入れている。

・社長は、忙しくても計画書に手を入れて返してくれる。

★同じ事をする様子を 手を加える とも言い、手を入れた事がわかる様子を 手が入る と言う。

・買って来た料理でも、妻が手を加えると特別な味になる。

・丁寧に手が入った計画書を返す事も、若い人を育てる方法のひとつだ。

てをうつ【手を打つ】

① 思ったとおりではないが、今これ以上は難しいだろうなどと考えて決める。

・高かったが、相手の言う値段で手を打った。

・お金が足りないので、妻との旅行は近くで手を打った。

② 後で困らないように、これからどうなるかなどを考えて、先に準備をしておく。

- 台風や地震などから人の命を守るために、町では早くから**手を打って**いる。
- 会社は色々**手を打って**、小さな事故があっても仕事が続けられるようにしている。

てをかける【手を掛ける】★→てがける

大切にしようと思う人や物などを時間をかけて育てる、また、作る。

- 妻は**手をかけた**花が咲くと、何時間でも庭に出ている。
- **手をかけて**作った商品は、いつまでも忘れられない。

★大切にするため時間がかかる様子を 手がかかる と言う。

- 新しい社員は、**手がかかる**が時間をかけて育てる。

てをかす【手を貸す】

困っている人に気がついて、また、頼まれて、手伝う。

- 重い荷物を運ぶとき、若い人が**手を貸して**くれた。
- 友人の引っ越しに、おおぜいの人が**手を貸した**。

★ひとりでできなくて手伝ってもらうとき 手を借りる と言う。

- 子供を育てるのに、何度も両親の**手を借りた**。

てをかりる【手を借りる】→てをかす

てをきる【手を切る】

悪い関係や続けてきた良くない事などをそれ以上続けないようにする。

- 長い関係があっても、悪い事をした会社とはすぐ**手を切る**。
- 悪い薬と**手を切って**成功した人が、町に病院を作った。

★手を切った後の様子を 手が切れる と言う。

- 医者に何度も注意されたが、まだたばこと**手が切れない**。

てをくむ【手を組む】

仕事などをうまくするために、ほかの人や会社などと仲間になる。

- 会社のためなら、社長は競争相手とも**手を組む**と決めた。
- 若い人と経験の長い社員が**手を組んで**、商品を計画し、作っている。

★同じように仲間になる様子を 手を結ぶ とも言う。

- 隣（となり）の町とも**手を結んで**、川をきれいにする運動が始まった。

てをくわえる【手を加える】→てをいれる

てをこまぬく【手をこまぬく】→てをこまねく

てをこまねく【手をこまねく】

問題が大きすぎて何もできないと考え、また、少し様子を見ようとして、黙って何もしないでいる様子。

★ 手をこまぬく という言い方もする。

・物の値段が上がり続けているが、手をこまねいて見ているしかない。
・何をすれば良いのか考え、**手をこまねいている**間に、また同じ問題が
　起こった。

てをさしのべる【手を差し伸べる】

　① 物を取ろう、人や物に触ろうなどとして、遠くまで手を伸ばす。
・母は、庭の花が咲くと**手を差し伸べて**何か話している。
・古い商品を取ろうと**手を差し伸べた**が、届かなかった。
　② 困っている人を助けるために、自分のお金や力などを使う。
・難しい病気の子供に**手を差し伸べる**手伝いをしている。
・地震で家が壊れた人たちに、多くの**手が差し伸べられた**。

てをそめる【手を染める】

　良くない事や新しい事などをやり始める。
・お金が欲しくても、会社が悪い仕事に**手を染める**ことは無い。
・妻は学生時代に**手を染めて**から、お茶を続けている。

てをだす【手を出す】★→てがでない（→てがとどく②）

　① 食べ物や飲み物などを取ろうとする。
・甘い物を見ると一番先に**手を出す**のは、娘だった。
・父は、一度病気をしてからたばこには**手を出さなく**なった。
　② 相手に腹が立って殴る。
・昔の父は、子供が悪い事をするとすぐに**手を出した**。
・今、教師が生徒に**手を出す**と、大変な問題になる。
　★→てをあげる①
　③ 人のしている事や新しい事などを自分でもしようとする。
・花を育て始めた頃、**手を出さない**ように妻に言われた。
・よく知らない事に**手を出して**、失敗した経験が何度かある。
　★②で相手を殴る様子、また、③で頼まれない事などをする様子を 手出
　し と言う。
　　②・けんかをすると、先に**手出し**をした方が悪いと叱られた。
　　③・友人は、自分の仕事に**手出し**をする人を許さない。

てをつくす【手を尽くす】

　問題や困った事があるときなどに、できる事をすべてする。
・みんなで**手を尽くした**が、商品の問題はわからなかった。
・**手を尽くして**探して、会社ができた頃の古い写真を何枚か見つけた。

てをつける【手を付ける】★→てつかず

　① 目の前にある仕事やまだしていない必要な事などを始める。

・一度に仕事が来て、何から**手を付け**ようか考えている。
・大きな地震で、家の中は**手を付けられない**様子になった。
　★→てがつけられない
②　目の前にある料理を食べ始める。
・食事会では、社長の話が終わるまで、誰も料理に**手を付けない**。
・娘の料理は、とてもきれいですぐに**手を付けられなかった**。
③　特別なときなどのために準備をしておいた金を使う。
・困ったときのためにと、**手を付けない**お金がある。
・息子と娘の結婚に、大切にしているお金に少し**手を付けた**。
④　やる事などがあって集めた金を見つからないように使う。
・困っても、会社の金に**手を付ける**ような社員はいない。
・町で集めた金に**手を付けた**人がいて、騒ぎになっている。

てをとめる【手を止める】★→てをやすめる
　話をする、別の事をするなどの理由で、今している事を少しの間やめる。
・大きな音がしたので、食事の**手を止めて**外を見た。
・社長が話し始めたので、仕事の**手を止め**、話を聞いた。

てをとる【手を取る】
①　仲の良さやお礼の気持ちなどが伝わるように、相手の手を握(にぎ)る。
・最後まで手伝ってくれた社員の**手を取って**、礼を言った。
・社長は海外からの客の**手を取り**、うれしそうに笑った。
②　よくわかるように、相手に合わせてゆっくり、親切に教える。
・新入社員には、初めは**手を取る**ようにして仕事を教える。
・**手を取って**色々教えた子供たちも、みんな結婚した。
　★②で、これ以上ないほど親切にと強く言うとき 手取り足取り と言う。
・**手取り足取り**教えた社員が、良い商品を作るようになった。

てをぬく【手を抜く】★→ちからをぬく（→ちからがぬける）
　必要だとわかっていても、時間が無い、嫌だなどという理由で、必要な
事などをじゅうぶんしない。
・小学校の壁(かべ)が倒れたのは、**手を抜いた**工事が原因だった。
・小さな仕事でも**手を抜かない**でする社員は、とても大切だ。
　★じゅうぶんにできていない仕事や様子を 手抜き と言う。
・妻は、**手抜き**でもおいしい料理はできるとよく言う。

てをひく【手を引く】
①　安全を考えて、人の手を持って一緒に歩く。
・お年寄りの**手を引いて**道を渡る小学生たちを見るとうれしくなる。

・人が多いので手を引こうとすると、母は恥ずかしそうにした。
② していた仕事や人との関係などを続けないで、離れる。
・友人が次の計画から手を引くと言うので、困っている。
・会議で、長く仕事をしてきた相手から手を引くと決まった。

てをひろげる【手を広げる】

　仕事や好きでやっている事などを今までよりも多くする。
・会社は、海外へも手を広げて商品を売っている。
・手を広げすぎると失敗するので、商品の計画は難しい。

てをまわす【手を回す】★→てはい

　困った事にならないように、また、簡単に必要な事などができるように
特別な準備をする。
・若い人に仕事を頼むときは、困らないように見えない所で手を回して
　おく。
・友人に手を回してもらい、母を予約の難しい病院へ連れて行った。
　★必要な準備を、また、それをする様子を 手回し と言う。また、ほか
　の事ができないほど忙しいときは、 手が回らない と言う。
・手回しのいい友人は、新しい仕事の前に必要な事を終える。
・最近忙しくて、ほかの人の仕事にまで手が回らない。

てをむすぶ【手を結ぶ】→てをくむ

てをやく【手を焼く】

　どうすればいいかがすぐにわからなくて、問題が無くなるまでに時間が
かかる。
・今、多くの小中学校では、いじめの問題に手を焼いている。
・手を焼かされた子供たちも、大きくなって家を出た。
　★時間がかかって困る様子を 手が焼ける と言う。
・よくわからないで反対する人への説明は、手が焼ける。

てをやすめる【手を休める】★→てをとめる

　続けてやっている事などを少しの間やめて休む。
・大きな仕事が続いて、最近は手を休める時間も無い。
・庭仕事をする妻は、時々手を休めて考え事をしている。

てをわずらわす【手を煩わす】

　できない事や難しい事などを手伝ってもらって、ほかの人に時間を使わ
せてしまう。
・新しい商品を計画するのに、今度もまた友人の手を煩わした。
・海外へ行く前は、荷物の準備にいつも妻の手を煩わす。

てんか【転嫁スル】

自分が最後までしなければいけない事などから逃げて、ほかの人にさせる様子。

・自分の仕事を人に**転嫁**する人間は、周りから信じられない。

・人に**転嫁**ができないような大切な仕事をする人が、会社には必要だ。

てんかい【展開スル】→くりひろげる

てんけい【典型】

人間のする事や物の集まりなどの中で、全体の様子がよくわかる事や物。

・会社で毎日働く今の生活は、自分の年の人の**典型**だと思う。

・祭りを日本文化の**典型**だと考え、町は大切に続けてきた。

★全体がわかると感じるとき　典型的　と言う。

・**典型的**な日本の生活と聞かれても、簡単に答えられない。

てんけいてき【典型的ナ・ニ】→てんけい

でんせん【伝染スル】→かんせん

てんで

「ない」と一緒に使って、全然、少しも良くない、意味が無いなどと強く伝える言い方。

・友人は、叱られても**てん**で気になら**ない**様子でいる。

・仕事を頼んでも、**てん**でできない社員がいて困る。

てんとう【転倒スル】

歩いているときに、物や人に当たる、滑るなどして、倒れる様子。

・冬の朝、駅までの道に雪があると**転倒**が怖い。

・妻が後ろから自転車に当たられ、**転倒**してけがをした。

でんとう【伝統】

住んでいる人たちや特別な仕事をする人たちなどの間に、長い間伝えられてきた、ほかとは違う特別な技術や決まり、考え方など。

・**伝統**を大切にするため、学校で町の歴史を教えている。

・町の祭りの**伝統**は、百年以上も大切にされてきた。

★伝統が感じられる様子を　伝統的　と言う。

・駅前の豆腐屋さんは、**伝統的**な作り方を守っている。

でんとうてき【伝統的ナ・ニ】→でんとう

と

―とあって
特別な事、特別なときだから、いつもとは違う様子だと伝える言い方。
- **最後とあって**、建て替えられる駅に多くの人が集まった。
- 野菜が安く買える**とあって**、スーパーは人でいっぱいだ。

とある―
時間や場所などをはっきり思い出せないときや教えたくないときなどに使う言い方。
- 両親の結婚は、**とある**所での出会いが始まりだそうだ。
- 社長が会社を始めるとき、**とある**人が手伝ったそうだ。

といあわせ【問い合わせ】→といあわせる

といあわせる【問い合わせる】
わからない事や知りたい事があるときなどに、関係のある所などに連絡して聞く。
- 電車が止まり、いつ動くのか駅に**問い合わせた**。
- 最近無くなった物が無いか、警察が**問い合わせて**きた。

★問い合わせる様子を 問い合わせ と言う。
- 新聞で商品が紹介され、買える場所の**問い合わせ**が続いた。

―といい～といい
誰でも知っているわかりやすい事や物などを並べて、すべてが同じ様子だと伝える言い方。
- **新聞といいテレビといい**、騒ぎすぎだと思うことが多い。
- **大きさといい値段といい**、これだと決めてテレビを買った。

★ ―といわず～といわず も同じようにすべての様子を伝える。
- 台風が来ると、**海といわず山といわず**毎年大変な事になる。

というのは
理由や原因を相手にはっきりと伝えるときに使う言い方。
- 工事が中止になった。**というのは**、町の人が反対だからだ。
- 最近よく眠れない。**というのは**、母の体調が心配だからだ。

★ というのも という形で、柔らかく相手がそうだなと思えるように理由を伝える。

・お金を使わない人が増えた。**というのも**、誰も助けてくれない時代だと感じるからだ。

というのも →というのは

―というものは

人や物、周りで起こる事などの後に付けて、それはこんな様子だと伝える言い方。

・**雑草というものは**強くて、抜いても抜いても無くならない。

・**ふるさとというものは**、離れてみると良さがわかる。

―といえば

話は変えないで、相手の言葉で思い出したように自分の考えを伝える言い方。

・旅行の話で、「**旅行といえば**」と海外旅行の話になった。

・「**休みといえば**」と言って、子共の頃の夏休みの話が始まった。

―といかける【問いかける】

質問の形を使って、自分の考えを伝える、また、相手の考えを聞く。

・死とは何かを**問いかける**本を読んで色々考えた。

・仕事の意味を**問いかける**社員に、自分の問題だと言った。

―といったら ★→―ときたら(→―とくる②)

ほかの人や物、する事などの後に付けて、強く言って、驚いた、信じられないなどという気持ちを伝える言い方。

・若い社員の食べる**量といったら**、信じられないほどだ。

・昨夜の**月といったら**、信じられないほど美しかった。

★話し言葉では ―ったら とも言い、また、とても強く伝えたいとき ―といったらない と言う。

・母が昔、この**子ったら**と言っていつも汚した靴を洗ってくれた。

・初めての商品ができたときの**うれしさといったらなかった**。

―といったらない →―といったら

―といっても ★→―とはいえ

周りのみんなが思う事は、自分の考えや本当の様子とは違っていると伝える言い方。

・海外で仕事を**したといっても**半年なので、英語は話せない。

・**旅行といっても**、お金が無いので近くへしか行けない。

―といわず〜といわず →―といい〜といい

とう【問う】

①　わからない事や、正しいかどうかを知るためなどに人に聞く。

・新しいゴミ置き場に賛成かどうかを**問う**集まりがあった。
・若い人の考えを**問う**ために、特別な会議を開いた。
② （**〜を問わず/問わない**）という形で、関係無く、と伝える。
・働く人を探す図書館は、**経験を問わない**と言っている。
・男女、**年齢を問わず**、最近仕事の無い人が増えている。
③　多く（**問われる**）という形で、関係する人がみんな考える必要があると伝える。
・会社がうまくいかないとき、社員の本当の力が**問われる**。
・住む人が減って、町はこれからどうするか**問われている**。

どうい【同意スル】
ほかの人の意見ややろうとしている事に、賛成だと伝える様子。
・若い社員が出した面白い意見に、みんなが**同意した**。
・社長の**同意**が無ければ、新しい商品の計画は進められない。

とういつ【統一スル】
色々な所にある物や別々にやっている事などを同じようにする、また、使い方などを決める。
・新聞や雑誌で使う漢字が**統一されて**、とても便利になった。
・ゴミ袋の**統一**が決まってから、ゴミを出すのが大変だ。

どうか
こうなってほしい、人にこうしてほしいなどと強く伝える言い方。
・言葉にはしないが、両親には**どうか**元気でと願っている。
・**どうか**うまくやってほしいと願って、若い人に仕事を頼んだ。

どうかすると
よく注意していないと、考えてもいなかった良くない結果になるかもしれないと伝える言い方。
・よく働く社員が、**どうかすると**変わることもある。
・安全な仕事でも、**どうかすると**事故になることがある。

どうかん【同感】
人の意見や考えなどを聞いて、そのとおりだと思い、賛成する様子。
・新しい計画は、全員と相談するという意見に**同感**だ。
・機械が人間に代わるという考えには、**同感**できない。

どうき【動機】
やろうという気持ちを起こさせる理由や原因になる事。
・物を作りたいという強い**動機**を持って会社に入る人が増えた。
・何かが**動機**になって、妻は庭で花を育て始めた。

とうじ【当時】
今話している事があった時代、また、その時代には、と伝える言い方。
- 父は、**当時**食べる物が無くて困ったと、時々戦後の事を話す。
- 昔住んでいた家の近くは、**当時**とはすっかり変わっている。

ーどうし【一同士】
ほかの言葉と一緒に使い、同じような生き方をする人や年齢の近い者、また、同じ種類の物などが互いに関係し、一緒にいなければできないような事をする様子を言う。
- **友達同士**で遊び、けんかしたふるさとでの生活は、大切な思い出だ。
- 風が強い日は、**物同士**がぶつかる音がして怖い。

とうしょ【投書スル】
おおぜいの人に伝えたい事などを新聞社などに書いて送る様子、また、送られた物。
- 新聞を読んで、最近**投書**する人はお年寄りが多いと思った。
- ラジオを聞く人が増え、毎日たくさん**投書**が届くそうだ。

とうじょう【登場スル】
それまで知られていなかった人や物が、みんなの前に出てくる様子。
- 新しい機械が**登場**して、会社の仕事はとても速くなった。
- 今年入った人たちを見て、若い力の**登場**を感じた。

どうじょう【同情スル】
苦しんでいる人や悲しんでいる人などを大変だろうと思い、手伝える事は無いかと思う様子。
- 事故で子供を亡くした人には、**同情**しても何もできない。
- 台風などで住む家を無くした人には、**同情**よりもお金が必要だ。

どうせ
頑張ってもできないだろう、結果は悪いだろうなどと伝える言い方。
- **どうせ**できないだろうとやる前に思い、やろうとしないのは良くない。
- 社長が**どうせ**反対すると言って、友人は計画を話さなかった。

とうせん【当選スル】★→とうひょう
選挙や大会などに出て、また、作品などを送って、選ばれる様子。
- 友人の絵は、全国大会の特別賞に**当選**が決まって会社に飾られた。
- **当選**した小学生の作文は、図書館で誰でも読める本になる。
　★選ばれないとき〔落選〕と言う。
- 商品をデザイン大会に出したが、結果は**落選**だった。

とうぜん【当然】→あたりまえ①

とうてい【到底】

「ない」と一緒に使って、どんな方法を使っても、どんなに頑張ってもできないと伝える言い方。

・**到底**でき**ない**と思っていたが、頑張って新しい商品を作った。
・別の仕事に移ることは、自分には**到底**考えられ**ない**。

とうとい【尊／貴い】

① 　[尊い]と書いて、人や物がほかには簡単に見つからないほど特別で、大切にされている様子。

・社長のこれまでの生き方は、社員みんなが**尊い**と思う経験だ。
・妻は、花や草木も**尊い**命だと考えて大切にしている。

② 　[貴い]と書いて、物が珍しく、少なくて、簡単には持てない様子。

・金が一番**貴い**と考える社会は、人が生きにくい所だ。
・昔の人が作った道具は、人間みんなの**貴い**宝だ。

とうとう

① 　長く時間がかかったが、思っていたとおりの結果になった、また、反対に、悪い結果になったと伝える言い方。

・仲間と頑張っていた商品が、**とうとう**できた。
・長く病気だった社員が、**とうとう**亡くなった。

★①は[ついに]も同じような言い方。

・長い間続けたが、計画は**ついに**やめることになった。

② 　結果が良い悪いとは関係無く、長くかかったが終わったという気持ちを伝える言い方。

・待っていたが、約束した人は**とうとう**来なかった。
・会社での生活が、**とうとう**今日で最後になる人がいる。

どうどう(と)【堂々(と)スル】★→どっしり

① 　簡単には変わらない、とても強そうだなどと感じさせる様子。

・古くて**堂々**とした建物を見ると、気持ちが静かになる。
・何があっても**堂々**としている社長がいると、安心だ。

② 　怖いなどと思わないで、難しい事をやろうとする様子。

・大人を相手に**堂々**と戦った中学生が、有名になった。
・経験の長い人にも**堂々**と意見を言う若い人が、増えている。

★②で、怖いなどと思わない様子を、[正々堂々(と)]と強く言う。

・正しいと思ったら、社長の前でも**正々堂々**と意見を言う。

とうに

ずっと前に終わっている、始まっているなどと伝える言い方。

・急いで帰ったのに、見たい番組は**とう**に終わっていた。

・駅前に着いたとき、約束の時間は**とう**に過ぎていた。

★ とっくに とも言い、ずっと前だと強く言う時には とっくの昔 と言う。

・説明の前に、社長は問題を**とっくに**知っていた。

・子供たちと海へ旅行に行ったのは、**とっくの昔**の事だ。

どうにか【どうにかスル】

①　じゅうぶんではないが、それでも時間をかけ、頑張ってひとつの事をすると伝える言い方。

・仕事関係の英語の本を**どうにか**最後まで読み終えた。

・時間がかかったが、**どうにか**思ったように商品はできた。

★→かろうじて、どうやら②、なんとか

★①で、時間はかかったが最後まで頑張ったと強く言うとき どうにかこうにか と言う。

・色々大変だったが、**どうにかこうにか**頼まれた仕事を終えた。

②　今より少しでも良くなるように、できる事などをする様子。

・けがをした足を、次の仕事までに**どうにか**治したい。

・環境問題は、みんなで**どうにか**しなければならない。

どうにかこうにか →どうにか①

どうにも

①　「ない」を意味する言葉と一緒に使って、いい方法が考えられなくて、問題が無くならないなどと伝える言い方。

・電車が止まり、**どうにもならない**ので会社に遅れた。

・歯の痛みが**どうにもできなくて**、仕事中歯医者へ行った。

②　思ったようにならなくて、本当に困ったなどと伝える言い方。

・風邪で社員がたくさん休み、**どうにも**困ってしまった。

・両親が入院してしまって、**どうにも**大変な事になった。

★①、②で、強く伝えるときは どうにもこうにも と言う。

　①・**どうにもこうにも**できなくなるまでは、自分でやってみる。

　②・社長の反対で仕事が進まないので、**どうにもこうにも**困ってしまった。

どうにもこうにも →どうにも

どうにゅう【導入スル】

①　新しい機械、考え方ややり方などを初めて使う様子。

・機械を**導入**してから、商品の手作りの良さが無くなった。

・学校で、話し合いを中心にした授業が**導入**されている。

②　物語や音楽、また授業などで、これからの内容を紹介する部分。

・本は、**導入**の部分を読んで、面白いと思わなければ買わない。

・授業の**導入**が面白くない先生がいて、英語が嫌いになった。

とうひょう【投票スル】★→とうせん

良いと思って選ぶ人や物などを決めて、選挙や集まりなどで選んだ人や物の名前を紙などに書いて伝える様子。

・決まらないゴミ置き場の場所を町の人の**投票**で決めることになった。

・**投票**しても、賛成、反対が同じ数で町の意見は決まらなかった。

とうめい【透明ナ・ニ】

水や空気、ガラスなどに汚れが無くて、遠くまで見える様子。

・会社の入り口を**透明な**ガラスにしたら、何人も頭をぶつけた。

・強い風が吹いた次の日は、空が**透明**でどこまでも見えそうだ。

どうも

①　できないのではないか、信じられないなどと伝える言い方。

・友人は大丈夫だと言うが、**どうも**信じられない。

・社長はできると言うが、**どうも**心配だ。

②　どうしてか理由ははっきり言えないが、自分の気持ちや考えはこうだと伝える言い方。

・元気が無い友人は、**どうも**心配事があるようだ。

・最近元気な社員は、**どうも**好きな人ができたようだ。

★→どうやら①

どうやら

①　はっきりと言うことはできないが、経験などから考えて、そうではないかと思うと伝える言い方。

・**どうやら**明日は晴れて、楽しい旅行になりそうだ。

・**どうやら**時間を間違えたようで、約束の場所には誰も来ていなかった。

★→どうも②

②　色々頑張った結果、じゅうぶんではないが、最後まで終わったと伝える言い方。

・話し合いの結果、**どうやら**商品の計画が決まった。

・約束の日までに、注文された商品は**どうやら**全部できた。

★②は どうやらこうやら という形で強く言う。

・手伝ってもらい、**どうやらこうやら**引っ越しを終えた。

★→どうにか①

どうやらこうやら →どうやら②

どうよう【動揺スル】
　良くない知らせを聞いて、悪い結果にならないかと心配する様子。
- 社長の入院で会社は**動揺した**が、みんなで頑張ろうと話した。
- 空き地で火事が続き、町は**動揺**が続いている。

どうり【道理】★→むりもない
　誰も違うとは言えない、正しい事や考え方。
- 男の方が強いという考えは、何度考えても**道理**に合わない。
- 台風が来て危険だという予報が出たそうで、**道理**で町に人が少ないと思った。

どうりょう【同僚】
　年齢は関係無く、会社などで一緒に仕事する人。
- 入った頃、会社は小さく、**同僚**と呼べる人も少なかった。
- 後から入った**同僚**で、ふるさとの近い人と仲良くなった。

とうろく【登録スル】
　よく使う電話番号などを記録しておく様子、また、役所や会社などが関係のある人の情報などを記録する様子。
- メールが便利になって電話番号を**登録しても**、使わないことが多い。
- 引っ越した所の役所へ、住民**登録**をするのに時間がかかった。

とおざかる【遠ざかる】★→とおざける
　長くいた場所やそこにいる人たちから、また、いつもしていた事などから離れていく。
- **遠ざかる**ふるさとと涙で別れ、家族みんなで今の町に来た。
- 町では、自然から**遠ざかった**生活で時々寂しく感じる。

とおざける【遠ざける】★→とおざかる
　近くにいてほしくない人や動物、また、見たくない物などを遠くへ離れさせる。
- 朝から社長は、人を**遠ざける**ような怖い顔をしている。
- 体重を減らそうと、妻は甘い物を**遠ざけて**いる。

とおして【(を)通して】→とおす⑤

とおす【通す】★→とおる
　①　光や空気などが届くようにする。
- 窓を開けて外の空気を**通す**と、疲れた気持ちも変わる。
- 機械のある部屋は、カーテンで光を**通さない**ようにした。
　②　人や車が、行きたい所へ行けるようにする。
- 海外からの客を案内して、社長室へ**通した**。

・荷物を運ぶ車を**通す**ために、工場の近くに道を作った。

③　わかるように説明して賛成してもらう、また、説明を聞いて、賛成する。

・新しい計画を**通す**ため、まず社長に相談した。

・会社の決めた事を**通す**かどうか、社員と何度も話し合った。

④　初めから終わりまで、自分の意見やしている事などを変えない。

・会議では最後まで自分の意見を**通した**。

・長くひとりの生活を**通して**いた社員が、結婚したときは驚いた。

★→つらぬく②

⑤　〔**〜を通して**〕という形で、周りの人の言葉やほかの方法を使って知る、考えると伝える言い方。

・友達を**通して**、小学校の先生が亡くなったと知った。

・客の目を**通して**商品を見ると、何が必要かわかることがある。

とおりこす【通り越す】

予定していた所に止まらないで行ってしまう、また、いつもは考えられないほどになる。

・話しながら歩いていて、相手の会社を**通り越して**しまった。

・ふるさとの冬は、空気が冷たさを**通り越して**痛く感じる。

とおりがかり【通りがかり】→とおりかかる

とおりかかる【通りかかる】

いつも通る所や事故があった所などに近づく。

・仕事帰り、公園を**通りかかる**と家族が花火をしていた。

・駅前で事故があり、**通りかかった**人が何人かけがをした。

★通りかかっている様子を〔**通りがかり**〕と言う。

・庭の花を見て、**通りがかり**の人がきれいだと言ってくれた。

とおりぬけ【通り抜け】→とおりぬける

とおりぬける【通り抜ける】

人や車、風などが、止まらないで公園などの中を移動して別の所へ行く。

・公園を**通り抜ける**と駅に近いので、朝夕は人が多い。

・今の家は雨は入らないが、風が**通り抜ける**道が無い。

★別の所へ簡単に行くために使われる道を〔**通り抜け**〕と言う。

・駅の横の道が、いつからか便利な**通り抜け**になっている。

とおる【通る】★→とおす

①　人や車、水などが、止まらないで動く、また、声が遠くまで届く。

・学校の前は、朝大きな車が**通れ**なくなっている。

・後ろまで声が**通る**ように、おなかから声を出して話した。

② やりたい事などを何度も説明して賛成してもらう。

・社長は、自分の考えが**通ら**なくても怒るような人ではない。

・町の人の前からの願いが**通って**、新しい公園ができた。

③ 上へ行くためのテストに合格する。

・会社に入る試験には**通って**も、それからが大変だ。

・会社がするテストに**通ら**なければ、機械を使う仕事はできない。

どかす →どける

とがめる

した事が正しくないと注意して強く言う。

・周りの人に失敗を**とがめ**られ、何が悪かったか考えた。

・道にゴミを捨てると、**とがめる**ような目で見られた。

とがらす →とがる①

とがる

① 釘や針の先などが、人を傷付けるほど細い様子。

・木の箱の**とがった**所が足に当たってけがをした。

・指の先に入った小さなガラスを先の**とがった**針で取った。

★①のように**とがる**ようにする様子を とがらす と言う。

・昔、鉛筆の先を**とがらして**離れた所の物に当てて遊んだ。

② 周りの事や小さな事などひとつひとつが気になる様子。

・気持ちが**とがって**いると、小さな音でも気になる。

・気が**とがって**いるときは、夜すぐに眠れない。

ときおり【時折】

いつもではないが、少し時間を空けて時々あると伝える言い方。

・**時折**雲の間から太陽は出るが、今年の冬は暗くて寒い。

・妻のふるさとから**時折**送ってくれる野菜や果物が楽しみだ。

―**ときたら** →―とくる②

どきっと【どきっとスル】 →どきりと

―**ときている** →―とくる①

どきどき【どきどきスル】

運動の後、また、大きな心配事や楽しみの前などに心臓の音が聞こえるほど速くなる様子。

・社長に怖い顔で呼ばれて、何かと思い**どきどき**した。

・新しい商品を送り出す前は、売れるかどうかいつも**どきどき**だ。

どぎまぎする

思ってもいない事などが起きて、どうすればいいかわからなく、困った様子を見せる。

・会議中、急に当てられて**どぎまぎする**事が何度もある。

・若い社員は、会社の仲間に紹介する前に結婚相手かと言われ**どぎまぎ**したそうだ。

ときめく

うれしい事や待っていた事などがあって、また、近づいて、いつものような静かな気持ちでいられない。

・初めての商品ができたときは、とても心が**ときめいた**。

・妻と結婚を決めたときの**ときめいた**気持ちは忘れない。

どきりと【どきりとスル】

急に驚くような事が起きたときや考えていなかった人や物を見たときなどに、心臓の音が聞こえるように感じる様子。

・考え事をしているときに肩をたたかれて、**どきりとした**。

・会議中、社長の急な質問で胸が**どきりと**鳴った。

★とても強く感じたときに どきっと とも言う。

・車の前に急に子供が走って来て、**どきっと**した。

とぎれとぎれ【途切れ途切れ】→とぎれる

とぎれる【途切れる】★→たえる¹

長く続いている事などが、急に止まってしまう。

・良い商品は、長い間注文が**途切れ**ない。

・連絡が**途切れた**知り合いがどうしているか、気になる。

★何度も止まる様子を 途切れ途切れ と言う。

・電話が**途切れ途切れ**で、相手の話がよくわからなかった。

とく【得ナ】

思っていたよりもたくさんお金が入る、また、考えていなかった良い事などがある様子。

・安い物がいつも**得な**買い物だと思うのは間違いだ。

・お金を拾って**得**をしたと思うような人間になりたくない。

★反対の様子を 損 と言う。

・地震で少しの間商品が作れず、会社は大きな**損**をした。

とぐ【研ぐ】

包丁やはさみなどを磨いて、よく切れるようにする、また、米を水で何度も洗ってきれいにする。

・古い包丁を研いで使っていたら、短くなってしまった。

・今は、研がなくても使える米が多く使われている。

どく¹【毒】★→めのどく

植物や薬などが持っているほかの生き物の体に悪い、また、人の体に悪いと思われる事や物。

・魚も草木も、自分を守るために毒を持っている物がある。

・働きすぎは体に毒だと言われるので、気をつけている。

どく²　→どける

とくい【得意ナ・ニ】

①　自分には力がある、誰にも負けないと思っている、また、周りからそう言われて喜んでいる様子。

・新しい商品を作った社員が、得意になっている。

・社長にほめられて、若い社員は得意そうだった。

②　スポーツや技術などで、ほかの人より良くできる様子。

・パーティーで、ひとりひとり得意な歌を歌った。

・英語を得意にしている人に、海外からの客の案内を頼んだ。

★②と反対の様子を [不得意/不得手] と言う。

・昔から、おおぜいの人の前で話すのは不得意だ。

・細かい仕事が不得手な父から、手伝いが要るとき連絡がある。

★→にがて

とくしゅ【特殊ナ】

人や物が、ほかとは違う特別な力などを持っている様子。

・新しい商品は燃えない特殊な材料で作られている。

・社員の中に一度見た物は忘れない特殊な力を持った人がいる。

とくせい【特性】

人や動物、物が持っている、ほかには見られない特別な様子や力。

・友人は社員の特性を大切にし、自分に合った仕事をさせる。

・商品には、色々な特性を持つ材料を注意して使っている。

どくせん【独占スル】→しめる²①

とくちょう【特徴】

人や物が持っている、ほかとは違うとすぐにわかる様子。

・相手の建物は、特徴があるのですぐに見つかった。

・特徴が無いと思った人が、一緒に働く間に違って見えることがある。

とくてい【特定スル】

多くの場所、人、物の中から必要な事に合わせて特別に選ぶ様子。

- 商品は、会社が**特定した**店に送って売っている。
- 会社の機械は、**特定した**所で作ってもらっている。

どくとく【独特ナ】

ほかには見られない、その物にしか無い特別な様子。

- 近所に**独特**な形をした家が建って、見に来る人までいる。
- 妻のふるさとから届く野菜は、**独特**の味がする。

★同じ様子を 特有 とも言う。

- 工場へ行くと、工場**特有**のにおいが強くする。

とくゆう【特有】→どくとく

どくりつ【独立スル】

① 建物や部屋、山などがほかの物とは離れていて、ひとつだけ別にある様子。

- 会社の工場は、安全のため**独立した**建物になっている。
- ほかから**独立した**場所に、ゴミ置き場を作ることに決まった。

② ほかからの助けを受けないで、ひとりで生活や仕事をする様子。

- 学生時代、家を離れて**独立**を考えたが、すぐにできないとわかった。
- 長く働いた人が、会社から**独立して**自分の会社を作った。

―とくる

① ―とくる/ときている という形で、言いたい事の理由や原因を強く伝える話し言葉。

- 仕事はできるし人に**優しいとくる**から、友人には勝てない。
- 高くておいしくない**ときている**から、新しい店の客は少ない。

② ―ときたら という形で、人や物への許せない思いや驚いた気持ちなどを強く伝える話し言葉。

- 最近の**若者ときたら**、挨拶の仕方も知らない。
- 駅前のそば屋**ときたら**、ほかの半分の値段だから客が多い。

★→―といったら

とげ

① 先が細くて、人や動物に刺さってけがをさせるような物。

- 庭の草木には、**とげ**のある物もあるので、手袋をする。
- 指に**とげ**が刺さって、自分では取れないので妻に頼んだ。

② 人の心に刺さって、嫌な気持ちにさせるような動きや言葉。

- **とげ**のある言い方をしては、若い人が育てられない。
- **とげ**のある言葉を使う人には、理由を聞くことにしている。

★②のように感じる様子を とげとげしい と言う。

・妻に言葉が**とげとげしい**ときがあると言われ、注意している。

とけこむ【溶け込む】

知らない人と一緒になったときや物が違う種類の中に入ったとき、周りによく合って前からひとつだったように感じさせる。

・新しい人が会社に**溶け込んで**働くまでは、時間がかかる。
・町の小さな寺は、周りの景色に**溶け込む**ように建っている。

とげとげしい →とげ②

どける

場所を使うために、使わない物や要らない物などを別の所へ動かす。

・妻は、要らない物を**どけて**庭で野菜を育て始めた。
・台風で倒れた木が**どけられる**まで、公園は使えなくなった。

★ どかす も同じように使う。また、人や車が動いて場所が使えるようにするとき どく と言う。

・町は、駅前の古い自転車を**どかして**歩きやすくした。
・救急車が近づいたときは、人も車も**どいて**道を空ける決まりだ。

どことなく →なにかしら②

とことん

今できる事などを、これ以上できないと思うまでやると伝える言い方。

・商品は、問題は無いか**とことん**調べてから売りに出す。
・若い社員には、**とことん**説明してから仕事をしてもらう。

どこもかしこも

すべての場所が同じ様子だと強く伝える言い方。

・休みが続くと、**どこもかしこも**人でいっぱいで嫌になる。
・春になるとふるさとは、**どこもかしこも**緑になる。

―どころ

① ―どころか という形で、考えてもいなかったような事になったと伝える言い方。

・今度の商品の売れ方は、**新記録どころか**社長の考え方まで変えるかもしれない。
・叱られた社員は、**謝^{あやま}るどころか**文句を言った。

★①は ―どころか～ない という形で、全然思うようにならなかったと強く伝える。

・相手の会社は話を**聞くどころか**、会ってもくれなかった。

★→おろか

② ―どころではない という形で、ほかに大きな問題があるので、必要

な事もできないと伝える言い方。

・地震の後は、地震が続く事が心配で**仕事どころではなかった**。

・台風で、町の人たちは祭りの準備どころではなくなった。

★②はできないと強く言うとき それどころではない という形を使うことも多い。

・妻と旅行に行きたいが、忙しくてそれどころではない。

―どころか（〜ない）　→―どころ①

ところせましと【所狭しと】

狭いと感じるぐらいに、物が同じ場所にたくさん置いてある様子。

・結婚した息子と娘の部屋には、まだ**所狭しと**物が置いてある。

・スーパーには、**所狭しと**物が並んでいていつも驚く。

ところで

今までの話はここで終わってと、話を変える言い方。

・会議で困ると、「**ところで**」と言って、話を変える。

・「**ところで**」と言って、社長が大変な話を始めた。

―どころではない　→―どころ②

ところどころ【所々】

数は少ないが、いくつかの場所にあると伝える言い方。

・古本屋で見つけた本には、**所々**に赤い線が引いてあった。

・昨日降った雪が、道の**所々**に白く残っている。

どさくさ【どさくさスル】★→どたばた

考えていなかったような事が急に起きたときなどに、どうしたらいいのかと騒ぐ様子。

・母の入院で**どさくさ**が続いて、仕事が遅れている。

・会社は、急な注文が来るといつも**どさくさ**して大変だ。

★どさくさの間に、人にわからないように良くない事をする、良くない事になると伝えるとき どさくさに紛れて と言う。

・火事の**どさくさに紛れて**、泥棒をするような人間は許せない。

どさくさにまぎれて【どさくさに紛れて】→どさくさ

とざす【閉ざす】★→ふさぐ

①　人や動物、空気や光などが入らないように物を置く、また、戸や門、窓などを閉める。

・安全のため、小学校の門は**閉ざされる**ことになった。

・大雪で道が**閉ざされて**しまい、相手の所へ行けなかった。

②　「心」「口」などと一緒に使って、怖い、許せない、意味が無いなど

と考えて、本当の事を言わなくなる。

・客の言葉に傷付いて**心を閉ざした**社員に、話をした。

・考えの違う人と話しても意味が無いので、話の途中で**口を閉ざした**。

★①、②のように閉ざした様子を（閉じる）と言う。

①・使わなくなった部屋は、長く**閉じて**いると嫌なにおいがするようになる。

②・怒ったときの妻は、少しの間口を**閉じて**何も言わなくなる。

どじ【どじナ】

後で考えると、どうしてしたのだろうと思うようなうまく説明できない失敗やそんな失敗をする人。

・注文を間違えるという**どじな**事が、今も無くならない。

・**どじな**社員がいるが、頑張っているので叱れない。

★どじをしたときに、よく（どじを踏む）と言う。

・失敗した友人が、**どじを踏んだ**と泣きそうな顔をした。

とじこめる【閉じ込める】★→とらえる①

人や動物を簡単に出られない場所に入れて、自由に動けないようにする。

・動物を**閉じ込める**のに反対だと、父は動物園へは行かない。

・休みが無いと、会社に**閉じ込められた**ような気持ちになる。

★自分で決めて外へ出ないとき（閉じ籠（こも）る）と言う。

・ふるさとでは昔、冬は家に**閉じ籠る**ような生活だった。

とじこもる【閉じ籠る】→とじこめる

―としたら →―とする

―として

ほかの言葉の後に付けて、その人が何をするのか、その物にどんな意味があるのかをはっきりさせて話す言い方。

・経験の長い社員の**ひとりとして**、友人と一緒に若い人を育てている。

・小さな事でも、これからの仕事の**情報として**は大切な事がある。

とじまり【戸締り】

安全のために、建物に関係の無い人が入らないように出入り口に鍵（かぎ）をかける様子。

・毎日、**戸締り**は大丈夫かを寝る前に調べている。

・ふるさとは、**戸締り**もしないで外へ行ける安全な所だった。

とじる【閉じる】→とざす

どじをふむ【どじを踏む】→どじ

一とする

　⎡一としたら/とすると/として⎤などの形で、もしそうなったらと、考えられる事を伝える言い方。

・家族全員で海外へ行くとしたら、いくら要るか計算した。

・新しい商品ができないとすると、大きな問題が残る。

・社長は賛成だとして、後はどんな問題があるか調べた。

どだい【土台】★→きそ

　建物や仕事など、後から大きくしていく事や物の一番大切な所で、壊れるとその上にある所が全部使えなくなる所。

・商品作りの土台になる研究は、休まず続けられている。

・図書館では、町の土台を作った人たちの調査が進んでいる。

どたばた【どたばたスル】★→どさくさ、どやどやと

　周りの事を考えないで、大きな音や声を出して騒ぐ様子。

・大きな仕事が来て、会社は一日どたばたが続いた。

・妻は、何があってもどたばたしない強い人間だ。

とたん【途端ニ】

　ひとつの事をしたすぐ後に、思ってもいない事が起きて驚いたなどと伝える言い方。

・外に出た途端、大雨が降り出して傘を取りに帰った。

・窓を開けた途端に、大きな虫が入ってびっくりさせられた。

どたんば【土壇場】

　もう時間が無い、これ以上はできないなどと思ったそのとき、と伝える言い方。

・もうできないと思っていたが、土壇場で新しいやり方を見つけた。

・商品を送り出す土壇場になって、友人に仕事を手伝ってもらった。

どちらにしても

　どちらか選べるのだが、どちらを選んでも結果は変わらない、する必要がある事は変わらないなどと伝える言い方。

・今でも後でもどちらにしても、仕事はしなければならない。

・出席、欠席、どちらにしても、連絡が必要だ。

　★同じ意味で⎡どちらにせよ⎤とも言う。

・海外、国内どちらにせよ、今は旅行する時間もお金も無い。

どちらにせよ　→どちらにしても

とっくに、とっくのむかし【とっくの昔】→とうに

とっさに

驚く事や怖い事が急に起こったときなどに、考えるより早く必要な事をする様子。

- 地震のとき、**とっさに**机の下に入った。
- 驚くような質問をされて、**とっさに**答えられなかった。

とつじょ【突如】★→とつぜん

考えもしなかった事などが急に起こり、それまでと様子が変わると伝える言い方。

- **突如**強い風が吹き始め、庭にあった物が倒れた。
- 社長が**突如**部屋を出て行って、会議が止まってしまった。

どっしり【どっしり(と)スル】★→どうどう

① 物や建物などが大きくて、重い、また、簡単には動かないと感じさせる様子。

- かばんに仕事の物を入れると、**どっしり**と重くなった。
- 近くの寺は、歴史を感じさせる**どっしり**とした建物だ。

② 問題などがあっても、安心して相談できて、必要な事を一緒に考えてくれると感じさせる人の様子。

- 友人は、何があっても**どっしり**としていて頼りになる。
- 社長が**どっしり**としているので、安心して仕事ができる。

とっしんする【突進する】

周りに止められないような速さと強さで、前に向かって行く。

- 駅前で、車が**突進して**店を壊す事故があって騒ぎになった。
- 社長は若いとき、夢に向かって**突進して**いたそうだ。

とつぜん【突然】★→とつじょ

急に、起きると思っていない事などがあったと伝える言い方。

- **突然**の地震で、会社の仕事はすべて止まって大騒ぎになった。
- 夜中に**突然**電話が鳴って、驚いたがすぐに切れた。

どっちみち

どんな方法でやっても、思ったようにはならなくて結果は見えていると伝える言い方。

- コンピュータを使っても、**どっちみち**最後は人間がやる。
- 誰に頼んでも、**どっちみち**最後は自分がやることになる。

★同じ意味で どのみち とも言う。

- どこに頼んでも、**どのみち**かかる金は一緒だ。

どっと

① 面白いときやうれしいときなどに、おおぜいが一度に声を出す様子。

・友人が面白い事を言うと、周りの社員がどっと笑った。

・商品がよく売れたと知って、みんながどっと喜びの声を出した。

② 人や物が一度に集まって来る様子。

・祭りのときは、小さな町にどっと人が来る。

・新しい商品に注文がどっと来て、会社は大喜びだった。

③ 汗や疲れが一度に集まって出る様子。

・海外から帰って来て、疲れがどっと出て休んだ。

・難しい相手との話が終わって、どっと汗が出てきた。

とっぴょうしもない【突拍子もない】

周りを驚かせるような考えられない事などをする、また、全体の話に合わない事を言う様子。

・社長は、**突拍子もない**事でもゆっくり聞いてくれる。

・何時間もかけた計画ができて、友人が**突拍子もない**声を出した。

とてつもない

言葉で簡単に言えないほどだ、ほかの人にできそうもないなどと強く伝える言い方。

・子供の頃、初めて海を見て**とてつもない**広さに驚いた。

・友人は、今までに無い**とてつもない**商品を考えている。

とどこおる【滞る】

理由があって、進んでいた仕事などが止まってしまう。

・台風と大雨が続いて仕事が**滞り**、みんな困っている。

・機械の故障で商品作りが**滞って**、後が忙しくて大変だった。

ととのう【整う／調う】→ととのえる

ととのえる【整／調える】

① 整える と書いて、外から見た様子がおかしくないと思わせるようにする。

・毎朝、髪を**整えて**大丈夫か妻に聞いてから家を出る。

・社長の部屋へは、息を**整えて**から入ることにしている。

② 調える と書いて、場所や道具、食事の材料などをいつでも使えるように準備する。

・毎朝、仕事の前に机の周りを**調えて**いる。

・引っ越ししてから、必要な物を**調える**のが大変だった。

★①、②のように整／調えた結果を 整/調う と言う。

①・自分の思う整った服装は、今の若い人の考えとは違うと思う。

②・海外からのお客さんが来る前に、迎える準備が調った。

とどまる →とどめる②

とどまるところをしらない【とどまる所を知らない】 →とどめる②

とどめる

①　時間がたてば無くなってしまう事や物、また忘れられてしまう事や物などを残す。

・ふるさとは、昔の様子を**とどめた**建物や景色が減った。

・ふるさとの古い小学校は、多くの子供たちの思い出を**とどめて**建っている。

②　決めた事以上に進まないように、増えないようにする、また、動いている人、動こうとする人を止める。

・若い人が間違っていても、短く注意するに**とどめて**いる。

・辞めると言う人を**とどめよう**と、長い間話し合った。

★②の意味で、止まる、動かない、無くなるなどの様子を とどまる と言う。また、とどまる所を知らない という形で止まらない、無くならないと伝える。

・海外にいる友人は、もう一か月**とどまって**仕事をすると連絡してきた。

・今年の風邪は**とどまる**所を知らず、休む社員が増えている。

どなりごえ【怒鳴り声】 →どなる

どなりつける【怒鳴りつける】 →どなる②

どなる【怒鳴る】

①　おおぜいの人に伝えるときや助けてほしいときなどに、周りの人に聞こえるように、大きな声を出す。

・**怒鳴る**ような声で、子供たちが祭りを知らせて歩いた。

・泥棒と**怒鳴る**声がしたので、急いで外へ出てみた。

②　間違いや失敗をした人を、大きな声で叱る。

・社長は、社員がどんな失敗をしても**怒鳴る**事は無い。

・小さい子が車の前に走って来たので、危ないと**怒鳴った**。

★①、②のように怒鳴る声を 怒鳴り声 と言い、②で、相手が何も言えないほど強く怒鳴る様子を 怒鳴りつける と言う。

①・**怒鳴り声**がしたので外を見ると、大人がけんかしていた。

②・友人が珍しく**怒鳴り声**を出しているので、何かと思った。

・昔と違って、今は社員を**怒鳴りつける**ような事はできない。

―となると ★→―ともなると

　今までの事とは違うので、する事や考えも変える必要があるなどと伝える言い方。

・若い人に仕事を**させるとなると**、そのための準備が大変だ。

・会社が**引っ越しとなると**、みんなの生活も変わってしまう。

とにかく →ともかく①

どのみち →どっちみち

―とはいえ ★→―といっても

　ほかの言葉の後に付け、多くの人が持つ考えや思いは同じようで正しいが、それと違う様子になることもあると伝える言い方。

・**春とはいえ**、朝晩はまだ寒いと感じる日が多い。

・経験が**長いとはいえ**、失敗が無いとは言えない。

とばっちり →まきぞえ

とびあがる【飛／跳び上がる】

　①　飛び上がる と書いて、地面を離れて高い所へ飛んで行く様子。

・飛行機が**飛び上がる**のを見て、初めは信じられなかった。

・子供が走って行くと、公園のハトは**飛び上がって**逃げた。

　②　跳び上がる と書いて、うれしいときや驚いたとき、とても痛いときなどに、跳ぶようにして体全体で見せる様子。

・初めての商品が売れた社員は、**跳び上がって**喜んだ。

・ドアが足に当たったとき、痛さに**跳び上がった**。

とびあるく【飛び歩く】→とびまわる②

とびきり【飛び切り】

　ほかの物と比べられないほど良い様子。

・父は、**飛び切り**おいしいと言って同じ店でパンを買う。

・暑い日、シャワーの後の冷たいビールは**飛び切り**だ。

とびこえる【飛び越える】→とびこす②

とびこす【飛び越す】

　①　邪魔になる物などを飛んで前に進む。

・台風の後は、道に落ちている物を**飛び越して**歩く。

・ふるさとで、小川が**飛び越せる**か競争をして遊んだ。

　②　順番通りに進まないで、速く上に行く。

・若い人には、古い人を**跳び越す**ような仕事をしてほしい。

・高校を**飛び越して**大学に入ることができるようになった。

★②と同じ事をする様子を 飛び越える とも言う。

・友人は、自分を**飛び越える**人をひとりでも育てたいと言っている。

とびだす【飛び出す】

① 考えていなかった場所から急に人や動物、物などが出て来る。

・急に**飛び出す**子供がいるので、運転には注意している。

・ふるさとの家は、シカが**飛び出して**来るような所にあった。

② 考えていなかった意見などが急に出される。

・急に**飛び出した**驚くような意見を、社長は静かに聞いた。

・母から海外へ行きたいという言葉が**飛び出して**、驚いた。

③ 自分がいる場所にいられないと感じて、急に出て行く。

・社長に怒られた社員は泣きながら部屋を**飛び出した**。

・父は、違う空気が吸いたくてふるさとを**飛び出した**そうだ。

とびぬける【飛び抜ける】→ばつぐん

とびまわる【飛び回る】

① うれしいときなどに、人や動物などが色々な場所で動き続ける。

・暖かい春の日には、花の間を**飛び回る**ハチもうれしそうに見える。

・ふるさとでは、寒い冬でも雪の上を**飛び回って**遊んだ。

② 必要な事などをするために、休む間も無く色々な所へ行く。

・忙しくて**飛び回っている**友人と、一週間も会っていない。

・公園の花作りを手伝う妻は、準備に**飛び回っている**。

★②のように色々な所へ行く様子を〔**飛び歩く**〕とも言う。

・父は若いとき、日本中を**飛び歩いて**仕事をしていた。

とほうにくれる【途方に暮れる】

次に何をどうすればいいのか、わからなくなって本当に困ってしまう。

・地震で住む所が無くなった人たちは、みんな**途方に暮れた**様子だ。

・海外でパスポートを無くしたときは、**途方に暮れて**しまった。

とぼける

① 本当の事を言うと困る事になるので、知っている事などをはっきり言わない。

・何を聞いても**とぼけた**返事をする社員を強く叱った。

・友人は、どんな質問にも**とぼけた**答えをするような事は無い。

② 人を笑わせるような面白い事を言い、面白い事をする。

・みんなが疲れたときに、**とぼけた**事を言って、楽しくさせてくれる社員がいる。

・食事会で見せた友人の**とぼけた**顔に、周りがみんな笑った。

とまどい【戸惑い】→とまどう

とまどう【戸惑う】

いつもはしない事をしたときや考えていなかった事が起こったときなどに、どうしたらいいだろうかと考える。

- 急に辞めると言う社員の言葉に戸惑い、どうすれば止められるかと考えた。
- 初めて海外で仕事をしたとき、食べ物の違いに戸惑った。

★戸惑う様子を 戸惑い と言う。

- すべて自分でやれと言われ、友人は戸惑いを見せた。

とめどがない【止めどが無い】→とめどない

とめどない【止めど無い】

終わらないのではないかと思わせるほど、いつまでも続く様子。

- 急に親を亡くした社員は、止めど無く涙を流した。
- 止めど無い父の昔の話に、眠くなってしまった。

★ 止めどが無い という形でも使う。

- 毎日続く暗いニュースは、止めどが無い。

ともあれ

〜はともあれ の形で、良くない事もあったが、全体としては問題無くできたと伝える言い方。

- 味はともあれ、娘が初めて作った料理はうれしかった。
- 売れるかどうかはともあれ、みんなが一緒に頑張って作った商品だ。

★ほかの事は別にして、と伝えるときは 何はともあれ と言う。

- 何はともあれ、両親が元気でいてくれるのが一番だ。

ともかく

① まだ考える事などは色々あるが、まず始めよう、やってみようと伝える言い方。

- 少し心配はあったが、ともかく新しい商品を作り始めることにした。
- 事故の様子がわからないので、ともかく工場へ行った。

★①と同じ様子は とにかく とも言う。

- 中止になるかもしれないが、とにかく今は続ける。

★→とりあえず

② 良くする必要がある事も残っているが、それよりももっと良い事や大切な事などがあると伝える言い方。

- 子供は、勉強はともかく、優しい人になるよう育てた。
- よく行く店は、外から見た様子はともかく味がいい。

③ 反対の事を並べて、どちらになってもまず大切な事をすると伝える

言い方。

・好き嫌いは**ともかく**、やるかどうかまず話し合った。

・ほかとの勝ち負けは**ともかく**、良い商品を作りたい。

ともしび【灯火】→ともす

ともす【灯す】

ろうそくなどに火をつけて、また、電気をつけて、明るくする。

・ケーキのろうそくに火を**灯し**、社員の誕生日会を始めた。

・夜の公園は安全のため、明るく電気が**灯されて**いる。

★灯して明るくなったとき〔**灯る**〕と言い、灯された火を〔**灯火**〕と言う。

・駅前の電気が**灯る**と、町は昼とは違って見える。

・遠くに**灯火**が見えると、ふるさとの夜を思い出す。

ともすると

注意していなければ、気がつかない間に悪くなってしまうなどと伝える言い方。

・寒い冬は、**ともすると**気持ちが暗くなるので気をつけている。

・疲れたときの運転は、**ともすると**事故になるので注意する。

★同じ様子を〔**ともすれば**〕とも言う。

・自分の力を信じすぎる人は、**ともすれば**大きな失敗をすることがある。

ともすれば →ともすると

―とも～ともつかない

どちらかと聞かれても、どちらなのかはっきりは答えられない様子。

・十月なのに夏**とも**秋**ともつかない**天気だ。

・台風で空が暗く、外は昼**とも**夜**ともつかない**様子だ。

ともなう【伴う】

① 自分の行く所へほかの人も連れて行く。

・最近、会社の記念日に、家族を**伴う**人が増えた。

・社員を**伴って**来た相手と、社長はひとりで話し合いをした。

② ひとつの事が変わると、一緒に別の事も変化する。

・夏は、暑さに**伴い**町を歩く人が少なくなる。

・注文が多くなるのに**伴って**、社員の数も増えてきた。

―ともなく

① 〔**―(する)ともなく**〕の形で、しようとは思わなかったが、気がついたらそうなっていたと伝える言い方。

・社員の話を**聞くともなく**聞いていて、会社の問題がわかった。

・社長は、**誰に言うともなく**「頑張ろう」と小さく言った。

②　〔一からともなく〕という形で、「どこ」「だれ」「いつ」「どちら」などの言葉と一緒に使って、はっきりとは言えないがと伝える言い方。

・夏には、どこからともなく笛や太鼓の音が聞こえてくる。

・いつからともなく、ほかの人の事を気にしない時代になっている。

ーともなると ★→ーとなると

特別なときには、いつもとは大きく違う様子になると伝える言い方。

・桜の季節ともなると、公園には歩けないほど人が来る。

・仕事の締め切り近くともなると、話をする時間も無い。

ともに【共に】

①　ひらがなで書いて、ほかの事と同時に別の事をする、また、ひとつの事が変わると同時に別の事も変わると伝える言い方。

・商品を作るとともに、いつも次の商品の計画もしている。

・社会が変わるとともに、人も変わるので商品計画は難しい。

②　〔共に〕と書いて、ほかの人と一緒にすると伝える言い方。

・友人は、よく若い社員と共に工場で仕事をしている。

・息子夫婦が時々、小さな子供と共に来てくれるのが楽しみだ。

ともる【灯る】 →ともす

どやどやと ★→どたばた

数人が大きな足音をさせて、出入りする様子。

・話の途中、社員がどやどやと社長の部屋に入って来た。

・どやどやと出入りする音が邪魔で、ゆっくり考え事ができない。

とらえる

①　〔捕らえる〕と書いて、生き物や悪い事をした人などを動けなくして離さない。

・世界で初めての魚を捕らえた人は、有名人になった。

・近所で捕らえられた泥棒は、まだ子供だった。

★→つかまえる、とじこめる

②　〔捉える〕と書いて、人のする事や話す事、考える事などのどこが大切かを知り、必要なときにうまく使う。

・短い話し合いで、若い人の考えを正しく捉えるのは難しい。

・社長は機会を捉えて、社員に自分の仕事への思いを伝えている。

とりあえず ★→ともかく①

色々したい事などはあるが、ほかの事は後にしてまずこれだけをすると伝える言い方。

・今日は客や電話が続いたので、とりあえず必要な事だけをした。

・友人といつもの店に着くと、**とりあえず**する事は、ビールを頼む事だ。

とりあげる【取り上げる】

①　いくつかある中から、多くの人が面白い、問題だなどと思う事や物を選ぶ。

・自分の計画が初めて**取り上げられた**ときは、うれしかった。

・長く続く町のゴミ問題は、最近新聞でも**取り上げられている**。

②　ほかの人が持っている大切な物や良くないと思う物などを、取る。

・学校で授業中に漫画を読んでいると、**取り上げられる**そうだ。

・子供が小さいとき、いつまでも続けるゲームを**取り上げた**。

③　赤ちゃんが生まれるのを手伝う。

・昔は、子供を**取り上げる**のは自分の家でだった。

・千人以上の赤ん坊を**取り上げた**人が、ニュースになった。

とりあつかい【取り扱い】→あつかう①、②

とりあつかう【取り扱う】→あつかう①、②

とりいれ【取り入れ】→とりいれる③

とりいれる【取り入れる】

①　外の風や光、外にある物などを家の中へ入れる。

・急な雨で、妻を手伝って洗濯物を急いで**取り入れた**。

・雨が降り始め、庭で日に当てていた古い本を**取り入れた**。

②　ほかの人の意見などを全体の考えなどに入れる。

・客の声を**取り入れる**ため、商品を売る店で話を聞いた。

・新しい計画には、多くの社員の意見が**取り入れられている**。

★①、②は 取り込む とも言う。

①・台所に光を**取り込める**ように、新しく窓を作った。

②・今年の祭りは、若い人の考えも**取り込んで**準備している。

③　じゅうぶん育った米や果物などを田や畑で採る。

・ふるさとでは、米を**取り入れる**とき学校が休みになる。

・リンゴを**取り入れる**妻のふるさとの様子は、毎年ニュースになる。

★③の様子は 取り入れ/収穫 とも言う。

・今は米の**取り入れ**で忙しい頃だと、母はふるさとの話をした。

・米の**収穫**が終わると、ふるさとでは祭りがあった。

とりえ【取り柄】

ほかの人には無い、その人だけが持っている特別良い所。

・妻の**取り柄**は、心配な事があっても明るくできる所だ。

・どんな人間にも、ひとつやふたつは**取り柄**があると思う。

とりかえしがつかない【取り返しがつかない】
　失敗が原因で悪い事が起こってしまい、もう一度初めからやりたいがそうできない、悲しいなどと伝える言い方。
・事故をしては**取り返しがつかない**ので、運転に気をつける。
・**取り返しがつかなく**なる前に、商品の問題が見つかり安心した。

とりかえす【取り返す】→とりもどす

とりかえる【取り替／換える】
　古くなった物や買った物が使えないときなどに新しい物にする。
・カーテンを**取り替／換え**たら、家の中が明るくなった。
・買ってすぐ壊れた車を新しい物と**取り替／換え**てもらった。

とりかかる【取りかかる】
　簡単にはできない事や必要な事などをやり始める。
・一週間ほど忙しく、会社に着いてすぐ仕事に**取りかかる**毎日だ。
・次の計画に**取りかかる**まで、少しの間休めるのでゆっくりできる。

とりかこむ【取り囲む】→かこむ①

とりきめ【取り決め】→とりきめる

とりきめる【取り決める】
　一緒に生活や仕事などをする人たちと話し合い、今より良くなるような決まりなどを作る。
・町で、ゴミ置き場の使い方や掃除をする順番を**取り決めた**。
・学校の前の道では、大きな車を使えなくすると**取り決められた**。
★作った決まりなどを⦅取り決め⦆と言う。
・新しい**取り決め**ができて、仕事の時間が短くなった。

とりくみ【取り組み】→とりくむ

とりくむ【取り組む】
　難しい問題や時間のかかる大変な仕事などを頑張ってする。
・全員で**取り組んで**いた商品ができて、みんなで喜んだ。
・友人が仕事に**取り組む**様子を見て、色々教えられている。
★取り組んでやっている事や様子を⦅取り組み⦆と言う。
・町ではゴミを減らす**取り組み**を続けているが大変だ。

とりけす【取り消す】
　言った事や決めた事などを、後になって無かったと伝える。
・社長は、引っ越しの話は**取り消す**と寂しそうに話した。
・一度言った事は**取り消さない**社員が、珍しく意見を変えた。

とりこむ【取り込む】→とりいれる①、②

とりしまり【取り締まり】→とりしまる

とりしまる【取り締まる】

　警察や教師などが、安全に生活ができるように決まりなどが守られているか、破る人はいないかをじゅうぶん注意する。

・高校では遅刻を**取り締まる**先生が、毎朝校門に立っていた。

・交通事故を減らすために、警察は車のスピードを**取り締まっている**。

★取り締まる様子を（取り締まり）と言う。

・自転車の二人乗りの**取り締まり**で、駅前に警察の人がいる。

とりたてて【取り立てて】→とりたてる③

とりたてる【取り立てる】

　①　人を選んで大切に育てる、また、選んだ人に特別な仕事を頼む。

・友人に**取り立てられた**社員は、周りが驚くような計画を出した。

・力が無ければ、会社で**取り立てられる**ことはない。

　②　貸した金などを返すように、強く言う。

・銀行は、金を貸すときは親切で、**取り立てる**ときは待ってくれない。

・知り合いに貸したお金は、**取り立てる**のが難しい。

　③　（取り立てて）という形で「ない」と一緒に使って、特別な事は無い、特別に何もしない様子。

・会議中に意見を聞かれたが、**取り立てて**言う事は無かった。

・**取り立てて**問題にする事が無く、会議はすぐ終わった。

とりつぎ【取り次ぎ】→とりつぐ

とりつぐ【取り次ぐ】

　相手の言う事や電話などを聞いて、必要な人に連絡する。

・社長に電話を**取り次ぐ**前に、何の話か聞く決まりだ。

・会社には、入り口でお客を**取り次ぐ**ためだけの社員はいない。

★取り次ぐ様子や取り次ぐ人を（取り次ぎ）と言う。

・相手の所に行って、**取り次ぎ**を頼むと会議中で待たされた。

とりとめのない

　話がどこから始まりどこで終わりなのか、何が大切な事なのかなどがはっきりしない様子。

・友人と**とりとめのない**話をしていたら、帰る時間になった。

・**とりとめのない**話になって、会議では何も決まらなかった。

とりのこされる【取り残される】→とりのこす

とりのこす【取り残す】

　多く（取り残される）の形で、本当はいなくなる人や無くなる物などが、同

じ所に残っている。

・ふるさとには、時代に**取り残された**ような家がまだ多い。

・仕事が進むとき、**取り残される**人がいるのは問題だ。

とりのぞく【取り除く】→のぞく² ①

とりまき【取り巻き】→とりまく

とりまく【取り巻く】

たくさんの人が有名な人や話を聞きたい人などの近くに集まる。

・町に来た有名人の車は、おおぜいの人に**取り巻かれて**動けなくなった。

・社長は、話の後で社員に**取り巻かれ**色々質問を受けた。

★相手の近くにいて喜ばそうなどとする人を 取り巻き という。

・**取り巻き**を連れた若い男が駅前に来るので、警察が注意している。

とりみだす【取り乱す】

思ってもいなかった事などがあって、どうしようかととても困る。

・駅前で事故を起こした人は、**取り乱して**何もできなかった。

・地震や台風でも、**取り乱す**事が無いよう準備をしている。

とりもどす【取り戻す】

無くした物をもう一度自分の物にする、また、遅くなった仕事などを前のようにする。

・少しでも昔の様子を**取り戻す**ため、町は色々な計画をしている。

・台風で遅れた仕事を**取り戻す**ため、週末も会社へ行った。

★同じ事を 取り返す とも言う。

・仕事の遅れを**取り返そう**と、一か月休まずに頑張った。

どりょう【度量】→うつわ ②

どりょく【努力スル】

持っている力や技術、やろうという気持ちなどを全部使うようにして必要な事などをする様子。

・みんなの**努力**の結果で、会社は働きやすい場所になっている。

・**努力**した商品が売れなくて、仕事を辞めたいと何度も思った。

とりよせる【取り寄せる】

買いに行くのが難しいときや簡単に買えない物などがあるときに、相手に頼んで欲しい物を送ってもらう。

・今は、欲しい物が簡単に海外からも**取り寄せられる**。

・両親のために、時々ふるさとの食べ物を**取り寄せて**いる。

とりわけ

たくさんある中で、特別だと強く伝える言い方。

・物が高いが、**とりわけ**野菜の値段は信じられないほどだ。
・海外の人が日本を旅行中に買う物で、薬が**とりわけ**多いそうだ。

とるにたりない【取るに足りない】

問題かもしれないが、自分には大切ではない、特に考える必要も無いなどと思う様子。
・**取るに足りない**事だと思っても、若い人の意見はよく聞く。
・妻は、**取るに足りない**事で騒ぐようなことはしない。

どれほど～ても

やっている事ややろうとする事、問題などがとても時間がかかり、難しいので、簡単には思ったような結果にならないと伝える言い方。
・**どれほど**頑張っ**ても**、生きている間に世界中旅行することはできない。
・**どれほど**難しく**ても**、やらなければならない事はある。

とろける

①　形のある物が、最初の形がわからなくなるほど柔らかくなる。
・駅前の古い店の豆腐は、口の中で**とろける**ほど柔らかい。
・パンは、焼いて、付けたバターが**とろけて**から食べる。
②　何も考えられないほど良い気持ちになる。
・ゆっくり風呂に入ると、体も心も**とろける**ようだ。
・誕生日のプレゼントに、父は**とろける**ような顔をした。

とわず／とわない【問わず／問わない】→とう②

とわれる【問われる】→とう③

どんかん【鈍感ナ・ニ】→びんかん

とんだ →とんでもない

とんでもない

人の言う事やする事、また、物の様子や数量などが、考えられないほどだと伝える言い方。
・若い社員が、社長に反対するとは**とんでもない**話だ。
・工事中の場所から、**とんでもない**数の古いお金が出てきた。
★同じ様子は とんだ とも言い、また、話し言葉の「**とんでもない**」は、そんな大変な事ではないと伝える返事にも使う。
・会社の失敗が新聞に出てしまって、**とんだ**事になった。
・町の宝だと言われた社長は、「**とんでもない**」と恥ずかしそうに返事した。

とんとん【とんとん(と)】

①　続けて物を軽くたたく、踏むなどするときの音。

・肩を**とんとん**とたたかれて後ろを見ると、友人だった。
・夜遅く、ドアを**とんとん**たたく音がして、怖かった。
② 仕事や話などが、問題無くうまく進む様子。
・仕事が**とんとん**と進み、今日は早く会社を出た。
・話が**とんとん**と決まって、大きな仕事が始まった。
★②のように問題無く、とてもうまく進んだとき とんとん拍子 と言う。
・急に出た知り合いの結婚話は、**とんとん拍子**に進んだ。
③ 比べる事や物に差がほとんど無い様子。
・英語ができると聞いていた社員は、自分と**とんとん**だった。
・今年の会社は、去年と**とんとん**の成績だった。

どんどん
短い時間に、様子が大きく変わり続けると伝える言い方。
・今朝は、雨が**どんどん**強くなり、道が川のようになった。
・新しい建物が**どんどん**増えて、町の様子が変わった。
とんとんびょうし【とんとん拍子＝】→とんとん②

な

ないがしろ【ないがしろ＝】
大切にしなければならない事や人、物などを、軽く考えて大切にしない様子。
・人の意見を**ないがしろ**にする人間は、信じられない。
・社会には、**ないがしろ**にされている人たちが多くいる。

—ないことには
必要な事などがあって、それが無ければ先には進まないと伝える言い方。
・社長が**来ないことには**、会議が始められない。
・よく**調べないことには**、失敗の原因はわからない。

ないしょ【内緒】
人に知られたくない事などを、誰にも言わない様子。
・少し熱があったが、誰にも**内緒**にして会社へ行った。
・みんなには**内緒**だと言って、友人が新しい計画を話した。
★内緒にしている事を 秘密 と言う。
・妻とは、何も**秘密**にしないと約束して結婚した。

—ないまでも
（―(しない)までも）の形で、次のように使う。
① すべてでなくてもいいから少しでもそれに近くなってほしい、近づきたいなどと願う様子。
・全部とは**言わないまでも**、商品は少しでも売れてほしい。
・父ほどは**できないまでも**、毎日少しでも歩くようにしている。
② 言葉のとおりではないが、それに近い様子。
・すべてとは**言わないまでも**、駅前の古くからある店が大きく減った。
・辞めさせは**しないまでも**、教え直す必要のある人は多い。

—ないものか
疑問の形で、できないだろうと思うが、そうなるといいと願っている気持ちを伝える言い方。
・みんなが必要とする商品が**できないものか**と考えている。
・戦争をしないで平和に暮らせる時代は**来ないものなのか**。

なお【尚】 →ほそく

なおさら ★→ますます、よけい②

今感じている喜びや楽しさ、反対に、悲しみや苦しさなどが、もっと大きくなると伝える言い方。

・子供は誰でもかわいいが、自分の子なら**なおさら**だ。
・辞める人が三人いて、働く人が**なおさら**足りなくなった。

なかなおり【仲直りスル】

けんかなどで仲が悪くなった人と、元の良い関係に戻る様子。

・妻とけんかしないのは、**仲直り**に時間がかかるからだ。
・友人とはけんかをしても、すぐに**仲直りする**。

なかば【半ば】

① 年月や季節などの大体半分、また、仕事などをすると決めた時間の半分ほどの所。

・今年は、十月**半ば**になってもまだ暑い日が続く。
・仕事を**半ば**終えて、約束までに終わると思った。

② そうしようと決めてはいないが、半分以上はその気持ちだと伝える言い方。

・妻は**半ば**遊びで始めた花作りが、面白くなってきたようだ。
・夢のような商品作りを、友人は**半ば**やる気でいるようだ。

ながびく【長引く】

時間がかからないと考えていた事などが進まなくなりすぐ終わらない。

・今日は会議が**長引いて**、やろうと思っていた事ができなかった。
・道路の工事が**長引いて**いて、毎朝駅へ行くのに時間がかかる。

ながめ【眺め】→ながめる②

ながめる【眺める】

① よく知りたい、調べたいなどと思って、同じ人や物、場所などを長い時間見続ける。

・公園で、小さな子供たちがアリをずっと**眺めて**いた。
・小学生時代、長い間夜空を**眺めて**星を調べた。

② 特別な事を考えずに、ひとつの物や人の動く様子などを長い間見続ける。

・遊ぶ子供たちを**眺めて**いると、気持ちが温かくなる。
・良い考えが出なくて、少しの間何も考えないで外を**眺めた**。

★②のように見ている場所や見える様子などを 眺め と言う。

・旅行で行った海の**眺め**は最高だった。

―ながらも

前で言った事の後に付けて、「のに」「けれども」と前と違う事を伝える
言い方。

・小さい**ながらも**、うちの会社の商品はどこよりいい。

・できないかもしれないと言い**ながらも**、友人は商品を作った。

★ ―ながら だけでも使う。

・理由はわかってい**ながら**、同じ失敗が続く。

ながれこむ【流れ込む】

水や雨などが別の所に入る。

・汚れた水が町の川に**流れ込み**、魚が死んで問題になっている。

・台風の日、工場に雨水が**流れ込んで**機械の調子が悪くなった。

ながれをつかむ【流れをつかむ】

社会や時代、会議などがどこに向かって進んでいるかをわかろうとする。

・商品を売るには、時代の**流れをつかむ**必要がある。

・友人は、会議の**流れをつかんで**自分の計画を話し始めた。

★同じ様子を 流れを読む とも言う。

・流れを読まないで意見を言う人を、社長はうまく止める。

ながれをよむ【流れを読む】→ながれをつかむ

なきくずれる【泣き崩れる】

とても悲しくて、立っていられない様子で、声を出して泣く。

・急な親の死に**泣き崩れる**社員に、話す言葉が無かった。

・駅前の事故で子供が亡くなり、親が**泣き崩れて**いた。

なきごと【泣き言】★→ねをあげる

助けてほしい、わかってほしいと、自分の大変さや難しさなどを特別な
事のように話す言葉。

・自分で選んで好きな仕事をしているのだから、**泣き言**は言わない。

・失敗した社員は、経験が無いのでと**泣き言**を並べた。

なきじゃくる【泣きじゃくる】

嫌な事や悲しい事などがあって、声を出して泣き続ける。

・叱られて**泣きじゃくって**いた娘が、今は母親だ。

・**泣きじゃくる**子に、駅員さんが何度も名前を聞いていた。

なきつらにはち【泣き面に蜂】

悪い事や困った事があるのに、また同じような事が起こる様子。

・母が病気をし、会社で問題が起こり、今週は**泣き面に蜂**だ。

・仕事が進まないのに熱が出る、**泣き面に蜂**とはこの事だ。

★(泣きっ面に蜂)とも言い、(踏んだり蹴ったり) (弱り目にたたり目)も同じ様
子を言う。
・急に社員が辞め、機械が故障と、今週は**踏んだり蹴ったり**だった。
・妻が風邪の日に母の入院と、今日は**弱り目にたたり目**だ。

なぐさめ【慰め】→なぐさめる

なぐさめる【慰める】★→なだめる
悲しんでいる人や寂しそうな人などが少しでも明るく元気になるように、
優しく話す、優しくする。
・入院している母を**慰めよ**うと、お見舞いに行った。
・親を亡くして悲しむ社員を**慰める**言葉が見つからない。
★慰める様子、慰めて言う事を(慰め)と言う。
・あと少しだったと言われても、何の**慰め**にもならない。

―なくてはならない
必要な事だ、すぐにやらないと後で困る事だなどと伝える言い方。
・一緒に仕事をする人とは、何度も**話さなくてはならない**。
・すぐに**終わらせなくてはならない**仕事がある日は大変だ。

なげかける【投げかける】
①　声や顔の様子などで、また、言葉で考えている事を伝えようとする。
・汚い言葉を**投げかけ**て、人を傷付けるのは許せない。
・学校へ行く子供たちに笑顔を**投げかける**町の人は多い。
②　質問や問題だと思う事などを、周りの人に聞く。
・駅前で「生活で一番大切な事は何」という質問を**投げかけ**られ、すぐ
に答えが出なかった。
・子供の安全という問題を**投げかける**事件が続いている。

なげかわしい【嘆かわしい】→なげく

なげく【嘆く】
悲しい事や許せない事などがあって、泣きたくなる、大声を出したくな
ると強く思う。
・妻は、ふるさとの知り合いの死を一日中**嘆く**様子だった。
・古くからの決まりが無くなっていくと、父は**嘆い**ている。
★許せないなどと思って怒りたくなる様子を(嘆かわしい)と言う。
・社員が繰り返す同じ失敗に、**嘆かわしい**思いになった。

なげだす【投げ出す】★→ほうりだす(→ほうる)
①　急ぐ、腹が立つなどの理由があって、物を投げるように置く、また、
自分の前に出す。

・友人は、持っている物を机に**投げ出して**急いで帰った。
・電車で足を**投げ出して**座る学生に注意した。
② やり始めた事などを最後までしないで途中でやめる。
・仕事を**投げ出し**そうな社員を見たら、自分の経験を話す。
・社長は、一度決めた事を**投げ出す**ような人ではない。

なけなし
お金や新しい考えなどが、本当に少ししか無い様子。
・若い頃**なけなし**の金で買った辞書は、今も大切にしている。
・会社に入ってすぐ、**なけなし**の経験で計画書を作らされた。

なげやり【投げやりナ・ニ】
どんな結果になってもいいと思い、もっと良くしよう、最後までやろう
というやる気を見せない様子。
・夢が無ければ、人は**投げやり**な事をするようになる。
・仕事を**投げやり**にする社員とは、一度ゆっくり話す。

なごむ【和む】
心配な事や不安な事などが無くなって、安心した気持ちでいられる。
・夜空の星を見ていると、疲れた心が**和む**のを感じる。
・急ぎの仕事が全部終わって、みんなの顔が**和んだ**。
★和んでいる様子を (和やか) と言う。
・仕事を辞めてから、父の顔が**和やか**になったように思う。

なごやか【和やかナ・ニ】→なごむ

なごり【名残】
① 終わった事や昔あった事などを思い出させる様子。
・台風の**名残**で、町には色々な物がたくさん落ちている。
・町には、昔の生活の**名残**を感じさせる寺が残っている。
② (名残惜しい) という形で、人と別れるときや長くいた場所を離れると
きなどに、離れられなくて、悲しい、寂しいなどと感じる様子。
・ふるさとを離れるときの**名残惜しい**気持ちは忘れない。
・両親は、**名残惜しい**様子でふるさとへの旅行から帰って来た。

なさけない【情けない】
悪い結果になって、自分に力が無かった、許せないなどと思う様子。
・若い社員にけがをさせ、**情けない**思いをした。
・不注意な事故で会社を休むことになって、**情けなかった**。

なしくずし【なし崩しニ】
ゆっくり変わるので気がつきにくいが、最後には全体が悪くなってしま

う様子。

・遅くまで働く人が多く、会社の決めた仕事時間は**なし崩し**に守られなくなった。

・仕事を辞めてから、貯金を**なし崩し**に使うような生活は嫌だ。

なじみ

長い間知っていて仲が良い様子。また、そんな関係の人。

・父は、散歩の途中**なじみ**の店で好きな物を買って帰る。

・友人とよく行く店には、**なじみ**にだけ出す料理がある。

★同じ場所で育ち、よくわかっている知り合いを 幼なじみ と言う。

・妻はふるさとに帰って、**幼なじみ**に会うのが楽しみだと言う。

なじむ

①　道具などが自分の手や足のように自由に使えるようになる。

・新しいパソコンに**なじめ**ず、仕事に時間がかかる。

・古くなっても、足に**なじん**だ靴は捨てられない。

②　人と仲良くなる、また、新しい場所の様子などがわかって、そこでの生活に困らなくなる。

・新しく来た社員は、まだ会社に**なじめ**ないでいる。

・海外で初めて仕事をしたとき、生活に**なじむ**のが大変だった。

なすすべ →すべ

なぞ【謎】

人間が知っている事や体験した事などからは、はっきりわからない多くの事。

・仕事が好きな社員が急に辞めた理由は、大きな**謎**だ。

・**謎**の多い自然に向かうと、人間の力は小さいと思う。

★謎のようでよくわからない様子を 謎めく と言う。

・町の歴史には、**謎めい**た事がたくさんあるから面白い。

なぞめく【謎めく】→なぞ

なぞる

書いてある文字や絵などを薄い紙の下に置くなどして同じように書く、また、ほかの人のした事などを同じようにする。

・小学生のとき、母が書いてくれた字を**なぞっ**て練習した。

・学生時代、物語に出てきた場所を**なぞっ**て旅をした。

なだめる ★→なぐさめる

怒った人や泣いている人などと話して、心配しなくてもいいと静かな気持ちにさせる。

・怒っている友人をなだめようと、一緒に食事に行った。

・失敗した社員をなだめて、次の仕事を頑張るよう話した。

なだれこむ【なだれ込む】

おおぜいの人が一度に急いで同じ場所に入る。

・スーパーに人がなだれ込むような日は、何かが安い日だ。

・朝の電車に人がなだれ込む様子を見て、海外からの客が驚いた。

なつかしい【懐かしい】

昔の事などを思い出して、良かった、もう一度したいなどと思う様子。

・年を取ると、昔の悲しかった事も懐かしい思い出になる。

・海外で食べる日本料理は、懐かしい味がする。

なつく【懐く】

悪い事をする人ではないと思って、子供や動物、鳥などが安心して近づいて来るようになる。

・毎日庭に来るネコがだんだん懐いてきた。

・子供好きがわかるのか、子供たちはすぐ友人に懐く。

なっていない

人の言う事やする事などが、どう考えても許せない、間違っているなどと思う様子。

・父は、店員の話し方がなっていないと言って行かない店がある。

・社長は、服装がなっていない社員を見つけると注意する。

なっとく【納得スル】★→なるほど

わからなかった事があるときや人の意見を聞いたときなどに、理由や原因がはっきりして、心からわかったと思う様子。

・若い人の質問には、時間をかけて納得するまで話す。

・友人は納得がいかない事があると、仕事をしなくなる。

なつば【夏場】

夏になって暑くなる頃、また、夏の間。

・夏場になると町へ来る人が増え、駅前の店も元気になる。

・夏場涼しくなる頃に、妻は草木に水をやりに庭に出る。

★同じように冬場と言うが、「春場／秋場」とは言わない。

・冬場は公園に来る人が少なく、事故や問題も起こらない。

ななめ【斜めニ】→かたむく①

なにかしら【何かしら】

① 何が、どこがとは、はっきり言えないが、と伝える言い方。

・最近の友人は、何かしらいつもと違う感じがする。

・売れない商品には、**何かしら**問題があるのだろう。

★何らかの も①と同じような言い方。

・休みが続く社員は、**何らかの**問題を持っているのだろう。

②　理由や原因はよくわからないが、と伝える言い方。

・秋になると、**何かしら**寂しい気持ちになる。

・今住んでいる町は、**何かしら**温かい気持になれる。

★②と同じ様子は 何となく/どことなく とも言う。

・初めてなのに、**何となく**知っていると感じる場所がある。

・最近の母は**どことなく**寂しそうに見えて、少し心配だ。

★→なんだか

なにかと【何かと】

ひとつの事ではなく、必要な事全部と伝える言い方。

・友人は、困ったときには**何かと**手伝ってくれる。

・**何かと**心配してくれる妻がいて、安心して生活できる。

★何かと言うと という形で、機会を見つけると同じ事をする様子。

・**何かと言うと**反対する社員がいて、時々仕事が遅れる。

なにかというと【何かと言うと】→なにかと

なにがなんでも【何が何でも】

どんな事をしてでも、自分の思うようにしたいなどという強い気持ちを伝える言い方。

・若いとき、**何が何でも**大きな家を買いたいと思い働いた。

・**何が何でも**今日中に仕事を終わらせようと頑張った。

なにかにつけ【何かにつけ】→─につけ

なにからなにまで【何から何まで】

関係のある事は全部と伝える言い方。

・社長は会社の事なら**何から何まで**知っている。

・若い頃は年上の社員に**何から何まで**教えてもらった。

★何もかも も同じ様子を伝える言い方。

・戦争で**何もかも**無くし苦しんでいる人が、今もおおぜいいる。

なにげない【何気無い】

深く考えないで、言いたい事ややりたい事などをする様子。

・**何気無い**一言が人を傷付けることがよくある。

・**何気無く**やってみたいと思った事が、自分の仕事になった。

なにごと【何事】

①　何かよくわからなくて、何の事、どんな事と感じる事。

・大きな音がしたので、**何事**かと思い急いで外へ出た。

・家の前に近所の人が集まっているので、**何事**かと思った。

②　多く (何事(で/に)も) という形で、小さな事、大変な事などのすべての事。

・友人はよく、**何事**もやってみないとわからないと言う。

・**何事**でも勉強だと考える人は、仕事の仕方が違う。

③　(何事だ) という形で、叱るときなどに、信じられない、許せないという気持ちを伝える。

・やる気の感じられない計画書を出した社員に「**何事だ**」と大きな声を出した。

・何度も話し合った事を会議中にまた言う人に、**何事だ**と腹が立った。

なにしろ

言いたい事はほかにもあるが、今言いたい事はと強く伝える言い方。

・両親と旅行したいが、**なにしろ**今は仕事が忙しい。

・ふるさとの冬は**なにしろ**雪が多いので、生活が大変だ。

なにはともあれ【何はともあれ】→ともあれ

なにもかも【何もかも】→なにからなにまで

なびく

①　風や水の力で、長い物が横や後ろに流される。

・春の川では、流れに**なびく**草の間を泳ぐ魚が増える。

・長い髪を風に**なびかせる**女の子の美しい絵を買った。

②　相手の持っている物の特別さや強さなどを感じて、相手の思い通りになる。

・社長は、金に**なびく**ような商品作りを許さない。

・おおぜいの意見に**なびく**だけの人は、会議に必要無いと思う。

なまいき【生意気ナ・ニ】

若いのに、経験が少ないのに、言う事やする事などが偉そうで、失礼だなどと思わせる様子。

・機械は勉強しましたからと**生意気**に言う社員に、腹が立った。

・息子に困ったときは手伝うと言われ、**生意気**な事を言うと思った。

なまじ

①　知っている事や技術、経験などがじゅうぶんでなければならないと伝える言い方。

・**なまじ**の頑張りでは、売れる商品はできない。

・**なまじ**の経験があっても、社長が賛成するような計画はできない。

②　わかっていると思って、必要ではない事、できない事までしてしまうと伝える言い方。

・相手を**なまじ**知っていたので、間違いを許してしまった。

・**なまじ**経験があると、失敗をすることもある。

★①、②と同じ様子を(**なまじっか**)とも言う。

①・**なまじっか**な経験では、売れるような商品は作れない。

②・**なまじっか**できると思うから、大きな失敗をすることもある。

なまじっか →なまじ

なまなましい【生々しい】

その場所にいたのではないが、事件や事故などを目の前で見ているように感じられる様子。

・会社が決めた安全の日に、事故の経験者の**生々しい**話を聞く会が開かれた。

・町の図書館に、戦争の様子が**生々しく**伝わる写真が残っている。

なまる →にぶる①

なみたいてい【並大抵ナ・ニ】

「ない」と一緒に使って、いつもみんなが考えるような事とは、大きく違うなどと伝える言い方。

・会社に入ってすぐ商品を作るのは、**並大抵**な事では**ない**。

・町のゴミをどうするかは、**並大抵**には片づか**ない**問題だ。

なみだもろい【涙もろい】

泣かないでおこうと思うが、すぐに涙を出して泣いてしまう様子。

・最近**涙もろく**なった妻は、テレビを見てもすぐ泣く。

・**涙もろい**と思わなかった友人が、涙を流す様子に驚いた。

なめらか【滑らかナ・ニ】

①　人の肌(はだ)など、物が、柔らかくて滑るような様子。

・家にある**滑らか**な革のいすが、自分の休める一番の場所だ。

・旅行先で見た、**滑らか**で鏡のような海は忘れられない。

②　話をするときなどに、途中で間違ったり止まったりしないで問題無く進む様子。

・社長の**滑らか**な話し方は、聞く人を安心させる。

・会議が**滑らか**に進むことは、一年に何回も無い。

なやます【悩ます】→なやむ

なやみ【悩み】→なやむ

なやむ【悩む】

難しい問題があるときなどに、どうすれば良いか考えて、苦しみ、心配し続ける。

・今の会社に入るかどうかを決める前は、色々悩んだ。

・商品を良くするために悩む友人を、手伝えなくて腹が立つ。

★苦しませ、心配させる原因を 悩み と言い、人を悩むようにさせるとき 悩ます と言う。

・妻は悩みがあるときは、好きな事をして忘れるそうだ。

・生活を悩ますほど、物の値段が上がり続けている。

―なら

① ―(する)なら―で の形で同じ言葉を繰り返し、自分の思うようにするのはいいが、その前にする事があると伝える言い方。

・会社を休むなら休むでいいが、早く連絡しておいてほしい。

・公園の工事をするならするで、町の人に伝える必要がある。

② ―ならでは の形で、ほかには無いなど、人や場所などの特別な様子を強く伝える言い方。

・母ならではの家庭料理が食べたくなると、両親の所へ行く。

・ふるさとならではの果物を送ってくれる知り合いがいる。

―ならでは →―なら②

―ならまだしも

良いとは思わないが、様子がわかるときは許す。だがそうでないので許せないと伝える言い方。

・子供ならまだしも、ゴミを捨てて歩く大人は許せない。

・昔の会社は、自転車を使うならまだしも、電車に乗って重い荷物を運ぶ時代があった。

★同じような気持ちは いざ知らず とも言う。

・妻は、人の所はいざ知らず、自分の家が汚いのは許せないと言う。

―なり

① ―(する)なり の形で、ひとつの事のすぐ後に、考えていなかったような事が起こった、予定していなかった事をしたなどと伝える言い方。

・社長は部屋に入って来るなり、自分から話し始めた。

・地震のニュースを見るなり、妻はふるさとの母親に電話した。

★①は、自分の事には使わない。

② ―(した)なり の形で、いつものようになるだろう、次に何かが起こるだろうと思ったがそうならなかったなどと伝える言い方。

・仕事を頼んだ若い社員が外へ**出たなり**、何時間も帰って来ない。

・昨日は部屋へ**入ったなり**、寝てしまって妻を心配させた。

③　じゅうぶんでなくても、自分の力や今の生活に合ったようにすると伝える言い方。

・母は、お金が無いなら**無いなり**の生活をすると言う。

・新しく入った社員はみんな、**自分なり**に頑張っている。

★③の意味で〔**それなり**〕とも言う。

・色々な人がいるが、人には**それなり**に合った仕事がある。

④　〔**一なり～なり**〕の形で、同じような事、反対の事などを並べて相手がわかりやすいように説明する言い方。

・知らない事は、本を**読むなり**人に**聞くなり**して、調べる。

・入り口に立つ社員に、**出るなり入るなり**しなさいと言った。

★→なんなり②

なりたち【成り立ち】→なりたつ①

なりたつ【成り立つ】

①　色々な違う種類の人や物などが集まって、ひとつになる。

・人の体は、水など多くの物で**成り立っ**ている。

・大きくなった今の会社は、細かく分かれた仕事で**成り立っ**ている。

★①のようにひとつになる様子を〔**成り立ち**〕と言う。

・漢字は、**成り立ち**を知ると意味がわかって忘れない。

②　会社など人の集まりが、力を合わせて必要な事をやり続けている、また、必要な決まりなどが作られる。

・お客様に大切にされて、会社が**成り立っ**ている。

・遠い昔に**成り立っ**た決まりが、今の生活にも残っている。

なりゆき【成り行き】→いきさつ

なるべく

簡単ではないが、できるだけする、してほしいなどと伝える言い方。

・疲れていても、**なるべく**散歩をするようにしている。

・妻には、仕事の話は**なるべく**しないようにしている。

なるほど ★→なっとく

教えてもらった事や聞いていた事などが、よくわかったと伝える言い方。

・経験が長い社員の説明を聞き、**なるほど**と思った。

・友人がいいと言う映画を見たが、**なるほど**面白かった。

なれなれしい

よく知らないのに、特別に仲のいい人のようにする様子。

・初めて会ったのに**なれなれし**くする人には、注意が必要だ。

・店の人が**なれなれし**すぎると、買い物したくなくなる。

なれる【慣れる】

① 　初めは大変だった新しい場所や仕事などが、長い時間がたって生活の一部になる。

・会社に入ってから、満員電車に**慣れる**のが大変だった。

・新しい社員も、半年たつと会社に**慣れて**くる。

② 　何度も経験して、難しい事などができるようになる。

・旅に**慣れた**友人と一緒だと、初めての場所でも安心だ。

・新しい社員も、だんだん機械に**慣れて**きたようだ。

③ 　 〔〜(し)慣れた〕 という形で、いつも使うのでちょうど良くなった、いつもするので特別ではなくなったなどと伝える。

・妻は使い**慣れた**包丁がいいと、同じ物を使い続けている。

・見**慣れた**町も、季節が変わると違う場所のように見える。

―なんか

① 　人や物などを軽く見る気持ち、また、関係無い、信じられないという思いなどを伝える言い方。

・**漫画なんか**子供の読む物だと思っていたが、面白かった。

・小学生時代の**事なんか**聞かれても、もう忘れてしまった。

★①と同じ意味で 〔―なんて〕 とも言う。

・社長がカラオケに**行くなんて**、考えもしなかった。

② 　例を出して話すときに使う言い方。

・食事会にアジアの**料理なんか**どうだろうと思った。

・おみやげには、**チョコレートなんか**喜ばれると思う。

なんだか【何だか】★→なにかしら②

理由は良くわからないが、うまく説明はできないが、どうしてかそう思う、感じると伝える言い方。

・初めて来た場所なのに、**何だか**知っていると思った。

・会社に着いてから、**何だか**急に母の事が心配になって電話をした。

なんだかんだ

相手の言うとおりにしたくないときや邪魔をしてやろうと思うときなどに、関係のない事を色々言う様子を伝える言い方。

・**なんだかんだ**理由を付けて、仕事をしない人がいる。

・**なんだかんだ**と言う人がいたが、自分の思うようにやった。

―なんて　→―なんか①

なんでもない【何でもない】 ★→へいき

驚いた、大変だなどと言われるかもしれないが、特別な事だとは思わないと伝える言い方。

・最近の小学生は、**何でもない**顔でパソコンを使っている。

・初めは大変な仕事でも、すぐに**何でもなく**なる。

なんと

ほかに無いような事や人、物などを見て、聞いて、驚いた、信じられないなどと伝える言い方。

・新しい商品を作ったのは、**なんと**今年入った社員だった。

・春の桜を見ると、いつも**なんと**美しいのだろうと思う。

なんという【何という】

言葉では言えないほど驚いた、誰にでもできる事ではないなどと伝える言い方。

・夕日を見て、**何という**美しさだと思うときがある。

・社長には、**何という**人だと思うような話がたくさんある。

なんといっても【何と言っても】

色々な考えがあるが、一番良いのは、大切な事は、などと強く伝える言い方。

・好きな食べ物は、**何と言っても**白いご飯だ。

・今町で一番の問題は、**何と言っても**新しいゴミ置き場を決める事だ。

なんとか【何とかスル】 ★→どうにか

① 頑張ってやりたい、成功させたいなどと思いできる事をする様子。

・**何とか**新しい商品を作りたいと、毎日みんなと頑張った。

・**何とか**して、一日も早く会社を大きくしたい。

② もう少しで悪い結果になりそうだったが、頑張ってそうならないようにしたと伝える言い方。

・熱があって早く帰ろうと思ったが、**何とか**今日の仕事を終えた。

・家を出るのが遅れたが、急いで走って、**何とか**いつもの電車に乗れた。

なんとなく【何となく】→なにかしら②

なんとも【何とも】

① 言葉では言えない気持ちだなどと信じられないような思いを強く伝える言い方。

・売れないと思った物が売れて、**何とも**おかしな気持ちだ。

・叱られると思った事をほめられて、**何とも**変な気持ちだ。

★①を強く伝えるときは 何とも言えない と言う。

・いつ食べても母の料理は、**何とも言えない**おいしさだ。

② 「ない」と一緒に使って、問題ではない、全然できないなどと伝える言い方。

・半年前のけがは、今はもう**何ともない**。

・商品にしてから問題に気がついたが、**何ともできなかった**。

なんともいえない【何とも言えない】 →なんとも①

なんなり【何なり（と）】

① 何なりと という形で、やりたい事や言いたい事、また、欲しい物や嫌いな物など、どんな物でもすべてと伝える言い方。

・わからない事があれば**何なりと**聞けるような会社になってほしい。

・欲しい物があれば**何なりと**買って来ると言っても、両親は無いと言う。

② 〜（する）なり何なり という形で、考えられる事、できる事の中でどれでもいいと伝える言い方。

・公園の古い木は、**切るなり何なり**しなければいけない。

・妻に**売るなり何なり**してと言われ、使わない自転車を売った。

★→―なり④

なんにもならない【何にもならない】

これからしようとする事やしてしまった事などが、誰にも喜ばれない結果にしかならない、意味が無いなどと伝える言い方。

・小学生のとき、勉強しても**何にもならない**と思っていた。

・やる事をはっきり決めないで働いても**何にもならない**。

なんの【何の】

① 後に「無い」を使って、何も特別な事などは無いと伝える言い方。

・大変な相手だと聞いていたが、**何の**問題も**無かった**。

・妻が横にいてくれれば、家の事は**何の**心配も**無い**。

② 〜のなんの という形で、どれだけ驚いたか、大変だったかなどと自分の気持ちを強く伝える話し言葉。

・**怖かったのなんの**と、妻に夢の話をした。

・ふるさとの事を聞かれて、**寒いのなんの**と冬の大変さを話した。

なんらかの【何らかの】 →なにかしら①

に

にあう【似合う】

① 物の色や形などがそれを使う人やほかの物ととてもよく合っている。

・妻は自分では、着物が**似合う**とは思っていないようだ。

・年を取ると**似合わなく**なる色や形がある。

② する事や言う事などがその人によく合っている。

・社長のいすに座った友人は、**似合う**かと言って笑った。

・妻に怒った顔は**似合わない**と言われたことがある。

にえきらない【煮え切らない】

するのかしないのか、賛成か反対かなど、どちらにするのかはっきりしない様子。

・**煮え切らない**返事を聞いて、信じられない相手だと思った。

・友人の**煮え切らない**様子を見て、珍しい事だと感じた。

にえくりかえる【煮えくり返る】

相手が許せない事をしたときや約束を守らないときなどに、どうしていいかわからないほど腹が立つ。

・注文した商品は要らないと急に連絡してきた相手に、**煮えくり返る**思いをした。

・腹の中は**煮えくり返る**ようだったが、静かに相手と話した。

にえる【煮える】→にる

―にかかわらず

① ほかの事などとは関係無くと伝える言い方。

・季節に**かかわらず**、最近は急に天気が変わる日がある。

・値段に**かかわらず**、良い品物は長く売れ続ける。

② 反対の事を並べて、そのどちらであっても、同じ事をすると伝える言い方。

・好き嫌いに**かかわらず**、決まった事をする社員が多い。

・賛成反対に**かかわらず**、集まって公園の問題を話した。

★→いかんにかかわらず（→いかん②）、―にしろ〜にしろ

③ ―にもかかわらず の形で、正しいとは思えないのにするので、許せない、驚くなどと伝える言い方。

・まだ**使える**のにもかかわらず、捨てられる物が多い。

・寒さにもかかわらず、公園では子供たちの元気な声がする。

—にかぎって【—に限って】→かぎる②、③

—にかぎる【—に限る】→かぎる①

にがて【苦手ナ・ニ】★→ふとくい（→とくい②）

食べ物や人、スポーツ、勉強などが好きになれない様子。

・子供の頃から野菜が**苦手**で食べないので、今でも妻に叱られている。

・**苦手**な人でも、一緒にする仕事もあるので、良い所を見るようにしている。

にがわらい【苦笑いスル】

困ったり、失敗したりして、次にどうしていいかわからなくなったときなどに見せる笑ったような様子。

・いつまでも続く電話に、妻は**苦笑い**を見せた。

・計算間違いだったと、友人は**苦笑い**して計画を書き直した。

にぎりしめる【握り締める】

物が手から離れないように力を入れて持つ。

・母親の手を**握り締める**女の子は、昔の娘を見るようだ。

・長い時間ペンを**握りしめて**計画書などを書いていると、指が伸びなくなる。

にくい【憎い】

①　とても嫌な事や人を困らせる事、また、その原因になったと思う人の事などを許せないと強く思う様子。

・強く叱られても、社員を大切にする社長を**憎い**と思う人は誰もいない。

・自分も同じように思われていると思うと、**憎い**と思う相手を許すことができる。

★①のように憎いと思う様子を 憎む と言う。

・戦争を**憎む**人は多いのに、いつまでも無くならない。

★→うらむ

②　人の言う事やする事などが、自分にはできない、できれば良いのにと思う様子。

・周りに**憎い**と思わせるような仕事をする人が、何人もいる。

・社長は、会社の宝は人間だと**憎い**事を言う人だ。

★①、②のような気持ちを 憎らしい とも言う。

①・**憎らしい**事を言っていた子供が、もう子を持つ親だ。

②・友人は、**憎らしい**ような商品を作って驚かす。

にくまれぐち【憎まれ口】

聞く人が嫌だ、許せないなどと思う言葉や話し方。

・負けるのが嫌いな友人は、自分もできると**憎まれ口**を言う。

・社員の**憎まれ口**を聞いて、ほかにする事があるのにと思った。

★憎まれ口をたたく/利く という形で使うことが多い。

・**憎まれ口**を利く社員に、人の良い所を見るようにと言った。

にくむ【憎む】→にくい①

にくらしい【憎らしい】→にくい

にこっと →にこにこ

にこにこ【にこにこスル】★→ほほえむ

声は出さないが、相手も笑顔になるような、うれしそうな顔をして笑う様子。

・新しい事を考えた友人は、**にこにこ**していてすぐわかる。

・ケーキを見て**にこにこ**顔の妻は、子供のようだ。

★同じ様子で一度だけ短く笑うとき にこり/にっこり/にこっと と言う。

・今日の社長は、挨拶をしても**にこり**ともしない。

・朝、社員が**にっこり**してくれると、元気が出る。

・社長にほめられた友人は、恥ずかしそうに**にこっと**した。

にこやか【にこやかナ・ニ】

笑顔のときが多く、周りの人を楽しくするような明るい様子。

・社長は忙しいときでも、**にこやか**に話を聞いてくれる。

・帰ったとき、妻の**にこやか**な様子を見ると疲れが取れる。

にこり →にこにこ

にごる【濁る】

① 空気や水などが汚れて、遠くまで、また、深い所までよく見えなくなる。

・風の無い夏の日、空気が**濁って**遠くが見えない日がある。

・公園の池は、水が**濁らない**ように町で注意し検査している。

② 色々な良くない経験などをして、人の気持ちが汚れる。

・隠している事のある人の目は、**濁って**見える。

・安心して住める町にしなければ、人の心も**濁って**しまう。

—にしては

ほかの言葉の後に付けて、その言葉から考えられる事とは人や物の様子などが違っていると伝える言い方。

・初めて**にしては**、新しい社員の仕事は早かった。

・五千円もするにしては量が少なくて、高すぎると思った。

―にしてみれば ★→―にとって

　人や集まりなどを意味する言葉の後に付けて、関係のある人の考えは特別だなどと伝える言い方。

・草花の好きな**妻にしてみれば**、一本の草も大切な命だ。

・長く育てた社員は、**会社にしてみれば**大切な家族と同じだ。

にじみでる【にじみ出る】

①　汗や涙、血などが少しずつ出続ける。

・十月なのに、朝から汗が**にじみ出る**日が続いている。

・咲かないで枯れた花を見る妻の目から、涙が**にじみ出た**。

②　気持ちや経験などが、特別な事をしなくても周りの人に伝わる。

・書いた人の気持ちが**にじみ出る**ような本が少なくなった。

・人の顔には、それまでの生き方が**にじみ出て**いると思う。

にじむ

①　色や油などが、紙や服などの上でゆっくりと広がる。

・何度洗っても、**にじんだ**油汚れはきれいにならない。

・長く使ったかばんは、汗が**にじんで**色が変わった所がある。

②　疲れや喜び、悲しみなどが外から見ても伝わる。

・疲れが**にじむ**友人の顔を見て、今度の商品計画は大変なのだと思った。

・涙が**にじむ**ような頑張りを続けた社員の商品が売れてうれしかった。

―にしろ～にしろ

①　たくさんある中からよくわかる例を出して考えを伝える言い方。

・**泳ぐにしろ走るにしろ**、運動は好きになれない。

・**東京にしろ大阪にしろ**、大きな町では人が冷たく思えてしまう。

②　大きく違う事や反対の事を並べてどちらを選んでも同じだと伝える言い方。

・**国内にしろ海外にしろ**、仕事を離れて遊ぶ旅行の楽しさは変わらない。

・**賛成するにしろしないにしろ**、相手の説明を聞いてからだ。

　★①、②は ―にせよ～にせよ とも言う。

　①・**山にせよ海にせよ**、自然を汚すような事をしてはいけない。

　②・**好きにせよ嫌いにせよ**、仕事はしなければならない。

　★→―にかかわらず②

にせもの【偽物】→ほんもの①

―にせよ～にせよ→―にしろ～にしろ

―にたえない【―に堪えない】→たえる²③

にたりよったり【似たり寄ったり】★→いちよう
ほかの物と違う所や新しさなどが無くて、珍しくない、面白くないなどと伝える言い方。
- 社員の出した計画は、みな**似たり寄ったり**で使えない。
- **似たり寄ったり**の考えの人がする仕事には、新しさが無い。

―にちがいない【―に違いない】→ちがいない

―につきる【―に尽きる】→つきる②

―につけ
（―につけ～につけ）という形で、同じ様な意味の言葉、また、反対の意味の言葉と一緒に使って、どちらでも同じような様子だと伝える言い方。
- 雨**につけ**風**につけ**、母はふるさとを思う様子だ。
- いい**につけ**悪い**につけ**、両親が近くにいると安心する。
- ★機会があれば、同じようにすると伝えるのに（何かにつけ）と言う。
- 色々な理由で、**何かにつけ**仕事を休む社員には困る。

にっこり →にこにこ

―につれて →つれて

―にとって ★→―にしてみれば
関係のある人たちや自分の経験などから考えると、特別な意味があると伝える言い方。
- 空き家を無くす事は、町の**安全にとって**は大切な事だ。
- 繰り返し練習する事は、外国語の**勉強にとって**大切だ。

にのあしをふむ【二の足を踏む】
恐い、やりたくないなどの理由で、必要な事や新しい事などをしようとしない。
- 外へ出ない母は、食事に行こうと言っても**二の足を踏む**。
- **二の足を踏ん**でいた若い社員は、やってみようと言うと怖そうに機械の前へ進んだ。

にのまい【二の舞】
自分やほかの人が前にした失敗などと同じような失敗。
- 自分の**二の舞**にならないようにと、友人は社員に注意した。
- 相手との話し合いは、前の**二の舞**でうまくいかなかった。

にぶい【鈍い】→するどい①、②

にぶる【鈍る】
① 年を取って、また、使わない時間が長くなって、体の動きや考える速さが遅くなる。

・足の力が**鈍らない**ように会社でも外でも階段を使う。

・父は頭の働きが**鈍る**からと、難しい本を選んで読む。

★①と同じ様子を〔**なまる**〕とも言う。

・休みの間何もしなかったので、体が**なまって**しまった。

②　やろうと決めた気持ちが、弱くなる。

・友人に反対され、やろうという気持ちが**鈍った**。

・決めたときの気持ちが**鈍らない**ように、計画を何度も見直した。

にべもない

よくわかってもらおうと、考えて準備をしたが、相手にわかろうという気持ちが無く、冷たく感じる様子。

・若い人の考えに**にべもない**返事をすると、相談に来なくなる。

・自分の考えを、**にべもなく**断られた社員は悲しそうだった。

―にもかかわらず　→―にかかわらず③

にもの【煮物】→にる

―によって

ほかの言葉の後に付けて、次のような事を伝える。

①　新しい物やこれまで無かった事などを誰が始めたか。

・日本で初めて**女性によって**書かれた物語を、読んだ。

・**エジソンによって**発明された物は、時代を大きく変えた。

②　大変な事や大きな変化の原因や理由が何か。

・**大雨によって**、電車が止まり社員の多くが家に帰れなくなった。

・**コンピュータによって**、仕事のやり方は大きく変わった。

③　方法や使っている物が何か。

・良い商品は、何度も**話し合うことによって**作られる。

・昔からある**技術によって**作られ、今も使う物は多くある。

④　ひとつひとつ、ひとりひとりみんな違う。

・食べ物の好き嫌いは**人によって**色々だ。

・海外の人は、**文化によって**考えが大きく違うので難しい。

―によると

自分の考えではなく、ほかからの情報だと伝える言い方。

・友人の**話によると**、来年から仕事のやり方が変わるそうだ。

・**天気予報によると**、台風が近づくとのことだ。

にらみつける　→にらむ①

にらみをきかす【にらみを利かす】→にらむ①

にらむ

① 周りの人に怒っているのかと思わせるような様子で、長い時間人や物を見る。

・計画書を長くにらんでいた友人が、急に相談に来た。

・話すときに、相手をにらむような顔になると妻に言われた。

★①のように強くにらむ様子を にらみつける と言い、相手が正しい事をするようによく見て注意している様子を にらみを利かす と言う。

・ゴミ置き場に集まるカラスは、にらみつけても逃げない。

・経験の長い人がにらみを利かしているので、工場はいつもきれいだ。

② 問題は何かをはっきりさせる、また、これからの事がどうなるかを考える。

・失敗の原因はこれだとにらんで、みんなで計画を作り直した。

・売れるとにらんだ商品は、会議で相談していつもより多く作る。

にる【煮る】

野菜や魚などを食べられるようになるまで味を付けた熱い汁の中などで料理する。

・母が煮てくれる魚の味は、外では食べられない特別な味がする。

・柔らかく煮た野菜をおいしく出す店へ、友人とよく行く。

★煮て熱くなったときや食べる準備ができたとき、煮える と言い、煮て作った料理を 煮物 と言う。

・肉が煮えるのを待っている間、料理の本の写真を見ていた。

・妻が作る煮物は、自分の家にしかない味がする。

にわかに

考えてもいなかった事などが急に起きて、驚いた、困った、信じられないなどと伝える言い方。

・大きな注文があって、にわかに忙しくなった。

・ふるさとの知り合いの死は、にわかには信じられなかった。

にんき【人気】

物や人などが、多くの人に喜ばれ、広く知られている様子。

・初めは売れなくても、何年もしてから人気が出る商品がある。

・人気があると聞いた店に行ったら、長く待たされた。

ぬ

ぬう【縫う】
① 破れた物やけがをした所などを糸などで合わせて、離れないようにする。
・昔は服や靴が破れても、新しく買わず**縫って**長い間使った。
・子供の頃病院で**縫って**もらった傷が今も残っている。
② 物やおおぜいの人の間などを、何にも当たらないように進む。
・祭りの日は、町は大騒ぎで人と人との間を**縫って**歩くほどだ。
・自転車で車の間を**縫って**進むのは、とても危ない。
③ 仕事などが続く忙しいときに、したい事やほかの必要な事などをするために時間を作る。
・友人は、忙しい時間を**縫って**よく魚を釣りに行く。
・会議と会議の間を**縫って**、急ぎの電話にも出るので大変だ。

ぬかす【抜かす】★→ぬける④
注意や決まりを守ろうとしないで、必要な事や大切な事などを忘れる、また、自分の前にいる人などを考えないで進む。
・社長への連絡を**抜かして**商品を作り始め、後で叱られた。
・前の人を**抜かさず**順番に電車に乗る人に海外からのお客は驚く。

ぬかりがない【抜かりが無い】★→ぬけめがない①
時間をかけて注意しているので、じゅうぶんに準備ができている様子。
・何にでも**抜かりが無い**人との仕事は、安心してできる。
・経験の長い人の計画には、少しも**抜かりが無い**。
★ 抜かり無い とも言う。
・いつも**抜かり無く**準備をして、会議に出ている。

ぬかりない【抜かり無い】→ぬかりがない

ぬかるみ→ぬかるむ

ぬかるむ★→ぐしゃぐしゃ
雨や雪の後などに、土の道や広場が柔らかくて歩きにくくなる。
・雨で**ぬかるんだ**日は、公園は使えない決まりだ。
・雪が無くなる頃、ふるさとの道は**ぬかるんで**大変だった。
★柔らかく歩きにくくなった所を ぬかるみ と言う。

・台風でできたぬかるみで、車が何台も動かなくなっていた。

ぬきだす【抜き出す】 →ぬきとる①

ぬきとる【抜き取る】

①　多くの物の中から、調べるためや人に見せるなどするために、必要な物を選ぶ。

・計画書の山から、必要な物を**抜き取って**会議に出た。

・必要な本を**抜き取った**と思ったが、違う物だった。

★①と同じ事をする様子を 抜き出す とも言う。

・今はコンピュータで、必要な情報がすぐ**抜き出せる**。

②　わからないように、かばんやポケットなどから人の物を取る。

・電車で財布を**抜き取られ**、困って友人にお金を借りた。

・落とした財布は見つかったが、お金は**抜き取られて**いた。

ぬくい →ぬくもる

ぬぐう【拭う】

①　涙や汗、また、要らない水や汚れなどを拭いて取る。

・妻は、時々テレビを見ていて涙を**拭って**いる。

・何度も強く**拭った**が、机の汚れは全部取れなかった。

②　不安や心配などの良くない気持ちを無くすようにする。

・初めての人に仕事を頼んだときは、不安が**拭えない**。

・小さな問題でも、外に知られるとそれを**拭う**のは大変だ。

ぬくまる →ぬくもる

ぬくめる →ぬくもる

ぬくもり →ぬくもる

ぬくもる

体や冷たい物などが太陽や火に当たるなどして、暖かくなる、また、人のする事や作った物などを見て、気持ちが暖かくなる。

・仕事の後、家に帰って風呂で**ぬくもる**と一日の疲れが取れる。

・冬の朝は、**ぬくもった**布団から出るのが嫌だ。

★暖かくする事を ぬくめる と言い、暖かい様子を ぬくい/ぬくまる と言う、また、暖かいと思わせる感じを ぬくもり と言う。

・学生時代はよく、前の日の残り物を**ぬくめて**食べた。

・父は、日が当たる**ぬくい**所に座って庭を見ているのが好きだ。

・妻のふるさとには、体が**ぬくまる**食べ物がたくさんあるそうだ。

・買う人が、作った人の**ぬくもり**を感じられる商品を作りたい。

ぬけだす【抜け出す】

①　周りにわからないように、会議などの集まりから出る。

・長い会議を**抜け出す**人がいたが、誰も何も言わなかった。

・静かに考えたいときは、会社を**抜け出して**近くを散歩する。

★→ぬける③

②　長く続いている良くない事や様子などから離れる。

・新しい商品が売れて、会社は危ない時期を**抜け出した**。

・友人は、不調を**抜け出す**には仕事を忘れるのが良いと言う。

ぬけぬけと

恥ずかしい事や悪い事などをしても、悪かったと思う様子を見せないと伝える言い方。

・失敗しても、**ぬけぬけと**自分は悪くないと言う人がいる。

・注意しても**ぬけぬけと**同じ事をする人には腹が立つ。

ぬけめがない【抜け目が無い】

①　やる事に間違いや足りない事などが無いと思わせる様子。

・新しい社員なのに、やる事に**抜け目が無い**ので驚いた。

・友人は何をやっても**抜け目が無く**、社長も頼っている。

★→ぬかりがない

②　自分が困らないように、これからの事を考えていると思わせる様子。

・**抜け目が無い**友人は、高くなる前に家を買った。

・忙しくなる前に別の仕事があると言って外へ行く**抜け目のない**社員がいる。

★①、②は　抜け目無く　という形で使うことも多い。

①・**抜け目無く**準備していたのに、会議はうまく進まなかった。

②・**抜け目無く**人に仕事を頼む社員とは、一緒に働きたくない。

ぬけめなく【抜け目無く】→ぬけめがない

ぬける【抜ける】

①　いつもいる人やいつもある物などが無くなってしまう。

・風邪で社員が数人**抜けて**、部屋がいつもより寂しい。

・妻も自分も、髪の毛が**抜ける**と心配する年齢になった。

②　疲れた感じや気持ちなどが無くなる。

・一晩寝ても疲れが**抜けない**ときは、難しい仕事はしない。

・年を取ったのか、風邪が**抜ける**まで時間がかかるようになった。

③　理由があって、必要な場所や集まりなどからいなくなる。

・ひとりになりたくて、仕事を**抜けて**公園へ行った。

・**抜ける**のは悪いと思ったが、食事会に行かず家に帰った。

★→ぬけだす①

④　とても大切な事などができていない様子。

・商品の計画に大切な点が**抜けて**いて、会議で恥ずかしかった。

・どこか**抜けて**いると思っていた社員が、新商品を考えた。

★→ぬかす、まがぬける（→まぬけ）

ぬれぎぬ

自分がしていない悪い事を、周りからしたと言われる様子。

・見つかった泥棒は、**ぬれぎぬ**だと言っているそうだ。

・**ぬれぎぬ**だとわかっても、社会は一度持った考えを簡単に変えない。

★自分がした悪い事を人がしたと言う様子を〔**ぬれぎぬを着せる**〕と言う。

・人に**ぬれぎぬを着せる**ような説明をする社員は、強く叱る。

ぬれぎぬをきせる【ぬれぎぬを着せる】→ぬれぎぬ

ね

ね【根】 ★→ねっから、ねづく、ねにもつ、ねほりはほり、ねもはもない

① 外から見ただけで簡単にはわからない、人が生まれたときから持っている変わらない点。

・根はいい人だと思うが、一緒に働きたくない人がいる。

・根は悪い人ではないからと言われても、考えが合わない人とは仕事ができない。

② 大きな問題や社会の変化などの外からは見えない深い原因や理由。

・隣町との問題の根には、昔から長く続く問題がある。

・いじめの根にあるのは、命を軽く見る社会という大きな問題だ。

★②の問題の原因や理由が簡単に変わらない様子を 根が深い/根深い と言う。

・ゴミ問題は根が深く、町では長く話し合いが続いている。

・いじめは根深い問題で、会社に入ってからもある。

★→ねづよい

ねいろ【音色】

楽器などの、ほかには無い、特別だと聞こえる音。

・同じ楽器でも、使う人が変わると音色が全然違う。

・近くの寺の鐘は季節や時間で音色が変わる。

ねうち【値打ち】

人や物などが持つ、大切だ、便利だなどと周りに思わせる特別な所。

・人の値打ちは周りに優しくできるかどうかだと思う。

・人に言われて行ったが、金を払う値打ちも無い映画だった。

★同じ事を 価値 とも言う。

・父の持っている皿は、一円の価値も無い物も多い。

ねがふかい【根が深い】 →ね②

ねぎらい →ねぎらう

ねぎらう

頑張って仕事をする人などに、言葉や物などでお礼の気持ちを伝える。

・会社でする食事会は、社員の頑張りをねぎらうための集まりだ。

・両親をねぎらうために、旅行をプレゼントすることにしている。

★ねぎらう様子を (ねぎらい) と言う。

・社長のねぎらいの言葉に、頑張った社員は涙を流した。

ねこにこばん【猫に小判】

高い物や珍しい物などでも、その良さや珍しさなどを知らない人には全然意味が無いと教える言い方。

・珍しい本を見つけても、本を読まない人には**猫に小判**だ。

・高いコンピュータも、使えない人には**猫に小判**だ。

ねこのてもかりたい【猫の手も借りたい】

とても忙しいので誰でもいいから手伝ってほしいと思う様子。

・今月は忙しい日が続いて、**猫の手も借りたい**ほどだ。

・年末になると、駅前の店はどこも**猫の手も借りたい**様子だ。

ねこのひたい【猫の額】

庭や家などが、とても狭いと伝える言い方。

・会社は、初めは**猫の額**ほどの土地に建つ小さな建物だった。

・**猫の額**ほどの庭だが、少しでも緑のある生活はいい。

ねこをかぶる【猫をかぶる】

自分の本当の気持ちを見せないで、周りから良く見られようとする。

・初めは**猫をかぶって**いる様子の新しい社員も、半年もすると意見を言うようになる。

・妻は、結婚して少しの間**猫をかぶって**いたと笑い話のように言った。

ねそべる【寝そべる】

両手両足を伸ばし、休めるように体を横にする。

・暖かい春の日は、庭に来て**寝そべる**猫も気持ち良さそうだ。

・**寝そべって**空を流れて行く雲を長い間見ていることがある。

ねたましい【妬ましい】→ねたむ

ねたみ【妬み】→ねたむ

ねたむ【妬む】

人が楽しそうにしている様子を見て、自分は同じようになれないなどと思い、腹が立つ、許せないなどと感じる。

・父に、人を**妬んで**も自分に残る物は無いと教えられた。

・良い商品を作り続ける友人を**妬む**気持ちになるときがある。

★妬む気持ちを (妬み) と言い、妬んでいる様子を (妬ましい) と言う。

・友人は他人に**妬み**を持つような人ではなく、何でも一緒に悲しみ、喜ぶ人だ。

・妻は、花を上手に育てる人を**妬ましい**と思うそうだ。

ねだる

そうしてくれるだろうとわかっていて、家族などにお金や物が欲しい、手伝ってほしいなどと頼む。
- 学生時代は、お金が無くなると母に**ねだって**いた。
- 泣いておもちゃを**ねだる**子を見て、昔よくあったと思った。

ねっから【根っから】★→ね

人間には生まれたときから持っていて、変わらない、変えられないほかの人とは違う所があると伝える言い方。
- 友人が新しい商品を作り続けるのは、**根っからの**研究好きだからだと思う。
- **根っから**悪い人はいないと思うが、それでも人間の好き嫌いは無くならない。

ねづく【根付く】★→ね

① 草花や木が枯れないで、同じ場所で元気に大きく育つ。
- 庭に植えた木は、**根付いて**すっかり大きくなった。
- 飛んで来た種が**根付いて**、庭に新しい花が増えた。

② 新しい事や物などが、長い時間をかけてたくさんの人に必要だと思われ使われるようになる。
- 買ってくれた人の毎日の生活に**根付く**商品を作るのが会社の夢だ。
- インターネットが**根付いて**から、社会が大きく変わった。

ねっしん【熱心ナ・ニ】★→ねつれつ

良い結果になるように、ひとつの事だけを頑張ってやる様子。
- 町をきれいにする運動に**熱心な**人たちが、公園もきれいにしてくれている。
- 経験の長い人たちが**熱心に**働く様子は、若い人を育てる。

ねっちゅうする【熱中する】

やろうと決めた事や好きな事などを頑張ってやる様子。
- 学生時代は、旅行に**熱中して**いて、お金があれば旅に出ていた。
- 若い社員が仕事に**熱中する**様子は、見ていてうれしくなる。

★同じように頑張ってやる様子を (打ち込む) とも言う。
- 花作りに**打ち込む**妻は、子供を育てるような顔をしている。

ねづよい【根強い】★→ねぶかい(→ね②)

長い間、強く信じられている事や続いている事などが簡単には変わらない様子。
- 安い物は悪いという考えは、今も**根強く**残っている。

・新しいゴミ置き場を作ることには**根強い**反対がある。

ねつれつ【熱烈ナ・ニ】★→ねっしん

ひとつの事や人の事を強く思っていると感じさせる様子。

・**熱烈な**野球好きの人たちが、町の高校のチームを応援している。

・結婚前、妻の事を**熱烈に**思っていたときがあった。

ねにもつ【根に持つ】★→ね

前にあった事を許せないと思い、その思いを長い間持ち続ける。

・自分が昔の事を**根に持つ**人間に育たなくて、本当に良かった。

・友人は、相手が**根に持た**ないように叱るにはどうしたらいいか困っている。

ねばねば【ねばねばスル】→ねばる①

ねばり【粘り】→ねばる①

ねばりづよい【粘り強い】→ねばる②

ねばる【粘る】

① 柔らかくて伸びやすく、手や物などに付いたら簡単に離れなくなる。

・海外の人には、もちのような**粘る**食べ物が珍しいようだ。

・アジアには、**粘る**豆を使って作る料理がたくさんある。

★①のように粘る様子を ねばねば と言う。

・庭に、触ると**ねばねば**する汁を出す木がある。

★→べたべた②

② 始めた事は、途中で大変な事などがあってもやめないで最後まで続ける。

・何があっても**粘って**頑張る人とは、仕事がしやすい。

・社長にわかってもらうまで、長い時間**粘って**説明した。

★①、②のように粘る様子を 粘り と言い、②のように途中でやめようとしない様子を 粘り強い と言う。

①・両親は、少し**粘り**のある妻のふるさとの米が大好きだ。

②・忙しいときに、最後まで**粘り**を見せて頑張る人がいると助かる。

・若い社員が**粘り強く**頑張る様子は、見ていてうれしい。

★→しゅうねんぶかい（→しゅうねん）

ねぶかい【根深い】→ね②

ねほりはほり【根掘り葉掘り】★→ね

相手の気持ちを考えないで、自分が知りたい事などを詳しく聞く様子。

・社長は、失敗の原因を**根掘り葉掘り**聞く人ではない。

・家族の事を**根掘り葉掘り**聞かれるのは嫌だ。

ねみみにみず【寝耳に水】

考えてもいなかった事などが急に起きて、とても驚く様子。

・来月一か月海外で仕事と言われ、**寝耳に水**で驚いた。

・両親が家を売ってふるさとへ帰ると**寝耳に水**の話をした。

ねもはもない【根も葉もない】★→ね

人の話などに信じられる理由が少しも無い様子。

・社長が代わるという、**根も葉もない**話が伝えられている。

・**根も葉もない**話が人を傷付けることもあるから注意している。

ねらい【狙い】→ねらう③

ねらいどおり【狙い通り＝】→ねらう③

ねらう【狙う】

①　物を投げるときなどに、当てる所や入れる所などを決める。

・ゴミ箱を**狙って**空き缶を捨てたが、うまく入らなかった。

・ふるさとで、鳥を**狙って**石を投げる遊びをした思い出がある。

②　欲しい物を自分の物にするために、また、したい事をするために、いつ、どうすればいいかをよく考える。

・父は、前から**狙っている**皿があるが、高くて買えない。

・泥棒は、人がいないときを**狙う**ので町では注意している。

③　欲しい物やしたい事などをはっきり決める。

・今度の商品は、お年寄りに売れることを**狙っている**。

・観光客を増やす事を**狙って**、駅がきれいにされている。

★③のはっきり決めるための考えや計画を 狙い と言い、狙いが正しかったと思うとき 狙い通り と言う。

・公園を工事する**狙い**は、町の人が集まる場所を作る事だ。

・簡単に持って歩ける新商品は、**狙い通り**に売れている。

ねる【練る】

①　土や粉に水などを入れて、手や機械を使って押す、回すなどして柔らかくする。

・妻は、力を入れて粉を**練り**、おいしいパンを作ると言っている。

・土を**練って**皿や茶碗を作る仕事には、誰にでもできない技術が要る。

②　書こうとする事や計画などを良くするために、時間をかけてじゅうぶんに考える。

・町は専門の人を呼んで、台風や地震のときに、命を守る方法を**練って**いる。

・次の会議に出す計画は、長い時間**練った**考えを中心に書いた。

ねをあげる【音を上げる】★→なきごと、よわねをはく

苦しさや難しさで続けられI(なくなり、もうできないと言葉に出して言う。

・**音を上げ**ないで難しい機械が使えるようになった社員を、社長がほめていた。

・好きな事なら、どんなに大変でも**音を上げ**ずに頑張れる。

ねんいり【念入りナ・ニ】→ねんをいれる

ねんがん【念願】

そうなってほしい、そうしたいと長い間願っている様子。

・今の家を売ってふるさとに帰って生活する事が、両親の長年の**念願**だ。

・長い間**念願**だった安くて便利な商品ができ、社長は大喜びだ。

★本当に強く、長い間願っていた事を⦅悲願⦆と言う。

・ふるさとに墓を作るという事は、両親の長い間の**悲願**だ。

ねんにはねんをいれる【念には念を入れる】→ねんをいれる

ねんをいれる【念を入れる】

失敗しないよう、細かい事にも注意して、間違いや忘れた事などは無いか時間をかけて調べる。

・困らないように、会議の前はいつも**念を入れ**て準備をする。

・間違いが無いか、**念を入れ**て計画書を何度も読んだ。

★同じ様子は⦅念には念を入れる⦆と強く言い、念を入れていると思わせる様子を⦅念入り⦆と言う。

・**念には念を入れ**て、計算に間違いが無いか調べた。

・友人は、**念入り**に見直しをしてから計画書を見せてくれた。

ねんをおす【念を押す】

相手が必要な事を忘れていないか、間違い無く準備できているかなどを注意して大丈夫だとわかるようにする。

・毎朝妻が、忘れ物は無いかと家を出る前に**念を押す**。

・計画書を出す前に友人から、必要なお金の計算は間違い無いか**念を押された**。

の

のうりょく【能力】
生まれたときから持っている、また、時間をかけて自分の物にした特別な力。
- 自分にどんな**能力**があるかは、自分ではわからない。
- 入ってすぐ社員の**能力**を決めるのは早すぎる。

のがす【逃す】
大切な事や物などを使う機会を無くす、また、注意が足りなくて大切な事などができない。
- 遅くなって最後の電車を**逃す**と、家に帰れなくなる。
- ほかの事を考えていて、大切な話を聞き**逃して**しまった。

のがれる【逃れる】
危ない事や嫌な事、また、必要な事などから離れようとする。
- 暑さを**逃れよう**とする人で、町のプールは毎日人が多いそうだ。
- 危険を**逃れる**ため、台風や地震のときには公園が使われる。

のきなみ【軒並み】
① 家が何軒も隣り合って並んでいる様子。
- 今住む町には、昔からの**軒並み**が残っている。
- 妻のふるさととは、少し歩くと**軒並み**が切れる小さな町だ。
★→まちなみ
② 多くの人や物などが、全部同じ様子だと伝える言い方。
- 残って仕事を手伝うよう頼んでも、**軒並み**できないと言われた。
- **軒並み**値上がりする中で、玉子だけは変わらない。

のこのこ【のこのこ(と)】
周りに悪い事をし人に嫌な思いをさせたのに、また、危ないから行くなと注意されているのに、そんな事を忘れたように出て来る、出て行くなどと伝える言い方。
- 連絡無しで休んだ社員が**のこのこと**出て来て、仕事を始めた。
- 行くなと言われた所へ**のこのこ**出て行って、けがなどするのは自分が悪い。

のさばる ★→はばをきかせる

強い力を持っている人が、ほかの人の気持ちや全体の事などを考えずにしたいようにする。

・金持ちがのさばる社会になって、生活しにくい時代だと思う。
・経験の長い人がのさばるような会社は、大きくならない。

のしかかる

自由に動けなくなるほど重い物などが上に乗って、また、簡単に片づかない事などがあって、苦しいと感じる。

・残った仕事が気になっているとき、何かがのしかかって動けなくなる夢を見る。
・成功しなければと思うと、仕事が心に重くのしかかる。

のぞきこむ【のぞき込む】→のぞく¹③

のぞく¹

①　人や物が、また、その動きや様子などが、少し見える。
・夜遅く庭に出ると、雲の間に月がのぞいていた。
・服からのぞく赤ちゃんの小さな手を見て、娘の事を思い出した。

②　欲しい物や珍しい物などが無いか見に、ちょっと店に入る。
・父は、時々のぞく店で買った高い皿をうれしそうに見せてくれた。
・仕事の帰りにのぞいた店で、妻が喜びそうな物を見つけた。

③　小さな穴や狭い所から中を見る、また、隠されている物などを見る。
・近くの空き家をのぞくと、中はゴミの山だった。
・悪いと思うが、若い人の仕事をのぞくときもある。
★③のようにのぞいてよく見る様子を のぞき込む と言う。
・のぞき込んだが、本箱の横には何も落ちていなかった。

④　高い所から下を見る。
・高い建物から下をのぞくと、人も車も小さな点だ。
・山に登ってのぞいた人の世界は、小さなおもちゃの集まりのようだ。

のぞく²【除く】

①　関係無いなどと考えて、今ある所から物を無くす。
・妻は、庭の邪魔な物を除いて広く使えるようにした。
・古くからある要らない物を除いたら、家が広くなった。
★①と同じような事をするとき 取り除く とも言う。
・町の話し合いの後、駅前の古い案内が取り除かれた。

②　色々な違いがあるなどと考えて、同じ物の中に入れない。
・新しい商品計画から、失敗の多い人は除くことになった。

・来てすぐの人を**除いて**、今年も祭りのお金が集められる。

のそのそ【のそのそ(と)スル】★→のろのろ(→のろい)

人や動物がゆっくり動いていて、見ている人に遅いと感じさせる様子。

・動物園で**のそのそ**と歩くゾウは、自然の中の動きとは違う。

・いつもはの**そのそ**して見える社員が、地震のとき商品を守った。

★同じような様子で動くとき のっそり とも言う。

・全然動かないで下を向いていた男性が、**のっそり**と立って歩き出したので安心した。

のぞましい【望ましい】→のぞむ②

のぞみ【望み】→のぞむ②

のぞむ【望む】

① 離れた所から、遠くにある景色などを見る。

・妻と旅行で泊まったホテルは、海を**望む**場所にあった。

・ふるさとの山に登ると、遠くに小さく海が**望める**。

② 難しくても、そうなってほしい、してほしいなどと強く願う。

・みんなが平和を**望んで**いるのに、世界の色々な所で戦争が続いている。

・会社に入ってすぐは、**望んで**いる仕事をさせてもらえない。

★②で、難しいが、できるかもしれないという思いやできそうな感じなどを 望み と言い、できてほしいと思う様子を 望ましい と言う。

・けがをした社員は、前のように歩ける**望み**は無いそうだ。

・医者に、酒やたばこは減らすことが**望ましい**と言われた。

のっそり →のそのそ

のどか【のどかナ・ニ】

心配事などが無く、時間が静かにゆっくり流れているように感じる様子。

・**のどか**な春の日、公園で人は好きな事をして楽しんでいる。

・町を**のどか**に散歩する親子を見ると、子供の頃を思い出す。

のどをとおらない【のどを通らない】

体の調子が悪いときや心配事があるときなど、いつものように食べる事も飲む事もできない。

・高い熱が出て、水も**のどを通らない**ので、仕事を休んだ。

・仕事が進まないと、食事が**のどを通らない**ことがある。

のばなし【野放し】

危険な薬や物、人や動物などを何もしないで自由にしておく。

・長い間**野放し**だった駅前の自転車は、置く場所が決められた。

・危険な薬が**野放し**になっていて、小学生でも買える。

のびのび¹【延び延び】

　いつまでにすると決めていた事が、何度も遅れて長い時間がかかる様子。

・急に入った仕事で忙しく、今年の夏休みは**延び延び**になっている。

・**延び延び**だったゴミ置き場の新しい場所が、年末までには決まることになった。

のびのび²【のびのび(と)スル】

　周りの人を気にする必要が無く、自由で心配が無い様子。

・子供は、明るくのびのびと育てたいと考えていた。

・休み時間は、仕事の事を忘れてみんなのびのびしている。

のみこみ【飲み込み】→のみこむ②

のみこむ【飲み込む】

　①　食べ物や固い物などを飲むようにして体に入れる、また、言おうとした言葉やあくびを出ないようにする。

・客が来たので、口に入っていた物を急いで**飲み込んだ**。

・相手の怒った顔を見て、言おうとした言葉を**飲み込んだ**。

　②　教えてもらった事、練習した事などが、じゅうぶんにわかり、できるようになる。

・新しい社員には、**飲み込む**まで何度でも説明する。

・練習してやり方を**飲み込む**と、機械の使い方は簡単だ。

★②のようにじゅうぶんにわかる様子を⦅飲み込み⦆と言う。

・今年入った社員は、みんなとても**飲み込み**が早い。

　③　大きな波や強い力が人や物などを一口で食べるように無くす、また、建物がたくさんの人を中に入れる。

・津波が建物を**飲み込む**様子は、何年たっても忘れられない。

・毎朝おおぜいの人が、**飲み込まれる**ようにして駅に入って行く。

のらりくらり【のらりくらり(と)スル】

　①　何をするのか、しているのか、外から見てもよくわからない様子。

・仕事を辞めた父は、のらりくらりと生活している。

・最近は、何もせずのらりくらり生きるような人はいない。

　②　自分の考えや大切な事などをはっきり言わないで、時間をかけてわかりにくい話し方をする様子。

・質問にのらりくらりとしか答えない社員を、強く注意した。

・相手は、困るとのらりくらりしてはっきり答えないので、話は進まなかった。

のりきる【乗り切る】→のりこえる③

のりこえる【乗り越える】

① 時間をかけて、邪魔な物の上や横を通って行きたい所へ行く。

・古い商品の山を乗り越えて、必要な物を見つけた。

・周りのゴミを乗り越えて入り、町の人と空き家の中を調べた。

② 自分より力や経験などが上の人に勝とうと頑張る。

・経験の長い人を乗り越えるには、大変な頑張りが必要だ。

・社長を乗り越えようと友人と約束して、頑張っている。

③ 難しくて大変な事などに負けないで、前に進む。

・会社が今のようになるまで、社長は色々な問題を乗り越えてきた。

・苦しさを乗り越えた人の顔は、本当に優しく見える。

★③と同じ様子を 乗り切る とも言う。

・今の問題を乗り切れば、これまで無かった商品になる。

のりこむ【乗り込む】

① 乗り物の中へ入って行く。

・初めての飛行機に乗り込むまで、両親はとても心配そうだった。

・ふるさとでは、全員乗り込んで座るまでバスは動かない。

② 話し合いで考えを伝えるという強い気持ちで、相手のいる所へ行く。

・会社と相談無しで商品を海外へ売っている店に乗り込んで話した。

・話したいと言って、社員がひとり社長室に乗り込んだ。

のろい

動きや変化などがゆっくりで、見ている人に、もう少し速ければいいのにと思わせる様子。

・仕事は、のろくても間違いが無い方がいい。

・祭りの日は人が多く、人も車も動きがのろい。

★のろい様子が続くとき、のろのろ と言う。

・前の車がのろのろ走るので、約束に遅れてしまった。

★→ぐずぐず①、のそのそ、もたもた

のろのろ →のろい

のんき【のんきナ・ニ】

① 心配な事や大変な事、しなければいけない事などが特に無くてゆっくりしている様子。

・仕事を辞めてから、父はのんきな生活を楽しんでいる。

・ゆっくりのんきに生きるふるさとの人は、みんな長生きだ。

② 必要な事などがあるのに、大丈夫だとゆっくりしている様子。

・約束の日が近づいても、のんきな様子の友人を周りが心配した。

・自分は仕事が続くとのんきにしていられない人間だと思う。

のんびり【のんびり(と)スル】

心配事や急いでする事などが何も無くて、ゆっくり休んで静かな生活を
していると伝える言い方。

・仕事を忘れて家でのんびりする時間は大切だ。

・仕事を辞めてからは、のんびりと生活できるのだろうか。

は

ばあい【場合】

今はそうではないが、考えられるような事などが起こったらどうするかと伝える言い方。

・できない**場合**は仕事を辞めると言って、友人は商品を作り始めた。

・社長は、相手の社長が来た**場合**、自分が会うと言った。

★どうなるかわからないが、考えているような事などが起こったらと伝えるとき、場合によっては/よると と言う。

・**場合**によっては、今度の商品が会社を変えるかもしれない。

・けがをした社員は、**場合**によると入院するかもしれない。

ばあいによっては／よると【場合によっては／よると】→ばあい

はあく【把握スル】

ひとつの事にどんな意味があるのか、ほかとどんな関係や問題などがあるのかをよく調べ、考えて知る様子。

・分かれてする仕事は、全体の**把握**が難しいのでとても大変だ。

・問題のある商品は、原因が**把握**できるまでよく調べる。

はいけい【背景】

① 絵や写真、テレビや舞台などで中心になる人や物の後ろの景色。

・ふるさとの山を**背景**にした家族の古い写真は、大切な物だ。

・会社を**背景**にして、年に一度みんなで写真を撮っている。

② 事件や事故の本当の理由や原因などみんなが知らない事。

・ニュースだけでは**背景**のわからない事件が最近とても多い。

・子供の問題の**背景**には、生活に困る親の問題があると思う。

はいご【背後】

① 人の後ろで見えない所。

・ふるさとの夜は暗く、**背後**に誰かいるようで怖かった。

・**背後**から人が近づいて来るので、止まって相手の顔を見た。

② 周りで起きている事などの隠れて見えていない所。

・テレビのニュースは、**背後**に何があるか考えて見るようにしている。

・公園工事の**背後**に何かあると、町では騒ぎになっている。

はいし【廃止スル】

長い間続いていた決まりなどを無くす様子。
- 会社は、長く続いた服装の決まりを**廃止**することにした。
- 会社では、使う人が減った食堂の**廃止**が話し合われている。

はいだす【はい出す】→はう①

はいち【配置スル】

うまく合っているかどうか考えて、人の働く場所や物を置く場所などを決める様子。
- 大きいテレビを買うので、家具の間にうまく**配置**できるよう、妻と考えている。
- 四月になって、今年は仕事の**配置**が大きく変わった。

はいふ【配布スル】

必要な物や伝えたい事の知らせなどをおおぜいの人に渡す様子。
- 売れない商品を社員に**配布**して、何が問題か使ってもらうことにした。
- 連絡の**配布**は、町の人が順番でやっている。

はいりょ【配慮スル】

周りの人が困らないように、する事などに注意しようと思う様子。
- 電車などの中で話すときは、周りの人への**配慮**が必要だ。
- お年寄りに**配慮**して、駅の階段に手すりが付けられた。

はう

① 人や動物、虫などが、腹が床や地面に付くようにして前に進む。
- 長く使わない部屋を小さな虫が**はって**いて驚いた。
- 歩くと腰が痛くて、**はう**ようにして家に帰った。

★①のように**はって**、危ない所などから逃げる様子を はい出す と言う。
- 駅前の火事で、自分の力で**はい出し**て助かった人がいた。

② 植物などが、地面や壁などに付いて伸びていく。
- 花の間を**はう**ように見た事の無い草が増え始め、妻を手伝って抜いている。
- 近所の家は、壁を**はう**草が屋根まで届いている。

はえる【生える】

ひげや歯、植物などが新しく出て、育って伸びる。
- 歯が全部**生えた**ときに、父が写してくれた写真が、今も残っている。
- 母は、かわいそうだと言って庭に**生えた**草を抜かない。

★生えるようにする様子を 生やす と言う。
- 学生時代、鼻の下にひげを**生やし**ていたことがある。

はおる【羽織る】 ★→ひっかける③

少し寒いときや近くに行くときなどに、肩に乗せるように軽く服を着る。

・少し寒くなって、コートを**羽織る**人が多くなってきた。

・買い物に行くとき、ちょっと**羽織る**物が無くて困る。

ばかげる【馬鹿げる】

話ややろうとする事などが、意味があるように思えなくて、信じられない様子。

・売れない商品を作り続けるような**馬鹿げた**事は許されない。

・子供が少ないのに、公園を大きくする計画は**馬鹿げている**。

★同じ様子を 馬鹿らしい/馬鹿馬鹿しい とも言う。

・同じ事の繰り返しを**馬鹿らしい**と感じる社員は育たない。

・わかろうとしない人とは、話すのが**馬鹿馬鹿しく**なる。

はがす【剥がす】 →はがれる

はがたたない【歯が立たない】

相手の力が大きくて、勝てるとは思えない、また、自分には難しすぎるなどと思う。

・**歯が立たない**と思っていた大きな会社と、今は商売している。

・難しくて若いとき**歯が立たなかった**本を、もう一度読んでいる。

はかどる

仕事などやらなければいけない事が、問題無く進む。

・みんなが帰って静かになってからが一番仕事が**はかどる**。

・仕事が**はかどらない**ときは、少しの間全然違う事をする。

はかない

いつ無くなるかわからないほど、弱くて小さい様子。

・朝からうるさいほど鳴くセミも、その命は短く**はかない**。

・**はかない**夢だと思っても、できると思ったらやってみる。

ばかにする【馬鹿にする】 ★→みくびる

自分より弱い、心配するような事は無いなどと、人や物を軽く見る。

・小さいからと**馬鹿にして**いた会社の商品を見て、驚いた。

・新しい商品を作るのには、若い人の話も**馬鹿にできない**。

ばかばかしい【馬鹿馬鹿しい】 →ばかげる

はがゆい【歯がゆい】

自分の考えているように仕事などが進まず、気持ちだけが急ぐ様子。

・若い人の仕事を**歯がゆい**と思っても、育てるため手伝わないようにしている。

・電話での話は歯がゆくて、相手の会社へ行って話した。

ばからしい【馬鹿らしい】→ばかげる

はからずも【図らずも】→はかる①

―ばかり

①　ほかには何も無く、ひとつだけある、ひとつの事だけするなどと伝える言い方。

・仕事に失敗して、悲しい思い**ばかり**が残った。

・自分の事を**考えてばかり**いると、全体が見えなくなる。

②　━(した)ばかり の形で、すぐだ、時間がたっていないなどと伝える言い方。

・働き**始めたばかり**の人には、難しい仕事は頼めない。

・妻は、**焼けたばかり**のパンをうれしそうに見ている。

③　━ばかりに の形で、うまくできないので、また、よく考えてしなかったので、困る事や悪い結果になると伝える言い方。

・一度親切に**したばかりに**、すぐ相談に来る社員がいる。

・パソコンがよく**わからないばかりに**、困ることも多い。

④　━(ん)ばかり の形で、今すぐにしようとしている、起ころうとしているように思える、見えるなどと伝える言い方。

・商品が売れて、友人は周りの人に**抱き付かんばかり**に喜んだ。

・**殴り合わんばかり**の様子で言い合いをする社員を呼んで話を聞いた。

★④の形で、言葉では言わないが、強く思っているように見える様子を 言わんばかり と言う。

・何でも知っていると**言わんばかり**の社員には、困る。

はかる【図／諮る】

①　図る と書いて、これからの事を計画する、また、必要な事などがうまくいくようにする。

・機械化を**図る**会社は、工場で働く人を減らし始めた。

・町は観光客の増加を**図り**、駅前に案内所を作った。

★①は 図らずも という形で、計画したのではないが良い結果になったと伝える。

・新しい計画は、**図らずも**社長の考えとも合っていた。

②　諮る と書いて、色々な考えを聞くためなどに、関係のある人に相談する。

・会社では、会議で関係のある人に**諮って**から新しい事を始める。

・住む人に**諮らず**話し合いをしても、町の人は賛成しない。

はがれる【剥がれる】★→はげる

ほかの物に貼った物や塗った物などが離れてしまう。

・強い風で、町の祭りの案内が何枚も**剥がれ**ていた。

・ペンキの**剥がれ**ていた公園のベンチが全部塗り直された。

★剥がれるようにする様子を⌜**剥がす**⌟と言う。

・祭りが終わると、子供たちが町に貼った案内を**剥がし**て歩く。

はぎしり【歯ぎしりスル】

①　眠っているときに、知らないで口を強くかみ歯を動かし、音を出す様子。

・結婚するまで、自分の**歯ぎしり**を知らなかった。

・妻に、**歯ぎしり**は体に悪いので病院へ行くよう言われた。

②　思ったようにならないときや腹が立ったとき、また、もっとよくできたのに、頑張れたのにと後になって思うときなどに、口を強くかむようにする様子。

・仕事が思ったようにできず、**歯ぎしり**する思いだ。

・もう少しなのにと**歯ぎしり**する経験を何度もしてきた。

はきだす【吐き出す】

①　人や物が、悪い物、要らない物などを外に出す。

・食べた物を**吐き出す**と、痛みが取れ、熱も下がった。

・車が**吐き出す**黒い煙が、地球の空気を汚している。

②　心の中にあった嫌な気持ちや心配などを外に出す。

・気持ちを**吐き出す**ように、友人が珍しく長い間家の話をした。

・若い社員は、何も隠さないで心配事を**吐き出した**。

はきはき【はきはき（と）スル】

話し方や仕事の仕方などが、何も隠すような事が無く明るい様子。

・**はきはき**した若い人が増えると、会社も明るくなる。

・**はきはき**と返事をする人には、何でも教えようと思う。

はぎれ【歯切れ】

⌜**歯切れがいい/悪い**⌟という形で、言葉の使い方や言い方がはっきりしていて、相手によくわかる様子、また、その反対の様子。

・悪い物を高く買ったとき、父の話は**歯切れが悪い**。

・正しいと思っているときは、会議で**歯切れがいい**説明ができる。

はくじょう【薄情ナ・ニ】

周りに困っている人がいても、自分の事ではないからと助けようなどとしない様子。

・困っている人を見ても関係無いからと何もしないで、**薄情に生きる人**間が増えた。
・自分の仕事だけしてすぐ帰る**薄情な社員**とは、一緒に働きたくない。

ばくぜんと【漠然とスル】

何が大切なのか、どこが問題なのかなどがはっきりしない様子。
・説明を聞いた社長は、**漠然とした計画**では意見が言えないと言った。
・長く話して、**漠然と**だが社員の苦しい理由がわかった。

はくちゅうどうどう【白昼堂々（と）】

隠れてするような良くない事を、見られても問題無いという様子ですると伝える言い方。
・駅前に古くからある店に**白昼堂々**と泥棒が入った。
・**白昼堂々**近くの町で起きた殺人事件で、小中学校が休みになった。

はぐらかす

答えたくない質問やしたくない話が出たときなどに、話を変えて相手の気持ちをほかに向けさせる。
・妻は、年を聞かれるといつもうまく**はぐらかして**いる。
・社長は、どんな質問でも**はぐらかさないで**丁寧に答える。

ぱくりと

口を大きく開けて食べ物を入れる様子、また、無かった所に大きな穴などができる様子。
・買って帰ったケーキを、妻は一口で**ぱくりと**食べた。
・小さな地震だったのに、道に**ぱくりと**大きな穴が開いていた。

はくりょく【迫力】

速さや大きさ、強さ、やり方などが、見る人や聞く人の心を強く動かす様子。
・大きなテレビを買って映画を見たら、前より**迫力**があった。
・昔の父は、言う事やする事にもっと**迫力**があったと思う。

はぐれる

一緒にいた人と離れて、ひとりになってしまう。
・親と**はぐれた**のか、駅前で小さな子が泣いていた。
・途中で仲間と**はぐれて**も、今は色々連絡方法がある。

はげしい【激しい】

① 雨や風などが、いつもよりずっと強く危険を感じさせる様子。
・朝から**激しい雨**が続いて、電車が動かず困った。
・地震で家が**激しく**揺れたので、急いで外へ出た。

②　言う事やする事、考え方などが、ほかの人を困らせるほど大きく強い様子。

・人の好き嫌いが**激しい**社員とは、一緒の仕事が難しい。

・新しいゴミ置き場に**激しく**反対する人に、町は困っている。

★②の様子が特別に強いとき〔過激〕と言う。

・社員の**過激**な言葉に、周りの人みんなが驚いて黙った。

はげます【励ます】

やろうという気持ちになるよう、相手を応援し、元気が出るようにする。

・失敗した社員を、もう一度やればいいと**励ました**。

・社員を**励ます**社長の様子が、会社全体を元気にしている。

はげみ【励み】→はげむ

はげむ【励む】

やる気を出して、必要な事などをやろうと頑張る。

・会社にいる海外から来た人たちは、日本語の勉強にも頑張って**励んで**いる。

・父は、子供を育てるために毎日仕事に**励んで**くれた。

★やる気になる原因を〔励み〕と言う。

・海外にいる間は、妻からの連絡を**励み**にして働いた。

はげる【剥げる】★→はがれる

ほかの物に塗った色や貼った物の字などが薄くなる、また、無くなってしまう。

・駅前にある案内の字が**剥げて**、読みにくくなっている。

・母は、すっかり色の**剥げた**袋を大切に使っている。

はけん【派遣スル】

大切な仕事などをさせるために、人を関係のある会社や場所などに行かせる様子。

・海外への**派遣**が決まった友人は、楽しみだと笑って言った。

・海外から**派遣**されて来た人は、何でも勉強だと言っている。

ばさっと

①　新聞や本、たくさんの紙などが一緒に落ちる様子、また、そのときに出る音。

・友人が次の計画に必要な本を**ばさっと**机の上に置いた。

・机から**ばさっと**落ちた会議の記録を、時間をかけて片づけた。

②　木の枝や髪などを一度にたくさん切る様子。

・少しの間会わなかった娘は、髪を**ばさっと**切っていた。

・枝をばさっと切った庭の木は、冬を前に寒そうだ。

★②と同じようにするとき ⸂ばっさり⸃ とも言う。

・公園の木が何本かばっさり切られて、様子が変わった。

はさまる【挟まる】→はさむ①

はさむ【挟む】

①　物と物の間に、別の物が作られている、また、置かれている様子。

・広い道を挟んだ空き地に、新しい家が建てられることになった。

・駅を挟んだ反対側に、またスーパーができるそうだ。

★①のように挟まれている様子を ⸂挟まる⸃ と言う。

・歯の間に何か挟まっていて、朝から気持ちが悪い。

②　物と物との間に入れて、落ちないように持つ。

・上手に箸で挟んで食べる海外からの客が最近多くなった。

・妻は、花に付いた虫を指で挟んできれいに取っている。

はじきとばす【はじき飛ばす】→はじく①

はじく

①　人や物が強い力をほかの人や物に当てて、自分から離して遠くへ飛ばすようにする。

・机の上の小さなゴミを指ではじいてから、新しい商品を置いた。

・妻は、いすにいた小さな虫を指ではじいて庭へ出した。

★①のように強い力で飛ばすようにする様子を ⸂はじき飛ばす⸃ と言う。

・駅前で、町の案内地図をはじき飛ばすほどの事故があった。

②　一緒にならないように、ほかの物が入らないようにする。

・かばんが古くなって、雨をはじかなくなった。

・油は水をはじくので、てんぷらを作るときは気をつける。

★→はねかえす①、はねる②

はじける

①　水や空気、植物の実などが、入っていた所を破って強く飛ぶように外に出る。

・風船がはじけて泣く子に、店の人が新しいのを渡した。

・ふるさとの秋は、はじけて落ちた木の実を拾う季節だ。

②　笑いや喜びの声などが、急に大きく強く聞こえる、また、そう思わせる。

・新商品の成功を聞いて、部屋中に喜びの声がはじけた。

・朝、はじけるような笑顔で学校に行く子供たちを見ると元気になる。

―はじめ

よく知られている人や物などの後に付けて、みんな同じような事をする、同じ様子だなどと伝える言い方。

・社長はじめ、社員全員で新しい商品を考えた。
・京都をはじめ、古い町へ行く海外からの観光客が多い。

はしゃぐ

うれしい事や楽しい事などがあって、大きい声で話し、歌うなどして喜び、騒ぐ。

・寒い所で育った人間には、雪が降ってはしゃぐ人たちの気持ちがわからない。
・初めての海外で、母は子供のようにはしゃいでいたそうだ。

はじらう【恥じらう】→はにかむ

はしりまわる【走り回る】

①　休まずに、走るようにあちらこちらへ行く。

・寒くなっても、子供たちは元気に公園を走り回っている。
・子供が減って、近所でうるさく走り回る声もしなくなった。

②　急ぐ事があるときなどに、色々な所へ行き来して忙しくする。

・子供たちが来るので、妻は朝から走り回って準備をしている。
・年末には、社員みんなが走り回るようにして仕事を片づける。

はじる【恥じる】

失敗したときなどに、人に見られたくない、恥ずかしいという様子を見せる。

・失敗しても恥じる様子も見せない社員には、腹が立つ。
・難しい事をできないと思う自分を恥じることがよくある。

はじをかく【恥をかく】

失敗をして、周りの人に笑われ、軽く見られる。

・正しいと思って言った事が間違っていて、会議で恥をかいた。
・若い人が失敗して恥をかくのは、いい経験になる。

―はず　★→―ないはず（→―はずがない）、―はずではない

①　⌈―(する)はず⌋という形で、誰にでもわかる理由があるから間違いない、正しいと信じているなどと伝える言い方。

・三時の予定だから、海外からの客はもう来るはずだ。
・今日と連絡があったから、荷物はもう届くはずだ。

②　⌈―(した)はず⌋という形で、正しいかどうかは別にして、間違いないと強く信じて伝える言い方。

・机に**入れた**はずだが、探している写真は見つからなかった。

・みんなで**決めた**はずだと繰り返す人がいて、会議が長くなった。

―はずがない ★→―はず

〔―(する)はずがない〕という形で、正しいと信じられる理由があるので、できない、起こらないと強く伝える言い方。

・経験が要る仕事は見るだけで、簡単に**できる**はずがない。

・忙しくて**来る**はずがない社長が、工場を見に来た。

★〔―(ない)はず〕という形で、そういう予定などではないと伝え、〔―(ない)はずがない〕という形で、強くある、できるなどと伝える。

・**来ない**はずの客が来て、急いで準備をした。

・簡単な仕事だから、若い人にも**できない**はずがない。

はずす【外す】 ★→はずれる

①　いつも決まった所にある物をそこから離す、また、人がいつもいる場所から離れる。

・家に帰るとまずネクタイと腕時計を**外す**。

・社長が席を**外した**ので、会議を少し休むことにした。

②　予定や計画などに入っていた事などを、理由ができて入れない。

・台風が来るので、妻と話して旅行から船での観光を**外した**。

・前の仕事がうまくいかなくて、新しい仕事から**外された**。

③　計画や予定などを人が少ないときやほかの事の邪魔(じゃま)にならないときにできるようにする。

・昼食の時間を**外す**と、どこの店でも並ばずに食事できる。

・両親は、旅行の予定を忙しい時期を**外して**計画した。

―はずではない ★→―はず

〔―(する)はずではない〕という形で、準備や計画ができていないのに、予定していない事などが起こって、信じられない、困ったなどと強く伝える言い方。

・商品発表会に**来る**はずではない人数が来て、料理が足りなかった。

・店員の丁寧(ていねい)な説明で**買う**はずではない物まで買ってしまった。

はずみ【弾み】 ★→はずむ

①　〔～(した)弾みに〕という形で、ひとつの事をした、またはしようとしたときに、ほかの良くない事が起こってしまう様子。

・妻は、庭で**転んだ**弾みに大切な花を折ってしまった。

・重い物を持ち上げ**ようとした**弾みに、腰を痛めてしまった。

★→ひょうしに

②　（〜の/（した）弾みで）という形で、ひとつの事をしているときに、必要以上に力が入るなどして思っていなかった事をしてしまう様子。

・友人と話していて、**言葉の弾みで**難しい約束をしてしまった。

・**ぶつかった弾みで**、相手にコーヒーをかけてしまった。

③　（弾みがつく）という形で、自分の周りで起こった事などが原因で、仕事などの調子が良くなる様子。

・新しい社員が入って、会社の仕事に**弾みがついた**。

・母が元気になって、両親の生活に**弾みがついた**ようだ。

はずみがつく【弾みがつく】→はずみ③

はずむ【弾む】★→はずみ

①　ボールなどがほかの物に当たって、戻って来る。

・子供が道でボールを**弾ませて**遊んでいるので注意した。

・空気が抜けて**弾まなく**なったボールが、子供部屋に残っている。

②　楽しくなって、人の気持ちや話す声などが元気になる。

・友人は、いい知らせがあると声を**弾ませて**言った。

・学生時代の仲間との食事は、話が**弾んで**楽しかった。

　★→はなしにはながさく

③　自分の気持ちを伝えるために、いつもより多くお金を出す。

・子供が家の手伝いをしたときは、お小遣いを**弾んだ**。

・若い人たちに頑張って欲しいと願い、今年は祭りに出すお金を**弾んだ**。

はずれる【外れる】★→はずす

①　人や物が決まった場所や仕事などから離れる。

・仕事中に腕時計が**外れて**落ち、壊れてしまった。

・友人が新しい計画から**外れた**理由は、誰も知らない。

②　よく考えて作った予定や計画が、考えていた結果にならない。

・天気予報が大きく**外れ**、両親が旅行に出る日は朝から雨だった。

・売れるという計算が**外れ**、会社は困った事になった。

　★→はんする②

③　決まりや正しいと思われている事、また、強く信じている事などから離れている。

・会社の考えとは**外れて**いても、新しい考えは大切にしている。

・自分の生き方に**外れた**事は、何があってもしない。

　★→はんする①

④　人が集まる所から離れている。

・みんなが集まるときに、**外れた**所にいる社員が心配だ。

・町を**外れた**所にある古い寺に、最近来る人が多くなった。

⑤　ほかの言葉の後に付けて、その言葉とは離れている、合っていないと伝える。

・公園で**季節外れ**の花が咲いて、ニュースになった。

・お酒を飲んだときの父は、**調子外れ**だが、時々ふるさとの歌を歌う。

★→まとはずれ

はたして

①　結果が思ったとおりだったと伝える言い方。

・朝から曇っていたが、**はたして**夕方から降り始めた。

・気になっていたが、**はたして**妻は新しいテレビに反対だった。

★→やはり①

②　本当に起こるのだろうか、できるのだろうか、などという気持ちを強く伝える言い方。

・新しい考えの商品だが、**はたして**売れるだろうかと心配だ。

・もうすぐ大きな地震が起こると言うが、**はたして**本当なのか。

はたす【果たす】

しようと思っていた必要な事などを、最後までやる。

・友人との約束を**果たして**、頼まれていた仕事を終えた。

・自分でやると言った事も**果たせない**人は、信じられない。

ばたばた【ばたばた(と)スル】

①　立っている人や物が、強い力で続けて倒される様子。

・強い風で、町のゴミ箱が**ばたばたと**全部倒れた。

・火事のニュースで、逃げる人が**ばたばた**倒れる様子が伝えられた。

②　旗や鳥の羽などが強く動いて、また、人が手や足を上下に動かして音を出すような様子。

・ゴミ置き場のカラスに近づくと、**ばたばたと**音をさせて逃げた。

・手足を**ばたばたさせて**泣く子供を見て、昔を思い出した。

③　忙しいときや急いでする事があるときなどに、走るように動く様子。

・一日**ばたばたして**、昼ご飯も食べられなかった。

・会社を辞めたら、**ばたばたしない**生活をしたい。

はたらきかける【働きかける】

ほかの人に一緒にしてほしい事などがあり、話し合う、頼むなどする。

・公園を新しくしようと、周りに**働きかけて**いる人たちがいる。

・数人の社員が**働きかけて**、困った人に送るお金を集めた。

ばちあたり【ばち当たり】→ばちがあたる

ばちがあたる【ばちが当たる】

　悪い事や人を困らせる事などをした後、それが原因で自分に困る事や悪い事などが起きる。

　・転んだ人を笑った**ばちが当たった**のか、足にけがをした。

　・母は、物を捨てると**ばちが当たる**と言って物を大切にしている。

　★ばちが当たる事をする人、する様子を ⌊**ばち当たり**⌋ とも言う。

　・お寺の壁に自分の名前を書く**ばち当たり**がいる、と散歩から帰った父が言った。

ばちがい【場違いナ・ニ】

　する事や言う事などが、そのときや場所とうまく合っていない様子。

　・会議で**場違い**な事を言う人がいると、本当に困る。

　・友人と行った駅前の店は**場違い**に騒ぐ人が多かった。

はちきれる【はち切れる】★→はりさける

　入れ物が破れて、中の物が外に出てしまうほどいっぱいになる、また、喜びやうれしさなどが外からわかるほどいっぱいになる。

　・食事会で、おなかが**はち切れ**そうになるほど食べる人がいる。

　・仕事がうまくいって、友人の顔は喜びで**はち切れ**そうだ。

ばつがわるい【ばつが悪い】→きまりがわるい

はっきする【発揮する】

　ほかの人とは違う力や技術などがある事を、周りの人みんながわかるように見せる。

　・商品を考えるとき、驚くような力を**発揮する**社員がいる。

　・会社のために力が**発揮できる**社員を、社長はよく見ている。

ばつぐん【抜群ナ・ニ】

　ほかの同じような人や物と大きく違って、とても良い様子。

　・**抜群**の力を持つ社員がいなくても、みんながひとつになれば大きな力になる。

　・**抜群**にうまいと言って、父は決めたお酒しか飲まない。

　★同じ様子を ⌊**ずば抜ける**/**飛び抜ける**⌋ とも言う。

　・成績が**ずば抜け**ていた大学の友達が、会社を作った。

　・新しい商品を作った数は、今年も友人が**飛び抜け**ていた。

ばっさり【ばっさり(と)】→ばさっと②

はっせい【発生スル】

　新しい病気や病気を広げる原因などが、また、台風や霧などが出て来る様子。

- 今は、新しく**発生**した病気がすぐ世界に広がる時代だ。
- 地球が暖かくなって、台風や大雨などの**発生**が増えたそうだ。

ばったり【ばったり(と)】

①　考えていなかったとき人に会った、急に人が考えていなかった事が起きたなどと伝える言い方。

- 前を歩いていた人が**ばったり**倒れたので救急車を呼んだ。
- 仕事に行った会社で、大学時代の友達に**ばったり**会った。

②　続いていた事などが急に止まって無くなったと伝える言い方。

- 工場で事故があってから、会社の引っ越しの話は**ばったり**消えた。
- 寒い日は、夜になると駅前の人の動きが**ばったり**と無くなる。

はってん【発展スル】

町や会社などが広く、大きくなり続ける、また、考えや技術がそれまでより進むなどする様子。

- 町の**発展**を考えて、新しく病院ができることになった。
- 友人の考えを**発展**させて、会社の新しい計画が作られた。

ぱっと

急に今までとは違う動きをする、また、いつもと違った事などをすると伝える言い方。

- 眠っていた父が、**ぱっと**起き出して庭へ出て行った。
- 今年の母の誕生日は、**ぱっと**にぎやかにやろうと妻と相談した。

ぱっとしない

色々な事を違う方法などでやってみるが、特別に良い、美しいなどと思えない様子。

- 髪型を変えてみたが、**ぱっとしない**と言って、妻は何度も鏡を見た。
- 学生時代**ぱっとしなかった**男が、有名になり驚いた。

はっとする

①　急に、考えていなかった事などが起こってとても驚く。

- 駅前で、急に後ろから大きな声で呼ばれて**はっとした**。
- 失敗した夢を見て、**はっとして**起きた。

②　自分が間違っていたと急に気がつくなどして、驚く。

- 会議中、自分の考えが間違っていると思い**はっとした**。
- 自分の考えと違う話を聞いていて、**はっとする**ことがよくある。

はつらつ【はつらつ(と)スル】

とても元気で、周りの人を明るくさせるような様子。

- 小学生たちは、いつ見ても元気**はつらつ**でにぎやかだ。

・若い社員のはつらつとした動きは、会社を明るくしている。

はで【派手ナ・ニ】

① 明るい色やたくさんの色、大きな形などが使われていて、周りの人が驚くほどほかと違っている様子。

・父は、仕事を辞めてから**派手な**服を着るようになった。

・駅前には、**派手ではない**が良い品物を売る店が多い。

★→はなやか①

② 言う事ややる事などを、ほかの人とは違うと思わせるために、周りが注意して聞き、見るようにする様子。

・最近、服や持ち物などにお金を使い、**派手な**生活をする人が増えているように感じる。

・**派手に**宣伝しなくても良い物は売れると固く信じている。

★①、②と反対で派手ではない様子を 地味 と言う。

　①・母は、外へ出るときは**地味な**色の着物を着ることが多い。

　②・社長は、**地味に**仕事を続ける社員を大切にする人だ。

はてしない【果てしない】

いつまでやっても、どこまで行っても、終わりが見えない様子。

・疲れたときは、仕事が**果てしなく**続くように感じる。

・**果てしなく**続く空や海の前では、人間は本当に小さいと思う。

はてる【果てる】

① 力や気持ち、夢や話す事などが、全部無くなってしまう。

・いつもたくさん夢を持つ友人は、楽しい話が**果てる**事が無い。

・力が**果てる**まで頑張ろうと思って、会社で決まった大切な仕事をした。

② 〜（し）果てる という形で、もうこれ以上何もできない様子だなどと伝える。

・大きな仕事が終わって、みんな**疲れ果てた**様子だ。

・難しい問題が続いて、社長は、**困り果てた**顔をしている。

―はというと

ふたつの事や物を並べて、様子が大きく違うと強く伝える言い方。

・問題があり社員は大騒ぎなのに、**友人はというと**いつものように静かに仕事をしている。

・観光客が増えたのに、**町はというと**、何もしないでいる。

―はともあれ →ともあれ

はないきがあらい【鼻息が荒い】

新しい事を始めるときやスポーツで試合をするときなどに、良い結果を

出そうと強く思う様子。
・最近の友人は、会社の歴史に残る商品を作ると**鼻息が荒い**。
・頑張って来ますと**鼻息が荒かった**社員が、笑顔で仕事から帰って来た。

はなうた【鼻歌】
いい事があったときや楽しいときなどに、ひとりで小さく歌う好きな歌。
・仕事がうまくいった友人は、今日は一日**鼻歌**が止まらなかった。
・台所で**鼻歌**を歌う妻に、何かいい事があったのかと聞いた。

はながたかい【鼻が高い】
ほかの人よりよくできたとき、ほめられるような事をしたときなどに、ほかとは違うと偉そうにする様子。
・周りの人を大事にする息子を持って、**鼻が高い**。
・自分が言い出した商品が売れ、**鼻が高い**思いをしている。
★同じ様子は強く 鼻高々/鼻を高くする とも言う。
・自分の考えた計画がうまくいって、友人は**鼻高々**だ。
・きれいだと花をほめられて、妻は**鼻を高く**していた。

はなしこむ【話し込む】
時間やほかの事などを忘れて、長く話し続ける。
・友人と酒を飲んで、長い間**話し込ん**でしまった。
・妻と夜中まで**話し込ん**だため、今朝はとても眠い。

はなしにはながさく【話に花が咲く】★→はずむ②
話がたくさん出て、時間を忘れて長い間楽しく話す。
・大学時代の仲間に会って、若いときの**話に花が咲いた**。
・昔の**話に花が咲く**のか、妻は知り合いとの電話が長い。

はなたかだか【鼻高々】→はながたかい

はなつ【放つ】
①　逃げられない所に入っていた人や動物などを自由にする。
・町は、育てた魚を、きれいになった川に**放っ**ている。
・家で飼っていたカメを公園の池に**放つ**人がいて、大きな問題だ。
②　近くにいる人が感じる光、におい、声などを、人や物が出す。
・庭の梅が**放つ**良い匂いは、春が来たという知らせだ。
・ふるさとの春は、山の緑が光を**放つ**ようでとても美しい。

はなっぱしらがつよい【鼻っ柱が強い】
自分の力を信じすぎていると感じられて、周りに嫌だと思われる様子。
・何度注意されても聞かない、**鼻っ柱の強い**社員がいる。
・自分が一番だと思う**鼻っ柱の強い**人と仕事をするのは難しい。

★鼻っ柱が強い人に、間違っているなどと思わせる様子を 鼻っ柱をへし折る と言う。

・仕事では、鼻っ柱をへし折られるような経験も大切だ。

はなっぱしらをへしおる【鼻っ柱をへし折る】→はなっぱしらがつよい

はなにかける【鼻にかける】★→ほこる

自分はほかの人とは違って特別だと偉そうにして、自分の力などを周りに見せるようにする。

・頭が良いことを鼻にかけるような人とは、仕事をしない。

・古さを鼻にかけていた駅前の豆腐屋が、急に店を閉めた。

はなにつく【鼻につく】

①　嫌な臭いなどがいつまでも残り、少しの間離れないように感じる。

・ゴミ捨て場に行った後は、少しの間臭いが鼻につく。

・病院へ行った後は、臭いが鼻について何も食べたくなくなる。

★→はなをつく

②　相手の話し方やする事などに嫌な感じがして、もう見たくない、聞きたくないと感じる。

・鼻につく話し方の人とは、話さないようにしている。

・面白い話でも、何度も聞かされると鼻につく。

はなはだしい【甚だしい】

悪い事などが見ていられないほどで、大変な様子。

・ゴミ置き場の汚れが甚だしいので注意するよう連絡が来た。

・歩いていておじいさんと呼ばれた父は、甚だしく傷付いたようだ。

はなやか【華やかナ・ニ】

①　物の色などがとても明るく、美しく、いつまでも見ていたいなどと思わせる様子。

・昔は、年の初めに華やかな着物で会社へ行く女性が珍しくなかった。

・町中に華やかな飾りがされて、今年も祭りの季節だ。

★→はで①

★①で、周りが明るくなるほど華やかな様子を 華やぐ と言う。

・花が飾られ華やいだ会場で、娘の結婚式が始まった。

②　多くの人に知られて有名になるなどして、光の中にいるように見える様子。

・華やかに見える人も、見えない所で練習や勉強を続けている。

・新記録で、華やかに出て来た選手がニュースになった。

はなやぐ【華やぐ】→はなやか①

はなよりだんご【花より団子】

目に見える形や美しさなどより、自分に合う物やよく使う物の方を大切にすると伝える言い方。

・旅行に行っても、妻は**花より団子**でおいしい物を探す。

・生活に困る人たちには、**花より団子**でお金が一番喜ばれる。

―ばなれ【―離れ】

ほかの言葉の後に付けて、次のように使う。

①　長く一緒だった人や物などから離れる、また、前によくしていた事をしなくなるなどと伝える。

・子供の**親離れ**は寂しい事だが、みんなが経験する事だ。

・若い人の**車離れ**で、車が昔のように売れないそうだ。

②　とても違っていて、驚くと伝える。

・スポーツ選手の**人間離れ**した力には、驚かされる。

・社長の**日本人離れ**した考えが、特別な会社にしてきた。

はなをたかくする【鼻を高くする】→はながたかい

はなをつく【鼻をつく】★→はなにつく①

気持ちが悪くなるような嫌な臭いが強くする。

・工場で使う薬には、**鼻をつく**強い臭いの物もある。

・近くで火事があり、少しの間**鼻をつく**ような臭いが続いた。

はなをならす【鼻を鳴らす】

人を軽く見て、相手の言う事やする事などを大切に考えようとしない。

・ほかの会社の商品を見て、友人はふんと**鼻を鳴らした**。

・社長の話の後、相手はふんと**鼻を鳴らす**様子だった。

はにかむ

人の前で必要以上にほめられるなどして、恥ずかしそうな様子を見せる。

・子供からの贈り物に、父は**はにかんで**下を向いた。

・社長にほめられた社員は、顔を赤くして**はにかんだ**。

★恥ずかしそうにするとき 恥じらう と言う。

・父にきれいだと言われた着物の妻は、少し**恥じらった**様子だった。

はねかえす【跳ね返す】★→はねかえる

①　当たった物、水や光などを来た方向に強く返す。

・最近の車には、光を**跳ね返す**ガラスが使われている。

・古くなったコートは、もう水を**跳ね返さ**なくなった。

★→はじく②

②　人の言う事などに賛成できなくて、強く反対して聞こうとしない。

・考えが足りないと、友人が若い人の考えを**跳ね返した**。

・自分の意見を**跳ね返された**社員が、悲しそうにしている。

はねかえる【跳ね返る】★→はねかえす

①　飛んだ物や落ちた物、また、水や泥、光などがほかの物に当たって、色々な方向へ動いていく。

・工場の壁に当て、**跳ね返る**ボールで遊ぶ子供がいる。

・昔は道が悪く、雨の日は泥水が**跳ね返って**大変だった。

②　自分のした事の結果が、少し時間がたってから自分に返ってくる。

・人に悪い事をすると、いつかは同じような事が自分に**跳ね返る**と言われて育った。

・悪い商品を売ると、後で会社のほかの商品の売れ方に**跳ね返る**。

はねる【跳ねる】

①　人や動物が高く飛ぶように動く。

・月でウサギが**跳ねて**いると言っていた時代があった。

・社長にほめられた社員が、**跳ねる**ようにして帰って来た。

②　水や油などが周り全体に強く飛ぶ、また、周りに飛ばす。

・会社へ来る道で、車に水を**跳ねられ**ぬれてしまった。

・台所から油が強く**跳ねる**音がして、大丈夫かと心配した。

　★→はじく②、ひっかける⑤

はばがきく【幅が利く】→はばをきかせる

はばたく【羽ばたく】

①　鳥が羽を大きく動かして飛ぼうとする。

・大きく**羽ばたく**音をさせ、庭にいた珍しい鳥が飛んで行った。

・子供が走ると、公園のハトが**羽ばたいて**飛んで行った。

②　経験などを増やし、今いる所から出て、広い世界で仕事を始める。

・学生の頃は、広い世界で**羽ばたきたい**と考えていた。

・社長は、世界に**羽ばたく**ような会社にしようと願っている。

はばむ【阻む】

前に進もうとするとき、また、やっている事を進めようとするときなどに、人や物が邪魔をする。

・台風の後、歩く人を**阻む**ように木や看板が倒れていた。

・町の人たちに**阻まれて**、新しい建物の工事が止まった。

はばをきかせる【幅を利かせる】★→のさばる

ひとりの人間や人の集まりが大きな力を持ったときなどに、ほかの人を困らせるようになる。

・経験の長い社員が幅を利かせる会社は、大きくなれない。

・駅前で幅を利かせていた店が閉まってから新しい店が増えた。

★ほかの人を動かすほどの力を持つ様子を 幅が利く と言う。

・昔よく行ったすし屋では、父はまだ幅が利くらしい。

はびこる ★→はやる②

必要ではないと考えられている物や悪いと考えられている事などが増えて広がる。

・夏は雑草がはびこって、庭が大変な事になる。

・体に悪いと許されていない薬が、若い人の間ではびこっている。

はぶく【省く】

①　時間やお金などを必要以上に使わなくてよいように考えて、少なくする。

・費用を省くため、商品の箱を会社で作ることになった。

・どうしても省けない仕事は何か、会社は詳しく調べている。

②　いつもはする事や必要だと考えられている事などを、時間が足りないなどの理由でやらない。

・息子は、色々な決まり事を省いて簡単な結婚式をした。

・友人と相談して要らない所を省き、計画書を短くした。

★②と同じ様子は 省略/略す とも言う。

・最近の新聞は、説明を省略したカタカナ言葉が多くわかりにくい。

・会議で小さな事を略して話したら、わからないと言われた。

はまる

①　考え方や物などが、決まった形によく合っていて、簡単には変えられない、動かない。

・買って来た絵がはまるように、壁に特別な場所を作ってもらった。

・人間は、型にはまってしまうと新しい考えが出なくなる。

②　深く調べないで言われたとおりにして、困った結果になり、逃げられなくなる。

・友人は、電話の話にはまって、要らない物を買わされた。

・相手の計画にはまって、商品を安く売ることになった。

★→ひっかかる③

★①、②のように動かなくする、逃げられなくするなどの様子を はめる と言う。

　①・結婚した社員は、はめた指輪をみんなに見せている。

　②・お年寄りをはめて、金を取る事件が続いている。

　★→ひっかける④
　③　注意していなくて、水たまりや溝、穴などに落ちる。
・桜を見るため上を向いて歩いていて、小さな穴にはまってしまった。
・溝にはまった車を、近くにいた人がみんなで手伝って動かした。
　④　遊びや漫画、食べ物など、好きになった物がやめられなくなる。
・ゲームにはまって外に出ない子が増え、大きな問題だ。
・切手集めにはまって信じられないほどお金を使う社員がいて、驚いた。
　★→こる①

はみだす【はみ出す】★→はりだす①
　物が多すぎて、また、大きすぎて、決められた場所などの中に全部入ら
ず、少し外へ出る。
・近所のラーメン屋は、いつも店を**はみ出す**ほど客がいる。
・**はみ出す**ほどハムや野菜を入れたサンドイッチが好きだ。
　★同じ様子を はみ出る とも言う。
・安いときは、妻は袋から**はみ出る**ほど野菜を買って来る。

はみでる【はみ出る】→はみだす

はめになる【羽目になる】
　自分のした事が原因になって、自分で後片づけをしなくてはいけなくな
る、また、自分の力では何もできない困った事になる。
・会議で話した新しい仕事は、自分がやる**羽目**になった。
・約束が守れなくて、大学時代の友達を無くす**羽目**になった。

はめる→はまる①、②

はめをはずす【羽目を外す】
　周りに嫌な思いをさせる、また、後で困った事になる、などとは考えな
いで、遊んで騒ぐ。
・会社の食事会では、酒を飲んで**羽目を外す**人もいる。
・心配していた商品が売れて、友人は**羽目を外して**喜んだ。

はやがってん【早合点】→はやがてん

はやがてん【早合点スル】
　人の話をよく聞かずに、言われた事をじゅうぶんにわからないでする間
違い。
　★ 早合点 とも言う。
・人の話を最後まで聞かず、自分の**早合点**で間違った事をする人が多い。
・海外の仕事だと**早合点**して、旅行かばんを買ってしまった。

はやしたてる→はやす¹

はやす¹ ★→ひやかす①

　祭りやパーティーなどの集まりをにぎやかにするために、また、面白くしようと思って、おおぜいが拍手や大きな声で騒ぐ。

・マイクを持つとみんながはやすので、歌いにくかった。

・みんなにはやされ、社員の結婚相手は顔を赤くした。

★強く言うときに[はやし立てる]とも言い、また、祭りをにぎやかにするための鐘や太鼓の音を[おはやし]と言う。

・誕生日ケーキを前に、周りにはやし立てられ、少し恥ずかしかった。

・遠くから祭りのおはやしが聞こえてくると、子供の頃を思い出す。

はやす²【生やす】→はえる

はやばや【早々（と）】

　いつもは考えられないほど早くと伝える言い方。

・友人は用事があると言って、早々と会社を出た。

・台風が来るというので、駅前の店は早々と閉めた。

はやり →はやる①

はやる

　①　おおぜいの人が同じような物などを好きだと感じる様子。

・今年は服や持ち物などに黒がはやっているそうで、町が暗く見える。

・駅前のはやっている店は、若い人の好きそうな物を置いている。

★①のようにはやっている事や様子を[はやり]と言う。

・はやりだと言って、若い人が同じような服装をしている。

　②　良くない事や病気などがおおぜいの人の間に広がる様子。

・風邪がはやると、会社を休む人が増えて困る。

・子供の間で悪い遊びがはやり、大きな問題になっている。

★→はびこる

★①、②と同じ様子を[流行]とも言う。

　①・昔流行した形のかばんを、今も使っている。

　②・原因のわからない病気の流行で、町の様子も暗い。

はらいのける【払いのける】→はらう②

はらう【払う】

　①　物を買ったときや仕事をしてもらったときなどに、お金を渡す。

・野菜や肉を買ってお金を払うとき、高くて驚いた。

・会社の掃除は、金を払って外の人に頼んでいる。

★①と同じ様子を[支払う]とも言い、払ったお金や払った様子を[支払い]と言う。

- 会社が大きくなって、毎月**支払う**お金も大変だ。
- **支払い**を減らすため、使う電気を減らしている。

② 手や道具を使って、要らない物などを取る。

- 雪を**払って**会社に入る日は、「寒いですね」が挨拶だ。
- 伸びた枝を**払って**明るくなった庭を、父は長い間見ていた。

★嫌な事があったときや人と話したくないときなど、それから離れようとする様子を ⌜払いのける⌝ と言う。

- 会議の後、友人は近づく人を**払いのける**ようにして自分の机に戻った。

★→ふりはらう①

③ ほかの言葉の後に付けて、すっかり無くすと伝える。

- 父は会社を辞めたとき、要らない物をすっかり**売り払った**。
- 駅前は、戦争で一度**焼き払われ**新しく作られた場所だ。

はらがすわる【腹が据わる】→はらをすえる

ばらす

① 機械などを調べるためなどに小さな部分に分ける、また、箱などを邪魔にならないように小さくする。

- 引っ越しの後は、使った箱を**ばらす**のも大変だった。
- 公園の遊び道具は、全部**ばらして**問題無いか調べられた。

★→ばらばら①

② 人に知られたくないと思っている事や大切に守っている計画などを周りの人に知らせる。

- 計画をほかの会社に**ばらした**社員がいて、大騒ぎになった。
- 個人の情報を**ばらす**ような事は、許されない。

★②のようにして知られた様子を ⌜ばれる⌝ と言う。

- 妻を驚かせようと、**ばれない**ようにプレゼントを準備した。

はらづもり【腹積もり】→つもり①

はらのそこ【腹の底】

① する事や言う事の、人には見せない本当の思いや気持ち。

- いつも笑顔の人は、**腹の底**がわからない怖さがある。
- 話に来た会社は**腹の底**が見えず、何を考えているかわからない。

② ⌜腹の底から/に⌝ などという形で、体全体と伝える言い方。

- 工場では、**腹の底**から声を出さないと相手に聞こえない。
- 夜遅く、**腹の底**まで伝わるような音がして驚いた。

はらのむしがおさまらない【腹の虫が治まらない】

許せない事などがあって、いつもの静かな気持ちになれない。

・相手の失礼な言葉に、一日中腹の虫が治まらなかった。
・腹の虫が治まらない事があると、相手ともう一度話す。

ばらばら

①　ひとつだった物が小さな物に分かれている、また、離れ離れだなどと伝える言い方。

・壊れた機械は、**ばらばら**にして使える物は残しておく。
・小さな事が理由で、**ばらばら**になる家族も多い。

★→ばらす①

②　同じでなければいけないのに、みんな違っていると伝える言い方。

・みんなが集まる時間が**ばらばら**で、予約の時間に遅れた。
・今日はみんなの考えが**ばらばら**で、大変な会議だった。

ぱらぱら【ぱらぱら(と)】★→ぽつぽつ①

雨や砂などの小さくて丸い物が少し落ち続ける様子。

・雨が**ぱらぱら**降ってきたので、外へ行くのはやめた。
・トマトは、**ぱらぱら**と塩をかけて食べるのが好きだ。

はらはらする ★→ひやひや

うまくできるだろうか、悪い結果にならないだろうかなどととても心配する。

・計画を説明する若い社員を見ていて、**はらはら**した。
・新しい商品は売れるかと、何日間か**はらはら**していた。

はらをかかかえる【腹を抱える】

とても面白くて、笑いが止まらない様子。

・友人のする話は面白くて、**腹を抱えて**笑うときがある。
・社員の話に**腹を抱える**社長を見て、いい会社だと思った。

はらをきめる【腹を決める】

色々考えて、ほかの方法などではできないから自分が考えたようにしようと気持ちを強く決める。

・今日は、社長に怒られてもはっきり言おうと**腹を決めて**会議に出た。
・手術は嫌だと言う母が**腹を決める**ように、父と話し合っている。

★結果が悪くなってもいいと強く気持ちを決めるとき 腹をくくる と言う。

・会社を辞めてもいいと**腹をくくって**相手と話し合った。

はらをくくる【腹をくくる】→はらをきめる

はらをさぐる【腹を探る】

相手が考えている事は何かと、相手の話や様子などから知ろうとする。

・初めての相手と仕事をするときは、**腹を探る**話になる。

・近所には、人の**腹を探る**ような話し方をする人はいない。

はらをすえる【腹を据える】

難しい事だが、悪い結果になるかもしれないがなどとわかっていてもやろうと強く決める。

・反対されたら会社を辞めると**腹を据えて**出た会議が何度かある。

・仕事が無くなってもいいと**腹を据えて**話し合う事がある。

★難しくてもやると強く決めた様子を 腹が据わる と言う。

・友人は、仕事で死んでもいいと考える**腹の据わった**男だ。

はらをわって【腹を割って】

何も隠さないで、本当の気持ちや本当の事を伝えあって話す様子。

・長く会社にいるが、**腹を割って**話せる人は少ない。

・**腹を割って**話すようになったのは、父が仕事を辞めてからだ。

はり【張り】

①　顔や肌、声が、若い、元気だなどと感じさせる様子。

・年を取ったのか、肌の**張り**が無くなってきた。

・父の**張り**のある声を聞いて、まだまだ元気だと安心した。

②　頑張ってやろう、生活しようという強い気持ちを起こさせる理由や原因。

・若い人には、心の**張り**になる仕事を見つけるように言う。

・仕事を辞めてから、生活の**張り**を無くす人が多いそうだ。

はりきる【張り切る】

これから始める事などを、元気を出して力いっぱいするという様子を見せる。

・**張り切って**料理を作り始めたが、途中で嫌になった。

・今日も**張り切って**やると短く言って、友人は仕事を始めた。

はりさける【張り裂ける】★→はちきれる

入っている物が多すぎて、物を入れすぎて入れ物が破れる。

・妻は袋が**張り裂け**ないかと心配するほど、食べ物を買って帰った。

・若い頃は、おなかが**張り裂け**そうになるまで食べた。

★ 胸が張り裂ける という形で、悲しい、苦しいと強く感じる。

・親を亡くした社員の顔を見ると、**胸が張り裂け**そうになる。

はりだす【張／貼り出す】

①　 張り出す と書いて、建物などが決まった場所やほかの物のある場所から外へ出ている。

・駅前の店は、道に**張り出さ**ないように並んで建っている。

・枝が外に**張り出さ**ないように、庭の木を時々切っている。

★→はみだす

②　貼り出すと書いて、人に知らせるため、書いた物や写真などをよく見える所に出す。

・祭りの知らせは、駅やスーパーなど町中に**貼り出される**。

・警察は、写真を**貼り出し**て泥棒を探している。

はりつく【張り付く】

①　人や物などに付いて、離そうとしても離れない。

・夏、外を歩くと、シャツが体に**張り付く**ほど汗が出る。

・娘は小さいとき、母親に**張り付く**ようにして歩いていた。

②　よく見よう、自分もできるようになろうなどとして、人や場所から離れないで見ている。

・初めは、経験の長い人に**張り付い**て仕事を習った。

・若い人が**張り付く**ようにして、機械の動きを見ている。

はるか【はるか二】

①　考えることもできないほど、自分から離れた時間や場所。

・**はるか**遠くの月に、人が行ける時代になった。

・**はるか**昔に造られて残っている建物は、高い技術を使った物が多い。

②　考えていた事やこれまであった物などとは全然違う様子。

・毎日頑張って、前より**はるかに**良い商品になった。

・昔、今より**はるかに**進んだ技術で作った物に驚かされる。

はるばる

簡単には行けないほど離れている場所へ、時間をかけて行く、また、そこから来る様子。

・妻のふるさとの知り合いが、**はるばる**会いに来てくれた。

・町の近くに、**はるばる**何千キロも旅をするチョウが休む場所があるそうだ。

はるめく【春めく】

景色や空気の様子などが、春が近くなったと感じさせる。

・暖かくなり花も咲いて、町が**春めい**てきた。

・**春めく**頃になると、会社にも新しい人が入る。

★秋が近づいたと感じさせる様子を秋めくと言う。

・風が冷たくなり、**秋めく**と少し寂しくなる。

はればれする【晴れ晴れする】

嫌な事や心配な事などが無くなって、気持ちが軽く、明るくなる。

・友人は家の問題が片づいて、**晴れ晴れ**した様子だ。
・長く続いた雨の季節が終わって、気持ちが**晴れ晴れ**した。

ばれる →ばらす②

はをくいしばる【歯を食いしばる】

苦しいが負けない、途中ではやめないなどと思って頑張る。
・新商品を作るため、難しい事があっても**歯を食いしばって**頑張った。
・苦しくても**歯を食いしばって**やる経験を、何度もした。

はんい【範囲】

関係する広さ、また、関係できる広さや自分のできる事などの全体。
・町だけでなく広い**範囲**で泥棒が続いている。
・自分のできる**範囲**で、町の手伝いもしている。

はんかん【反感】

人の言った事やした事などに、反対する気持ち。
・ひとりでやると言った社員の言葉が、**反感**を生んだ。
・反対する人が増えて**反感**を買う事になると、仕事がやりにくくなる。

はんこう【反抗スル】★→はんする①

年上の人や自分よりも力を持っている人などの言う事を聞かないで、また、決まりなどを守らないで、自分の考えややり方などを変えない様子。
・生徒の**反抗**を減らすため、決まりを増やす学校が増えた。
・最近、会社のやり方に**反抗する**ような意見を持つ社員が少なくなった。

はんざい【犯罪】→つみ①

はんじょう【繁盛スル】

客がおおぜい来て、店がにぎやかでよく品物が売れる様子。
・駅前の**繁盛**を知っている人たちが、今ではもう多くいない。
・できたときは**繁盛**していても、長く続く店は少ない。

はんしょく【繁殖スル】

植物や動物などが増える、また、必要以上に増えて問題になる様子。
・町の空き地に背の高い草が**繁殖**して、大変な事になった。
・公園の池は、昔はいなかった魚の**繁殖**で生き物全体の様子が変わったそうだ。

はんする【反する】

① 決まりや決めた事、願いなどに賛成できる理由があって、そのとおりにしない。
・学校でも会社でも、古い決まりに**反する**若者が増えている。
・近くがいいという親の思いに**反して**、大学は東京に行った。

★→はずれる③、はんこう

② どうなるか色々考えていたが、思っていたのとは違う驚くような結果になる。

・みんなの考えに**反して**、新しい商品は売れなかった。

・今月は晴れが続くという予報に**反して**、雨の日が多い。

★→はずれる②

はんせい【反省スル】

自分のした事が、間違っていなかったかどうかなどと、後から時間をかけて考える様子。

・失敗が続く社員に、良い仕事をするためには**反省**も必要だと話した。

・若い社員に偉そうに話していないか、毎日**反省**している。

はんだん【判断スル】

色々な事を考えてからする、いいかどうか、やるかやらないかなどを決める様子。

・**判断**が難しい事は、社長に相談してから決める。

・商品が良いか悪いかは、買った人が**判断する**事だ。

はんにん【犯人】

決まりを破って警察から逃げるようなとても悪い事をした人や周りがみんな困るような事をした人。

・町で続いていた泥棒の**犯人**が、近所の人だとわかってみんな驚いた。

・公園の花を盗んでいた**犯人**は、近くの子供だとわかった。

はんのう【反応スル】

言った事やした事などに、周りの人が意見や考えを持つ様子。

・新商品を社員に使ってもらい、**反応**を見ることにした。

・自分の意見に何も**反応しない**社員に、友人は腹を立てた。

ぱんぱん

① 力を入れずに手で軽く何度かたたくときやピストルなどを続けて打つときの音。

・母は、洗濯物を**ぱんぱん**とたたいてから干していた。

・近くの神社で、みんな**ぱんぱん**と手をたたいてお願いをする。

② それ以上入らないぐらい物がたくさん入っている様子。

・仕事で旅行に行くときのかばんは、荷物で**ぱんぱん**だ。

・最近は、少し食べるとすぐおなかが**ぱんぱん**になる。

③ 運動や仕事などで使った体の部分が、固くなっている様子。

・一日立って仕事をしていたので、足が疲れて**ぱんぱん**だ。

・長くコンピュータを使うと、肩がぱんぱんになる。

はんろん【反論スル】

　相手の考えに賛成できないときなどに持つ、自分の考え、また、それを言う様子。

・社長は、**反論**しても時間をかけて聞いてくれる。

・友人の**反論**は、いつも理由がはっきりしてわかりやすい。

ひ

ひいては
　小さな事が始まりで、後になってからほかの多くの事に関係を持つようになると伝える言い方。
　・考え方の違いが、**ひいては**大きな問題になることがある。
　・社員の、**ひいては**会社の、安全を考える会ができた。

ひえびえ【冷え冷え（と）スル】
　天気や周りの様子が、体の中まで寒くなるほど冷たいと伝える言い方。
　・**冷え冷え**とした風が吹くと、ふるさとはもう雪だと思う。
　・人間関係が**冷え冷え**した会社には、ならないでほしい。

ひえる【冷える】→ひやす

ひがい【被害】★→ひさい
　地震や台風、また、火事や爆発、人がした事などが原因で、生活や命が危なくなり大変な様子。
　・地震や台風が続いて、今年も世界の色々な場所で大きな**被害**が出た。
　・近くの町のガス爆発で**被害**を受けた人たちの中には、子供もいた。

ひかえめ【控え目】→ひかえる②

ひかえる【控える】
　①　自分が必要とされるときまで、すぐに動けるように準備して静かに待つ。
　・社長に言われて、話し合いの間、隣の部屋に**控えた**。
　・友人に、新しい計画ではいつでも手伝えるよう**控えて**いてくれと頼まれた。
　②　やりたい事などを今は全部しない、また、言いたい事などを今は全部言わない。
　・最近少し太ってきたので、妻は甘い物を**控えて**いる。
　・会議が長くならないよう、今日は自分の意見は**控えた**。
　★②のように全部しない、言わないなどの様子を 控え目 と言う。
　・医者に注意されてから、辛い物は**控え目**にしている。
　③　大切な事や忘れてはいけない事などを、近くにある紙やノートに書いておく。

・最近すぐ忘れるので、約束などはすぐ**控えている**。

・仕事の計画を**控えた**紙が見つからなくて、とても困った。

④　〔**〜に/を控えて**〕という形で、大切な事が近づいているので準備すると伝える。

・週末に運動会を**控えて**、学校から練習の声が聞こえる。

・祭りを今週末に**控えて**、町では公園などでゴミ拾いを始めた。

ひかん【悲観スル】→らっかん

ひがん【悲願】→ねんがん

ひかんてき【悲観的ナ・ニ】→らっかん

ひきうける【引き受ける】

①　頼まれた事などを自分の仕事と考えて最後までやる。

・どんなに難しい事でも、社長に言われて**引き受けた**事はする。

・難しい客の相手を**引き受けた**が、簡単ではなかった。

②　自分の知り合いには何も問題が無い、また、問題が起きたら自分が手伝うなどと、ほかの人にはっきり言う。

・問題があれば自分が**引き受ける**と、社長が客を紹介した。

・金を借りるとき、父が問題があれば自分が**引き受ける**と言ってくれた。

ひきかえ【引き換え】→ひきかえる①

ひきかえす【引き返す】

道を間違ったときや気持ちが変わったときなどに、途中から来た所まで戻る。

・妻は買い物の途中で、調子が悪いと言って**引き返して**来た。

・工事でいつもの道が使えないので、**引き返して**別の道を使った。

★同じ様子を伝えるときに〔**きびすを返す**〕とも言う。

・もう一度考えようと、社長室の前まで来て**きびすを返した**。

ひきかえる【引き換える】

①　持っている物を渡して必要な物などをもらう。

・妻は、スーパーで野菜と**引き換えられる**券をもらって喜んでいた。

・駅前の店が、買い物をすると後で商品と**引き換えられる**点数を付けるようになった。

★①のように引き換える様子を〔**引き換え**〕と言う。

・ふるさとでは昔、野菜と**引き換え**に、魚をもらっていた。

②　〔**〜に引き換え**〕という形で、同じような事や物などと全然違う、反対だと伝える言い方。

・去年の夏に**引き換え**、今年は暑い日が少ない。

・昔の仕事に**引き換え**、今は機械が増え簡単になった。

ひきこもり【引き籠り】→ひきこもる

ひきこもる【引き籠る】

体の調子が悪い、人に会うのが嫌だなどという理由で家や自分の部屋などから出ない。

・風邪のようだと言って、二、三日家に**引き籠る**父が、少し心配だ。

・学校に行かず家に**引き籠る**子供が増え、大きな問題だ。

★家から出ない様子、また、そんな人を 引き籠り と言う。

・社員の中に、中学まで**引き籠り**だったと話す若い人がいる。

ひきさがる【引き下がる】

自分の言う事ややる事は必要だと思われていないなどと考え、仕事などから離れる、また、会議などで意見を強く言わないようにする。

・会議の様子を見て、次の計画からは**引き下がろう**と思った。

・反対が多かったので、一度**引き下がって**考え直すと決めた。

ひきしまる【引き締まる】

①　運動をして体全体から要らない肉が無くなり、固く、美しく見える。

・昔、**引き締まった**体にしようと運動していたときがある。

・公園で運動するお年寄りは、今も**引き締まった**体をしている。

②　要らない物などが無くなり、大切な所などがはっきりする。

・友人が**引き締まった**顔をして、新しい計画を話し始めた。

・会社に入って、**引き締まった**文を書くのも大変だと知った。

★②のようにする様子を 引き締める と言う。

・社長は、社員の気持ちを**引き締める**ため時々全員を集めて話す。

ひきしめる【引き締める】→ひきしまる②

ひきずる

①　長い物や重い物、また、動こうとしない人や動物などを、引っ張るようにして動かす。

・重い機械を**引きずろう**としたが、少しも動かなかった。

・おもちゃ売り場で子供を**引きずる**親が、いつの時代にもいる。

②　悪い思い出や失敗した事などが、すぐに忘れられなくて、いつまでも嫌な思いをする。

・失敗を**引きずる**若い社員には、新しい仕事をさせる。

・嫌な事を**引きずって**いると、同じ事をしてしまうので怖い。

ひきだす【引き出す】

①　人の特別な力や考えなどをみんながわかるようにする。

- ・社長は、若い人の力をうまく**引き出して**使う。
- ・若い人の考えを**引き出す**までは、何度でも話をする。
② 銀行に入れてあるお金を使うために出す。
- ・お金を**引き出して**、両親に海外旅行をプレゼントした。
- ・今は、いつでも機械でお金が**引き出せて**、便利になった。

ひきたつ【引き立つ】→ひきたてる②

ひきたてる【引き立てる】

① 暗い様子の人や元気の無い人などを明るく元気にしようとする。
- ・疲れたときに面白い話をして、周りの気持ちを**引き立てる**社員がいる。
- ・社員の気持ちを**引き立てる**ように、社長は笑顔で話した。
② ほかの人や物などが良く見え、良い所がわかるようにする。
- ・夏の初めは、青空が緑を**引き立てる**美しい季節だ。
- ・部屋が**引き立てられる**ようにと、妻は色々な所に花を置いている。
★②のようになる様子を 引き立つ と言う。
- ・並べたときに**引き立つ**ように、商品の箱を考えた。

ひきちぎる【引き千切る】→ちぎる

ひきつぎ【引継ぎ】→ひきつぐ

ひきつぐ【引き継ぐ】

長く続く仕事や祭りなどが無くならないように次の時代や人に伝え、大切にする。
- ・町では、祭りを**引き継ぐ**子供や若い人を育てている。
- ・**引き継ぐ**人がいなくて、無くなっていく技術はとても多い。
★次の時代や人に引き継ぐ様子を 引継ぎ と言う。
- ・工場の人が辞めるときは、**引継ぎ**に長い時間がかかる。

ひきつける【引き付ける】

人や生き物などが、ほかの人や生き物などを近くに集める。
- ・社長の話は面白くて、多くの社員を**引き付ける**。
- ・何が**引き付ける**のか、公園にはいつもおおぜい人がいる。
★同じような様子を 引き寄せる とも言う。
- ・春になると、花に**引き寄せられて**庭にハチが増える。

ひきつる【引きつる】

① 体の一部が、急に思うように動かせなくなる。
- ・長く立って仕事をすると急に足が**引きつって**歩けなくなる事がある。
- ・足が**引きつった**と言うと、妻に運動が足りないからだと言われた。
★①と同じ様子を短く つる とも言う。

・最近、寝ているときに急に足がつって、痛くて起きるときがある。

② どうすればいいかわからないときや怒ったときなどに、顔や目などの様子や動きが止まったように見える。

・父の写真は、**引きつった**顔をして写っている物が多い。

・友人が、珍しく**引きつった**目をして社員を叱っている。

ひきとめる【引き止める】

帰ろうとする人や新しい事をしようとする人を止めて、思うようにさせない。

・社長と話すと言う友人を**引き止めて**、もう一度考えようと話した。

・帰ろうとすると**引き止められて**、食事に行く事になった。

ひきとる【引き取る】

① 要らない物、また、ほかの人が育てられない子供や動物などを自分の所に置く。

・売れ残った商品を頼んでいた店から**引き取る**ときは、胸が痛くなる。

・捨てられたイヌやネコを**引き取って**育てている人がいる。

② (お引き取り) という形で、帰ってほしい、出て行ってほしいと伝える言い方。

・相手が失礼なときは、話を聞かずに**お引き取り**願う。

・一度**お引き取り**くださいと言われた会社でも、何度でもお願いに行く。

ひきぬく【引き抜く】

① 草や土の中で育つ野菜などを強い力で引っ張って、土の外へ出す。

・草を**引き抜いて**庭をきれいにするのに、一日かかった。

・ふるさとで大根を**引き抜く**手伝いをした事がある。

② ほかの所で大切な仕事をしている人などを、力やお金を使って自分の所へ連れて来る。

・経験の長い社員を**引き抜かれて**、会社は困っている。

・**引き抜かれて**海外へ行くスポーツ選手がとても多くなった。

ひきはなす【引き離す】

① 一緒にいる人を、事故などが離してしまう。

・戦争で親から**引き離された**海外の子供たちにお金を送った。

・親に好きな人から**引き離された**と、社員が相談に来た。

② 近くに来ようとする相手との間を離して、近づきにくく広くする。

・売れる商品を出し続けて、今はほかの会社を大きく**引き離して**いる。

・友人に**引き離されない**ように、いつも商品を考えている。

★→ふりきる③

ひきもきらず【引きも切らず】

　長い間休みなく、同じ事がずっと続くと伝える言い方。

・今日は**引きも切らず**電話が続いて、食事もできなかった。

・朝から**引きも切らず**に注文が来て、今日の会社は大変だった。

ひきょう【卑きょうナ・ニ】

　難しい事があるときや必要なときに逃げ出すなど、正しくない、許せないなどと感じさせる様子。

・失敗しそうなとき逃げるような**卑きょうな**事はしない。

・売れなくても自分は関係無いと**卑きょうな**事を言う人がいる。

ひきよせる【引き寄せる】→ひきつける

ひくつ【卑屈ナ・ニ】

　ほかの人のようにできない、力が無いなどと自分が信じられなくて、何もやる気が無くなる様子。

・**卑屈な**思いをさせないため、若い人はほめて育てる。

・若い頃は仕事で失敗をすると、自分は力が無いと**卑屈**になっていた。

びくつく　→びくびくする

びくっとする　★→びくびくする

　急に怖い事や驚く事などがあって、体が小さく動く。

・夜遅く窓の外に動く物が見えて、びくっとした。

・急に名前を呼ばれた社員は、びくっとしてペンを落とした。

びくともしない

　①　建物や物などが大きくて強い、また、重くて動かない様子。

・機械を少し動かそうとしたが、びくともしなかった。

・強い台風だったが、町の寺はびくともしなかった。

　②　考えや決めた事などがはっきりしていて、簡単には変わらない様子。

・社長の決心は固く、何を言ってもびくともしない。

・一度決めた結婚に、息子の気持ちはびくともしなかった。

びくびくする　★→びくっとする

　とても心配で、怖くて、静かな気持ちでいられない様子。

・初めて機械を使う社員に、びくびくするなと言った。

・商品のテスト結果を、びくびくしながら待った。

★心配や怖さなどでびくびくする様子を びくつく とも言う。

・失敗した社員は、社長に叱られないかとびくついている。

ひけらかす　★→みせつける、みせびらかす

　自分の経験や力は特別でほかの人よりずっと良いと、周りに知らせるよ

うにする。
・経験を**ひけらかし**ても、若い人は偉いとは思わない。
・自分が知っている事を**ひけらかす**ような人は、嫌いだ。

ひけをとる【引けを取る】
力や大きさなどが違っていて、競争しても勝てないと感じる。
・名前では**引けを取る**が、商品では大きな会社に負けない。
・小さくても、味ではどこにも**引けを取らない**店は多い。

ひこうしき【非公式ナ・ニ】→こうしき

ひさい【被災スル】★→ひがい
地震や台風などが原因で、生活に困るようになる様子。
・地震で**被災した**人たちの多くは、自分のふるさとを離れた。
・台風の**被災地**に、会社で物やお金を集めて送った。

ひさしぶり【久しぶり】→―ぶり②

ひさびさ【久々ニ】
良い事があったときなどに、前に同じような事があったときから長い時間がたつように思うと伝える言い方。
・休みが取れたので、**久々に**家族みんなで食事に行った。
・**久々の**雨に、水の足りなかったふるさとの人たちは安心したと連絡があった。

ひざをくずす【膝を崩す】
畳や床に座るときに、正しいと決められている座り方をしないで、疲れない座り方をする。
・**膝を崩せ**と言われたが、社長の前では簡単にできない。
・お茶やお花を体験するとき**膝を崩さない**で長く座るのは大変だった。

ひざをつきあわせる【膝を突き合わせる】
新しい事を始めるとき、また、問題があって困ったときなどに、集まって時間をかけて話し合う。
・月に一度会社では、**膝を突き合わせて**これからの計画を相談する。
・商品に問題があって、**膝を突き合わせて**どうすればいいか話し合った。

ひさん【悲惨ナ・ニ】
見ただけ、聞いただけで、泣きたくなるほど悲しく、怖くなる様子。
・血の流れた**悲惨な**事故の跡を見て、足が震えた。
・物が無くて**悲惨に**見える生活は、本当にそうなのだろうか。

ぴしっと
①　物を強くたたいたときやガラスが割れたときなどに音が出る様子。

・顔の虫をぴしっとたたく妻を見て、本当に虫が嫌いだと思った。

・飛んで来た何かが当たって、ぴしっと窓ガラスが割れる音がした。

　② 　服装や決められた事、やると決めた事などを守っている様子。

・社長は、客と会う予定の無いときでもぴしっとした服装をしている。

・友人に仕事を頼むと、ぴしっと締め切りに合わせる。

　★②を強く言うときは ぴしっと と言う。

・社長は、言わなければいけない事はぴしっと言う人だ。

ひしめきあう【ひしめき合う】→ひしめく

ひしめく

　たくさんの人が狭い場所にぶつかり合うようにして集まる。

・客のひしめく朝の電車を見て、海外から来た人が驚いた。

・どこに行っても人がひしめく大きな町では生活できないと思う。

　★押し合うほど多くの人が集まる様子を ひしめき合う と言う。

・正月を前に、スーパーは買い物客でひしめき合っている。

ひそか【ひそかナ・ニ】★→ひっそり

　周りに知られないように、静かにやりたい事や必要な事などをする様子、
　また、人や物が静かに動き、進む様子。

・友人は、人形を集めるのをひそかな楽しみにしている。

・数人でひそかに進めていた計画を、会議に出すと決めた。

　★同じ様子を ひそやか とも言う。

・夜降る雨のひそやかな音は、人の心を静かにさせる。

ひそひそ【ひそひそ(と)】★→こえをひそめる

　ほかの人には聞こえないように、声を小さくして話す様子。

・社長は、ひそひそ話すような事は大嫌いな人だ。

・ひそひそと話したいときは、部屋を出て外へ行って話す。

　★人に聞こえないようにする話を ひそひそ話 と言う。

・子供たちがいなくなってからは、家の中でひそひそ話をしなくなった。

ひそひそばなし【ひそひそ話】→ひそひそ

ひそむ【潜む】★→ひめる

　① 　危険な人や動物などが、見つからないように隠れている。

・夜の町には、色々な危ない事が潜んでいる。

・危険なアリが潜んでいるから注意するよう連絡が来た。

　② 　周りには見えない特別な思いや考え、また、ほかの人には無い力な
　どがある。

・自分が一番だと思う気持ちは、誰の心にも潜んでいる。

・誰にでも、生まれたときから特別な力が潜んでいる。

ひそやか【ひそやかナ・ニ】→ひそか

ひたいにしわをよせる【額にしわをよせる】→かおをしかめる

ひたす【浸す】→ひたる①

ひたすら

　良い結果になると信じて、ほかの事を考えないで、ひとつの事だけを頑張ってすると伝える言い方。

・安心して生活できるようにしようと、父は若いときは**ひたすら**働いた。

・**ひたすら**頑張った結果、みんなが驚く商品ができた。

ひたむき【ひたむきナ・ニ】

　やろうと決めた事などをほかの事は考えないで頑張ってやり続ける様子。

・妻は**ひたむき**な頑張りで、育てるのが難しい花も作れるようになった。

・**ひたむき**に仕事を続ける友人の様子は、周りのみんなのやる気を育てている。

ぴたり【ぴたり（と）】

　①　ずっと続いていた事やしていた事などが、急に終わったと伝える言い方。

・台風が過ぎると、風が**ぴたり**と無くなった。

・友人は医者に体に良くないと言われて、たばこを**ぴたり**とやめた。

　②　物の大きさや時間、計算などが合っていると伝える言い方。

・妻は、買い物の後、お金の計算が**ぴたり**と合うまで安心しない。

・時間**ぴたり**にやって来る電車を見て、海外からの人は驚く。

　③　間を空けないで、離れないようにすると伝える言い方。

・母親に**ぴたり**と付いて歩く子供の様子は、かわいい。

・後ろの車が、**ぴたり**と付いて離れないので怖かった。

　★②、③は同じ様子を ぴったり とも言う。

　　②・急いで買った服だったが、大きさは体に**ぴったり**だった。

　　③・部屋に荷物がいっぱいで、壁に**ぴったり**背中を付けて歩いた。

ひたる【浸る】

　①　体の一部や物全体が、水の中などに入っている。

・大雨で、公園が水に**浸り**何日か使えなくなった。

・仕事の後風呂に**浸る**と、嫌な事を全部忘れる。

　★①のように水の中などに入れる様子、また、入れてぬらす様子を 浸す と言う。

・妻は、疲れるとお湯に両足を**浸して**少し休んでいる。

②　うれしい事や悲しい事などで気持ちがいっぱいで、ほかの事に気がつかない。

・母は、時々昔の写真を見て、ふるさとの思い出に浸っているようだ。

・何か考えに浸っているときは、友人は返事もしない。

ひっかかる【引っかかる】★→ひっかける

①　動いている物が出ている釘などに当たって止まる。

・ズボンが釘に引っかかって、前へ行けなくなった。

・強い風で、飛ばされた傘が、木に引っかかっていた。

②　ひとの言葉や心配事などが気になって、静かな気持ちでいられない。

・友人の言葉が引っかかって、今日は一日仕事が進まなかった。

・締め切りが心に引っかかっていて、食事会は楽しくなかった。

③　困らせよう、金を取ろうなどとしてする話を信じてしまう。

・社員の言葉に引っかかって、辛い料理を食べさせられた。

・宣伝に引っかかって、近所のお年寄りが使えない品物を買わされた。

★→はまる②

ひっかきまわす【引っかき回す】★→ひっくりかえす

①　わかりやすく片づけてあった物や場所などを、どこに何があったかわからなくなるほど動かす。

・机の中を引っかき回したが、探す物は見つからなかった。

・家の中を引っかき回して騒いでいた子供たちの様子は、昔の思い出だ。

②　自分の考えている事やしたい事をして、問題無く進んでいた事などを止める。

・いつも同じ人が、急に会議を引っかき回すような事を言う。

・仕事の相手に引っかき回されて、計画がうまくいかない。

ひっかく【引っかく】

爪や先の細い物などで、人の肌や物などに傷を残す。

・ふるさとの家には、昔引っかいて付けた傷が今も残っている。

・ネコが、何かを取ろうとして庭の木を引っかき始めた。

ひっかける【引っかける】★→ひっかかる

①　かばんや服などをいすの背などに掛ける。

・急いで会社を出たので、いすに引っかけたコートを忘れて帰った。

・壁に長い間引っかけていて、かばんの色が変わった。

②　あると思っていなかった物や急に近づいた物などに当たり、また、当たられ困った事になる。

・石に足を引っかけて、転んでしまった。

・駅前で、お年寄りが自転車に**引っかけられて**、けがをした。

③　服を軽く肩に乗せるようにして着る、また、近くにある物をはくなど特に考えないでする。

・思ったよりも寒くて、コートを**ひっかけて**外に出た。

・大きな音がしたので、近くの下駄を**引っかけて**外に出た。

★→はおる

④　困らせよう、金を取ろうなどとして、作った話をする。

・うまい言葉で**引っかけ**、金を取る事件が増えている。

・友人の言葉に**引っかけられて**、嫌いなカラオケに行った。

★→はめる（→はまる②）

⑤　車や人が、水や泥などを人の体にかける。

・車に水を**引っかけられて**、服がぬれてしまった。

・気がつかないで、家の前を歩く人に水を**ひっかけた**。

★→はねる②

ひっきりなし【引っ切り無し＝】

途中で切れないで、同じ様な事が続く様子。

・朝から**引っ切り無し**の客で、休む時間も無かった。

・昼休み、**引っ切り無し**に話す社員は、楽しそうだ。

ひっくりかえす【ひっくり返す】★→ひっかきまわす

①　物の上と下、右と左、前と後ろ、内と外を反対にする。

・会社に届いた封筒を**ひっくり返して**裏を見ると、知らない名前が書いてあった。

・魚を**ひっくり返して**焼こうとしたが、うまくできなかった。

②　きれいに並んでいる物や考えて置かれている物などを、当たる、倒すなどしてどこに何があるかわからなくする。

・急いでみんなに見せるために、並べた商品を**ひっくり返して**しまった。

・妻が準備していた料理を**ひっくり返し**、恐い顔をされた。

③　話の進み方や続いている事などを全然違う様子にしてしまう。

・会議が終わると思ったら、話を**ひっくり返す**意見が出た。

・話し合いを**ひっくり返す**人がいて、計画は無くなった。

★①〜③のようにひっくり返した後の様子を ひっくり返る と言う。

　①・強い風で、庭のバケツが全部**ひっくり返って**いた。

　②・地震で**ひっくり返った**商品を見て、涙が出そうだった。

　③・社長の反対で、決まっていた事が全部**ひっくり返った**。

ひっくりかえる【ひっくり返る】→ひっくりかえす

ひっこむ【引っ込む】★→ひっこめる

①　周りから見えにくく、探してもすぐにはわからないようになる。

・古い豆腐屋さんが、広い道から**引っ込んだ**所に移った。

・休みの日も、一日中家に**引っ込んでいる**時間が多くなった。

②　見えていた人や物などが、見えなくなる。

・食べ物を減らしても、おなかはすぐには**引っ込まない**。

・クーラーをつけると、すぐに汗が**引っ込んだ**。

ひっこめる【引っ込める】★→ひっこむ

①　よく見える所にある物などを、外から見えにくくする。

・子供が投げた石に驚いて、池のカメが首を**引っ込めた**。

・スーパーは、売れない物をすぐに**引っ込めて**別の物を並べる。

②　一度出した意見や考えなどを無かったことにする。

・周りの様子を見て、会議で自分の意見を**引っ込めた**。

・一度**引っ込めた**計画を作り直して、もう一度出した。

ひっし【必死ニ】

できなければ死んでもいいと思うほどやっている事を頑張る様子。

・入ってすぐの社員は、**必死に**機械の使い方を練習している。

・父は、よく仕事を探すのに**必死**だった若い頃の思い出を話す。

びっしり【びっしり(と)】

人や物、時間などがひとつの所に集まっていて、自由に動ける所や使える所などが無いと伝える言い方。

・友人は、いつも商品の計画をノートに**びっしり**書いている。

・来月まで予定が**びっしり**入っていて休みが無い。

ひっそり【ひっそり(と)スル】★→ひそか

①　周りが静かで、何の音もしない様子。

・前から見に行きたかった有名な寺は、**ひっそり**と林の中に建っていた。

・夜遅くなると、会社は**ひっそり**として怖いほどだ。

②　人に見られる事やする必要がある事なども無くて、静かな生活を続ける様子。

・仕事を辞めたら、ふるさとで**ひっそり**生活したいと思うようになった。

・世界の動きとは関係無く、**ひっそり**と生きている人も多い。

ぴったり →ぴたり②、③

ひっつく →くっつく

ひってきする【匹敵する】

ふたつの事や物、人などの大きさや力などがだいたい同じで変わらない。

- 今度の商品は、これまでの最高に**匹敵する**ほど売れた。
- 商品を考える力では、友人に**匹敵する**社員はいない。

ひっぱりだす【引っ張り出す】

①　長く使わなかった物やよく見えない所にある物などを外へ出す。
- 英語の勉強のために、学生時代に使った古い辞書を**引っ張り出した**。
- 机の中の物を**引っ張り出したら**、色の変わった古い写真が出て来た。

②　外に出るのを喜ばない人や今は仕事をしていない人などを、外へ出るように、また、仕事などをするようにする。
- 外に出ない母を**引っ張り出して**、公園へ花を見に行った。
- 必要だからと話して、辞めた社員を**引っ張り出して**仕事を手伝ってもらった。

ひてい【否定スル】

人の言う事やする事が間違っている、正しくないと強く言う様子。
- 人の意見の**否定**だけで、自分の考えを言わない人が多い。
- 会社のやり方を**否定する**社員たちと長い時間話し合った。

ひとあしさきに【一足先に】

ほかよりも少し早く同じような事を始めると伝える言い方。
- ほかの会社よりも**一足先**に新商品を作って売るのも、会社のやり方だ。
- 風が冷たくなるとふるさとでは、**一足先**に雪が降り始めているだろうと思う。

ひどい

①　大きさ、強さ、量などがとても大きく、悪い結果になる様子。
- 昨日一日続いた**ひどい**風で、屋根の一部が壊れた。
- 小さな地震だったのに、会社は**ひどい**事になっていた。

②　ほかの人を困らせ、苦しい思いなどをさせる様子。
- 学校の中での**ひどい**いじめで、小学生が自殺する悲しい事件があった。
- **ひどい**言葉で叱られ続けると、やる気が無くなる。

ひといき【一息ニ】

①　初めから終わりまで一度も休まずに終わらせる様子。
- 仕事が遅れていて、昼ご飯も食べずに、**一息**に仕事を終わらせた。
- 暑い外から戻った友人は、コップの水を**一息**に飲んだ。

②　休まずに続けた後で短く休む様子。
- 会議の準備が終わってから、コーヒーで**一息**入れた。
- 大きな仕事が片づいたので、少しの間**一息**つけるようだ。

ひとがいい【人がいい】

困ることになるかもしれない、金を取るためかもしれないなどと思っても、相手の事を助けよう、信じようとする様子。

- 人がいい友人は、人に何かを頼まれると嫌と言えない人だ。
- 自分が困ってもお金を貸す母は、人がよすぎる。

★信じやすい人を お人よし と言う。

- お人よしと言われても、若い人の言う事はまず信じる。

ひとかかえ【一抱え】

両手をいっぱいに広げて持つ大きさや量、また、持つ様子。

- 隣の人が、庭で作った野菜を一抱えも分けてくれた。
- 昔は細かった庭の木が、一抱えもある大きな木になった。

ひとかげ【人影】

人の形や人のように見える物。

- 日曜日、朝早くの駅前は人影がほとんどない。
- 妻が庭に人影が見えたと言って、大きな声を出した。

ひとがら【人柄】★→がら②

言う事やする事などを外から見ていて感じる、ほかの人の様子。

- 社長の優しい人柄が好きで働いている社員は多い。
- 人柄がいい店員がいる駅前の店で、よく買い物をする。

ひときわ【一際】

ほかの人や物などとは違って、強く感じられる所や驚くような特別な所があると伝える言い方。

- 妻は、自分で育てると同じ花でも一際違って見えると言う。
- 社長に仕事を頼まれると、一際頑張ろうという気持ちになる。

ひとごこちがつく【人心地がつく】★→ほっと

苦しい事や危ない事が終わったときなどに、いつもの生活ができるようになって良かったと心から安心する様子。

- 家を倒しそうな台風の夜が明けて、少し人心地がついた。
- 病気の母は大丈夫だと知って、人心地がつく思いだった。

ひとごみ【人混み】

自由に動けないほどおおぜいの人が集まっている所、また、集まっている様子。

- 両親はふるさとを出てきてから、少しの間人混みが怖かったそうだ。
- 長い休みのあるときは、人混みが嫌なので家で静かにしている。

ひとしい【等しい】

ひとつの事や物などが、ほかの事や物などと同じだ、同じようだと感じさせる様子。

・食べ物の無い人を助けないのは、人を殺すのに**等しい**事だ。

・社長は、会社の誰とでも**等しく**話をする人だ。

ひとしきり

始まった事が、少しの間強い調子で続くと伝える言い方。

・**ひとしきり**降った雨に洗われて、庭の緑がきれいに見える。

・今日は、朝から**ひとしきり**注文の電話が続いて大変だった。

ひとだかり【人だかり】→たかる①

ひとで¹【人出】

日曜日や休みの日など、特別なときにおおぜいの人が集まる様子。

・祭りの日は**人出**が多く、町は夜遅くまでにぎやかだ。

・仕事で東京へ行くが、どこへ行っても大変な**人出**で疲れる。

ひとで²【人手】

会社などで働く人や困ったときなどに手伝ってくれる人。

・会社は、**人手**が足りなくなり新しい社員を何人か入れた。

・町は年に一度**人手**を借りて、川の散歩道や公園を掃除する。

ひととおり【一通り】

① じゅうぶんではないが、最初から最後まで広く全体、また、必要な物のほとんど、と伝える言い方。

・いつも前の記録を**一通り**読んでから会議に出ている。

・会議では社員の意見が**一通り**出るまで、社長は何も言わない。

② 一通りではない という形で、周りが考えるような簡単で小さな事ではないと伝える言い方。

・売れる商品を作る大変さは、**一通りではない**。

・初めての子供ができたときの喜びは、**一通りではなかった**。

ひととおりではない【一通りではない】→ひととおり②

ひとなつこい【人懐こい】→ひとなつっこい

ひとなつっこい【人懐っこい】

周りの人に安心して近づける、話せるなどと感じさせる様子。

・**人懐っこい**顔をした妻は、会った人とすぐ仲良くなる。

・公園の子供たちの**人懐っこい**様子を見ると、気持ちが明るくなる。

★同じ様子を 人懐こい とも言う。

・今は、**人懐こい**子に、知らない人に近づくなと教えている。

ひとなみ【人並みニ】

周りの人たちと特別違う事などは無く、同じ様な様子。

・子供は、運動も勉強も**人並み**にできればいいと思って育てた。

・両親は、**人並み**の生活を続ける大変さを今も話している。

ひとまかせ【人任せ】→まかせる①

ひとまず →いちおう

ひとまね【人まね】→まね②

ひとまわり【一回リスル】

①　決まった場所を歩く、走るなどして初めの場所へ戻る様子。

・海外からのお客を案内して町を**一回り**し、疲れた。

・父の散歩は、**一回り**一時間の道が決まっているそうだ。

②　体や物の大きさなどがこれまでよりも大きくなった様子。

・少し会わなかった近所の子は、**一回り**大きくなっていた。

・妻は子供の服や靴はいつも**一回り**大きくなったときを考えて買った。

③　今でも使われている古い年数の数え方で、十二年。

・**一回り**上の社長は、まだまだ元気で若く見える。

・妻は、友達が**一回り**下の人と結婚したと聞いて驚いていた。

ひとみしり【人見知り】

小さな子供が初めて会った人の前で嫌で恥ずかしそうにする様子。

・**人見知り**が強かった息子が、今は人と会う仕事をしている。

・友人が子供の頃は**人見知り**だったと言ったが信じられない。

ひとめをしのぶ【人目を忍ぶ】→しのぶ¹②

ひとりじめ【独り占めスル】→しめる²①

ひとりでに

何もしていないのに、また、そうしようと思っていないのに、様子が変わったと伝える言い方。

・誰もいないのにドアが**ひとりでに**開いて、怖くなった。

・祭りの音楽に合わせて、**ひとりでに**体が動いた。

ひとりぼっち →─ぼっち

ひとりよがり【独り善がりナ・ニ】

自分が良いと思ったら、周りの意見を聞かずに、自分の考え方を続ける様子。

・**独り善がり**だと、ほかの人と一緒にする仕事はできない。

・**独り善がり**にならないように、みんなに意見を聞いている。

ひなん¹【避難スル】

戦争や大きな台風などで命が危ないときに、安全な場所へ移動する様子。

・世界には、戦争から**避難**して苦しい生活をする人たちがたくさんいる。

・町では、台風や地震のときの**避難**場所が決められている。

ひなん²【非難スル】

ほかの人のする事や言う事などに、間違っている、おかしいなどと強く言う様子。

・新しく決まった会社のやり方に、**非難**が集まった。

・人の考えを**非難**するときは、それに代わる考えを出してほしい。

ひにあぶらをそそぐ【火に油を注ぐ】

問題があるとき、言った事や後からした事などがそれまでよりもっと問題を大きくする。

・**火に油を注ぐ**事にならないよう、会議では言葉を選んで話す。

・妻が怒ったときは、何をしても**火に油を注ぐ**結果になる。

ひにく【皮肉ナ】

①　人を嫌な気持ちにさせるために、また、人の悪い所を教えるためなどに、うまくできない事やよく失敗する事などをほめるように言う言葉。

・よく遅れる社員に、「今日も、早いね」と**皮肉**を言った。

・ほめても**皮肉**に聞こえるときがあるから、言葉の使い方には注意が必要だ。

②　起こった事や聞いた話などを信じられない、何でこんな事になるのかなどと思う様子。

・**皮肉**な事に、見つかった泥棒の父親は警察官だった。

・両親が何度も相談して決めた旅行の日に台風が来るとは**皮肉**な話だ。

ひねくれる

言われた事などをその通り信じないで、悪く考えようとする。

・子供たちが**ひねくれ**ずに育った事は、本当に良かった。

・会議でいつも**ひねくれ**た事を言う人がいて、困っている。

ひねる

力を入れて、小さな物などを右、左に少し回すように動かす、また、体の一部がそのように動いて痛くなる。

・台風の次の日、朝から何度も水道を**ひねっ**たが水が出なかった。

・重い荷物を持って階段で足を**ひねり**、二、三日歩くのが大変だった。

ひはん【批判スル】

ほかの人の言った事やした事などを良くないと考えてはっきり言う様子、

またその考え。

・**批判する**だけで、自分の意見を出さないのなら、話は先へは進まない。

・**批判**を受けたときは、何が問題かよく考える事が大切だ。

ひびき【響き】→ひびく①、②

ひびく【響く】

①　音や声が大きくて、周り全体に聞こえる。

・社長が話すときの大きな声は、部屋中によく**響く**。

・町中に**響く**花火の音で、祭りが始まったとわかる。

②　人の気持ちや言葉、音楽などが心に強く伝わる。

・疲れたときに聞く好きな音楽は、深く心に**響く**。

・頑張ってという周りの言葉が、友人の胸に**響いた**ようだ。

★①、②で聞こえる声や音、また、声や音の感じを 響き と言う。

　　①・年末に寺で打つ鐘の**響き**が、その年の事を色々思い出させる。

　　②・子供の頃、意味はわからないが外国語の**響き**が好きだった。

③　良くない事や病気などが原因で、仕事などがうまくいかなくなる。

・次の日に**響く**ので、酒を飲みすぎないようにしている。

・夏の大雨が**響いて**米ができず、ふるさとは困っている。

ひまつぶし【暇潰し】

予定やする事が何も無いときなどに、何かしようと思わないでする事や何もする事が無いとき時間が過ぎるのを待つ様子。

・散歩は、体の事を考えてしているので、**暇潰し**ではない。

・駅前の本屋が店を閉めてから、**暇潰し**をする場所が無くなった。

★同じ様子を 暇を潰す とも言う。

・好きな事があれば、**暇を潰す**のに困ることは無い。

ひまをつぶす【暇を潰す】→ひまつぶし

ひみつ【秘密】→ないしょ

びみょう【微妙ナ・ニ】

はっきりと説明できないような細かい違いがある様子、また、どちらかはっきり言えない様子。

・友人の考えと**微妙な**違いを感じるときは、何度でも話す。

・やった事が無いので、今度の計画がうまくいくかどうかは**微妙**だ。

ひめい【悲鳴】

①　驚いたときや怖いとき、痛いときなどに出る、高くて大きい声。

・急に出て来た人に驚いて、横にすわっている妻が**悲鳴**を上げた。

・大きな地震に、会社のあちこちから**悲鳴**が聞こえた。

②　困ったときや自分には何もできないと思ったときなどに、助けが欲しいなどと願う様子。

・新商品が売れて、会社は忙しさに**悲鳴**を上げている。

・毎日**悲鳴**を上げるような暑さが続いて、町は元気が無い。

ひめる【秘める】★→ひそむ

①　人に言えない気持ちや願いなどを人に知られないように持っている。

・友人は、自分の会社を持つという夢を心に**秘めて**いる。

・親を亡くした社員が、悲しさを胸に**秘めて**笑顔を見せた。

②　人や物が、大きく、特別な人や物になるだろうと思わせる力を持っている。

・自分には無い力を**秘めた**社員は、これからが楽しみだ。

・新しい商品は、会社を変えるほどの力を**秘めて**いる。

ひやかし【冷やかし】→ひやかす

ひやかす【冷やかす】

①　困る事や恥ずかしいと思う事などを言って、相手を困らせる。

・結婚が決まったと言う社員を、みんなで**冷やかした**。

・自分で作った弁当を**冷やかされ**、友人は顔を赤くした。

★→はやす[1]

②　買う気持ちが無いのに、買うような様子で店の前や中を色々見る。

・妻は、店を**冷やかして**歩くのが旅の楽しみのひとつだと言う。

・駅前では、**冷やかす**ように入って来る観光客が増えたそうだ。

★①、②のように冷やかす言葉や様子を 冷やかし と言う。

①・会社を作ろうかと**冷やかし**で言って、友人を困らせた。

②・長く続くのは、**冷やかし**の客ひとりにでも親切な店だ。

ひやく【飛躍スル】

①　今いる場所や今の様子などから大きく離れた所へ進んで行く様子。

・人が喜ぶ商品を作るという強い思いが、会社を大きく**飛躍させた**。

・技術の**飛躍**に助けられて、商品が速く作れるようになった。

②　今話している事や考えている事などから大きく離れる様子。

・嫌な話がいつまでも続くときは、「話は**飛躍する**が」と言って別の話に変える。

・考える事が次から次へと**飛躍して**、眠れない日がある。

ひゃくぶんはいっけんにしかず【百聞は一見にしかず】

何回も聞くよりも、自分の目で一回見た方が本当の事がわかると教える言い方。

・海外で、何度も「百聞は一見にしかず」だと思う経験をした。

・百聞は一見にしかずで、自分で見なければ本当の様子はわからない。

ひゃくもしょうち【百も承知】→しょうち

ひやす【冷やす】

① 物などの温度を下げて、冷たくする。

・暑いとき会社に来る客には、よく冷やしたお茶を出す。

・部屋を冷やしすぎると、体の調子が悪くなる社員が出る。

② 話し合いや考え事などが前に進まなくなったときに、心を静かにしてゆっくり考えられるようにする。

・会議が長くなるときは、少し休んで頭を冷やす。

・友人が話の途中で、頭を冷やして来ると言って出て行った。

③ 頑張ろうという気持ちや好きだという気持ちを無くさせる、また、その結果相手との関係を悪くする。

・会議の結果は、やろうという気持ちを冷やすことになった。

・若い人たちのやる気を冷やすような事を言う社員がいて、嫌になる。

★①のように冷やした後の様子、また、③のように関係が悪くなる様子を (冷える) と言う。

　①・仕事の後は、よく冷えたビールが一番だ。

　③・できない事を何度も言って来るので、相手との関係が冷えてしまった。

ひやっと【冷やっとスル】

① 風や空気が、体に当たったときに冷たいと感じる様子。

・日が暮れると、風が冷やっと感じられる季節になった。

・商品をテストする部屋は、温度が低くしてあるので冷やっとする。

★①と同じ感じを (ひんやり) とも言う。

・夕方になると、ひんやりとした風が気持ちいい。

② もう少しで大変な事になると思ったときに、体が冷たくなる様子。

・狭い道から急に車が出て来て、冷やっとした。

・「私の考えは」と言う社長の一言に、反対されるのかと冷やっとした。

★②と同じ様子を (冷やりと) とも言う。

・車が何かに当たった音がして、冷やりとさせられた。

ひやひや【冷や冷やスル】★→はらはらする

失敗するのではないか、悪い結果が出るのではないかなどと心配している様子。

・社長に質問されて、うまく答えられるか冷や冷やだった。

・失敗しないかと**冷や冷や**して、若い人の仕事を見ていた。

ひややか【冷ややかナ・ニ】

体に当たる風がとても冷たい、また、周りの事を考えない言葉や人のする事などが、とても冷たいと感じる様子。

・会社を出ると、風が**冷ややか**で今夜は温かい物が食べたいと思った。

・友人は、何を相談しても**冷ややか**な顔を見せない。

ひやりと【冷やりと】→ひやっと②

ひょいと

考えていなかった事が急に起こったと伝える、また、難しいと思っていた事などを簡単にしてしまうと伝える言い方。

・ふるさとの友達が**ひょいと**やって来て、妻も自分も驚いた。

・重い物を**ひょいと**持ち上げる息子を見て、うれしくなる。

ひょうか【評価スル】

①　人や物が、大切かどうかなどをはっきりさせる様子。

・働き始めてすぐの若い人の**評価**は、簡単にはできない。

・社長はひとりひとりの働き方を見て、その人を**評価**している。

②　物の値段や大切さを、周りにわかるように決める様子。

・父の古い皿が高く**評価**されて、みんな驚いた。

・町にある古い寺は、専門家から驚くような**評価**を受けた。

ひょうげん【表現スル】

自分が思っている事や考えている事を、言葉や絵、音楽などを使ってほかの人に伝える様子。

・人と話すときは、気持ちが伝わる**表現**を考えて話す。

・有名な絵を見たが、何を**表現**しているのかわからなかった。

ひょうしに【拍子に】★→はずみ①

〔～(した)拍子に〕の形で、力の強さなどが原因になって、考えてもいなかった悪い事が起こったと伝える言い方。

・いすに**座った拍子に**、腰に強い痛みを感じて立てなくなった。

・ブレーキを**踏んだ拍子に**、ハンドルに頭をぶつけてしまった。

ひょうしぬけ【拍子抜けスル】

大変だ、難しいなどと考えて色々準備したが簡単に終わってしまって、やる気が無くなる様子。

・時間をかけて準備した会議が簡単に終わって、**拍子抜け**だった。

・大きな台風が来るという予報が当たらず、町は**拍子抜け**した様子だ。

ひょうじゅん【標準】

①　ここまでになってほしい、ここまでにするなどと決める大きさや重さなど。

・息子が生まれたときは、体重が**標準**より少なく心配した。

・会社が決めた**標準**に合わなければ、良い計画でも商品にはならない。

②　どこででも見られる様子や形。

・父は何でも**標準**がいいと言うが、自分の標準とは違う。

・服でも靴でも買うとき、いつも**標準**の大きさだと言われる。

★②のような標準だと感じる様子を〔標準的〕と言う。

・**標準的**な家庭のどこにでもあるような商品を作りたい。

ひょうじゅんてき【標準的ナ・ニ】→ひょうじゅん②

ひょうじょう【表情】

考えている事や感じている事などがわかる顔の様子や体の動き。

・社長の**表情**を見て、相手との話し合いはうまくいかなかったと思った。

・家に帰ったとき、妻が明るい**表情**で迎えてくれると疲れが取れる。

びょうどう【平等ナ・ニ】

人や物がすべて同じだと考える様子、また、そう考えて必要な事などをする様子。

・人も動物や草木も**平等**な命だという考えが広がっている。

・子供たちは、手伝いでも何でも**平等**にさせて育てた。

★反対の様子を〔不平等〕と言う。

・会社では、性別や年齢で**不平等**にならないようにしている。

ひょうばん【評判】

広く伝わっている、人や物が良い、悪いという意見や見方。

・**評判**通り、駅前の新しい店の料理はおいしかった。

・海外の人には、日本は安全だと**評判**が高いそうだ。

ひょっとしたら →ひょっとすると

ひょっとすると ★→あるいは②、ことによると

そんな事はないと思うが、もしかしたらと伝える言い方。

・失敗の原因は**ひょっとすると**機械の故障かと思い、詳しく調べた。

・**ひょっとすると**新しい商品になるかと考え、友人に考えを話した。

★同じ様子を〔ひょっとしたら〕とも言う。

・**ひょっとしたら**最後だと言って、両親は海外へ行った。

ひより【日和】

①　その季節に合っていて、気持ちの良い天気の日。

・春の暖かい**日和**には、朝から散歩する人も多い。

・両親は、**日和**が良いと言って喜んで旅行に出かけた。

②　ほかの言葉の後に付けて「びより」と言い、したい事をするのに良い日だと伝える。

・明日は**釣り日和**だと言って、友人は楽しそうだ。

・今日は**洗濯日和**だと言って、妻は朝から忙しそうだ。

★十一月頃の何をするのにも良い暖かい日を、(小春日和)と言う。

・昔はよく、**小春日和**に子供と弁当を持って公園へ行った。

★→ぽかぽか

ひらたい【平たい】

物や場所が、特別に高い所や低い所が無く、全体が同じくらいの高さになっている様子。

・空き家を壊して、広く**平たく**なった場所が増えた。

・妻は、作った料理を**平たい**皿にきれいに並べて、子供たちを待った。

ひらひら【ひらひらスル】

軽く薄い物などが小さく動く様子。

・祭りに行く女の子が、頭に**ひらひらする**飾りを付けていた。

・桜の花が**ひらひら**落ちて来る頃は、会社への道も楽しい。

ひらめき →ひらめく

ひらめく

①　急に強く光り、少しの間周りが明るくなる。

・空が急に**ひらめく**と、会社に入る前に雨になった。

・強い太陽にビルのガラスが**ひらめき**、目が痛くなるようだ。

②　旗や木の葉などが風で、波のように動く。

・色々な旗が**ひらめいて**、祭りの町はにぎやかだ。

・秋の町は、黄色くなった葉が明るく**ひらめき**美しい。

★→ひるがえる①

③　とてもいい考えや答えなどが、急に頭の中に出て来る。

・良い考えが**ひらめいたら**、近くの紙に書いておく。

・娘には、初めて顔を見て**ひらめいた**漢字を使って名前を付けた。

★①、②のように**ひらめいた**様子、また、③の**ひらめいた**考えなどを(ひらめき)と言う。

　①・強い**ひらめき**に続いて、前が見えないほどの雨が降った。

　②・庭の木の葉の**ひらめき**が、すぐに冬だと伝えている。

　③・社員の中には、**ひらめき**を感じさせる人も少なくない。

ひりひり【ひりひり（と）スル】

辛い物や熱い物を食べた後、舌や口の中が、また、けがややけどをした所などが、少しの間痛いと感じる様子。

・妻は、口の中が**ひりひり**とするほど辛い料理が好きだ。

・小さなけがだが、まだ**ひりひり**痛みが続いている。

ひるがえす【翻す】

言う事ややる事などを、急にそれまでとは変える。

・社長は、一度決めた事を**翻す**ような人ではない。

・簡単に意見を**翻す**人がいると、会議は長くなってしまう。

ひるがえって【翻って】→ひるがえる②

ひるがえる【翻る】

① 旗など薄くて軽い物が、風が吹いたときなどに小さく動き続ける。

・祭りが近づくと、きれいな飾りが町中に**翻る**。

・朝、会社の旗が風に**翻る**のを見ると、今日も頑張ろうと思う。

★→ひらめく②

② 翻って という形で、違う見方や考え方を伝える。

・若い人の失敗の後、**翻って**自分はどうかとも考える。

・問題を起こした会社を見て、**翻って**自分の会社は大丈夫かと思う。

ひるむ

強い力を持った相手を前にしたとき、また、大事な事や難しい事をするときなどに、怖くて逃げたい気持ちになる。

・大きな会社が相手でも、社長は**ひるむ**様子を見せない。

・大きな仕事に**ひるむ**若い人に、良い経験だと話した。

ひろう【披露スル】

うれしい事などを多くの人に知らせて、一緒に喜ぶ様子。

・新しい商品の**披露**は、社長の誕生日と決めた。

・町の歴史を書いた本が、図書館で**披露**された。

ひろびろと【広々とスル】

邪魔になる物が何も無く、広くて気持ち良く感じる様子。

・町の子供たちに、ふるさとの**広々**とした野原を見せたい。

・子供たちが結婚してから、部屋が**広々**と使えるようになった。

ひん【品】

品がある/品がいい という形で、見る人の心を静かにさせるようで、特別な良さや美しさなどを持っていると感じさせる様子。

・長く続く店に入ると、主人は**品がある**感じの人だった。

　・人も売っている物も**品がいい**店は、客が無くならない。

ひんがある【品がある】→ひん

ひんがいい【品がいい】→ひん

びんかん【敏感ナ・ニ】

　音やにおい、また、人の言葉などをすぐ、強く感じる様子。

　・工場に**敏感な**耳を持つ社員がいて、機械の変な音にはすぐ気づく。

　・人の思いを**敏感に**感じられないと、人を育てられない。

　★反対にすぐに感じない様子を 鈍感（どんかん） と言う。

　・妻は音に**鈍感**なので、一度寝たら簡単には起きない。

ぴんとくる

　①　人や物などの様子を見て、何がどうなっているのか、これからどうなるのかがすぐにわかる。

　・友人の暗い顔を見て、何か問題が起きたと**ぴんときた**。

　・計画を見せられたとき、これはできないと**ぴんときた**。

　②　自分とよく合うと感じる。

　・若い社員が面白いと言って話す事が、**ぴんとこない**ことが多い。

　・友人は紹介された人と会ったが、**ぴんとこなかった**ようだ。

ひんぱん【頻繁ナ・ニ】

　同じような事が一度で終わらず何度も続けて起きる様子。

　・車の行き来が**頻繁な**駅前は、時間を決めて車が使えなくするそうだ。

　・午前中は**頻繁に**かかる電話で、自分の仕事ができなかった。

びんぼう【貧乏ナ・スル】★→まずしい①

　お金が無く、必要な物などが買えなくて、生活が苦しい様子。

　・両親は、**貧乏**しても笑顔を忘れない生き方を教えてくれた。

　・**貧乏な**生活を経験した人たちは、ほかの人に優しい。

ひんやり【ひんやり（と）スル】→ひやっと①

ふ

ふい【不意ニ】

準備をしていないとき、急に考えてもいなかった事などが起こる様子。

・前を走っていた車が、**不意**に止まったので当たりそうになった。

・忙しいときに来る**不意**の客には、本当に困る。

★準備をしていないとき、急に困るような事をする、また、悪い事などが起こる様子を 不意をつく と言う。

・地震は、**不意をついて**起こるので、町はいつも準備をしている。

ふいをつく【不意をつく】→ふい

ーふう【ー風／ーふう】

① ーふう と書いて、ほかの言葉の後に付けて、外から見て感じる様子を伝える言い方。

・叱られても、自分は関係無い**というふう**な顔をする社員がいる。

・工場での事故を全然知らない**ふう**に話す社長に、詳しい説明をした。

★①は「こういう／そういう／ああいう／どういうふう」と使うことも多い。

・友人は、**こういうふう**にすればいいと言って、いつも若い人に丁寧に教える。

② ー風 と書いて、ほかの言葉の後に付けて、ほかとは違う特別な様子があると伝える言い方。

・息子が結婚式に選んだのは、キリスト教の**教会風**の建物だった。

・**会社員風**の男が、公園にずっと座っているので変だと思った。

★②の使い方で、建物や料理などで、日本の様子が強いとき 和風 と言い、アメリカやヨーロッパの感じが強いときは 洋風 と言う。

・最近は、半分**和風**で、半分**洋風**の家が増えている。

★→ーしき

ふうちょう【風潮】

前には無かったと思えるような、その時代に特別な事や様子。

・すぐに物を捨てる今の**風潮**に、父は後で困る事になると言う。

・社長は、時代の**風潮**に流されない長く残る商品を作ろうと話す。

ふうぶつし【風物詩】

一年の決まったときに見られる、祭りなどほかの季節や場所では見られない事や物。

- 夏の**風物詩**だった花火が、今は一年中見られるようになった。
- 時代が変わって、**風物詩**と呼べる事が少なくなってきた。

ふえて【不得手ナ】→とくい

ぶか【部下】→じょうし

ふがいない

必要な事が思ったようにできなくて、もっとできると思っていたのに、自分には力が無いなどと思う様子。

- 作った商品が売れず、とても**ふがいない**思いが続いた。
- 社長に頼まれた事ができないと、自分を**ふがいない**と思う。

ふかいり【深入りスル】

個人の事や問題などに必要以上に関係を持って離れられなくなる様子。

- 仲の良い友人でも、個人の問題には**深入り**しない。
- 近所の人間関係には**深入り**しないというのが妻の考えだ。

ふかけつ【不可欠ナ・ニ】

それが無いと、思っていたように仕事などが進められない様子。

- 町の安全に**不可欠**な事は、人を大切にする思いだ。
- 会社には、仕事を大切にする人が何よりも**不可欠**だ。

ぶかっこう【不格好ナ・ニ】

する事や服装などがその場所や人に合わない様子、また、見た感じが悪い様子。

- 会社の食事会で飲みすぎ、**不格好**な事をしてしまった。
- 妻が買って来た服は、大きすぎて**不格好**だった。

ふかぶか【深々（と）】

① ぼうしを目のすぐ上までかぶって、顔が見えないようにする、また、柔らかいいすなどに、すぐ立てないほど深く座る様子。

- 駅で挨拶をされたが、ぼうしを**深々**とかぶっていたので誰かわからなかった。
- 休みの日は、大きないすに**深々**と座って本を読む。

② 相手に気持ちが伝わるように、頭をいつもよりはずっと低く下げる様子。

- 商品に問題があり、相手に**深々**と頭を下げて謝った。
- 結婚式の朝、娘は何も言わず、**深々**と頭を下げて泣いた。

ふきげん【不機嫌ナ・ニ】 →きげん

ふきこむ【吹き込む】

① 少し開いている所から風や雨、雪などが入って来る。

・朝、窓を開けると、冷たい風が**吹き込む**季節になった。

・強い雨が**吹き込んで**、後の掃除が大変だった。

② 周りの人に、悪い事や思ったとおりの事などをさせるために、うまく話をする。

・仲間に**吹き込まれて**悪い事をする子供が多いそうだ。

・誰かに**吹き込まれた**のか、父は土地を買うと言い出した。

③ 伝えたい事や話した事などを残しておくために、録音しておく。

・返事を急ぐように、相手の電話に**吹き込んで**おいた。

・お年寄りが、図書館で町の古い思い出を**吹き込んで**いる。

ふきだす【吹／噴き出す】

① 多く（噴き出す）と書いて、水や汗、煙などが、また、前から持っていた気持ちなどが急に出て来る。

・最近、暑い日が続き会社から外へ出ると、一度に汗が**噴き出す**。

・町の人たちの思いが色々**噴き出し**、ゴミ問題は続いている。

② 多く（吹き出す）と書いて、とても面白い事などがあって、止められなくて笑ってしまう。

・若い人と踊る友人の面白い様子を見て、**吹き出して**しまった。

・何か思い出したのか、食事中、妻が**吹き出し**そうな顔をした。

ふきとばす【吹き飛ばす】

① 強い風や強い息などが、物を飛ばす。

・窓を開けると、風で机の上の紙が**吹き飛ばされた**。

・昨日は、人も車も**吹き飛ばして**しまうほどの強い風が吹いた。

② 言う事やする事などで、嫌な思いや不安な気持ちなどをすべて無くしてしまう。

・母親の笑顔には、子供たちの不安を**吹き飛ばす**力がある。

・友人は、前の失敗を**吹き飛ばす**ように新しい考えを話した。

★①、②のように吹き飛ばされた様子を（吹き飛ぶ／吹っ飛ぶ）と言う。

　①・台風で**吹き飛んで**来た小石で、窓ガラスが割れた。

　　・家が**吹っ飛ぶ**ような風が一日続いて、自然には勝てないと思った。

　②・気になっていた事を父と話して、心配事も**吹き飛んで**しまった。

　　・社長の言葉で、色々と心配していた気持ちが**吹っ飛んだ**。

ふきとぶ【吹き飛ぶ】 →ふきとばす

ぶきみ【不気味ナ・ニ】

何なのか、どうなっているのかなどがよくわからなくて、気持ちが悪く不安に感じる様子。

・風の強い日は、庭の木の葉の動きまで**不気味に**見える。

・妻が上で**不気味な**音がすると言うので、二階に上がって調べた。

ふきゅう【普及スル】

物や考え方、やり方などがどこででも見られるようになる様子。

・インターネットの**普及**は、誰も考えなかったほど速かった。

・会社の商品が広く**普及する**までには、まだ時間が必要だ。

ぶきよう【不器用ナ・ニ】→きよう①

ふくざつ【複雑ナ・ニ】→たんじゅん

ふくむ【含む】

①　ひとつの物の中に、外から見てすぐにはわからない物が入っている。

・父は何が**含まれて**いるかわかるまで、病院でもらった薬は飲まない。

・体にいい物を**含む**と言われても、嫌いな物は食べない。

②　はっきり言わないが、言葉に考えている事や気持ちが入っている。

・両親の話には、いつも大切な教えが**含まれて**いる。

・社員への思いを**含んだ**社長の話は、みんなを元気にする。

★①、②のようにほかの物や気持ちを入れるとき[含める]と言う。

　　①・海外での仕事は、食事やホテルも**含めると**、とても高くなる。

　　②・友人は、頑張れという気持ちを**含めて**、若い人に優しく話す。

ふくめる【含める】→ふくむ

ふくらます【膨らます】→ふくらむ

ふくらむ【膨らむ】

①　小さかった物などが、時間がたって大きく、丸い形になる様子。

・春になると、庭の花がゆっくりと**膨らみ**始める。

・祭りの時期には、駅前に大きく**膨らんだ**風船が飾られる。

②　初めは小さかった計画や夢、また、不安な気持ちなどが、後から大きくなる様子。

・友人と話す間に、次の計画が大きく**膨らんで**きた。

・社長の入院を聞いて、社員の間では不安が**膨らみ**始めた。

★①、②のように大きくなった後の様子を[膨れる]と言い、膨れるようにする様子を[膨らます]と言う。

　　①・今日は、おなかが**膨れる**ほどよく食べた。

　　　・昼休み、風船を**膨らます**競争をする社員は、子供のようだ。

②・友人と話して**膨れた**夢を、社長とも話したいと思った。

　　・毎年、夢で胸を**膨らまして**入る社員が、会社を元気にする。

ふくれあがる【膨れ上がる】

①　お金、人や物などの数が、考えていたのとは違い、大きくなる。

・予定よりも客の数が**膨れ上がり**、急いで机を増やした。

・材料費が**膨れ上がり**、新しい商品の計画を考え直した。

②　初めは小さかった気持ちや考えなどが、大きくなる。

・若い頃の**膨れ上がる**ほどの夢は、今は良い思い出だ。

・友人との話で、商品への不安が**膨れ上がった**。

ふくれる【膨れる】→ふくらむ

ふけつ【不潔ナ・ニ】→せいけつ

ふける

ほかの事をしないで、ひとつの事だけをする、また、考え続ける。

・妻は、古いアルバムを見つけて、思い出に**ふけって**いた。

・寒い日は、暖かくして、一日中部屋で本を読み**ふけって**いる。

ふこう【不幸ナ・ニ】

①　家族やよく知っている人などの死。

・**不幸**が続いた知り合いに、何と言っていいかわからない。

・**不幸**があった社員の手を握って、社長は涙を流した。

②　生活や体験などが、苦しくて悲しい様子。

・**不幸な**経験をした人は、人に優しい。

・**不幸**にも、地震で家を無くした人がおおぜいいる。

★②のような不幸なとき、もっと悪くならなくて良かったという思いを<u>不幸中の幸い</u>と言う。

・母は入院したが、良い医者がいたのは**不幸中の幸い**だった。

ふこうちゅうのさいわい【不幸中の幸い】→ふこう②

ふこうへい【不公平ナ・ニ】→こうへい

ふさがる【塞がる】★→ふさぐ、むねがふさがる

①　したい事があるのに、場所や時間などが自由に使えなくなる。

・夏休みの飛行機は、早く予約しないとすぐ席が**塞がる**。

・忙しくて手が**塞がって**いても、社長に呼ばれるとすぐ部屋へ行く。

②　傷や道など、開いていた所が無くなる。

・ふるさとでは、よく大雪で道路が**塞がって**使えなくなった。

・医者に傷が**塞がった**ので、もう仕事をしても大丈夫だと言われた。

ふさぐ【塞ぐ】 ★→おおう③、とざす、ふさがる
　開いている所などを無くして、音や光、物などが入らないようにする。
　・風が入らないように、台所の壁にあった小さい穴を塞いだ。
　・最近テレビで耳を塞ぎたくなるような言葉を聞くことが増えた。

ふざける
　①　面白い話し方や体の動きなどで、周りを笑わせようとする。
　・良い事があったのか、珍しく友人がふざけている。
　・ふざけていた社員が転んで、みんな笑えなくなった。
　②　人の事を考えないで、嫌な気持ちになるような事をして困らせる。
　・急に注文を半分にするようなふざけた相手は許せない。
　・ほかと全く同じ商品を売るふざけた会社は少なくない。

ぶさほう【不／無作法ナ・ニ】→さほう

ふさわしい
　人、仕事、年齢、場所、物などがちょうど合っていると感じさせる様子。
　・友人の様子を見ていると、次の社長にふさわしいと思える。
　・社長は、会社とふさわしくない相手とは仕事をしない。
　★ちょうど合っていると感じさせる様子を 相応 と言い、反対に合わな
　　いと思わせる様子を 不相応 と言う。
　・父は、自分に相応な生活が続けられればいいといつも言う。
　・両親は、自分たちに不相応だと思う物は買わない。

ふし【節】
　①　竹が伸びたときにできる外に出た所、また、骨と骨などのつながる
　場所。
　・母は、竹を節のある場所で切って作った花入れを大切にしている。
　・重い荷物を運んだので、何日間か指の節が痛かった。
　②　音の高さと低さ、強さと弱さなどが変わる場所。
　・妻は、節をつけて歌うように庭の草花と話す。
　・父はお酒を飲むと、節が違っていても好きな歌を歌う。
　③　節がある という形で、人の様子や話などから考えられる事を伝える
　言い方。
　・仕事ができない人ほど、自分はできると思う節がある。
　・会社の商品をコピーしたと思われる節のある品物を見つけた。

ぶじ【無事ナ・ニ】
　生活や仕事、体の調子などに何も困った事が無い様子。
　・仕事が無事に終わって、一年が終わるときは本当にうれしい。

・大きな病気もせず、家族が**無事な**様子を見ると安心する。

ふしがある【節がある】→ふし③

ふしぎ【不思議ナ・ニ】

説明しようとしても説明できない、人間には良くわからないなどと思う様子。

・人間が説明できない**不思議な**事は、毎日の生活の中にもたくさんある。

・自分の考えが父と同じだと、**不思議に**思うときがよくある。

ぶしつけ【不しつけナ・ニ】

家庭や学校など毎日の生活の中で教えられる事が守られていなくて、相手を嫌な気持ちにさせる様子。

・相手が会ってすぐ**不しつけに**年齢を聞くので、腹が立った。

・じゅうぶんな挨拶もしないで、すぐ仕事の話をする**不しつけな**相手に、社長が怒った。

ふしまつ【不始末】→しまつ①

ふしめ【節目】

続いていた事などがそれまでとは変わるとき。

・六十歳を**節目**に、仕事のやり方を変えようと考えている。

・ふるさとを出たのが**節目**になって、両親の生活が変わった。

ふしめがち【伏し目がちニ】→ふせる①

ぶしょう【無／不精ナ・スル】

やらなくてはいけない事があっても、しようとしない様子。

・最近、**不精して**近い所へ行くのも歩かなくなった。

・妻が**不精な**生活を嫌がるので、色々気をつけている。

★手紙などを書くのを嫌がる様子、また、そんな人を [筆無/不精] と言い、外へ出るのが好きではない人を [出無/不精] と言う。

・メールを使い始めて、すっかり**筆無／不精**になってしまった。

・**出無／不精な**母を心配して、妻は時々一緒に買い物に行く。

ふしん¹【不審ナ・ニ】

何が問題だとはっきり言えないが、悪い事をするのではないかなどと感じさせる人の様子。

・公園に**不審な**男がいたと連絡があって、警察が調べている。

・何度話し合っても**不審に**感じる相手とは、仕事をしない。

ふしん²【不振】

仕事やスポーツ、また、体の調子などがいつもよりは良くない様子。

・最近、体調が**不振**で新しい事をする元気が無い。

・商品の売れ方が**不振**で、社長が少し暗い顔をしている。

★同じ様子を〔振るわない〕とも言う。

・子供たちの成績が**振るわなく**ても、妻は何も言わなかった。

ふぜい【風情】

①　場所や季節などが持つ、ほかには感じられないような、心に残る特別な様子。

・ふるさとには、昔から変わらない**風情**が残っている。

・最近、風の冷たさや木の葉の色が、秋の**風情**を感じさせる。

★→おもむき

②　人が見せる、ほかとは違う特別な様子。

・友人からは、物を作る専門家のような**風情**が感じられる。

・最近町に、旅行者のような**風情**の人が増えてきた。

ふせぐ【防ぐ】

①　泥棒や危ない動物などが入れないようにする。

・泥棒を**防ご**うと、カメラを付ける家が増えてきた。

・ふるさとではクマを**防ぐ**方法を色々考えているそうだ。

②　風や雨などが建物の中に入らないようにする。

・台風の前は、工場に雨水が入るのを**防ぐ**準備で大変だ。

・ふるさとの家は、風を**防ぐ**ため周りに木が植えてあった。

③　悪い事などが起こる前に、安全な方法を考えて守る。

・事故を**防ぐ**ため、工場の仕事は経験者と一緒にする。

・昼は公園に町の人がいて、子供の事故を**防い**でいる。

ふせる【伏せる】

①　顔や目など、また、見られたくない物などを、見えないように下に向ける。

・失敗した社員は、顔を**伏せ**て相手の目を見ない。

・部屋に入ると、社員のひとりが急いで本を**伏せた**。

★①のように相手の顔が見られない理由があって、下を向くような様子を〔伏し目がち〕と言う。

・伏し目がちに近づいて来た社員が、失敗したと話し始めた。

②　知られると良くない結果になるなどと思い、周りに隠す。

・名前は**伏せる**という約束で、新聞社の質問に答えた。

・友人は、父親の病気の事を長く**伏せ**ていた。

ふそうおう【不相応ナ・ニ】→ふさわしい

ふぞろい【不揃いナ・ニ】

同じ大きさや形、種類でなければならないのに、そうなっていない様子。

・形が**不揃いな**だけと言って、妻は安い野菜を買って来る。
・スーパーでは、果物や野菜を大きさが**不揃いに**見えないように並べるそうだ。

ふたたび【再び】

同じ事をもう一度する、また、同じ様子にもう一度返ると伝える言い方。

・失敗をして、社長に**再び**無いようにと強く言われた。
・**再び**使うことは無いと思い、子供たちが使っていた机を捨てた。

ふたん【負担スル】

人に頼まれて仕事などをする、また、必要なお金を出す様子。

・大きな仕事はひとりの**負担**が大きくならないよう分けてする。
・新しい人にも、できる事を**負担**してもらって仕事をする。
★自分がする仕事や出すお金の中の少しを負担するとき 分担 と言う。
・町では、みんなが**分担**して祭りに必要なお金を出している。

ふだん【普段】

特別な事が無く、いつもと同じ様子のとき。

・**普段**は話さないが、お酒を飲むとよく話す社員がいる。
・**普段**から会社のために何ができるか考えている。

ふち【縁】

物の一番外側、また、池などの場所の周り。

・友人が**縁**が青いめがねをかけて来たので、みんな驚いた。
・日曜日、公園の池の**縁**には、食べ物を売る店が並ぶ。
★きれいに見せるためや良くわかるようにするために縁のように飾りを付ける様子を 縁取る と言う。
・商品の箱には、会社の名前を赤色で**縁取って**付けている。

ふちどる【縁取る】→ふち

ぶちまける

① 箱やかばんの中の物などを落とすように外に出して、周りに広げる、また、手に持っている物を落として周りに広げる。

・家の前で転んで、持っていた物を**ぶちまけて**しまった。
・かばんの中を**ぶちまけて**探したが、鍵は見つからなかった。

② 言いたくても言えなかった事を、全部言ってしまう。

・失敗はみんなの力が足りないからだと、友人が**ぶちまけた**。
・会社の考えはおかしいと**ぶちまける**社員と話した。

ふっきゅう【復旧スル】

古くなった、また、台風や地震で壊れた建物などを前と同じように直す様子。

・台風で倒れた木で止まっていた電車の**復旧**に二日かかった。

・大きな地震があった所で、水道やガスを**復旧する**工事を急いでいる。

ふっこう【復興スル】

昔はおおぜい人が集まった場所などを前のようににぎやかにする様子。

・忘れられた場所を**復興しよう**と、色々な所で頑張っている。

・日本の文化を残すため、古い町の**復興**を計画している場所がある。

ぶっそう【物騒ナ】

けんかや、人を傷付けるような事などが起こりそうで、危ないと思わせる様子。

・町にはまだ、夜になると人も少なく**物騒な**場所がある。

・今は、子供をひとりで遊ばせられれない**物騒な**時代になった。

ぶっつけほんばん【ぶっつけ本番】→ほんばん

ふっとう【沸騰スル】→わく³①

ふっとぶ【吹っ飛ぶ】→ふきとばす

ぶつぶつ ★→ぐずぐず②、つぶやく

周りによく聞こえない小さな声で、考えている事、嫌な事などをひとりで言う様子。

・妻は、庭に出て木や花に何か**ぶつぶつ**話している時間が増えた。

・ゴミ置き場の周りには、いつも何か**ぶつぶつ**話しあっている人たちがいる。

ふつりあい【不釣り合い】→つりあい

ふでき【不出来】→でき

ふてぎわ【不手際】→てぎわ

ふでぶしょう【筆無／不精】→ぶしょう

ふと

しようとは思わなかったのに、理由も無く今までと違う事などをすると伝える言い方。

・散歩をしているとき、**ふと**空を見ると、大きな虹が出ていた。

・年を取ったからだろうか、最近、**ふと**昔の事を思い出す。

ふとくい【不得意ナ】→とくい②

ぶなん【無難ナ・ニ】

特別に良くはないが、悪くもない様子。

・今年は、仕事にも家族にも大きな問題の無い**無難**な年だった。

・頼まれた仕事は、手伝ってもらって**無難**に終わった。

ふにおちない【ふに落ちない】

　説明を聞いても、自分でやってみても、じゅうぶんにわかった、正しいなどと思えない様子。

・注意された社員が、**ふに落ちない**と言って何度も話しに来た。

・売れない理由が**ふに落ちなくて**、友人に意見を聞いた。

★説明などがよくわかった様子を（**ふに落ちる**）と言う。

・社長から話を聞いて、計画をやめた理由が**ふに落ちた**。

ふにおちる【ふに落ちる】→ふにおちない

ふにん【赴任スル】

　会社や学校などに言われて、新しく働く会社や学校などへ行く様子。

・海外へ**赴任**が決まった社員は、英語のよくできる人だった。

・町の小学校に**赴任**して来た校長は、まだ若い人だった。

ふびょうどう【不平等ナ・ニ】→びょうどう

ふへい【不平】

　仕事や学校、人間関係などに問題がある、許せないなどと思う気持ちやそれが感じられる言葉や動き。

・子供の頃、食事に**不平**を言うと、食べ物のありがたさを教えられた。

・会社のやり方に**不平**を持っていた人が、仕事を辞めた。

ふまん【不満ナ・ニ】→まんぞく

ふみこたえる【踏みこたえる】

　これ以上悪くなると大変な事になるなどと思って、最後まで頑張って悪くならないようにする。

・社長は、会社が危ないときを何度も**踏みこたえて**きた。

・苦しさを**踏みこたえた**経験が、人間を強く、大きくする。

ふみこむ【踏み込む】

①　人が嫌がるような所などに、また、人がやろうとしない話などに入って行く。

・古い建物にまで**踏み込んで**、寺の歴史が調べられている。

・**踏み込んだ**質問をしようとすると、友人がやめろと言った。

②　問題を終わらせるため、また、問題を起こした人を探すなどのために、相手のいる所へ入って行く。

・古い肉を使っていると言われていた駅前の店に、食品検査の人が**踏み込んで**調べている。

・空き家に警察が**踏み込ん**で、隠れて住んでいた男を見つけた。

ふみだす【踏み出す】

今まで行かなかった場所へ出て行く、また、新しい事をやり始める。

・息子も娘も、結婚して新しい生活の一歩を**踏み出した**。

・友人と、今まで無かった商品作りに**踏み出そう**と決めた。

ふみとどまる【踏みとどまる】

①　危ない事や大変な事などがあって、周りに誰もいなくなってもひとりで残る。

・会社に何があっても、最後まで**踏みとどまろう**と決めている。

・妻には、家族が大変なときでも**踏みとどまれる**強さがある。

②　やりたい事などがあるが、相手が嫌な気持ちになる、困るなどと考えてやらない。

・叱ろうとしたが、嫌な気持ちにさせるだけだと思い**踏みとどまった**。

・新しい考えがあるが、今ではないと思い**踏みとどまった**。

ふみにじる【踏みにじる】

①　頑張ってやり続けている事や作り続けている物などを、強く踏んで壊すような強い力で使えなくしてしまう。

・クマやイノシシが**踏みにじり**、野菜ができない所が今年も多い。

・**踏みにじられ**ても生き続ける草のように強くなりたい。

②　頑張って続けてきた事や人の温かい気持ちなどを考えようとしないで、傷付け、やる気を無くさせる。

・公園の花を持って帰る事件が続いているが、人の心を**踏みにじる**事だ。

・若い人の頑張りを**踏みにじる**事になるが、計画中の商品は作らないと決まった。

ふみはずす【踏み外す】

①　歩くために作ってある道や階段などから出てしまう、また、落ちてしまう。

・父が階段を**踏み外して**、けがをしたと連絡があった。

・ふるさとは雪が深く、みんなが歩く道を**踏み外さない**よう気をつけた。

②　正しい事や決まりなどから離れた事をする。

・人の道を**踏み外さない**ようにと何度も言われて育った。

・若いときに道を**踏み外す**理由の多くは、お金の問題だ。

ふむき【不向きナ・ニ】 →むき②

ふゆかい【不愉快ナ・ニ】 →ゆかい

ふゆば【冬場】 →なつば

ぶようじん【不／無用心ナ・ニ】→ようじん

ぶらさがる【ぶら下がる】→ぶらさげる

ぶらさげる【ぶら下げる】

　物をほかの物に付けて、高い所から下へ伸ばす、また、持つ。

　・祭りが近づくと、駅に大きなお知らせがぶら下げられる。

　・父は、腰にタオルをぶら下げて庭の仕事をやっている。

　★ぶら下げられている様子を ぶら下がる と言う。

　・台風の後、庭の木に壊れた傘がぶら下がっていた。

ふらつく →ふらふら①

ぶらつく →ぶらぶら②

ふらふら【ふらふら（と）スル】

　①　体の調子が悪いときやとても疲れたときなどに、思うように動けなくなる様子。

　・昨日は疲れて、仕事が終わるともうふらふらだった。

　・よく眠れない日は、起きたとき頭がふらふらする。

　★①のように思うように動けない様子を ふらつく と言う。

　・熱が高くて、朝起きようとしてふらついた。

　②　したいと思う事などを、深く考えないでする様子。

　・同じような生活が続くと、ふらふらと旅に出たいと思う。

　・欲しいと思うと、ふらふらと何でも買ってしまう。

　★②の様子は話し言葉では ふらふらっと と言う。

　・友人に言われて、ふらふらっと遊びに行く事がある。

　③　大切な事などが決められないで、何もしていないように見える様子。

　・友人は、大学を出てから少しの間ふらふらしていたそうだ。

　・何もしないでふらふらしている若い人が増えている。

　★→ぶらぶら③

ぶらぶら【ぶらぶら（と）スル】

　①　物や手足などが風などで、前後、左右に何度も動く様子。

　・台風で折れてぶらぶらしていた枝を、頼んで全部切ってもらった。

　・ブランコで両足をぶらぶらさせる女の子を見て、娘の小さい頃を思い出した。

　②　どこに行って何をすると決めずにゆっくり歩く様子。

　・駅前をぶらぶらしていて、面白い店を見つけた。

　・休みの日は、天気が良ければ公園をぶらぶらする。

　★②のように歩く様子を ぶらつく と言う。

・町をぶらついていて、昔の友達に会った。

★→うろうろ

③　する事などが決まらなくて、何もしないで生活している様子。

・友人はしたい事が見つかるまでぶらぶらしていた経験があるそうだ。

・最近、仕事が無くてぶらぶらしている人が増えているそうだ。

★→ごろごろ④、ふらふら③

ふらふらっと →ふらふら②

ふり【不利ナ・ニ】 →ゆうり

―ぶり

①　(一振り)と書いて、ほかと違って特別な様子があると伝える。

・友人の**仕事振り**を見て勉強する若い人は多い。

・社長の**話し振り**から、今度の仕事は大変だと感じた。

②　ひらがなで時間などの後に付けて、同じような事をしたのは、それだけ前の事だと伝える。

・**十年ぶり**に泳いだが、体がうまく動かなかった。

・妻に**五年ぶり**だと言われて、長く旅行しなかったと思った。

★②の意味で、長い時間が過ぎたと強く感じるとき(久しぶり)と言う。

・両親は、**久しぶり**のふるさとへの旅行を楽しみにしている。

ふりかえる【振り返る】

①　音や声がして、また、気になる事などがあって、後ろを見る。

・大きい音がして**振り返る**と、車の事故だった。

・名前を呼ばれたと思って**振り返った**が、誰もいなかった。

★①と同じ動きをする様子を(振り向く)とも言う。

・音がしたので**振り向く**と、庭に小さなネコがいた。

②　失敗した事や終わった事などを思い出して、良かったのか悪かったのか考える。

・失敗を**振り返って**、みんなで原因を話し合った。

・一年を**振り返り**、次の年も頑張ろうと約束した。

ふりかかる【降りかかる】

①　雨や雪、灰などが降って来て、体に当たる。

・火山の灰が**降りかかる**と、米や野菜が育たなくなるそうだ。

・離れた所の火事だったが、火の粉が**降りかかって**来た。

②　思っていなかったときに悪い事などが起きる。

・問題が**降りかかった**ときは、家族全員で頑張ろうと話している。

・台風や地震などは、いつ自分にも**降りかかる**かわからない。

ふりきる【振り切る】

① 手や体に当たった物などを体を強く動かして離す。

・警察の人の手を**振り切り**、泥棒は走って逃げたそうだ。

・ぬれたスズメが、上手に体を動かして水を**振り切っ**ている。

★→ふりはらう①

② 頼まれたときや反対されたときなどに、できない、大丈夫だなどと強く言って自分の考えたようにする。

・親の反対を**振り切っ**て結婚したいと言う社員が、相談に来た。

・父は、止める手を**振り切っ**て強い雨の中散歩に出た。

③ 後ろから来る人などに近づかれないように、それまで以上に頑張り離れようとする。

・今年の会社は、ほかを**振り切っ**て一番の成績だった。

・近づく選手を**振り切っ**て世界大会で勝った日本選手は、今有名人だ。

★→ひきはなす②

ふりしきる【降りしきる】

傘が必要なほどの雨や雪が休まずに降る。

・朝から**降りしきる**雨は、夜になってもやまず暗い一日だ。

・妻もふるさとでは、**降りしきる**雪の中を学校へ通ったそうだ。

ふりそそぐ【降り注ぐ】

雨や太陽の光が、体や山など全体に当たる。

・優しく**降り注ぐ**春の雨は、気持ちを静かにしてくれるようで好きだ。

・ふるさとの夏は、太陽が**降り注ぎ**冬とは別の世界だった。

ふりはらう【振り払う】

① 服や体に付いた物などを、手で強くたたくようにして落とす、また、近くに来て離れようとしない人から逃げようとする。

・今年は、会社の前で肩の雪を**振り払う**日が数回あった。

・周りが止める手を**振り払っ**て、友人は社長の部屋へ行った。

★→はらう②、ふりきる①

② 頭から離れない嫌な事などを忘れようとする。

・心配事を**振り払う**ように、妻は小さく大丈夫と言った。

・嫌な事を**振り払い**たいのか、友人はひとりで話し続けた。

ふりまわされる【振り回される】→ふりまわす③

ふりまわす【振り回す】

① 手や、手に持っている物などを、周りの事を考えずに強い力で振るように動かす。

・公園で棒を**振り回す**子に、お年寄りが優しく注意した。

・ナイフを**振り回す**男がいて、朝から駅の周りは大騒ぎになっている。

②　自分の知っている事や経験などは特別だと周りにわからせようとする、また、自分は特別だからと、周りを思うとおりに動かそうとする。

・長い経験を**振り回す**人に、若い人は育てられない。

・自分の力を**振り回す**ような人は、会社には必要ない。

③　振り回される　という形で、急いでする必要な事などで忙しく、大切な事などを忘れるほど大変な時間が続くと伝える。

・両親の問題に**振り回され**、今週は仕事ができなかった。

・仕事に**振り回されている**と、家族の大切さを忘れてしまう。

ふりむく【振り向く】→ふりかえる①

ふりをする【振りをする】★→ふるまう①

自分が考えている事をするために、本当とは違う様子に見せる。

・客の**振りをして**、商品を売っている店を見に行った。

・知っている事を、初めての**振りをして**聞くのは難しい。

ぶるぶる【ぶるぶる（と）スル】★→がたがた②、ぞくぞくする

寒いときや怖いとき、また、とても怒ったときなどに体全体や一部が小さく動く様子。

・雨にぬれた社員は、唇を**ぶるぶる**振るわせて帰って来た。

・ふるさとの冬は、家の中にいても体が**ぶるぶるする**ような寒さだった。

ふるまい【振る舞い】→ふるまう

ふるまう【振る舞う】

①　人が見ていると知っていて、自分のする事の様子をわからせるようにする。

・何でも知っているように**振る舞う**人とは、合わない。

・疲れていても、周りに心配させないため明るく**振る舞う**。

★→ふりをする

②　客に喜んでもらおうと、酒や料理などを色々準備して出す。

・妻は、友達に**振る舞う**料理を朝から準備している。

・祭りで**振る舞われる**お酒は、今年から無くすことになった。

★①や②のように振る舞う様子や客に出す物を　振る舞い　と言う。

　　①・相手の失礼な**振る舞い**に、珍しく社長が大きな声を出した。

　　②・ふるさとでは結婚式の後、近所にも**振る舞い**をした。

ふるめかしい【古めかしい】

物や建物などが、見る人に古いと感じさせる様子。

- 駅前に残っていた**古めかしい**建物は、全部無くなった。
- 母は昔から家にある**古めかしい**料理道具を大切にしている。

ふるわない【振るわない】→ふしん²

ぶれ→ぶれる

ふれあい【触れ合い】→ふれあう

ふれあう【触れ合う】

① すぐ近くに行って、手で触るようにして感じる。
- ふるさとを出てから自然と**触れ合う**機会が少なくなった。
- 最近、子供が動物と**触れ合える**場所ができているそうだ。

★→したしむ②

② それまで知らなかった人と会う、話すなどして知り合いになる。
- 海外からの客と**触れ合う**と、色々勉強する事も多い。
- 小学校では、子供たちがお年寄りと**触れ合う**時間がある。

★①、②のように触れ合う様子を **触れ合い** と言う。
　①・町の寺の周りは木が多く、自然との**触れ合い**ができる所だ。
　②・毎年の祭りは、町の外の人たちとの良い**触れ合い**の機会だ。

ふれる【触れる】

① 人や物などに、手足や体全体で軽く触るようにする。
- 庭に出て朝の空気に**触れる**と、一日が始まると思う。
- けがをした所に軽く**触れて**みたが、もう大丈夫だ。

② 話された事、書かれた事などが特別な事と関係する。
- 社長は今日の集まりで、会社を作った時代に**触れて**話をした。
- 友人とでも、個人の情報に**触れる**ような話はしない。

③ してはいけないと決められた事などをする。
- 町の決まりに**触れる**ので、祭りでは食べ物を売る事はできない。
- 会社が決めた事に**触れない**よう、時間になれば仕事をやめる。

ぶれる

① 写真を撮るとき動くなどして、写った物が何かよくわからなくなる。
- 電車から写した旅行の写真は、**ぶれていて**何かわからなくなっていた。
- カメラが**ぶれない**よう、注意して家族の写真を撮った。

② 正しいと信じてずっと守り続けてきた考えややり方などが変わる。
- 社長は、これはと決めたら、**ぶれない**強さがある。
- 仕事の中心にいる人の考えが**ぶれる**と、周りの社員は大変だ。

★①、②のようにぶれる様子を **ぶれ** と言う。
　①・新しいカメラは、**ぶれ**が少なくてきれいな写真が撮れる。

②・言う事とやる事にぶれがあると、周りが信じなくなる。

ふわふわ【ふわふわナ・ニ・スル】

①　中に空気などが入っているように、軽くて柔らかい様子。
・**ふわふわな**パンが好きな父は、駅前まで毎日買いに行く。
・日に当てると布団は**ふわふわ**になって、よく眠れる。
②　雲や風船などが、軽く流れるように動いている様子。
・空を**ふわふわ**流れる雲を見て、自由でいいと思った。
・子供が手を離した風船が、**ふわふわ**空を飛んでいた。
★①、②と同じような様子を ふんわり とも言う。
　①・**ふんわり**と焼けたパンに、妻はうれしそうな顔をした。
　②・柔らかい風に、庭から花の種が**ふんわり**と飛んで行く。
③　色々な事を考えて、必要な事などがじゅうぶんできない様子。
・**ふわふわ**した気持ちで仕事をしていると、友人に注意される。
・みんな休み前で**ふわふわ**しているようで、仕事が遅い。

ぶん【分】

〜の/(する)/(した)分 の形で、何にどれだけなどと決められている数量、また、それと同じ量。
・母は、**自分の分**は減らして子供に食べさすような人だ。
・店で**売る分**の商品は、小さな箱に入れて送り出す。
・ふるさとの山では、**切った分**木を植えて育てている。

ふんいき【雰囲気】

人や物、場所などが周りの人に強く感じさせるほかと違う様子。
・今住んでいる所は安全な**雰囲気**で、良い所を選んだと思う。
・社長が明るい**雰囲気**の人なので、会社全体も明るい。

ふんぎり【踏ん切り】

どうしようかと色々考えた後、新しい事を始めようなどと決める様子。
・今の仕事には**踏ん切り**をつけて、新しい計画を始める。
・**踏ん切り**が悪いと思うが、大きなお金が必要な計画はひとりでは決められない。

ぶんせき【分析スル】

物が何からできているか、問題の原因が何かなどを詳しく調べる様子。
・新しい材料を使うときは、問題無いか詳しい**分析**が必要だ。
・工場では、小さな事故も専門の人に原因を**分析**してもらう。

ふんだりけったり【踏んだり蹴ったり】→なきつらにはち

ふんだん【ふんだん二】

お金や食べ物などが、たくさんある様子。

・野菜をふんだんに使った料理を出す駅前の店は、客が多い。

・父は、金をふんだんに使えなくても楽しく生活できると言う。

ぶんたん【分担スル】→ふたん

ふんぱつする【奮発する】

良い事があったときや特別なときなどに、いつもはしないお金のかかる事をする。

・友人の誕生日に、**奮発して**大きいケーキを買った。

・会社は、頑張った社員に海外旅行を**奮発する**と決めた。

ぶんや【分野】

スポーツや研究、仕事などを専門で分けたときのひとつ。

・会社は、これまでに無かった**分野**の商品を作ろうと考えている。

・建築**分野**の専門家が、今、町の古い寺を詳しく調べている。

ぶんるい【分類スル】

同じような物などを、使いやすくわかりやすいように集めて分ける様子。

・図書館はわかりやすい**分類**で本を並べているので、便利だ。

・父は古い皿を時代に分けて**分類し**、楽しんでいる。

ふんわり【ふんわり（と）スル】→ふわふわ①、②

へ

へいき【平気ナ】★→なんでもない、へいぜんと
　周りがどう考えるか、どう見るかなどを全然気にしない様子。
　・友人は、嫌な事を言われても**平気な**顔をしている。
　・**平気**で仕事を休む社員を呼んで、何か問題があるのか話した。

へいこう¹【並行スル】
　①　同じような物が並んでいる、また、並ぶようにして動く様子。
　・車と**並行**して走る自転車は、とても危ない。
　・川と**並行**して作られている散歩道は、朝夕多くの人が使っている。
　②　ふたつの事を同時に、また、時間を空けずに続けてする様子。
　・料理は、いくつもの事を**並行**してするので大変だ。
　・仕事と**並行**で、もう長い間英語の勉強もしている。

へいこう²【平行スル】
　二本の線やふたつの違う事などがどこまでもひとつにならない様子。
　・線路と**平行**する新しい道が町の近くにできることになった。
　・賛成と反対が**平行線**で、会議はいつまでも続いた。

へいこう³【閉口スル】→うんざり

へいさ【閉鎖スル】→かいほう³②

へいせい【平静ナ・ニ】
　周りの人が大丈夫だ、安心だなどと感じられるような静かな様子。
　・問題があっても**平静な**社長の様子は、社員を安心させる。
　・事故の後、会社が**平静**に戻るまで時間がかかった。

へいぜんと【平然とスル】★→へいき
　良くない事があったのに、また、悪い事をしたのに、まったく気にしていない様子。
　・大きな問題が起こっても、社長はいつも**平然**としている。
　・自分が正しいと信じている友人は、反対意見も**平然**と聞いていた。

へいぼん【平凡ナ・ニ】
　いつもと同じ様子、また、特別周りと違う事の無い様子。
　・父はよく、**平凡な**生活を続けるのも大変だと言う。
　・**平凡**に見えても、大変な思いをした商品がたくさんある。

―べき

[―(する)べき] という形で、次のような思いを伝える。

① 多くの人も正しいと考えるだろう。

・商品は、何よりも客の事を考えて**作るべき**だ。

・失敗しても、ほかの人を悪く**言うべき**ではない。

② こうした方がいい、こうしなさい。

・わからない事は、人に聞く前にまず自分で**考えるべき**だ。

・途中で**やめるべき**ではないと社長に言われ、頑張った。

③ した事、しなかった事を、すればよかった、しなければよかったと後から考える。

・あんな事を**言うべき**ではなかったと、後で強く思った。

・学生のときに**留学す(る)べき**だったと、今も時々考える。

へきえきする【へき易する】

ひとつの事が、何回も、また、長い時間続いて嫌になる。

・父の思い出話は、何度も聞かされると**へき易する**。

・町のゴミ問題は何年も続いていて、本当に**へき易させられる**。

へこみ →くぼむ

へこむ →くぼむ

へだたり【隔たり】 →へだてる②

へだたる【隔たる】 →へだてる①

べたつく →べたべた②、③

へだてる【隔てる】

① 間にほかの事や物などがあって人や物、場所や時間などが離れている、また、間に物などを置いて離す。

・駅の前の道を**隔てた**反対側に、新しいスーパーができた。

・町は、長い時間を**隔てて**二度大きな地震を経験している。

★①で、隔てられている様子を [隔たる] と言う。

・妻のふるさとは、大きな町からは遠く**隔たった**所だ。

② 考え方や力、また、ふたつの物の間などにはっきりわかる違いを見せる。

・経験者との間を**隔てる**物が何か、若い人に知ってほしい。

・親と子を**隔てる**考え方の違いは、社会を変える力にもなる。

★②で、隔てられている様子を [隔たり] と言う。

・意見の**隔たり**が大きくて、今日の会議は夜まで続いた。

べたべた【べたべたスル】

　①　好きな物や人の写った写真、自分の意見を書いて人に見せたい紙などを、並べるようにして貼る様子。
　・子供たちが壁にべたべた貼った写真が、今も残っている。
　・ゴミ置き場反対の紙が、町にべたべたと貼られている。
　②　触ると手や服に付いて簡単に取れなくなって嫌だと感じる様子。
　・子供の頃から、べたべたする食べ物は嫌いだ。
　・アイスクリームは、口の中がべたべたするので嫌いだ。
　★→ねばねば(→ねばる①)
　★②のように簡単に取れなくなる様子を べっとり と言う。
　・油がべっとりと付いた工場の壁は、年末に洗う。
　③　人と人が、ほかの人が嫌だと感じるほど特別に近い関係を持つ様子。
　・べたべたした人間関係は、仕事をやりにくくさせる。
　・父に、子供とべたべたする親になるなとよく言われた。
　★②、③で、簡単に離れそうに見えないとき べたつく と言う。
　　②・夏は、会社に着くまでに汗で体がべたついて嫌だ。
　　③・公園でべたつく若い人を見て、時代が変わったと思う。

べっとり【べっとり(と)】→べたべた②

べつに【別に】

「ない」と一緒に使って、珍しい事でも特別問題になるような事でもないと伝える言い方。
　・別に悪い所も無さそうなのに、母は最近元気が無い。
　・新しい商品が売れないのは、別に珍しい事ではない。

へらずぐち【減らず口】

間違っているかもしれないと思っていても、負けたくないので、自分は正しいと強く言い続ける言葉。
　・注意をしても減らず口を言って聞かない社員は、育たない。
　・減らず口の中には、正しいかもしれないと思う事もある。
　★ 減らず口をたたく/利く という形が多い。
　・中学生くらいになると、子供も減らず口を利くようになる。

ぺろっと

　①　叱られたときや失敗したときなどに、恥ずかしい気持ちを隠すために、軽く舌を出す様子。
　・料理を食べてみて、妻が失敗と言ってぺろっと舌を出した。
　・漢字が違うと言うと、友人がぺろっと舌を出した。

　② 　たくさんの食べ物を短い時間で全部食べてしまう様子。

・昔は、出て来た料理を**ぺろっと**食べる元気があった。

・若い人が出て来た物を**ぺろっと**食べるのを見て、驚いた。

★②と同じ様子を ⸤ぺろりと⸥ とも言う。

・友人は最初の料理を**ぺろりと**食べて、足りないと言った。

ぺろりと　→ぺろっと②

べんかい【弁解スル】

失敗したときなどに、自分は悪くない、ほかに理由や原因があるなどと言う様子。

・仕事で失敗したときは、隠さず話して**弁解**しない。

・自分は悪くないという**弁解**は、聞いていて嫌になる。

へんきゃく【返却スル】

借りていた物などを決められたときまでに返す様子。

・本の**返却**が遅れる事が多く、町の図書館は困っているそうだ。

・友人も必要だろうと思い、借りた計画書はすぐ**返却**した。

へんこう【変更スル】

理由があって、一度決めた事などを変える様子。

・台風で旅行の予定が**変更**になり、両親は悲しそうだ。

・仕事が遅れたので、新しい商品の計画を**変更**した。

べんしょう【弁償スル】→つぐなう

ほ

ほうかい【崩壊スル】→くずれる①

ほうこうおんち【方向音痴】→おんち

ぼうさい【防災】

地震や台風、火事などがあったとき、どうすれば安全かを考える計画。

・命を守るため、町全体で**防災**が考えられている。

・会社は「**防災の日**」を決めて、全員で安全を考えることになった。

ほうしん【方針】

何をするためにどんな方法でどうするかなどと決められている進め方。

・会社は**方針**がはっきりしていて、社員は同じ思いで働く。

・次の計画は、進め方の**方針**が決まらずまだ始まらない。

ぼうぜん【ぼうぜん（と）スル】★→ぽかんとする

思ってもいなかった事などに驚き、少しの間何も言えず何もできないでいる様子。

・親の急な死に**ぼうぜんとする**社員に、何も言えなかった。

・近所の火事は、**ぼうぜんと**見ているしかなかった。

★とても驚きが大きく何もできない様子を ⦅**ぼうぜん自失**⦆ と言う。

・両親の事故の知らせに、若い社員は**ぼうぜん自失**の様子だった。

ぼうぜんじしつ【ぼうぜん自失】→ぼうぜん

ほうそく【法則】

仕事などをするときに忘れてはいけない、いつも決まって起きる事、また、ひとつの事があると、いつも同じような結果になるという決まり。

・新しい商品を売るときは、季節と売れ方の**法則**を考えている。

・会議は、人数が多いほど長くなるという**法則**がある。

—ほうだい【—放題ナ・ニ】

ほかの言葉の後に付けて、周りの事を考えないでしたい事や好きな事などを思っただけする様子。

・みんなが**好き放題**な事を言うので、会議は終わらなかった。

・**食べ放題**の店へ行くと、ほかの人に負けられないと思いいつも食べすぎてしまう。

ぼうだい【膨大ナ・ニ】

数や量、形や大きさなどが周りとは全然違って大きい様子。

・今は、インターネットを使えば、**膨大な量**の情報を知る事ができる時代だ。

・水や電気を**膨大に**使って便利な生活を楽しむ時代は、長くは続かない。

ほうっておく【放っておく】→ほうる③

ぼうっと【ぼうっとスル】

①　遠くに離れていて、また、とても小さくてはっきり見えない様子。

・新聞の字が**ぼうっと**して見えるようになって、医者に相談した。

・空気が汚れて遠くが**ぼうっと**しか見えない日が増えた。

★①と同じ様子を　**ぼやける**　と言う。

・周りの景色が**ぼやける**ほど雨が降って来て、車を止めた。

②　体の調子が悪いときやほかの事を考えているときなどに、目の前の事をよく考えていない様子。

・昨日よく眠れなくて、朝から頭が**ぼうっと**している。

・妻が庭を見て**ぼうっと**しているときは、困った事があるときだ。

★①、②と同じ様子を　**ほんやり／ぼやっと**　とも言う。

①・朝、遠くの山が**ほんやり**見える日は、昼から雨になる。

　・台風の後は、いつもは**ぼやっと**見える遠くがはっきり見える。

②・会議で**ほんやり**していて、大切な事を言い忘れた。

　・疲れて**ぼやっと**していると、友人が来て肩をたたいた。

ほうどう【報道スル】

テレビや新聞などが、必要があると考えておおぜいにニュースなどを伝える様子。

・公園で子供の安全を守る町のお年寄りの様子が**報道された**。

・テレビの**報道**が物の売れ方まで決める社会は、怖い。

ほうふく【報復】→しかえし

ぼうどう【暴動】★→ぼうりょく

おおぜいの人が集まって、物を壊す、人を傷付けるなどして、自分たちの考えを伝えよう、やりたいようにやろうとする動き。

・社会を変えようとして起こす**暴動**で命を無くす人が多ければ、誰のための騒ぎかと思う。

・社会を良くしたい思いはわかるが、**暴動**というやり方には反対だ。

ほうぼう【方々】

色々な人や場所。

・売れる商品があるときは、**方々**から注文が増える。

・春になると、桜を楽しもうという人が**方々**から公園に集まって来る。

ぼうぼう

　草や髪、ひげなどが短く切られないで、長く伸びている様子。

・庭の草が**ぼうぼう**に伸びていたので、妻と一緒に抜いた。

・入院中の社員はひげが**ぼうぼう**で、違う人のように見えた。

ほうりこむ【放り込む】→ほうる①

ほうりだす【放り出す】→ほうる①、②

ほうりつ【法律】

　安心して安全に生活できるように相談して、国が作った決まり。

・**法律**で決めなくても、安全な生活のために必要な事は多い。

・最近、海外から来た人を働きやすくするための**法律**ができた。

★市や町などが決めた同じような決まりを⦅条例⦆と言う。

・町では、道にゴミを捨てられないようにする**条例**を作ろうとしている。

ぼうりょく【暴力】★→ほうどう、らんぼう

　自分のやりたい事などをするために、物を壊したり人を傷付けるなどする事、また、その様子。

・町は警察と一緒に動いて、**暴力**を無くすための運動を続けている。

・町の中学校が**暴力**事件を隠していて、今騒ぎになっている。

ほうる【放る】

　①　要らない物や嫌いな物などを自分から遠くに投げて離す。

・遠くから**放った**ゴミが、ゴミ箱に入るとうれしい。

・要らない物を道に**放る**人が増えて、町は何かできないか相談している。

★①で、遠くに投げてゴミ箱などに入れる様子を⦅放り込む⦆と言う。

・ゴミ箱に空き缶を**放り込んで**遊ぶ子供たちに、注意した。

　②　しなければならない事などがあるのに、いつまでもしない。

・友人は、いつもの仕事を**放って**ここ二、三日新しい計画を作っている。

・子供の頃、宿題を途中で**放って**遊びに行きよく叱られた。

★①、②で自分から離す、離れる様子を⦅放り出す⦆と言う。

　①・妻は、要らない物を外に**放り出して**から部屋の掃除を始める。

　②・仕事を途中で**放り出し**、休みたいと思うときがある。

★→なげだす③

　③　多く⦅放っておく⦆という形で、人や物などを大切にせず、何もしない様子。

・痛い歯を**放っておいたら**、抜かなければならなくなった。

・庭の草は少しの間**放**っておくと、伸びて後が大変だ。

★③の様子は ほったらかす とも言う。

・子供をほったらかして遊ぶ親が増えているそうだ。

ほかでもない【他でもない】★→ほかならない①

何よりも大切な事や人の事だから、よく聞いてほしい、必要な事などと伝える言い方。

・「**他でもない**が」と、友人は家族の問題を話し出した。

・**他でもない**両親の事だと思って会社を休んで手伝いをするときがある。

ほかない【他ない】

ほかに選べないので、自分の考えではないが、残されたできる事をする様子。

・社長が反対なので、計画をやめる**他なかった**。

・電車が止まったので、会社に遅れるより**他はなかった**。

ほかならない【他ならない】

① 他ならない〜 という形で、特別な事だからと伝える言い方。

・**他ならない**社長の頼みだから、嫌とは言えなかった。

・**他ならない**家族の事だからと思って、できる事は全部した。

★→ほかでもない

② 〜に他ならない という形で、これ以外ではない、間違いなくこれだと強く伝える言い方。

・今度の商品の成功は、みんなの頑張りの結果**に他ならない**。

・町の安全を守るのは、自分たちが安心して生活するために**他ならない**。

ほかほか →ほやほや①

ぽかぽか【ぽかぽか（と）スル】★→こはるびより（→ひより②）

春の暖かい日や暖かくした部屋の空気が、とても気持ちがいい様子。

・**ぽかぽか**と暖かい朝は、会社へ行くのも楽しい。

・暖かい部屋に入ると、心まで**ぽかぽか**する。

ほがらか【朗らかナ・ニ】

元気で明るく、心の中に心配な事や嫌な事が無いように見える様子。

・学校の前を通ると、子供たちの**朗らかな**声が聞こえる。

・みんなが**朗らかに**仕事ができる場所にするよう、色々考えている。

ぽかんとする★→ぼうぜん

思ってもいなかった事などに驚き、少しの間何も考えられなくなる。

・友人の妹に会ったとき、きれいな人で**ぽかんとして**しまった。

・**ぽかんとした**顔で機械の前にいる社員に、どうしたと聞いた。

ほきゅう【補給スル】

必要な物などが無くなったときや足りなくなったとき、足りない物を足す様子。

・散歩から帰った父は、水分補給だと言ってビールを飲む。

・ガソリンを補給しないで出かけ、運転中心配した。

ぼきん【募金スル】

困っている人のためやみんなが喜ぶ事をするときなどに、おおぜいの人からお金を集める様子、また、そのお金。

・地震で困っている人のため、会社で募金している。

・町は、年に一度の募金で、公園の花や木を増やしている。

ほぐす

① 心配な事や不安な事などがあるとき、また、とても疲れているときなどに、安心できて、休めるようにする。

・疲れたときに聞く好きな音楽は、体も心もほぐしてくれる。

・大きな仕事をしているときに、社長が見せる優しい笑顔はみんなの気持ちをほぐす。

② 固い物、ひとつになった物などを柔らかく、また小さくする。

・小さいときは、母が子供たちの魚の身をほぐしてくれた。

・冷凍したうどんをほぐすときは、お湯に入れると妻に習った。

★②のようにほぐした後の様子を ほぐれる と言う。

・お風呂に入ると、体がほぐれていくようで気持ちがいい。

ほぐれる →ほぐす②

ぼけつをほる【墓穴を掘る】

良いと思ってやった事や相手を困らせようとしてやった事などが、自分を困らせる結果になる。

・反対した仕事を自分が頼まれ、墓穴を掘る結果になった。

・墓穴を掘るといけないので、会議で何も言わない人がいる。

ぼける

必要な事を考えるときや前の事を思い出そうとするときなどに、若いときのように速く、思うようにできなくなる。

・最近父が、少しぼけてきたようだと言い出し心配だ。

・ぼけないようにと言って、妻は毎日本を読んでいる。

ほこらしい【誇らしい】→ほこる

ほこり【誇り】→ほこる

ほこる【誇る】★→はなにかける

　自分や自分の近くの人や物などは、誰にも負けないと強く信じていて、言葉や動きで周りにそれがわかる。

・小さくても高い技術を**誇る**会社は、たくさんある。

・町は、日本一の安全を**誇れる**場所を作ろうと言っている。

★誰にも負けないと強く信じている様子を **誇り** と言い、誇る気持ちを持っている様子を **誇らしい** と言う。

・社員全員が**誇り**を持てる商品を、ひとつでも多く作りたい。

・社員を大切にしてくれる社長を、**誇らしく**思っている。

ほころび【綻び】→ほころびる①

ほころびる【綻びる】

　① 服やかばんなどが古く、弱くなって小さく破れる。

・服の肩の所が**綻びて**いたので、急いで着替えた。

・今の財布は**綻びた**所を直して、十年以上使っている。

★①のように小さく破れた所を **綻び** と言う。

・娘がくれたセーターは、**綻び**ができても捨てられない。

　② 暖かくなって花がゆっくりと咲き始める。

・庭のウメが**綻びる**と、もうすぐ暖かい春だ。

・妻はゆっくり**綻びる**花の様子を見て、うれしそうだ。

　③ 良い事やうれしい事などがあって、少し笑顔になる。

・電話中の友人の顔が**綻び**始め、良い知らせだと思った。

・プレゼントを渡すと、妻の顔が**綻びて**泣き出しそうになった。

★ **綻ぶ** も①～③と同じような様子を言う。

　①・使い方が悪いのか、いつもかばんの同じ所が**綻ぶ**。

　②・庭の花が**綻ぶ**頃には、周りの草木も元気になるようだ。

　③・説明を聞いている社長の顔が**綻ぶ**様子に、安心した。

ほころぶ【綻ぶ】→ほころびる

ぼさぼさ ★→もつれる①

　朝起きたときや強い風が吹いたときなどに、髪が立つ、曲がるなどしていつものようにきれいな形になっていない様子。

・風の強い日は、会社に着くと髪が**ぼさぼさ**になっている。

・父は、これがいいと言って**ぼさぼさ**の頭をしている。

ほしゅう【募集スル】→つのる①

ほしょう【保証スル】

　言う事や書いてある事などに間違った事は無いとはっきり伝える様子。

・安全が**保証**できないような商品は、作っても売れない。

・会社の名前が商品の**保証**になるように頑張ってきた。

★品物などに付ける間違い無いと書いた物を 保証書 と言い、間違い無いとはっきり言う人を 保証人 と言う。

・会社の商品にはすべて、**保証書**を付けているので安心して買ってもらえる。

・家を買うお金は、父に**保証人**を頼んで銀行で借りた。

ほしょうしょ【保証書】→ほしょう

ほしょうにん【保証人】→ほしょう

ほそく【補足スル】

話や説明などが終わってから、足りないと思う事を続けて話す様子。

・会議でうまく説明できなくて、友人が**補足**してくれた。

・会社の決まりには、最後に**補足**がたくさん並んでいる。

★説明の中で足りない事などがあって、また、間違って伝わらないようにと思って補足をするとき 但し と言い、関係があると考え補足するとき 尚 と言う。

・新計画には、「**但し**、今の商品が売れたら」と**補足**が付いた。

・祭りの連絡に、「**尚**、雨でもやる」と**補足**で書いてあった。

ほちょう【歩調】

①　歩くときの足の動きの速い、遅いの程度。

・歩くのが速い友人に、**歩調**を合わせるのは大変だ。

・前を歩いていた子供たちは、信号を見て**歩調**を速くした。

②　周りの人たちに合わせたやり方や考え方。

・**歩調**が合う人たちとの仕事は、やりやすい。

・今度の計画は、関係する人たちの**歩調**が合っていないのが問題だ。

ぽっかりと

人や物、前から決まっていた事などが急に消えてしまって、何も無い所ができたと伝える言い方。

・待っていた仕事が急に無くなって、予定が**ぽっかりと**空いた。

・親を亡くした社員は、心に**ぽっかりと**穴が空いたようだと言う。

ほったらかす →ほうる③

ーぽっち ★→ほんの

数などの後に付けて、とても少ないと伝える言い方。「これ／それ／あれ」の後に付けるときは「っぽっち」、「ひとり」に付けるときは、「ぽっち」になる。

・最近は、千円ぽっちでは何も買えなくなった。

・友人は、怒る気はこれっぽっちも無かったと言った。

・学生時代は、ひとりぼっちの食事が続いた。

ほっと【ほっとスル】★→ためいき（をつく）、ひとごこちがつく

　長く続いた心配な事や不安な事などが無くなって、安心した様子を伝える言い方。

・大きな仕事が終わって、友人は**ほっと**小さく息をした。

・故障した機械が動いて、工場のみんなは**ほっと**した。

ほっとう【没頭スル】→むちゅう

ぼつぼつ

　いつもの事や新しい事などがゆっくり始まる、また、たくさんではないが、ゆっくり少しずつ、と伝える言い方。

・庭に出た妻は、**ぼつぼつ**花が咲く頃だとうれしそうだ。

・初めは**ぼつぼつ**でも、急に売れ始める商品がある。

ぽつぽつ【ぽつぽつ（と）】

　① 雨が間をあけて音をさせ、ゆっくり降り始める様子。

・雨が**ぽつぽつ**降り始めると、庭のスズメが飛んで行った。

・**ぽつぽつ**と降っていた雨が、急に大雨になって驚いた。

　★→ぱらぱら、ぽつりと①、ぽつんと

　② 小さな点や点のように見える物が、広い所に離れてある様子。

・痛いと思ったら、腕に**ぽつぽつ**と赤い点ができていた。

・町に**ぽつぽつ**と空き家が増えて、住む人が減ってきた。

ぽつりと

　① 雨や水が小さな玉になって落ちる様子。

・帰り道、雨が**ぽつりと**顔に当たったので、急いだ。

・**ぽつりと**雨の音がしたので、一日家にいることにした。

　★→ぽつぽつ①

　② 話が小さな声で短く切れて、後が続かない様子。

・友人が疲れたと**ぽつりと**言ったので、心配だ。

・友達を亡くした妻が、寂しいと**ぽつりと**言った。

　★①、②と同じ様子が続くとき ぽつりぽつり と言う。

　　①・**ぽつりぽつり**雨の音がし始めたと思うと、急に外が暗くなった。

　　②・社員に遅れた理由を聞くと、**ぽつりぽつり**と話し始めた。

ぽつりぽつり【ぽつりぽつり（と）】→ぽつりと

ぽつんと ★→ぽつぽつ

①　雨や水の小さな固まりが落ちる様子。
・雨が**ぽつん**と顔に当たったので、帰り道を急いだ。
・水道の水が**ぽつん**、**ぽつん**と落ち続けて気になる。

②　小さな汚れや穴などがひとつだけできる様子。
・妻は、顔に**ぽつん**とできた黒い点をとても気にしている。
・庭に**ぽつん**とある小さな穴にたくさんアリが集まっていた。

③　周りに誰もいない所に人がいる、また、建物などがある様子。
・公園にひとり**ぽつん**と立つ子供がいて、心配した。
・ふるさとは、古い家が**ぽつん**と離れて建つ寂しい所だ。

ほてる【火照る】

熱さや恥ずかしさなどで、顔や体が熱いと感じる。
・風呂の後**火照っ**た体には、庭から吹く風が気持ちいい。
・恥ずかしい間違いをして、顔が**火照る**思いだった。

ほど【程】

①　〔〜にも程がある〕という形で、やりすぎだと感じたときに、どんな事にも許せると思える程度があると伝える。
・一時間遅れた社員を、**遅れる**にも**程がある**と叱った。
・若い人の服装を見て、**自由**にも**程がある**と思うときがある。

②　〔〜ば〜ほど〕の形で、ひとつの事が進めば、それと一緒にほかの事が変わると伝える言い方。
・商品は**安ければ安いほど**良いという考えには賛成できない。
・若い人には、仕事は**やればやるほど**面白くなると言う。

★→―ほど〜ない(→―くらい〜ない)

ほどく →ほどける

ほどける

固く結んでいた所が離れそうになる。
・強く結ばなかったので、靴ひもが**ほどけ**てしまった。
・簡単に**ほどけ**ないように、荷物を車に固く結んだ。

★固く結んだ所がほどけるようにする様子を〔ほどく〕と言う。
・プレゼントは、ひもを**ほどく**ときが一番楽しい。

ほどこし【施し】→ほどこす

ほどこす【施す】

困った人を助けるために、金や物を渡す、また、助けになる事をする。
・困った人に金や物を**施す**だけでは、何も変わらない。

・妻の友達は、色々な検査などをして、医者にもう手の**施し**ようが無いと言われたそうだ。

★金や物など困った人に渡す物、また、渡す様子を　施し　と言う。

・一度だけの**施し**より、長く続く助けが必要だ。

ほどちかい【程近い】

遠いと感じるほど離れていなくて、行くのに時間もかからない様子。

・小学校の友達は、みんな学校から**程近い**所に住んでいた。

・家から**程近い**場所にスーパーがあって、便利だ。

ほどとおい【程遠い】

やろう、やりたいと思っている事に近づいてはいるがまだ離れている様子、また、ほかの物との違いが大きい様子。

・近い物ができているが、まだ計画した商品には**程遠い**。

・専門家には**程遠い**が、経験から機械の事をたくさん勉強した。

ほどなく【程なく スル】

すぐではないが、長い時間をかけないでと伝える言い方。

・雨は**程なく**やむという予報を聞いて、予定通り出かけた。

・非常ベルが鳴ったが、**程なく**して間違いだと放送があった。

ほどほど【ほどほど ニ】

やりすぎると後で困るので、ちょうど良い程度にする様子。

・次の日を考えて、仕事は**ほどほど**で終えることにしている。

・読書も**ほどほど**にしないと、目や頭が痛くなる。

ほとぼりがさめる【ほとぼりが冷める】

みんなが知って騒いでいた事故や事件などが、話されなくなり、消えていく。

・外に知られた会社の問題は、**ほとぼりが冷める**まで半年ほどかかった。

・事件の**ほとぼりが冷め**ないので、関係した家族は町を出た。

ほどよい【程よい】

気持ちがいい、自分にうまく合っているなどと感じる様子。

・結婚が長くなると、妻も自分も**程よい**距離がわかってくる。

・友人とよく行く店では、お酒を**程よく**温めて出してくれる。

ほねおり【骨折り】→ほねがおれる

ほねがおれる【骨が折れる】★→おる③、おれる①

やる事が簡単ではなく、時間がかかり大変で、すぐ終わらない。

・わかってもらえるまで、新しい商品の説明に**骨が折れ**た。

・**骨が折れる**相手だったので、友人にも一緒に来てもらった。

★時間をかけ大変な思いをする様子を 骨を折る/骨折り と言う。

・お年寄りが**骨を折って**くれて、町のゴミ問題が片づきそうだ。

・社長の**骨折り**で、相手との話し合いが問題無く終わった。

ほねをおる【骨を折る】→ほねがおれる

ほのか【ほのかナ・ニ】

遠くて、また、弱くてはっきりしないが、少し見え、感じられる様子。

・花の**ほのかな**匂いがするようになると、もう春だと思う。

・ふるさとの雪の日は、夜でも外が**ほのかに**明るく見える。

ほのぼのと【ほのぼのとスル】

①　朝早く、温かで少し明るく、とてもいい気持ちだと感じる様子。

・東の空が**ほのぼのと**明るくなる頃、町が動き出す。

・**ほのぼのと**明るくなると、町の人が散歩に出て来る。

　★→ほんのり

②　人を優しくさせるような様子が周りに感じられて、気持ちが温かくなると伝える言い方。

・**ほのぼのと**温かい家庭のような会社になってほしい。

・**ほのぼのとした**店の感じが好きで、いつも同じパン屋へ行く。

ほのめかす

理由があって言いにくい、また言いたくない事などを、相手が気づくように言葉や動きで知らせるようにする。

・社長の話の調子から、計画の中止を**ほのめかす**のがわかった。

・妻が体調不良を**ほのめかす**ような話をするので心配だ。

ほぼ

全部ではないが、全部に近いと伝える言い方。

・仕事が**ほぼ**終わって帰ろうとしたら、事故の連絡が来た。

・会議の五分前に**ほぼ**全員が集まって社長を待った。

ほほえましい【ほほ笑ましい】★→ほほえむ

見ていると笑顔になるような、優しく、楽しそうな様子。

・小さな女の子が弟を手伝う様子は、本当に**ほほ笑ましい**。

・お年寄りを手伝う小学生の様子は、**ほほ笑ましく**美しい。

ほほえみ【ほほ笑み】→ほほえむ

ほほえむ【ほほ笑む】★→にこにこ、ほほえましい

うれしい事があったときなどに、声を出さず、軽く、小さく笑う。

・家に帰ったとき、「お帰り」と**ほほ笑む**妻の顔を見ると安心する。

・社長が**ほほ笑む**ときは、商品を楽しみに待っているという意味だ。

★軽く、小さな笑いを ［ほほ笑み/笑み］ と言う。

・商品ができたときの仲間の**ほほ笑み**が、何よりうれしい。

・何も言わないで**笑み**を見せる社長は、賛成のようだ。

ぼやける →ぼうっと①

ぼやっと →ぼうっと

ほやほや

① 料理ができてすぐで、柔らかく温かい様子。

・休みの日は、できてすぐの**ほやほや**のパンを買いに行く。

・家で焼いた**ほやほや**のパンを前に、妻はパン屋をしようかと笑った。

★①と同じ様子を ［ほかほか］ とも言う。

・ふるさとでは、仲間とイモを焼いて**ほかほか**のを食べた。

② 生活の様子が変わって、長い時間が過ぎていないと伝える言い方。

・結婚**ほやほや**の社員は、何度も時計を見て帰ったそうだ。

・入社**ほやほや**の若い社員がいると、会社が明るくなる。

ほりおこす【掘り起こす】

① 米や野菜などを作るために、土を掘って新しい空気に当てる。

・お米や野菜を作る人たちは、春が来ると土を**掘り起こし**始める。

・昔の人が**掘り起こし**米を作った場所が、今も使われている。

② 土の中にある古い物や大切な物などを外へ出す。

・色々な場所を**掘り起こし**、町の歴史が調べられている。

・工事の途中で**掘り起こされた**、古い皿やつぼが図書館にある。

★①、②と同じ様子を ［掘り返す］ とも言う。

　①・春、庭の固い土を**掘り返す**と、色々な虫が出て来る。

　②・古い墓を**掘り返し**、出てきた物を売る泥棒がいる。

③ 忘れられていた事や知られていなかった人や物などを見つけて、周りにわかるようにする。

・古い事件を**掘り起こす**ようなテレビ番組をよく見る。

・将来の選手を**掘り起こす**ために、子供スポーツクラブがある。

ほりかえす【掘り返す】 →ほりおこす①、②

ほりさげる【掘り下げる】

① 調べる事や探す物などがあって、地面や海底などを深く掘る。

・海底を**掘り下げて**、新しいエネルギーを探している。

・金や石炭などを採るために、地面を深くまで**掘り下げる**機械があるそうだ。

② 知りたい事があって、関係のある情報などを探し、詳しく調べる。

・町の昔の暮らしを、深く**掘り下げて**調べることになった。
・商品に問題が起きた原因を**掘り下げて**調べ、会議で話した。

ほりだしもの【掘り出し物】→ほりだす②

ほりだす【掘り出す】
　土の中にあった物などを外へ出す、また、見つかりにくい物や特別な力を持った人などを見つける。
・公園の近くで子供が**掘り出した**古い骨を、町が調べている。
・必要な商品が何かを**掘り出す**のも、会社の大切な仕事だ。
★見つかると思っていなかった珍しい物や高い物、また、見つけた特別な人などを（掘り出し物）と言う。
・安く買った皿が**掘り出し物**だとわかって、父は驚いている。

ほる【彫る】★→きざむ①
　刃物などの特別な道具を使って、木や石などに字や絵を描く、また、形のある物を作る。
・近くの小さな寺には、壁に**彫った**古い文字が残っている。
・図書館では、木を使って人形を**彫る**事を教えている。
★形のある物を作るとき（彫刻）とも言う。
・工事中に、**彫刻**のある古い柱が何本も出てきた。

ほろびる【滅びる】→ほろぼす
ほろぶ【滅ぶ】→ほろぼす

ほろぼす【滅ぼす】
　大きな力で、人や動物、植物、また、文化などの力を弱くし、最後には、消してしまう。
・戦争は、人だけでなく、文化も歴史もすべてを**滅ぼす**。
・人も動物も、弱い相手を**滅ぼして**生きてきた。
★滅ぼされて消えた様子を（滅びる/滅ぶ）と言う。
・**滅びて**しまった動物や植物は、二度と見る事はできない。
・自然を守らなければ、生き物がすべて**滅ぶ**ことになる。

ぼろぼろ【ぼろぼろ（と）】
　①　物が古くなって使えなくなった様子、また、体が疲れてもう動けなくなる様子。
・十年以上毎日使った財布は、**ぼろぼろ**になってしまった。
・一か月休み無く仕事が続いて、体はもう**ぼろぼろ**だ。
　②　水や物などが小さな形で、続けて落ちる様子。
・食べ物を**ぼろぼろ**と落とす父は、体調が悪そうだと思った。

・家の壁（かべ）が古くなって、**ぽろぽろ**落ちるようになった。

ぽろぽろ【ぽろぽろ（と）】

涙や乾いたパンなどが、小さくなって落ちる様子。

・娘の結婚式で、妻は**ぽろぽろ**と涙を流した。

・公園で子供が**ぽろぽろ**落とすパンを鳥が食べていた。

ほろりと【ほろりとスル】

とてもうれしいときやかわいそうだ、大変だなどと思ったときなどに、泣いてしまいそうになる、また、少し涙が出ると伝える言い方。

・社長の若いときの生活を聞いて、**ほろりと**させられた。

・結婚式で**ほろりと**流した息子の涙は、今も忘れない。

ほんかくてき【本格的ナ・ニ】

①　正しいと決められたやり方で、必要な事などをする様子。

・**本格的な**中国料理を作ると言って、妻は習い始めた。

・工事中に見つかった古い骨を**本格的に**調べるため、専門家が呼ばれた。

②　みんなが間違い無いと信じるようになる、また、準備が終わって計画などが始まる様子。

・**本格的な**雨の季節が来ると、町も会社も暗くなる。

・建物が古くなり、会社は**本格的に**引っ越しを考えている。

★→ほんごし

ほんき【本気】

①　必要な事だとよくわかって、ほかの事は考えないほど頑張ってやろうとする気持ち。

・仕事の大切さと面白さがわかると、若い人は**本気**で仕事をする。

・仕事に**本気**が感じられない人は、途中で辞めていく。

②　する事や言う事などが本当で、間違っていないと思う様子。

・すぐ**本気**にする社員がいるので、言葉には気をつけている。

・社長の言う事が**本気**かどうか、注意して聞いている。

ほんごし【本腰】★→ほんかくてき②

大切だ、やる必要があるなどとわかって、それまでよりもっと頑張ってやる様子。

・会社は、**本腰**で海外で売る商品作りを始めた。

・地震が続き、町は**本腰**で安全問題を考え始めた。

★本腰を入れる　という形でよく使う。

・締め切りが近くなって、仕事に**本腰**を入れた。

ほんごしをいれる【本腰を入れる】→ほんごし

ほんしつ【本質】→ほんしつてき

ほんしつてき【本質的ナ・ニ】★→ほんらい

人や物などが持っている一番中心になる所などが、簡単には変わらない様子。

・友人は、失敗する商品には**本質的な**問題があると言った。

・父は、人は**本質的に**弱い生き物だから助け合えと教えた。

★中心になっていて、簡単に変わらない所を〔本質〕と言う。

・会議で長く話し合ったが、問題の**本質**ははっきりしなかった。

ぽんと

①　人の肩などを軽くたたく様子。

・若い人の肩を**ぽんと**たたくと、何かを急いで隠した。

・**ぽんと**背中をたたかれ、驚いて、口の中の物を飲んでしまった。

②　大切な物やお金などを軽く相手の前に投げるように出す様子。

・大切な商品を**ぽんと**投げるようにした社員に注意した。

・物を**ぽんと**投げて渡して、父によく叱られた。

★本当に投げるのではないが、人のために大切なお金や物を出す様子にも使う。

・新しい公園のためにと、**ぽんと**お金を出した人がいた。

ほんね【本音】→たてまえ

ほんの ★→―ぽっち

数や時間、距離など、また、「少し」「ちょっと」などの前に使って、とても少ない、短いと伝える言い方。

・忙しくて、昼ご飯の時間が**ほんの**十分のときがある。

・地震のあった所へ、**ほんの**少しだが会社からお金を送った。

ほんのり【ほんのり（と）】★→ほのぼのと①

明るさや色などが少しだけ変わっていい感じだと思わせる様子。

・朝、東の空が**ほんのり**明るくなる時間が大好きだ。

・お酒に弱い母は、ビール一口で**ほんのりと**赤くなる。

ほんばん【本番】

練習や準備などをして、決められた時間や場所、やり方で決められた事などをする様子。

・何度も練習した説明なのに、**本番**で間違えてしまった。

・祭りの**本番**が近づくと、町全体が明るく楽しそうに見える。

★時間が無くて、練習や準備をしないでやるとき〔ぶっつけ本番〕と言う。

・準備無しで**ぶっつけ本番**で商品の説明をさせられ、汗が出た。

ほんまつてんとう【本末転倒】

大事な事を忘れて、その周りの小さな事を大切にする様子。

・ゴミを減らさず、ゴミ置き場を増やすのは**本末転倒**だ。

・妻に酒もたばこもやめず体の心配をするのは**本末転倒**だと言われた。

ほんもの【本物】

① 人間が作ったのではない宝石や自分の考えや力で作った物など。

・友人が買った時計には、**本物**のダイヤが使われている。

・父の買った皿が**本物**だとわかり、高く売れたと連絡があった。

★①と反対で、人が作った宝石や人の物を見て同じように作った物などを〔偽物〕と言う。

・本物だと言われて買った絵は、調べてみたら**偽物**だった。

② 外から見える様子や言葉で言うだけではなく、本当に力がある、人を驚かせるほどだなどと伝える言い方。

・五年間の仕事を見て、この社員の力は**本物**だと思った。

・十年以上持ち続けている友人の夢は、**本物**だと思う。

ほんやり【ぼんやり(と)スル】→ぼうっと

ほんらい【本来】★→ほんしつてき

① 違って見えるときもあるかもしれないが、本当はこうだとはっきり伝える言い方。

・親は**本来**、子供の先生になって生き方を教える人だ。

・言葉の**本来**の仕事は、人間関係を良くすることだ。

② 初めからはっきり決まっている、変わらないなどと伝える言い方。

・人間は**本来**弱いから、助け合って生きる必要がある。

・妻は**本来**優しいので、困った人を黙って見ていられない。

★②と同じような様子を〔元来〕とも言う。

・父は**元来**働き者で、何もしないで座っていられない。

ま

ま─【真─】

色々な言葉の前に付けて、本当に、間違いなくなどと伝える。

- 駅の真正面に高い建物ができることになったそうだ。
- 台風の後は空気がきれいになって、真っ赤な夕日が美しい。
- 真っ暗な道での運転は、本当に疲れる。
- 真ん丸な月を見て、ふるさとの秋の夜を思い出した。

★次にくる言葉で、発音が変わる。「上」や「正面」などの前では「ま」、「赤い」「暗い」などの前では「まっ」、「中」「丸い」などの前では「まん」となる。

─まい

① 間違い無くそうだとは言えないが、ないだろうという気持ちを伝える言い方。

- 降るまいと思っていたが、途中で大雨になった。
- 友人の仕事だから、間違いはあるまいと安心して新しい商品の計画を見た。

② もうしないという強い気持ちを伝える言い方。

- 友人に頼むまいと、今度はひとりで頑張っている。
- 父には、二度と行くまいと決めている店がいくつかあるそうだ。

③ ［─(よ)うが─まいが］［─(よ)うと─まいと］という形で、反対の事などを並べて、どちらになっても決めたようにすると伝える言い方。

- 雨が降ろうが降るまいが、父は決まった時間になると散歩に行く。
- 周りが仕事をしようとしまいと、自分は頑張ると若いときから決めている。

まい【舞い】 →まう①

まいこむ【舞い込む】

① 雪や木の葉など軽い物が、どこからかゆっくり部屋の中などに飛ぶように入って来る。

- 新しい空気を入れようと窓を開けると、雪が部屋に舞い込んだ。
- 風に運ばれて、桜がどこからか会社にも舞い込んで来る。

★→まう②

②　考えてもいなかった知らせや連絡などが届く。

・心配していた商品が海外でも売れているという知らせが**舞い込んで**、安心した。

・誰からかわからない手紙が**舞い込んで**、気持ちが悪い。

まう【舞う】

①　音楽や歌に合わせて、特別なときに神社や寺などで踊りをする。

・祭りで、笛や太鼓の周りで**舞う**ように踊る近所の人たちは幸せそうだ。

・着物の妻は、**舞う**ような動きでいつもとは違う人のようだ。

★①のような踊りを 舞い と言う。

・町の神社では、昔から続く舞いを踊る女性を育てている。

②　雪や花などの軽い物が、ゆっくりと動いて落ちる。

・桜が風に**舞う**季節には、町が少し寂しく感じられる。

・雪が**舞い**始める前に、ふるさとではみんな冬への準備をする。

★→まいこむ①

まえむき【前向きナ・ニ】

問題や困った事などがあっても、頑張れば良い結果になると、悪く考えない様子。

・社長は、どんなに大変なときも**前向きに**考える人だ。

・成功するために一番大切な事は、**前向きな**考え方だ。

まえもって【前もって】

後で問題が起きないように、新しい事や難しい事などをする前に、と伝える言い方。

・会議のときは、**前もって**前の記録をよく読んでから出る。

・台風の予報が出ると、妻は**前もって**料理の材料を買いに行く。

★同じ様子を あらかじめ/事前 とも言う。

・あらかじめ色々調べたと言って、両親は旅行に行った。

・新しい仕事の前には、**事前**に何度も話し合いをする。

まがさす【魔が差す】

いつもならしないような悪い事、許されない事などをしてしまう。

・仲間の物を盗んだ社員は、**魔が差した**としか思えない。

・**魔が差した**のか、会社の金を遊びに使った社員が辞めさせられた。

まかす【任す】→まかせる

まかせる【任せる】

①　仕事などで、ほかの人を信じて何も言わないで思うようにやってもらう。

・社長は、一度決めたらその人に仕事を**任せる**。

・忙しかったので、子供の教育は妻を信じて**任せて**きた。

★①のように、自分がする事などを自分でやらないで人にやってもらう様子を、自分でやればいいのにという気持ちで〔人任せ〕と言う。

・いつも**人任せ**にしていると、自分では何もできなくなる。

②　自分の気持ちや感じる事などに合わせて動く。

・散歩のときは、思うに**任せて**好きな所へ行く。

・休みは、その日の気持ちに**任せて**自由にしている。

③　水の動きや時間など、人間が変えることができない動きに合わせる。

・社会が大きく変わるときは、時の流れに**任せる**しかない。

・何もしたくないときは、周りの動きに**任せて**いる。

★→みをまかせる

★①～③は〔任す〕とも言う。

まかない【賄い】→まかなう①

まかなう【賄う】

①　ほかの人のために食事の準備などをする、また、決まったお金で食事などを作る。

・町は、親の帰りが遅い子供に、食事を**賄う**場所を作った。

・結婚してからずっと、妻は決めたお金で食費を**賄って**きた。

★①のように作って出す食事を〔賄い〕と言う。

・学生時代、アルバイトで出る**賄い**の食事が楽しみだった。

②　今使える人や金、物などをうまく使って、足りるようにする。

・海外の工場では、その土地の物で材料を**賄う**決まりだ。

・町は、台風や地震のときなどに必要な物が**賄える**準備をしている。

まがぬける【間が抜ける】→まぬけ

まがりくねる【曲がりくねる】

川や道など長く続く物が、何回も曲がって右、左へと方向を変える。

・山の中の道は**曲がりくねって**いるので、運転が難しい。

・先が見えないときは、**曲がりくねった**道を歩くような感じだ。

まがわるい【間が悪い】

①　隠れてやっていた事や話していた事などを見られて、どうしたらいいかわからなくなる様子。

・会社のこれからが心配だと言ったとき、**間が悪い**事に社長が来た。

・横を通ると、数人の社員が**間が悪**そうな顔をした。

②　じゅうぶん準備して考えてやろうとした事などが、ほかの事に邪魔

されて、嫌だ、どうして今だなどと思う様子。
・海外へ出発する予定の日、**間が悪い事**に空港で事故があった。
・新しい計画を話す日に、社長が入院して**間が悪い事**だった。

まきこむ【巻き込む】

①　水や土、機械などが強く速い動きで、人や物を飲んでしまうようにして中に入れる。
・毎年、台風の海に近づき、波に**巻き込まれる**人がいる。
・工場には、物を**巻き込む**と止まる安全な機械を置いている。

②　直接関係の無かった、また、そう思っていた問題や事故、運動などに、関係を持つようにさせる。
・今日は、交通事故に**巻き込まれ**長い時間車の中にいた。
・町の人全員を**巻き込んで**、ゴミを無くす運動が始まった。
★→まきぞえ

まきぞえ【巻き添え】★→まきこむ②

ほかの人の問題や事故などに関係して困る様子、また、ほかの人を自分の事故や問題などに関係させる様子。
・**巻き添え**を食うのが嫌で、町の事には何も言わない人がいる。
・交通事故の**巻き添え**になって、社員がけがをした。
★ほかの人の問題や事故に関係させられる様子を とばっちり とも言う。
・人の失敗の**とばっちり**を受けて、大切な仕事が遅れた。

まぎらす【紛らす】→まぎれる③

まぎらわしい【紛らわしい】

人や物などがほかと同じようでわかりにくい様子。
・新しい社員に**紛らわしい**名前の人がいて間違えてしまう。
・売れた商品と**紛らわしい**物を作って売る会社には、腹が立つ。

まぎらわす【紛らわす】→まぎれる③
まぎれこむ【紛れ込む】→まぎれる①

まぎれもない【紛れも無い】★→まさに①

間違いない、本当の事だと強く伝える言い方。
・世界中で気温が上がっているのは、**紛れも無い**事だ。
・テレビで見た品物は、**紛れも無く**自分が作った商品だった。

まぎれる【紛れる】★→まじる

①　たくさんの人や物の中などに入って、ほかから隠れてわかりにくくなる、また、見つける事が難しくなる。
・祭りの人に**紛れて**、一緒にいた妻と離れてしまった。

・客に**紛れ**て、よくほかの会社の商品を見に行く。

★①のように人や物がほかと一緒になって見つからなくなるとき 紛れ込む と言う。

・警察が探す人は、人が多い所に**紛れ込ん**で隠れるそうだ。

②　している事や考えている事が大変で、周りの様子や自分が本当にやる必要がある事などが見えなくなってしまう。

・嫌な事があったときは、散歩すると嫌な事を忘れて気持ちが**紛れる**。

・忙しさに**紛れ**て、何が大切な事かが見えなくなるときがある。

★②のようにとするとき 紛ら（わ）す と言う。

・本当に疲れたときは、気持ちを**紛ら（わ）す**ため音楽を聞く。

③　ほかの言葉の後に「まぎれ」という形で付けて、嫌な気持ちなどが大きすぎて、正しい事が考えられなくなっている様子を伝える言い方。

・色々な邪魔が入って仕事が進まず、**苦しまぎれ**に人を怒ってしまった。

・自分の言う事が伝わらなくて、友人が**腹立ちまぎれ**に近くにあった物を壊した。

まぐれ

計画しないでした事などの結果が、考えていなかったほど良い様子。

・売れる商品を作った社員は、**まぐれ**だと恥ずかしそうだった。

・大学の試験に合格したのは**まぐれ**だったと今でも思う。

まけおしみ【負け惜しみ】

自分は負けていない、失敗していないと思わせようとしてする説明。

・失敗しても、**負け惜しみ**を言わない社員は信じられる。

・机が思ったようにできず、道具が悪い、材料が悪いと、父は**負け惜しみ**が強い。

まごつく →まごまごする

まごまごする

何をすればいいかやどこへ行けばいいかなどがわからず、必要な事がすぐにできないでいる。

・仕事がわからず**まごまごする**若い人には、ゆっくり話す。

・駅前で**まごまごする**お年寄りを見つけ、手伝った。

★同じ様子を まごつく とも言う。

・夜遅く、母が倒れたと連絡があって**まごつい**てしまった。

まさか ★→まんいち

①　起こらない、起こるとは思えないと強く思っている事故や病気など

の良くない事。

・**まさか**の事があったときのために、毎月決めたお金を貯金している。

・子供たちには、**まさか**のときにはどこに集まるか伝えている。

②　考えてもいない、信じられないなどと伝える言い方。

・**まさか**失敗するとは思わないが、友人の計画は難しそうだ。

・どうだろうと思っていた商品が、**まさか**と思うほど売れた。

まさに【正に】

①　人の言う事などが本当だと強く感じたと伝える言い方。

・父の言う事は**正に**そうだったと、今になって思うことが多い。

・まだ問題があると言う友人の言葉は、**正に**そのとおりだった。

★→まぎれもない

②　それまでの様子が変わったとき、また、変わろうとするちょうどそのときと強く伝える言い方。

・電車が駅を出た**正に**そのとき、母が入院したと連絡が来た。

・**正に**庭に出ようとしたとき、地震で周り全体が揺れた。

まざまざと

思い出や今感じている事などが目に見えるようだ、また、目に見えてわかったと伝える言い方。

・時々、子供の頃楽しく遊んだ様子を**まざまざと**思い出すことがある。

・経験の長い人の仕事を見て、力の違いを**まざまざと**感じた。

まさる【勝る】

ほかの人や会社よりも、また、前の結果などよりも良くなる。

・ほかの会社に**勝る**商品を作る事が、社員の大切な経験になる。

・今年の祭りは、去年に**勝る**人が来て、町は大喜びだった。

★反対に悪くなるとき (劣る) と言う。

・父は、家族の誰にも**劣らない**強い体をしている。

まざる【交／混ざる】→まじる

まし【ましナ】

どれも心から良いと思えないが、選ぶならこれの方が良いと思う様子。

・子供の頃、もう少し**ましな**本を読めと父によく叱られた。

・何も無いより**まし**だと、トイレの壁に写真を貼っている。

まして【まして(や)】

①　難しい事や困った事などの後に続けて、もっと困る事や大変な事だと伝える言い方。

・難しい事を、**まして**社長の目の前でするのは大変だ。

・一度に多くの注文を、**ましてや**十日でやれと言われ困った。

②　大変な様子だ、信じられない事だなどと思う気持ちを、とても強く伝える言い方。

・人が減り駅前は昼でも人が少なくなったが、**まして**夜は歩く人もいない所になった。

・簡単な仕事を、**ましてや**経験の長い人が失敗して驚いた。

まじまじと

信じられない、もっとよく知りたいなどと思い、人や物を見続ける様子。

・聞いた言葉が信じられなくて、**まじまじと**相手の顔を見た。

・新聞記事に驚いて、「死亡」の文字を**まじまじと**見続けた。

まじめ【真面目ナ・ニ】

人を信じ、人に信じられようと、言う事もする事も頑張っている様子。

・**真面目な**顔で考え続ける社員に、何が問題か聞いてみた。

・**真面目に**働く人たちの力が、長く大切にされる商品になる。

★真面目にやっていると周りに見せようと頑張る様子を 真面目くさる と言う。

・新しい社員は、一日中**真面目くさった**顔をしている。

まじめくさる【真面目くさる】→まじめ

まじる【交／混じる】★→まぎれる

①　 交じる と書いて、人や物などにほかの人や物などが入っている。

・最近、妻も自分も髪に白い物が**交じる**ようになった。

・日曜日は大人も子供に**交じって**、公園で楽しんでいる。

②　 混じる と書いて、ひとつの物にほかの物が入って、ひとつになる。

・秋のふるさとは、緑に赤や黄色が**混じる**景色が美しい。

・赤に青が**混じった**着物は、離れて見ると紫に見える。

★①、②は 交／混ざる とも言う。また、交／混じるようにすることを 交／混ぜる と言う。

①・最近の魚売り場には、名前を知らない魚も**交ざって**いる。

・経験のある人と無い人を**交ぜて**、新しい仕事が始まった。

②・何かが**混ざった**のか、今日のコーヒーは味が違う。

・妻が玉子を**混ぜる**速さを見て、自分にはできないと思った。

まじわる【交わる】

①　 道や川の流れなどが集まった場所でひとつになる。

・いくつかの道が**交わる**駅前では、よく事故が起こる。

・隣町は、二本の川が**交わる**所にできたとても古い町だ。

②　知らなかった人と仲良くして知り合いになる。

・違う仕事の人と**交わる**事で、自分の考えを見直せる。

・町では、年に数回お年寄りと子供が**交わる**会をしている。

まずしい【貧しい】

①　生活をするために必要な物も無い、また、あってもじゅうぶんでなく、安心して生活できない様子。

・**貧しい**生活が原因で、悪い事をする人が生まれている。

・**貧しい**経験をした両親は、子供には必要な物は何でも買ってくれた。

★→びんぼう

②　知っている事や経験などが少なくて、考え方が狭い様子。

・お金持ちでも、心が**貧しい**人が少なくない。

・考える力が**貧しい**と、人に喜ばれる商品は作れない。

ますます　★→なおさら

良い事や悪い事が、それまで以上に強くなってきて良かった、困るなどと伝える言い方。

・**ますます**体重が増えると言って、妻は甘い物を食べない。

・朝から降っていた雨が、昼から**ますます**強くなって困った。

まぜかえす【混ぜ返す】

決まりそうになったときや終わりそうになったときなどに、関係無い事などを言って邪魔をし、周りを困らせる。

・話を**混ぜ返す**人がいて、新商品の計画が全然決まらない。

・何度も話を**混ぜ返され**腹が立って、話すのをやめた。

まぜる【交／混ぜる】→まじる

またがる

①　両足を大きく開いて、自転車やほかの物などの上に乗る。

・バイクに**またがって**夜遅く町を走る若者が、問題になっている。

・父は、木の枝に**またがって**細い枝を切るのでとても危ない。

②　広い場所に広がっている、また、長い時間がかかっている。

・今度の台風は、広い場所に**またがって**大雨を降らせた。

・三年に**またがって**準備した計画が、失敗に終わった。

またぐ

①　両足を大きく開いて、踏みたくない物や場所などの上を軽く飛ぶようにする。

・朝から大雨で、駅まで何度も小さな水の流れを**またいで**歩いた。

・子供の頃、人を**またぐ**なとよく父に叱られた。

② 　離れたふたつの場所を結んで広い場所を超える。
・九州で、海を**またいで**いくつもの島を結ぶ長い橋を見て驚いた。
・両親に見せようと、海を**またぐ**長い橋を車で走った。

またたく【瞬く】

目の開け閉めを短く繰り返す、また、短い間に光が強弱を繰り返す。
・新商品を見た社長は、信じられないという様子で目を**瞬かせた**。
・空に**瞬く**星を見ていると、人間は小さいと心の底から思う。
★同じ事を 〔まばたく〕 とも言い、その様子を 〔まばたき〕 と言う。
・妻は、多くの星が**まばたく**ふるさとの夜空を町の人に見せたいと言う。
・**まばたき**を繰り返す友人を見て、涙を隠していると感じた。

またたくま【瞬く間ニ】

目の前の様子が驚くほど短い時間に変わった、変わったように思えると
強く伝える言い方。
・固くなったパンを庭に置くと、**瞬く間に**鳥が集まった。
・会社に入ってからの三十数年は、本当に**瞬く間**だった。

またにかける【股にかける】

生活する場所だけではなく、色々な場所へ行って、仕事などをする。
・世界を**股にかけて**仕事をするようになるのが、会社の夢だ。
・日本中を**股にかけて**動き、商品を売る店を増やしている。

まだら【まだらニ】

全体の色のあちこちに違う色が入っている様子。
・茶色と黒と白の**まだら**のネコが、庭に来るようになった。
・ふるさとは、四月でも山の上には雪が**まだら**に残っている。

まちうける【待ち受ける】→まちかまえる

まちかまえる【待ち構える】★→まちぶせ

これから起きる事のためなどに準備をして、楽しみに、また、心配して
待つ。
・社長の話が何か、みんな**待ち構える**ようにして座っていた。
・今日が最後の社員は、会社の入り口に並んで**待ち構えている**仲間を見
て泣いた。
★同じ様子を 〔待ち受ける〕 とも言う。
・**待ち受けて**いた良い知らせが入って、会社は大喜びだった。

まちどおしい【待ち遠しい】

楽しみにしている事などが早く起こってほしいと強く願い、待っている
様子。

・海外に行った友人の仕事はどうか、連絡が**待ち遠しい**。

・**待ち遠しかった**長い休みも、特別な事をしないで終わった。

まちなみ【町並み】★→のきなみ①

家や店が町や村などの道に並んで建っている様子、また、その場所。

・妻のふるさとへ行くと、今も昔の**町並み**が残っている。

・古い**町並み**を残そうと、町では色々な計画をしている。

まちぶせ【待ち伏せスル】★→まちかまえる

相手に勝つために、また、驚かすためなどに隠れて待っている様子。

・**待ち伏せする**ようにして社長が部屋から出て来るのを待って話した。

・約束の場所に先に行って、**待ち伏せして**妻を驚かせた。

まちまち【まちまちナ・ニ】

物の形や色、また、人の意見や考え、動きなどが、みんな違う様子。

・色や形は**まちまち**だが、色々な花が咲く春の庭はきれいだ。

・みんなの意見が**まちまち**で、社長の誕生日プレゼントが決まらない。

―までだ

　〔―(する)までだ〕という形で、難しく考える事ではなく、どうするかは考えていると伝える言い方。

・会議で反対されたら、計画を作り**直すまでだ**。

・直せないとわかったら、新しいのを**買うまでだ**。

★どうするか考えてあって簡単な事だと伝える様子を〔―(する)までのことだ〕とも言う。

・相手から返事が無ければ、話を**やめるまでのことだ**。

―までのことだ →―までだ

―までもない

　〔―(する)までもない〕という形で、誰でもわかっている、また、簡単にできる事だから、特別な事などをしなくてもいいと伝える言い方。

・社長に**相談するまでもない**小さな事は、みんなで相談して決める。

・足を軽く痛めただけなので、病院に**行くまでもない**。

まとがはずれる【的が外れる】→まとはずれ

まとはずれ【的外れナ】★→はずれる⑤

する事や言う事に、大切な事が入っていない様子。

・終わると思ったら、**的外れな**質問が出て、会議が長くなった。

・返事が**的外れ**だったのか、友人が変な顔をして同じ質問をした。

★〔的が外れる〕という形でも使う。

・新しい社員は、言う事する事の**的が外れ**ていて心配だ。

まとまる →まとめる

まとめる

①　色々な場所にある物や色々違う物などをひとつにする。
・ゴミはまとめて、決めた場所に置くことになっている。
・商品の数が決まったら、材料は、必要な物を一度にまとめて買う。
②　時間のかかる話し合いや違う考え方などを合わせるようにして問題を無くす。
・会議をうまくまとめる人がいると、問題無く終わる。
・社長が話し合いをまとめてくれるので、みんな自由に意見を言う。
★①、②のようにまとめた後の様子を [まとまる] と言い、全部一緒にしてまとめるとき [一括（いっかつ）] と言う。
　①・新しい社員が、まとまった注文を取って来て驚いた。
　　・コップや皿など割れた物は、月に一回一括してゴミ置き場に出すことになっている。
　②・新しい商品の計画がまとまるまでに、もう少し時間が要る。
　　・二週間会議が無かったので、今日は問題を一括して話し合った。

まとも【まともナ・ニ】

①　風や物などが、邪魔（じゃま）されないで、ほかの物に当たるまで、止まらないで動く様子。
・今朝は、まともに受けると歩きにくいほどの風が吹いた。
・飛んで来た物がまともに当たって、車のガラスが割れた。
②　周りが、正しい、決まりに合っているなどと思う様子。
・社長は、まともな商品作りを続ける事が仕事だという。
・会社に入って二年ほどは、まともに仕事ができなかった。

まなざし

気持ちが伝わるような目の様子。
・公園の子供たちを見るお年寄りのまなざしは、いつも温かい。
・友人は、頑張れというまなざしで若い社員に話している。

まなび【学び】→まなぶ

まなぶ【学ぶ】★→みならう

社会や経験のある人などから、知らなかった事やできなかった事などを教えられる、また、必要な事などを勉強して、よくわかるようにする。
・社員はみんな社長から、正しい生き方も学んでいる。
・学ぼうとする社員の気持ちは、教える人にも伝わる。
★学ぶ様子や学んだ大切な事を [学び] と言う。

・仕事に学びを感じられなければ、社員は夢を持てない。

まにあう【間に合う】

① 今ある物だけで足りる、また、ほかにもっと良い物があるが、今ある物が代わりに使える。

・妻に頼まれた買い物は、千円で**間に合った**。

・経験の短い人では、今度の仕事の**間に合わない**ので経験の長い社員に頼んだ。

★①のように代わりに使う物などを（**間に合わせ**）と言う。

・家のパソコンが壊れ、**間に合わせ**に会社の古いのを借りた。

② 決められたときまでに、しなければならない事などができる。

・家を出るのが遅くなったが、走って電車に**間に合った**。

・発表の日に新商品が**間に合う**ように、仕事を急いでいる。

★①、②のように間に合うようにする様子を、（**間に合わせる**）と言う。

　①・妻は、料理したくないときは買って来た物で**間に合わせる**。

　②・週末も働いて、仕事を約束の日までに**間に合わせた**。

まにあわせ【間に合わせ】→まにあう①

まにあわせる【間に合わせる】→まにあう

まにうける【真に受ける】

人が言う事などを、何でも本当の事だと信じる様子。

・人の言う事をすぐ**真に受ける**友人は、自分の商品を悪く言われたと思い怒った。

・相手の言葉を**真に受けて**、高い品物を買ってしまった。

まぬけ【間抜けナ】

簡単な事や必要な事などを間違う様子、また、そんな事をする人。

・電車を間違えて会社に遅れ、本当に**間抜け**だと思った。

・相手を間違えて、**間抜けな**話をして注文が無くなった。

★間違ってしまう様子を（**間が抜ける**）と言う。

・考え事をしていて、社長に**間が抜けた**返事をした。

★→ぬける④

まね【まねスル】

① 高い技術を持った人やとても良い物などを見て、同じようになりたい、作りたいと頑張る様子。

・会社に入ってすぐは、周りの人を**まね**して仕事をした。

・母の**まね**をして料理を作ったが、全然違う味になった。

★①のように、人のする事などを見てできるようになろうとする様子を

見よう見まねと言う。

・妻は初めの間は**見よう見まね**で花を育て、何度も失敗した。

②　自分の力ではなく人の考えなどを使って、ほかの物と同じように見せる様子。

・よその商品を**まね**しても、売れる物はできない。

・**まね**を許すことは、若い人を育てることにならない。

★→みせかけ

★②のように人の考えや物を使う様子を人まねと言う。

・若い人には、**人まね**をしても自分の力にならないと話す。

③　人や動物、鳥などの動きや声、鳴き声と同じように聞かせ、見せる様子。

・社長の話し方の**まね**をしてみんなを喜ばす社員がいる。

・妻は、ふるさとに鳥や動物のまねが上手な友達がいたそうだ。

★③の人や動物のまねをする様子を物まねと言い、①〜③のようにする様子をまねると言う。

　①・若い人には、初めは経験の長い人を**まねる**よう教える。

　②・会社の商品を**まねた**品物を作った相手を見つけた。

　③・今度の食事会は、**物まね**が上手な人が楽しく進めた。

　　　・妻は、よく母を**まねた**話し方で「野菜も食べなさい」と言う。

まねく【招く】

①　一緒に楽しむためや勉強するためなどに、自分の所に呼ぶ。

・社長の家に**招かれた**が、何を持って行こうか困って妻に相談した。

・大学の先生を**招いて**社員全員の勉強会が計画されている。

②　思っていなかった悪い事などが起きる原因になる。

・不注意が大きな失敗を**招き**、会社を困らせた。

・小さな失敗が大きな問題を**招く**事は少なくない。

まねる →まね

まのび【間延びスル】

周りに、もっと速く、短くできるだろうと思わせる様子。

・眠そうな声で**間延びした**返事をする社員を注意した。

・**間延びした**説明にならないように、よく考えて話した。

まばたき →またたく

まばたく →またたく

まばゆい →まぶしい

まばら【まばらナ・ニ】

人や物などが少なくて、空いている所が多い様子。

・暗くなって人が**まばら**になった公園は、寂しく感じる。

・雨の季節は観光客も**まばら**で、駅前は元気が無い。

まぶしい

① 光や明るさが強くて、目を開けていられないと感じる様子。

・夏は、外に出ると**まぶしい**太陽の光で前が見えなくなる。

・ふるさとの春は、山も川も**まぶしく**光って見える。

② どこででも見る事ができないほどの良さや美しさを持っている人や物などを見て、簡単には近づけないと感じる様子。

・店に並んだ会社の商品が**まぶしく**見えるときは、よく売れる。

・社長にほめられているときの友人は、**まぶしくて**別の人のようだ。

★①、②と同じように感じる様子を まばゆい とも言う。

　①・**まばゆい**朝の光の中で体を動かすと、気持ちがいい。

　②・結婚式の娘は、親の目にも**まばゆい**ほどきれいだった。

まま

① 時間がたっているので変わっていると思ったのに、全然変わっていないと伝える言い方。

・何年たっても昔の**まま**の古い町や村を、観光地にしようとする人たちがいる。

・子供の**まま**大きくなったような若者が増えているそうだ。

② 考えを変えないで、自分やほかの人が思ったようにすると伝える言い方。

・社長は、社長になっても、何でも思う** まま**にできないと言う。

・親に言われる**ままに**生きるのは面白くないので、自分で仕事を決めた。

★②のように思ったようにできない様子を ままならない と言う。

・足をけがして、二、三日は歩く事も**ままならなかった**。

③ しなければならない事などをしないで次の事をすると伝える言い方。

・昨日は遅くまで起きていて、テレビをつけた**まま**眠ってしまった。

・起きてすぐ、着替えをしない**ままで**散歩に出た。

ままならない →まま②

―まみれ →まみれる②

まみれる

① 汗や泥、血など人が嫌だと感じる物が体などの全体に付いている。

・汗に**まみれた**社員が、うまくいったと言って帰って来た。

・妻は、ほこりに**まみれ**た本を見せ、昔の教科書だと言った。

②　（**ーまみれ**）という形でほかの言葉の後に付けて、嫌な物が全体に付いていると伝える。

・昔はよく、**泥まみれ**で帰って来た子供を風呂に入れた。

・けがをして**血まみれ**になった社員を病院に連れて行った。

まめ【まめ ナ・ニ】

ほかの人が見ているかどうか気にしないで頑張って仕事などをする様子。

・**まめな**母は、見えない所も掃除して家をきれいにしている。

・**まめに**動く社員は、周りの人たちから大切にされる。

★**まめ**に働く人の様子を（**まめまめしい**）と言い、（**こまめ**）は、いつもはしないような、また、誰もしないような細かな事を丁寧にする様子。

・長く続く店には、一日中**まめまめしく**働く人たちがいる。

・計画を出す前に、間違いが無いか**こまめ**に調べる。

まめまめしい →まめ

まもなく【間もなく】

待っている事や楽しい事、また、難しい事や嫌な事などが、すぐ近くに来ていると伝える言い方。

・山の雪が少なくなると、ふるさとの人は**間もなく**春だと言う。

・今の様子では、駅前の古い店は**間もなく**無くなるだろう。

まゆをくもらせる【眉を曇らせる】

見聞きした事で心配なときや嫌な気持ちになったときなどに、気持ちが暗い様子を見せる。

・長い間社長と話していた友人は、**眉を曇らせて**部屋から出て来た。

・商品の問題を電話で聞いて、社員が**眉を曇らせた**。

まゆをひそめる【眉をひそめる】

心配な事や嫌な事などがあるとき、両方の眉を近づけるようにして苦しい、悲しいなどの様子になる。

・社長が急に入院することになって、社員はみんな**眉をひそめた**。

・電車の中で大声で話す人を、ほかの客が**眉をひそめて**見ていた。

まよい【迷い】→まよう①

まよう【迷う】

①　どうしたらいいか決められずに色々考える、また、決められないで間違った方向へ行く。

・色々**迷う**ときは、少しの間仕事を離れて好きな事をする。

・何がしたいかわからないと、悪の道に**迷う**ことがある。

★①のように迷う様子を 迷い と言う。

・**迷い**があるときは、友人や周りに相談する。

②　道がわからなくなって、色々な場所を動いて正しい道を探す。

・地図の見方を間違い、道に**迷って**相手との約束に遅れてしまった。

・旅行先で道に**迷って**歩いていたら、警察の人が近づいて来た。

★②のように行く場所がわからないで長い時間あちらこちら動くとき さまよう と言う。

・いなくなった子供が山を**さまよって**いるのが見つかり、大きなニュースになった。

まる―【丸】

時間の長さを表す数字の前に付けて、ちょうどその数だと伝える言い方。

・会社に入って**丸**三十年になるが、まだわからない事も多い。

・**丸**一か月入院していた知り合いが、元気になって挨拶に来た。

★強く言うとき 丸々― と言う。

・社長の反対で、**丸々**三か月新しい計画が進まなかった。

まるきり →まるっきり

まるごと【丸ごと】★→―ごと③

ひとつの物の形を変えないで、また、初めから終わりまで全部と、伝える言い方。

・ふるさとで、ヘビが小さな動物を**丸ごと**飲む様子を見た。

・手紙の最後で間違って、**丸ごと**書き直した。

まるっきり

「ない」という意味の言葉と一緒に使って、少しもできない、わからない、同じではないなどと強く伝える言い方。

・新聞のカタカナ語には、**まるっきり**わから**ない**言葉がある。

・海外で、英語とは**まるっきり**違う言葉を使う場所へ行って困った経験がある。

★ まるきり ともいう。

・妻は、小さい時から運動は**まるきり**でき**なかった**と言う。

まるで

①　多く「ようだ」と一緒に使って、誰でもよく知っている事や物などと同じように感じる、思うなどと伝える言い方。

・妻が作る料理は**まるで**母が作った**ようだ**と思うときがある。

・仕事を離れて社員と楽しそうに話す社長は、**まるで**いつもとは別の人の**ようだ**。

★（あたかも）（さながら）も①と同じように使う言い方。

・庭にいるときの妻は、**あたかも**子供が遊んでいる**ようだ**。

・スーパーは毎日人が多く、**さながら**祭りの**ようだ**。

② 「ない」と一緒に使って、全然良いと思わない、違うなどと強く伝える言い方。

・何度説明しても、大切な事が**まるで**わかってい**ない**社員がいる。

・相手の会社はいつも言う事が変わるので、**まるで**信じられ**ない**。

まるのみ【丸飲みスル】

① 食べ物をかまずに飲んでしまう。

・歯が痛くて、何日も**丸飲み**するようにして食事をしている。

・急いで**丸飲み**した昼ご飯は、味がしなかった。

② ほかの人が言う事や、相手がしてほしいと思う事などを、深く考えずに言われたようにする。

・会社から言われた事を何でも**丸飲み**にするだけでは、新しい考えは出て来ない。

・仕事が遅れると、相手の出す値段を**丸飲み**にさせられる。

まるまる―【丸々―】→まる―

まるまる【丸まる】→まるめる

まるめこむ【丸め込む】

やろうとする事などがうまくできるように、相手を信じさせ、自分の考えや計画に賛成させる。

・人を**丸め込ん**で商品を売るような仕事は、社長が許さない。

・金で**丸め込ま**れた人たちが、公園の工事に賛成している。

まるめる【丸める】

紙でできた物や体などを、巻く、曲げるなどして丸くして小さくする。

・もらったカレンダーを、**丸めて**家に持って帰った。

・温かい日は、庭でネコが背中を**丸めて**眠っている。

★巻くなどして丸くなった様子を（丸まる）と言う。

・母は、年を取って背中が少し**丸まっ**てきた。

まれ【まれナ・ニ】★→めった①

いつもは無い事で、とても珍しいなどと伝える言い方。

・今年のように雨が続く年は、本当に**まれ**だと思う。

・**まれ**にしか使わない自転車だが、捨てようとは思わない。

まんいち【万一】★→まさか

無いと思っているが、もし事故が起こったら、病気になったらなどと考

えられる良くない事を伝える言い方。

・工場は、**万一**の事を考えて水が入らない建物になっている。

・両親に**万一**の事があったらと思い、色々準備はしている。

★ 万が一 とも言う。

・若いときは、**万が一**仕事が無くなったらとよく考え、心配した。

まんがいち【万が一】→まんいち

まんざら

「ない」と一緒に使って、思っていたより悪くはないと伝える言い方。

・若い人の考えを聞いて、**まんざら**悪くは**ない**と思う事もよくある。

・妻が買って来た温めるだけですぐ食べられる料理に、**まんざら**でも**な**いと思った。

まんぞく【満足ナ・ニ・スル**】**

これ以上にならなくてもいい、今やっている事などもじゅうぶんで足りているなどと感じる様子。

・自分のやる事に**満足**していたら、それ以上良くならないと思っている。

・会社に入ってすぐは、機械も**満足**に使えなかった。

★反対の気持ちを 不満 と言う。

・友人は、自分の考えが社長に伝わらないと**不満**そうだ。

まんびき【万引きスル**】**

客のようにして買い物に行って、欲しい物をポケットやカバンなどに隠して、金を出さないで持って帰る様子。

・**万引き**をする小さな子供の数が増えて、社会問題になっている。

・お金を持っていても**万引き**をしてしまうのは、病気なのだそうだ。

まんまと

周りに気づかれないように考えたとおりにする、させると伝える言い方。

・忙しそうな人もいたが、**まんまと**会社を出て友人と食事に行った。

・相手が**まんまと**信じるような話をして、高い物を売って歩く商売があるそうだ。

まんめん【満面】

考えている事や気持ちなどが出ている顔全体。

・自分が考えた商品が売れた社員は、**満面**に喜びを見せた。

・育てた花がきれいに咲いて、妻は**満面**の笑顔だ。

み

みあげた【見上げた】→みあげる②

みあげる【見上げる】

① 空や高い所にある物などを見るために、上を向く。
・雨がやんで、空を**見上げる**と虹（にじ）が出ていた。
・**見上げる**ほど高い建物が多い所に一日いると、それだけで疲れる。

② 見上げた という形で、本当に尊敬できる誰にでもできない事だという気持ちを伝える。
・亡くなるまで町を掃除し続けるとは、**見上げた**生き方だ。
・工場で四十年以上仕事を続ける人は、**見上げた**人だと思う。
★②の反対の様子を 見下げた と言う。
・町のお金を自分のために使った**見下げた**男がいる。
★→みくだす

みあたらない【見当たらない】

ここにある、いると思って、人や物を探しても見つからない。
・教えられた場所に行ったが、探す家は**見当たら**なかった。
・色々探したが、古い商品の写真は**見当たら**なかった。

みいだす【見出す】

隠れていて周りに知られていなかった人や物などの良い所、悪い所などを見つける。
・社長は、社員の良い所を**見出し**仕事の楽しさを教える。
・新しい商品に問題を**見出した**友人は、売るのを反対した。

みいる【見入る】★→みつめる

とても気になって、また、もっと知りたくて、ほかにする事などを忘れて見続ける。
・機械の動きに**見入って**いた社員が、気がついた事などをノートに書いていた。
・会社からの帰り道で、美しい夕日に**見入って**、少しの間立ち止まってしまった。

みうける【見受ける】

① 時間をかけて調べたのではないが、人や物などを少しの間見て感じ

る、思う。

・最近の社長は、また何か大きな事を考えているように**見受けられる**。

・友人は、やる気があると**見受けた**社員に仕事を頼む。

②　多いと感じるほど、色々な所でよく見る。

・寒くなるとマスクをした人が多く**見受けられる**。

・ふるさとでは、海外から来た人を**見受ける**ことは無かった。

★→みかける

みうごき【身動きスル】

思うように、自由に体を動かす様子、また、好きなときに好きなように
する様子。

・朝の電車は、**身動き**が難しいほどいっぱいで会社へ行くのも大変だ。

・家族を持つと、自由に**身動き**が取れないときもある。

★同じ意味で(**身じろぎ**)とも言う。

・新しい社員は、**身じろぎ**もしないで社長の話を聞いていた。

みうしなう【見失う】

見ていた人や物などが見えなくなる、また、考えていた事などを忘れて
しまって、行く場所ややる事などがわからなくなる。

・祭りに連れて行った子供を**見失って**騒いだ事が何度かある。

・忙しすぎると、大切な事を**見失う**ので気をつけている。

みおくり【見送り】→みおくる①

みおくる【見送る】

①　旅行や仕事などで遠い所へ行く人などと、駅や空港などで挨拶をし
て別れる。

・辞める社員を会社の外へ出て見えなくなるまで、**見送った**。

・ふるさとを出るとき**見送って**くれた人たちの顔は忘れない。

★①のように送る様子を(**見送り**)と言う。

・海外へ行く友人を、空港まで**見送り**に行った。

②　しようと思っていたが、できない理由などがあって、今はしないで
後でする。

・朝人が多いときは、満員の電車を**見送って**次の電車に乗るときがある。

・新しい計画は、お金が無くて今回は**見送る**と決まった。

みおとし【見落とし】→みおとす

みおとす【見落とす】

忙しいから、小さな事だからなどの理由で、大切な事に気がつかない。

・小さな間違いを**見落として**、後で大問題になることは多い。

・社長からの連絡を**見落と**していて、すぐ部屋に来るようにと言われた。

★気がつかなかった事や様子を 見落とし と言う。

・送り出す商品は、**見落とし**が無いか、二度見直す。

みおぼえ【見覚え】

いつ、どこでとはっきり言えないが、前に見た、来たなどという感じや思い。

・今日会社に来た人には、**見覚え**があったが誰だか思い出せない。

・初めてだが、**見覚え**があると感じる場所がある。

みかけ【見かけ】→がいけん

みかける【見かける】★→みうける②

会おう、見ようと思っていたのではないが、考えていないときに、人や物などを見る。

・散歩中に、おいしそうなケーキ屋を**見かけて**、入ってみた。

・駅前で少し変わった服を着た人を**見かけた**。

みかた【味方スル】

やり方や考え方などに賛成して、手伝い、一緒に動いてくれる人、また、そんな人が手伝いなどしてくれる様子。

・時間をかけて作った計画に社長も**味方**してくれて、新商品を作ると決まった。

・両親も子供たちも妻の**味方**で、妻とけんかをしても勝てない。

★反対に考え方が違って、邪魔をするような人たちを 敵 と言う。

・社長は、敵と味方に分かれるような話し合いをとても嫌う。

みからでたさび【身から出たさび】

自分が悪い事などをした結果で、後になって困り、苦しむ様子。

・若いとき働かないで後で生活に困るのは**身から出たさび**だ。

・**身から出たさび**で、悪い品物を売っていた店が閉めることになった。

みがる【身軽ナ・ニ】

① 色々物を持たないで動きやすい様子。

・若い人が**身軽な**服装で簡単に海外へ行く時代になった。

・便利になって、今はふるさとへも**身軽に**帰れる。

② 家族や大切な仕事などを持たないで、いつでも自由に動ける様子。

・**身軽な**生活がいいと言って結婚しない人が、会社にもいる。

・**身軽に**していれば、好きに生きられると言う人が増えた。

みきわめ【見極め】→みきわめる

みきわめる【見極める】

やった事や言った事などがどんな結果になるか、また、相手が信じられるかどうかなどをよく調べ、良いか悪いか決める。

・今度の失敗の原因を**見極める**まで、次の仕事は始めない。

・信じられるかどうか**見極める**ために、相手の会社を調べに行った。

★よく調べる様子を（見極め）と言う。

・新しい商品が売れるかどうかの**見極め**は、とても難しい。

みくだす【見下す】★→みあげる②

自分より力が無いなどと考えて、人を軽く見る。

・社長は、どんな相手でも**見下す**ような事はしない。

・小さな会社だと**見下す**ような相手の様子に、腹が立った。

みくびる【見くびる】★→ばかにする

相手には力が無いなどと考えて大切に思わない、また、仕事などを簡単にできる事だなどと軽く考える。

・電話で話したときは簡単だと**見くびっ**ていたが、大変な仕事だった。

・会社を**見くびっ**ていた人たちを、驚かすような商品を売り出した。

みごと【見事ナ・ニ】

① 見た事や目の前の物などがほかには無いほど美しい、よくできているなどと感じさせられる様子。

・今年の祭りは、夜の花火がとても**見事**で集まった人たちを喜ばせた。

・百年以上昔に作られた時計を見て、**見事な**技術だと驚いた。

② 誰も何も言えないほどうまくできた、反対に、失敗したと伝える言い方。

・難しいと思っていた計画を、友人は**見事な**商品にした。

・準備が足りなくて、今度の商品作りは**見事に**失敗した。

★②を強く言いたいときは（物の見事に）と言う。

・急な仕事だったが、みんな頑張って**物の見事に**やり終えた。

みこみ【見込み】→みこむ

みこむ【見込む】

① 人を見て、信じられる、仕事をするとき相談ができるなどと強く感じる。

・友人が**見込ん**で育てた社員は、よく頑張っている。

・この人と**見込ん**で仕事を頼んだが、失敗だった。

② 時間やお金がどれだけかかるかなど、これから先の事を計算する。

・パーティーに十人来ると**見込ん**で、料理を準備した。

・子供が少なくなる事を**見込んで**、小学校が減っている。

★①、②のように人を信じるときやこれから先を計算する様子を〔**見込み**〕
と言う。

① ・大丈夫だと思って仕事を始めたが、相手は約束を守らず、**見込み**
違いだった。

② ・会社の**見込み**が違っていて、新しい商品は海外では売れなかった。

みさげた【見下げた】→みあげる②

みじたく【身支度】

行く場所やする仕事などを考えてする服装の準備。

・工場へ行くときは、いつでも手伝える**身支度**をして行く。

・買い物に行こうと言うと、妻はすぐに**身支度**を始めた。

★同じような準備を〔**身じまい**〕とも言う。

・家に客が来る日は、妻に**身じまい**をうるさく言われる。

みしった【見知った】→みしらぬ

みじまい【身じまい】→みじたく

みじめ【惨めナ・ニ】

見ていられないほどかわいそうな様子、また、思ったようにできなくて、
自分は力が無い、何もできないなどと思う様子。

・世界には、子供たちがゴミの山で食べ物を探す**惨めな**生活がまだある。

・良いと思えない商品が売れても、**惨めに**感じるだけだ。

みじゅく【未熟ナ】

① 練習や経験が足りなくて、難しい仕事などがまだできない様子。

・技術の**未熟な**社員は、経験の長い人と一緒に仕事をさせる。

・**未熟な**人の絵でも、描いた人の心が伝わる絵をよく買う。

② 体や心がじゅうぶん育っていない様子。

・今の若者は、考えが**未熟だ**と思う事が最近多い。

・今は医学が進んで、**未熟で**生まれても大きな問題は無い。

みしらぬ【見知らぬ】★→みずしらず

人や場所など、今までに一度も見たことがなくて知らない様子。

・旅行の楽しみは、**見知らぬ**所に行って**見知らぬ**人たちと会う事だ。

・本を読めば、**見知らぬ**世界を知る事ができる。

★反対に、今までに見たことがあって、よく知っている様子は〔**見知った**〕
と言う。

・今度一緒に新しい商品を作る人たちは、**見知った**顔で安心だ。

みじろぎ【身じろぎ】→みうごき

みずいらず【水入らず】

家族やよく知っている人たちが、ほかの人を入れないで楽しむ様子。

- 一年の始めだけは、家族が全員集まって**水入らず**で楽しく食事をする。
- 社員が**水入らず**で食事をし、好きなように騒げる店は決まっている。

みすえる【見据える】

これから先の事などを、時間をかけて色々考える。

- これからの事を**見据えて**、両親の近くに引っ越そうかと話している。
- 将来をよく**見据えて**から仕事を決めるよう、父に何度も言われた。

みずがあわない【水が合わない】

新しく生活を始めた場所ややり始めた仕事などが合わない様子。

- 母は、この町に来て初めは**水が合わな**かったそうだ。
- 会社に入ってすぐ、**水が合わない**と言って辞める人もいる。

みすかす【見透かす】

外からは見えないように隠している事や本当の考えなどがわかる。

- 妻には、すぐ**見透かされる**ので何も隠し事をしない。
- こちらの気持ちを**見透かす**ように、相手は色々聞いてきた。

みずくさい【水臭い】

① 食べ物や飲み物などの味が薄くなって、水分が多くおいしくないと感じる様子。

- 妻に言われた水の量を間違えて、**水臭い**味噌汁ができた。
- 考え事をしている間に氷が解けて、ジュースが**水臭く**なった。

② よく知っている人が、隠し事をしているなどと感じられて、自分とは関係の無い人のように思える様子。

- 友人に**水臭い**と言われたが、家族の問題はほかの人には相談しにくい。
- 心配事があっても話さないと、妻に**水臭い**と言われる。

★→よそよそしい①

みすごす【見過ごす】→みのがす

みずしらず【見ず知らず】★→みしらぬ

今まで一度も会ったことや行ったこと、名前を聞いたことなども無いと伝える言い方。

- 海外へ行ったとき、**見ず知らず**の人に何度も助けられた。
- 昔は、**見ず知らず**の店へ入って会社の商品を売ってほしいと話した。

みすてる【見捨てる】

困っている事や問題などがあるとわかっていても、どうにもできない、良くはならないと考えて手伝おうなどとしない。

・親に**見捨て**られて生活に困っている子供が増え、町でできる事を考えている。
・失敗を繰り返す社員でも、頑張っている様子を見ると簡単には**見捨て**られない。

みずとあぶら【水と油】

考え方や仕事のやり方などが全然違って、ひとつにはならない様子。
・考え方が**水と油**の人がいて、何を言っても反対される。
・親とは**水と油**だと感じるときもあるが、離れる事はできない。

みずにながす【水に流す】

前にあった嫌な事などを忘れて、無かったと思って、もう一度やり直す。
・ゴミ問題は、これまでの事を**水に流して**考え直されている。
・問題の相手と、前の事を**水に流して**仕事をするのは大変だ。

みずのあわ【水の泡】

やった事やこれまでの結果などが、全部使えなくなる様子。
・頑張った経験は、何があってもすべてが**水の泡**にならない。
・母を喜ばす計画をしたが、台風ですべて**水の泡**だった。

みすぼらしい ★→みっともない

服装や建物の様子などが、お金がかかっていなくて、良く見えない様子。
・町の寺は**みすぼらしい**が、昔から大切にされてきた。
・**みすぼらしく**見えても、本当はどんな人かはわからない。

みすみす

目の前にあるのに、また、大変な結果になるとわかっているのに、何もできないと伝える言い方。
・準備ができなくて、大きな仕事を**みすみす**無くした。
・警察は泥棒だとわかっている男に、**みすみす**逃げられた。

みずみずしい

野菜や果物、草木など、また、人の感じ方などが若く新しく見える様子。
・春は、**みずみずしい**野菜や果物が店に並ぶ季節だ。
・仕事では、若い人の**みずみずしい**感じ方を大切にする。

みずをうったよう【水を打ったようナ・ニ】

人がおおぜいいるのに、音や声が全然しなくてとても静かな様子。
・町の寺は、いつ行っても**水を打ったような**静かさだ。
・社長が部屋に入ると、**水を打ったように**静かになった。

みずをさす【水を差す】

うまく進んでいる事や、頑張ろうとしている事などを止めるような事を

する。
- 進んでいる計画に、売れないと**水を差す**意見が出た。
- 頑張っている人たちに**水を差す**ような事はしない。

みずをむける【水を向ける】
相手がやってみようと思うように話をする。
- やってみればと**水を向ける**と、友人がやると言った。
- 町の人と旅行すればと**水を向けた**が、父の返事は無かった。

みせかけ【見せかけ】→みせかける

みせかける【見せかける】★→まね②
人や物などの様子が少しでも良く見えるように、本当とは違う様子を見せる。
- 海外の有名品に**見せかけて**、安い物を売る会社が見つかった。
- 働いているように**見せかけて**、仕事をしない社員がいる。
- ★良く見えるようにした様子を 見せかけ と言う。
- 見せかけの良さだけを考えて作っても、商品が売れることは無い。

みせしめ【見せしめ】
同じ事が繰り返し起こらないようになどと考えて、悪い事をした人に苦しい事などをさせる様子。
- ほかの社員への**見せしめ**に、人の前で叱るのは反対だ。
- 悪い生徒を**見せしめ**にする教師が、まだ多くいるそうだ。

みせつける【見せつける】★→ひけらかす、みせびらかす
言う事やする事などで、特別な力や人との関係を持っていると、人に見せようとする。
- 力を**見せつける**ような人とは、仲良くなれない。
- 自分たちの大きさを**見せつける**ような会社は、とても嫌だ。

みせどころ【見せ所】→みせば

みせば【見せ場】★→みどころ
祭りや映画などで、見せたい、また、見てほしいと頑張って準備し、作った所。
- 町の祭りで一番の**見せ場**は、夜の花火大会だ。
- 途中で眠ってしまって、映画の**見せ場**と言われる所を見なかった。
- ★自分の力や経験などを見せられる所を 見せ所 と言う。
- 経験の**見せ所**だと思い、若い人に難しい技術を見せた。

みせびらかす【見せびらかす】★→ひけらかす、みせつける
自分の持っている物は特別に美しい、良いなどとわからせようとして、

人に見せる。

・父は買った皿を**見せびらかし**たくて、相談があると連絡してきた。

・新しい物を**見せびらかす**人を見て、昔の自分だと思った。

みそこなう【見損なう】

大丈夫だと思っていた人や相手などが、そうではないとわかって信じられなくなる。

・信じていた会社だったのに、急に約束を破られ**見損なった**。

・できると信じて頼んだ社員が何もできなくて、**見損なった**。

―みたい【―みたいナ・ニ】

① わかりやすく伝えるために、周りが知っている事などを使って伝える話し言葉。

・娘は小さいとき、よく**お人形さんみたいな**顔だと言われた。

・**友人みたいに**仕事で英語が自由に使えるようになりたい。

② はっきりとは言えないが、自分にはそう感じられる、思われると伝える話し言葉。

・警察の車が来ているが、近所で何か**あったみたいだ**。

・電気がついているから、会社にはまだ誰か**残っているみたいだ**。

みだし【見出し】

新聞や雑誌などで、だいたいの話がわかるように大きな字で書かれた言葉や短い文。

・新聞は、**見出し**を見てから必要な所を丁寧に読む。

・**見出し**が面白そうだと思うと、雑誌を買って読みたくなる。

みたす【満たす】

① 水や物などを、それ以上は入らないほどいっぱいに入れる。

・台風の前はいつも、水が出なくなったとき困らないように風呂に水を**満たして**おく。

・学生時代、お金が無くなって水を飲んでおなかを**満たした**経験もある。

★→みちる

② 願っている事や計画している事などを思ったようにする。

・物を作る仕事がしたいという思いを**満たす**ため、今の会社に入った。

・社会のためになるという社長の願いを**満たす**商品を作りたい。

みだす【乱す】

① 場所を決めて並べて置いた物などがいつものように並んでいなくて、あちらこちらにある。

・遅れると連絡があった社員が髪を**乱して**走って来た。

・海外の人は、列を乱さず電車を待つおおぜいの人の様子を見て驚く。

②　決まりや正しいと信じられている事などを守らないで問題を起こす。

・社長は、理由も無く会社の決まりを乱す社員は許さない。

・ゴミの出し方を決めても、それを乱す人がいて問題になっている。

③　周りの様子がいつもと変わり、静かだった心や気持ちを不安にする。

・今年はいつもの年と違って、生活を乱すような天気が続いている。

・家の前の工事がうるさくて、気持ちが乱されて本も読めなかった。

★①～③のように乱された様子を 乱れる と言う。

①・机の上が乱れていると、気になって仕事ができない。

②・会社の決まりが乱れないようにするのも、自分の仕事だ。

③・母が急に入院したという知らせに、心が乱れた。

みため【見た目】→がいけん

みだりに

場所や時間などを考えないで、また、必要な許可などをもらわないで、思ったようにすると伝える言い方。

・みだりにゴミを捨てる人が増えて、町は困っている。

・外では、みだりに会社の話をしないよう言われている。

みだれる【乱れる】→みだす

みちのり【道のり】

①　行きたいと思う所までの道の長さ。

・疲れていて会社までの道のりが、遠く思えるときがある。

・交通が便利になって、ふるさとへの道のりが短くなった。

②　これまでにあった事やこれからあるかもしれない事など、生きている間に経験する事。

・まだ道のりは長いが、時間を大切にして生きようと決めている。

・時々これまでの道のりを考えて、よく頑張ったと妻と話す。

みちびく【導く】

①　どちらへ行けばいいか方法などがわからない人に行きたい場所まで行けるように教える。

・町へ来た人を観光地へ導くために、駅の横に詳しい地図ができた。

・今の車は、コンピュータで初めての所へも簡単に導いてくれる。

②　人や計画などが、正しく前へ進むように教える、また、中心になって頑張る。

・若い人を夢を持って仕事をするように導くのも、自分の仕事だ。

・新商品がうまくできるまで導いたのは、友人の力だった。

みちる【満ちる】★→みたす①

①　これ以上は無いと思うほどいっぱいになる。

・部屋に花の匂いが**満ち**ていると、元気が出る。

・春の光に**満ち**たふるさと美しさは、多くの人に見てほしい。

②　苦しさや悲しさ、また、楽しさや喜びなどが強く感じられる。

・親を亡くした社員からの電話は、悲しみに**満ち**ていた。

・新しい商品が売れて、会社は喜びに**満ち**ている。

みっかぼうず【三日坊主】

すぐに嫌になって、何でも途中で簡単にやめてしまう様子、また、そんな人。

・妻と一緒に花作りをしても、**三日坊主**で終わってしまう。

・毎日公園まで走ると決めたが、妻は**三日坊主**だろうと笑った。

みつくろう【見繕う】★→みはからう

必要な物があるときに、今ある物の中から使えると思える物を選ぶ。

・庭の花を妻に**見繕**ってもらって、会社の机に飾った。

・家に妻がいないときは、ある物を**見繕**って晩ご飯を作る。

みっせつ【密接ナ・ニ・スル】

関係が強くて簡単には離せない様子、また、すぐ横の人や物との間がほとんど無い様子。

・友人との間に、家族より**密接**な人間関係を感じるときがある。

・火事のときを考えて、今は隣（となり）と**密接**して家を建てられない。

みっちり【みっちり(と)】

これ以上はできないというほどたくさん、じゅうぶんにと伝える言い方。

・工場で働く人は、経験の長い人に**みっちり**と教えてもらう。

・**みっちり**働いたと感じる日は、ビールも晩ご飯もおいしい。

みっともない ★→みすぼらしい

服装やする事などが人に見られると恥ずかしくなるような様子。

・妻は、休みの日でも**みっともない**服装はしないでほしいといつも言う。

・妻に爪（つめ）をかむのは**みっともない**ので、やめるよう言われた。

みつめる【見つめる】★→みいる、みとれる

もっとよく知りたい、また、信じられないという気持ちで、ひとつの事や物などを見続ける。

・若い社員は、これから自分が使う機械を長い間**見つめ**ていた。

・叱られた社員は、いつまでも相手の顔を**見つめ**ていた。

みつもり【見積り】→みつもる

みつもる【見積る】

新しい事をするときなどに、お金や時間などがどれほど必要かだいたいの計算をする。

・どう**見積**っても半月ではできないと、相手に返事をした。

・三か月と**見積**って、友人と新しい計画を作り始めた。

★計算した結果を 見積り と言う。

・一緒に出した**見積**りが高すぎて、新計画は反対された。

みてとる【見て取る】

① 少しの間見て、相手の考えやこれからどうなるかなどを知る。

・できないと**見て取る**と、友人は強くはっきり反対する。

・今がチャンスと**見て取**った社長は、海外に工場を作った。

② 多く 見て取れる の形で、ゆっくり詳しく調べるように見るとわかる、また、ちょっと見ただけで全体の様子がわかる。

・近くの寺をゆっくり見ると、昔の人がよく考えた様子が**見て取れる**。

・大雨のニュースを見てすぐ、多くの人が困っている様子が**見て取れた**。

みてとれる【見て取れる】→みてとる②

みとおし【見通し】→みとおす①、②

みとおす【見通す】

① 途中に邪魔（じゃま）な物などが無いので、広く遠くまで見る。

・少し高い所にある両親の家からは、町全体が**見通せる**。

・ふるさとの山に登ると、遠くの町まで**見通す**ことができた。

② 新しくやろうとする事や今やっている事などがどうなるかを考える。

・会社のこれからを**見通して**、新しい計画を作って出した。

・町に住む人の増え方を**見通して**、ゴミ問題が話し合われている。

★①、②のような様子を 見通し と言う。

①・駅前は建物が増え、運転するときにとても**見通し**が悪い。

②・将来の**見通し**が立たないので、公園の工事は止まっている。

③ 見通せる という形で、相手が考えている事、その理由などがわかる。

・相手の考えを**見通せない**でする仕事は、危ないと思う。

・社長の考えが**見通せる**までは、会議では自分の意見を言わない。

★③のように考えている事や理由などがわかっている様子を お見通し と言う。

・社長は何でも**お見通し**だから、よく準備してから話す。

★→みぬく

みとおせる【見通せる】→みとおす③

みどころ【見所】

① 映画や祭りなどの一番心に残る所。

・昨日の映画は、何の**見所**も無く長いだけだった。

・祭りの日の花火大会の**見所**は、最後の十分だ。

★→みせば

② 人が持つ、将来が楽しみなどと思わせる良い所。

・今年入った社員は、仕事をするのが速く**見所**がある。

・若い人に**見所**が有るか無いかは、すぐにはわからない。

みとどける【見届ける】★→みまもる

自分のした事や今起こっている事などがどうなるか最後まで様子を見る。

・仕事が多いときは、終わるのを**見届ける**までは帰らない。

・町ではお年寄りが、学校へ通う子供の安全を**見届けて**いる。

みとめる【認める】

① はっきり見えないが、人がいる事、物がある事などを見つける。

・病院で調べたが、特別悪い所は**認められない**そうだ。

・商品の見えない傷を**認めて**知らせる機械がある。

② 相手のする事などがよくわかり、賛成する、また、許可をする。

・社長に何度も話して、新しい計画を**認めて**もらった。

・安全のため公園での野球やサッカーは、**認められて**いない。

③ おおぜいが、みんなのためになる、とても大切だと思う。

・自然を大切にする運動は、初めは広く**認められ**なかった。

・社会が**認め**なくても、必要な仕事はたくさんある。

④ よくわかった、そのとおりだと心から思う。

・失敗した社員は、自分の間違いを簡単には**認め**なかった。

・商品の問題を**認めて**、お金を返す事件が続いている。

みとれる【見とれる】★→みつめる

美しい物や誰にでもできない事などを前に、少しの間ほかの事を忘れて、それだけを見続ける。

・大きな虹が出て、歩いていた人は**見とれる**ように足を止めた。

・海外からのお客は、美しい着物に**見とれて**動かなかった。

みなす【見なす】

本当はそうではないかもしれないが、そうだと決めてしまう。

・会議で何も言わないと、賛成だと**見なされて**しまう。

・会社は、連絡無しで二時間遅れると休みと**見なす**決まりだ。

みならい【見習い】→みならう

みならう【見習う】★→まなぶ

経験が長い人や力を持っている人などをよく見て勉強し、自分も同じようになろうとする。

・妻は、母を**見習って**ふるさとの料理を作っている。

・社長を**見習って**、困った事があっても困った顔はしない。

★周りの人や経験の長い人などをよく見て勉強する人を 見習い と言う。

・会社に入って一年は、**見習い**だと思って何でも勉強した。

みなり【身なり】

服を着たときの様子や着ている服。

・**身なり**や持ち物を見れば、その人がどんな生活をしているかがわかる。

・大切な客が来るときは、みんな**身なり**に気をつけている。

みにしみる【身に染みる】

①　ほかの人の言葉やその意味、してくれた優しい事などが、後になってありがたいとよくわかる。

・自分が子供を持てば、親の大変さが**身に染みて**わかると言うが本当だ。

・海外で仕事をしているとき人に助けられて、人の優しさが**身に染みた**。

②　冷たい風や寒さなどを体の中まで強く感じる。

・ふるさとを出てから、**身に染みる**ような寒さを体験しなくなった。

・昔は**身に染みる**ような冷たい水で手や顔を洗う生活だった。

みにつく【身につく】→みにつける②

みにつける【身につける】

①　服を着る、また、指輪をはめるなどする。

・父は、いつの頃からか安い物を**身につけなく**なった。

・結婚指輪は、どこへ行くときも**身につけている**。

②　勉強した事や技術などを時間をかけて、自由に使えるようにする。

・外国語を**身につけた**社員が、だんだん増えている。

・特別な技術を**身につけた**社員が辞めて、会社は困っている。

★②のようになる様子を 身につく と言う。

・会社に入って数か月では、まだ仕事が**身につかない**。

みぬく【見抜く】★→みとおす③

人の言う事やする事などの中で、本当の事は何か、隠した事は無いかなどを正しく、深く見てわかる。

・話し合いで相手の考えを**見抜ける**ようになるには、時間がかかる。

・社長にはすぐ**見抜かれる**ので、何も隠せない。

★隠されている事や物などを見つけるとき 見破る と言う。

・お年寄りが、自分からお金を取ろうとする電話だと**見破って**警察に連絡した。

みのがす【見逃す】

①　ほかの事をしているときや考え事をしているときなどに、大切な事に気がつかない。

・忙しかったので、大切なメールを**見逃して**しまい、相手を怒らせた。

・妻は花の虫を**見逃して**いて枯れてしまい、とても悲しそうだった。

②　間違いや失敗などに気がついても、理由があって何も無かったことにする。

・若い人だからと間違いを**見逃す**事は、その人のためにならない。

・小さな事だからと**見逃す**ような不注意な事をしていると、後で大きな問題になる。

★①、②で同じ様子を 見過ごす とも言う。

①・昔の仲間が成功した記事を**見過ごして**いて、知らなかった。

②・小さな間違いだと**見過ごした**事が、今度の事故になった。

みのこなし【身のこなし】

色々な事をするときの体の動かし方や動かす様子。

・毎日運動していると言う社長は、**身のこなし**が軽い。

・着物を着ると、その人の**身のこなし**まで変わるから面白い。

みのほどしらず【身の程知らず】

社会や会社の中でどう見られているか、本当はどんな力を持っているのかなど、自分の事を正しく知らないで、周りの人に変だなどと思われ笑われる様子。

・若い頃、**身の程知らず**にも、自分もすぐに売れる商品を作れるだろうと簡単に考えていた。

・**身の程知らず**の事を言う若い人を見て、社長は元気があってこれからが楽しみだと笑った。

みはからう【見計らう】★→みつくろう

相手が困る事は無いだろう、嫌だと思わないだろうなどと考えて、自分がやろうとしている事をする。また、物などを選ぶ。

・人がいないときを**見計らって**、社長の部屋へ新商品の相談に行った。

・妻の喜びそうな物を**見計らって**、誕生日の花を選んだ。

みはり【見張り】→みまわる

みはる【見張る】→みまわる

みぶり【身振り】

自分の考えや気持ちを伝えようとしてする体の動き。

・友人の話し方や**身振り**から、仕事がうまくいっていないように見えた。

・うるさくて聞こえないと思い、**身振り**で帰ると伝えた。

★体全体を使うようにしてと言うとき 身振り手振り とも言う。

・**身振り手振り**で、海外からの観光客に駅までの道を教えた。

みぶりてぶり【身振り手振り】→みぶり

みほん【見本】

① 客が安心して買えるように、買う前に見られる材料や品物、また、売る前に全体の様子がわかるように一度作ってみる品物。

・部屋の壁紙を新しくするため、色々**見本**を見せてもらった。

・商品の**見本**を持って、友人がまだ重すぎると言った。

② 初めてする人がうまくできるようになるために経験者がやって見せる技術ややり方など。

・経験の長い人が、若い人の**見本**になるように機械の使い方を見せてくれる。

・若い人の**見本**だから頑張ると、自分で自分に言うことがある。

みまもる【見守る】★→みとどける、みまわる

① 危ない事、困った事などが起きないように、少し離れた所からいつも見ている。

・事故が無いよう、町では朝順番に子供たちを**見守**っている。

・駅前に警察があって、町を**見守**ってくれているので安心だ。

② 良い結果になってほしいなどと願って、時間をかけて見ている。

・社長は、若い社員が育つのを時間をかけて静かに**見守**っている。

・人を育てるには、時間をかけて**見守**る事が大切だ。

みまわす【見回す】★→みわたす

物を探すときや周りを調べるときなどに、自分の近くをよく見る。

・会議室に入り、周りを**見回**したが社長はいなかった。

・音がしたので部屋を**見回**すと、ネコが入っていた。

みまわり【見回り】→みまわる

みまわる【見回る】★→みまもる

危ない事やいつもと違う事が無いかなどに注意して見て歩く様子。

・小さな火事が続くので、町は順番で**見回**ろうと決めた。

・会社は、朝から晩まで**見回**る人がいて安全に働ける。

★**見回**る様子や**見回**る人を 見回り と言い、動かないで、同じように気

をつけている様子や人を 見張る/見張り と言う。

・今晩は町の見回りをする日なので、早く会社を出た。

・公園では、お年寄りが子供の安全を見張ってくれている。

・近くの空き家で警察の人が見張りをしているので、何だろうと心配だ。

みみうち【耳打ち】→みみもと

みみざわり【耳障り】→さわる②

みみにする【耳にする】→みみにはいる

みみにたこができる【耳にたこができる】

同じ事を何度も言われて、もう聞きたくないと強く思う様子。

・悪い事をするなと、耳にたこができるほど聞いて育った。

・耳にたこができると言われても、毎朝同じ事を言うのも仕事だ。

みみにのこる【耳に残る】

自分の近くにいなくなった人が言った事や前に聞いた歌などを、長く忘れないでいる。

・小学校の先生の言葉のいくつかは、今も耳に残っている。

・子供のとき聞いて、耳に残っている歌がたくさんある。

みみにはいる【耳に入る】

自分から聞こうと思ってはいなかったが、人から聞いて、また、人の話で知らされる。

・同じような商品を作る会社があるという話が耳に入ったので調べた。

・誰から耳に入ったのか、知り合いが母の見舞いに来てくれた。

★伝えようとして相手に伝わらない様子を 耳に入らない と言い、耳に入ると同じ様子は 耳にする とも言う。

・結婚式が近づいた社員は、何を言っても人の話は耳に入らないようだ。

・町の公園を新しくする話を耳にして、妻は楽しみにしている。

みみもと【耳元】

小さな声でも相手に聞こえるほどの耳のすぐ近く。

・嫌な相手が来たと友人は耳元で話して、客に会いに行った。

・妻が耳元で高すぎると言ったので、持っていた品物を返した。

★耳元で人に聞こえないように話す様子を 耳打ち と言う。

・友人が会議中に、計画書に小さな間違いがあると耳打ちした。

みみをかたむける【耳を傾ける】

人が話す事や音楽などを、ほかの事を忘れて聞こうとする。

・社長が話し出すと、うるさく話していた社員がみんな耳を傾けて聞く。

・テレビから流れて来た音楽に耳を傾け、妻が昔好きだったと言った。

みむきもしない【見向きもしない】

面白い、良さそうだ、やってみたいなどと思わないで、全然見ようとしない様子。

・長い間**見向きもされなかった**所に、今海外から人が集まっている。

・昔からの遊びを見せても、今の子供は**見向きもしない**そうだ。

みもの【見物】

簡単にいつでもどこでも見られないような事や物。

・隣町が作った公園は、花が全部咲いたときは**見物**だそうだ。

・経験の長い人が機械を使って仕事する様子は、どこにも無い**見物**だ。

みやぶる【見破る】→みぬく

みょう【妙ナ・ニ】

理由はよくわからないが、いつもと違って変だ、気になるなどと思わせる様子。

・庭で**妙な**音がするので調べると、小さなネコがいた。

・冬なのに**妙に**暖かい日が続いて、嫌な感じだ。

みようみまね【見よう見まね】→まね①

みりょく【魅力】

自分も同じようになりたい、いつも近くにいたい、離れたくないなどと思わせる力。

・若い人が**魅力**を感じる会社はどんな会社か、友人と食事に行くと話している。

・父は、言葉にできない**魅力**があると言って、よく古い皿を長い間見ている。

★離れたくないと思わせる力を持っている様子を 魅力的 と言う。

・社員が紹介した結婚相手は、笑顔が**魅力的**な女性だった。

みりょくてき【魅力的ナ・ニ】→みりょく

みるかげもない【見る影も無い】

人や物などが、元気だった頃やできてすぐのときなどとは大きく違って、見ていられないと感じる様子。

・入院が長かった昔の仲間は、痩せて**見る影も無く**なっていた。

・妻のふるさとは人が減って、今は**見る影も無い**様子だそうだ。

みるからに【見るからに】→いっけん②

みるにしのびない【見るに忍びない】→みるにたえない②

みるにたえない【見るに堪えない】

① 仕事や絵、映画などが見ていられないほど良くない様子。

・昨日の映画は、**見るに堪えない**作品だった。

・時々、**見るに堪えない**絵を並べた美術館がある。

②　かわいそうで、ずっと見ていられない様子。

・戦争の中で生きる子供たちの様子は、**見るに堪えない**。

・仕事が無く、**見るに堪えない**生活をしている人たちが増えた。

★②と同じ様子を 見るに忍びない とも言う。

・親を亡くして悲しむ社員の様子は、**見るに忍びない**。

みるにみかねる【見るに見かねる】

　ずっと様子を見ていて、許せないと思ったとき、また、とても心配だと思ったときなど、黙って見ていられなくなる。

・電車で大きな声を出し騒いでいる学生を、**見るに見かねて**注意した。

・進まない仕事を**見るに見かねて**、若い社員の仕事を手伝った。

みるまに【見る間に】

　短い時間に、目の前の様子が大きく変わると伝える言い方。

・強い雨が降って、**見る間に**水が道を隠すほどになった。

・ふるさとは、雪が消え始めると**見る間に**春の景色になる。

★同じ様子は 見る見る とも言う。

・台風が近づいて風が吹き始めると、周りが**見る見る**暗くなった。

みるみる【見る見る】→みるまに

みるめ【見る目】

①　人や起こった事などを考えるときの考え方や見方。

・同じ事でも**見る目**が変われば、意見も変わる。

・周りの人の**見る目**を考えていたら、いい仕事はできない。

②　人や物がどれほど信じられるか、良いか悪いかなどを正しく見る力。

・絵や古い物を**見る目**は、ひとりひとり大きく違う。

・社長は人を**見る目**があるので、力のある社員が多い。

★→めがきく

みわけがつく【見分けがつく】

　同じように見えるが、違いがはっきりしていて、間違える事は無い。

・近所に住む兄弟は、後ろから見ると**見分けがつかない**。

・木の色と**見分けがつかない**色に変わる虫がいる。

みわたす【見渡す】★→みまわす

　広い場所全体を、遠くまで見る。

・社長は集まった人たちを**見渡して**から、話し始めた。

・時々登る山の上から**見渡す**景色は、本当にきれいだ。

みをちぢめる【身を縮める】

　寒い、怖い、危ないなどと感じたときに、体を小さくする。

　・寒くなって、町では人が**身を縮めて**歩いている。

　・朝、急な風で箱が飛んで来たので、**身を縮めて**逃げた。

みをのりだす【身を乗り出す】

　①　よく見えるように、聞こえるように、体を前の方に出す。

　・公園で、子供が**身を乗り出して**池のカメを見ていた。

　・何が見えるのか、窓から**身を乗り出している**人がいる。

　②　好きな話や大切な事などを自分から聞こうとする。

　・若い社員が友人の話を**身を乗り出して**聞いている。

　・会議では、みんな社長の話を**身を乗り出す**ようにして聞く。

みをひく【身を引く】

　もうできなくなったと思って、それまでしていた仕事などをしなくなる。

　・仕事ができなくなったら、**身を引こう**と考えている。

　・社長が**身を引く**とき、自分も会社を辞めると決めている。

みをひそめる【身を潜める】

　人の来ない所にいて、ほかの人から隠れるようにしている。

　・友人は嫌な客が来ると**身を潜める**ようにして部屋を出て行く。

　・会社の金を使って**身を潜めて**いた社員が、見つかった。

みをまかせる【身を任せる】★→まかせる③

　自分や周りを自分で変えようとしないで、頼んだ人や周りの様子などに合わせる。

　・入院した母は、医者の手に**身を任せる**と言った。

　・時間の流れに**身を任せて**生きると言うが、簡単ではない。

　★同じ様子を身を委ねるとも言う。

　・年を取ったら、ふるさとで自然に**身を委ねて**生きたい。

みをゆだねる【身を委ねる】→みをまかせる

みをよせる【身を寄せる】

　困った事があったときやいつもの所に居られなくなったときなどに、ほかの人の所へ行って助けてもらう。

　・東京には、いつでも**身を寄せられる**大学時代の仲間がいる。

　・町に、困ったとき誰でも**身を寄せられる**場所ができた。

む

むえき【無益ナ・ニ】→ゆうえき

むかい【向かい】

　今いる場所の前で、間を空けて自分のいる所に向いている場所、また、そこにいる人やある建物。

　・電車で**向かい**の知らない人が急に話しかけてきたので驚いた。

　・**向かい**に新しい家族が引っ越して来たが、まだ顔を見ていない。

むがい【無害ナ・ニ】→ゆうがい

むき【向き】

　①　建物や部屋が向いている方向や人や物が進んで行く方向。

　・父は、**向き**をよく考えて今の家を買った。

　・前を走る車が急に止まって、**向き**を変えて走り出した。

　②　年齢や季節などの言葉の後に付けて、それによく合っていると伝える言い方。

　・初めて作った、**お年寄り向き**の商品がよく売れている。

　・妻が買って来てくれた**春向き**の明るい色の服で散歩に出た。

　★②と反対によく合っていないとき〔**不向き**〕と言う。

　・仕事には向き**不向き**があるから、考えて頼んでいる。

むきだし【むき出しニ】

　何も隠さないで、入っている物や心の中で思っている事などが全部外にわかる様子。

　・**むき出し**でお金を渡すのは失礼だと、父に教えられた。

　・友人は、珍しく気持ちを**むき出し**にして怒った。

むきになる

　小さな事だが、大切な事だと思い、その事だけを誰にも負けないようにする。

　・若い頃は誰にも負けたくないという気持ちで、**むきになって**働いた。

　・妻の小さな間違いを笑ったら、**むきになって**言い返された。

むくい【報い】→むくいる②

むくいる【報いる】

　人にしてもらった親切や助けなどにお礼になるような事をする。

・色々教えてくれた社長に**報いる**ために、頑張って働く。

・育ててくれた両親に**報いる**気持ちを忘れることは無い。

★人に嫌な事、悪い事などをして、同じような事が自分に起きたとき 報い と言う。

・悪い商品を売れば、間違いなく**報い**を受ける。

むくち【無口ナ】→くちかず

むげん【無限ニ】★→むすう

物やする事などがどこまでも続いていて終わりが見えない様子。

・水や空気は**無限**だと思って使っていたら、大変な事になる。

・仕事が**無限**に続くようで、何もしたくなくなるときがある。

★どこまでも続くと思われる大きさや広さなどを 無限大 と言う。

・昔、空の向こうにある**無限大**の世界を旅するのが夢だった。

むげんだい【無限大】→むげん

むごい

① ほかの人や動物を苦しめ、命が危なくなるような事をする様子。

・仕事が無い今会社を辞めろと言うのは、死ねというほど**むごい**事だ。

・子供を殺すという**むごい**親のニュースが続いている。

② 人や動物が死に、見ていると苦しくなる様子。

・交通事故の**むごい**様子を目の前にして、運転が怖くなった。

・病院も薬も無く、骨のようにやせて死ぬ子供の**むごい**様子がニュースになった。

★②のように見ているのが苦しくなるようなとき むごたらしい と言う。

・昔見た、戦争で死んだ人の**むごたらしい**写真が忘れられない。

むこうみず【向こう見ずナ・ニ】★→むぼう

後の事を考えずに、危ない事や誰もしなかった事などをする様子、また、そんな事をする人。

・結婚してからは、**向こう見ずな**事をしなくなった。

・若いときは、**向こう見ずに**色々経験してもいいときだ。

★同じ様子を 無鉄砲 とも言う。

・友人は、周りが驚くような**無鉄砲**な事をするときがある。

むごたらしい →むごい②

むし【無視スル】

本当は気がついているのに、人がそこにいないように、問題など無いようにしている様子。

・信号の**無視**が、交通事故の大きな理由のひとつだと言われている。

・人の言葉を**無視**してやっても、仕事はうまくいかないときが多い。

むしがいい【虫がいい】

　周りの事などは考えずに、自分の事だけを大切に考える様子。

・売れなければ返すと**虫がいい**事を言う店には商品を置かない。

・こちらの事を考えず**虫のいい**話をする相手と仕事はしない。

むしがしらせる【虫が知らせる】→むしのしらせ

むじつ【無実】

　本当はしていないのに、泥棒や殺人をしたなどと言われる様子。

・人を殺したと言われていた人が**無実**だとわかり、大騒ぎになった。

・何年もして**無実**だとわかった人がいて、自分だったらと怖くなった。

むしのいき【虫の息】

　いつ死んでもおかしくないほど息が弱く、長く生きられそうに見えない様子。

・事故の後**虫の息**だった社員が助かったと連絡があって、本当にうれしかった。

・地震の後、**虫の息**で見つかった子供が助かって良かった。

むしのいどころがわるい【虫の居所が悪い】→きげん

むしのしらせ【虫の知らせ】

　悪い事が起こると、起こる前にわかったと感じる様子。

・**虫の知らせ**か、早く家へ帰ると妻が高い熱を出していた。

・夢に出て来た知り合いが亡くなって、**虫の知らせ**だったと思った。

★同じ事を 虫が知らせる とも言う。

・**虫が知らせた**のか、いつもは行かない時間に工場へ行くと、煙が出ていた。

むじゃき【無邪気ナ・ニ】

　小さな子供が自由でかわいく見えて、悪い事をするような感じがしない様子。

・子供がまだ小さいとき、仕事から帰って**無邪気な**寝顔を見ると疲れを忘れた。

・公園で**無邪気に**遊ぶ子供たちの顔を見ていて、変わらず大きくなれと思った。

むしゃくしゃ【むしゃくしゃスル】

　思ったようにできない事や嫌な事などがあって、静かな気持ちでいられない様子。

・天気が悪くて**むしゃくしゃする**日は、難しい事をしない。

・仕事がうまくいかなくて**むしゃくしゃする**ときは早く帰る。

むじゅん【矛盾スル】

する事や言う事などがほかの事とうまく合っていないと感じさせる様子。

・今は、物を捨て自分が増やしたゴミに困る**矛盾した**社会だ。

・花の多い町のゴミ置き場が汚いとは、**矛盾した**話だ。

むしろ

ふたつの事を並べて、違う考えもあるだろうが、自分はこちらを選ぶと伝える言い方。

・家より**むしろ**会社を大切にしてきたが、良かったのだろうか。

・友人は、仕事より**むしろ**勉強を選びたかったそうだ。

むしん【無心ニ・スル】

①　いいか悪いか、必要かどうかなどを考えずに、ひとつの事だけをする様子。

・友人は、仕事に疲れたら**無心に**運動するのがいいと言う。

・公園で遊ぶ子供の**無心な**様子は、心を温かくしてくれる。

②　お願いする相手の事をよく考えずに、お金や物などをくれるように頼む様子。

・学生時代は、お金が足りなくなると親に**無心して**いた。

・ふるさとの知り合いにお金を**無心されて**困っている。

むしんけい【無神経ナ・ニ】

周りの事を考えようとしない、また、周りの小さな事を見ようとしない様子。

・人の体に当たっても、何も言わない**無神経な**人が増えた。

・**無神経に**見えても、お年寄りの荷物を持つような若者も多い。

むすう【無数ニ】★→むげん

考えられないほどたくさんある様子。

・同じような品が**無数に**ある世界で、会社は負けずに頑張っている。

・仕事には、**無数の**問題があってもう大丈夫と言える事は無い。

むせきにん【無責任ナ・ニ】→せきにん

むせる

食べ物や煙などが喉（のど）に入って、呼吸がしにくくなる。

・急いで食べて**むせる**と、妻に子供のようだと言われた。

・どこででもタバコが吸えなくなって、煙に**むせる**事は無くなった。

むぞうさ【無造作ナ・ニ】

簡単にはできない事や時間がかかる事、時間をかける必要がある事など

を簡単に、また、じゅうぶん注意しないでする様子。
- 機械好きの父は、壊れた自転車も**無造作**に直す。
- 品物の置き方が**無造作**な店に行くと、買おうという気が無くなる。

むだ【無駄ナ・ニ】

時間やお金を使っても、何も意味が無かった、やらなければ良かったなどと感じる様子。
- 何も問題が無いときの会議は、時間の**無駄**だと思う。
- 難しい事をやろうとして、お金と時間を**無駄**にした。
- ★無駄に時間やお金を使う様子を 無駄遣い と言う。
- 夢にお金を使っても、**無駄遣い**だとは思わない。

むだあし【無駄足】

時間とお金を使ったのに、会おうとする人に会えない、また、良い結果を待っていた事などが思うようにならない様子。
- 時間をかけて探した人は、引っ越していて、**無駄足**になった。
- 新しい仕事になると思って、相手の所に行ったが、**無駄足**だった。
- ★思ったようにならなかったとき 無駄足を踏む と言う。
- 何度**無駄足**を踏んでも、会って話すまで相手の所へ行く。

むだあしをふむ【無駄足を踏む】 →むだあし

むだぐち【無駄口】

やる事があるときなどに、それをしないで周りの人とする個人的な話や無関係な話。
- 社員は、疲れていると**無駄口**が多くなるから注意している。
- 危ない機械を使う工場では、**無駄口**が聞こえることは無い。
- ★よく 無駄口を利く／たたく と使う。
- 仕事が多いと、友人と**無駄口**を利いて／たたいている時間も無い。

むだづかい【無駄遣い】 →むだ

むだん【無断】 ★→ことわり（ことわる②）

関係する人に説明しないで、許可などももらわないで自分や仲間だけで決めてする様子。
- 妻に**無断**で旅行を決めたので、少し悲しそうな顔をされた。
- 会社に**無断**の仕事をしていた社員が、見つかって辞めた。

むちゃ【無茶ナ】 ★→むほう、むり

どんな結果になるか考えないで、間違っている、やりすぎだなどと思わせるような事をする様子。
- 社長に**無茶**を言って、今年の計画に無かった商品を作らせてもらった。

・無茶な仕事を続けていた友人が、倒れてしまった。

むちゃくちゃ【無茶苦茶ナ】→めちゃくちゃ

むちゅう【夢中ナ・ニ】

ほかの事を忘れて、自分のやりたい事、好きな事などだけをする様子。

・若いとき、旅行に夢中で学校へ行かないときがあった。

・仕事に夢中になれる社員を、社長はとても大切にする。

★同じ様子を（没頭）とも言う。

・商品作りに没頭する友人を見て、自分はできないと思う。

むっつり【むっつり（と）スル】

怒っているのか、嫌な事があるのかなどと思わせるような顔で、話さずにいる様子。

・妻がむっつりしていると、何か問題があるのだなと思う。

・お酒を飲むと、いつもはむっつりしている人がよく話す。

むっとする

①　暑さや嫌な臭いなどが原因で、息がしにくいと感じる。

・今日は外に出るとむっとする暑さで、仕事相手の会社へ行く気にならなかった。

・工場に入ると、いつもむっとするような臭いがする。

②　嫌な事を言われたときやされたときなどに、言葉では何も言わないで、怒っている様子を見せる。

・仕事が遅いと言われた社員は、むっとして出て行った。

・社長は、反対意見を言う社員にもむっとした顔を見せる事は無い。

むてっぽう【無鉄砲ナ・ニ】→むこうみず

むなさわぎ【胸騒ぎ】

悪い事が起こるような感じがして、心配で安心できない様子。

・悪い夢を見て、事故でも起こるのではと胸騒ぎを感じる一日だった。

・なぜか朝から胸騒ぎがするので、両親に電話で様子を聞いた。

★同じ様子を（胸が騒ぐ）とも言う。

・夜遅くまで妻が帰って来ないので、胸が騒ぐ思いだった。

むなしい

①　考える事や言う事などが、正しい、信じられると感じられない様子。

・自分でやらない人の言葉は、何を言われてもとてもむなしく聞こえる。

・失敗を問題にしても良い方法を出せないときは、むなしい。

②　やった事などに何も意味は無かったと思う様子。

・頑張った商品が売れないと、むなしい気持ちになる。

・何度やっても同じ間違いをする社員を見て、**むなしく**感じる。

むねがさわぐ【胸が騒ぐ】→むなさわぎ

むねがすく【胸がすく】→すく②

むねがつまる【胸が詰まる】★→むねがふさがる

心配や悲しさ、喜びなどが大きすぎて、息もできないほど胸が苦しくなり、何も言えなくなる。

・友達が入院したと聞いて、**胸が詰まる**思いだった。

・社長にほめられ、喜びに**胸が詰まって**返事もできなかった。

むねがはりさける【胸が張り裂ける】→はりさける

むねがふさがる【胸が塞がる】★→ふさがる、むねがつまる

心配な事や悲しい事などがあって、ほかの事を考える事やする事ができなくなる。

・大学の仲間が急に亡くなって、一日中**胸が塞がる**思いだった。

・入院した母の様子を見ると、**胸が塞がり**そうだ。

むねをはる【胸を張る】

言った事が言葉通りにできたときややった事が良い結果になったときなどに、自分がやったという気持ちを強く見せる。

・悪い事はしていないと**胸を張って**言える生き方をしたい。

・**胸を張って**話す友人を見て、良い結果が出たと思った。

むぼう【無謀ナ・ニ】★→むこうみず、むちゃ

後や先の事を深く考えないで、危ない事ややりたい事などをする様子。

・学生時代、今考えれば**無謀**だと思う旅に何度も行った。

・町は、夜遅く**無謀**な運転で近所を走る若者に困っている。

むやみ【無闇ナ・ニ】

後でどうなるかを考えずに、言いたい事を言い、やりたい事などをする様子。

・会議で**無闇**な事は言えないので、いつもじゅうぶん準備してから出る。

・両親は、物を大切に使って、**無闇**に買い物をしない。

むやみやたら【無闇やたらナ・ニ】→やたら

むら

①　物の色や大きさ、厚さなどが同じでない様子。

・商品の大きさに**むら**が出て、機械の故障がわかった。

・本の印刷に**むら**があったので、本屋に返した。

②　時間や天気が関係して、また、好き嫌いなどがあって、やろうとする気持ちや考えが変わりやすい様子。

・仕事をやろうという気持ちに**むら**が感じられる社員とは、一度ゆっくり話す。

・自分もやる気に**むら**があることはわかっているが、周りには見せない。

むらがる【群がる】

同じ事をしようとする人や動物、鳥などが、同じ所にたくさん集まって来る。

・事故を見ようとして、駅前に多くの人が**群が**っていた。

・砂糖にアリが**群がる**ように、事故の周りに人が集まった。

★集まっている様子を (群れる) と言い、集まって来た人や動物を (群れ) と言う。

・公園の木に珍しい鳥が**群れ**、町で騒ぎになっている。

・夕方、**群れ**になって飛ぶ鳥は、色々な形になって面白い。

むり【無理ナ・ニ】★→むちゃ、むりもない

①　難しい、誰がどう考えてもできないなどと思う事、また、そう思わせる様子。

・**無理**を言われても、できない事はできないとはっきり言う。

・**無理**な話かと思ったが、一度社長に相談することにした。

②　やろうという気持ちが無いのにやらなければと思う、また、人にやらせようとする様子。

・四十歳を過ぎた頃から、**無理**ができなくなってきた。

・やろうと思わない人に、**無理**に仕事は頼めない。

★②のようにやろう、やらせようとする様子を (無理矢理) と言い、どうしてもやらせようとする様子を (無理強い) と言う。

・嫌いな事を**無理矢理**させる育て方は、賛成できない。

・嫌だと言う人にお酒やカラオケを**無理強い**するのは良くない。

むりじい【無理強いスル】→むり②

むりもない【無理も無い】★→どうり、むり

人の話を聞いて、言う事やする事の理由がよくわかったと伝える言い方。

・両親が入院した社員が辞めるのは、**無理も無い**と思った。

・失礼な言い方をされた友人が怒って帰って来るのは、**無理も無い**話だ。

むりやり【無理矢理】→むり②

むれ【群れ】→むらがる

むれる【群れる】→むらがる

むろん【無論】★→もちろん

言わなくてもわかっている事だがと言ってから、自分の意見を伝える言

い方。
・遅刻は**無論**許されないが、特別な理由があるのなら話は別だ。
・いじめが悪いのは**無論**だが、何もしない学校にも問題がある。

め

一め【一目】

ほかの言葉の後に付けて、次のような意味を伝える。

①　ひらがなで書いて、いつもとは少し違って、多い、少ない、濃い、薄いなどと伝える。

・朝仕事の前には**濃いめ**のコーヒーを飲んでゆっくりする。

・急に必要になる事もあるので、財布に少し**多め**に入れている。

・仕事が多い日は、いつもより少し**早め**に家を出ることにしている。

②　数字と一緒に使って、順番を伝える。

・入社三**年目**の社員とは思えない仕事に驚いた。

・駅から**ふたつ目**の角を曲がった所においしいパン屋ができた。

③　大きく変わるときと伝える。

・日本一だった会社が今は**落ち目**で、新しい商品も作らなくなった。

・今の会社に入ったときが人生の**分かれ目**だった。

・季節の**変わり目**には風邪で会社を休む人が多い。

めあたらしい【目新しい】

前に見た経験が無いと思うような珍しい人や物、考え方ややり方などの様子。

・**目新しい**果物を見つけたので、両親と妻に買って帰った。

・形を**目新しく**しても、商品が思ったほど売れないときもある。

めあて【目当て二】

どこかへ行こうとするときに、道の案内になるような建物や場所など、また、新しい事などをしようとするときに、助けになるこれから先に予定されている事など。

・友人の言う建物を**目当て**に、辞めた社員の家を探した。

・次の会議を**目当て**に、まったく新しい商品を考えた。

★どうしても欲しい物や会いたい人などに お目当ての という形で使う。

・**お目当て**の歌手が来るというので、駅前に人が集まった。

めいしん【迷信】

はっきりした説明ができず信じない方がよいと言われているが、昔から多くの人に正しいと信じられ、伝えられている考え。

- 黒いネコを見ると悪い事があると言うのは**迷信**だ。
- **迷信**を信じる妻は、鏡が割れると悪い事があると言う。

めいじん【名人】

長い経験があって、ほかの人にはできないような技術などを持った人。

- 妻は、家にある物を使って、速くおいしい料理を作る**名人**だ。
- 妻は、近所で花作りの**名人**と呼ばれる人に、時々教えてもらうそうだ。
- ★技術などが人を驚かせるほどだと強く言うとき(達人)と言う。
- 社長は、人がどんな力を持っているか見つける**達人**だ。

めいちゅう【命中スル】

投げた物や飛ばした物などが、当てようとした所に当たる、入れようとした所に入るなどする様子。

- ふるさとで鳥に石を投げて遊んだが、**命中**はしなかった。
- 捨てようと投げた空き缶が、ゴミ箱に入ると「**命中**」と声が出る。

めいっぱい【目一杯】

出せる力の全部を使って、もうこれ以上はできないと思うまですると伝える言い方。

- 辞める時までは**目一杯**仕事ができるように、体を大切にしている。
- みんなで**目一杯**頑張れば、会社はまだまだ大きくなるだろう。

めいめい

多くの人の中のひとりひとり。

- 長く続くゴミ問題は、**めいめい**が考える必要がある問題だ。
- 子供は大きくなると、**めいめい**好きな事をするようになる。

めいわく【迷惑ナ・スル】

嫌な事やほかの事の邪魔になるような事、すぐにはできない時間のかかる事だなどと周りに思わせる様子。

- 両親は人に**迷惑**をかけないよう、自分の事は自分でする。
- 同じ事を何度も聞きに来る社員がいて、**迷惑している**。

めうえ【目上】

年齢が上、会社や社会での経験などが長い様子、また、そのような人。

- 最近、**目上**の人にも友達のように話す失礼な人が多い。
- 仕事ができないと、**目上**というだけでは大切にされない。
- ★反対を(目下)と言う。
- 会社を辞めれば、目上も目下も無い社会で生きる事になる。

めがきく【目が利く】★→みるめ②

良い物かそうではないかなどが物を見てわかる力を持っている。

・父は、古い物に**目が利く**から変な物を買わないと言う。

・**目が利く**人に頼んで、会社の入り口の絵を新しくした。

★同じ様子を 目が高い とも言う。

・最近は、良い物しか買わない**目が高い**客が増えている。

めがくらむ【目がくらむ】★→めがまわる

① 強い光を見たときや体の調子が良くないときなどに、立っているのが難しくなる。

・暑い日、急に外に出て強い光を見ると**目がくらむ**思いがする。

・三日間寝ていたので、立ったとき少し**目がくらんだ**。

② ひとつの事や物だけしか見えなくなって、正しく考えられなくなる。

・金に**目がくらんだ**人が増えると、人への優しさの無い冷たい社会ができる。

・目の前の事に**目がくらむ**と、会社全体の動きが見えなくなる。

めがける【目がける】

ほかの物はまったく見ないで、ひとつの物や場所などに向かう様子。

・スーパーが開くと、おおぜいの人が安い商品**目がけて**走る。

・池のカメを**目がけて**石を投げて遊ぶ子供に、お年寄りが注意していた。

めがさえる【目がさえる】

考え事や心配事、また、外からの邪魔などがあっていつまでも眠れない様子。

・仕事の遅れを考えていて、昨日は**目がさえて**眠れなかった。

・夜遅く、大きな音で起こされてから、**目がさえて**しまった。

めがさめる【目が覚める】★→めざめる

① それまで続けていた事などが良くない事だとわかる。

・悪い事をする子が、親の涙を見て**目が覚める**ときもある。

・自分で悪いと思わなければ、何を言っても**目が覚めない**。

★自分で①のようになる様子を 目を覚ます と言う。

・悪い事をしたと**目を覚ます**まで待つのは、難しいが必要だ。

② 目が覚めるような という形で、音や色などが驚くほど特別でほかと違うと伝える言い方。

・会社を出ると、外は**目が覚めるような**青空だった。

・駅前に**目が覚めるような**色の建物ができた。

めかす

いつもとは違う服を着る、化粧をするなどして、自分を良く見せようとする。

・年の初めは、着物を着てめかした女性が多く、駅前はにぎやかだ。

・珍しくめかした妻は、花作りの仲間と食事をすると言って楽しそうに出かけた。

★めかした様子を めおめかし と言う。

・初めておめかしした娘は、別の人のように見えた。

めがたかい【目が高い】→めがきく

めがでる【芽が出る】→めをだす

めがとどく【目が届く】

注意して見ていなければならないときなどに、見ている事ができる場所にいる。

・教師の目が届かない所で、いじめが増えているということだ。

・会社は、工場全体に目が届くようにして、事故を無くそうとしている。

めがない【目が無い】

食べ物や飲み物などが大好きで、見たらすぐに口へ入れたくなる様子。

・甘い物に目が無い妻は、食事の後でも大きなケーキを食べる。

・酒に目が無い父が、それほどたくさん飲まなくなった。

めがひかる【目が光る】→めをひからせる

めがまわる【目が回る】★→くらくらする、めがくらむ

光が強すぎるときなどに、少しの間前がよく見えないと感じる、また、とても忙しいときなどに何も考えられなくなる。

・外に出ると、太陽の光が強くて目が回りそうな日が続いている。

・今月は、注文が多くて目が回るような忙しさだった。

★とても忙しくてどうしていいかわからない様子を 目を回す と言う。

・目を回す忙しさに、友人と話す時間も無いときがある。

めからうろこがおちる【目からうろこが落ちる】

新しい経験や人の言葉などから、今までわからなかった本当の事や大切な事などがわかる。

・自分でやってみると、目からうろこが落ちる事も多い。

・社長の言葉に、いつも目からうろこが落ちる思いがする。

めきめき【めきめき(と)】

見てはっきりわかるほど人や植物などが大きく育つ、また、練習している技術などが上手になると伝える言い方。

・暖かくなるとめきめき育つ庭の草花には、本当に驚く。

・友人は、海外での仕事が増えるとめきめきと英語がうまくなった。

めくじらをたてる【目くじらを立てる】
　人が言う事やする事の小さな間違いなどを見つけ怒る。
　・仕事を始めるのが少しでも遅れると、**目くじらを立てる**ような会社には
　なってほしくない。
　・小さな事に**目くじらを立てる**人が辞めて、会議がやりやすくなった。

めくばせ【目配セスル】
　周りにはわからないように、目と目で考えている事などを伝える様子。
　・会議中、友人に**目配せ**で新しい計画を話すように伝えた。
　・駅前で会った人と話していると、早くと妻が**目配せ**した。

めくばり【目配り】→めをくばる

めぐまれる【恵まれる】→めぐむ②

めぐみ【恵み】→めぐむ①

めぐむ【恵む】
　①　生きるのが大変な人などを、自分のお金や物などを使って助ける。
　・要らない物を困った人にあげるのは、**恵む**事ではない。
　・世界には、**恵んで**もらわなければ生きられない人も多い。
　★①のような困ったときに来るほかからの助けを 恵み/恩恵 と言う。
　・妻のふるさとで米を作る人たちは、雨を天の**恵み**と呼ぶ。
　・大きな都市で生活すると、自然の**恩恵**を感じる事が少ない。
　②　多く 恵まれる という形で、生きるのに必要な人や物などがあってあ
　りがたいと思っていると伝える。
　・会社に入ってからは多くの親切な人に**恵まれて**、何度も助けられた。
　・**恵まれている**と思って生きる人には、周りに優しい人が多い。

めぐらす【巡らす】
　①　危ない所などに人が入らないように、周り全体に壁などを作る。
　・公園の池の周りは、安全のため背の低い木が**巡らして**ある。
　・工場の周りには壁を**巡らせ**、誰も入れなくなっている。
　②　問題があるとき、色々な方法などを考える、また、昔の事を思い出
　して考える。
　・友人は、考えを**巡らせて**いるときは、長い間黙っている。
　・古い写真を見て、母はふるさとに思いを**巡らして**いるときがある。
　★①、②と同じ様子は 巡らせる とも言う。

めぐらせる【巡らせる】→めぐらす

めくる
　次を見るために、本のページなどの薄い物を裏返す、また、破って取る。

・早くページをめくって次が読みたくなるような本が、最近少ない。
・月の終わりにカレンダーをめくると、気持ちが新しくなる。
★めくったような様子になるとき めくれる と言う。
・古くなった壁紙（かべがみ）がめくれてきたので、新しくしてもらった。

めぐる【巡る】

①　時間がたって同じ事が起きる、また、物の周りを動いて、同じ場所へ戻って来る。
・雪の季節が巡ってくると思い出すふるさとの景色がある。
・町の公園には、池を巡って桜の木が並んでいる。

②　場所を決めて、色々な所を移動する。
・海外から客が来ると、有名な場所を巡って案内する。
・両親は、思い出の場所を巡るふるさとへの旅行に出た。

③　同じ事や人を中心にして、話し合いや物語などが進む。
・子供が減った町の学校の将来を巡って、話し合いがあった。
・子供の頃読んだ指輪を巡る話の面白さは、今も忘れられない。

めくれる →めくる

めざす【目指す】

簡単にはできない事や人がやっていない事などを、やろうと決める。
・父は一日一万歩を目指して、毎日休まず散歩を続けている。
・日本で一番の会社を目指して、みんなで頑張っている。

めざましい【目覚ましい】

人や物などが驚くほどの速さで、変わって行く様子、また、思っていたよりもずっと良い結果が出る様子。
・コンピュータ社会は目覚ましい速さで驚くような変化を続けている。
・会社に入って初めて商品を作った社員が、目覚ましい働きだと社長にほめられた。

めざめる【目覚める】★→めがさめる

人や物の大切さや面白さなどが本当にわかるようになる。
・親の本当のありがたさに目覚めるのは、自分が子供を持ってからだ。
・仕事の面白さに目覚めた社員は、働き方が変わる。

めざわり【目障り】→さわる②

めした【目下】→めうえ

めだつ【目立つ】

ほかの人や物と一緒になっていても、また、みんなと同じ事をしていても、違いがはっきりとわかる。

・昔も今も、食事会になると目立つ社員がいる。

・目立つ事をしても、良い結果が出なければ意味が無い。

めちゃくちゃ【めちゃくちゃナ・ニ】

①　正しくない、いつもは考えられない、特別だなどと強く思う様子。

・決まった商品の値段はめちゃくちゃだと友人が怒っている。

・相手がめちゃくちゃな事を言うので、社長が仕事をしないと決めた。

②　初めの形がわからないほど壊れる、また、順番を決めて並べていた物などが初めはどうだったかわからなくなる様子。

・地震で家がめちゃくちゃになっても、負けないで生きる人たちは本当に強い。

・会議の前に計画書を落として、順番がめちゃくちゃになった。

★①、②と同じ様子を めちゃめちゃ／無茶苦茶 とも言う。

　①・新しい商品がめちゃめちゃ売れて、会社は大喜びだ。

　　・無茶苦茶な事を言う人がいて、今日の会議は長くなった。

　②・台風でめちゃめちゃになった庭を見て、妻は涙を流した。

　　・倒れて無茶苦茶の商品の箱を、番号順にもう一度並べた。

めちゃめちゃ【めちゃめちゃナ・ニ】→めちゃくちゃ

めつき【目つき】→かおつき

めっきり【めっきり（と）】

急に、これまでとははっきりわかるほど変わったと伝える言い方。

・最近めっきり風が冷たくなり、外出するときにはコートが要る。

・父は、この頃めっきりとお酒や食事が減り、少し心配だ。

めった【滅多ナ・ニ】

①　「ない」と一緒に使って、本当に珍しい、信じられない、などと伝える言い方。

・**滅多**に笑わない社員が、若い社員の話を聞いて笑ったので驚いた。

・**滅多**にしなくなったので、簡単な料理を作るのも大変だ。

★→まれ

②　滅多な事 滅多な口 の形で、よく考えないで言いたい事を言い、したい事をする様子。

・初めての会社と仕事をするときは、相手の考えがわかるまで、**滅多な事**は言えない。

・いつ人を傷付けるかわからないので、親しい仲間とでも**滅多な口**はきけない。

めったなこと／くち【滅多な事／口】→めった②

めど

　やっている事ややろうとする事などに、どれくらい時間や金が必要か考えて作る、だいたいの予定や計算。

　・前の商品をめどにして、新しい計画の費用を計算して会議に出した。

　・去年集まった人の数をめどに、今年も祭りが計画されている。

　★めどができたとき〔めどが立つ/つく〕と言い、めどと同じ事を〔目安〕とも言う。

　・両親は、費用のめどが立ったので初めての海外旅行へ行く事を決めた。

　・費用のめどがつくまで、会社の引っ越しは考えないそうだ。

　・去年の集まりを目安に、今年最後の食事会が計画された。

めどがたつ【めどが立つ】→めど

めどがつく→めど

めとはなのさき【目と鼻の先】

　自分がいる所からすぐ近い場所。

　・会社から目と鼻の先に、昼ご飯を出す店が新しくできて便利になった。

　・目と鼻の先にスーパーができて、駅前の店はみんな困っている。

めにあう【目に遭う】

　「目」の前に、悲しい、痛いなどの言葉を使って、今まで無かったような大変な経験をする。

　・急に大雨が降って電車もバスも止まり、**大変な目に遭った**。

　・人の事を悪く言っていると、後で自分が**痛い目に遭う**。

めにあまる【目に余る】

　許せないほど良くないので、黙って見ていられない。

　・公園のゴミが**目に余る**ほどで、町で話し合いが始まった。

　・昼休みでも、**目に余る**ような騒ぎ方はやめようと話した。

めにする【目にする】

　見る、また、見ようと思っていたのではないが見える。

　・小さい頃**目にした**ふるさとの景色は、いつまでも忘れない。

　・社長は、自分が初めて作った商品が店に並んでいるのを**目にして**泣いたそうだ。

めにつく【目につく】→めをひく

めにとまる【目に留まる】

　①　ほかと違う事や気になる事などに気がついて、少しの間注意して見ようと思わせる。

　・妻は**目に留まった**物があっても、すぐには買わない。

・社員のいつもと違う様子が**目に留まっ**たら、その人と話をする。

★見てみようと思う様子を〔**目を留める**〕と言う。

・客が**目を留める**商品ができるよう、いつも考えている。

② 物や人などのほかと違う良い所に気づく。

・社長の**目に留まっ**た若い人が、大きな仕事をしている。

・友人が、ほかの会社の**目に留まる**ような商品を作った。

めにはいる【目に入る】→めにふれる

めにふれる【目に触れる】

見ようと思わなくても、また、特別に見せようとしなくても見ることになる。

・社員の**目に触れ**やすいように、会社の決まりが壁に貼ってある。

・子供の**目に触れ**ないように良くない本や写真などを隠す事は、教育とは思わない。

★同じ様子を〔**目に入る**〕とも言う。

・祭りが近づくと、色々な所で子供たちが描いたお知らせが**目に入る**。

めにみえて【目に見えて】→めにみえる②

めにみえる【目に見える】

① 見て様子がはっきりわかる、また、そうなるだろうと強く思える。

・もうすぐ商品ができると思うと、友人の喜ぶ顔が**目に見える**ようだ。

・失敗するのは**目に見え**ていても、経験だと思いやると決めた。

② 〔**目に見えて**〕という形で、見ている所で様子が変わると伝える。

・一年間で、新しい社員は**目に見えて**育っていく。

・母が**目に見えて**弱ってきたので、何も言わないが心配だ。

めのいろがかわる【目の色が変わる】→めのいろをかえる

めのいろをかえる【目の色を変える】

怒ったときや驚いたとき、また、ひとつの事だけを頑張ってするときなどに、目の様子がいつもと違って見える。

・失敗だと言われた社員が、**目の色を変えて**そうではないと言い続けた。

・友人は、新しい仕事が面白くて**目の色を変えて**机に向かっている。

★目の色を変えた様子を〔**目の色が変わる**〕と言う。

・食べ物の話になると、**目の色が変わる**社員がいて面白い。

めのどく【目の毒】★→どく¹

① 小さい子供が見ると怖い、嫌だなどと思うような事や考えなくてもよい事を考えさせるような事や物。

・**目の毒**だと言って子供から物を隠す教育が、長く続いた。

・子供には目の毒だと思う写真などが簡単に見られる時代だ。

② 見ると、とても欲しくなってしまうような物。

・父は目の毒だと言って、欲しい皿がある店へ行かないようにしているそうだ。

・体重を減らしている妻には、甘い物は目の毒だ。

めばえる【芽生える】→めをだす①

めはくちほどにものをいう【目は口ほどに物を言う】

人の目を見れば、何か伝えたい事があると思っているのがわかる。

・目は口ほどに物を言うと言うが、妻の目を見てそうだと思った事が何度もある。

・友人の笑顔を見ると言いたい事がわかり、本当に目は口ほどに物を言うだと思った。

めはしがきく【目端が利く】

自分の周りの様子から、何が大切か、何が必要かなどがすぐにわかる。

・目端が利くと思っていた社員が、別の会社に移った。

・何をしても目端が利く友人は、社長に信じられ大切にされている。

めぶく【芽吹く】→めをだす①

めぼしい【目ぼしい】

① ほかとは違っていて、すぐに使える、自分のためになるなどと感じさせる様子。

・駅前の新しい店に入ってみたが、目ぼしい物は無かった。

・会議に出された中に、目ぼしいと思う商品計画は無かった。

② 絵や小説、仕事の世界などで中心になっていると感じさせる様子。

・家庭用品を作っている目ぼしい会社が集まって、話し合いをする会ができた。

・仕事を辞めたら、好きな作家の目ぼしい作品を全部読む。

めもあてられない【目も当てられない】

長い間見ていられないほど、事故などが起きた後の様子ややった事の結果などが悪くて大変な様子。

・工場の事故の跡は、目も当てられない様子になっていた。

・高校時代目も当てられない成績だったと友人は言うが、信じられない。

めもくれない【目もくれない】

気になる事やすぐやりたい事があるときなどに、ほかの事を見ようとしない。

・食事には目もくれないで仕事をする友人が心配だ。

・困っている人に目もくれようとしない社会は、どこか間違っている。

めやす【目安】→めど

めをうばう【目を奪う】→めをうばわれる

めをうばわれる【目を奪われる】

人や物、景色などの美しさや信じられないような様子などに、少しの間ほかの事を考えられないようになる。

・新しくできたスーパーに行って、品物の多さに**目を奪われた**。

・着物を初めて見て、その美しさに**目を奪われた**と言う海外からの客が多い。

★多くの人に目を奪われると感じさせる様子を（**目を奪う**）と言う。

・来た客の**目を奪う**ような商品の並べ方を、みんなで考えた。

めをおとす【目を落とす】

恥ずかしいときや悪い事をしたときなどに相手の顔が見られない、また、置いてある物をよく見たいなどの理由で下を向く。

・また同じ失敗だと言うと、若い社員は**目を落とし**て黙っていた。

・説明を聞いた後、社長は机の上の商品に長い間**目を落とし**ていた。

めをかける【目をかける】

これからが楽しみだと思って、一緒に仕事をする人などを大切にする。

・友人は、**目をかけ**ている若い人を育てようとして、少し難しい仕事をやらせているようだ。

・周りが**目をかけ**ても、やろうとしない人は大きく伸びない。

めをくばる【目を配る】★→めをひからせる

周りに困る事や問題などは無いかと、注意してあちらこちらを見る。

・工場での経験が長い人は、周りの人の安全にも**目を配っ**ている。

・安全に**目を配る**ために、町の人が公園や空き家などを注意して見て回っている。

★注意している様子を（**目配り**）と言う。

・駅前の店は、買い物しやすいようによく**目配り**している。

めをさます【目を覚ます】→めがさめる①

めをさらにする【目を皿にする】

よく見よう、調べようなどとして、また、小さな物を探そうとして、目を大きく開けて見る。

・**目を皿に**して調べても、機械の中に落ちたネジは見つからなかった。

・五百円を落とし、妻とふたりで音がした近くへ行って、**目を皿に**して探した。

★同じ事をする様子を 目を皿のようにする とも言う。

めをさらのようにする【目を皿のようにする】→めをさらにする

めをそむける【目を背ける】

① 人の苦しく、悲しそうな様子などを見ないようにする。

・母は戦争のニュースには目を背けて、見ようとしない。

・食べ物が無い人たちから目を背けて関係無い顔をするのは、許されない事だ。

★①と同じ様子を 顔を背ける とも言う。

・駅前の事故に、周りの人はみんな顔を背けていた。

② 大変な事、時間のかかる事などと関係を持たないようにする。

・小さな問題に目を背けていた結果、大問題が起きた。

・大変な仕事からは目を背けたくなるが、やるしかない。

めをだす【芽を出す】

① 草や木の新しく育ち始める所が見えるようになる。

・草木が芽を出す頃になると、人も元気が出る。

・枯れたと思った花が芽を出し、妻はとてもうれしそうだった。

★①と同じ意味で 芽を吹く/芽吹く/芽生える などとも言う。

・草木が芽を吹く頃、妻はふるさとの両親を思い出すと言う。

・道の両側の木が芽生える頃、町全体が明るく感じられる。

② 長く頑張って続けてきた事などが、良い結果を出し、成功する。

・仲間との苦しく長かった仕事が芽を出して、新しい商品になった。

・早く芽を出してくれと願って、若い人たちと一緒に仕事をしている。

★①、②のように芽を出した様子を 芽が出る と言う。

　①・ふるさとは、雪が消える頃、植えた野菜の芽が出る。

　②・社長は、やろうと決めたら仕事の芽が出るまで待ってくれる。

めをつける【目を付ける】

① 自分で使いたいと思っている人や物などがどうなるか注意して様子を見る。

・育てようと目を付けて色々教えた社員が、辞めてしまった。

・父の腕時計をもらおうと、ずっと前から目を付けている。

② 問題になるかもしれない人や場所、様子などに気をつける。

・警察が前から目を付けていた男は、隣町（となりまち）で泥棒を続けていたそうだ。

・失敗を続けて社長に目を付けられないように、会社に入ってから頑張って仕事をした。

めをつぶる【目をつぶる】→めをつむる

めをつむ【芽を摘む】

①　増えすぎないように、草木や花を大きくなる前に取ってしまう。

・妻は、花の**芽を摘む**のはかわいそうだと言って、全部残している。

・弱い**芽を摘ま**ないと、大きな果物は育たないそうだ。

②　今より悪くなる前に、困る事や危ない事などを無くす、また、これから育つ新しい力などを大きくなる前に無くす。

・社会の悪い**芽を摘む**ために、学校での教育はとても大切だ。

・失敗しても若い人の**芽を摘む**ようなことはしないで、育てている。

めをつむる【目をつむる】

①　目が疲れたときや静かに考え事をしたいときなどに、少しの間目を開けないで、使わないようにする。

・次の商品をどうするか、**目をつむ**って考えていたら眠くなった。

・コンピュータを見すぎて疲れたら、**目をつむ**って休む。

②　相手の良くない所や相手がやった良くない事などを、見なかった事にする。

・若い社員の失敗は、これからの事を考えて**目をつむ**らない。

・嫌な所には**目をつむ**り、人の良い所を見る事が大切だ。

★①、②は 目をつぶる とも言う。

　①・**目をつぶ**って考え事をする友人に、話すのはやめた。

　②・失敗に**目をつぶ**っていると、同じ事がまた起きる。

めをとおす【目を通す】

①　時間が無いときなどに、必要な物の全体を簡単に読む。

・朝、新聞に**目を通し**てから家を出る生活を続けている。

・**目を通す**物が机に山のようにあると、見ただけで疲れる。

②　知りたい事や気になる事があるときなどに、色々な方法で調べる。

・商品の名前は、色々な物に**目を通し**て同じ物が無いか調べてから決めている。

・商品の検査は、最後に多くの人が手に取って**目を通し**ている。

めをとめる【目を留める】→めにとまる①

めをぬすむ【目を盗む】

周りの人にわからないように、決まりや約束などを守らないで、したい事をする。

・父は若い頃、家族の**目を盗ん**で飲むほど酒好きだった。

・親の**目を盗ん**でする悪い事は、子供たちの楽しい遊びだ。

めをはなす【目を離す】

　大変な事にならないように続けていた注意などを、少しの間やめる。

・親がちょっと**目を離した**ときに起こる事故が続いている。

・競争が大変で、ほかの会社の動きから**目が離せない**。

めをひからす【目を光らす】→めをひからせる

めをひからせる【目を光らせる】★→めをくばる

　危ない事が起こらないか、関係無い人が入って来ないかなど、安全のためよく注意する。

・会社には、変な人が入らないか一日中**目を光らせている**人がいる。

・スーパーは、客に隠れて**目を光らせている**人がいて悪い事はできない。

★同じ事は 目を光らす とも言い、安全を守るために見ている様子を 目が光る と言う。

・事故が続いたので、駅前で警察の人が**目を光らしている**。

・安全のため、公園には町で頼んだ人の**目が光っている**。

めをひく【目を引く】

　物の形や色などがほかと違って特別なので、多くの人の注意を集める。

・商品が良くても、並べたときに客の**目を引かなければ**売れない。

・近くの空き地に、通る人の**目を引く**変わった形の家が建った。

★ 目につく も同じような様子を言う。

・商品の箱には、客の**目につき**やすい色を使っている。

めをふく【芽を吹く】→めをだす①

めをほそめる【目を細める】

　①　光が強すぎるときや小さな文字がよく見えないときなどに、目を小さく開ける。

・夏は、**目を細めない**と周りがよく見えないほど光が強い日もある。

・よく見えるよう**目を細めた**が、小さな字は読めなかった。

　②　うれしい事があったときやかわいい人や物を見たときなどに、笑ったような目をする。

・新しい商品は、若い社員の考えだと知って、社長は**目を細めた**。

・公園のお年寄りは、楽しそうに遊ぶ子供に**目を細めている**。

めをまるくする【目を丸くする】

　起こった事などが信じられず、驚いて何もできなくなる。

・知り合いの子供が驚くほど大きくなっていて、**目を丸くした**。

・自分の考えが商品になると聞いた社員は、**目を丸くした**。

めをまわす【目を回す】→めがまわる

めをみはる【目を見張る】

驚いたときや自分にはできないと思う事などを見たとき、目を大きく開くようにする。

・海外から来て着物を初めて見る客は、みんなその美しさに**目を見張る**。

・若い社員は、短い間に**目を見張る**ほど仕事が速くなった。

めをむける【目を向ける】

① 気になる事や知りたいと思う事などがあって、それを注意して見る。

・駅で大声を出す人がいて、周りの人がみんなそちらの方へ**目を向けた**。

・社長はいつも、国内だけではなく世界にも**目を向けている**。

② 強い気持ちや考えなどが相手にわかるような様子で見る。

・同じ失敗を繰り返すと、ほかの社員に冷たい**目を向けられる**。

・売れる商品を作る人には、ほかの社員が特別な**目を向ける**。

めをやる【目をやる】

気になる音や声などがして、よく見ようとそちらの方を見る。

・夜遅く大きな音がしたので、窓を開けて音がした方へ**目をやった**。

・聞いたことのある声がしたので、そちらに**目をやる**と、大学時代の仲間だった。

めんくらう【面食らう】

考えてもいなかった事をされたときや言われたときなどに、驚き、すぐにどうすればいいかわからなくなる。

・大切な社員が急に会社を辞めると言うので、**面食らった**。

・海外の仕事では、**面食らう**ような事を色々経験した。

めんする【面する】

① 建物や場所が、別の所と顔を見合うように向いている。

・海に**面した**美しいホテルに泊まって、妻は大喜びだった。

・公園に**面して**高い建物ができる計画に、町の人は大反対だ。

② 考えていなかったような難しい事や問題などが目の前にある。

・社長はどんな問題に**面した**ときも、騒がないで静かに考える。

・大きな問題に**面した**ときは、いつも友人が助けてくれる。

めんせつ【面接スル】

会社に入りたい、新しく仕事をしたいなどと言う相手に会って時間をかけてよく調べ、話をする様子。

・新しい社員は、社長と一緒に何人かが**面接して**から決まる。

・会社に入るとき、**面接**での話し方が大切だと教えられ練習した。

めんどう【面倒ナ】

① 困っている人や動物などのためにする、時間のかかる仕事や手伝い。
・母の入院で、会社を休み、周りの人に**面倒**をかけた。
・お年寄りの**面倒**をみるため、町の小学生が手伝いをしている。

② 難しくて時間がかかるので、簡単にはできない様子。
・手紙を書くのが**面倒**で、メールで連絡する事が増えた。
・仕事を終えた友人に、**面倒な**事を手伝ってもらった。

★②のように面倒なのでやりたくない気持ちを 面倒くさい と言う。
・家族を持つのは**面倒**くさいと言って、結婚しない人がいる。

めんどうくさい【面倒くさい】→めんどう

めんとむかって【面と向かって】

相手の顔を見て、自分の考えをはっきり伝える様子。
・正しいと思う事は、社長にでも**面と向かって**言う。
・自分の考えを誰にでも**面と向かって**言える自由は大切だ。

めんぼく【面目】

① 周りに見えている人や場所などの全体の様子。
・**面目**を新しくするため、町の名前を変える話が出た。
・駅前の工事が終わって、町はすっかり**面目**を新しくした。

② 長い時間をかけてできた、周りから強く信じられる様子。
・古い肉を売って**面目**を無くした肉屋が、店をやめた。
・会社の**面目**を失わないように、社員みんなが頑張っている。

★②のような様子が守れないとき 面目が無い/面目無い 、また 面目が立たない/面目をつぶす とも言う。
・失敗をした社員が、会社に**面目が無い**と言って辞めると言い出した。
・会議で大丈夫と言った商品が売れなくて、**面目無い**思いだ。
・周りに**面目が立たない**事はできないと、気をつけている。
・古い商品を売ったりすれば、会社の**面目をつぶす**ことになる。

めんぼくがたたない【面目が立たない】→めんぼく②
めんぼく（が）ない【面目（が）無い】→めんぼく②
めんぼくをつぶす【面目をつぶす】→めんぼく②

も

もうかる →もうける¹

もうけ →もうける¹①

もうける¹

① 物を売り買いして、お金を自分の物にする。

・父は、金をもうける事を考えて働いた事は一度も無いと言う。

・もうける事だけ考えて、商品を作っても売れない。

★①のように自分の物にした金などを もうけ と言う。

・社長は、もうけが少なくても人が喜ぶ商品を作る考えだ。

② 特別な事をしないのに、自分が助かることになる。

・テレビで会社の商品を紹介したいという話が来て、もうけたと思った。

・嫌だと思っていた次の仕事は、ほかの人がやると決まり、もうけた気になった。

★①、②でもうけた様子を もうかる と言う。

① ・友人は、古い車が高く売れてもうかったと笑って話した。

② ・スーパーで野菜が安く、妻はもうかったとうれしそうだった。

もうける²【設ける】

みんながうまくやって行けるように、また、新しいやり方などが問題無く進むように、建物や決まりなどを作る。

・公園にお年寄りがゆっくり休める場所が設けられた。

・海外に小さな事務所を設ける事が、会議で決まった。

もうしあわせる【申し合わせる】

計画などが問題無く進むように、みんなで話し合って約束する。

・台風が来るので、早く仕事を終わり帰るよう申し合わせた。

・町は、祭りの日は車を使わないよう申し合わせている。

もうぜんと【猛然と】

周りが恐いと感じるほど強く、速く動くと伝える言い方。

・小さな動物へ猛然と向かうライオンは、金に向かう人間のようだ。

・急に猛然と走り出したイヌを見て、恐くて立ち止まった。

もくぜん【目前】

① 考えていなかった事などが、人が見ているすぐ近くで起きたと伝え

る言い方。
・子供たちの**目前**でナイフを持った男が大声を出し、公園に警察が来た。
・多くの人の**目前**で人が倒れ、朝の駅は大騒ぎになった。
②　予定した事などが始まるすぐ前に、また、これから始まろうとする
ときに、と伝える言い方。
・商品を送り出す**目前**に大きな台風が来て、仕事が全部遅れた。
・大学時代は、試験の**目前**まで勉強しない悪い学生だった。

もくてき【目的】
行こうとする場所やこれからしようとする事。
・若いときは、**目的**を持たないで色々な所を旅行し、いい経験になった。
・はっきり**目的**を決めないで言われた仕事をしているだけでは、良い結
果は出ない。

もくひょう【目標】
どこまで行こう、何をどうしようなどとわかりやすく決める計画。
・**目標**にしていた数まではもう少しなので、次の商品を頑張ってたくさ
ん売る。
・一年にどれだけ新しい商品を計画するか**目標**を立てて、壁に貼った。

もぐもぐ
口を大きく開けないで話す、また、口の中にたくさん物を入れて時間を
かけて食べる様子。
・隣の社員が何かもぐもぐ言っているが、よく聞こえない。
・友人は、いつも口をもぐもぐさせながらゆっくり食べる。

もくもくと【黙々と】
必要の無い話やほかの事などをしないで、自分のしなければならない事
だけを続けてすると伝える言い方。
・何かを始めたら、**黙々と**やり続けられる人になりたい。
・何百年も**黙々と**続けられている仕事が、多く残っている。

もくろみ
自分のためになるように、ほかの人の事は考えずにする色々な計画。
・何度も経験すると話し合いの途中で、相手の**もくろみ**が見えることが
多い。
・公園の土地にビルを建てる**もくろみ**が進んでいて、町は大騒ぎだ。
★自分のために計画をする様子を もくろむ と言う。
・安く作って売ると**もくろん**でも、良い商品はできない。

もくろむ →もくろみ

もしくは →あるいは①

もじもじする

　言いたい事ややりたい事などがあっても、恥ずかしい、間違っているかもしれないなどの理由で、すぐにしようとしない。

・相談があると言った若い社員は、少しの間黙ってもじもじしていた。

・友人が近くに来てもじもじしているときは、何か話があるときだ。

もしものこと【もしもの事】→もしものとき

もしものとき

　簡単に起こるとは思わないが、起こったときのことを考えて、と伝える言い方。

・長く入院が必要な病気など、もしものときのために貯金している。

・町は、もしものときに使えるように水や食べ物を準備している。

★同じような考えを伝えるとき もしもの事 とも言う。

・会社は、もしもの事があったときの連絡方法を決めている。

もしや

　無いとは思うが、大変な事や嫌な事などがあったのではと少しだけ思ったと伝える言い方。

・帰って来ない社員に、もしや事故があったのではと思った。

・妻の説明を聞いて、朝来た人はもしや社長ではと思った。

もたせかける →もたれる①

もたつく →もたもた

もたもた【もたもたスル】★→のろのろ(→のろい)

　人の動きや仕事の進み方などが遅くて、いつものように進まない様子。

・信号でもたもたが続いて、大切な約束に遅れてしまった。

・家を出る前にもたもたしていて、大切な物を忘れた。

★とてももたもたする様子を もたつく と言う。

・もたつく社員に、今日中に終わるように頑張れと言った。

もたらす

　それまで無かった事や様子などが、生活の中で見られるようにする。

・春の優しく柔らかく吹く風は、人にも温かい気持ちをもたらす。

・戦争がもたらす苦しみや悲しみを無くすのは、人間だ。

もたれかかる →もたれる①

もたれる

　①　体が疲れるなどしないように、すぐ横の人や物に背中や肩などが付くようにする。

・駅の壁（かべ）にもたれて、少し遅れている友人が来るのを待った。

・親にもたれて電車で寝ている子は、何の心配も無い様子だ。

★①のようにもたれる様子を〔もたれかかる/寄りかかる〕と言い、もたれるようにするとき〔もたせかける〕と言う。

・疲れて、少しの間両足を伸ばしていすにもたれかかった。

・いすの背に寄りかかって眠っている社員がいて、驚いた。

・庭の倒れそうな木を、横の木にもたせかけて動かなくした。

② 食べすぎて、体の中に食べ物が残っているようで気持ちが悪くなる。

・昨日食べすぎて、朝から胃がもたれて気持ちが悪い。

・油を使った料理を食べると、胃がもたれるようになった。

もちあがる【持ち上がる】

あるとは思っていなかった話や問題などが、急に出てくる。

・友人と食事をしているとき、急に旅行の計画が持ち上がった。

・駅前に大きなビルが建つ話が持ち上がり、騒ぎになっている。

もちあじ【持ち味】

人や物、場所などが持っている、ほかには無い特別な良さや様子。

・今の会社の持ち味は、社員ひとりひとりを大切にする事だ。

・野菜の持ち味を大切にした料理を出す店へ、よく行く。

もちあわせ【持ち合わせ】→もちあわせる

もちあわせる【持ち合わせる】

必要だと考えて持っているのではなく、必要なときにちょうど持っている様子。

・自分が持ち合わせている少ない経験では何もできない問題がまだ多い。

・急に雨が降って来て、持ち合わせていた新聞を傘（かさ）にして会社へ急いだ。

★必要なときに持っていた物、特にお金を〔持ち合わせ〕と言う。

・食事をした後、持ち合わせが少なく、友人に借りた。

もちかける【持ちかける】

自分の考えている事などを、周りの人に話し、一緒にやろうとする。

・妻は、近所の人に持ちかけて育てた花を楽しむ会を始めた。

・新しい商品計画を一緒に考えてもらおうと、友人に相談を持ちかけた。

もちきり【持ち切り】

おおぜいの人が同じような事を、いつまでも続けて話している様子。

・今年は、会社でも家でも台風や地震の話で持ち切りの大変な年だった。

・会社は、新しい場所への引っ越しの話で持ち切りだ。

もちこむ【持ち込む】

① いつもは持って入らないような物を持って、中に入る。

・仕事を**持ち込める**駅前の店は、おおぜいの人が便利に使っている。

・友人が釣った魚はよく行く店に**持ち込んで**料理してもらう。

② 困った事などがあるとき、相談できる人のいる所へ行く。

・町には、家族の問題を**持ち込んで**相談する所がある。

・町に**持ち込まれる**色々な問題は、月一回の集まりで相談される。

もちだし【持ち出し】→もちだす②、④

もちだす【持ち出す】

① 家や学校、会社にある物などを、理由があって外に持って出る。

・地震や火事のときなどに、何を**持ち出す**か妻と話して決めている。

・仕事で使っている物は、会社の外へ**持ち出せない**決まりになっている。

② ほかの人に知られると困る大切な物などを、わからないように別の所へ持って行く。

・個人の情報を**持ち出して**売る会社があると聞いて、注意している。

・テスト問題を**持ち出し**、電車に忘れた教師が辞めた。

★②のように持ち出す様子を 持ち出し と言う。

・商品計画の**持ち出し**があって、情報の安全が考え直された。

③ 忘れていたような前の事などを、話や例に選んで使う。

・父は少しお酒が入ると、ふるさとを出てからの話を**持ち出す**。

・会議中にほかの社員から昔の失敗を**持ち出されて**、嫌な思いをした。

④ 持ち出しになる の形で、お金が足りなくて、本当は出さなくてもいい人が自分のお金を使う。

・**持ち出しになった**が、着いてからゆっくりしたいと思い仕事で飛行機を使った。

・食事会はお金がかかって、計画をした人たちの**持ち出しになった**。

もちなおす【持ち直す】

① 重い物を持ったときなどに、持ち方や持っている手を替えて持つ。

・駅へ行く道で、重い荷物を何度も**持ち直している**お年寄りを手伝った。

・海外からの客は面白いと言って、箸を何度も**持ち直して**練習した。

② 悪かった病気や会社の仕事などが、良くなる。

・入院中の社員が**持ち直した**と聞いて、安心した。

・新しい商品が売れて、大変だった会社は少し**持ち直した**。

もちまえ【持ち前】

人が生まれたときから持っている特別で、良い点。

- 友人は、**持ち前**の明るさで若い人の助けになっている。
- 社長は、**持ち前**の頑張りで会社を大きくしてきた。

もちより【持ち寄り】→もちよる

もちよる【持ち寄る】
考えや食べ物などをひとりひとりが用意して集まる。
- 新しい商品を考える会議に、みんなで自分の計画を**持ち寄った**。
- 会社では、年に一度みんなが**持ち寄った**材料で料理を作る。
- ★ひとりひとりが持って集まる様子を〔**持ち寄り**〕と言う。
- 準備が大変なので、**持ち寄り**で父の誕生日に集まった。

もちろん　★→むろん、もとより
誰もが思う事だが、言わなくてもわかる事だがと、言いたい事全体を強く伝える言い方。
- 木や花は**もちろん**、公園の物を黙って持って行けば泥棒だ。
- 一番好きなのは、**もちろん**ふるさとの味がする母の料理だ。

もったいない
使える物を使わずに捨てるときなどに、捨ててはいけないと感じる様子。
- 母が**もったいない**と捨てない紙や袋などがたくさんある。
- 妻は**もったいない**と言って、残った野菜でジュースを作る。

もったいぶる
とても大切な事だと思わせるために、すぐには話さないで聞いている人の注意を集める。
- 友人は、**もったいぶった**様子で自分の新しい計画を話し出した。
- 自分の経験は、**もったいぶらないで**少しでも多く若い人に伝える。

もってのほか
考えてもいなかった事だ、許せない事だなどという気持ちを強く伝える言い方。
- 新入社員が初日に休むとは、**もってのほか**だと思って家に連絡した。
- 相談無しの工事は**もってのほか**だと、町の人が怒っている。

もっとも【もっともナ】
① 人の言う事やする事などが、よくわかる、間違っていないという気持ちを伝える言い方。
- 安全を考えて新しい社員にひとりで機械を使わせないのは、**もっとも**な事だ。
- **もっとも**だと思ったら、若い人の意見も聞くようにしている。
- ★①のように感じられるが、本当ではないと思う様子を〔**もっともらしい**〕

と言う。

・もっともらしい話をする相手は、簡単には信じられない。

② 色々な事や物などの中で一番だと伝える言い方。

・最近、家族の中でもっとも強いのは妻だと思う事がよくある。

・商品は、最後の検査が**最も**大切で注意が必要なときだ。

★②は漢字で「最も」と書く事も多い。

③ 必要な事は、だいたいして終わったが、残っている大切な事があると足して伝える言い方。

・友人とは詳しく計画を決めた。もっとも、社長との相談はまだだ。

・新しい公園ができる話が進んでいる。もっとも反対の人も少なくない。

もっともらしい →もっとも①

もっぱら【専ら】

ほかの事などは考えないで、ほかの事より大事だと考え、ひとつの事だけする、と伝える言い方。

・会社のやり方が新しくなり、**専ら**海外との仕事をする人が新しく数人選ばれた。

・祭りが近づくと、駅前の店はどこへ行っても**専ら**その話になる。

もつれる

① 糸やひも、髪の毛などの細い物が固まりのようになって簡単に離れなくなる。

・買い物から帰った妻は、強い風で髪が**もつれて**大変な事になっていた。

・友人と釣りに行かないのは、子供の頃釣り糸が**もつれて**嫌になったからだ。

★→ぼさぼさ

② 疲れたときやお酒を飲み過ぎたときなどに、足や舌が思い通りに動かなくなる。

・最近お酒を飲むと舌が**もつれる**と、父は寂しそうに言った。

・駅まで走って足が**もつれ**、もう若くないと心から思った。

③ 相談や話し合いなどが決まらなくて、簡単に進まなくなる。

・話が**もつれて**、会議が長くなり何も決めないで終わった。

・町のゴミ問題は、話し合いが**もつれて**いて長く続いている。

もてあます【持て余す】

① 持っている物や時間などが、うまく使えない、どう使ったらいいかよくわからなくて困る。

・妻のふるさとから**持て余す**ほど、米や野菜が届いた。

・時間を**持て余した**様子の社員に、新しい仕事を頼んだ。

② 問題が起きたときや問題を持った人がいるときなどに、自分の力では何もできないで、何をどうしたらいいのかわからなくて困る。

・問題が多い社員を**持て余して**、友人がどうすればいいか相談に来た。

・泣く子を**持て余す**父親を見て、子供が小さいとき自分もそうだったと思った。

もてなす

よく来てくれたという気持ちが伝わり、喜んでもらえるように準備して、お客を迎える様子。

・駅前に、観光客にお茶とお菓子を出して**もてなす**店がある。

・海外からの客を**もてなす**ときに行く店は、何か所か決まった所がある。

もと

① 「下」と書いて、人や決まりの力などを強く受ける場所。

・学生時代両親の**下**を離れて、親の大変さがわかった。

・今度だけという約束の**下**、海外で仕事をすることになった。

② 「元」と書いて、今のように変わる前、また、今のようになった理由。

・新しく来た人は、**元**は教師だったという男性だ。

・仕事の失敗が続いた事が**元**で、病気になった人がいる。

　★→もともと②

③ 「基」と書いて、する事や考えなどの理由、一番大切になる事。

・使う人に喜ばれるかどうかを**基**に、商品を考えている。

・社長の話は経験を**基**にしているから、聞いていてとても面白い。

　★→もとづく

もどかしい

速くうまくしたい、してほしいと思うが、思うようにならなくて、声を出したくなるような様子。

・言いたい事がうまく言えないときは、本当に**もどかしい**思いがする。

・仕事が遅い社員を見ていると、**もどかしい**が何も言わない。

もとづく【基づく】★→もと③

仕事や考え事をするときなどに、周りの意見や決まりなどをよく考えてどうするか決める。

・町の図書館は、使う人の意見に**基づいて**本を買っている。

・交通費は、会社の決まりに**基づいて**いくらまで出すと決まっている。

もとめる【求める】

① 願う事ややろうと決めた事などに近づけるように、今できる事を続

ける。
- 世界の平和を**求める**運動にお金を送って手伝っている。
- 両親は、夢を**求めて**ふるさとを出ようと決めたそうだ。

② 欲しい物や必要な物などを、探して見つけ、買う。
- 古くからあった駅前の本屋が無くなって、本を**求める**のが大変だ。
- 客が**求める**物は何か、社員全員が注意して調べている。

③ ひとりでできないときなどに、周りの人に助けや手伝いを頼む。
- 問題があるとき助けを**求められる**友人がいて、ありがたい。
- 警察が町に、学校へ行く子供たちを守る協力を**求めて**きた。

もともと【元々】

① 結果が悪くても、大切な物を無くす事は無いので気にしないと伝える言い方。
- 失敗しても**元々**だと思って、今までに無かった商品を作ろうと決めた。
- **元々**はもらい物だと思うと、物を大切にしないですぐ無くしてしまう。

② 今も変わらないが初めから同じ様子だと伝える言い方。
- **元々**草花が好きな妻は、庭にいると本当に楽しそうだ。
- 母は**元々**何でも大切にする人で、物を簡単に捨てない。

★→もと②

もとより ★→もちろん

① 初めからわかっていた、思っていたと伝える言い方。
- 新しい計画への反対がある事は**もとより**考えていた。
- 若い社員にできない事は、**もとより**わかっていて頼んだ。

② 〔〜はもとより〕という形で、ほかにも大切な事や考える事などがあると伝える言い方。
- 毎日の**仕事はもとより**、新しい計画を作るのも大切な仕事だ。
- 社長は、**会社はもとより**、社員の生活を大切に考える人だ。

もの―【物―】 ★→ものたりない

〔物悲しい〕〔物静か〕〔物寂しい〕など、人の気持ちや感じ方を伝える言葉の前に付けて、どうしてかははっきりわからないが、そう感じると伝える言い方。
- 一枚一枚木の葉が落ちる秋の様子は、気持ちを**物悲しく**する。
- 両親は、**物静かな**ふるさとでの生活が今も忘れられないようだ。
- 周りの**物寂しい**空気が好きで、よく町の近くの寺へ行く。

ものいい【物言い】

話し方や話すときの様子、また、言葉の使い方。

・誰にでも友達のような**物言い**をする社員には、いつも注意する。
・友人は**物言い**が優しいので、若い人とうまく話せる。

ものおじ【物おじ スル】
相手やこれから起こる事などを怖いなどと思って、動こう、やろうとしない様子。
・少し強く注意すると、若い人は**物おじ**して何も言わなくなる。
・どんな事にも**物おじ**しないでやろうとする人間が、会社には大切だ。

ものおと【物音】
はっきり何とは言えないが、どこかから聞こえてくる音。
・夜遅く、庭で**物音**がするので外に出て何の音か調べた。
・疲れているときは、小さな**物音**も気になってよく眠れない。

ものおぼえ【物覚え】→ものわすれ

ものおもいにふける【物思いにふける】
心配事や悲しくなる事などがあって、ひとりでその事を深く考える。
・朝から**物思いにふけっ**ている様子の友人が、少し心配だ。
・**物思いにふけっ**ているのか、庭に出た妻の手が動いていない。

ものかげ【物陰】
人がいるのか、物があるのかなどがよく見えないような所。
・ふるさとの夜は暗くて、**物陰**から何か出て来そうで嫌だった。
・警察が探していた男は、公園の**物陰**に隠れていた。

ものがちがう【物が違う】
長い頑張りや経験などがあるので、また、多くの人に良いと言われているので、よく見る物やどこにでもいる人などとは全然違う。
・父は、高いが**物が違う**と言って長く使う物は有名な店へ買いに行く。
・海外で長く生活した人の英語を聞いて、ほかとは**物が違う**と思った。

ものがなしい【物悲しい】→もの―

ものごころがつく【物心がつく】
周りの事や周りの人の気持ちなどがわかるような年齢（ねんれい）になる。
・子供は、**物心がつく**と親の気持ちもわかるようになる。
・**物心がつい**てから、理由もわからず叱られた事はない。

ものごと【物事】
人間の生活に関係がある物や周りで起こるすべての事。
・**物事**を始めるときは、途中でやめないという心の準備が大切だと教えられてきた。
・友人は**物事**を深く考える人だが、何かあれば動くのは早い。

ものさびしい【物寂しい】→もの—

ものしずか【物静かナ・ニ】→もの—

ものしり【物知り】

どんな事でもよく知っていると思わせる様子、また、知っている人。

・わからない事があると、今でも**物知り**の父に相談する。

・**物知り**でも、何もできない人や自分からしない人は困る。

★何でも知っているように見せようとする様子を (物知り顔) と言う。

・よく知らない事を**物知り顔**で話す人は、好きになれない。

ものしりがお【物知り顔】→ものしり

ものずき【物好きナ】

人が面白いと思わないような事などをとても面白いと思う様子、また、そう思う人。

・友人は**物好き**で、見たい物があれば遠い所へも見に行く。

・**物好き**な父は、珍しい物を見つけると買って来て食べる。

ものすごい【物すごい】

周りが恐いと思うほどいつもとは全然違う様子。

・怒ったときの友人の**物すごい**顔に、初めて見る人は驚く。

・祭りの日の町は、**物すごく**人が増えどこか違う所のようになる。

—ものだ　★→—ものではない

誰が考えても間違っていない、とても驚いた、したい、昔が思い出されるなどの気持ちを、文の終わりで強く伝える言い方。

・親の言う事は、**聞くものだ**と言われて育った。

・できるなら仕事を辞めてから世界中を旅行したい**ものだ**。

・よく釣りを**したものだ**と思い出し、ふるさとの川を見た。

★話し言葉では (—もん) と言う。

・テーブルの空き缶を見て、「よく**飲んだもんだ**」と思った。

・娘は「欲しい**もん**」と言って、おもちゃ売り場を離れない子だった。

—ものだから

うまくいかなかった理由、大変だった原因などを、よくわかってほしいと願って、わかりやすく説明する言い方。

・「電車が遅れた**ものですから**」と、遅くなった社員は何度も言った。

・経験が無かった**ものだから**、初めてする海外での仕事は大変だった。

ものたりない【物足りない】★→もの—

何かははっきりしないが、いつもある物が無い、もう少しあってもいいのではないかなどと感じる様子。

・娘が結婚してから、家に帰っても何か**物足りない**気になる。

・計画書を読んだ友人が、何か**物足りない**と小さく言った。

ものづくり【物作り】

古くからある技術や考え方などを大切に守り、また、新しい技術や考えをよく知って、時間をかけて丁寧に物を作ろうとする仕事。

・昔からの**物作り**は、壊れても作り直しまた使える物を作る事だ。

・今の時代「**ものづくり**」とは何か、みんなで集まって考えた。

★時間をかけて長く使える良い物を作る事全体という意味で、ひらがなで書くことも多い。

―ものではない　★→―ものだ

誰でも知っている、また、正しいと思っている事でも、違う考え方や見方もあると伝える言い方。

・困った人に物をあげれば良い社会になる**というものではない**。

・人間が生きるためには、食べ物と家があれば良い**というものではない**。

★それだけではないと柔らかい調子で伝えるとき　―ものでもない　と言う。

・友達や家族がいれば寂しくない**というものでもない**。

ものにする【物にする】

長い時間、経験や頑張りを続けるなどして、できなかった事ができるようになり、新しい技術などが使えるようになる。

・難しい技術を**物にして**、商品が作れるまでには、長い時間がかかる。

・どんな事でも**物にする**までには、長い時間続ける事が必要だ。

★できるようになったときや使えるようになったときの様子を　物になる　と言う。

・**物にならない**だろうと思われていた人が、今周りが驚くような商品を作っている。

ものになる【物になる】→ものにする

ものの

①　数や量と一緒に使って、本当に少ないと伝える言い方。

・食事会の料理は、**ものの数分**で無くなってしまった。

・駅から**ものの数キロ**だと聞いたが、相手の所まで二時間以上かかった。

②　〜(する)/(した)ものの　という形で、やろうとしていた事はできたが、思っていたような結果にならなかった、自分の考えとは違う結果になったと伝える言い方。

・探す人の家は**見つけたものの**、全然違う人が住んでいた。

・反対は**するものの**、代わりの考えを出さない人が多くて困る。

もののかず【物の数】

「ない」と一緒に使って、大きな事ではない、騒ぐほどではないなどと伝える言い方。

・雪国で育った両親は、ここの寒さは**物の数**ではないと言う。

・社員が少なかった時代を考えれば、今の忙しさは**物の数**には入らない。

もののみごとに【物の見事に】→みごと②

ものはいいよう【物は言いよう】

話し方や使う言葉で、言った事が良く、また、悪く伝わる様子。

・**物は言いよう**で、優しく話すと若い人への伝わり方が変わる。

・人と仲良くする妻は、**物は言いよう**でうまくいくと言う。

★考え方で良くも悪くも思えるときは、物は考えようと言う。

・失敗しても、**物は考えよう**で色々勉強になる事も多い。

ものはかんがえよう【物は考えよう】→ものはいいよう

ものはためし【物は試し】

考えるだけではなく、何でもやってみなければわからないのでやってみるといいと伝える言い方。

・**物は試し**だと人に言うが、自分は簡単に新しい事をしない。

・**物は試し**と思って買った物を妻が喜んでくれるとうれしい。

ものまね【物まね】→まね③

ものめずらしい【物珍しい】

人のする事や物などがとても珍しくて、もっとよく見てみたいと感じさせる様子。

・海外からの客との食事は、**物珍しい**物をひとつひとつ写真に撮るので時間がかかる。

・海外で仕事をする楽しみは、**物珍しい**物にたくさん出会える事だ。

ものものしい【物々しい】

いつもと違って、警察の人などがたくさん立っていて、近くに行けないようにしている様子。

・泥棒が続く町は、警官があちこちにいて**物々しい**様子だ。

・有名な人が来るというので、町は朝から**物々しい**空気だ。

ものわかり【物分かり】

周りの人の言う事の意味やその気持ちなどがよくわかる様子。

・**物分かり**が悪い人を相手にするときは、間違いの無いように時間をかけて説明している。

・友人は**物分かり**が早いので、難しい事があると相談している。

ものわかれ【物別れ】
相手との話し合いなどがうまくいかず、何も決められないで終わる様子。
- ゴミ置き場の問題は、今週の集まりも**物別れ**に終わった。
- **物別れ**が続く相手との話し合いに、今日は社長も出る。

ものわすれ【物忘れ】
昔の事や前にあった事などがすぐに思い出せなくなる様子。
- 最近**物忘れ**するようになったので、約束は机の上の紙に書いている。
- 父の**物忘れ**の多さを笑っていたが、今は自分が妻に笑われている。

★反対に、前の事を忘れないでいる様子を〔**物覚え**〕と言う。
- 社長は本当に**物覚え**が良くて、前に言った事を忘れない。

★→おぼえ①

ものわらい【物笑い】
言う事やする事などを軽く見られ周りに笑われる様子。
- どこにでもあるような商品を作っては、ほかの会社の**物笑い**になる。
- 近所の**物笑い**になるからと言って、妻は休みの日の散歩の服にもうるさい。

ものをいう【物を言う】
① よく考え言葉にして、相手にわかるように伝える。
- 最近、人の前ではっきり**物**を言わない若者が多い。
- 間違っていれば、社長にでも**物**が言える社員がいる。

② 金や仕事、経験などが、必要なときに大きな力になる。
- 地震や台風、火事のときなどに**物**を言うのは、早くからの準備だ。
- 物を作る仕事で**物**を言うのは、じゅうぶんな経験があるかどうかだ。

★経験や力などを②のように使う様子を〔**物を言わせる**〕と言う。
- 金に**物**を言わせれば、何でもできると思う人もいる。

ものをいわせる【物を言わせる】→ものをいう②

もめる
色々な問題があって、いつまでも話し合いなどが続けられる。
- 値段でもめて、相手の会社が商品を買わないと連絡してきた。
- 町のゴミ問題は、もう一年以上もめていて何も決まらない。

もやもや【もやもや(と)スル】
① 煙など邪魔になる物があって、人や物がよく見えない様子。
- 春は、道の先の方がもやもやしていて運転しにくい。
- 暖かくなって、遠くの景色がもやもやとして見える季節になった。

② 気になる事などが心に残っていて、気持ちがはっきりしない様子。

・自分の意見が思ったように言えないと、**もやもや**が残って嫌だ。

・考える事があって、いつまでも**もやもや**した気持ちだった。

もよおし【催し】→かいさい

もよおす【催す】→かいさい

もより【最寄り】

自分のいる場所から一番近い所にあると伝える言い方。

・ふるさとでは昔、**最寄り**の郵便局へ行くのにもバスを使った。

・**最寄り**の店へ行かないで、今はスーパーで買い物するようになった。

もらす ★→もれる

① 言ってはいけないと思っていた事などを人に言ってしまう。

・会社の新しい計画を**もらした**社員がいて、もう一度作り直した。

・お酒を飲んで、友人が社長の考えには反対だと**もらした**。

② 〔〜(し)もらす〕という形で、必要な事を忘れると伝える。

・必要な事を書き**もらし**ていないか、計画書を見直した。

・ほかの事を考えていると、大切な事を**聞きもらし**てしまう。

もりあがる【盛り上がる】→もりあげる

もりあげる【盛り上げる】

① 中に物を入れる、物の上に物を置くなどして、ほかより高くする。

・下に何かを入れて**盛り上げて**、品物を多く見せる店がある。

・土を**盛り上げて**遊ぶ子供たちは、何を作るのかと思った。

② みんなを元気にして、楽しい気持ちややろうとする気持ちなどが大きく強くなるようにする。

・町の中を走り回る子供たちが、毎年祭りを**盛り上げて**いる。

・商品が売れたときに社長が見せるうれしそうな顔は、社員の気持ちを**盛り上げる**。

★①、②のように盛り上げた後の様子を〔盛り上がる〕と言う。

①・今度の地震は大きく、道路が何か所か**盛り上がった**。

②・お酒を飲んで**盛り上がる**と、若い人が歌い始めた。

もりあわせ【盛り合わせ】→もる②

もりこむ【盛り込む】

今の仕事や新しくする事などに、ほかの人の考えややり方などを入れる。

・若い人の考えも**盛り込んで**、新しい商品の計画が作られた。

・妻の考えを**盛り込んで**、台所を大きく変えて使いやすくした。

もりつけ【盛り付け】→もる②

もる【盛る】

① 土や砂などを今ある場所に足して安全にする、使いやすくする。

・雨で流された川のそばの散歩道が土を**盛って**作り直された。

・工事中だった所に新しく土が**盛られ**、住宅用として売られている。

② 食べ物を大きな皿などに色々入れる、また、おいしく見えるように並べる。

・妻は料理をおいしそうに**盛って**、たくさん食べるように言う。

・駅前に、果物や野菜を山のように**盛って**売る店がある。

★②のようにきれいに盛る様子を 盛り付け と言い、一緒に盛るほかの物を 盛り合わせ と言う。

・疲れていても食べたくなるように、妻は**盛り付け**を考えてくれる。

・母は料理の**盛り合わせ**に、自分が庭で育てた野菜を使う。

もれる ★→もらす

① 水やガス、光や音などが、外へ少し出る。

・冷蔵庫でお茶が**もれて**いて、後片づけが大変だった。

・工場では、月に一度ガスが**もれて**いないか検査している。

② 知られてはいけない事などが、人に伝わってしまう。

・会社は、個人の情報が**もれ**ないように気をつけている。

・大学の試験問題が**もれて**、大きなニュースになった。

―もん →―ものだ

や

―やいなや【―や否や】

[―(する)や否や] という形で、ひとつの事のすぐ後に、続いて考えていな
かった事などが起こったと伝える言い方。

・朝、机にかばんを**置くや否や**、社長に呼ばれた。

・大きな仕事が**終わるや否や**、次の注文が入ってきた。

やがて

少し時間がたったら、それまでとは違う様子になると伝える言い方。

・子供は大きくなり、**やがて**親から離れていく。

・鳥が鳴き始め、**やがて**外が明るくなる朝の時間が好きだ。

やきつく【焼き付く】

忘れようとしても忘れられないほど強く心に残る。

・心に**焼き付いて**忘れられないふるさとの景色がある。

・昔の事故が目に**焼き付いて**いて、今でも時々思い出す。

★強く心に残るようにする様子を [焼き付ける] と言う。

・壊される家を目に**焼き付ける**ように見ている人がいる。

やきつける【焼き付ける】→やきつく

やきもきする

自分が思っているようにならなくて、静かな気持ちで待っていられなく
なる。

・約束の時間になっても友人が来ないので、**やきもきした**。

・**やきもきする**事があるときは、散歩をしてどうすればよくなるかを考
える。

やく【役】

周りからやってほしいと思われている事や頼まれた仕事、自分がやる必
要のある事など。

・息子は結婚式での受付の**役**を、知り合いに頼んだ。

・会議を進める**役**は、順番にすると決まっている。

★同じ事は [役目/役割] とも言う。

・生きる事の大変さを教えるのも、大切な親の**役目**だ。

・自分の**役割**は何かを忘れずに、毎日仕事をしている。

やくだつ【役立つ】→やくにたつ①

やくだてる【役立てる】→やくにたつ①

やくにたつ【役に立つ】

①　経験した事、知っている事などが、困ったときや苦しいときなどに助けになる。

・学生時代の色々な経験が、会社に入ってから**役に立った**。

・学校で勉強した事が、今でも**役に立っている**。

★①は 役立つ とも言い、役に立つようにする様子を 役立てる と言う。

・海外との仕事が増えて、勉強している外国語が**役立っている**。

・古くからいる人が、経験を**役立てて**若い人を育てている。

②　人や物が、仕事など必要な事をするとき、便利で助けになる。

・近い所へ行くのには、自転車が一番**役に立つ**。

・とても暑い日は、うちわや扇風機が**役に立つ**時代があった。

やくめ【役目】→やく

やくわり【役割】→やく

やけ →やぶれかぶれ

やけいしにみず【焼け石に水】

焼けて熱くなった石が少しの水では冷たくならないように、大きな問題は小さな事をしても無くならないと教える言い方。

・ひとりでは**焼け石に水**だと思っても、間違った事には反対する。

・台風で壊れた家に一万円の見舞いでは、**焼け石に水**だ。

やけに

理由はよくわからないが、いつもと様子がとても違うと伝える言い方。

・朝、**やけに**寒いと思ったら、外は雪だった。

・何かいい事でもあるのか、妻が**やけに**うれしそうにしている。

やさき【矢先】

一(する)/(した)矢先 という形で、新しい事などをしようとしたそのときに、予定していなかった事などがあったと伝える言い方。

・商品作りを始めようと**した矢先**に、注文した相手が要らないと言ってきた。

・妻と旅行に**出る矢先**に、会社で問題が起きて行けなくなった。

やすやすと

難しいと思われる事などを、簡単にやってしまう様子。

・外国語の説明書も、**やすやすと**読む若い人が増えてきた。

・新しい商品は、ほかの会社には**やすやすと**できない物だ。

やたら【やたらナ・ニ】

周りの事などをよく考えないで、思ったようにすると伝える言い方。

・やたらに人を悪く言う社員がいて、一緒に働く人は困っている。

・会議ではやたらな事は言えないので、よく考えて話す。

★強く言うとき、無闇やたらと言う。

・無闇やたらに反対する人がいて、会議はいつも長くなる。

やつ

① 人や動物を軽く見て、また、仲の良さを見せようとして使う呼び方。

・友人は、あんなやつには負けないと強く言った。

・かわいいやつだと、父は庭に来るネコを大切にしている。

② 物の名前が大切でないときやはっきり思い出せないとき、代わりに使う言い方。

・小さくて安いやつと言って、妻に買い物を頼んだ。

・友人は、紙に穴をあけるやつを貸してくれと言って来た。

やつあたり【八つ当たりスル】

許せない事や腹が立つ事などがあり、周りにいる関係の無い人を怒るなどする様子。

・失敗して腹が立っているとき、家へ帰って妻に八つ当たりして、よくけんかになる。

・自分の八つ当たりで、一緒に働く人のやる気を無くさせる経験を何度もした。

やっかい【厄介ナ】

① 問題が大きくて難しく、短い時間で簡単に無くせない様子。

・最近は、よくわからない事を言う厄介な電話が増えた。

・厄介な相手とも、ゆっくり話せば仕事になるときがある。

② 人に頼む難しくて大変な手伝いや助け。

・年を取ってから子供の厄介にならないようにと、妻と話している。

・今度の仕事は、友人に何度も厄介をかけて最後までやった。

やっつけしごと【やっつけ仕事】→やっつける①

やっつける

① 仕事や頼まれた事などを、時間をかけないで、短い時間でやってしまう。

・時間が無いから急いでやっつけるような仕事は、結果が良くない。

・時間との競争でやっつけた仕事の後は、疲れが大きい。

★短い時間で急いでした仕事をやっつけ仕事と言う。

・やっつけ仕事で作った物は、見ただけですぐわかる。

② ゲームやけんかなどで、相手がやる気を無くすほど強さを見せる。

・子供の頃、けんかでやっつけた相手を、今も忘れない。

・大きな会社をやっつけられるような商品を考えている。

やってくる【やって来る】

① 人や動物、季節などが近づいて来る。

・新しい機械を見ようと、朝から社長まで工場へやって来た。

・雨の季節がやって来ると、町が暗くなったように感じる。

② やってきた という形で、長い間続けていると伝える。

・長い間同じ仕事をやってきたからわかる事がたくさんある。

・会社がこれまでにやってきた事は、間違っていないと思う。

やってのける ★→やりとげる

周りが難しいと思う事などを、最後まで問題無くやる。

・夢のためなら何でもやってのけると思える時代があった。

・自転車で世界旅行をやってのけた高校生が、有名になった。

やっと

① ずっと願っていた事や難しい事、また、長く待っていた事などが、長い時間をかけてできた、思っていたようになったと伝える言い方。

・両親は、準備ができてやっとふるさとへ旅行できると楽しそうだ。

・前の駅で事故があって遅れていた電車がやっと駅に着いた。

★ やっとの思いで の形で、①のようになるのにとても大変だったと強く言う。

・やっとの思いで作った商品がよく売れて、社長に喜ばれた。

★→ようやく

② これ以上はできないと思うほど頑張って、必要な事などだけはできたと伝える言い方。

・仕事中に熱が出て、立っているのがやっとだった。

・母が、ふるさとを出てすぐは食べるのがやっとだったと時々話す。

やっぱり →やはり

やとう【雇う】

仕事をしてもらうためなどに、お金を出して人を集める。

・人を雇ってもすぐ辞めると、駅前の魚屋は悲しそうに言った。

・町の掃除に人を雇う考えには、多くの人が反対した。

★同じ様子を 雇用 と言う。

・会社では、コンピュータが使える人を数人、新しく雇用することが決

まった。

やどす【宿す】→やどる

やどる【宿る】

物や人の思いなどが少しの間、ひとつの場所に止まったように見える、また、感じられる。

・夜の雨がやんだ後、ぬれた木の葉に光が**宿る**様子は美しい。

・若い人と話していると、心に**宿る**言葉にできない不安を感じるときがある。

★少しの間止まっているように見せる様子を 宿す と言う。

・夢を**宿した**人の目には、強い光を感じる。

やなみ【家並み】→いえなみ

やはり　★→さすが①

①　自分が思っていた事や心配などが、間違っていなかったと伝える言い方。

・時間をかけて作ったので、今度の商品は**やはり**よく売れた。

・新しい社員に頼んだ仕事は、**やはり**うまくいかなかった。

★→はたして①

②　良い、大切だ、うれしいなどと思った事は、時間がたっても変わらない、同じだと伝える言い方。

・疲れたときは、**やはり**ゆっくり風呂に入るのが一番だ。

・色々問題はあっても、**やはり**自分の子供は大切だ。

③　時間がたったが、前と同じだろう、変わっていないだろうと伝える言い方。

・ふるさとの冬は、**やはり**今も寒さで大変だろうか。

・海の近くに引っ越した知り合いは、**やはり**今もそこにいるだろうか。

④　一度決めた事を時間がたってからもう一度考えて、変えると伝える言い方。

・友人の考えは**やはり**良くないと、今日会ったら話そう。

・妻に反対された車だが、**やはり**どうしても欲しい。

★①〜④は話し言葉では やっぱり とも言う。

　①・自分でやってみたが、**やっぱり**経験のある人とは違った。

　②・何歳になっても、**やっぱり**親にほめられるとうれしい。

　③・昔の先生は、今会っても**やっぱり**怖いと思うだろう。

　④・息子にあげると約束したペンは、**やっぱり**もう少し自分で使おう。

やぶからぼう【やぶから棒ニ】

考えていなかった事などを急に言われて、驚いた、困ったなどと伝える言い方。

・友人は、**やぶから棒**に今の計画をやめようと言った。

・**やぶから棒**に結婚するから辞めると言う社員に、驚いた。

やぶれかぶれ【破れかぶれナ・ニ】

自分が思ったようにならないので、もうどうなってもいいという気持ちになる様子。

・友人は、**やぶれかぶれ**でやった仕事がうまくいったと笑った。

・**やぶれかぶれな**気持ちのときは、何をしても失敗する。

★同じ様子を やけ とも言う。

・息子は、うまくいかないとすぐにやけを起こす子だった。

やぼ【野暮ナ・ニ】

① 人の気持ちや周りの様子などに気がつかず、言わない方がいい事を言い、しない方がいい事をする様子。

・手をつなぎ楽しそうに歩く若い社員に話しかけ、**野暮な**事をした。

・若い人の計画を聞いて、そんな物できないなどと**野暮な**事は言わない。

② 服装や持ち物などが、周りや時代によく合っていないと感じさせる様子。

・今思い出すと、学生時代は**野暮な**服装をしていたと思う。

・父は、**野暮**に見える古い物を集めて大切にしている。

★②のように感じさせる様子を 野暮ったい と言う。

・昔は**野暮ったい**と思っていた物が、今は美しく見える。

やぼったい【野暮ったい】→やぼ②

やむなく →やむをえず

やむにやまれない →やむをえず

やむをえず【やむを得ず】★→よぎない

ほかに方法が無くて、やりたい事とは違う事をやらなければならなくなったなどと伝える言い方。

・大きな台風が近づいていて、今年の祭りは**やむを得ず**中止になった。

・急にお金が必要になった友人は、**やむを得ず**車を売った。

★同じ事を やむを得ない/やむにやまれない/やむなく とも言う。

・社長の入院という**やむを得ない**理由で、新計画が遅れた。

・**やむにやまれない**理由だと言って、友人が会社を休んだ。

・台風で電車が止まり、会社は**やむなく**休みになった。

やむをえない【やむを得ない】→やむをえず

やや →いくらか

ややこしい

話や問題などに色々な事が入っていて、すぐにはわからない様子。

・社長は、ややこしい計画でも嫌な顔をせず聞いてくれる。

・会議は、途中で話をややこしくする人がいると長くなる。

─やら

① はっきりしない、よくわからないという気持ちを伝える言い方。

・流れる雲を見て、どこへ行くのやらと思うことがある。

・妻が、何やら変な音がするので庭を調べてほしいと言った。

② 多く ─やら～やら という形で、色々な物がある、また、色々あって大変だなどと伝える言い方。

・最近コンビニには、雑誌やら薬やら色々な物が置いてある。

・腹が痛いやら熱があるやらと言う社員が多くて、心配だ。

やりきれない【やり切れない】

とても悲しいときや苦しいとき、暑いときや寒いときなどに、自分ではどうにもできないと思う様子。

・ふるさとの友達が急に亡くなったと連絡があってから、寂しくてやりきれない。

・暑くてやり切れないような日は、どこにも行かないで家で本を読む。

やりとげる【やり遂げる】★→やってのける

時間をかけて、頑張って、必要な事などを最後までやる。

・時間はかかったが、社長に頼まれた事を最後までやり遂げた。

・若い人は初めての仕事をやり遂げたときに、大きく育つ。

やりとり【やり取りスル】

① 物を渡す事ともらう事とを繰り返しする様子。

・海外との品物のやり取りが、簡単にできる時代になった。

・結婚する前に妻とやり取りした古い手紙が出てきた。

② 言葉を使って相手と相談や連絡などを繰り返しする様子。

・勉強は続けているが、電話で英語のやり取りはまだ難しい。

・朝からの会議では、まだ難しいやり取りが続いている。

やることなすこと【やる事なす事】→することなすこと

やれやれ

① 自分やほかの人に頼んでする時間のかかる仕事などが終わって、安心したと伝える言い方。

・社長が計画に賛成だとわかって**やれやれ**だが、これからが大変だ。
・大きな仕事が終わって**やれやれ**と思い、友人と食事をした。
②　必要な事は終わったが、思ったような結果にならなくて喜べないと伝える言い方。
・商品がうまくできても売れないと、**やれやれ**と思って疲れる。
・何度説明しても同じ失敗をする社員がいて、**やれやれ**だ。

やわらぐ【和らぐ】→やわらげる

やわらげる【和らげる】
苦しさや不安、嫌な感じなどを少なくする。
・不安な気持ちを**和らげたい**ときは、ひとりで好きな音楽を聞く。
・社長は怒っているときでも、声を**和らげて**話す。
★和らげた様子を〔和らぐ〕と言う。
・朝から頭が痛かったが、薬を飲むと少し和らいだ。

ゆ

ゆいいつ【唯一】
人や物などがほかにはいない、無いと強く伝える言い方。

★唯一とも言う。

・会議では、全員が反対したが、唯一社長だけが賛成した。

・成功する唯一の方法はこれしかないと決めて商品を作った。

ゆいつ【唯一】→ゆいいつ

ゆううつ【憂鬱ナ・ニ】
悪い天気が続いたときや心配な事や嫌な事などがあるときに、気持ちが暗くなり何もしたくなくなる様子。

・友人が机に座って憂鬱な顔をしているときは、問題があるときだ。

・雨が続く季節は、憂鬱で仕事も何も思うように進まない。

ゆうえき【有益ナ・ニ】
とても大切で、社会全体に大きな意味を持つ様子。

・戦争は、人間に有益な事は何も無いが無くならない。

・町は、空き地を有益に使うために話し合いを続けている。

★反対に、誰も喜ばない、意味の無い様子を無益と言う。

・妻は、小さな虫でも命があり無益な物は無いと言う。

ゆうが【優雅ナ・ニ】
時間をかけて大切にされてきたと感じさせて、優しく、美しいと思う人や物の様子。

・昔の建物には、何がとはっきり言えないが優雅な感じがある。

・着物で優雅に歩く人に、カメラを向ける観光客が多い。

ゆうがい【有害ナ・ニ】
人や動植物の命を危険にして、生きていくのを邪魔する様子。

・有害だとわかっていても、タバコや酒は簡単にはやめられない。

・図書館は、子供に有害な本を置かないように選んでいる。

★生きていく邪魔になると思えないとき無害と言う。

・商品を作る材料は、人に無害な物しか使えない。

ゆうかん【勇敢ナ・ニ】
人が危ないと思う事ややりたくないと思う事などをやろうとする様子。

・社長は、人がやらない事を**する勇敢な**気持ちを持つ人だ。

・友人は違うと思うと、会議でも**勇敢に**自分の考えを言う。

ゆうき【勇気】

負けても、失敗してもいいと思って、難しい事や恥ずかしい事などをする強い気持ち。

・社長に反対するのには**勇気**が要るが、必要なときは言う。

・社長の話を聞いて、今まで無かった商品を作ってみる**勇気**が出た。

ゆうすう【有数】

世界、ヨーロッパ、日本などの言葉の後に付けて、その中で良く知られ、ほかでは見ることができず、とても良く、有名な様子。

・日本では、短い時間に**世界有数**の自動車を作る会社ができた。

・ふるさとは、**日本有数**の観光地に近いのに誰も知らない。

ゆうずう【融通スル】

①　お金や時間などの必要な物が足りなくなったときに、自分が持っている物や自由になる時間などを使う様子。

・友人にすぐ返すからと少しお金の**融通**を頼まれた。

・急な仕事が来て、みんなで時間を**融通し**合ってやった。

②　多く（**融通が利く**）という形で、予定ややり方など決まっている事を、全体が大きく変わらないように少し変える様子。

・自分のやり方を変えようとしない**融通が利かない**社員がいると、仕事が止まる。

・予約をするのが難しいので、時間の**融通が利く**歯医者に行っている。

ゆうずうがきく【融通が利く】→ゆうずう②

ゆうせん【優先スル】

ほかのどんな事より大切だと考えて、頼まれた事などを先にする様子。

・何より仕事を**優先して**生きてきたが、良かったのだろうか。

・友人は、赤字で「**優先**」と書いた商品の計画書を持って来た。

ゆうだい【雄大ナ・ニ】

景色や計画などが、ほかとは違ってとても良い、大きいなどと感じられる様子。

・**雄大に**広がる景色を見るといつも、人間は小さいと心から感じる。

・社長は、会社を日本一にするという**雄大な**夢を持っている。

ゆうめいむじつ【有名無実】

多くの人が知っている事や決めた事などが、知られているだけで、名前のような働きなどをしていない様子。

・長い時間をかけて決まりを作っても、誰も守らなければ**有名無実**だ。

・**有名無実**だと言う意見が多くて、子供相談所が無くなることになった。

ゆうゆうと【悠々とスル】★→ゆったり

①　人やほかの生き物が、思ったように自由にゆっくりと生きていると伝える言い方。

・問題があっても**悠々と**している友人は、会社には本当に必要な人だ。

・動物園では、自然の中で**悠々と**生きる動物の様子は見られない。

②　時間や空いている所がたくさんあって、急がなくてもやろうとする事などがゆっくりできると伝える言い方。

・日曜日は、電車も乗る人が少なくて**悠々と**座れる。

・約束の場所へ**悠々と**着けるように、会社を早く出た。

③　川や山などが、昔から長い間変わらないで同じような様子だと伝える言い方。

・両親の静かな生活を見ていると、**悠々と**流れる川のようだと思う。

・**悠々と**したふるさとの山の事を思い出すと、悲しみや苦しみが小さく思える。

ゆうり【有利ナ・ニ】

思ったようにやれるので、相手には負けない、自分に良い結果になるなどと感じる様子。

・自分が**有利な**事を知っていて難しい事を言う人との話はやりにくい。

・相手との話し合いは、いつも会社が**有利に**なるようにと考えて進める。

★反対に、自分に良い事が無い様子を〔不利〕と言う。

・自分が**不利**だと思ったら、妻とはけんかをしない。

ゆうわく【誘惑スル】→さそう①

ゆかい【愉快ナ・ニ】★→ようき

楽しくて、いつまでも続いていてほしいと感じさせる様子。

・お酒を飲んで**愉快**になると、友人は歌いに行こうと言う。

・学生時代にできた**愉快な**仲間とは、今も時々会っている。

★嫌な気持ちにさせ、許せないなどと思わせるとき〔不愉快〕と言う。

・何も知らない人に会社を悪く言われるのは、**不愉快**だ。

ゆがむ

①　いつも見ている形、使いやすい形や美しい形などが、いつもと違う形になる、曲がる、壊れるなどする。

・地震で窓が**ゆがんで**、開け閉めするときに変な音がするようになった。

・工場で同じような事故が続いていると聞いて、社長の顔が**ゆがんだ**。

②　人の気持ちが変わって、正しくない事をするようになる。

・一度気持ちが**ゆがんだ**人を変えるには、長い話し合いが必要だ。

・子供の心が**ゆがむ**のは、大人の生き方も**ゆがんで**いるからだ。

★①、②のように**ゆがむ**ようにする様子を ゆがめる と言う。

　　①・子供からの電話に出た妻が、話の途中で顔を**ゆがめた**。

　　②・人の気持ちを**ゆがめる**ような社会に、幸せは無い。

ゆがめる →ゆがむ

ゆきあたりばったり【行きあたりばったり】 →いきあたりばったり

ゆきあたる【行き当たる】 →いきあたる

ゆきとどく【行き届く】 →いきとどく

ゆきわたる【行き渡る】 →いきわたる

ゆくえ【行方】

①　人や物などが動いて行く方向、また、いなくなった人のいる所や無くなった物のある場所。

・三日前から**行方**がわからなくなった子供がいて、町は警察と一緒に探している。

・町を離れる家族の中には、近所の人に**行方**も伝えない人が多い。

★①のような人や物の場所が、よくわからないとき 行方不明 と言う。

・図書館に置いてあった古い道具が**行方不明**で、警察が調べている。

②　どうなって、どんな結果になるのかと思わせるこれからの様子。

・新しい計画は、まだ**行方**がはっきりせず心配している。

・昨日は、事故の**行方**が気になって、遅くまで会社にいた。

★②のような、これからの様子を 行く末 とも言う。

・会社の**行く末**は、若い人たちがこれから考える大切な事だ。

ゆくえふめい【行方不明】 →ゆくえ①

ゆくすえ【行く末】 →ゆくえ②

ゆくゆく

時間が過ぎて、これから先になってから、将来は、と伝える言い方。

・社長は、会社を**ゆくゆく**日本一にする夢を持っている。

・今の家は、**ゆくゆく**は息子家族が住むだろうと思っている。

ゆさぶる【揺さぶる】

①　立っていられなくなるほど、右や左へ押すように動かす。

・今朝の地震は強くて、**揺さぶられて**立っていられないほどだった。

・飲みすぎて寝ている友人の体を**揺さぶって**起こした。

★①と同じように押すようにして動かす様子を 揺する と言う。

・駅員が肩を**揺すっ**ても寝ている客がいて、みんな心配した。

★→ゆらす

②　ほかの人のする事や言う事などが、気持ちを変えてしまうほど強く伝わってくる。

・社長の温かい言葉は、社員の心を**揺さぶる**事が多い。

・涙を流して思いを伝える社員に、気持ちを**揺さぶられた**。

ゆすり　→ゆする¹

ゆする¹

困る事や隠しておきたい事を言うなどして相手を怖いと感じさせ、お金や物を出させ、言うとおりにさせようとする。

・中学生からお金を**ゆすっ**ていた高校生たちがいて、驚いた。

・長い間**ゆすられ**ていた社員が相談に来たので、一緒に警察へ行った。

★ゆする人やゆする様子を (ゆすり) と言う。

・駅前で**ゆすり**が続いていると聞いて、悲しい気持ちがした。

ゆする²【揺する】→ゆさぶる①

ゆずる【譲る】

①　自分の物などを必要な人に渡して使ってもらう。

・子供が使わなくなったおもちゃがたくさんあり、知り合いに**譲った**。

・妻は、友達に**譲っ**てもらった花が咲いたと言って喜んでいる。

②　自分の事などは後にして、ほかの人に喜んでもらえるようにする。

・自分の考えを**譲らない**人との仕事は、時間がかかって楽しくない。

・祭りの夜、花火がよく見える場所をお年寄りに**譲っ**て喜ばれた。

ゆたか【豊かナ・ニ】

①　自由に使える物やお金などがじゅうぶんにあって、安心していられる様子。

・家の中に物が増える事だけが、**豊か**になる事ではない。

・自然の**豊か**なふるさとへ帰って、子供時代に返りたいと時々思う。

②　色々な事を大きく広く見る事や考える事ができる様子。

・学生時代に旅行をして、**豊か**に生きるためには何が必要なのかと何度も考えた。

・**豊か**な心を持つ人は、ほかの人を見る目がとても優しい。

ゆだねる【委ねる】

必要な事などが自分でできなくて、ほかの人に頼んで全部してもらう。

・社長は、一度決めたら仕事はすべて社員に**委ねる**人だ。

・若い人を育てるときは、難しいとわかって仕事を**委ねる**ときもある。

★同じようにするとき 託す(る) とも言う。

・母が入院したと連絡があり、仕事を友人に託して帰った。

ゆだん【油断スル】

安心だと信じて、また、自分の力を信じすぎて、失敗をする様子。

・工場は危険な機械が多いので、少しの**油断**でも大きな事故になる。

・町の中だからと**油断**していて、祭りで財布を取られた。

★油断する様子を 気を抜く と言い、油断していると失敗するから、注意が必要だと教えるとき 油断大敵 と言う。

・いつもと同じ簡単な事だと**気を抜い**ていて、大きな間違いをした。

・少し仕事がわかり始めたときに大きな失敗をするから、**油断大敵**だ。

ゆだんたいてき【油断大敵】→ゆだん

ゆったり【ゆったり(と)スル】★→ゆうゆうと、よゆう

①　時間やお金などが必要なだけあって、ゆっくりと安心して生活できる様子。

・仕事を辞めたら**ゆったり**と生活できるよう、妻と色々話している。

・次の仕事までは、少し**ゆったり**できる時間があるので新しい商品を考える。

②　家の広さや着る物の大きさなどがじゅうぶんで、気持ち良く感じる様子。

・社員が増えたので**ゆったり**仕事ができるよう、部屋が大きくなった。

・休みには、**ゆったり**とした服を着て好きな事をするのが楽しみだ。

ゆとり →よゆう

ゆめにも【夢にも】

「ない」と一緒に使って、考えた事も無かったと強く伝える言い方。

・娘が二十歳を過ぎてすぐに結婚するとは、**夢にも**思わ**なかった**。

・海外から**夢にも**考え**なかった**仕事が来て、会社は大騒ぎになった。

ゆめみる【夢見る】

今は難しいだろうが、やりたい事などができるようになればいいと心の中で願う。

・昔の人が**夢見た**月への旅行がもうすぐできる時代になるようだ。

・平和な世界を**夢見て**運動が続いているが、戦争は無くならない。

ゆらい【由来】

物や場所、名前などの始まり、また、今のようになった理由。

・会社の名前は、社長のふるさとの名前が**由来**だと聞いた。

・旅行先の町や建物などは、**由来**を知っておくと色々面白い事がある。

ゆらぐ【揺らぐ】

　① 風などで、火や木の葉、花などが小さく動く。

　・赤や黄の葉が風に**揺らぐ**のを見て、もう冬も近いと思った。

　・町中に飾られた祭りの旗_{はた}が、気持ち良さそうに風に**揺らい**でいる。

　★①のように小さく動く様子を (揺らめく) とも言い、それが少しの間続く
　　様子を (ゆらゆら) と言う。

　・ケーキの上で**揺らめく**ローソクの火を見て、誕生日の社員は喜んだ。

　・風に**ゆらゆら**揺れる木の葉は、踊っているようで面白い。

　★→ゆらす

　② 決めていた事などをもう一度、本当に大丈夫かなどと色々考える。

　・友人の難しいという一言で、新しい計画をやる気が**揺らい**だ。

　・気持ちが**揺らぐ**ときは、なぜ今のように決めたかを初めから全部考え
　　直す。

ゆらす【揺らす】 ★→ゆらぐ①、ゆさぶる①

　体や物を、前や後ろ、右や左、上や下に動かす。

　・台風が近づいて、風が庭の木の葉を**揺らし**始めた。

　・届いた荷物を**揺らす**と、音がするので何だろうと思った。

ゆらめく【揺らめく】 →ゆらぐ①

ゆらゆら【ゆらゆら(と)スル】 →ゆらぐ①

ゆるい【緩い】 ★→ゆるむ

　① つないでいる力が弱くて、すぐに離れる、壊れるなどする様子。

　・よく調べてみると故障の理由は、ネジの締め方が**緩い**事だった。

　・雨で川の横の道が**緩く**なっているそうで、土を入れる工事が始まった。

　② 決まりなどが弱くなっていて、決めた意味が強く感じられない様子。

　・決まりが**緩く**なったのは良かったが、遅れる社員が多くなった。

　・**緩い**決まりでも、みんなが守ればそれでじゅうぶんだ。

　③ 坂や道の曲がり方などが急ではない様子。

　・**緩い**坂でも、長く続いていると上るのが大変だ。

　・**緩く**曲がっている道では、急に人や車が出て来るので運転に注意して
　　いる。

　★②、③と同じ様子は (緩やか) とも言う。

　　②・公園を大切に使うため、**緩やか**だが、いくつか決まりがある。

　　③・両親は、**緩やか**な坂を上った所にある家に住んでいる。

ゆるむ【緩む】 ★→ゆるい

　① 強く固くひとつになっていた物のつながりが弱くなる。

・相手の会社へ急いでいるときに、靴のひもが**緩ん**で困った。

・毎日、機械のネジが**緩ん**でいないか、すべてを調べている。

② 　心配や不安などを持っていた人の気持ちが静かになる。

・大切な会議が問題無く終わり、気持ちが**緩ん**でしまった。

・新しい商品が売れて、会社の空気が少し**緩ん**だようだ。

③ 　寒さや決まり、物の動きなどが、それまでよりは弱く、また、遅くなる。

・寒さが**緩む**季節になると、町も会社も元気になるように思える。

・最近、決まりが**緩ん**で、制服を着ている学生も減っているようだ。

★①〜③で、緩むようにする様子を 緩める と言う。

　①・食事会で食べすぎて、周りにわからないようにベルトを**緩め**た。

　②・大きな仕事が終わって、少しの間気を**緩め**られる。

　③・狭い道に入ると、スピードを**緩め**て安全に運転している。

ゆるめる【緩める】→ゆるむ

ゆるやか【緩やかナ・ニ】→ゆるい②、③

よ

―ようが～ようが →―ようと～ようと

―ようがない

　[一(し)ようがない]という形で、できればしたいと思うのだが、やり方などが見つからなくてできないと伝える言い方。

・仕事の面白さだけは、自分で見つけてくれなければ、**教えようがない**。

・会社を辞めた人の中には、どこにいるかわからなくて連絡の**しようがない**人もいる。

ようき【陽気ナ・ニ】★→ゆかい

　明るくて、一緒にいる人たちを楽しい気持ちにさせる様子。

・月に一度の食事会は、**陽気な**集まりにするために、色々な事が考えられている。

・花がきれいに育ったと、**陽気に**喜ぶ妻を見るのはうれしい。

　★反対の様子を[陰気]と言う。

・地震で祭りが無くなった町は、少しの間**陰気**な空気だった。

ようきゅう【要求スル】★→ようせい

　自分がしてほしい事などを強い調子で相手に頼む様子。

・社員が**要求する**色々な事を、社長はすべて会議で相談する。

・社員を増やしてほしいという**要求**が出て、会議で話し合った。

ようしき【洋式】→わしき

ようしゃ【容赦スル】

　①　ほかの人がした良くない事や失敗などを許そうとする様子。

・若い人を育てるには、失敗を**容赦する**事も必要だ。

・子供の頃、悪い事をすると、父は**容赦**無く叱り子供たちに教えた。

　②　自分の方が強いので、相手に合わせようとする様子。

・友人は、人に何かを教えるときは**容赦しない**方が良いといつも言う。

・最近は、相手が誰でも**容赦して**仕事をする事は無くなった。

ようじん【用心スル】

　悪い事が起こるかもしれないと、色々な事に気をつけ、準備をしておく様子。

・台風が来るので、**用心して**飛ばされそうな物は家に入れた。

・風の強い季節には、町のみんなで火の**用心**をしている。

★反対に、何もしない様子を⟨不／無用心⟩（ふ／ぶようじん）と言う。

・昔は、鍵（かぎ）をかけなくても誰も不／無用心だと思わなかった。

ようするに【要するに】

それまでに話してきた事の中で、大切だと思う事などをわかりやすい言葉にする、また、短く簡単に繰り返す言い方。

・**要するに**今はお金が無いと言って、社長は新しい計画に反対した。

・**要するに**親が悪いと言うと、妻はそういう考え方は良くないと言った。

★⟨すなわち／つまり⟩なども同じ使い方をする言葉。

・妻の兄弟の息子、**すなわち**甥（おい）から会いたいと連絡があった。

・長い説明の後で、**つまり**今の計画はやめるという事だと友人が言った。

ようせい【要請スル】★→ようきゅう

どうしても必要だからと、関係のある所や人などに考えてくれるように強く頼む様子。

・警察に**要請**して、危ない道に信号を増やすと決まった。

・地震が起きた所からの**要請**で、町は水や食べ物を送った。

ようち【幼稚ナ】

そうではないのに小さな子供のような事を、また、経験の無い人のような事などをする様子。

・若い社員がする話が**幼稚**に聞こえるのは、自分が年を取ったからだろうか。

・最近、**幼稚な**事を相談に来る社員が増えて、会社は大丈夫かと思うときがある。

一（よ）うと～（よ）うと

どんな事があっても、どんな事をしても、今の様子や自分の考えなどは変わらないと強く伝える言い方。

・会社の建物は、地震が**あろうと**台風が**来ようと**問題無いように強くできている。

・いくら金を**使おうと**どんなに技術が**進もうと**、自然には勝てない。

★⟨一（よ）うが～（よ）うが⟩も同じ意味で使い、⟨一（よ）うと／が⟩だけでも使う。

・社長は、雨が**降ろうが**風が**吹こうが**、仕事を休まない人だ。

・人に何と**言われようが**、間違っている事には賛成しない。

・技術がどんなに**進もうと**、地震も台風も無くす事はできないだろう。

一（よ）うにも

⟨一（よ）うにも～ない⟩という形で、したい事があるのにする方法が無いと

伝える言い方。

・連絡をしようにも、電話も住所もわからない人がたくさんいる。

・仕事が多くて、**休もうにも休めない**日が続いている。

ようふう【洋風】→―ふう②

―（よ）うものなら

　　―（し）ようものなら　の形で、あるとは考えられないが、もし起こったら、大変な事になると伝える言い方。

・社長が大きな病気でも**しようものなら**、会社の仕事はすべて止まってしまう。

・今地震でも**起きようものなら**、町は大変なことになる。

ようやく　★→やっと①

　思っていたより時間がかかったが、大変な思いをして、思っていたとおりになったと伝える言い方。

・みんなで何度も考え直した商品が、**ようやく**できた。

・長い冬が終わると、ふるさとも**ようやく**暖かくなる。

よかん【予感】

　理由はわからないが、これから何か良い事や悪い事などがあると感じる様子。

・朝、靴のひもが切れると悪い事がある**予感**がして嫌だ。

・**予感**は気持ちの問題なので、信じないことにしている。

よぎない【余儀無い】★→やむをえず

　ほかに良い方法が無いのでそうした、と伝える書き言葉で、　余儀無くされる　と言う形でよく使われる。

・**余儀無い**理由があると言って、友人が二日続けて休んだ。

・機械の故障で、工場は一日の休みを**余儀無くされた**。

よぎなくされる【余儀無くされる】→よぎない

よぎる

　①　本当に短い間目の前に見えて消える、また、見えたと思う。

・前を何かが**よぎった**ように思い、急いで車を止めた。

・急に明るい光が目の前を**よぎり**、妻とふたりで空を見た。

　②　急に、思い出や心配な気持ちなどが短い間頭の中や心の中で感じられ、すぐに消える。

・ふるさとの事が頭を**よぎる**のか、妻は外の雪を見ている。

・仕事中に、苦しかった若い時代の事が頭を**よぎる**ときがある。

よく【欲】

人間の持つ、物が欲しい、好きなだけしたい事をしたいなどと強く願う気持ち。

・高い商品をたくさん売りたいという**欲**が深い考えでは、売れる物はできない。

・良い商品を作りたいという**欲**がある間は、仕事ができると思っている。

★いくらでも欲しいと思う様子を〔欲張る〕と言い、そんな様子を見せる人を〔欲張り〕と言う。

・**欲張って**ふたつの仕事をしたが、どちらも失敗した。

・友人は自分の事を、何でも自分の物にしたいという**欲張り**だと言う。

よくばり【欲張り】→よく

よくばる【欲張る】→よく

よけい【余計ナ・ニ】

①　人が言う事やする事などを、必要無い、邪魔（じゃま）になるなどと思う様子。

・子供がいくつになっても、親は**余計な**心配をする。

・学校がスカートや髪の長さを決めるのは、**余計な**事だ。

★→よぶん

②　言う事やする事、物などが、今の気持ちをもっと強くすると伝える言い方。

・悲しいときに優しい言葉を聞くと、**余計に**涙が出る。

・友人は、できないと言われると**余計に**やろうとする。

★→なおさら

よける

①　人や物などが自分に当たらないように、体を動かして場所を変える。

・駅の階段で後ろから走って来る子供たちを**よけて**、先に行かせた。

・工事中の道にある小さな穴を**よけて**飛ぶようにして歩いた。

②　手や道具などを使って、雨や風、強い光などが当たらなくする。

・機械に当たる光を**よける**ため、工場は窓を少なくしてある。

・妻は、夏の強い日を**よける**ために大きな帽子を使っている。

③　嫌な物や邪魔（じゃま）な物などを分けて、別の場所に置く。

・嫌いな野菜を**よけて**食べるので、よく妻に子供のようだと言われる。

・飾ってあった花を横に**よけて**、社長の机に新しい商品を並べた。

よこぎる【横切る】

道や人の並んでいる場所など、長く横に伸びている所の途中を通って、先に進む。

・駅前でバスを待つ人の列を**横切ろ**うとして、怒られた。
・車の多い道を**横切る**のは、運転経験の少ない人には難しい。

よこたわる【横たわる】

①　人や動物などが、体を伸ばして寝る、また、寝た形になっている。
・妻は調子が悪いようで、朝からベッドに**横たわっ**ている。
・ふるさとには、牛が**横たわっ**ている形の山がある。

②　進もうとする先に、物が横になっていて邪魔になる、また、川などが伸びるように続いている。
・台風で倒れた木が道に**横たわっ**ていて、車が使えない。
・ふるさとは近くの町との間に、大きな川が**横たわっ**ている。

③　これからしようとする事に、色々難しい事や大変な事などがあると思われる。
・計画してから商品ができるまでには、多くの問題が**横たわっ**ている。
・社長は、やると決めたら難しい問題が**横たわっ**ていても負けないで前に進める。

よこばい【横ばい】

時間がたっても、大きな変化が無くて前と同じような様子。
・今度の新商品は、売り出してからずっと**横ばい**で売れ続けている。
・玉子の値段が長い間**横ばい**なのは、どうしてだろうと思う。

よこめに【横目に】★→よそ②

周りで起こっている問題などを、関係無いと考えて、自分に必要な事だけをする様子。
・周りの人の忙しさを**横目に**、黙って帰る事はできない。
・苦しむ友人を**横目に**、自分の仕事をするしかなかった。

よさん【予算】

これからしようとする事などにどれだけ要るかを考えて計算した金額、また、使える金額。
・社長は会議で、新しく計画している工場の**予算**を考えるように伝えた。
・妻との旅行は、**予算**が少ないので近くへ行くと決めた。

よしあし【良し悪し】

①　物などの良い所と悪い所。
・作った商品の**良し悪し**を決めるのは、使ってくれる人たちだ。
・父は、最近古い物の**良し悪し**がわかるようになったと言っている。

②　良い所も、悪い所もあると考える様子。
・小さい子供たちに、早くから英語を教えるのは**良し悪し**だと思う。

・若い人の失敗を許すのは、将来を考えると**良し悪し**だと思う。

よせる【寄せる】

①　物などをひとつの所に集める。

・机を全部窓の方に**寄せて**、集まって話せる場所を作った。

・友人は両目の間にしわを**寄せて**いるが、何か問題でもあるのだろうか。

★→よる①

②　人に気持ちを近づけ、相手の考えや思いを知ろう、また、自分の思いなどを伝えようとする。

・若い人とは心を**寄せ**、わかり合って仕事をしようといつも考えている。

・妻は、結婚する前に思いを**寄せる**ような人はいなかったと言う。

③　自分の方に近づいて来る、また、物などをほかの場所へ近づける。

・初めて海へ行ったとき、**寄せる**波が珍しく何時間も見ていた。

・後ろから救急車が来たので、車を左に**寄せて**道を空けた。

★→よる①

④　話すために、また、物などを見るために顔を近づける。

・会議の前に、数人の人が部屋の前で 額 を**寄せて**話している。

・若い人が顔を**寄せて**、何かを見て、楽しそうに話している。

よそ

①　今住んでいる場所や仕事をする場所などとは別の場所、また、自分とは関係の無い事や場所。

・会社に入ってすぐの社員は、よそから来た人のように見える。

・よその会社は気にしないで、売れる商品を考えている。

②　〔〜をよそに〕という形で、必要な事などをしないで、また、関係無いと考えて、別の事をすると伝える言い方。

・急ぎの**仕事**をよそに、時間になると帰る社員も多い。

・会議の**決まり**をよそに、友人は思った仕事をしている。

★→よそめに

よそう【予想スル】★→よそく

これから起こると考えられる事やその結果などを、どうなるか先に考える様子。

・友人の**予想**が正しくて、商品は足りなくなるほど売れた。

・妻は、咲く時期を**予想**して、花の場所を分けて植えているようだ。

よそおい【装い】→よそおう①

よそおう【装う】

①　人がいつもとは違う服を着るなどして、また、店などがこれまでの

形を変えて、きれいに見えるようにする。

・友達と食事をすると言って、妻は**装って**楽しそうに出かけた。

・美しく**装った**店が増え、駅前は昔とは違って見える。

★①のように装う様子を 装い と言う。

・若い人に向けた**装い**の店には入りにくい。

② 自分の仕事や本当に感じている事などを隠して、外からは違って見えるようにする。

・警察は、銀行員を**装って**お年寄りから金を取る男を探している。

・元気そうに**装って**いるが、父は外へ出る事が減ってきた。

よそく【予測スル】★→すいそく、よそう

経験や色々な情報などを使って、これからどうなるかを考える様子。

・今は、何か月も先まで天気が**予測**できる時代になった。

・技術は進んだが、まだ人間の力で、地震や火山爆発の**予測**は難しい。

よそよそしい

① よく知っている関係なのに、理由があって、知らない人のようにする様子。

・朝から友人が**よそよそしい**ので、何があったのかと嫌な気持ちだ。

・**よそよそしく**なるのが嫌なので、妻とはけんかをしないと決めている。

★→みずくさい②

② 相手をよく知らないので、簡単に近づけないと感じる様子。

・**よそよそしい**様子を見せると、初めての相手との話に失敗する。

・初めは**よそよそしく**している社員も、一緒に仕事をすると変わる。

よち【余地】★→よゆう

① 使われていない場所や、空いている場所。

・今の家に引っ越すとき、木や花を植える**余地**がある所を選んだ。

・本箱に**余地**が無くなり、要らない本を捨てた。

② 仕事などの必要な事とは離れて、別の事を考え、できる自由な時間。

・若い頃は、毎日仕事、仕事でほかの事を考える**余地**が無かった。

・仕事を離れて、好きな事ができる**余地**が無いと、色々な考えが出て来ない。

③ より良くするために、もう一度考える必要のある所。

・まだ考え直す**余地**があると思い、友人ともう一度話し合った。

・商品を作る前には、もっと良くする**余地**は無いかともう一度考える。

よちよち

小さな子や動物が、いつ倒れるかわからないように危なく歩く様子。

・小さな子供が**よちよち**歩くのを見て、子供たちの事を思い出した。

・ふるさとで、生まれてすぐの牛が**よちよち**歩くのを何度も見た。

★体が弱くなった人や動物の同じような様子は よぼよぼ と言う。

・結婚した相手とは、**よぼよぼ**になるまで一緒にいたい。

よっぽど →よほど

よどみない【よどみ無い】→よどむ②

よどむ

①　水や空気などが、同じ場所に止まって動かない。

・使わなくなった子供部屋の空気が**よどまない**ように、時々窓を開ける。

・川は、流れが**よどむ**と魚も住まなくなるそうだ。

②　 よどみ無い という形で、途中で止まらないで、続くと伝える。

・若い社員の話す**よどみ無い**英語を聞いて、驚いた。

・今日は会議が**よどみ無く**進んで、いつものような疲れを感じなかった。

よのなか【世の中】★→せけん

毎日生活をする社会全体、また、そこの様子。

・みんなが助け合わないと、**世の中**は住み良くならない。

・自分は正しいと思っていても、**世の中**では許されない事もある。

よびかけ【呼びかけ】→よびかける②

よびかける【呼びかける】

①　自分の方を向いてほしいときなどに、声を出して相手を呼ぶ。

・駅で急に後ろから**呼びかけられて**、驚いてしまった。

・ふるさとで、昔の友達に**呼びかけられて**うれしかった。

②　ひとりでできない難しい事などをするときに、周りの人に一緒にやろうと話す。

・社員の数人が**呼びかけて**、会社に花を飾ることになった。

・お年寄りが**呼びかけ**、町では食べ物を捨てない運動が始まった。

★②のように呼びかける様子を 呼びかけ と言う。

・社員の**呼びかけ**で、困った人にお金を集めて贈る事が決まった。

よぶん【余分ナ・ニ】★→よけい①

使わなくて残る物、また、必要無いのにと思う事や物。

・計画を出すときは、必要な費用を少し**余分**に書いておく。

・妻によく、**余分な**事を言うからけんかになると言われる。

よほど【余程】

①　ほかの人はそう思わないかもしれないが、自分は強くそう思うと伝える言い方。

・仕事で失敗するより、その失敗を隠す方が**余程**悪いと思う。

・親の誕生日には、物を送るより会いに行く方が**余程**喜んでくれる。

②　人がする事や言う事などが、信じられない、わからないなどと思える様子。

・**余程**急いでいたのか、社長は誰に何も言わず帰った。

・**余程**の事でもあったのか、会社を休んだ友人は電話にも出ない。

③　余程～(し)ようかと思ったが　という形で、やろうと思ったが、やらない方がいいと思ってやめたと伝える言い方。

・失礼な店員を**余程**叱ろうかと思ったが、もう来ないと思ってやめた。

・仕事が遅い社員を**余程**手伝おうかと思ったが、自分でさせた。

★①～③は、話すときには　よっぽど　という形になることが多い。

①・遊びにお金を使うより、好きな本を買う方が**よっぽど**いい。

②・新しい社員は、**よっぽど**練習したのか自分の考えをうまく話した。

③・**よっぽど**怒ろうかと思ったが、社員を育てるためだと思いやめた。

よぼよぼ【よぼよぼ(と)】→よちよち

よみがえる

①　死んだと思った人や動物などが、特別な方法で生き返る。

・一度心臓の止まった人が**よみがえ**って、大騒ぎになった。

・今は昔いた動物を**よみがえ**らせる技術があるそうだ。

②　死んだように弱っていた人や植物などがもう一度元気になる。

・夕方水をやると、庭の草木が**よみがえ**ったようになる。

・夏、外から涼しい会社に帰ると**よみがえ**ったと感じる。

③　昔の事や忘れていた事などがはっきりと思い出される。

・古い商品を見て、自分がした昔の失敗が**よみがえ**った。

・若いときの楽しい思い出が**よみがえ**る歌がいくつかある。

よみとる【読み取る】

人の書いた事や話した事などから、本当に伝えたい事がわかる。

・友人は頭が良く、人が伝えたい事が正しく**読み取れ**る。

・ほかの人と一緒に仕事をすると、人の気持ちが**読み取れ**るようになる。

よゆう【余裕】★→ゆったり、よち

お金や時間などがじゅうぶんあって安心している様子。

・時間とお金に**余裕**ができたら、妻と海外旅行をしたいと思う。

・気持ちに**余裕**がある人は、周りが驚くような仕事をする。

★同じようにたくさんある様子を　ゆとり　と言い、時間もお金も心配要らないとゆっくりする様子を　余裕しゃくしゃく　と言う。

・お金があっても、毎日忙しくて心に**ゆとり**が持てない生活は嫌だ。

・仕事を辞めてからの父は、**余裕しゃくしゃく**の生活をしている。

よゆうしゃくしゃく【余裕しゃくしゃく】→よゆう

よりかかる【寄りかかる】→もたれる①

よりそう【寄り添う】

① 自分より大きな人や物などに助けてもらうようにして、離れない、また、体と体が付くぐらい近づいて離れないでいる。

・母親に**寄り添って**バスを待つ子の様子に、昔を思い出した。

・若い頃、好きな人と**寄り添って**歩くような経験は無かった。

② 弱い人の気持ちになって、その近くにいて手伝う。

・子供が小さいときは、近くで**寄り添って**、一緒にいるのが親の仕事だ。

・困ったときに**寄り添って**助け合うような家族が減っているようだ。

よりどころ【より所】

① 気持ちが弱くなったときなどに相談できる人や考え方など、大切にしている事。

・人が喜ぶ商品という社長の言葉は、社員みんなの心の**より所**になっている。

・人は、何を**より所**に生きているのかと考えるときがある。

② する事や言う事などが正しいと考えられる理由。

・売れると考える**より所**を説明するよう、社長に言われた。

・古い地図を**より所**に、今、町の詳しい歴史が調べられている。

よりどりみどり【より取り見取り】

たくさんの物の中から、自分が欲しいと思う物を自由に選べる様子。

・朝早くスーパーへ行くと、野菜も魚も**より取り見取り**だ。

・娘が**より取り見取り**だったと言って、ケーキを持って来た。

よりによって

ほかのときでもいいのにどうして今なのか、今でなければ良かったのにと伝える言い方。

・**よりによって**忙しいときに大きな仕事が続いて困った。

・妻が高い熱を出したのは、**よりによって**母が入院したときだった。

よりわける【より分ける】→えりわける

よる【寄る】

① 人や物などがひとつの所に集まる、また、ほかの所へ近づく。

・父は、若い頃から嫌な事を聞くと 額（ひたい）にしわが**寄る**。

・小学生は毎朝集まって、道の右側に**寄って**学校まで歩く。

★→よせる①、③

② ほかの所へ行く途中で、短い間店や知り合いの家などへ行く。

・父は、散歩のときによく古い物を売る店に**寄る**。

・妻は、よく花屋に**寄っ**て珍しい花を買って来る。

★②と同じ様子は 立ち寄る とも言う。

・駅前の本屋が閉まって、時間があるときに**立ち寄る**場所が無くなった。

よれよれ【よれよれ₌】

① 服が何度も着て古くなり、しわができ形が変わってしまう様子。

・両親は、**よれよれ**になった服を切って掃除に使っている。

・**よれよれ**の服では相手に失礼なので、時々新しく買っている。

② 体や心がとても疲れて力が無くなり、立っていられないような様子。

・一日が終わると**よれよれ**で、動くのも嫌なときがある。

・外から**よれよれ**になって帰って来た友人と食事に行った。

よろける →よろよろ

よろよろ【よろよろ(と) スル】

とても疲れたときや病気で少しの間寝ていたときなどに、歩くときに力が入らずいつものように歩けない様子。

・庭にいた妻が、立ったときに**よろよろ**するので心配した。

・飲みすぎて**よろよろ**と歩くので、友人をタクシーに乗せた。

★うまく歩けないときに よろける と言う。

・会議で長く座っていて、急に立って**よろけ**てしまった。

よわき【弱気ナ・₌】→つよき

よわねをはく【弱音を吐く】★→ねをあげる

自分のやる必要がある事などができると思えないと言う。

・**弱音を吐く**若い人には、自分も若いときはそうだったと経験を話す。

・仕事が難しくて**弱音を吐き**そうなときは、友人に話を聞いてもらう。

よわみ【弱み】→つよみ

よわよわしい【弱々しい】

人やほかの生き物が力や元気が無く見える様子。

・**弱々しく**見えても、大切なときに良く働く社員は何人もいる。

・**弱々しい**と思っていた庭の木が、花を咲かせて驚いた。

よわりめにたたりめ【弱り目にたたり目】→なきつらにはち

ら

らく【楽ナ・ニ】

① 心配しないで、安心して生活できる様子。

・長い間働いた両親には、少しでも**楽**をしてほしい。

・年を取ってから**楽**に暮らせるよう、妻は色々考えているようだ。

★①のような気持ちでいる様子を [気楽] とも言う。

・両親が**気楽**にしている様子を見ると、心からうれしいと思う。

② 難しい事が無くて、仕事などが問題無く進む様子。

・**楽**な仕事を選んでするような人とは、一緒に仕事をしたくない。

・**楽**にできると思った仕事に問題があって、今大変だ。

らくがき【落書き】

みんなで使う机や駅の壁など書いてはいけない所に、伝えたい事や人の前で言えない事、意味の無い事などを絵や文字で書く様子。

・昔はたくさんあった駅のトイレの**落書き**が最近は無くなった。

・公園に許せない**落書き**があって、町は警察に連絡した。

らくせん【落選スル】 →とうせん

らくたん【落胆スル】★→きおちする

良い結果になると思っていた事などが思っていたようにならなくて、また、考えてもいなかった事などが起きて、何もしたくなくなる様子。

・一年近くも頑張った商品が売れなくて、みんなの**落胆**は大きかった。

・事故で親を亡くし、**落胆**した様子の社員は見ていられない。

―らしい

① ほかの言葉の後に付けて、本当にそう見える、そうだと感じると伝える言い方。

・子供が生まれた息子は、最近、**父親らしく**なってきた。

・「**女性らしく**」と言う人の頭の中にある「女性」とは、どんな人のことだろう。

★①の使い方で、らしくないとき [―らしからぬ] と言う。

・最近子供**らしからぬ**服装をした子供が多い。

② 周りの様子を見て自分の考えた事を伝える言い方。

・家の前に車が止まっているが、誰か**来ているらしい**。

・まだ風邪が**治らないらしくて**、友人は朝からせきをしている。

③　ほかの人から聞いた事などを伝える言い方。

・友人の話では、社長が自分で新しい商品を**考えているらしい**。

・隣 （となり）の人が、近くの空き地が公園に**なるらしい**と教えてくれた。

―**らしからぬ**　→―らしい①

らっかん【楽観スル】

難しい事などをするときに、うまくできると思って心配しない様子。

・友人は、どんな難しい仕事があっても、できると**楽観**している。

・入院が続く母の体調は**楽観**ができないのではと思い心配だ。

★反対に、悪い結果になるだろうと思う様子を 悲観 （ひかん）と言い、楽観や悲観しているように感じる様子を 楽観的/悲観的 と言う。

・将来を**悲観**する若い人には、自分の力を信じろと話している。

・家族全員の中で、妻が一番**楽観的**な人間だといつも思う。

・友人は、**悲観的**に考えるとできる事もできなくなると言う。

らっかんてき【楽観的ナ・ニ】→らっかん

らんぼう【乱暴ナ・ニ・スル】★→ぼうりょく

①　負けないと思い、強い力で物を壊す、人を傷付けるなどする様子。

・**乱暴する**子供を集めて、一緒に野菜を作るお年寄りがいる。

・**乱暴な**子供が育つ社会は、大人の問題ではないだろうか。

②　物を動かす様子や話し方などが、物や人を大切に考えていないと思わせる様子。

・商品を**乱暴に**運ぶ社員を社長が近くに呼んで、商品の大切さを教えた。

・子供は、テレビで見聞きした**乱暴な**言葉を遊びのように使う。

らんらん【らんらん（と）】

頑張ろうという気持ちなどがとても強くて、周りの人が怖いと思うほど目が強く光っている様子。

・日本一の会社にしようと、友人は**らんらんと**目を光らせて話すときがある。

・社長は、仕事が大変なときには目が**らんらんと**する。

り

りかい【理解スル】 ★→りょうかい

① 相手の話の大切な点や問題の難しい点などが何かなど、考えてよくわかっている様子。

・若い人に説明するときは、よく**理解**できるよう使う言葉を考えている。

・大切な事は何かを**理解しない**で意見を言う人には、困る。

② ほかの人の生き方や考えなどがよくわかっていると感じさせる様子。

・町は、体の不自由な人やお年寄りなどの事を**理解する**ために、時々集まりを開いている。

・社員への**理解**がある社長で、みんなが助け合って生きる会社を作ろうと言っている。

りくつ【理屈】

① 理屈に合う という形で、考え方や決めた事などがその通りだ、正しいと多くの人が思うと伝える。

・悪い事をした人も自由に生きられる社会という考えは、**理屈に合わない**と思う。

・頑張った人が成功するのは、**理屈に合った**話だ。

② 周りは信じていないのに、自分の考えやする事などが正しいと信じさせようとして言う理由。

・**理屈**を並べるだけで、体を動かさない人とは、仕事をしたくない。

・**理屈**が多い社員とでも、わかったと思ってくれるまで話をする。

★②で、相手が困るほど理屈を言う様子を 理屈をこねる と言う。

・反対されるといつまでも**理屈をこねる**人がいて困る。

りくつにあう【理屈に合う】→りくつ①

りくつをこねる【理屈をこねる】→りくつ②

りそう【理想】

こんな事ができればいい、こうなればいいなどと思う様子。

・若い人には、夢や**理想**を持って仕事をするようにいつも話している。

・社長は自分が考える「**理想**の会社」とは、どんな会社なのか社員に何度も話している。

★理想に合っていると感じさせる様子を 理想的 と言う。

・両親がふるさとへ行く日は、旅行に**理想的**な天気だった。

りそうてき【理想的ナ・ニ】→りそう

りっぱ【立派ナ・ニ】

① ほかとは違っていて、とても良い、美しいなどと思わせる人や物などの様子。

・有名ではないが、大切な仕事を残した**立派**な人もいる。

・仕事で行った会社は**立派**な建物で、入りにくかった。

② 色々な考え方はあるだろうが、間違いなくそうだと言える様子。

・会社に入って一年もすると、若い人はみんな**立派**に働くようになる。

・一円の物でも、店から黙って持って出れば**立派**な泥棒だ。

りゃくす【略す】→はぶく②

―りゅう【―流】

ほかの言葉の後に付けて、その言葉の場所や人などにしか見られない特別なやり方。

・海外で**日本流**に仕事をすると、うまくいかないときも多い。

・人に何を言われても、**自分流**でやり続けてきた。

りゅうこう【流行スル】→はやる

りゅうつう【流通スル】

① 空気が止まらずに流れる、また、お金などが広く使われる様子。

・荷物を入れている部屋は、空気の**流通**が悪く臭いがする。

・円の**流通**する所が広がり、海外へ行くのも便利になった。

② 作った物などが売る人から使う人へ届いて、広く使われるようになる様子。

・新しく道ができ、ふるさとの米も広く**流通する**ようになった。

・今まで無かった**流通**方法で、海外の色々な花が日本で楽しめる。

りょうかい【了解スル】★→りかい

相手がしてほしいと言う事などがよくわかって、賛成して許可する様子。

・町が**了解すれ**ば、祭りの日は公園で物を売ってもよくなった。

・社長の**了解**で、社員は会社の商品が安く買えるようになった。

りょうしん【良心】

正しい事をしよう、人に喜んでもらえるようにしようなどと思う気持ち。

・仕事で、相手に嫌な思いをさせたときは、後で**良心**が痛む。

・**良心**が感じられる相手とする仕事は、気持ち良く進む。

★言う事ややる事が、正しい事をしようと思っていると感じられるとき〔良心的〕と言う。

・駅前でも長く続いている店は、働く人も品物も**良心的**だ。

りょうしんてき【良心的ナ・ニ】→りょうしん

りろせいぜんと【理路整然と】→せいぜんと

りんじ【臨時】

前から予定を決めないで、必要なときに特別にする様子。

・今朝は電車が事故で止まり、駅前から**臨時**のバスが出た。

・大きな地震があって、今も**臨時**ニュースが続いている。

りんと【りんとスル】

ほかの人の話し方ややり方などが、自分を信じて強く生きていると感じさせる様子。

・両親のりんとした生き方は、家族みんなへの教えになっている。

・友人がりんとして仕事をする様子を見て、いつも負けられないと思う。

る

るす【留守】
　家や会社など、自分がいつもいる所にいなくなる様子。
・仕事で社長が**留守**の間は、問題が無いようみんなで頑張る。
・長く**留守**にするときは、近所に知らせておく。
★人が留守の間、その人がやる事などを色々する人、またその様子を　留守番　と言う。
・**留守番**は心配ないからと言って、海外へ行く友人を送った。

れ

れいせい【冷静ナ・ニ】

驚くような事などがあっても、急がず静かに何が問題か考えられる様子。

・**冷静な**話し方をすると、相手も静かに聞いてくれて話がしやすい。

・友人は、どんな問題があっても**冷静に**原因を考えられる人だ。

れいの【例の】

話を短くするために、また、ほかの人に聞かれてもわからないように、言わなくても何の事か、誰の事かわかると思うが、と伝える言い方。

・社長は会議で、社員の顔を見て**例の**仕事は無くなった、とだけ言った。

・**例の**事故の事だと、関係のある人が小さな声で話し始めた。

れいをみない【例を見ない】

今までに同じような事や物などが無いくらい、珍しい事だなどと伝える言い方。

・今年は、過去に**例を見ない**ほど米ができたとふるさとから連絡が来た。

・今度の台風は、これまでに**例を見ない**ほどの大きさで、住む所を無くした人も多い。

れんさ【連鎖スル】

同じような事がつながっているように続けて起きる様子。

・戦争は、次から次へと**連鎖して**起こり無くならない。

・生き物は、食物**連鎖**と呼ばれる命のつながりで生きている。

★ひとつの悪い事が原因になって、同じ様な事が続く様子を 連鎖反応 と言う。

・小さな事故は、**連鎖反応**で最後には大変な事故の原因になる。

れんさはんのう【連鎖反応】→れんさ

れんそう【連想スル】

ひとつの事や物などから、それと関係のある事や物などが頭の中に出て来る様子。

・ふるさとという言葉からの**連想**は、長く続く冬の雪と寒さだ。

・子供の頃から、雲の形を見て色々**連想する**ことが多かった。

れんちゅう【連中】

① 同じような経験を長くした人やよく知っている人などをいい仲間だと感じ呼ぶ言い方。

・会社で一緒に仕事をする**連中**は、みんな親切でよく助け合う。

・学生時代の仲間は、今も集まると子供みたいに騒ぐ、楽しい**連中**だ。

② 自分の仲間とは違う人たちを良く思わないで呼ぶ言い方。

・会社の考えは、金になる事しか考えないで商品を作る**連中**とは違う。

・金持ち**連中**には、困っている人たちの気持ちはわからない。

ろ

ろく【ろく ナ・ニ**】**

　後に「ない」という意味の言い方を付けて、じゅうぶんにできない、後で困った事になるなどという気持ちを伝える言い方。

・急ぐと**ろく**な事が**無い**と、友人は商品の計画にゆっくり時間をかけた。

・**ろく**に仕事も**しない**社員が休みたいと言って来たので返事に困った。

　★同じ気持ちを強く伝えたいときは ろくろく と言う。

・妻は、人の話を**ろくろく**聞か**ない**で車は要らないと言う。

ろくでなし →ろくでもない

ろくでもない

　人や社会の助けなどにならなくて、意味を感じさせない様子。

・金のため、**ろくでもない**商品を作って売る会社は許せない。

・会議の後、今日は**ろくでもない**話だったと友人が怒っていた。

　★**ろくでもない**人を ろくでなし と言う。

・社長は、**ろくでなし**などいないと言って人を大切にする。

ろくろく →ろく

わ

わかす【沸かす】→わく³

わかちあう【分かち合う】

少ししか無い物や大切な物などをほかの人たちと一緒に使う、また、喜びや苦しみなどをほかの人と一緒に経験して同じような気持ちになる。

・子供たちには、物をほかの人たちと**分かち合う**喜びを教えて育てた。

・喜びや苦しさを**分かち合って**一緒に商品を作る社員は、家族のようだと思う。

わかわかしい【若々しい】

言う事やする事などが元気いっぱいで、本当に若く思える様子、また、そう見えるようにする様子。

・春は、新しく入った社員たちの**若々しい**動きで、会社が明るくなったように思える。

・**若々しく**見える服を着た友人を見て、どうしたのだろうと思った。

わきあがる【湧き上がる】★→わく²

急にそれまでは無かった煙や霧などが出て来る、また、急に大きな喜びや悲しみなどを感じる。

・大きな音の後で**湧き上がった**煙を見て、事故だと思い工場へ走った。

・うまくできた商品を見て、一緒に頑張ってきた人たちの喜びが**湧き上がった**。

わきがあまい【脇が甘い】

相手の事がじゅうぶん調べられていないなど、自分を守る準備ができていなくて相手に金を取られるなどする様子。

・話し合いで、最後は相手の言うとおりになってしまい、まだ**脇が甘い**と思った。

・**脇が甘い**と思われると、うまい話でお金を取られるなどするので注意が必要だ。

わきたつ【沸き立つ】→わく³

わきみちにそれる【脇道にそれる】

大切な話や必要な話などから離れて、関係の無い話などをする。

・高校の授業で、よく**脇道にそれて**思い出を話す先生が好きだった。

・友人たちとの仕事の話が**脇道**にそれ、旅行の話になっていた。

わきめもふらず【脇目も振らず】

ほかの事は考えないで、決めた事だけを頑張ってやる様子。

・大学に入るために、**脇目も振らず**に勉強した時期があった。

・父は、家族のために会社を辞めるまで**脇目も振らず**働いてきた。

わく¹【枠】

①　仕事や計画などで、決められたやり方や考え方など。

・決められた**枠**よりお金が要るような商品は、会議では反対される。

・古い**枠**を壊すような新しい商品を作りたいが、簡単ではない。

②　窓や絵などの周りに付けて強くする、また、よくわかるようにする木などでできた物。

・小さな地震だと思ったが、窓の**枠**が曲がり簡単に動かなくなった。

・家族みんなで行った最後の旅行の写真は、きれいな**枠**を付けて部屋に飾っている。

わく²【湧く】★→わきあがる

①　水や温泉、雲などが、次から次へと続いて出て来る。

・夏空に**湧いて**広がる白い雲を見ていると、元気が出る。

・近くにおいしい水が**湧く**所が見つかり、毎日多くの人が並んでいる。

②　色々な気持ちや新しい考えなどが止まらないで生まれ続ける。

・友人は最近元気で、良い考えが**湧く**ように出ると言う。

・頑張っている若い人を見ると、自分もやろうという元気が**湧く**。

わく³【沸く】

①　水が火や熱に当たって湯になる。

・今は便利で、風呂が**沸く**と音楽で知らせてくれるようになった。

・コーヒーを入れる湯が**沸く**のを待つ間、何も考えないでいる時間が好きだ。

★①のように沸いて、とても熱くなるとき (沸騰) と言う。

・妻が珍しく、**沸騰**した湯を入れるだけで食べられる商品を買って来た。

②　人が集まって楽しく、にぎやかになる。

・忙しいときに買って来たお菓子を見て、社員が**沸いた**。

・運動会に**沸く**小学校の様子は、町を元気にしてくれる。

★①、②で、強く沸く様子を (沸き立つ) と言い、沸くようにする様子を (沸かす) と言う。

　①・ラーメンに入れる湯が**沸き立つ**音は、学生時代の思い出だ。

　　・ふるさとにいるときはまだ色々不便で、風呂を**沸かす**のも大変

　　　　だった。

②・年に一度の祭りのときは、町全体が**沸き立つ**ような騒ぎになる。

　・食事会をいつも**沸かして**楽しくするのは、元気な若い人たちだ。

わくわくする

　待っていた事などが近づいて、早く始まってほしいと楽しみにしている。

・両親は、初めての海外旅行で毎日わくわくしているようだ。

・育てた花が咲く頃が近づくと、妻はわくわくして庭に出る。

わけ【訳】

①　誰にでもよくわかるように、なぜそうなるか、なったのかと伝える、原因や理由。

・休んだ訳を聞いても、友人は「ちょっと」としか言わなかった。

・青い空を見ていると、訳も無く涙が出てくることがある。

★①で、どうなっているのかわからない様子を (訳がわからない) と言う。

・色々な意見が出て、今朝の会議は訳がわからなくなった。

②　多くひらがなで (わけ(も)ない) と書いて、大変だ、難しい、時間がかかると思われているが、簡単な事だと伝える。

・難しい問題を友人に相談すると、**わけもない**事だと笑って答えた。

・海外から来た社員が難しい漢字を**わけなく**読むので、驚いた。

―わけがない

(―(する)わけがない) の形で、色々考えても、できると考えられる理由が無いので、できないだろうと伝える言い方。

・何も準備していないのに、会議で説明**できるわけがない**。

・お湯を入れるだけで、長く続く店のような深い味が**出るわけがない**。

わけがわからない【訳がわからない】→わけ①

―わけだ

(―(する)わけだ) の形で、じゅうぶんわかったとき、また、わかってほしいと思うとき、理由と一緒に説明する言い方。

・とても便利な商品だから、ほかより少し高くても**売れるわけだ**。

・自分で買って読んでみて、この本がよく**売れているわけだ**と思った。

★「という」と一緒に (―というわけだ) と言うことも多い。

・社長が反対なので、新商品は**作らなかったというわけだ**。

―わけではない

(―(する)わけではない) の形で、周りが感じ、考え、信じている事でも、正しくないときもあると伝える言い方。

・急ぐ仕事もあるので、日曜日はいつも**休めるわけではない**。

・やり方がわかっても、新しい機械はすぐ**使えるわけではない**。

★**一というわけではない**とも言う。

・長く続けているから、売れる商品作りは誰でもできる**というわけではない**。

わけない　→わけ②

一わけにはいかない

一(する)わけにはいかないという形で、はっきりした理由があって、自分はできない、許せないなどと強く伝える言い方。

・同じ失敗を何回も**するわけにはいかない**ので、今度の商品は頑張った。

・結婚して家族ができると、家の事を忘れて、仕事だけを**するわけにはいかない**。

★**一(しない)わけにはいかない**という形で、する必要があると強く伝える言い方。

・社長でも、みんなで話してできた決まりは**守らないわけにはいかない**。

わけへだて【分け隔てスル】

周りと違う、また、自分のやり方や考え方などに合わないなどの理由で、人をほかの人とは違うように見る様子。

・生まれや育ちで人を**分け隔て**する社会が、いつまでも変わらない。

・社長は、社員をよく見て**分け隔て**無く使うようにといつも会議で話す。

わけもない　→わけ②

わざと

相手を困らせる、また、自分で考えさせるなどのためにすると伝える言い方。

・最近、**わざと**歩いている人にぶつかってお金を取ろうとする人がいるそうだ。

・相手がどんな返事をするか知りたくて、**わざと**困った顔をした。

★わざとしていると見える様子を**わざとらしい**と言う。

・妻の**わざとらしい**笑顔に、何か頼もうとしていると思った。

わざとらしい　→わざと

わざわざ

親切な気持ちや喜んでもらおうと思う気持ちで、時間やお金を使っていつもはしない事などをする様子。

・落とした物を**わざわざ**届けてもらって、うれしかった。

・**わざわざ**公園に来て、花に水をやるお年寄りが何人かいる。

わしき【和式】★→―しき

建物や料理など、昔から長く続いてきた日本のやり方。

・海外からの客が増えるようになって、会社は**和式**のトイレを無くした。

・娘は結婚するとき、相手とよく相談してすべて**和式**にした。

★ヨーロッパやアメリカなどから入ってきたやり方を⦅洋式⦆と言う。

・**洋式**の食事は、何度経験しても食べた気にならない。

わしづかみ

物を一度にたくさん、強い力で取る様子。

・駅前のコンビニに入った泥棒は、お金を**わしづかみ**にして逃げた。

・子供が小さく切ったパンを**わしづかみ**にして、公園の魚にやっていた。

わずか【僅かナ・ニ】

数や量が、また、考えていた事などとの違いがとても少ない様子。

・**僅かな**食べ物で生きる人の事を忘れず、食べ物は残さないようにしている。

・新商品の売れ方は、計算していたのとは**僅かに**違ったが悪くなかった。

わずらわしい【煩わしい】

時間がかかり大変で、簡単にできない様子。

・妻は、**煩わしい**と思わずに近所とも仲良くやっている。

・仕事で**煩わしい**問題が起きると、まず友人に相談する。

★人に煩わしい事などを頼むとき⦅煩わす⦆と言う。

・父は、人を**煩わす**のが嫌いで何でも自分でやろうとする。

わずらわす【煩わす】→わずらわしい

わすれさる【忘れ去る】

嫌な思い出や昔の事、昔の物などを忘れて、思い出さなくなる。

・**忘れ去る**事のできないような失敗は、良い経験になる。

・町を離れた所に、**忘れ去られた**ような小さな寺がある。

わだい【話題】

話している人たちみんなが、面白い、話したいなどと思う、周りや社会で起こった事。

・昼休み、よく**話題**が続くなと思うほどみんな話している。

・最近、暗い**話題**が多く、会社に元気が無い。

★集まったときに話題にするとき⦅話題/口に上る⦆と言う。

・昼休み**話題に上る**のは、スポーツや天気の事だ。

・今はすっかり**口に上ら**なくなった言葉がたくさんある。

わだいにのぼる【話題に上る】→わだい

わだかまり

嫌だ、わからない、信じられないなど、心の中に残り、簡単に消せない思い。

・妻とけんかしても、**わだかまり**は残さないようにしている。

・友人と話し合い、長く心にあった**わだかまり**が無くなった。

わってはいる【割って入る】★→わりこむ①

話している人や列を作って待つ人たちの間に入り、邪魔をする。

・駅でもスーパーでも、並んでいる列に**割って入ろう**とする人を、最近は見なくなった。

・社員の言い合いに**割って入って**、両方の話を聞いた。

わびる【詫びる】

自分が原因で、相手を嫌な気持ちにさせたときなどに、悪かったと思い、謝る。

・失敗しても相手が心から**詫びている**と思ったときは、怒らない。

・**詫びる**必要は無いと思っても、仕事だからと謝るときはある。

★丁寧に謝る言葉や様子を「お詫び」と言う。

・注文を間違えて、急いで**お詫び**の電話をかけた。

わふう【和風】→―ふう②

わめく

自分の考えや困っている事、怒っている事や聞いてほしい事などを大きな声で言う。

・駅前で何か**わめく**人がいたが、誰も聞こうとはしなかった。

・**わめく**ような声で話す電話が続いたので、警察に連絡をした。

わり【割】

① 「～割に(は)」という形で、やった事や見た様子などからどうなるか考えていたが、思っていたほどではなかったなどと伝える言い方。

・今回は、時間を**かけた割**には、良い物ができなかった。

・珍しくて買った果物は**大きさの割**に食べられる所が少なかった。

② 「割と/割に」という形で、特別ではない、少しだけ、思っていたよりなどと伝える言い方。

・名前もよく知らない魚を初めて買ったが、**割に**おいしかった。

・今年の新しい社員は、**割と**仕事ができる人が多い。

★②は、「割合(に)」とも言う。

・大きな事故で心配したが、けが人は**割合**に少なかった。

わりあい【割合(に)】→わり②

わりあて【割り当て】→わりあてる

わりあてる【割り当てる】

全体が問題無く進むように、ひとりひとりに自分のする事などを決めて伝える。

・仕事が来ると、自分のする事がはっきり**割り当てられる**。

・町は、ゴミ置き場の掃除を順番に**割り当てている**。

★決められてする仕事などを 割り当て と言う。

・大きな仕事のときは、みんなの**割り当て**が少し増える。

わりきる【割り切る】

少し気になる事などがあっても、それを考えないようにして必要な事だけを考え、決めてしまう。

・自分の考えと違う事もあるが、仕事だと**割り切って**する事も多い。

・自分は自分、人は人だと**割り切れ**ば、色々な事が気にならなくなる。

わりこみ【割り込み】→わりこむ①

わりこむ【割り込む】

①　決まりを守って並んでいる人たちなどの間に、押すようにして入る。

・バスを待つ列に**割り込もう**とする学生を、注意した。

・満員の予約に**割り込もう**としたが、できなかった。

★→わってはいる

★①のように人を押すようにして入る様子を 割り込み と言う。

・**割り込み**乗車は、若い頃と違って今は少なくなった。

②　決まっている、また、いつもは大きく変わらない量や数などより低くなる。

・町の高校は、人数が百人を**割り込む**年が続くと、隣町の高校と一緒になるそうだ。

・海外との仕事が増えた今、一ドルが百円を**割り込む**と、会社は困る。

わりだす【割り出す】

①　色々な事を考えて計算し、仕事などにお金や時間、人や物などがどれだけ必要か知ろうとする。

・新商品は、かかる時間とお金を**割り出して**から会議に出して相談する。

・両親の初めての海外旅行に、いくらかかるか**割り出して**少し費用を手伝おうと決めた。

②　必要な事や物などを集めて、本当に何があったかなどを調べる。

・事故の原因を**割り出す**ために、工場の機械を止めて調べた。

・残されていた物から、近所の家に入った泥棒が**割り出された**。

わりと【割と】→わり②

わりに(は)【割に(は)】→わり

わりびき【割引き】→わりびく①

わりびく【割り引く】

①　たくさん売るために、いつもよりは安くして売る。

・駅前の店は、祭りの日はすべての店で値段を**割り引いて**売る。

・スーパーが野菜を**割り引く**日は、朝から人が並んでいる。

★①のようにして安くなった様子を〔割引き〕と言う。

・特別な**割引き**があったと言って、妻が肉や魚をたくさん買って来た。

②　相手の言う事や自分の見た事などを、全部正しいと思わずよく考えてみようとする。

・まだ若いと**割り引いて**見ても、仕事ができない人がいる。

・お酒を飲んだときの友人の話は、**割り引いて**聞いている。

わるがしこい【悪賢い】→かしこい

わるぎ【悪気】

相手が困るのがわかっていて、嫌な事などをしようとする気持ちや考え。

・**悪気**は無かったが、会議で反対して友人に嫌な思いをさせてしまった。

・人の家の前にゴミを置くような事は、**悪気**でするとしか思えない。

わるくち【悪口】★→けなす

ほかの人がする事などが、また、物の様子などが自分の思いや感じ方などに合わなくて、悪く言う言葉。

・ほかの会社の商品の**悪口**を聞いても、自分で見るまでは信じない。

・ほかの人への**悪口**を言う人は、周りから信じられなくなる。

★〔悪口〕とも言う。

わるぐち【悪口】→わるくち

わるびれる【悪びれる】

自分がした事や言った事などを、悪かった、しなければ良かったなどと思う。

・遅刻しても、**悪びれる**様子も無い社員には強く注意している。

・**悪びれた**様子で失敗を 謝 る社員には、次一緒に頑張ろうと話す。

われにかえる【我に返る】

ほかの事を考えている、また、何も考えていない自分に急に気がつく。

・家の事を考えていたが、友人に肩をたたかれて**我に返った**。

・会議だと言うと、考え事をしていた様子の友人は**我に返った**ような顔をした。

〈著者紹介〉

松田浩志（まつだ　ひろし）
1975年カナダのブリティッシュコロンビア大学 M.A.。帰国後専修学校、大学で教育に携わる。2012年定年退職後、『中級から学ぶ日本語　三訂版』『同教え方の手引き』『上級で学ぶ日本語　三訂版』（以上共著）『同教え方の手引き』（いずれも研究社）の執筆、作成に関わり現在に至る。

早川裕加里（はやかわ　ゆかり）
2009年立命館大学言語教育情報学修士。2004年以降、大学等で非常勤講師として日本語教育に携わる。二年間タイ国立カセサート大学で専任日本語教師。2019年帰国後現在（宗）純福音東京教会日本語学校設立事業部で専任教師として日本語教育に携わる。

当辞典作成に関しては、仁川大学校　日語日文学科客員教授　中村有理（なかむら　ゆり）先生に多大なご協力をいただきました。心より感謝いたします。

「中級」「上級」の日本語を 日本語で学ぶ辞典

2022年 5月 31日　初版発行

KENKYUSHA
〈検印省略〉

著　　者	松田 浩志・早川 裕加里
発 行 者	吉　田　尚　志
印 刷 所	図書印刷株式会社

発 行 所　　株式会社 研 究 社

〒 102-8152
東京都千代田区富士見 2-11-3
電話（編集）03(3288)7711（代）
　　（営業）03(3288)7777（代）
振替 00150-9-26710
https://www.kenkyusha.co.jp/

ブックデザイン：Malpu Design（宮崎萌美）
イラスト：小坂タイチ